新/商/法/事/例/演/習

新상법사례연습

[상법총칙 · 상행위 · 회사법]

최완진

박영사

머 리 말

2008년 로스쿨제도가 도입된 지 어언 7년의 세월이 흘렀고 우리의 법학교육은 크나큰 변혁을 맞이하였다. 아울러 우리 상법도 1962년 제정된 이래 50여 년의 세월이 흐른 가운데 수차례의 개정이 이루어졌다. 특히 새로운 「상법총칙·상행위편의 개정법률」이 2010년 5월 14일 공포되어 2010년 11월 15일부터 시행되고 있고, 건국 이래 최대규모인 약 250개의 조문이 개정된 새로운 「회사법」도 2011년 4월 14일 공포되어 2012년 4월 15일부터 시행되고 있다. 따라서 본서는 상법전 중에서 상법총칙·상행위·회사법 분야의 최근의 개정내용을 반영하여 새롭게 집필한 것이다.

저자는 평소 상법을 강의하면서 학생들에게 상법의 단순한 이론연구에만 집착할 것이 아니라 실생활 거래에서 상법이 어떻게 적용되고 응용되는가에 깊은 관심을 가질 것을 강조해왔다. 왜냐하면 실생활에 적용되지 않는 탁상공론은 '학문을 위한 학문'밖에 되지 못하기 때문이다. 최근에는 특히 사례와 판례연구의 중요성이 점증하고 있고 국가고시나 변호사시험의 출제경향도 사례형으로 변화되었다. 이에 발맞추어 본서는 상법을 공부하는 학도로서 상법총칙·상행위·회사법 분야에서 법리가 복잡하거나 학설의 첨예한 대립이 있어 정리해야 할 논제와 평소 중요하다고 생각되는 판례를 엄선하여 사례문제로 구성하여 논점을 정리하고 해답을 풀이하였다.

따라서 본 책자는 상법강의의 보충용 교재로서 활용될 수 있고, 또한 변호사시험이나 사법시험의 최종 정리서로서도 적합할 것이라고 생각된다. 본 新상법사례연습에 수록된 문제를 접하는 데 있어 보다 상세한 해설은 졸저인 新상법총론과 新회사법요론을 참고하면 좋을 것이다.

1979년 처음 강단에 서서 상법학을 열정적으로 강의·연구한 지 어언 36년의 세월이 흘렀고 이제 본인도 정년퇴임을 앞두게 되었다. 그동안 천학비재한

저자를 돌보아 주시고 사랑해 주신 모든 분들께 이 자리를 빌어 진심으로 감사의 마음을 전하고 싶다. 또한 본인의 연구와 학문 활동을 물심양면으로 지원해 주고 있는 사랑하는 나의 모교 한국외국어대학교 당국에도 무한한 감사의 뜻을 표하는 바이다. 끝으로 이 자리를 빌려 본서의 출간을 쾌락하여 주신 박영사 안종만 회장님과 편집작업을 위해 수고해 주신 김선민 부장과 이영조 차장을 비롯한 여러분들께 깊은 사의를 표한다. 끝으로 이 책이 상법을 연구하는 학도들에게 큰 보탬이 되기를 기대한다.

2015년 7월
한국외국어대학교 법학전문대학원 연구실에서
저   자 씀

차   례

제1편 총   칙

제 2 편 상 행 위

제 3 편 회 사 법

제 1 편

총　　칙

1 상인의 개념

♦ 사 례

Y가 자기명의로 다음의 행위를 한 경우에 Y는 상인이 되는가?

(1) Y가 해수로써 소금을 제조하여 판매하는 경우

(2) Y가 연구목적으로 구입한 서적을 갖고 점포를 갖추어 대책업을 하는 경우

(3) Y가 자기의 계산으로 구입한 나무를 가지고 의자를 제조하여 판매하는 경우

(4) Y가 전당포를 경영하는 경우

(5) Y가 부동산중개소를 경영하는 경우

(6) Y가 미성년자로서 법정대리인의 허락 없이 광고주선업을 경영하는 경우

(7) Y가 아내 甲의 이름으로 영업허가를 받아 탁구장을 경영하고 있는 경우

(8) Y가 乙의 이름을 빌려 상행위를 하는 경우

(9) Y가 상호보험회사인 경우

(10) Y가 회사로서 농장을 경영하는 경우

(11) Y가 '버거킹'이라는 상호로서 햄버거 가게를 경영하는 경우

(12) Y가 결혼상담소를 설치하고 그 상담에 응하는 경우

Ⅰ. 문제의 논점

이 문제는 당연상인과 의제상인의 개념에 관한 것으로 당연상인의 기초가 되는 상법 제46조의 기본적 상행위의 해석과 연결되어 있다. 특히 상법 제46조에 열거되어 있는 21가지의 상행위에 관한 해석과 관련하여 견해가 나뉘어 있는 점에 유의하여야 한다.

〈사례 (1)〉은 Y의 행위가 상법 제46조 각 호의 어느 행위에 해당하는지 여부 및 동조 각 호의 어디에도 해당되지 않는다면 상법 제5조에 해당되는지 여부에 관한 문제이고, 〈사례 (2)〉는 상법 제46조 제2호의 임대차의 해석에 관한 문제이고, 〈사례 (3)〉은 상법 제46조 제3호의 제조의 해석에 관한 문제이고, 〈사례 (4)〉는 상법 제46조 제8호의 여신에 해당되는지 여부에 관한 문제이고, 〈사례 (5)〉는 상법 제46조 제11호의 중개에 관한 행위에 해당되는지 여부에 관한 문제이다. 〈사례 (6)〉은 상인자격을 영업능력과 구별하는 문제이고, 〈사례 (7)〉은 상법 제4조의 '자기명의로 상행위를 하는 자'의 뜻이 무엇인가를 묻는 문제이고, 〈사례 (8)〉은 Y가 乙의 이름을 빌려 영업활동을 하는 경우, 즉 영업상의 명칭(乙)과 명의차용인(Y)의 명칭이 다를 경우 누가 당연상인이 되는 것인가의 문제이다. 〈사례 (9)〉는 비영리법인이 상인이 될 수 있는지 여부에 관한 문제이고, 〈사례 (10)〉은 상법 제5조 제2항의 의제상인에 해당되는지 여부의 문제이고, 〈사례 (11)〉은 상법 제46조 제20호의 프랜차이즈에 해당하여 당연상인이 되는지 여부에 관한 문제이고, 〈사례 (12)〉는 결혼상담소의 설치가 당연상인 또는 의제상인에 해당되는지 여부에 관한 문제이다.

Ⅱ. 상인의 개념

상인은 기업의 인적 요소로서 실질적으로 보면 '기업에 내재하여 기업활동을 영위하는 자'이고, 형식적으로 보면 '기업생활관계에서 발생하는 권리의무의 귀속의 주체'라고 할 것이다.

1. 상인에 대한 입법주의

(1) **실질주의**(객관주의 · 상행위법주의)

이는 실질적으로 특정한 행위를 상행위로 정하고, 이러한 상행위를 영업으로 하는 자를 상인으로 하는 입법주의이다. 이는 상행위의 개념을 전제로 하여 상인의 개념을 끌어내는 입법주의이기 때문에 상행위법주의라고도 한다. 이 입법주의는 행위의 객관적인 성질만을 강조하고 주체와 관련하여 파악하지 않으므로 주체와 관련하여 파악된 기업법으로서의 상법의 본질에도 맞지 않으며, 또한 열거된 상행위의 종류와 내용은 고정적이므로 기업생활의 발전에도 부응하지 못하는 면이 있다.

(2) 형식주의(주관주의 · 상인법주의)

행위의 종류와 내용에는 관계없이 형식적으로 상인적 방법에 의하여 영업을 하는 자를 상인으로 하는 입법주의이다. 이는 상행위의 개념을 전제로 하지 않고 상인의 개념을 먼저 정한 후 그 상인의 영업상 행위를 상행위로 정하므로 상인법주의라고도 한다. 이 입법주의는 영업의 시설이나 방식이 애매하여 상인의 범위와 한계가 불명확하게 되는 면이 있다.

(3) 절충주의

실질주의와 형식주의를 절충하여 상인을 정하는 입법주의이다. 우리나라 상법은 객관주의 방식에 의한 상인(당연상인)과 주관주의 방식에 의한 상인(의제상인)을 다 규정하고 있다는 점에서 형식주의에 가까운 절충주의의 입장이라고 할 수 있다.

2. 상법의 규정

상법 제4조(당연상인)나 제5조(의제상인) 둘 중 어느 조항에 의해 상인자격을 취득하든 법률의 적용에 있어 양자는 차이가 없다. 제4조의 당연상인이란 자기명의로 상법 제46조에 열거된 상행위를 하는 사람을 말한다. 상행위의 개념을 먼저 정하고 이 행위를 하는 자를 상인이라고 함으로써 실질주의에 가까운 입장이다. 이때에도 영업으로 할 때에만 상행위가 된다. 영리성 유무는 행위주체와 관련해 파악해야 되는데 다소 형식적 의미를 가미하여 실질적으로 당연상인 개념을 정한다.

제5조의 의제상인은 기업의 조직설비와 영업의 방법에 의해 상인의 개념을 정하는 것이다. 이는 형식주의에 기한 입법이다. 의제상인의 영업상 행위를 준상행위라고 한다. 준상행위에는 영업적 상행위에 관한 규정을 준용한다(상법 제66조).

이렇듯 우리 상법의 상인에 관한 입법주의는 상인법주의와 상행위법주의를 모두 채택한 절충주의를 취하고 있다. 다만 절대적 상행위의 존재를 부인하고 있는 점에서 상인법주의(형식주의)에 다소 가까운 절충주의라고 볼 수 있다(다수설).

3. 당연상인

당연상인이란 '자기명의로 상행위를 하는 자'를 말한다(상법 제4조). 여기에서 '자기명의로'라는 것은 자기가 그 행위에서 생기는 권리의무의 주체가 되는 것을 말하며, 영업행위를 타인에게 대리시키거나, 영업상의 이익을 타인에게 귀속시키거나, 타인명의로 행정청에 신고하거나 납세명의로 하는 것은 상관 없다. 또 여기에서의 '상행위'는 상법 제46조에서 열거하고 있는 기본적 상행위와 담보부사채신탁법 제23조 제2항에서 규정하고 있는 사채총액의 인수를 말한다. 상법 제46조의 상행위는 영업으로 하여야 상행위가 되지만, 담보부사채신탁법 제23조 제2항의 상행위는 영업으로 하지 않더라도 당연히 상행위로 보게 된다.

4. 의제상인

의제상인이란 '점포 기타 유사한 설비에 의하여 상인적 방법으로 상행위 이외의 영업을 하는 자'(설비상인)(상법 제5조 제1항)와 '민사회사'(상법 제 5조 제2항)를 말한다. 이러한 의제상인을 인정한 이유는 당연상인의 개념은 상법 및 특별법에서 정한 한정적인 상행위를 기초로 하여 정하여지고 있으므로, 이러한 실정법규의 고정성과 경제관계의 진보성과의 모순으로 발생하는 불합리를 제거하기 위하여 보충적으로 상법에서 인정하고 있는 것이다. 의제상인은 상행위가 아니라 형식에 의하여 상인성을 인정하는 점에서 당연상인과 구별되고 있다.

의제상인의 하나인 설비상인에서 '점포 기타 유사한 설비'란 불특정다수인과 계속적인 거래를 하기 위하여 마련된 장소적 거점 내지 물적 설립으로서, 행상 등은 설비상인의 범주에서 제외된다. 또 설비상인에서 '상인적 방법'이란 거래관례상 상인이 보통 이용하는 경영방법으로 이의구비 여부는 사회통념에 의하여 객관적으로 결정된다.

의제상인의 또 다른 하나인 민사회사는 '상행위 이외의 영업을 하는 회사'로 상사회사가 상행위를 영업으로 하여 당연상인이 되는 점과 구별되고 있다. 그러나 양자는 모두 상법상의 회사로서 상법의 적용상 아무런 차이가 없고 다 같이 상인이므로, 양자를 구별할 실익은 없다.

5. 소 상 인

소상인이란 자본금이 1,000만원 이하로 회사가 아닌 자를 말한다. 당연상인과 의제상인의 영업활동의 내용이 상법 및 특별법에서 규정된 상행위인가 그 이외의 영업행위인가에 따른 구별인 데 대하여, 완전상인과 소상인은 기업규모의 대소에 따른 상인의 구별이다. 따라서 소상인은 당연상인이나 의제상인과 대립되는 개념이 아니다. 이러한 소상인에 대하여는 지배인·상호·상업장부 및 상업등기에 관한 규정이 적용되지 않는다(상법 제9조). 소상인에게 이와 같은 상법의 규정이 적용되지 않는다는 뜻은 소상인이 그러한 제도를 이용하지 못한다는 뜻이 아니며, 소상인이 그러한 제도를 이용해야 할 상법상의 의무가 없고, 소상인이 그러한 제도를 이용하더라도 상법상 보호를 받지 못한다는 의미이다. 이와 같이 소상인에게 상법의 일부 규정의 적용을 배제한 이유는 그 규모나 형태로 보아 기업성이 그다지 뚜렷하지 않은 것에 대해서까지 복잡한 기업 설비에 관한 법규를 적용할 필요가 없기 때문이다.

Ⅲ. 문제의 해답

1. 〈사례 (1)〉에 대하여

Y는 상법 제46조 제1호의 '동산의 매매'를 하는 자로 당연상인이 될 수 있는가의 문제로, 상법 제46조 제1호의 매매의 해석에 대하여는 ① 매수와 매도로 보는 견해와, ② 매수 또는 매도로 보는 견해로 나뉘어 있다. 본 설문에서 Y의 소금의 취득행위는 매수한 것도 아니고, 또 유상의 승계취득을 한 것도 아니기 때문에 ①의 견해에 의하면 Y의 소금판매행위는 상법 제46조 제1호에 해당될 여지가 없다. 그런데 ②의 견해에 의하면 Y의 소금판매행위는 상법 제46조 제1호의 매매에 해당되는 것으로 생각될 수 있겠으나, 이때의 '매수 또는 매도'란 '팔기 위하여 사는 행위' 또는 '산 물건을 파는 행위'와 같이 매매에 있어서 내면적 연관성을 요하므로, 이러한 견해에서도 Y의 소금의 판매행위는 상법 제46조 제1호의 동산의 매매에 해당될 수 없다. 따라서 Y는 어떤 경우에도 당연상인이 될 수 없다.

다만 Y가 상인적 설비와 방법에 의하여 제조한 소금을 판매하는 경우에는 의제상인이 될 수 있고(상법 제5조 제1항), 이때의 Y의 판매행위는 준상행위(상법 제66조)가 될 것이다. 그러나 Y가 제조한 소금을 행상하는 경우에는 의제상인의 요건인 장소적 설비가 없기 때문에 의제상인에도 해당되지 않을 것이다.

2. 〈사례 (2)〉에 대하여

Y는 상법 제46조 제2호의 동산의 임대차를 하는 자로 당연상인이 될 수 있는가의 문제로, 상법 제46조 제2호의 임대차의 해석에 대하여 ① 임차와 대차가 내적으로 관련된 것이라고 보는 견해, ② 임대할 의사를 가지고 임차하거나 또는 이것을 임대하는 행위라고 보는 견해로 나뉘어 있다. 본 설문에서의 Y의 대책업은 ①의 견해에서는 상법 제46조 제2호의 임대차에 해당되지 않으나, ②의 견해에서는 임대차에 해당될 수 있다.

따라서 Y가 영업으로 자기가 소장한 서적을 가지고 대책업을 하는 경우에 ①의 견해에서는 당연상인이 될 수 없고, 다만 Y가 상인적 설비와 방법에 의하여 대책업을 하는 경우에 한하여 의제상인이 될 수 있겠는데 설문의 Y는 점포를 갖추고 대책업을 하고 있으므로 Y가 상인적 방법으로 대책업을 하는 한 Y는 의제상인에 해당된다. 그러나 ②의 견해에서는 Y가 당연상인에 해당될 수 있기 때문에 이 경우에는 의제상인 여부를 검토할 실익이 없다.

3. 〈사례 (3)〉에 대하여

Y는 상법 제46조 제3호의 제조에 관한 행위를 하는 자로 당연상인이 될 수 있는가의 문제로, 상법 제46조 제3호의 '제조'의 해석에 대하여, ① 타인으로부터 재료의 교부를 받거나 또는 타인의 계산에서 이것을 매입하여 제조하는 것을 의미하며, 자기재료를 가지고 제조하여 매각하는 것은 상법 제46조 제1호에 해당한다고 하는 견해와, ② 타인의 계산으로 제조 등을 할 것을 인수하는 행위뿐만 아니라, 자기의 계산으로 원료를 구입하여 물건을 제조하여 판매하는 행위를 포함한다고 하는 견해로 나뉘어 있다.

따라서 설문의 Y의 행위는 ①의 견해에서는 상법 제46조 제1호의 매매업에 해당되어 Y는 당연상인이 될 것이고, ②의 견해에서는 상법 제46조 제3호의 제조업에 해당되어 Y는 당연상인이 될 것이다. 어느 견해에 따르든 Y가 당연상인이 되는 데에는 차이가 없다.

4. 〈사례 (4)〉에 대하여

Y는 상법 제46조 제8호의 여신거래를 하는 자로 당연상인이 될 수 있는가의 문제로, 전당포영업이란 '물품, 유가증권 위에 민법에 규정된 질권을 취득하여 유질기간까지 당해 전당물로써 채권을 담보하고 그 채권의 변제를 받지 못할 때에는 당해 전당물로써 그 변제에 충당하는 약관을 붙여 금전을 대부하는 영업'을 말한다(구전당포영업법 제1조). 상법 제46조 제8호의 '여신'이란 자기의 자금을 타인에게 대여하는 거래를 말하는 것이므로, 은행의 대부·어음할인 등과 함께 전당포영업도 이러한 여신에 해당된다고 본다. 따라서 Y는 상법 제46조 제8호에 의하여 당연상인이 된다. 이러한 전당포영업은 여신거래만을 하는 점에서 수신거래와 여신거래가 함께 병존하는 금융거래와 구별된다(은행법 제3조 제1항).

5. 〈사례 (5)〉에 대하여

Y는 상법 제46조 제11호의 중개에 관한 행위를 하는 자로 당연상인이 될 수 있는가의 문제로, 상법 제46조 제11호의 중개에 관한 행위란 타인간의 법률행위의 중개를 인수하는 행위를 말하며, 이에는 상사중개인(상법 제93조)·중개대리상(상법 제87조 후단)뿐만 아니라 민사중개인의 행위를 포함한다. 따라서 Y가 영리를 목적으로 부동산매매 등의 행위를 중개하는 공인중개소를 경영하는 경우에는 민사중개인으로서 상법 제46조 제11호의 중개에 관한 행위를 하는 자로 당연상인이 된다.

6. 〈사례 (6)〉에 대하여

Y가 미성년자로서 법정대리인의 허락을 얻어 특정한 영업에 종사한 때에는 성년자와 동일한 행위능력이 있다(민법 제8조 제1항). 이때에 Y는 상업등기부에 등기하여야 한다(상법 제6조). 그런데 본 설문은 Y가 법정대리인의 허락을 얻지 않고 영업을 한 때에도 상인이 될 수 있는가의 문제이다. 자연인은 누구나 권리능력을 가지고 있으므로(민법 제3조), 그 연령·성별을 묻지 아니하고 상인자격을 취득할 수 있는 상인능력을 가지고 있고, 상인자격은 상인능력자의 개별적 의사에 의하여 취득한다. 다만 행위무능력자의 영업능력에 제한이

있을 뿐이다. 따라서 Y가 미성년자로서 법정대리인의 허락 없이 광고주선업을 경영하는 경우에는, Y는 상법 제46조 제12호의 '기타의 주선에 관한 행위'를 하는 자로 당연상인이 된다. 다만 Y의 영업행위는 취소할 수 있는 행위에 지나지 않는다(민법 제5조 제2항).

7. 〈사례 (7)〉에 대하여

상법 제4조에서 '자기명의로 상행위를 하는 자'라 함은 그 영업에서 생기는 권리·의무의 주체가 되는 사람을 뜻하고 있으므로 탁구장의 영업허가(유기장법 제3조)를 아내 甲의 이름을 받았다고 하더라도 실제로 영업을 하고 있는 자가 Y라면 Y는 상법 제46조 제9호의 '공중이 이용하는 시설에 의한 거래'를 하는 당연상인이 된다고 할 수 있다.

8. 〈사례 (8)〉에 대하여

Y가 乙의 이름을 빌려 영업을 하는 경우에는 Y의 영업상의 명칭은 乙이라고 할 수 있다. 그러므로 명의차용인인 Y는 영업상의 명칭을 乙로 하여 상행위를 하는 것으로 볼 수 있으므로, Y는 '자기의 이름으로 상행위를 하는 자'에 해당하여 당연상인이 되는 것이다. 그러나 상인개념은 '타인의 이름으로 상행위를 하는 자', 가령 법정대리인이 본인의 이름으로 영업을 하는 경우, 회사의 사원이 회사의 이름으로 영업을 하는 경우에까지 확장되는 것은 아니다.

9. 〈사례 (9)〉에 대하여

상호보험회사의 목적인 사업은 상호보험에 한정되어 있고, 상호보험은 동종의 위험을 느끼는 자가 직접 단체를 구성하고 그 구성원에 위험을 분배하는 제도로서 보험자와 보험계약자 내지 피보험자가 대립하는 관계가 아니고, 또 보험자는 영리의 목적을 갖지 않기 때문에, 상호보험회사는 영리법인인 상법상의 회사가 아니고, 또 상호보험회사의 행위는 상법 제46조 제17호의 보험에 해당되지 않는다. 즉 상법 제46조 제17호의 보험에는 영리보험만 해당된다. 따라서 Y의 행위는 상법 제46조 제17호의 보험에 해당되지 않으므로 Y는 당연상인이 아니다.

그러면 Y는 민사회사로서 의제상인이 될 수 있는가에 대하여, 의제상인이 될 수 있는 민사회사는 상행위를 영업으로 하지 않더라도 상행위 이외의 행위를 영업으로 하여야 하는데, 설문의 Y에게는 영리목적이 없으므로 의제상인도 될 수 없다. 따라서 Y는 상인이 아니다.

10. 〈사례 (10)〉에 대하여

원시산업 자체는 원칙적으로 상행위로 인정될 수 없는데, 상법 제46조 제18호는 예외적으로 광업 등에 상행위성을 인정하고 있다. 설문의 Y의 농장경영은 원시산업으로 상법 제46조 제18호에 해당되지 않기 때문에 기본적 상행위가 되지 않는다. 따라서 Y는 당연상인이 될 수 없다.

그러나 Y는 회사로서 농장을 경영하기 때문에 의제상인이 된다. 왜냐하면 회사는 영리를 목적으로 설립한 사단법인이고(상법 제169조, 제171조 제1항), 이러한 회사는 상행위를 하지 아니하더라도 상인으로 의제되기 때문이다(상법 제5조 제2항). 따라서 Y는 언제나 (의제)상인이 된다. 만일 Y가 회사가 아닌 형태로 농장을 경영하는 경우에는 Y가 상인적 설비와 상인적 방법에 의하여 농장을 경영하는 경우에 한하여 상인이 되고, 그 이외에는 상인이 되지 않는다.

11. 〈사례 (11)〉에 대하여

Y는 상법 제46조 제20호에 '상호·상표 등의 사용허락에 의한 영업에 관한 행위'를 하는 자로 당연상인이 될 수 있는가의 문제이다. 상법 제46조 제20호의 행위는 프랜차이즈계약에 의한 행위로서 프랜차이즈인수자는 당연상인이 된다. 프랜차이즈계약이란 프랜차이즈제공자가 프랜차이즈인수자에 대하여 자기의 상호·상표·기타 영업표지 등을 사용하여 영업할 것을 허락하는 한편 자기의 지시와 통제하에 영업할 것을 약정하고, 이에 대하여 프랜차이즈인수자는 프랜차이즈제공자에 대하여 일정한 사용료를 지급하기로 하는 계속적인 채권계약관계이다. 설문의 Y는 영업으로 프랜차이즈제공자와 프랜차이즈계약을 체결하고 프랜차이즈제공자의 상호를 사용하고 그의 지시와 통제하에 햄버거 가게 운영을 하는 점에서, 상법 제46조 제20호와 동법 제4조에 의하여 당연상인이라고 볼 수 있다. Y는 자기의 상호를 사용하지 않고 프랜차이즈제공자의 상호를 사용하고 있는 점에서 특약점과 구별되고, 또한 자기의 계산으로 영업하고 있는 점에서 위탁매매인과 구별되고, 또한 자기의 명의로 거래하고

있는 점에서 대리상과 구별된다.

12. 〈사례 (12)〉에 대하여

결혼상담소는 점포와 비슷한 사무실을 개설하고 일반의 상담에 응할 수 있는 시설을 갖추고 있다고 할 수 있다. 그러나 Y가 결혼상담소를 설치·운영한다고 해서 당연히 상인자격을 취득하는 것은 아니다. 즉 Y는 결혼상담소의 운영을 영리를 목적으로 하여 고객으로부터 상담료 또는 소개료 등을 받는 경우에는 설비를 갖추고 상인적 방법으로 영업을 하는 자로서 상법 제5조 제1항의 의제상인이 되나, 그것이 영리를 목적으로 하지 않고 자선사업으로 한다면 상인으로 되지는 않는다. 그러나 실제 우리 주위에서 흔히 볼 수 있는 결혼상담소는 다분히 영리를 목적으로 하여 중매알선료 등을 받는 것이 관례화되어 있다. 따라서 상법 제46조 제11호의 중개에 관한 행위를 타인간의 법률행위의 중개를 인수하는 행위로 볼 때, 중개대리상, 상사중개인 및 민사중개인의 중개의 인수행위가 이에 해당한다. 중개인이 중개하는 법률행위는 상행위뿐만 아니라 민사상의 행위를 포함한다고 본다면, 결혼상담소를 경영하는 경우에는 민사중개인으로서 상법 제46조 제11호에 의한 당연상인으로 볼 것이다.

2 상인자격의 취득·상사매수인의 목적물검사통지의무

♦ 사   례

원고 甲은 부동산 임대업을 개시할 목적으로 그 준비행위의 일환으로 당시 부동산 임대업을 하고 있던 상인인 피고 乙로부터 이 사건 건물을 매수하여 점유를 이전받았으나, 甲은 점유이전일로부터 6월이 지나서야 그 건물의 하자를 발견하였다. 甲은 乙에 대해서 그 하자에 대한 손해배상을 청구할 수 있는가?

Ⅰ. 판결요지(대법원 1999. 1. 29. 선고 98다1584 판결)

1. 영업의 목적인 기본적 상행위를 개시하기 전에 영업을 위한 준비행위를 하는 자는 영업으로 상행위를 할 의사를 실현하는 것이므로 그 준비행위를 한 때 상인자격을 취득함과 아울러 이 개업준비행위는 영업을 위한 행위로서 그의 최초의 보조적 상행위가 되는 것이고, 이와 같은 개업준비행위는 반드시 상호등기, 개업광고, 간판부착 등에 의하여 영업의사를 일반적·대외적으로 표시할 필요는 없으나 점포구입·영업양수·상업사용인의 고용 등 그 준비행위의 성질로 보아 영업의사를 상대방이 객관적으로 인식할 수 있으면 해당 준비행위는 보조적 상행위로서 여기에 상행위에 관한 상법의 규정이 적용된다.

2. 부동산 임대업을 개시할 목적으로 그 준비행위의 일환으로 당시 같은 영업을 하고 있던 자로부터 건물을 매수한 경우, 위 매수행위는 보조적 상행

위로서의 개업준비행위에 해당하므로 위 개업준비행위에 착수하였을 때 상인 자격을 취득한다.

3. 상법 제69조는 상거래의 신속한 처리와 매도인의 보호를 위한 규정인 점에 비추어 볼 때, 상인간의 매매에 있어서 매수인은 목적물을 수령한 때로 부터 지체없이 이를 검사하여 하자 또는 수량의 부족을 발견한 경우에는 즉시 매도인에게 그 통지를 발송하여야만 그 하자로 인한 계약해제, 대금감액 또는 손해배상을 청구할 수 있고, 설령 매매의 목적물에 상인에게 통상 요구되는 객관적인 주의의무를 다하여도 즉시 발견할 수 없는 하자가 있는 경우에도 매 수인은 6월 내에 그 하자를 발견하여 지체없이 이를 통지하지 아니하면 매수 인은 과실의 유무를 불문하고 매도인에게 하자담보책임을 물을 수 없다고 해 석함이 상당하다(원고패소).

Ⅱ. 평   석

1. 본 사건의 논점

이 사건은 매매 목적물의 하자를 이유로 한 계약해제권 존재 여부가 논점 인데, 甲이 건물을 매수한 때 상인인지 비상인인지가 쟁점이 된다. 甲이 상인 이고 乙도 상인이라면 양 당사자간의 매매는 상인간의 매매가 되어 매수인의 목적물검사와 하자통지의무에 관한 상법 제69조가 적용된다. 그러나 甲이 비 상인이라면 민법이 적용되어 매도인의 하자담보책임에 관한 민법 제580조가 적용된다. 상법 제69조 제1항에 의하면 상인간의 매매에 있어서 매수인이 목 적물을 수령한 때에는 지체없이 이를 검사하여야 하며, 하자 또는 수량의 부 족을 발견한 경우에는 즉시 매도인에게 그 통지를 발송하지 아니하면 이로 인 한 계약해제, 대금감액 또는 손해배상을 청구하지 못한다. 매매의 목적물에 즉 시 발견할 수 없는 하자가 있는 경우에 매수인이 6월 내에 이를 발견한 때에 도 같다. 따라서 본 사건의 경우 그 매매가 상사매매라면 '목적물수령시로부 터' 늦어도 6월 내에는 하자를 발견, 이를 매수인에게 통지하여야 한다. 그러 나 위 매매가 민사매매라면 매수인은 '하자를 안 날로부터' 6월 내에 계약의 해제 또는 손해배상청구권을 행사할 수 있다(민법 제580조, 제575조, 제582조).

이 사례에서는 하자발견 자체를 목적물점유이전일로부터 6월이 지나서 하였기 때문에 상법 제69조에 의하면 이미 그 하자를 다툴 수 없음이 원칙이고, 민법의 하자담보책임에 의하면 아직 시간적 여유가 있다. 결국 매수인 甲이 건물매수 당시 상인의 자격을 가지고 있는가가 첫번째 쟁점(상인자격취득시기)이 되고, 두 번째의 쟁점은 甲(상사매수인)의 목적물의 검사 · 하자통지의무(상법 제69조)의 요건이 문제가 된다.

2. 甲의 상인자격 취득시기의 문제

(1) 상인자격의 의의

상인자격이란 상인능력자가 상행위를 한다는 특별한 목적에 따라 취득하는 자격을 말한다. 우리 상법상 상인자격은 상인능력이 있는 자가 상법 제4조와 제5조의 요건을 구비함으로써 취득한다. 한편 상인능력이란 상인자격을 취득할 수 있는 법률상의 지위를 말한다. 상인능력자만이 기업의 주체인 상인자격을 취득할 수 있는데, 이것은 민법상 권리능력자가 권리 · 의무의 주체가 될 수 있는 것과 마찬가지이다. 이와 같이 상인능력은 민법상의 권리능력에 상응하는 개념이다. 민법상의 권리능력자는 모두 상인능력자이다.

상인능력자가 상인자격을 취득한 경우에도 유효한 영업활동을 할 수 있는 능력을 갖추어야 하는데, 이것을 영업능력이라고 한다. 영업능력은 민법상의 행위능력에 상응하는 개념이다. 법인은 상인자격이 있는 한 영업능력도 있다. 법인은 그 기관을 통하여 활동하므로 특별히 영업능력이 문제되지 않기 때문이다. 그러나 자연인은 권리능력이 있더라도 행위능력이 없는 자가 있는 것과 마찬가지로, 상인능력과 상인자격이 있더라도 영업능력이 없는 경우가 있다. 자연인의 경우 상인능력에 아무런 제한이 없으므로 개별적인 의사에 기하여 상법 제4조와 제5조가 규정한 요건을 구비하면 상인자격을 취득한다. 그러나 법인은 자연인과 달리 그 존재의 목적(영리성 여부)이 권리능력 부여의 기초가 되므로 공법인, 사법인, 영리법인, 비영리법인에 따라 상인자격취득 여부가 달라질 수 있다.

(2) 상인자격의 득상(得喪)과 개업준비행위의 시기(始期)

1) 상인자격의 취득

회사는 설립등기를 한 때 성립하고, 성립함과 동시에 상인자격을 취득한다(태생적 상인). '설립중의 회사'는 법인격과 상인자격이 없으나 그 설립준비행위는 영업을 위한 행위로서 보조적 상행위(상법 제47조 제1항)라고 할 수 있으므로 상법의 규정이 적용된다. 그러나 회사 이외의 법인이나 자연인은 영업개시의 때가 아니라 영업을 위한 행위로서 보조적 상행위인 영업준비행위(예컨대, 점포의 차입·사용인의 고용 등)가 있는 때에 상인자격을 취득한다고 본다. 따라서 영업의 성질상 인·허가를 필요로 하는 경우에는 인·허가의 유무와 관계없이 상인자격을 취득할 수 있다.

2) 상인자격의 상실

회사는 해산을 하면 영업능력을 상실하고, 청산의 목적범위 내로 능력이 제한되며, 청산이 종결됨으로써 법인격이 소멸함과 동시에 상인자격을 상실한다. 청산절차가 필요없는 합병의 경우에는 소멸회사는 해산과 동시에 상인자격을 상실하고, 파산의 경우에는 파산관재인의 잔무처리행위가 종료된 때에 상실한다. 그러나 회사 이외의 법인이나 자연인의 경우에는 영업의 폐지, 영업양도 등 기업활동을 사실상 종결함으로써 상인자격을 상실한다. 따라서 폐업광고, 관청에 대한 폐업신고, 영업허가취소, 법률에 의한 영업의 금지조치 등이 있더라도 잔무처리가 종료되기 전에는 상인자격을 상실하지 않는다.

3) 개업준비행위의 시기(始期)

개업준비행위는 전형적인 보조적 상행위로서, 회사 이외의 법인이나 자연인이 보조적 상행위를 하면 그 때부터 상인자격을 취득한다는 데에 대다수의 학설은 견해를 같이 한다. 그러나 문제는 구체적으로 어느 시점을 기준으로 개업준비행위를 한 것으로 볼 것인가에 관하여 크게 영업의사 주관적 실현설, 영업의사 객관적 인식가능성설 및 단계적 결정설의 세 가지 견해로 나눌 수 있다.

① 영업의사 주관적 실현설은 행위자가 영업의사를 주관적·내면적으로 실현한 행위를 한 때에 개업준비행위를 한 것으로 보아, 이때에 행위자가 상인자격을 취득하여 상인이 되고, 또 그 행위가 보조적 상행위가 된다고 한다(서돈각 교수). 이 학설에 의하면 행위자가 집기의 구입, 점포의 임차, 자금의 조달, 상업사용인의 고용 등의 행위를 하면 개업준비행위가 된다. 이 설에 의하면 행위자가 영업의사를 주관적으로 실현한 경우에는 상대방이 행위자의 영업의사를 알지 못하였더라도 행위자는 자기의 상인자격의 취득과 개업준비행

위의 보조적 상행위성을 주장할 수 있게 되므로 문제가 있다. 예컨대 행위자가 상대방으로부터 개업자금을 차입한 경우 상대방이 행위자의 영업의사를 알지 못하였더라도 이것이 개업준비행위로서 보조적 상행위가 되고 그 대금채권이 상행위로 인한 채권이 되어 행위자는 5년의 상사단기소멸시효를 주장할 수 있게 된다.

② 영업의사 객관적 인식가능성설은 행위자가 영업의사를 주관적으로 실현하는 것만으로는 개업준비행위를 한 것으로 볼 수 없고, 객관적으로 보아 영업의 수단적 행위로서 의도된 것임을 거래의 상대방이 알 수 있는 행위를 한 때에 개업준비행위를 한 것으로 보아 이때에 행위자가 상인자격을 취득하여 상인이 되고 그 행위가 보조적 상행위가 된다고 한다(정희철·최기원·손주찬 교수). 이 설에 의하면 행위자의 행위가 영업의 수단적 행위로서 의도된 것임을 객관적으로 판단할 수 없는 경우에는 비록 상대방이 행위자의 영업의사를 알았더라도 상대방은 행위자의 상인자격의 취득과 개업준비행위의 보조적 상행위성을 주장할 수 없으므로 문제가 있다. 즉 행위자가 상대방으로부터 개업자금을 차입한 경우에 상대방이 행위자의 영업의사를 알았더라도 이것이 개업준비행위가 되지 않고 보조적 상행위가 되지 않으며 그 차금채무가 상행위로 인한 채무가 되지 않으므로, 상대방은 상사법정이율에 의한 이자의 지급을 청구할 수 없게 된다.

③ 단계적 결정설이란 개업준비행위의 시기를 상대적 내지 단계적으로 파악하여 개업의사에 따라 구체적으로 전개되는 준비행위의 각 단계에 따라 그 보조적 상행위성을 주장하는 이론으로서, 먼저 행위자가 영업의사를 주관적으로 실현한 행위를 한 때에는 상대방은 이를 증명하여 그 행위가 개업준비행위라고 주장할 수 있고, 다음으로 상대방이 행위자의 영업의사를 알았거나 알 수 있는 때에는 행위자는 이를 증명하여 그 행위가 개업준비행위라고 주장할 수 있고, 끝으로 일반적으로 행위자가 상인이라는 것을 알 수 있는 단계에 이른 때에는 행위자의 행위가 개업준비행위로 추정된다고 보는 것이다.

(3) 검   토

본 사건의 경우 甲의 건물매수행위는 영업의사 주관적 실현설에 의하면 개업준비행위가 되어 甲은 상인자격을 취득하여 상인이 된다. 또한 영업의사 객관적 인식가능설에 의하면 건물매수행위는 일반적으로 개업준비행위가 되지 아니하여 甲은 상인자격을 취득하지 못하며, 다만 甲이 건물매수시에 乙에게 부동산 임대업을 위하여 건물을 매수한다는 것을 알려준 경우에는 금반언의 법리 내지 외관이론에 의하여 이를 부정할 수 없다. 그리고 단계적 결정설에 의하면 乙은 甲의 건물매수행위가 甲의 영업의사의 주관적 실현행위라는 것을 증명하여 그 건물매수행위가 부동산 임대업의 준비행위로서 甲이 상인자격을 취득하여 상인이라는 것을 주장할 수 있고, 또 甲은 乙이 甲의 부동산 임대업의 영업의사를 알았거나 알 수 있었다는 것을 증명하여 그 건물매수행위가 부동산 임대업의 준비행위로서 자기가 상인자격을 취득하여 상인이라는 것을 주장할 수 있다.

본 사건과 관련한 대법원 판례는 "부동산 임대업을 개시할 목적으로 그 준비행위의 일환으로 당시 같은 영업을 하고 있던 자로부터 건물을 매수하는 행위는 보조적 상행위로서의 개업준비행위에 해당하므로, 이 개업준비행위에 착수하였을 때에 상인자격을 취득한다"고 판시하고 있다. 또한 같은 취지로 "개업준비행위는 반드시 상호등기, 개업광고, 간판부착 등에 의하여 영업의사를 일반적·대외적으로 표시할 필요는 없으나 점포구입, 영업양수, 상업사용인의 고용 등 그 준비행위의 객관적 성질로 보아 영업의사를 상대방이 객관적으로 인식할 수 있으면 당해 준비행위는 보조적 상행위로서 여기에 상행위에 관한 상법의 규정이 적용된다"라고 판시함으로써 영업의사 객관적 인식가능성설 또는 단계적 결정설을 취하고 있는 것으로 보인다. 즉 일부 판례는 "상인자격의 취득시기를 결정하는 실익은 상법의 적용여부를 결정하는 기준이 되기 때문에 중요한 문제로서, 영업의사 주관적 실현설은 상대방의 인식여부와 무관하게 상인자격을 인정함으로써 상대방에게 예상하지 못한 해를 입힐 수 있어 부당하다. 단계적 결정설도 상인취득시점과 상행위성 인정시점을 획일적으로 결정하는 것이 거래의 안전을 도모할 수 있다는 점에서 문제가 있다. 행위자와 상대방 모두에게 영업의사가 인식될 수 있는 시점에서 상인자격을 인정하여 거래의 안전과 당사자 보호의 조화를 이루는 객관적 인식가능성설이 타당하다"라고 주장한다.

그러나 이에 대해 판례와 다수설(영업행위란 영업의 목적 자체인 행위를 의미하는 것이 아니라 그 준비행위를 의미하는 것이고, 자연인은 영업의 준비행위를 통하여 영업의사가 객관적으로 나타났을 때에 상인자격을 취득하고 이때의 영업의 준비행위는 보조적 상행위가 된다고 보는 견해)과 같이 상인자격의 취득시기를 정하면 그 취득시기가 매우 불명확할 뿐만 아니라 너무 확대된 면이 있다고 주장하는 견해가 있다(정찬형 교수). 이 설에 의하면 상인은 기업의 주체이고 기업의 존재는 객관적인 경제현상이라는 점에서 볼 때, 상인자격은 그 상인이 영위하는 기업이 "객관적으로 기업으로서 인식될 수 있는 조직이 갖추어졌을 때"에 취득되는 것이라고 보아야 한다는 것이다. 즉 "기업의 존재를 객관적으로 인식하게 할 수 있을 정도의 영업의사가 나타났을 때"에 상인자격을 취득하는 것으로 보아야 한다는 것이다. 이렇게 해석하는 것이 법인인 상인이 객관적으로 기업으로서의 조직을 갖추었을 때에 등기함으로써 상인자격을 취득하는 것과 균형을 이룬다고 주장한다.

생각건대 회사는 기업의 존재가 객관적으로 명확하게 인식되어도 설립등기에 의하여 상인자격을 취득하는 데 비하여, 자연인인 경우에 등기에 상응하는 정도의 영업의사가 나타났을 때라고 본다면 상인자격의 취득시기가 더욱 불명확해질 우려가 있다. 따라서 개업의사가 구체적으로 전개되는 준비행위의 각 단계에 따라 그 보조적 상행위성을 주장하는 각 당사자의 구체적 사정을 참작하여 상대적으로 결정하는 이론인 단계적 결정설이 타당하다고 할 것이다.

3. 甲의 목적물의 검사·하자통지의무

(1) 상사매수인의 목적물검사·하자통지의무의 의의 및 취지

상법은 제69조에서 "상인간의 매매에 있어서 매수인이 목적물을 수령한 때에는 지체없이 이를 검사하여야 하며, 하자 또는 수량의 부족을 발견한 경우에는 즉시 매도인에게 그 통지를 발송하지 아니하면 이로 인한 계약해제, 대금감액, 손해배상을 청구하지 못한다. 매매의 목적물에 즉시 발견할 수 없는 하자가 있는 경우에 매수인이 6월 내에 이를 발견한 때에도 같다"라고 규정하여 매수인의 검사·통지의무를 규정하고 있는바, 이는 상사매매에 따른 법률관계를 신속히 종결시켜 매도인을 보호하기 위한 취지의 규정이다.

그런데 상사매매에서는 매수인의 목적물검사·하자통지의무가 인정되고, 매매의 목적물에 즉시 발견할 수 없는 하자가 있는 경우에 매수인이 6월 내에 이를 발견한 경우에도 동일한 의무가 인정되고 있다. 다만 본 사건의 경우와 같이 목적물에 6월 내에 발견할 수 없는 하자가 있어 6월 내에 그 통지를 발송하지 못하고 6월을 경과한 경우에도 매수인이 계약해제, 대금감액, 손해배상청구의 권리행사가 불가능한지에 대해서는 규정이 없어 논의가 있다.

(2) 상법 제69조의 적용요건

상법 제69조가 적용되기 위해서는 ① 상인간의 매매일 것, ② 매수인이 목적물을 수령하였을 것, ③ 목적물에 하자 또는 수량부족이 있을 것, ④ 매도인에게 악의가 없을 것, ⑤ 다른 특약이 없을 것 등의 요건을 구비하여야 한다.

(3) 의무의 내용과 성질

상법 제69조가 민법에 대하여 갖는 특칙의 의미는 매수인에 대한 지체없는 검사의무·하자통지의무의 부과, 단기의 하자기간의 설정으로 요약할 수 있다. 그리고 위의 의무는 매도인이 그 이행을 소구하거나 그 불이행에 대하여 손해배상을 청구할 수 있는 의무가 아니라 그 위반이 있으면 매수인은 권리를 행사할 수 없다는 불이익을 입게 되는 간접의무이다.

(4) 의무위반의 효과

1) 상법 제69조 제1항은 매수인이 검사 및 통지의무를 이행한 때에는 매도인에 대하여 계약해제권, 대금감액청구권, 손해배상청구권만 행사할 수 있는 것으로 규정되어 있으나, 이것은 매수인이 민법상의 일반원칙에 의한 권리행사의 전제요건을 규정한 것에 불과하므로 완전이행청구권도 행사할 수 있다.

2) 일반적으로 매수인이 위의 검사 및 통지의무를 이행하지 않으면, 매수인은 매도인에 대하여 담보책임을 물을 수 없다.

3) 다만 목적물에 즉시 또는 6월 내에 발견할 수 없는 하자 또는 수량부족이 있어 6월 내에 그 통지를 못하고 6월을 경과한 경우에는 매수인이 이러한 권리행사를 할 수 있는가에 관하여는 긍정설과 부정설이 대립되고 있다.

① 긍정설은 검사는 하였으나 하자를 통지하지 않은 경우에도 이러한 권리를 행사할 수 있다고 한다. 그 이유는 상법 제69조는 하자나 수량부족을 성질상 즉시 발견할 수 있는 경우와 6월 내에 발견할 수 있는 경우에 관한 규정이므로, 하자나 수량부족을 6월 내에 발견할 수 없는 것이어서 6월을 경과한 경우에는 본 조가 적용되지 아니하여 매수인은 통지하지 않고도 이러한 권리

를 행사할 수 있다는 것이다.

② 부정설은 상법 제69조의 취지가 상거래의 신속한 처리와 매도인 보호임에 비추어 이러한 권리를 행사할 수 없다고 한다.

(5) 검   토

판례의 태도를 보면, 위 사례에서 대법원은 "상법 제69조는 상거래의 신속한 처리와 매도인의 보호를 위한 규정인 점에 비추어 볼 때 … 설령 매매의 목적물에 상인에게 통상 요구되는 객관적인 주의의무를 다하여도 즉시 발견할 수 없는 하자가 있는 경우에도 매수인은 6월 내에 그 하자를 발견하여 지체없이 이를 통지하지 아니하면 매수인은 과실의 유무를 불문하고 매도인에게 하자담보책임을 물을 수 없다고 해석함이 상당하다"고 판시하여 부정설을 취하고 있는데, 상법 제69조가 민법의 특칙으로서 가지는 의미를 고려할 때 판례의 입장과 부정설이 타당하다고 할 것이다.

따라서 본 사건의 경우, 우선 甲과 乙 모두 상인임이 인정되고 매매 또한 상행위임이 인정되며, 또 원고가 목적물을 수령하였는데 거기에는 즉시 발견할 수 없는 하자가 있었으며 매도인은 선의로 추정된다. 그런데 甲이 乙로부터 이 사건 건물에 대한 점유를 이전받은 날로부터 6월 내에 乙에게 이 사건 건물에 대한 하자를 발견하여 즉시 통지하지 아니한 사실을 자인하고 있어, 비록 이 사건 건물의 하자가 甲의 주장과 같이 그 성질상 점유이전일부터 6월 내에 도저히 발견할 수 없었던 것이었다고 하더라도, 甲은 상법 제69조 제1항이 정한 6월의 기간이 경과됨으로써 이 사건 손해배상청구권을 행사할 수 없다고 할 것이다.

Ⅲ. 결   어

본 사건과 관련한 우리 대법원판결은 상인자격 취득시기에 관하여 명확한 이론적 근거를 제시하지 않고 있어 어느 학설을 취하고 있는지가 명백하지는 않으나, 영업의사 객관적 인식가능성설 내지 단계적 결정설을 지지하고 있는 것으로 판단된다. 다만 본 판결은 목적물에 즉시 또는 6월 내에 발견할 수 없는 하자 혹은 수량부족이 있어 6월 내에 통지하지 못한 경우에도 상법 제69조가 적용된다고 확인한 점에서 의미가 있다고 하겠다.

결론적으로 본 사건에서 상법 제69조의 상사매수인의 목적물의 검사·하
자통지의무를 위반하였음을 이유로 민법이 아닌 상법 제69조를 적용하여 매수
인에게 계약해제권과 손해배상청구권을 인정하지 아니한 것은 타당한 판결이
라고 하겠다(同旨: 최준선, "상인자격취득시기,"「법률신문」(1999년 5월 10일자), 판
례평석, 14면 참조).

한편 대법원은 기존의 판례와 같이 준비행위의 성질로 보아 영업의사를
상대방이 객관적으로 인식할 수 있는 경우(상가건물의 매수, 업소용 냉장고의 구
입)뿐만 아니라 행위의 객관적 성질만으로는 상대방이 행위자의 영업의사를
인식할 수 없는 경우(금전차입)라 하더라도 "행위자의 주관적 의사가 영업을
위한 준비행위이었고, 상대방도 행위자의 설명 등에 의하여 그 행위가 영업을
위한 준비행위라는 점을 인식하였던 경우에는 상행위에 관한 상법의 규정이
적용된다"고 판시한 바 있다(대법원 2012. 11. 15. 선고 2012다47388 판결 참조).

3 지배인의 대리권의 제한

◆ 사   례

　　피고 Y은행의 삼성동 출장소장 A는 Y은행의 지급보증규정에 의한 지배권의 제한에 따라 Y은행을 대리하여 약속어음의 지급보증을 위한 배서를 할 권한이 없음에도 불구하고 큰손 B의 말만 믿고 B가 제시한 주식회사 유평상사(C)가 발행한 약속어음 2매, 액면 50억원에 보증의 취지로 배서하였다. 원고 X상호신용금고는 동 약속어음을 할인하여 소지하고 있다가 유평상사(C)가 부도를 내자 Y은행에 소구권을 행사하였다. X의 청구에 대하여 Y은행은 X의 소구권행사를 거절하였다. Y은행은 소구의무가 있는가?

I. 판결요지(대법원 1997. 8. 26. 선고 96다36753 판결)

　　1. Y은행의 삼성동 출장소장인 소외 A는 Y은행의 지배인으로서 이 출장소의 영업에 관한 포괄적인 대리권을 가진다고 할 것이므로, 비록 Y은행의 규정에 의하여 본 사건과 같은 융통어음의 배서가 금지되고 있다고 하더라도 이는 Y은행이 내부적으로 정한 지배인의 대리권에 대한 제한이라고 볼 것인바, X가 이 사건 어음을 취득하면서 위 대리권 제한사실을 알았다는 점에 대하여 증명이 없는 한 Y은행은 X에게 배서인으로서의 소구책임을 진다는 취지의 원심판단은 정당하다.

　　2. 지배인이 내부적인 대리권 제한규정에 위배하여 어음행위를 한 경우, 이러한 대리권의 제한에 대항할 수 있는 제3자의 범위에는 그 지배인으로부터 직접 어음을 취득한 상대방뿐만 아니라 그로부터 어음을 다시 배서ㆍ양도받은

제3취득자도 포함된다고 할 것이므로, 원심이 B를 통하여 이 사건 어음을 전
득한 X의 입장에서 이 사건 지배인의 대리권의 제한을 알았는지 여부를 판단
한 것은 정당하다(원고승소확정).

Ⅱ. 원고와 피고의 주장요지

1. 원고 X상호신용금고의 주장

원고 X는 "본 사건 어음을 취득할 당시 Y은행의 지배인인 A의 대리권이
제한되어 있음을 알지 못하였으므로 그 제한으로서 선의의 제3자인 X에게 대
항할 수 없으므로, 본 사건 어음에 대한 배서인으로서의 책임을 져야 한다"고
주장하였다. 또한 "지배인의 대리권을 제한함으로써 대항할 수 없는 제3자에
는 지배인과 직접 거래한 상대방뿐만 아니라 그로부터 다시 어음을 취득한 X
도 제3자에 포함된다"고 주장하였다.

2. 피고 Y은행의 주장

피고 Y는 "Y은행의 삼성동 출장소장인 A는 한국은행의 금융기관여신운용
세칙 및 Y은행의 지급보증규정 및 업무분담규정에 의한 지배권의 제한에 따라
Y은행을 대리하여 약속어음에 지급보증을 위한 배서를 할 권한이 없으므로,
본 사건 어음에 대하여 지급보증의 목적으로 한 Y명의의 배서는 무권대리행위
로서 Y은행에 대하여는 아무런 효력이 없다"고 주장하였다. 또한 Y는 "지배인
의 대리권을 제한함으로써 대항할 수 없는 제3자는 지배인과 직접 거래한 상
대방에 한정해야지 그로부터 다시 어음을 취득한 X는 제3자에 포함되지 않는
다"고 주장하였다.

Ⅲ. 판결의 분석

본 사건에서 원고와 피고의 주장을 요약하면, 다음의 두 가지의 논점을 파
악할 수 있다. 즉 ① 은행의 출장소장은 상법 제11조의 지배인에 해당하는지
의 여부, ② 지배인의 대리권의 제한에 대항할 수 있는 제3자의 범위에는 지배
인과 직접 거래한 상대방 이외에 그로부터 어음을 취득한 자도 포함하는지의

여부이다.

1. 은행지점의 출장소장이 지배인인지의 여부

본 사건 은행 출장소장이 영업소의 지배인인지에 관하여는 약간의 논란이 있을 수 있으나, 본 사건에서의 판결은 은행의 출장소장은 지배인이라는 전제하에 그 대리권의 제한을 논하고 있다. 은행의 지점장은 지배인이라는 것은 의문의 여지가 없는데, 판례를 보면 보험회사의 영업소장은 지배인이 아니라고 본 것도 있다(대법원 1983. 10. 25. 선고 83다107 판결; 대법원 1978. 12. 13. 선고 78다1567 판결). 출장소장의 경우에는 적어도 부분적 포괄대리권을 가진 사용인으로 볼 수 있는 여지는 충분하다고 하겠다(대법원 1963. 1. 30. 선고 62다773 판결). 이때 대리권에 대한 제한은 선의의 제3자에게 대항할 수 없다(상법 제15조 제2항).

2. 지배인의 대리권의 제한에 대항할 수 있는 제3자의 범위

지배인이 가지는 권한인 지배권은 지배인이 영업주에 갈음하여 영업에 관한 모든 재판상·재판 외의 행위를 할 권한을 말하는데, 지배권을 제한하여도 선의의 제3자에게 대항할 수 없다(상법 제11조 제3항). 즉 지배인의 대리권은 영업의 전반에 걸친 포괄적인 권한이며 영업주가 임의로 조정할 수 없다. 이와 같이 지배인의 지배권을 포괄적·정형적인 것으로 정한 이유는 거래의 상대방을 보호하고 거래의 안전으로 기하려는 데 그 취지가 있다. 이와 같이 지배인의 지배권은 정형성·포괄성을 그 특색으로 하므로 영업주가 거래의 종류·금액·시기 등에 관하여 제한을 가하더라도 이 제한으로서 선의의 제3자에게 대항하지 못한다. 즉 영업주가 지배인의 대리권을 제한하여도 그것은 당사자간에서만 효력을 가질 뿐이고 그 행위의 대외적 효력에는 영향이 없다.

문제는 지배인의 대리권의 제한에 대항할 수 있는 제3자의 범위를 지배인과 직접 거래한 상대방에 한정할 것인가, 아니면 그로부터 다시 어음을 취득한 자도 포함할 것인가의 여부이다. 생각건대 ① 지배인의 권한이 포괄적·획일적·정형적인 점, ② 어음의 유통성을 보호하기 위하여는 어음행위자의 내부적인 사유로 인한 항변은 가급적 제한할 필요가 있는 점, ③ 주식회사의 대표이사가 권한의 제한을 위반하여 어음행위를 한 때에도 직접 상대방뿐 아니라 그로부터 어음을 양도받은 선의의 제3자도 보호받는 점 등을 고려할 때, 제

3자의 범위를 직접 거래한 상대방뿐 아니라 그로부터 다시 어음을 취득한 자
도 포함하는 것이 옳다고 생각된다. 대법원의 견해도 같은 취지이다.

Ⅳ. 결 어

본 사건에서 법원은 은행의 출장소 소장은 지배인이라고 전제하고, 지배
인의 지배권에 관하여 제한을 가하더라도 이 제한으로서 선의의 제3자에게 대
항하지 못한다고 판시하였다. 또한 지배인의 대리권의 제한에 대항할 수 있는
제3자의 범위에는 지배인과 직접 거래한 상대방뿐 아니라 그로부터 다시 어음
을 취득한 자도 포함된다고 하였다. 따라서 Y은행은 소구의무가 있다고 판결
하였는데, 타당한 판결로 평가된다.

즉 본 사건에서 원심(서울지방법원 1996. 7. 5. 선고 95나13721 판결)은 Y은행
출장소장은 약속어음에 관하여 지급보증 및 이를 위한 배서를 할 권한이 없다
고 할 것이고, 따라서 A의 이 사건 어음에 대한 배서는 그 대리권의 범위를 벗
어난 행위라고 할 수 있다고 전제하고, 이어서 상법 제11조 제3항에 의하면 지
배인의 대리권에 대한 제한은 선의의 제3자에게 대항하지 못하므로 이 사건에
있어서와 같이 지배인이 내부적으로 제한된 대리권의 범위를 넘어서 어음행위
를 한 경우, 그 대리권의 제한으로서 대항할 수 없는 제3자는 지배인의 어음행
위의 직접 상대방에 한하는지 아니면 그 후의 어음취득자도 이에 해당되는지에
관하여 살펴보아야 한다고 하면서, 결론으로 지배인이 그 권한의 제한을 넘어
서 어음행위를 한 경우, 그 권한의 제한으로서 대항할 수 없는 제3자에는 직접
상대방뿐 아니라 그 후 어음을 취득한 자도 포함된다고 봄이 상당하다고 하였
고, 이러한 원심 법원의 판결에 대하여 대법원도 동일한 입장을 견지하였다.

참고로 판례 중에는 "지배인의 행위가 그 객관적 성질에 비추어 영업주의
영업에 관한 행위로 판단되는 경우에도 지배인이 자기 또는 제3자의 이익을
위하여 또는 그 대리권에 관한 제한에 위반하여 한 행위에 대하여는 그 상대
방이 악의인 경우에 한하여 영업주는 그러한 사유를 들어 상대방에게 대항할
수 있다"(대법원 1987. 3. 24. 선고 86다카2073 판결)고 판시한 경우도 있으나 일
반적으로는 본 사건 판시와 같이 제3자의 범위를 악의나 중과실이 없는 자로
제한하고 있다.

◆ 사   례

　　원고 甲은 A가 발행하고 B와 피고 乙회사가 순차로 배서한 금 2천만원의 약속
어음을 C로부터 배서, 양도받아 소지하고 있다. 원고 甲은 어음이 지급기일에 지
급장소에 지급제시하였으나 지급이 거절되었으므로 피고 乙회사에게 어음금 2천
만원과 이에 대한 만기 이후의 이자와 지연손해금을 지급할 것을 주장하였다. 이
에 대하여 乙회사는 이 사건 乙회사 명의의 배서는 乙회사의 부산영업소장으로
있던 소외 X가 임의로 乙회사의 직인과 인장을 위조하여 작성한 것이므로 甲의
청구에 응할 수 없다고 주장하였다. 이에 대하여 甲은 다시, 이 사건 약속어음 중
乙회사 명의의 배서부분을 X가 위조하였더라도 X는 상법 제14조 소정의 표현지
배인에 해당하므로 乙회사는 X의 행위에 대하여 책임을 져야 한다고 주장하였다.
甲의 주장은 정당한가?

Ⅰ. 문제의 소재

　　사안은 피고 乙회사가 표현지배인 책임을 지는가 하는 것이 문제되는바,
특히 표현지배인의 성립요건으로서 영업소의 실질을 요구하는지, 임의로 어음
을 배서한 것이 지배인의 권한에 포함하는지 및 표현지배인 책임의 상대방의
범위 등이 문제된다.

Ⅱ. 乙회사의 책임

　　1. 피위조자인 乙회사는 원칙적으로 어음상 책임을 부담하지 않는다. 하

지만 피위조자가 위조자의 행위에 대하여 추인을 하거나, 거래관례상 乙회사의 행위로 인정될 수 있는 경우이거나, 乙회사가 사용자책임을 인정하여야 하는 경우 및 표현책임을 인정할 수 있는 경우 등에서는 피위조자도 예외적으로 어음상 책임을 져야 한다. 사안에서는 피위조자의 표현책임 중 상법 제14조의 표현지배인의 성립 여부가 문제된다.

2. 사안에서 원고 甲은 지급제시기간 내에 지급제시를 하였으나 지급이 거절된 사안으로 소구권을 행사할 수 있다 하겠으며, 소구권의 행사는 직전의 배서인뿐만 아니라 그 이전의 모든 배서인에게 순차로 또는 임의로 할 수 있으므로 甲이 직전의 배서인인 C에게 소구권을 행사하지 않고 그 이전의 배서인인 피고 乙회사에게 소구권을 행사하는 것도 특별한 사정이 없는 한 가능하다고 하겠다.

Ⅲ. 표현지배인의 책임

1. 의   의

거래관계에 있어서 실제로는 대리권이 명시적 또는 묵시적으로 수여되지 않았음에도 불구하고 대리권이 수여된 것과 같은 외관이 존재하는 경우에 그 외관을 신뢰하고 거래한 제3자가 있는 경우에 그 거래가 영업주에 대하여 효력이 없다면 거래의 안전을 도모할 수 없게 된다. 표현지배인이란 지배인이 아니면서 본점 또는 지점의 본부장, 지점장, 그 밖에 지배인으로 인정될만한 명칭을 가진 상업사용인을 말한다. 이들은 재판 외의 행위에 관하여 본점 또는 지점의 지배인과 동일한 권한이 있는 것으로 본다(상법 제14조). 이것은 민법상의 표현대리를 특히 상거래의 보호를 위하여 수정한 것으로서 독일법상의 외관법리와 영미법상의 표시에 의한 금반언의 원리를 배경으로 한 규정이다.

2. 적용요건

일정한 명칭을 가진 사용인을 표현지배인으로 인정하여 영업주가 그의 행위에 대하여 책임을 지도록 하려면 ① 영업소로서의 실질을 갖춘 곳에서, ② 사용인이 표현적 명칭을 사용하여, ③ 지배인의 권한 내의 거래를 하였으며,

④ 이에 대한 영업주의 허락 내지 묵인이 있었고, ⑤ 상대방이 지배인이 아닌 사실에 관하여 선의였어야 한다.

(1) 영업소로서의 실질

상법 제14조 제1항에서 표현대리인의 요건으로서 '본점 또는 지점의 본부장·지점장 그 밖에 지배인으로 인정될 만한 명칭'이라고 규정하고 있는데, 여기서 영업소란 영업에 관한 지휘·결정을 하고, 활동의 결과가 보고·통일되는 장소적 구심점을 말한다. 본점 또는 지점은 상법상의 영업소인 실체를 어느 정도 갖추어야 되느냐와 관련하여 다음과 같은 학설의 대립이 있다.

1) 학   설

① **실 질 설**   실질설은 다수설로서, 상법 제14조를 적용하기 위하여서는 표현지배인이 소속된 본·지점이 영업소의 실질을 갖추어야 한다고 본다. 그 근거를 보면, ① 연혁적으로 상법 제14조는 지배인을 두어야 할 장소임에도 불구하고 지배인을 두지 않고 대신 '본부장·지점장' 등의 명칭을 붙인 자를 사용하는 경우에 적용하기 위한 규정이고, ② 제14조의 표현지배인제도는 사용인이 가진 명칭인 외관의 신뢰를 보호하기 위한 것이지, 그 외 영업소의 외관까지 보호하려는 것이 아니므로 전혀 실체가 없는, 단지 영업소라는 명칭·주임이라는 명칭이 사용되고 있다는 이유로 그 거래상대방을 보호한다는 것은 문제가 있으며, ③ 실질설을 취하여야 영업주의 이익과 거래안전의 균형을 이룬다는 것이다. 판례도 실질설의 입장이다.

② **형 식 설**   형식설은 소수설로서, 영업소가 본점 또는 지점으로서의 실질을 갖추고 있는가의 여부는 기업조직의 내부적 문제에 불과한 것으로서, 이를 판단할 기준이 반드시 명확한 것이 아니고, ① 실질설을 취할 경우 거래상대방에게 본·지점이 영업소의 실질을 구비하고 있는지 여부를 조사할 부담을 주며, ② 상법 제14조가 외관보호를 위한 규정인 만큼 표현적 명칭을 사용한 경우뿐만 아니라 본·지점으로서의 외관을 갖추고 있으면 충분하다고 한다.

③ **절 충 설**   절충설에 의하면 원칙적으로 지점의 실질을 갖추어야 하나, 특히 본·지점 등의 명칭을 사용하고 있는 경우에는 영업주가 금반언의 법리에 따라 책임을 져야 하므로, 지점의 실체를 갖추고 있지 않더라도 예외적으로 본·지점으로 취급하여 표현지배인의 성립을 인정하여야 한다고 한다.

2) 사 견

표현지배인이 그러한 명칭을 사용하는 영업은 '영업소로서의 실질'을 갖추고 있어야 하느냐의 문제와 관련하여 거래의 안전을 위하여 영업소로서의 외관(표시)만 있으면 충분하고, 그 실질을 갖출 것을 요하지 않는다는 형식설도 있으나, 이는 소수설이고 다수설과 판례의 입장은 본점 또는 지점의 실체를 가지고 어느 정도 독립적으로 영업활동을 할 수 있는 영업소로서의 실질을 갖추고 있어야 한다는 실질설을 취하고 있다. 실질설에 찬동한다.

3) 판 례

표현지배인의 성립요건과 관련하여 대법원 1978. 12. 13. 선고 78다1567 판결을 보면 "표현지배인으로서 상법 제14조 제1항을 적용하려면 당해 사용인의 근무장소가 상법상의 영업소인 본점 또는 지점의 실체를 가지고 어느 정도 독립적으로 영업활동을 할 수 있는 것임을 요하므로, 단순히 본·지점의 지휘·감독 아래 기계적으로 제한된 보조적 사무만을 처리하는 영업소는 상법상의 영업소라 볼 수 없으므로, 본 사건 해상화재보험(주)의 부산영업소 소장은 상법 제14조 제1항 소정의 표현지배인으로 볼 수 없다"고 한 바 있다.

최근 나온 대법원판례(2001다13320)는 표현지배인의 성립요건에 있어 영업소의 실체와 관련하여 실질설을 취함으로써 기존의 판례의 입장을 유지하고 있다. 이외에 제약회사의 지방분실장이라는 명칭을 표현지배인의 명칭으로 인정한 사건이 있고, 보험사지점 차장이라는 명칭은 상위직의 사용인의 존재를 추측할 수 있게 하므로 표현지배인이 아니라고 한 것(93다36974)과 증권회사의 지점장 대리나 건설회사의 현장소장은 상법 제14조의 표현지배인이라고 할 수 없다고 한 것(93다49073; 94다20884)이 있다.

또한 판례는 "지방연락사무소장으로서 그 회사로부터 토지를 분양받은 자들과의 연락업무와 투자중개업무를 담당해 온 경우 회사를 위하여 독립적으로 영업활동을 할 수 있는 지위에 있었다고 단정할 수 없다는 이유로 표현지배인이 아니다(97다43819)"라고 한 바 있다.

(2) 표현적 명칭의 사용

사용인이 본점 또는 지점의 본부장, 지점장, 그 밖에 지배인으로 인정될 만한 명칭을 사용해야 한다. 여기서 말하는 명칭은 제한이 없지만 그 명칭은 그 영업소의 책임자임을 표시하는 것이어야 한다. 예컨대 지점장, 지사장, 영업소장, 사무소장 등은 이러한 명칭으로 인정되나, 보험회사의 영업소장, 보험회사 지점의 차장 등은 그러한 명칭으로 인정되지 아니한다.

(3) 명칭사용의 허락

영업주가 그 명칭사용을 허락하였거나 묵인하여야 하며, 타인이 임의로 그와 같은 명칭을 사용한 경우에는 사용자책임(민법 제756조)을 묻는 것은 별론으로 하고, 여기의 표현지배인에는 포함되지 않는다. 또한 외관신뢰라는 입법취지에 비추어 사용인이 아닌 경우에도 지배인으로서의 외관을 갖추면 표현지배인이 될 수 있다.

(4) 지배인의 권한 내의 행위

표현지배인이 표현적 명칭을 사용하여 상대방과 지배인의 권한 내의 행위를 하여야 한다. 그러나 재판상의 행위는 표현지배권의 범위에 포함되지 않는다(상법 제14조 제1항 단서). 재판상의 행위는 거래행위라고 할 수 없고, 재판에서는 실체적 진실을 판단하기 때문이다.

(5) 상대방의 선의

상대방이 악의인 경우에는 표현지배인으로 되지 않는다(상법 제14조 제2항). 여기서 선의의 대상에 관하여 ① 지배인이 아니라는 사실에 관한 것이라는 견해, ② 사용인이 법률행위를 할 권한(대리권)이 없다는 견해, ③ 지배인이 아니라는 사실 또는 대리권이 없다는 사실에 관한 것이라는 견해 등이 나누어져 있다.

②설과 ③설에 의하면 지배인임을 믿었으나 당해 거래관계에 한하여 대리권이 없는 것을 알고 거래한 경우를 말하는데, 그러한 경우는 상법 제11조 제3항의 대리권의 제한 문제이다. ①설이 타당하다고 본다. 즉 이때에 선의의 대상은 당해 법률행위에 있어서 대리권이 없음을 모른 것으로 볼 것이 아니라, 표현지배인이므로 지배인이 아니라는 점을 모른 것으로 보아야 할 것이다(통설). 과실 있는 선의인 경우, 경과실이면 선의로 볼 것이나, 중과실이면 악의로 보아야 할 것이다(통설). 중과실이 있는 자를 보호할 이유가 없으므로 통설에

찬동한다.

선의의 유무의 판단시기는 법률행위시이나, 어음·수표 등과 같은 유가증권의 경우에는 그 증권의 취득시이다.

3. 적용효과

이상의 요건을 충족한 표현지배인의 대외적 행위는 재판상의 행위를 제외하고 진정한 지배인의 행위와 동일한 권한이 있는 것으로 본다(상법 제14조 제1항 본문). 따라서 영업주는 상대방에 대해 이에 따른 책임을 부담한다. 그러나 표현지배인에 대하여 지배인과 동일한 포괄적 지배권을 부여한다는 의미가 아니라 개별거래에서 선의의 상대방에 대하여 마치 적법하게 선임된 지배인의 법률행위와 동일한 효과가 발생한다는 의미이다. 그러나 표현지배인은 지배인과 동일한 권한이 있다고 의제되므로 그 권한의 범위도 지배인의 권한에 관한 상법 제11조에 의하여 정하여진다.

Ⅳ. 표현지배인의 어음행위

1. 어음행위시 표현지배인책임

지배인의 행위가 영업주의 영업에 관한 것인가의 여부는 지배인의 행위 당시의 주관적인 의사와는 관계없이 그 행위의 객관적 성질에 따라 추상적으로 판단하여야 하는데, 지배인이 영업주 명의로 한 어음행위는 객관적으로 영업에 관한 행위로서 지배인의 대리권의 범위에 속하는 행위라 할 수 있다. 따라서 지배인이 개인적 목적을 위하여 어음행위를 한 경우에도 그 행위의 효력은 영업주에게 미친다 할 것이고, 이러한 법리는 표현지배인의 경우에도 동일하다.

2. 책임의 상대방의 범위

표현지배인의 책임의 상대방은 거래의 직접상대방에 한한다. 단 어음·수표행위는 그 유통성이 보장되어 있으므로 상대방 및 그 외 취득자도 포함된다 하겠다.

V. 문제의 해결

지배인 X가 영업주 명의로 한 어음행위는 객관적으로 영업에 관한 행위로서 지배인의 대리권의 범위에 속하는 행위라고 볼 수 있다.

또한 영업소의 실질에 관하여 소수설인 형식설을 따른다면 표현지배인이 명칭을 사용하는 영업은 영업소의 실질을 갖출 필요가 없으므로 甲은 피고 乙회사에 대하여 X가 표현지배인에 해당한다는 이유로 X의 행위에 대한 책임을 인정할 수 있을 것이나, 다수설과 판례의 입장인 실질설에 따른다면 본점 또는 지점의 실체를 가지고 어느 정도 독립적으로 영업활동을 할 수 있는 영업소로서의 실질을 갖추지 않는 한 X는 표현지배인으로 인정되지 않아 乙회사에 대한 X행위의 책임을 요구하는 원고 甲의 주장이 받아들여지지 않을 것이다.

VI. 참조판례

대법원 1998. 8. 21. 선고 97다6704 판결
　　[약속어음금][공1998.9.15.(66),2274]

【판시사항】

[1] 표현지배인의 성립요건인 사용인의 근무장소가 지점으로서의 실체를 갖추었는지 여부의 판단 기준

[2] 지배인이 그의 개인적 목적을 위하여 영업주 명의로 행한 어음행위가 객관적으로 지배인의 대리권의 범위 내에 속하는 행위인지 여부(적극)

[3] 제약회사의 지방분실장이 자신의 개인적 목적을 위하여 대표이사의 배서를 위조하여 어음을 할인한 경우, 표현지배인의 성립을 인정한 사례

【판결요지】

[1] 상법 제14조 제1항 소정의 표현지배인에 관한 규정이 적용되기 위하여는 당해 사용인의 근무장소가 상법상 지점으로서의 실체를 구비하여야 하고, 어떠한 영업장소가 상법상 지점으로서의 실체를 구비하였다고 하려면 그 영업장소가 본점 또는 지점의 지휘·감독 아래 기계적으로 제한된 보조적 사무만을 처리하는 것이 아니라, 일정한 범위 내에서 본점 또는 지점으로부터

독립하여 독자적으로 영업활동에 관한 결정을 하고 대외적인 거래를 할 수 있
는 조직을 갖추어야 한다.

　[2] 지배인의 행위가 영업주의 영업에 관한 것인가의 여부는 지배인의 행
위 당시의 주관적인 의사와는 관계없이 그 행위의 객관적 성질에 따라 추상적으
로 판단하여야 할 것인바, 지배인이 영업주 명의로 한 어음행위는 객관적으로
영업에 관한 행위로서 지배인의 대리권의 범위에 속하는 행위라 할 것이므로 지
배인이 개인적 목적을 위하여 어음행위를 한 경우에도 그 행위의 효력은 영업주
에게 미친다 할 것이고, 이러한 법리는 표현지배인의 경우에도 동일하다.

　[3] 제약회사의 지방분실장이 자신의 개인적 목적을 위하여 권한 없이 대
표이사의 배서를 위조하여 어음을 할인한 경우, 표현지배인의 성립을 인정한
사례.

5 표현지배인의 어음행위

♦ 사   례

원고 X는 피고 Y회사로부터 甲이 발행하여 乙, Y회사로 순차적으로 배서되어 있는 금 2천만원의 약속어음 1매를 배서양도 받아 소지하고 있던 중 어음의 지급기일에 지급장소 농협중앙회 지점에 지급제시하였으나 지급이 거절되었다. 이에 X는 Y가 어음금 2천만원과 이에 대한 만기 이후의 이자와 지연손해금을 지급하여야 할 의무가 있다고 주장하였다. 이에 대하여 Y회사는 이 사건 Y회사명의의 배서는 Y회사의 부산 분실장으로 있던 소외 A가 임의로 Y회사의 직인과 인장을 위조하여 작성한 것이므로 X의 청구에 응할 수 없다고 주장한다. 이에 대하여 원고 X는 다시, 이 사건 약속어음 중 Y회사 명의의 배서부분을 A가 위조하였다고 하더라도 A는 상법 제14조 소정의 표현지배인에 해당하므로 Y회사는 A의 행위에 대하여 책임을 져야 한다고 주장하였다. X의 주장은 정당한가?

Ⅰ. 판결요지

1. 원심 판결요지

제1심 부산지방법원 1995. 12. 21. 선고 95가단34367 판결과 제2심 부산지방법원 제1민사부 1996. 12. 20. 선고 96나1358 판결은 각각 위 A는 상법 제14조 소정의 표현지배인에 해당하므로 Y회사는 A의 어음행위에 대하여 책임을 져야 한다는 X의 주장을 받아들여 원고승소의 판결을 하였다.

2. 대법원 판결요지(대법원 1998. 8. 21. 선고 97다6704 판결)

(1) 상법 제14조 제1항 소정의 표현지배인에 관한 규정이 적용되기 위하여는 당해 사용인의 근무장소가 상법상 지점으로서의 실체를 구비하여야 하고, 어떠한 영업장소가 상법상 지점으로서의 실체를 구비하였다고 하려면 그 영업장소가 본점 또는 지점의 지휘·감독 아래 기계적으로 제한된 보조적 사무만을 처리하는 것이 아니라, 일정한 범위 내에서 본점 또는 지점으로부터 독립하여 독자적으로 영업활동에 관한 결정을 하고 대외적인 거래를 할 수 있는 조직을 갖추어야 할 것이다.

그런데 Y회사 부산 분실은 그 원심이 판시한 바와 같은 인적 조직을 갖추고, 부산 일원의 약국 등에 Y회사가 제조한 약품을 판매하고 그 대금을 수금하며 거래처에서 수금한 약속어음 등을 할인하여 Y회사에 입금시키는 등의 업무를 담당하여 왔으므로 위 부산 분실이 본점으로부터 어느 정도 독립을 하여 독자적으로 약품의 판매 여부에 관한 결정을 하고 그 결정에 따라 판매행위를 하는 등 영업활동을 하여 왔다 하겠으므로, 위 부산 분실을 Y회사 부산지점으로서의 실체를 구비한 것으로 판단한 것은 정당한 것으로 여겨진다.

(2) 지배인의 행위가 영업주의 영업에 관한 것인가의 여부는 지배인의 행위 당시의 주관적인 의사와는 관계없이 그 행위의 객관적 성질에 따라 추상적으로 판단하여야 할 것인바(대법원 1997. 8. 26. 선고 96다36753 판결 등 참조), 지배인이 영업주 명의로 한 어음행위는 객관적으로 영업에 관한 행위로서 지배인의 대리권의 범위에 속하는 행위라 할 것이므로 지배인이 개인적 목적을 위하여 어음행위를 한 경우에도 그 행위의 효력은 영업주에게 미친다 할 것이고, 이러한 법리는 표현지배인의 경우에도 동일하다 할 것이다.

원심이 같은 취지에서 Y회사 부산 분실장인 소외 A가 자신의 개인적 목적을 위하여 아무런 권한 없이 Y회사 명의의 배서를 위조하여 X로부터 이 사건 약속어음을 할인하였다 하더라도, 이는 표현지배인의 행위로서 Y회사에 대하여 효력이 미친다고 판단한 것은 정당하다.

Ⅱ. 평 석

1. 논 점

본 사례는 두 가지 논점으로 집약될 수 있는바, 첫째 논점은 본점 또는 지점의 본부장·지점장 그 밖에 지배인으로 인정될 만한 명칭을 가진 사용인을 표현지배인으로 인정하려면 그 전제조건으로서 그 사용인이 근무하는 영업소가 본점 또는 지점으로서의 실질을 갖추어야만 하는가 하는 문제이고, 둘째 논점은 지배인이 그의 개인적 목적을 위하여 영업주 명의로 행한 어음행위가 객관적으로 지배인의 대리권의 범위 내에 속하는 행위로 볼 수 있는 것인지 여부의 문제이다.

2. 표현지배인

(1) 의 의

거래관계에 있어서 실제로는 대리권이 명시적 또는 묵시적으로 수여되지 않았음에도 불구하고 대리권이 수여된 것과 같은 외관이 존재하는 경우에 그 외관을 신뢰하고 거래한 제3자가 있는 경우에 그 거래가 영업주에 대하여 효력이 없다면 거래의 안전을 도모할 수 없게 된다. 표현지배인이란 지배인이 아니면서 본점 또는 지점의 본부장, 지점장, 그 밖에 지배인으로 인정될만한 명칭을 가진 상업사용인을 말한다. 이들은 재판 외의 행위에 관하여 본점 또는 지점의 지배인과 동일한 권한이 있는 것으로 본다(상법 제14조). 이것은 민법상의 표현대리를 특히 상거래의 보호를 위하여 수정한 것으로서 독일법상의 외관법리와 영미법상의 표시에 의한 금반언의 원리를 배경으로 한 규정이다.

(2) 적용요건

일정한 명칭을 가진 사용인을 표현지배인으로 인정하여 영업주가 그의 행위에 대하여 책임을 지도록 하려면 ① 영업소로서의 실질을 갖춘 곳에서, ② 사용인이 표현적 명칭을 사용하여, ③ 지배인의 권한 내의 거래를 하였으며, ④ 이에 대한 영업주의 허락 내지 묵인이 있었고, ⑤ 상대방이 지배인이 아닌 사실에 관하여 선의였어야 한다.

1) 영업소로서의 실질

상법 제14조 제1항에서 표현대리인의 요건으로서 '본점 또는 지점의 본부장·지점장 그 밖에 지배인으로 인정될 만한 명칭'이라고 규정하고 있는데, 여기서 영업소란 영업에 관한 지휘·결정을 하고, 활동의 결과가 보고·통일되는 장소적 구심점을 말한다. 본점 또는 지점은 상법상의 영업소인 실체를 어느 정도 갖추어야 되느냐와 관련하여 다음과 같은 학설의 대립이 있다.

① 실 질 설   실질설은 다수설로서, 상법 제14조를 적용하기 위하여서는 표현지배인이 소속된 본·지점이 영업소의 실질을 갖추어야 한다고 본다. 그 근거를 보면, ① 연혁적으로 상법 제14조는 지배인을 두어야 할 장소임에도 불구하고 지배인을 두지 않고 대신 '본부장·지점장' 등의 명칭을 붙인 자를 사용하는 경우에 적용하기 위한 규정이고, ② 제14조의 표현지배인제도는 사용인이 가진 명칭인 외관의 신뢰를 보호하기 위한 것이지, 그 외 영업소의 외관까지 보호하려는 것이 아니므로 전혀 실체가 없는, 단지 영업소라는 명칭·주임이라는 명칭이 사용되고 있다는 이유로 그 거래상대방을 보호한다는 것은 문제가 있으며, ③ 실질설을 취하여야 영업주의 이익과 거래안전의 균형을 이룬다는 것이다. 판례도 실질설의 입장이다.

② 형 식 설   형식설은 소수설로서, 영업소가 본점 또는 지점으로서의 실질을 갖추고 있는가의 여부는 기업조직의 내부적 문제에 불과한 것으로서, 이를 판단할 기준이 반드시 명확한 것이 아니고, ① 실질설을 취할 경우 거래상대방에게 본·지점이 영업소의 실질을 구비하고 있는지 여부를 조사할 부담을 주며, ② 상법 제14조가 외관보호를 위한 규정인 만큼 표현적 명칭을 사용한 경우뿐만 아니라 본·지점으로서의 외관을 갖추고 있으면 충분하다고 한다.

③ 절 충 설   절충설에 의하면 원칙적으로 지점의 실질을 갖추어야 하나, 특히 본·지점 등의 명칭을 사용하고 있는 경우에는 영업주가 금반언의 법리에 따라 책임을 져야 하므로, 지점의 실체를 갖추고 있지 않더라도 예외적으로 본·지점으로 취급하여 표현지배인의 성립을 인정하여야 한다고 한다.

④ 사   견   표현지배인이 그러한 명칭을 사용하는 영업은 '영업소로서의 실질'을 갖추고 있어야 하느냐의 문제와 관련하여 거래의 안전을 위하여 영업소로서의 외관(표시)만 있으면 충분하고, 그 실질을 갖출 것을 요하지 않

는다는 형식설도 있으나, 이는 소수설이고 다수설과 판례의 입장은 본점 또는 지점의 실체를 가지고 어느 정도 독립적으로 영업활동을 할 수 있는 영업소로서의 실질을 갖추고 있어야 한다는 실질설을 취하고 있다. 실질설에 찬동한다.

2) 표현적 명칭의 사용

사용인이 본점 또는 지점의 본부장, 지점장, 그 밖에 지배인으로 인정될 만한 명칭을 사용해야 한다. 여기서 말하는 명칭은 제한이 없지만 그 명칭은 그 영업소의 책임자임을 표시하는 것이어야 한다. 예컨대 지점장, 지사장, 영업소장, 사무소장 등은 이러한 명칭으로 인정되나, 보험회사의 영업소장, 보험회사 지점의 차장 등은 그러한 명칭으로 인정되지 아니한다.

3) 명칭사용의 허락

영업주가 그 명칭사용을 허락하였거나 묵인하여야 하며, 타인이 임의로 그와 같은 명칭을 사용한 경우에는 사용자책임(민법 제756조)을 묻는 것은 별론으로 하고, 여기의 표현지배인에는 포함되지 않는다. 또한 외관신뢰라는 입법취지에 비추어 사용인이 아닌 경우에도 지배인으로서의 외관을 갖추면 표현지배인이 될 수 있다.

4) 지배인의 권한 내의 행위

표현지배인이 표현적 명칭을 사용하여 상대방과 지배인의 권한 내의 행위를 하여야 한다. 그러나 재판상의 행위는 표현지배권의 범위에 포함되지 않는다(상법 제14조 제1항 단서). 재판상의 행위는 거래행위라고 할 수 없고, 재판에서는 실체적 진실을 판단하기 때문이다.

5) 상대방의 선의

상대방이 악의인 경우에는 표현지배인으로 되지 않는다(상법 제14조 제2항). 여기서 선의의 대상에 관하여 ① 지배인이 아니라는 사실에 관한 것이라는 견해, ② 사용인이 법률행위를 할 권한(대리권)이 없다는 견해, ③ 지배인이 아니라는 사실 또는 대리권이 없다는 사실에 관한 것이라는 견해 등이 나누어져 있다.

②설과 ③설에 의하면 지배인임을 믿었으나 당해 거래관계에 한하여 대리권이 없는 것을 알고 거래한 경우를 말하는데, 그러한 경우는 상법 제11조 제3

항의 대리권의 제한 문제이다. ①설이 타당하다고 본다. 즉 이때에 선의의 대
상은 당해 법률행위에 있어서 대리권이 없음을 모른 것으로 볼 것이 아니라,
표현지배인이므로 지배인이 아니라는 점을 모른 것으로 보아야 할 것이다(통
설). 과실 있는 선의인 경우, 경과실이면 선의로 볼 것이나, 중과실이면 악의로
보아야 할 것이다(통설). 중과실이 있는 자를 보호할 이유가 없으므로 통설에
찬동한다.

선의의 유무의 판단 시기는 법률행위시이나, 어음·수표 등과 같은 유가
증권의 경우에는 그 증권의 취득시이다.

(3) 적용효과

이상의 요건을 충족한 표현지배인의 대외적 행위는 재판상의 행위를 제외
하고 진정한 지배인의 행위와 동일한 권한이 있는 것으로 본다(상법 제14조 제1
항 본문). 따라서 영업주는 상대방에 대해 이에 따른 책임을 부담한다. 그러나
표현지배인에 대하여 지배인과 동일한 포괄적 지배권을 부여한다는 의미가 아
니라 개별거래에서 선의의 상대방에 대하여 마치 적법하게 선임된 지배인의
법률행위와 동일한 효과가 발생한다는 의미이다. 그러나 표현지배인은 지배인
과 동일한 권한이 있다고 의제되므로 그 권한의 범위도 지배인의 권한에 관한
상법 제11조에 의하여 정하여진다.

3. 표현지배인의 어음행위

지배인의 행위가 영업주의 영업에 관한 것인가의 여부는 지배인의 행위
당시의 주관적인 의사와는 관계없이 그 행위의 객관적 성질에 따라 추상적으
로 판단하여야 하는데, 지배인이 영업주 명의로 한 어음행위는 객관적으로 영
업에 관한 행위로서 지배인의 대리권의 범위에 속하는 행위라 할 수 있다. 따
라서 지배인이 개인적 목적을 위하여 어음행위를 한 경우에도 그 행위의 효력
은 영업주에게 미친다 할 것이고, 이러한 법리는 표현지배인의 경우에도 동일
하다. 따라서 이 사건에서 대법원이 Y회사 부산분실장인 소외 A가 자신의 개
인적 목적을 위하여 아무런 권한 없이 Y회사 명의의 배서를 위조하여 X로부
터 이 사건 약속어음을 할인하였다고 하더라도, 이는 표현지배인의 행위로서
Y회사에 대하여 효력이 미친다고 판단한 것은 옳다고 본다.

Ⅲ. 참조판례

판례의 동향을 보면, 제약회사의 지방분실장이라는 명칭을 표현지배인의 명칭으로 인정한 본 사건이 있고, 보험사지점 차장이라는 명칭은 상위직의 사용인의 존재를 추측할 수 있게 하므로 표현지배인이 아니라고 한 것(대법원 1993. 12. 10. 선고 93다36974 판결)과 증권회사의 지점장 대리나 건설회사의 현장소장은 상법 제14조의 표현지배인이라고 할 수 없다고 한 것(대법원 1994. 1. 28. 선고 93다49703 판결; 대법원 1994. 9. 30. 선고 94다20884 판결)이 있다. 또한 판례는 "지방연락사무소장으로서 그 회사로부터 토지를 분양받은 자들과의 연락업무와 투자중개 업무를 담당해 온 경우 회사를 위하여 독립적으로 영업활동을 할 수 있는 지위에 있었다고 단정할 수 없다는 이유로 표현지배인이 아니다"(대법원 1998. 10. 13. 선고 97다43819 판결)라고 한 바 있는데, 참조판례를 간단히 소개하면 다음과 같다.

1. 대법원 2000. 8. 22. 선고 2000다13320 판결

상법 제14조 제1항에 정해진 표현지배인에 관한 규정이 적용되기 위하여는 "당해 사용인의 근무 장소가 상법상 지점으로서의 실체를 구비하여야 하고, 어떠한 영업장소가 상법상 지점으로서의 실체를 구비하였다고 하려면 그 영업장소가 본점 또는 지점의 지휘·감독 아래 기계적으로 제한된 보조적 사무만을 처리하는 것이 아니라, 일정한 범위 내에서 본점 또는 지점으로부터 독립하여 독자적으로 영업활동에 관한 결정을 하고 대외적인 거래를 할 수 있는 조직을 갖추어야 할 것이다"라고 하여, 표현지배인의 성립요건에 있어 영업소에 관한 실질설, 형식설, 절충설 중 실질설을 취한 대법원 1987. 12. 13. 선고 78다1567 판결; 대법원 1998. 8. 21. 선고 97다6704 판결; 대법원 1998. 10. 13. 선고 97다43819 판결 등을 답습하였다.

2. 대법원 1998. 8. 21. 선고 97다6704 판결

상법 제14조 제1항 소정의 표현지배인에 관한 규정이 적용되기 위하여는 해당 사용인의 근무장소가 상법상 지점으로서의 실체를 구비하여야 하고, 어떠한 영업장소가 상법상 지점으로서의 실체를 구비하였다고 하려면 그 영업장소가 본점 또는 지점의 지휘·감독 아래 기계적으로 제한된 보조적 사무만을 처리하는 것이 아니라, 일정한 범위 내에서 본점 또는 지점으로부터 독립하여 독자적으로 영업활동에 관한 결정을 하고 대외적인 거래를 할 수 있는 조직을 갖추어야 한다. 지배인의 행위가 영업주의 영업에 관한 것인가의 여부는 지배인의 행위 당시의 주관적인 의사와는 관계없이 그 행위의 객관적 성질에 따라 추상적으로 판단하여야 할 것인바, 지배인이 영업주 명의로 한 어음행위는 객관적으로 영업에 관한 행위로서 지배인의 대리권의 범위에 속하는 행위라 할 것이므로 지배인이 개인적 목적을 위하여 어음행위를 한 경우에도 그 행위의 효력은 영업주에게 미친다 할 것이고, 이러한 법리는 표현지배인의 경우에도 동일하다. 제약회사의 지방분실장이 자신의 개인적 목적을 위하여 권한 없이 대표이사의 배서를 위조하여 어음을 할인한 경우, 표현지배인의 성립을 인정한 사례이다.

3. 대법원 1978. 12. 13. 선고 78다1567 판결

범한해상화재보험주식회사 부산영업소는 본점 또는 지점의 지휘·감독 아래 보험의 모집, 보험료의 집금과 송금, 보험계약의 보전 및 유지관리, 보험모집인의 인사관리 및 교육, 출장소의 관리감독, 기타 본점 또는 지점으로부터 위임받은 사항을 그 업무로 하여 본점 또는 지점의 지휘·감독 아래 기계적으로 제한된 보조적 사무만을 처리할 수 있을 뿐, 위 보험회사의 기본적 업무인 보험계약의 체결, 보험료의 징수, 보험금의 지급 등을 독립적으로 할 수 없도록 되어 있었다. 그런데 동사의 부산영업소장은 동사의 지배인도 아니고 본사로부터 어음행위를 수권받은 바도 없으면서 수취인란에 '범한해상화재보험주식회사 부산영업소'라고 기재된 약속어음을 교부받아 다시 '범한해상화재보험주식회사 부산영업소장 권영진'이라는 이름으로 배서하였다. 이 어음의 소지인이 범한해상화재보험주식회사에 대하여 상법 제14조를 근거로 하여 배서인의 담보책임을 물었다.

이에 대하여 대법원은 "표현지배인으로서 본 조를 적용하려면 당해 사용인의 근무장소가 상법상의 영업소인 본점 또는 지점의 실체를 가지고 어느 정도 독립적으로 영업활동을 할 수 있어야 할 것"이라고 하면서, "피고 범한해상화재보험주식회사는 보험영업의 규제를 받는 보험업자로서 보험계약의 체결,

보험료의 징수 및 보험금의 지급을 그 기본적 업무로 하고 있으나, 피고회사 부산영업소의 업무내용은 본점 또는 지점의 지휘·감독 아래 보험의 모집, 보험료의 집금과 송금, 보험계약의 보전 및 유지관리, 보험모집인의 인사관리 및 교육, 출장소의 관리감독 기타 본·지점의 지휘·감독 아래 기계적으로 제한된 보조적 업무만을 처리하는 것이므로 이는 상법상 영업소인 본점 또는 지점에 준하는 실체가 없어 부산영업소장 권영진은 상법 제14조에서 말하는 표현지배인이라고 볼 수 없다"고 판시하였다.

Ⅳ. 결   어

이상 검토한 바와 같이 영업주가 표현지배인의 행위에 대하여 책임을 부담하기 위해서는 ① 영업소로서의 실질을 갖춘 곳에서, ② 사용인이 표현적 명칭을 사용하여, ③ 지배인의 권한 내의 거래를 하였으며, ④ 이에 대한 영업주의 허락 내지 묵인이 있었고, ⑤ 상대방이 지배인이 아닌 사실에 관하여 선의였어야 한다. 그런데 위의 요건 중 영업소로서의 실질을 갖추어야 한다는 요건과 관련하여 일부 학자는 형식설을 주장하고 있다. 그 근거로서는 ① 상법 제14조가 외관이론 내지 금반언의 법리를 근거로 하고 있는 이상, 지배인으로서의 외관을 신뢰하고 거래한 제3자는 당연히 보호되어야 하고, ② 실질설을 취할 경우 거래상대방에게 본·지점의 영업소의 실질을 구비하였는지까지도 조사하여야 할 부담을 주므로 부당하며, ③ 거래시에 일일이 본·지점이 영업소의 실질을 갖추었는지를 조사 내지 판단한다는 것은 경험상 기대하기 어렵다는 점을 들고 있다. 그러나 연혁적으로 상법 제14조는 지배인을 두어야 할 장소임에도 불구하고 지배인을 두지 않고 대신 본부장·지점장 등의 명칭을 붙인 자를 사용하는 경우에 적용하기 위한 규정이고, 상법 제14조의 표현지배인 제도는 사용인이 가진 명칭, 즉 외관의 신뢰를 보호하기 위한 것이지 그 외 영업소의 외관까지 보호하려는 것은 아니므로 전혀 실체가 없는, 단지 영업소라는 명칭, 본부장·지점장이라는 명칭이 사용되고 있다는 이유로 그 거래상대방을 보호한다는 것은 문제가 있다고 본다. 따라서 실질설의 입장을 취하는 것이 영업주의 이익과 거래안전의 균형을 이룬다는 측면에서도 타당하다고 생각된다.

그런데 참조판례에서 보듯이 보험회사의 영업소에 대하여는 영업소로서의 실질을 인정하지 아니하였으나, 본 사건에서는 이를 인정하였다. 보험회사의 경우 보험계약이 본사를 통하여 이루어지기 때문에 영업소의 실질을 인정하지 아니한 듯 보이고, 이 사건에서는 Y회사의 부산 분실이 "본사가 제조한 약품을 약국 등 거래처에 공급하고, 그 약품대금을 수금하는 업무 및 일부약국 등에서 수금한 약속어음 등을 Y회사의 배서 하에 다른 약국으로부터 할인받아 이를 Y회사에 입금시키는 업무"를 함으로써 이 곳에 지점의 실체를 인정한 것으로 보인다. 또한 최근 나온 대법원판례(대법원 2000. 8. 22. 선고 2000다13320 판결)는 표현지배인의 성립요건에 있어 영업소의 실체와 관련하여 실질설을 취함으로써 기존의 판례의 입장을 유지하고 있다.

6 부분적 포괄대리권을 가진 상업사용인의 권한

◆ 사   례

소외 박수만은 피고 현대건설주식회사가 기공하는 충남 서산군 대산면 소재 현대종합화학공장의 건설현장의 현장소장으로서 원고 유청영과 피고 주봉진 사이에 체결된 이 사건 중기임대차계약으로 인하여 발생하는 중기임대료의 지급을 보증하였다. 피고 회사가 시공하는 이 사건 공사는 130여만 평의 부지 위에 조성하는 대규모 공사로서 그 관리인원이 500여명, 그 공사에 관련한 하도급 및 재하도급 업체가 100여개나 되고 공사비로 1,000억여 원이 소요되는 방대한 규모이었다. 이에 중기임대인인 원고는 소외 박수만이 피고 회사의 현장소장이라는 직함을 가지고 있기 때문에 피고 회사의 표현지배인으로서 위 보증행위에 대하여 피고 회사도 책임이 있다고 주장하면서 피고 주봉진과 피고 현대건설주식회사에게 중기임대료의 지급을 청구하는 소송을 제기하였다. 그러나 원심법원에서는 소외 박수만은 피고 회사의 표현지배인이라고 볼 수 없고 부분적 포괄대리권을 가진 상업사용인이라고 보는 것이 타당하며 부분적 포괄대리권을 가진 상업사용인의 권한 범위에 회사의 부담으로 될 채무보증은 위 권한범위에 들어가지 않는다고 판시하였다.

Ⅰ. 판결요지(대법원 1994. 9. 30. 선고 94다20884 판결)

1. 건설업을 목적으로 하는 건설회사의 업무는 공사의 수주와 공사의 시공이라는 두 가지로 크게 나눌 수 있는데, 건설회사 현장소장은 일반적으로

특정된 건설현장에서 공사의 시공에 관련한 업무만을 담당하는 자이므로 특별한 사정이 없는 한 상법 제14조 소정의 표현지배인이라고 할 수는 없고, 단지 상법 제15조 소정의 영업의 특정한 종류 또는 특정한 사항에 대한 위임을 받은 사용인으로서 그 업무에 관하여 부분적 포괄대리권을 가지고 있다.

2. 건설현장의 현장소장의 통상적인 업무의 범위는 그 공사의 시공에 관련한 자재, 노무관리 외에 그에 관련된 하도급계약 계약체결 및 그 공사대금 지급, 공사에 투입되는 중기 등의 임대차계약체결 및 그 임대료의 지급 등에 관한 모든 행위이고, 아무리 소규모라 하더라도 그와 관련 없는 새로운 수주활동을 하는 것과 같은 영업활동은 그의 업무범위에 속하지 아니한다.

3. 일반적으로 건설회사의 현장소장에게는 회사의 부담으로 될 채무보증 또는 채무인수 등과 같은 행위를 할 권한이 회사로부터 위임되어 있다고 볼 수는 없지만, 현장소장이 방대한 규모의 공사에 관한 하도급계약과 그 공사에 소요될 장비에 관한 임대차계약의 체결 및 그 대금 등의 지급 등 어느 정도 광범한 권한을 부여받고 있었고, 공사를 함에 있어서도 중기와 같은 장비를 구하기가 어렵고 장비가 투입이 되지 않으면 공사에 큰 지장이 초래될 우려가 있기 때문에 공사에 투입되는 중기를 임차하는 데 보증을 하게 되었으며, 그 보증의 내용도 그 공사의 일부를 하도급받은 중기임차인에게 지급할 공사대금 중에서 중기임대료 등에 해당하는 만큼을 중기임대인에게 직접 지급하겠다는 것이어서 회사로서는 공사대금 중에서 중기임대료 등에 해당하는 만큼을 직접 중기임대인에게 지급하면 그에 상당하는 하도급 공사대금채무를 면하게 되고 그 보증행위로 인하여 별다른 금전적 손해를 입는 것도 아니었다면, 다른 특별한 사정이 없는 한 회사로서는 현장소장에게 위와 같은 보증행위를 스스로 할 수 있는 권한까지 위임하였다고 봄이 상당하고, 설사 그러한 권한이 위임되어 있지 않다고 하더라도 위 보증행위의 상대방으로서는 이러한 권한이 있다고 믿은 데 정당한 이유가 있다.

II. 평 석

1. 상업사용인의 의의

상업사용인은 특정한 상인에 종속되어 그 대외적인 영업활동을 보조하는 자를 말한다. 상업사용인의 의의에 관하여 상법은 아무런 규정을 두고 있지 않은데, ① 상업사용인은 특정한 상인에 종속되어 있는 자이고, 이러한 특정한 상인을 상법은 영업주라고 표현하고 있다. 즉 특정된 상인에 종속된 보조자란 점에서 대리상·중개인 등 독립적 보조자와 구별되며, 회사의 기관인 이사·감사나 무한책임사원과 구별된다. ② 상업사용인은 대외적인 영업상의 노무에 종사하는 자이므로 기업의 내부에서 생산과정에 참여하는 기술적 보조자는 상업사용인이 아니다. ③ 상업사용인은 자연인에 한하고 그 종속관계는 반드시 고용계약에 의하는 것은 아니나 대리권 수여계약이 있어야 한다. 따라서 상인과 고용계약이 없는 상인의 가족도 대리권이 수여되기만 하면 상업사용인이 될 수 있다.

2. 상업사용인의 종류

상법은 상업사용인에 대하여 대리권의 유무·광협에 따라 ① 지배인, ② 부분적 포괄대리권을 가진 상업사용인, ③ 물건판매점포의 사용인의 세 가지 종류를 인정하고 있다.

(1) 지 배 인

지배인이란 영업주를 갈음하여 그 영업에 관한 재판상 또는 재판 외의 모든 행위를 할 수 있는 영업대리권을 가진 상업사용인이다(상법 제11조 제1항). 이러한 대리권을 가진 자는 그 명칭여하를 묻지 않고 지배인이며 반대로 이러한 권한을 갖지 않은 자는 본부장·지점장 그 밖에 지배인으로 인정될 만한 명칭이 붙어 있더라도 지배인이 아니다. 지배인은 영업주 또는 그 대리인이 선임한다(상법 제10조). 선임형식에는 별다른 제한이 없고 지배인이 다른 지배인을 선임할 수는 없다(상법 제11조 제2항 참조). 회사의 지배인은 대표기관이 선임하되, 소정의 내부적 절차를 밟아야 한다. 지배인의 종임은 대리권의 소멸

또는 위임관계의 종료에 관한 민법의 일반원칙에 따르는 외에 영업의 폐지, 회사의 해산 등으로 인하여도 종임한다. 지배인의 선임과 종임은 등기사항이므로 그 지배인을 둔 본점 또는 지점에서 등기하여야 한다(상법 제13조).

지배인의 지배권은 정형성·포괄성을 그 특색으로 하므로, 영업주가 개별적으로 거래의 종류·장소·금액·시기·상대방 등에 관하여 지배인의 지배권을 제한하더라도 이로써 선의의 제3자에게 대항하지 못한다(상법 제11조 제3항).

(2) 부분적 포괄대리권을 가진 상업사용인

부분적 포괄대리권을 가진 상업사용인이란 영업의 특정한 종류 또는 특정한 사항에 관하여 포괄적 대리권을 가지는 상업사용인을 말한다. 대리권의 범위가 부분적이고 재판상의 행위가 제외되며 선임 및 대리권의 소멸이 등기사항이 아닌 점에서 지배인과 다르나, 대리권의 제한을 선의의 제3자에게 대항하지 못하는 점은 같다.

(3) 물건판매점포의 사용인

물건을 판매하는 점포의 사용인은 그 물건의 판매에 관한 한 모든 권한이 있는 것으로 본다(상법 제16조 제1항). 그리고 이러한 대리권의 의제규정은 물건을 판매하는 점포의 사용인뿐만 아니라 널리 임대 또는 교환 등의 거래를 취급하는 점포의 사용인 기타 공중접객업소의 사용인, 은행창구직원에 대하여도 유추적용된다. 그러나 점포를 떠나 판매행위를 하는 이른바 외무사원은 여기서의 사용인이 아니다. 물건판매점포의 사용인의 대리권의 의제도 선의의 거래자를 보호하기 위한 것이므로 악의의 제3자에 대해서는 적용되지 않는다(상법 제16조 제2항).

3. 표현지배인

(1) 의 의

본점 또는 지점의 본부장·지점장 그 밖에 지배인으로 인정될 만한 명칭을 가진 사용인은 지배인이 아닌 경우에도 상대방이 선의인 경우에 지배인으로 의제하고 있는데 이것이 표현지배인이다. 표현지배인 제도는 거래의 안전을 위하여 영미법상의 표시에 의한 금반언의 법리 또는 독일법상의 외관법리와 같은 정신으로 인정된 것이며 민법상의 표현대리 및 상법상의 명의대여자의 책임·표현대표이사 등과 맥을 같이하고 있다.

(2) 요　건

표현지배인이 성립되기 위하여는 다음의 3가지 요건이 필요하다. ① 첫째는 영업주는 표현지배인에게 지배인으로 믿을 만한 명칭사용을 허락해야 한다(명칭 부여). ② 둘째는 표현지배인은 그러한 명칭을 사용하여 영업에 관한 행위를 하여야 한다(명칭 사용). ③ 셋째는 표현지배인과 거래하는 상대방은 선의이어야 한다(상대방의 선의).

표현지배인이 그러한 명칭을 사용하는 영업은 지배인의 권한 내의 행위이어야 하고, 또한 표현지배인의 이러한 명칭 사용은 거래행위에서 하여야 하므로 거래행위라고 볼 수 없는 재판상의 행위는 제외된다. 표현지배인이 그러한 명칭을 사용하는 영업은 영업소로서의 실질을 갖추고 있어야 하느냐의 문제가 있다. 이에 대하여 ① 거래의 안전을 위하여 영업소로서의 외관만 있으면 충분하고 그 실질을 갖출 것을 요하지 않는다는 형식설과, ② 본점 또는 지점의 실체를 가지고 어느 정도 독립적으로 영업활동을 할 수 있는 영업소로서의 실질을 갖추고 있어야 한다는 실질설로 나누어져 있으나 다수설과 판례는 실질설의 입장을 지지하고 있다.

(3) 효　과

상법은 "… 본점 또는 지점의 지배인과 동일한 권한이 있는 것으로 본다"고 규정하고 있는데, 즉 지배권이 없는 자의 행위(무권대리행위)를 지배권이 있는 자의 행위(유권대리행위)로 의제하고 있다. 이로 인하여 영업주는 상대방에 대하여 책임을 부담하는 것이다. 표현지배인의 행위에 대하여 영업주가 그 책임을 지는 것은 지배인이 아닌 자의 행위에 대하여 책임을 지는 것으로, 지배권이 제한된 진정한 지배인이 그 제한에 위반하여 한 행위에 대하여 영업주가 책임을 지는 경우(상법 제11조 제3항)와는 구별된다.

4. 본 판례의 논점

(1) 건설회사의 현장소장이 상법 제14조 소정의 표현지배인에 해당하느냐 아니면 상법 제15조 소정의 부분적 포괄대리권을 가진 상업사용인으로 보아야 하는가 하는 점을 먼저 검토할 필요가 있다. 부분적 포괄대리권을 가진 상업

사용인은 영업주의 영업의 특정한 종류 또는 특정한 사항에 관한 재판 외의 모든 행위를 할 수 있는 권한을 위임받은 상업사용인이다. 보통 회사의 차장·과장·계장·대리 등의 명칭을 가진 상업사용인이 이에 해당한다. 부분적 포괄대리권을 가진 상업사용인과 지배인의 대리권은 포괄성과 정형성을 갖고, 또 불가제한성을 갖는 점에서 공통된 점이 있으나, 그 대리권이 특정사항에 관하여만 포괄성과 정형성을 갖는 점, 그 대리권은 재판상의 행위에는 미치지 않는 점, 지배인이 선임할 수 있는 점, 등기사항이 아닌 점 등이 다르다.

본 사건의 경우와 같이 건설업을 목적으로 하는 건설회사의 업무는 공사의 수주와 공사의 시공이라는 두 단계로 크게 나눌 수 있는데, 건설회사 현장소장은 일반적으로 특정된 건설현장에서 공사의 시공에 관련한 업무만을 담당하는 것이 건설업계의 현실이라면 특별한 사정이 없는 한 상법 제14조 소정의 본점 또는 지점의 본부장·지점장 그 밖에 지배인으로 인정될 만한 명칭을 가진 표현지배인이라고 할 수는 없고, 단지 상법 제15조 소정의 영업의 특정한 종류 또는 특정한 사항에 대한 위임을 받은 사용인으로서 그 업무에 관하여 부분적 포괄대리권을 가지고 있다고 보는 것이 타당할 것이다. 그러므로 건설현장의 현장소장의 통상적인 업무의 범위는 그 공사의 시공에 관련한 자재, 노무관리 외에 그것에 관련된 하도급계약체결 및 그 공사대금 지급, 공사에 투입되는 중기 등의 임대차계약체결 및 그 임대료의 지급 등에 관한 모든 행위이고 아무리 소규모라고 하더라도 그와 관련 없는 새로운 수주활동을 하는 것과 같은 영업활동은 그의 업무범위에 속하지 아니한다고 보아야 할 것이다.

(2) 부분적 포괄대리권을 가진 상업사용인의 권한의 범위는 지배인의 경우와 마찬가지로 사용인의 주관적 판단에 따를 것이 아니라 그 영업을 위하여 필요한가 어떠한가는 객관적 표준에 의하여 결정하여야 한다. 예컨대 구매액과 관련해서는 구매계약을 체결하는 것은 물론이고 상품 및 대금의 수수, 대금의 감액지급의 유예 등을 할 권한도 가진다고 보아야 한다. 그리고 상법은 표현지배인에 관한 규정을 부분적 포괄대리권을 가진 사용인에 관하여는 준용하고 있지 아니하기 때문에, 민법상의 표현대리에 의한 보호를 받을 수밖에 없다. 그러나 이 경우에도 거래의 상대방을 보호하기 위하여 상법 제14조를 유추하여 명칭에 의한 표현적 포괄대리권을 인정해야 할 것이라는 주장이 있다. 앞에서 살펴본 바와 같이 공사의 시공에 관련한 자재, 노무관리 이외에 그

에 관련된 하도급계약체결 및 그 공사대금 지급, 공사에 투입되는 중기 등의 임대차계약체결 및 그 임대료의 지급 등에 관한 모든 행위는 건설회사의 현장소장의 통상적인 업무범위에 속하나 일반적으로 회사의 부담으로 될 채무보증 또는 채무인수 등과 같은 행위를 할 권한이 회사로부터 위임되어 있다고 볼 수는 없다.

(3) 그러나 ① 현장소장이 방대한 규모의 공사에 관한 하도급계약과 그 공사에 소요될 장비에 관한 임대차계약의 체결 및 그 대금 등의 지급 등 어느 정도 광범한 권한을 부여받고 있었다는 점, ② 공사를 함에 있어서는 중기와 같은 장비를 구하기 어렵고 장비가 투입되지 않으면 공사에 큰 지장이 초래될 우려가 있기 때문에 공사에 투입되는 중기를 임차인이 임차하는 데 보증을 하게 되었다는 점, ③ 그 보증의 내용이 공사의 임무를 하도급받은 중기임차인에게 지급할 공사대금 중에서 중기임대료 만큼에 해당하는 만큼을 중기임대인에게 직접 지급하겠다는 것이어서 회사로서는 공사대금 중에서 중기임대료 등에 해당하는 만큼을 직접 중기임대인에게 지급하면 그에 상당하는 하도급공사대금 채무를 면하게 되고 그 보증행위로 인하여 별다른 금전적 손해를 입는 것도 아니었다는 점을 고려하면 다른 특별한 사정이 없는 한 회사로서는 현장소장에게 이와 같은 보증행위를 스스로 할 수 있는 권한까지 위임하였다고 인정하는 것이 객관적으로 보아 타당할 것이다.

(4) 만약 그러한 권한이 위임되어 있지 않다고 본다면 민법상의 표현대리가 성립되어야 하는데, 앞에서 살펴본 3가지 점을 근거로 하여 볼 때 위 보증행위의 상대방으로서는 이러한 권한이 있다고 믿은 데에 상당한 이유가 있는 것으로 판단된다. 또한 건설회사의 현장소장의 보증행위가 부분적 포괄대리권을 가진 상업사용인의 권한범위 내에 들어가지 않는다고 하더라도 그 행위의 상대방은 민법상의 표현대리에 의해 보호되어야 된다고 볼 때 대법원의 판결은 타당하다고 평가된다.

Ⅲ. 참조판례

1. 대법원 2012. 12. 13. 선고 2011다69770 판결

부분적 포괄대리권을 가진 상업사용인이 특정된 영업이나 특정된 사항에 속하지 아니하는 행위를 한 경우, 영업주가 책임을 지기 위하여는 민법상의 표현대리의 법리에 의하여 그 상업사용인과 거래한 상대방이 그 상업사용인에게 그 권한이 있다고 믿을 만한 정당한 이유가 있어야 한다(대법원 2006. 6. 15. 선고 2006다13117 판결 등 참조).

2. 대법원 2009. 5. 28. 선고 2007다20440 판결

상법 제15조에 의하여 부분적 포괄대리권을 가진 상업사용인은 그가 수여받은 영업의 특정한 종류 또는 특정한 사항에 관한 재판 외의 모든 행위를 할 수 있으므로 개개의 행위에 대하여 영업주로부터 별도의 수권이 필요 없으나, 어떠한 행위가 위임받은 영업의 특정한 종류 또는 사항에 속하는가는 당해 영업의 규모와 성격, 거래행위의 형태 및 계속 반복 여부, 사용인의 직책명, 전체적인 업무분장 등 여러 사정을 고려해서 거래통념에 따라 객관적으로 판단하여야 한다.

3. 대법원 2007. 8. 23. 선고 2007다23425 판결

민법 제125조가 규정하는 대리권 수여의 표시에 의한 표현대리는 본인과 대리행위를 한 자 사이의 기본적인 법률관계의 성질이나 그 효력의 유무와는 관계없이 어떤 자가 본인을 대리하여 제3자와 법률행위를 함에 있어 본인이 그 자에게 대리권을 수여하였다는 표시를 제3자에게 한 경우에 성립한다. 상법 제15조의 부분적 포괄대리권을 가진 사용인은 영업의 특정한 종류 또는 특정한 사항에 관한 재판 외의 모든 행위를 할 수 있는 대리권을 가진 상업사용인을 말하는 것이므로, 이에 해당하기 위해서는 그 사용인의 업무 내용에 영업주를 대리하여 법률행위를 하는 것이 당연히 포함되어 있어야 한다. 상법 제14조 제1항은, 실제로는 지배인에 해당하지 않는 사용인이 지배인처럼 보이는 명칭을 사용하는 경우에 그러한 사용인을 지배인으로 신뢰하여 거래한 상대방을 보호하기 위한 취지에서, 본점 또는 지점의 영업주임 기타 유사한 명칭을 가진 사용인은 표현지배인으로서 재판상의 행위에 관한 것을 제외하고는 본점 또는 지점의 지배인과 동일한 권한이 있는 것으로 본다고 규정하고 있으나, 부분적 포괄대리권을 가진 사용인의 경우에는 상법은 그러한 사용인으로 오인될 만한 유사한 명칭에 대한 거래 상대방의 신뢰를 보호하는 취지의 규정을 따로 두지 않고 있는바, 그 대리권에 관하여 지배인과 같은 정도의 획일성, 정형성이 인정되지 않는 부분적 포괄대리권을 가진 사용인들에 대해서까지 그 표현적 명칭의 사용에 대한 거래 상대방의 신뢰를 무조건적으로 보호한다는 것은 오히려 영업주의 책임을 지나치게 확대하는 것이 될 우려가 있으며, 부분적 포괄대리권을 가진 사용인에 해당하지 않는 사용인이 그러한 사용인과 유사한 명칭을 사용하여 법률행위를 한 경우 그 거래 상대방은 민법 제125조의 표현대리나 민법 제756조의 사용자책임 등의 규정에 의하여 보호될 수 있다고 할 것이므로, 부분적 포괄대리권을 가진 사용인의 경우에도 표현지배인에 관한 상법 제14조의 규정이 유추적용되어야 한다고 할 수는 없다.

4. 대법원 1990. 1. 23. 선고 88다카3250 판결

일반적으로 주식회사의 경리부장은 경상자금의 수입과 지출, 은행거래, 경리장부의 작성 및 관리 등 경리사무 일체에 관하여 그 권한을 위임받은 것으로 봄이 타당하고, 그 지위나 직책, 회사에 미치는 영향, 특히 회사의 자금차입을 위하여 이사회의 결의를 요하는 등의 사정에 비추어 보면 특별한 사정이 없는 한 독자적인 자금차용은 회사로부터 위임되어 있지 않다고 보아야 할 것이므로 경리부장에게 자금차용에 관한 상법 제15조의 부분적 포괄대리권이 있다고 할 수 없다.

5. 대법원 1989. 8. 8. 선고 88다카23742 판결

피고회사의 영업 5 부장인 김종훈과 농수산과 과장대리인 안재호가 이 사건 입고보관증발행 당시 거래선선정 및 계약체결, 담보설정, 어물구매, 어물판매, 어물재고의 관리 등의 업무에 종사하고 있었다면, 비록 상무, 사장 등의 결재를 받아 위 업무를 시행하였다 하더라도 상법 제15조 소정의 "영업의 특정한 종류 또는 특정한 사항에 대한 위임을 받은 사용인"으로서 그 업무에 관한 부분적 포괄대리권을 가진 사용인이라 할 것이다.

6. 대법원 1987. 6. 23. 선고 86다카1418 판결

회사원이 회사지점에서 자금과장으로 호칭되고 위 지점장 바로 다음 직위에 있으며, 그 회사원이 위 지점장 명의로 은행지점에 개설된 위 회사 보통예금계좌에서 예금을 인출하거나 또는 이에 입금한 사실이 있었다 하여 이 사실만으로 바로 그 회사원이 위 회사로부터 위 회사지점장 명의의 예금계좌에서 예금을 인출할 수 있는 권한을 포괄하여 위임받은 상업사용인이라고는 할 수 없다.

7. 대법원 1974. 6. 11. 선고 74다492 판결

자동차운송사업을 경영하는 피고회사의 사업과장인 소외 甲이 피고회사의 본래의 영업목적인 운송사업에 속하는 범위 내의 사항에 대한 위임을 받은 사용인이라면, 위 甲은 본 조 소정의 사용인으로서 그 회사의 운송업에 관한 재판 외의 모든 행위를 할 수 있는 권한을 가진 자이므로 그 권한 내의 행위인 물품구입행위에 대하여 피고회사는 대금지급책임을 부담한다.

8. 대법원 1971. 5. 24. 선고 71다656 판결

은행의 채무부담행위에 해당하는 보증행위는 은행 본점 계리부장대리의 직무범위 내에 속하지 아니하고, 또 외형상 직무와 관련된 행위라고도 볼 수 없다.

9. 대법원 1968. 7. 23. 선고 68다442 판결

주식회사의 기관인 상무이사가 같은 회사의 사용인을 겸할 수 있는 것이며, 그와 같은 경리사무에 관한 포괄적 대리권을 가진 위 사용인을 겸한 상무이사가 개인적으로 쓰기 위하여 동 회사 대표이사의 도장을 위조하여 약속어음을 발행한 경우, 수취인이 그러한 사정을 알았다고 볼 만한 입증이 없는 이상 회사는 그 어음에 대한 책임을 면할 수 없다.

10. 대법원 1966. 1. 31. 선고 65다2295 판결

특정된 사항에 관한 대리권이 있는 부분적 포괄대리권을 가진 상업사용인의 행위가 그 특정된 사항에 유사한 것이라는 이유만으로는 당연히 그 대리권의 범위에 속한다 할 수 없고 그 유사한 행위에 대하여서까지 당연히 상인이 책임을 져야 한다 할 수 없으며, 상인이 그 책임을 지려면 부분적 포괄대리권을 가진 상업사용인과 거래를 한 제3자가 그 상업사용인에게 그 권한이 있다고 믿을 만한 정당한 이유가 있는 때라야 할 것이다.

11. 대법원 1965. 12. 28. 선고 65다2133 판결

일반적으로 회사의 경리과장, 총무과장 또는 출장소장은 다른 특별한 사정이 없는 한 회사가 부담하고 있는 채무에 관하여 소멸시효의 중단사유가 되는 승인을 할 수 없다.

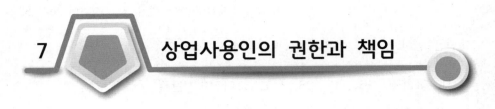

7 상업사용인의 권한과 책임

(설문)

> A주식회사의 경리업무에 관한 권한이 부여된 경리부장 甲은 A회사의 회사자금을 횡령하여 사채놀이를 할 목적으로 이사회의 결의도 거치지 않고 A주식회사의 운영자금대출의 명목으로 B은행으로부터 임의로 1억원의 자금을 차용하였다. B은행의 자금담당대리인 乙은 대부담당 사무계통을 통한 정확한 확인절차도 거치지 않은 채 A주식회사를 신뢰하고 1억원을 대출하여 주었다. 甲은 사채시장에서 자금을 굴리다 실패함으로써 변제기가 도래하였으나 차용금채무의 변제를 하지 못하였다. A주식회사 및 甲은 B은행에 어떤 책임을 지는가?

I. 문제의 논점

설문에서 소비대차상의 차주의 책임과 관련하여 다른 요건은 문제되지 않는 것으로 보이는바,

1. 甲의 자금차용의 효과가 A회사에 귀속되는지와 관련하여 甲의 법적 지위와 그 권한범위에 관해 먼저 검토하고,

2. 만일 甲의 행위의 효과가 A회사에 당연히 귀속되지 않는다면 A회사의 표현법리에 의한 계약상책임의 부담여부 및 사용자책임에 의한 책임부담여부를 검토하여야 한다. 표현법리와 관련하여서는 ① 표현지배인법리에 의한 책임부담여부, ② 표현대리에 의한 책임부담여부, ③ 표현적 부분적 포괄대리권을 가진 상업사용인의 법리에 의한 책임부담가능성도 검토할 필요가 있다.

3. 또한 甲의 책임과 관련하여 무권대리인의 책임(민법 제135조) 및 불법행위책임(민법 제750조)의 부담여부도 검토하여야 한다.

Ⅱ. 상업사용인의 의의, 종류 및 표현지배인제도

1. 상업사용인의 의의

상업사용인은 특정한 상인에 종속되어 그 대외적인 영업활동을 보조하는 자를 말한다. 특정한 상인에 종속된 보조자란 점에서 대리상, 중개인 등 독립적 보조자와 구별되며, 회사의 기관인 이사, 감사나 무한책임사원과 구별된다.

2. 상업사용인의 종류

상업사용인은 영업주로부터 수권받은 대리권의 내용 및 범위에 따라 지배인, 부분적 포괄대리권을 가진 상업사용인, 물권판매점포의 사용인으로 나누어진다.

(1) 지 배 인
1) 의   의

지배인이란 영업주에 갈음하여 그 영업에 관한 재판상 또는 재판외의 모든 행위를 할 수 있는 영업대리권을 가진 상업사용인이다(상법 제11조 제1항). 즉 상업사용인 가운데 가장 넓은 범위의 대리권을 가진 자라고 할 수 있다. 지배인의 이러한 포괄적 대리권을 지배권이라고 하는데 이러한 지배권은 임의대리권이나 그 권한과 내용에 있어 상법에 의해 포괄·정형적이며 획일적 성격을 갖는 것으로 규정되어 있다(상법 제11조 제1항, 제3항 참조).

2) 지배인의 선임과 종임

지배인을 선임할 수 있는 자는 영업주 또는 그의 대리인이며, 지배인은 다른 지배인을 선임할 수 없다(상법 제11조 제2항). 회사의 경우 지배인 선임시 이사회결의와 같은 일정한 내부적 절차를 거치도록 규정하고 있다(상법 제393조 제1항). 지배인의 지위는 그 선임계약의 내용에 따른 종료사유의 발생 또는 민법상의 대리권소멸사유(민법 제127조, 제128조)에 의해 종임한다.

다만 이는 상사대리권으로 영업주의 사망으로 소멸되지는 않는다(상법 제

50조). 지배인의 선임과 종임은 등기사항이나 대항요건에 불과하므로(상법 제37
조 제1항) 등기하지 않아도 선임 또는 해임의 사실만으로 즉시 지배권이 발생
또는 소멸되는 효력이 발생한다.

(2) 부분적 포괄대리권을 가진 상업사용인

부분적 포괄대리권을 가진 상업사용인이란 영업의 특정한 종류 또는 특정
한 사항에 관하여 포괄적 대리권을 가지는 상업사용인을 말한다(제15조 제1항).
대리권의 범위가 부분적이고 재판상의 행위가 제외되며 선임 및 대리권의 소
멸이 등기사항이 아닌 점에서 지배인과 다르나, 대리권의 제한은 선의의 제3
자에 대항하지 못하는 점은 같다(상법 제15조 제2항).

(3) 물건판매점포의 사용인

물건을 판매하는 점포의 사용인은 그 물건의 판매에 관한 한 모든 권한이
있는 것으로 본다(상법 제16조 제1항). 물건판매점포의 사용인의 대리권의 의제
도 선의의 거래자를 보호하기 위한 것이므로 악의(중과실 포함)의 제3자에 대해
서는 적용되지 않는다(상법 제16조 제2항).

3. 표현지배인제도

(1) 의   의

본점 또는 지점의 본부장, 지점장 그 밖에 지배인으로 인정될 만한 명칭을
사용하는 자는 지배인이 아닌 경우에도 상대방이 선의인 경우에 지배인으로
의제하고 있는데 이것이 표현지배인이다(상법 제14조 제1항). 표현지배인제도는
거래의 안전을 위하여 영미법상의 금반언의 법리 또는 독일법상의 외관법리와
같은 정신으로 인정된 것이며 민법상의 표현대리 및 상법상의 명의대여자의
책임, 표현대표이사 등과 맥을 같이하고 있다.

(2) 요   건

표현지배인이 성립되기 위해서는 ① 영업주는 표현지배인에게 지배인으로
믿을만한 명칭사용을 허락해야 하고(외관의 부여), ② 표현지배인은 그러한 명
칭을 사용하여 영업에 관한 행위를 하여야 하고(외관의 존재), ③ 표현지배인과
거래하는 상대방은 선의일 것(외관의 신뢰)이 요구된다.

표현지배인이 그러한 명칭을 사용하는 영업은 지배인의 권한 내의 행위이어야 하고 또한 표현지배인의 이러한 명칭 사용은 거래행위여야 하므로 거래행위라고 볼 수 없는 재판상의 행위는 제외된다.

(3) 효   과

상법은 "…본점 또는 지점의 지배인과 동일한 권한이 있는 것으로 본다"고 규정하고 있는데 즉 지배권이 없는 자의 행위(무권대리행위)를 지배권이 있는 자의 행위(유권대리행위)로 의제하고 있다. 이로 인하여 영업주는 상대방에 대하여 책임을 부담하는 것이다. 표현지배인의 행위에 대하여 영업주가 그 책임을 지는 것은 지배인이 아닌 자의 행위에 대하여 책임을 지는 것으로, 지배권이 제한된 진정한 지배인이 그 제한에 위반하여 한 행위에 대하여 영업주가 책임을 지는 경우(상법 제11조 제3항)와는 구별된다.

Ⅲ. A회사의 甲의 유권대리에 기한 계약상 책임부담여부

1. 甲의 법적 지위

상법상 상업사용인에 해당하는지의 여부는 상법 제16조 제1항의 경우를 제외하고는 영업활동에 관한 대리권이 주어져 있는지에 따라 결정된다는 것이 통설, 판례(대판 1987. 6. 23. 선고 86다카1418)의 입장이다.

설문의 경우 甲은 A회사의 경리사무에 관한 대리권을 가지고 있는 자이나 경리부장이라는 명칭은 일반적으로 상위직의 존재를 예상할 수 있을 뿐 아니라, 경리부장에게는 경리업무 외의 회사의 영업에 관한 재판상, 재판외의 모든 행위를 할 수 있는 권한은 인정되지 않는다는 점에서 甲의 법적 지위는 지배인으로 볼 수 없고, 부분적 포괄대리권을 가진 상업사용인에 해당한다고 볼 수 있을 것이다.

2. 경리부장 甲의 대리권의 범위

영업의 특정한 종류 또는 사항에 관한 행위는 수권받은 사무의 처리를 위해 필요한 행위로서 구체적인 행위의 해당여부는 영업의 규모와 성격, 수권받은 사무의 성질 등 객관적인 사실을 토대로 사회통념에 따라 판단함이 타당하다.

일반적으로 주식회사의 운영실태를 고려할 때 경리부장에게 이사회의 결의를 거치지 않는 독자적인 자금차용의 권한이 주어져 있다고 보기 어려울 뿐만 아니라, 설문의 경우 이사회의 결의도 없이 자금을 차용하였다고 하고 있으므로 甲에게는 독자적인 자금차용의 권한이 수여되지 않은 것으로 보아야 하고, 甲의 독자적인 자금차용권한이 부분적 포괄대리권의 범위에 속한다고 볼 수 없어 甲의 차용행위는 유권대리로서 귀속된다고 보기 어렵다.

Ⅳ. A회사의 표현책임부담여부

1. 표현지배인법리(제14조 제1항)에 의한 책임부담여부

표현지배인법리의 적용요건으로 ① 외관존재, ② 외관부여, ③ 외관신뢰의 충족이 요구되는바, 외관과 관련하여 법조문을 본부장, 지점장 그 밖에 지배인으로 인정될 만한 명칭이라고 표현하고 있는바, 지배인, 지점장 등 실제 거래계에서 지배인임을 표시하는 듯한 용어라면 동 요건을 충족시키나 설문의 경리부장이라는 명칭은 그 명칭 자체에서 이사등 상위직 사용인의 존재를 인식할 수 있으므로 표현지배인에 해당하는 명칭이라고 볼 수 없고, 외관요건을 충족시키지 못하므로 상법 제14조 제1항에 의한 표현책임은 부담하지 않는다고 본다.

2. 표현대리(민법 제126조)에 의한 책임부담여부

민법 제126조는 표현대리의 적용요건으로 ① 기본대리권이 있을 것, ② 권한범위 외의 사항에 관한 대리행위를 하였을 것, ③ 제3자에게 그 권한이 있다고 믿을만한 정당한 이유가 있을 것을 들고 있다.

설문에서 甲은 경리사무 전반에 대리권이 있으나, 독자적인 자금차용에 관한 대리권은 없는 경우로서, 제3자에게 그러한 권한이 있다고 믿을만한 정당한 이유가 있는지가 문제된다. 乙은 B은행의 자금담당 대리로서 1억원에 해당하는 자금대출에 대한 독자적인 대리권이 있는지는 정확히 알 수 없으나, 대리권이 없다 하더라도 乙은 자금대출과 관련된 B은행의 이행보조자에 해당되므로(민법 제391조) 乙의 과실은 B은행의 과실로 보아야 한다.

따라서 乙이 대부담당 사무계통을 통한 확인절차도 거치지 아니한 채, 甲

의 말만 믿고 선뜻 자금을 대출해 준 것은 B은행의 과실이 있는 것이고, B은행의 정당한 면책사유가 인정되지 않으므로 B은행은 민법 제126조의 표현대리의 법리에 의하여도 甲에게 차용금반환청구를 할 수 없다.

3. 표현적 부분적 포괄대리권을 가진 상업사용인의 법리에 의한 책임 부담여부

(1) 문 제 점

설문의 경우 B은행 측에 중과실은 없는 것으로 보이며 경리부장의 명칭을 사용하는 상업사용인도 경우에 따라서는 독자적인 자금차용의 대리권이 인정되는 경우도 있으므로 표현지배인과 같은 규정이 없음에도 상법 제14조 제1항의 유추적용에 의한 보호가능성이 문제된다.

(2) 견해의 대립

1) 유추적용부정설

이 견해는 민법상 표현대리(특히 민법 제125조)에 관한 규정에 따라 책임을 묻거나, 그 요건을 충족시키지 못할 때에는 민법 제756조의 사용자책임을 물을 수 있을 뿐, 명문의 규정이 없으므로 제14조를 유추적용할 수 없다고 한다.

2) 유추적용긍정설

이 견해는 과장 등의 명칭사용을 허락하였다고 해서 이것을 반드시 민법 제125조의 대리권수여표시에 해당한다고 보기는 어려울 뿐만 아니라, 또한 민법상의 표현대리 규정만으로는 상대방의 보호가 불충분하다는 점에 비추어 볼 때 유추적용하여야 한다고 한다.

(3) 검토 및 설문의 경우

표현대리제도는 진실한 사실관계와 부합하지 아니함에도 거래안전을 위해 부득이 당사자 일방을 희생시킨 채 진실한 사실로 의제하여 법률관계를 형성시키는 제도이므로 명문의 규정 없이 쉽게 유추적용할 것이 아니며, 이 경우 제3자의 보호는 불법행위책임이나 사용자배상책임의 추궁에 의해 가능한 것이므로 유추적용부정설이 타당하다고 본다.

따라서 설문의 경우 A회사는 甲의 자금차용이 표현대리의 요건도 충족시키지 못했고, 상법 제14조 제1항의 유추적용도 부정함이 타당하므로 표현법리에 의한 계약상책임도 부담하지 않는다고 보아야 한다.

V. A회사의 사용자배상책임(민법 제756조) 부담여부

1. 사용자배상책임의 요건

민법 제756조의 사용자배상책임의 요건으로는 ① 고용관계가 존재할 것, ② 피용자의 행위가 사무집행에 관하여 이루어졌을 것, ③ 피용자의 행위가 불법행위의 요건을 충족하여 제3자에게 손해가 발생하였을 것, ④ 제3자에게 고의 또는 중과실이 없을 것 등을 들 수 있다.

설문의 경우 甲은 A회사의 피용자로서, 甲의 행위는 불법행위의 요건을 충족시키며 B은행의 자금담당대리 乙의 과실은 경과실에 해당한다고 볼 수 있으므로, 다른 요건은 문제되지 않고 요건 ②의 피용자의 행위가 사무집행에 관하여 이루어졌느냐는 점의 충족여부가 검토대상이 된다.

2. 직무관련성요건의 충족여부에 관한 판례의 태도

판례는 외형이론에 의하여 직무관련성을 평가하고 있다. 본 설문과 관련하여 판례는 "甲의 독자적 차금행위가 비록 甲의 권한범위 내에 속하지는 않는다고 하더라도 경리부장으로서의 직무와 외형상 관련성이 있으므로 A회사의 사용자배상책임은 인정된다고 봄이 타당하다"(대법원 1990. 1. 23. 선고 88다카3250 판결)고 판시하였다. 단, 甲의 과실은 과실상계사유로 참작될 수 있다고 할 것이다.

VI. 甲의 책임

1. 무권대리인의 책임(민법 제135조) 부담여부

甲의 자금차용행위는 무권대리행위에 해당하나 B은행의 과실로 무권대리행위임을 알지 못한 경우이므로 민법 제135조 제2항에 의한 무권대리인의 책임은 부담하지 않는다고 본다.

2. 불법행위에 기한 손해배상책임(민법 제750조) 부담여부

甲은 자신의 사채놀이를 위해 B은행으로부터 자금을 차용하였으므로 B은행의 재산상 손해에 대한 귀책사유와 위법성이 인정되므로 민법 제750조에 의한 불법행위에 기한 손해배상책임을 부담하는데 A회사의 책임과는 부진정연대채무의 관계에 있다.

Ⅶ. 문제의 해결

1. 甲은 A회사로부터 경리사무에 관한 대리권을 부여받은 부분적 포괄대리권을 가진 상업사용인에 해당하나 독자적인 자금차용은 그 대리권의 범위에 포함되지 않는다고 판단되므로 A회사는 甲의 대리의 효력으로서의 자금차용에 따른 계약상책임을 부담하지 않는다.

2. 경리부장이라는 명칭은 일반적으로 보다 상위직의 존재가 예상되므로 표현지배인이라고 볼 수 없어 표현책임을 지지 않는다고 본다. 또한 乙의 과실이 인정되므로 표현대리책임도 부담하지 않으며, 상법 제14조의 유추적용에 의한 책임부담 또한 인정하기 어려워 표현책임은 전반적으로 부담하지 않는다.

3. 甲의 자금차용은 경리부장의 직무와 외형상 직무관련성을 가지고 그밖의 사용자배상책임의 요건은 충족되므로 A회사는 사용자배상책임(민법 제756조)을 질 수 있다.

4. 甲은 B은행의 과실이 있으므로 무권대리인의 책임을 부담하지 않으나 민법 제750조의 요건은 충족되어 불법행위에 기한 손해배상책임을 부담한다. A회사의 책임과는 부진정연대채무의 관계가 있다.

8 상호전용권

◆ 사　례

　　신청인 X는 1968. 4. 1.경부터 충주시 금릉동에서 '합동공업사'라는 상호로 자동차정비공장을 시작하여 1977. 2. 9. 자동차관리사업(1급 자동차정비업)의 허가를 받아 영업을 하고 있으며, 1989. 9. 경과 1991. 12.경 레커차를 1대씩 구입하여 레커사업등록을 하고 '합동특수레카'라는 상호로 자동차견인업을 시작하여 왔다. 그리고 신청 외 甲은 신청 외 乙의 명의를 빌려 1991. 1. 7. 자동차운송사업등록을 마치고 1991. 1. 14. 특수자동차운송약관 인가를 받아 그 무렵부터 충주시 봉방동에서 레커차 2대로 '충주합동레카'라는 상호로 차량견인 영업을 해 왔는데, 甲은 견인된 차량을 주로 신청인의 합동공업사에 견인해 줌으로써 신청인과는 별다른 문제가 없이 지내 왔으나, 1994. 1.경 신청외 丙이 대교공업사를 개업하자 그 사람과의 친분을 이유로 그 후부터는 주로 대교공업사로 견인해 줌으로써 양자의 사이가 갈라지게 되었다. 그런데 乙이 등록명의를 甲에게 대여한 사실이 드러나 충주시는 자동차운수사업법 위반을 이유로 1994. 8. 22. 사업등록을 취소하고, 레커차량등록도 모두 취소하였다. 그 후 피신청인인 Y는 甲과 乙로부터 등록취소된 사업(상호 및 영업장소와 시설물 일체)과 등록취소된 레커차량 2대를 양도받아 1994. 9. 4.경 자동차운송사업등록 및 특수자동차운송약관 인가를 받아 충주시 봉방동에서 '충주합동레카'라는 상호로 레커업을 계속하여 오게 되었는데, 영업소간판과 레커차량의 표면 및 전화번호부에는 종전대로 '합동레카'로 표기하였다.

　　이에 신청인 X는 피신청인 Y가 부정한 목적으로 타인의 영업으로 오인할 상호를 사용하였다고 하면서 그 상호의 사용금지의 가처분을 신청하게 되었다.

Ⅰ. 판결요지(대법원 1996. 10. 15. 선고 96다24637 판결)

1. 상법 제23조 제1항에서는 "누구든지 부정한 목적으로 타인의 영업으로 오인할 수 있는 상호를 사용하지 못한다"고 규정하고 있는바, 이 경우 타인의 영업으로 오인할 수 있는 상호는 그 타인의 영업과 동종 영업에 사용되는 상호만을 한정하는 것은 아니고, 각 영업의 성질이나 내용, 영업방법, 수요자층 등에서 서로 밀접한 관련을 가지고 있는 경우로서 일반 수요자들이 양 업무의 주체가 서로 관련이 있는 것으로 생각하거나 또는 그 타인의 상호가 현저하게 널리 알려져 있어 일반 수요자들로부터 기업의 명성으로 인하여 절대적인 신뢰를 획득한 경우에는, 영업의 종류와 관계없이 일반 수요자로 하여금 영업주체에 대하여 오인·혼동시킬 염려가 있는 것에 해당한다. 그런데 '합동공업사'와 '충주합동레카'는 그 칭호와 외관 및 관념을 일반 수요자의 입장에서 전체적·객관적으로 관찰할 경우 서로 유사하지 아니하여 영업주체에 대한 오인·혼동의 우려는 없다.

2. '합동공업사'라는 등록상호로 자동차정비업을 하던 신청인이 '합동특수레카'라는 상호를 추가로 등록하여 자동차견인업을 함께 하고 있는 상황에서 피신청인이 같은 시에서 자동차견인업을 시작하면서 '충주합동레카'라는 상호로 등록하였음에도 실제는 등록상호를 사용하지 아니하고 '합동레카'라는 상호를 사용한 경우, 자동차정비업과 자동차견인업은 영업의 종류가 다르고 두 영업의 성질과 내용이 서로 달라서 비교적 서비스의 품위에 있어서 관련성이 적은 점, 자동차를 견인할 경우 견인장소를 차량 소유자가 지정할 수 있는 점, 운수관련 업계에서 '합동'이라는 용어가 일반적으로 널리 사용되고 있어 그 식별력이 그다지 크지 아니한 점, 신청인과 피신청인측의 신뢰관계, 甲도 자동차정비업과 함께 자동차견인작업을 하면서 별도의 견인업 등록을 한 점, 피신청인이 자동차정비업을 하고 있지 아니한 점과 피신청인의 영업방법이나 그 기간 등을 고려할 때, 양 상호 중의 일부분인 '합동'이 동일하다 하더라도 피신청인이 상법 제23조 제1항의 '부정한 목적'으로 상호를 사용하였다고 할 수 없다.

3. 부정경쟁방지법 소정의 '국내에 널리 알려져 인식된 상표·상호'라 함은 국내 전역에 걸쳐 모든 사람들에게 주지되어 있음을 요하는 것이 아니고, 국내의 일정한 지역적 범위 안에서 거래자 또는 수요자들 사이에 알려진 정도로써 족하다.

Ⅱ. 평 석

1. 상호전용권

기업은 그 개성을 표시하고 그 동일성을 식별하기 위하여 상호를 필요로 하는데, 기업은 이러한 상호를 원칙적으로 자유롭게 선정하여 사용할 수 있다(상법 제18조). 그런데 기업이 이와 같이 상호를 선정하여 사용하면 이러한 상호를 타인의 방해를 받지 않고 사용할 수 있는 상호사용권과 이러한 상호와 동일 또는 유사한 상호를 타인이 부정한 목적으로 사용하는 경우에 이를 배척할 수 있는 상호전용권을 갖는다. 상호전용권은 타인이 자기의 상호권을 침해한 경우에 이를 배척할 수 있는 소극적인 권리인데, 민법상의 불법행위에 기한 손해배상청구권을 특수화하여 규정한 것이다.

이러한 상호전용권은 상호의 등기유무와 무관하게 생기는 권리인데, 상호를 등기하면 상호전용권의 행사가 아주 용이하게 되어 배타성이 강화된다. 즉 등기 전의 상호권자가 상호전용권을 행사하기 위하여는 제3자가 부정목적으로 자기의 영업으로 오인할 수 있는 상호를 사용하고 있는 점과 그가 이로 인하여 손해를 받을 염려가 있다는 점을 증명하여야 한다(상법 제23조 제1항·제2항 전단). 그러나 등기 후의 상호권자가 상호권을 행사하기 위하여는 제3자의 부정목적과 자기가 손해받을 염려가 있음을 증명하지 않고도 상호전용권을 행사할 수 있는 것이다(상법 제23조 제4항·제2항 후단). 상호전용권자는 제3자에 대하여 상호의 사용폐지청구권(상법 제23조 제2항)과 손해배상청구권(상법 제23조 제4항)을 행사할 수 있다. 그런데 등기상호권자는 이러한 상호전용권 외에도 타인에 대한 사전등기배척권을 갖는다. 즉 등기한 상호에 대하여는 제3자가 동일한 특별시·광역시·시·군에서 동종 영업의 상호로 등기하지 못한다(상법 제22조). 또한 일정한 경우에는 상호를 가등기한 자도 이러한 사전등기배척권을 갖는다(상법 제22조의2). 그런데 이러한 사전등기배척권에 대하여는 두 가지의 예외가 있다. 즉 하나는 행정구역의 변경으로 인하여 동일상호가 같은 지역 내에 경합하여 있는 경우이고, 다른 하나는 지점소재지에서의 상호의 등기이다. 물론 이 경우에는 본점소재지에서의 상호등기가 적법하여야 하고, 또한 지점의 표시를 부기하여 등기하여야 한다(상법 제35조).

이 사건에서 원고는 상호전용권에 기한 상호사용금지가처분을 신청하고 있는데, 과연 원고에게 상호전용권을 행사할 요건을 갖추고 있는가가 문제가 된다. 상호전용권은 등기한 상호이든 미등기한 상호이든 구별없이 인정된다는 것이 일반적인 견해이나 이에는 일정한 요건이 요구되는데, 그것은 첫째, 타인이 부정한 목적으로 자기의 상호를 사용하여야 하고, 둘째, 타인이 자기의 영업으로 오인할 수 있는 상호를 사용하여야 한다.

2. 부정한 목적

부정한 목적에 대하여 판례는 "어느 명칭을 자기의 상호로 사용함으로써 일반인으로 하여금 자기의 영업을 그 명칭에 의하여 표시된 타인의 영업으로 오인시키려고 하는 의도"(대법원 1995. 9. 29. 선고 94다31365·31372(반소) 판결)라고 하고 있는데, 이 사건 사실관계를 볼 때 '충주합동레카' 또는 '합동레카'라는 상호가 신청인의 '합동특수레카'보다 앞서 사용되었고, 피신청인이 위 '충주합동레카'의 영업과 상호를 실질적으로 양수한 것이므로, 먼저 사용되기 시작한 상호를 승계사용하는 피신청인이 부정한 목적에 의해서 상호를 사용하였다고 보기는 어려울 것이다. 따라서 그러한 취지의 판례의 태도는 타당하다고 하겠다.

3. 타인의 영업으로 오인할 수 있는 상호

타인의 영업으로 오인할 수 있는 상호에는 타인의 상호와 동일한 상호는 물론 타인의 상호와 유사한 상호도 포함한다. 여기서 유사한 상호란 객관적으로 판단하여야 하고, 또한 양 상호를 형식적으로 비교하여 판단할 것이 아니라 거래계의 실정을 고려하여 판단하여야 할 것이다.

그런데 이 사건에서 문제가 되는 '합동공업사'와 '충주합동레카'는 판결이 인정한 바와 같이 그 칭호와 외관을 객관적으로 볼 때 유사하다고 보기는 어려울 것이다.

이와 관련하여 판례는 "'뉴서울사장'이라는 상호 옆에 혹은 아래에 작은 글씨로 구상호인 '전 허바허바 개칭'이라고 기재한 경우"(대법원 1964. 4. 28. 선고 63다811 판결)에는 타인의 영업으로 오인할 수 있는 상호의 사용으로 인정하였으나, "양회의 제조·토목·건축 및 판매 등의 사업을 목적으로 하는 쌍용양회공업(주)과 주택분양사업을 목적으로 하는 쌍용주택개발공사"(대법원 1976. 3. 18. 선고 75가합2638 판결)에 대하여는 유사상호로 인정하지 않았다.

4. 부정경쟁방지법상의 상호전용권

부정경쟁방지 및 영업비밀보호에 관한 법률에 따르면 국내에서 널리 인식된 상호와 동일 또는 유사한 것을 사용하여 타인의 영업상의 시설 또는 활동과 혼동을 일으키게 하는 행위는 부정경쟁행위에 속하고(동법 제2조), 이러한 부정경쟁행위로 인하여 자신의 영업상의 이익이 침해되거나 침해될 우려가 있다고 인정하는 자는 그 행위의 금지 또는 예방을 청구할 수 있고, 아울러 상호의 폐기, 간판의 제거, 기타 필요한 조치를 함께 청구할 수 있다(동법 제4조).

판례는 이러한 부정경쟁방지법상의 금지청구권의 대상이 되는 부정경쟁행위의 성립에는 상법상의 상호권의 침해에서와 같이 부정한 목적이나 부정경쟁행위자의 고의나 과실은 그 요건이 아니라고 하고 있는데(대법원 1996. 1. 26. 선고 95도1464 판결 등 참조), 만일 고의나 과실이 있는 경우에는 손해배상청구도 가능하게 된다(동법 제5조). 또한 판례는 위 요건상의 '영업상 이익'과 관련하여 "그 이익이 그와 같은 행위에 의한 침해로부터 보호받을 가치가 인정되어 그 보호를 위하여 그 침해행위의 금지를 구하는 것이 건전한 상거래의 질서유지의 이념에서 능히 시인될 수 있는 정당한 업무상의 이익이라야 한다"(대법원 1976. 2. 24. 선고 73다1238 판결)고 판시하고 있다.

이 사건에서 부정경쟁방지법에 의한 상호전용권의 행사가 가능할 것인가도 쟁점의 하나가 되고 있는데, 위 규정에 따른 보호를 받기 위해서는 '국내에 널리 알려져 인식된 상호'일 것이 요구되는바, 이에 대하여 판례는 국내의 일정한 지역적 범위 안에서 거래자 또는 수요자들 사이에 알려진 정도로 족하다고 보고 있다.

그런데 이 사건에서는 "충주시에서 28년간 합동공업사를 경영해 오고 있다는 점만으로는 위 상호가 충주시 일원에서 수요자들 사이에 널리 알려져 있다고 보기 어렵다"고 하여 부정경쟁방지법에 의한 상호전용권의 행사를 부정하고 있다.

5. 결   어

원고가 상호전용권을 행사하기 위해서는 타인의 상호로 오인할 수 있는 상호를 사용하여 자기의 영업을 타인의 영업으로 오인시킴으로써 자기의 영업을 유리하게 전개시키고자 하는 부정한 목적이 있어야 한다. 그러나 앞에서 살펴본 바와 같이 이 사건의 경우에는 그러한 요건을 하나도 충족시키지 못하므로 상호전용권은 인정될 수 없다. 따라서 본 판례가 원고의 상호사용금지의 가처분신청을 인정하지 않은 것은 타당하다고 하겠다.

Ⅲ. 참조판례

1. 대전지방법원 홍성지원 2011. 8. 18. 선고 2010가합1712 판결

① 상법 제23조 제1항은 "누구든지 부정한 목적으로 타인의 영업으로 오인할 수 있는 상호를 사용하지 못한다"라고 규정하고, 같은 조 제4항은 "동일한 특별시·광역시·시·군에서 동종영업으로 타인이 등기한 상호를 사용하는 자는 부정한 목적으로 사용하는 것으로 추정한다"라고 규정하고 있다. 그런데 2009. 5. 28. 법률 제9749호로 개정된 상업등기법 제30조는 상호에 관한 제한을 완화하여 상호선택의 자유를 보장하고 상호등기 관련 업무의 투명성을 높이기 위하여 "동일한 특별시·광역시·시 또는 군 내에서는 동일한 영업을 위하여 다른 사람이 등기한 것과 확연히 구별할 수 있는 상호가 아니면 등기할 수 없다"는 종전의 규정을 "동일한 특별시·광역시·시 또는 군 내에서는 동일한 영업을 위하여 다른 사람이 등기한 것과 동일한 상호는 등기할 수 없다"고 개정하여 일정한 지역 범위 내에서 등기할 수 없는 상호를 동일한 상호로 한정하기에 이르렀다. 한편 상호는 서비스표 등록 여부, 주지성(주지성) 취득 여부에 따라 상표법이나 부정경쟁방지 및 영업비밀보호에 관한 법률(이하 '부정경쟁방지법'이라 한다)에 의한 보호를 받을 수 있고, 상표법과 부정경쟁방지법의 보호요건을 갖추지 못한 때에는 사법(사법)의 영역에 속하는 상법에 의한 보호는 상호의 오인·혼동을 방지하여 일반 공중의 신뢰를 보호한다는 측면보

다는 양질의 이미지나 고객흡인력이 축적된 선사용 상호에 관한 선사용자의 이익과 창업자에게 보장된 상호선택의 자유를 중시하되, 서로 충돌하는 양자의 이익, 가치를 비교, 형량하여 보호 여부를 결정하여야 한다. 위와 같은 각 규정의 문언과 취지, 상업등기법의 개정 취지, 상호를 규율하는 법률인 상법, 상표법과 부정경쟁방지법의 성격 및 보호영역의 분장관계, 그리고 상업등기법의 개정 이후 상호등기 관련 실무가 변동됨에 따라 일반 거래실정상 일정한 지역범위 내에서 동종영업에 관한 유사상호의 사용 자체에 대하여 상법에 의한 상호폐지 청구는 허용되지 않는 것으로 널리 인식되어 있는 사정 등을 종합하여 볼 때, 상법 제23조 제4항에 의하여 부정한 목적이 추정되는 경우는 타인이 등기한 상호와 동일한 상호를 사용하는 것을 말하고, 또한 같은 조 제1항·제2항에 의하여 먼저 등기되거나 사용되는 상호(이하 '선등기 상호 등'이라 한다)에 대한 관계에서 사용이 금지되는 상호는 특별한 사정이 없는 한 선등기 상호 등과 동일한 상호임을 전제하는 것으로 해석함이 타당하다.

② "합자회사 우리투어"라는 상호가 선등기 상호인 "합자회사 우리고속"에 대한 관계에서 상법 제23조에 따라 부정한 목적으로 타인의 영업으로 오인할 수 있는 상호에 해당한다는 이유로 상호사용금지를 구한 사안에서, 상호 "합자회사 우리투어"는 선등기 상호인 "합자회사 우리고속"과 외관, 호칭, 관념이 같지 아니하여 서로 동일한 상호라고 할 수 없고, 나아가 부정한 목적으로 타인의 영업으로 오인할 수 있는 상호를 사용한다고 볼 만한 특별한 사정이 없으므로, 상호사용금지 청구를 기각한 사례.

2. 대구지방법원 상주지원 2014. 5. 1. 선고 2013가합634 판결

우리 법률에 따르면, 법인의 명칭이 상법상의 '상호'에 해당할 경우 상법 제23조의 규정에 의하여 상호전용권이 인정되어 이를 침해하는 상호의 사용금지 등을 구할 수 있고, 또한 국내에 널리 알려진 타인의 상호 등을 부정하게 사용하는 등의 부정경쟁 영업행위가 있을 때에는 부정경쟁방지 및 영업비밀보호에 관한 법률에 따라 위와 같은 행위의 금지를 구할 수 있는 등 일부 법률에서만 일정한 요건하에 명칭의 사용금지를 구할 수 있는 법적 근거를 명시하고 있을 뿐, 모든 법인 명칭에 관하여 전속적인 사용권을 일반적으로 인정하는 법률 규정은 민법 등 어느 법률에도 찾아볼 수 없다.

위와 같은 법률의 입법 취지 및 법인이 자신의 명칭을 결정하는 것은 원칙적으로 헌법상 보장되는 결사의 자유에 근거한 자율적 행위로 볼 수 있다는 점, 자연인 또는 법인의 성명권(명칭권)은 헌법상 행복추구권과 인격권의 한 내용을 이루는 것으로서 자신의 성명을 타인의 방해를 받지 않고 사용할 수 있도록 보장될 필요가 있다는 점, 특히 종교단체와 같은 비영리법인의 경우 상인인 영리법인과는 달리 명칭의 선사용자 또는 선등기자에게 명칭의 독점을 인정하는 것이 오히려 적절하지 않은 경우가 많다는 점 등의 사정을 종합하여 보면, 법령에 명시적인 규정이 없는 이상 법인, 특히 비영리법인의 명칭에는 전속적인 사용권이 인정되지 아니하고, 이 점은 명칭을 등기하였다고 하여 달리 볼 것은 아니다.

3. 대법원 1995. 9. 29. 선고 94다31365·31372(반소) 판결

① 상법 제23조 제1항·제4항 소정의 부정한 목적이란 "어느 명칭을 자기의 상호로 사용함으로써 일반인으로 하여금 자기의 영업을 그 명칭에 의하여 표시된 타인의 영업으로 오인시키려고 하는 의도"를 말한다.

② 부정경쟁방지법 제2조 제1호 소정의 행위는 상표권 침해행위와는 달라서 반드시 등록된 상표와 동일 또는 유사한 상호를 사용하는 것을 요하는 것이 아니고, 등록 여부와 관계없이 사실상 국내에 널리 인식된 타인의 성명, 상호, 상표, 상품의 용기, 포장 기타 타인의 상품임을 표시하는 표지와 동일 또는 유사한 것을 사용하거나 이러한 것을 사용한 상품을 판매 등을 하여 타인의 상품과 혼동을 일으키게 하거나 타인의 영업상의 시설 또는 활동과 혼동을 일으키게 하는 행위를 의미하고(대법원 1981. 9. 22. 선고 81도649 판결 참조), 위와 같은 부정경쟁행위의 성립에는 상법상의 상호권의 침해에서와 같은 부정한 목적이나 부정경쟁행위자의 고의·과실은 그 요건이 아니라고 할 것이다(대법원 1995. 9. 29. 선고 94다31365·31372 판결 참조).

③ 문자와 문자 또는 문자와 도형이 결합된 상표는 원칙적으로 상표의 구성 전체를 비교하여 유사 여부를 판단하여야 하나, 결합상표에 있어서는 언제나 반드시 그 구성부분 전체의 명칭이나 모양에 의하여 호칭, 관념되는 것이 아니고 각 구성부분을 분리하여 관찰하면 자연스럽지 못할 정도로 불가분적으로 결합되어 있지 아니하는 한 그 구성부분 중 일부만에 의하여 간략하게 호

칭, 관념될 수도 있고, 그 중 하나의 칭호, 관념이 타인의 상표와 동일 또는 유사하다고 인정될 때에는 두 상표는 유사하다.

4. 대법원 1993. 7. 13. 선고 92다49492 판결

甲 상인이 주식회사 고려당과의 관계를 나타내기 위하여 그의 간판에 'SINCE 1945 신용의 양과 서울 고려당 마산분점'이라고 표시한 것에 대하여 '고려당'이라는 상호를 사용하여 영업을 하고 있던 乙이 제기한 상호사용금지가처분신청에 대하여 "甲 상인에게 위 상호의 사용과 관련하여 부정경쟁의 목적 있는가를 판단함에 있어서 甲 상인이 아닌 위 회사와 乙 상인의 명성과 신용을 비교한 것은 옳다. 甲이 乙보다 명성이나 신용이 더 큰 위 회사의 판매대리점 경영자로서 구태여 乙의 명성이나 신용에 편승할 필요가 없었고, 간판에도 위 회사와의 관계를 표시한 점, 甲과 乙의 영업소가 서로 원거리인 다른 구에 있는 점 등을 종합하여 양자 사이에 오인의 우려가 없으므로 甲에게 부정한 목적이 없다"고 판시하고 있다.

5. 서울고등법원 1977. 5. 26. 선고 76나3276 판결

원고는 상호권자로부터 '허바허바'라는 상호를 양도받아 상호권자가 되었으므로 양도인 소외 甲은 부정한 목적으로 이 상호를 사용할 수 없으며, 더구나 정당한 목적이 있었다 하더라도 경업피지의 의무상 할 수 없는 것이니 경업행위를 한 것이라든가 원고의 영업소에서 불과 10미터 떨어진 곳에서 영업행위를 한 것이며, 타 지방으로 이주한다고 하여 상호를 양도하고 전출한지 1년만에 다시 개업을 한 사실 등에 비추어 보면 위 소외 甲의 상호사용은 부정한 목적에 의한 상호사용이라 아니할 수 없고, 비록 상호가 등기되어 피고에게 양도등기되었더라도 피고 또한 위와 같은 사실을 알고 있었고 영업양수인으로서 양도인의 제3자를, 즉 원고에 대한 경업피지의무를 승계한 점에 비추어 보면 피고의 상호사용 또한 부정한 목적에 의한 상호사용이라고 인정되며, 더구나 원고 상호는 천안 시내에서 널리 인식된 상호이므로 피고의 상호사용과 영업행위는 거래당사자들에게 원고의 영업과 혼동을 가져오는 행위이다. 따라서 피고는 원고의 상호권을 침해하는 상호의 등기를 말소하고 상호사용을 중지할 의무가 있다.

6. 대법원 1976. 2. 24. 선고 73다1238 판결

원고 보령제약 주식회사와 피고 경영의 수원 보령약국과는 旣영업의 종류 범위시설 규모 등 旣영업의 양상을 달리함은 물론 그 고객을 서로 달리하므로 원고 회사의 일반 고객이 피고경영의 수원 보령약국을 원고회사의 영업으로 오인·혼동하는 것은 좀처럼 있을 수 없다.

◆ 사 례

> 피고 인천광역시(Y)가 병원시설 등을 사단법인 한국병원관리연구소(A)에게 임
> 대하여 그 경영을 위탁하고 동 연구소의 대표인 甲이 병원장에 취임하여 독자적
> 으로 이를 경영하여 왔으나 이 병원시설은 인천광역시(Y)의 감독을 받도록 하였으
> 며, 또한 위 병원이 인천광역시(Y)가 개설·운영하는 것임을 대외적으로 나타내기
> 위하여 그 명칭을 '인천광역시립병원'으로 하도록 하였다. 원고 X주식회사는 Y가
> 위 병원의 경영자인 것으로 알고 의약품을 A에게 납품하였다. 그런데 A가 X주식
> 회사에게 위 약품대금을 지급하지 않자, X주식회사는 Y에게 명의대여자의 책임을
> 물어 약품대금 지급을 청구하였다. X주식회사의 청구는 정당한가?

I. 판결요지

1. 원심 판결요지(서울고등법원 1985. 9. 26. 선고 84나4636 판결)

(1) 원심은 소외 사단법인 한국병원관리연구소에게 Y의 명칭을 부가한 인
천광역시립병원이라는 이름을 사용하여 병원업을 경영할 것을 승낙한 Y는 특
단의 사정이 없는 한 위 병원을 Y가 경영하는 것으로 믿고 의약품을 납품한 X
주식회사에 대하여 그 대금을 변제할 책임이 있다고 판단하고 상법 제24조의
적용 범위가 상인 또는 사법인에 한정하여 적용되는 것은 아니라 하여 이 점
에 대한 피고 Y의 주장을 배척하였다.

(2) 또한 X주식회사로서는 위 병원의 경영주체가 Y가 아님을 쉽게 알 수
있었을 것이고, 만일 이를 알지 못하였다면 그 점에 대하여 중대한 과실이 있

다 할 것이어서 Y에게 명의대여자의 책임을 물을 수 없다는 Y의 주장에 대하여는 X주식회사가 위 병원의 경영주체가 Y가 아니라는 점을 쉽게 알 수 있었다고 인정되지 아니한다 하여 Y의 주장을 배척하였다.

2. 대법원 판결요지(대법원 1987. 3. 24. 선고 85다카2219 판결)

대법원은 원심 판결요지 (i)에 대하여는 원심과 의견을 같이 하면서도, (ii)점과 관련하여 원심의 잘못을 인정하고 원심을 파기환송하였다. 판결요지는 다음과 같다.

상법 제24조의 규정취지는 금반언의 법리 및 외관주의의 법리에 따라 타인에게 명의를 대여하여 영업을 하게 된 경우 그 명의대여자가 영업주인 줄로 알고 거래한 선의의 제3자를 보호하기 위하여 그 거래로 인하여 발생한 명의차용자의 채무에 대하여는 그 외관을 만드는 데에 원인을 제공한 명의대여자에게도 명의차용자와 같이 변제책임을 지우자는 것으로서, 그 명의대여자가 상인이 아니거나 명의차용자의 영업이 상행위가 아니라 하더라도 위 법리를 적용하는 데에 아무런 영향이 없다 할 것이다. 따라서 Y가 A에게 인천광역시 명의로 병원업을 경영할 것을 승낙한 경우에는 특단의 사정이 없는 한 위 법리에 따라 위 병원을 인천광역시가 경영하는 것으로 믿고 의약품을 납품한 원고에 대하여 그 대금을 변제할 책임이 있다.

그러나 다년간 위 병원과 의약품거래를 하여 온 X주식회사로서는 위 병원의 경영자가 Y가 아니라는 사실을 알았다 할 것이고, 만일 이를 몰랐다면 그 모른 데에 대하여 중대한 과실이 있다고 보지 않을 수 없다 할 것이다.

Ⅱ. 평 석

1. 논 점

본 사례는 상법 제24조의 명의대여자의 책임문제이다. 사례의 논점은 ① 상법 제24조의 적용과 관련하여, 특히 명의대여자가 상인이 아닌 경우에도 상법 제24조가 적용될 수 있는지, ② 거래의 주체의 오인에 있어 중과실이 있는 경우에도 상법 제24조가 적용되는지 하는 점이다.

2. 명의대여자책임의 의의

명의대여자라 함은 타인에게 자기의 성명 또는 상호를 사용하여 영업을 할 것을 허락한 자를 말한다. 타인(명의차용자)에게 자기의 성명 또는 상호를 사용하여 영업을 할 것을 허락한 자(명의대여자)는 자기를 영업주로 오인하여 거래한 제3자에 대하여 그 타인과 연대하여 거래로 인한 채무를 변제할 책임이 있다(상법 제24조). 이를 명의대여자의 책임이라고 한다. 업종에 따라서는 이러한 명의대여가 금지되는 경우가 있다. 예컨대 2014년 4월 2일 시행된 '대부업 등의 등록 및 금융이용자 보호에 관한 법률'에 의하면 대부업자 등은 타인에게 자기의 명의로 대부업 등을 하게 하거나 그 등록증을 대여하여서는 안되며(동법 제5조의2) 이에 위반한 때에는 벌칙이 적용된다. 또 여객운수사업법에 의하면 자동차운송사업자는 자기의 명의로 타인에게 자동차운송사업을 경영하게 할 수 없다(동법 제13조). 그러나 이러한 단속법규의 유무에 관계없이 상법 제24조는 명의대여자의 사법상의 책임을 규정하고 있는 것이다. 원래 명의대여란 어떤 사람이 타인에게 자기의 성명 또는 상호를 사용하여 영업을 할 것을 허락하는 것을 말하고, 거래소의 거래원이 거래원이 아닌 자에게 자기의 명의를 대여하여 영업을 하도록 하였던 관습에서 발전되어 온 것이다. 이것은 명의차용자가 상인이며 계약의 당사자로서 책임의 주체가 됨을 전제로 하여 거래안전의 필요에서 명의대여자에게도 연대책임을 인정한 것인데, 그 이론적 기초는 외관이론 내지는 금반언의 법리이며, 상호진실을 간접적으로 강제하는 효과가 있다.

3. 명의대여자의 책임발생요건

명의대여자의 책임이 발생함에는 다음의 요건이 갖추어져야 한다.

(1) 명의사용의 허락

명의대여자의 책임을 인정하려면, 명의대여자가 자기의 성명 또는 상호의 사용을 명의차용자에게 명시적 또는 묵시적으로 허락하였어야 한다.

1) 명 의

상법 제24조는 대여하는 명의에 관하여 '성명 또는 상호'라고 표현하고 있으나, 이에 국한하지 않고 거래통념상 대여자의 영업으로 오인하기에 적합한 명칭을 사용하게 되면 모두 본 조의 적용대상이 된다. 예컨대 일반적으로 명의대여자를 표시하는 명칭으로 인정되는 예명·아호·약칭·통칭 등을 사용하는 경우와 명의대여자의 상호에 지점이나 출장소 등의 명칭을 부가하여 사용하는 경우에도 명의대여자의 책임이 인정된다. 판례는 '대한여행사 외국부 국제항공 판매처'는 대한여행사의 명의를 사용한 것이고(대법원 1957. 6. 27. 선고 4290민상178 판결), '대한통운주식회사 신탄진 출장소'는 대한통운주식회사의 명의를 사용한 것이라 한다(대법원 1976. 9. 28. 선고 76다955 판결).

2) 명의사용의 '허락'

① 타인에게 자기의 성명 또는 상호를 사용하여 영업을 할 것을 허락하여야 한다. 따라서 이 사용의 허락이 없는 경우에는 타인이 임의로 자기의 명칭을 사용하여도 제3자가 비록 선의·무과실이라 할지라도 명의대여자의 책임은 생기지 아니한다. 그러나 이 허락은 명시임을 요하는 것이 아니며, 묵시인 경우도 무방하다. 그러므로 타인이 자기의 명칭을 임의로 사용하고 있는 것을 알면서 방치하는 경우에는 묵시에 의한 허락이 있은 것으로 볼 수가 있다(사용허락의 방법).

② 사용허락은 명의사용자에게 허락의 의사를 표시함으로써 하면 되고, 제3자에게 통지하거나 일반에게 공표할 필요는 없다. 그러나 허락의 철회는 명의사용자에게 통지하는 것만으로는 명의대여자로서의 책임을 면치 못하며, 제3자에게 통지하거나 일반에게 알 수 있는 방법으로 이를 광고하여야 한다(사용허락의 철회).

③ 사용의 허락은 상호 등의 사용의 허락에 그치는 것이 아니고 그 상호를 사용하여 영업을 할 것을 허락한 경우라야 한다. 따라서 그 명칭의 사용을 통한 동종행위의 계속 반복성이 전제가 되어야 한다(영업에 관한 사용허락).

(2) 명의대여당사자의 상인성의 요부

1) 상호 등을 사용하여 영업을 할 것을 허락한 자가 명의대여자로서의 책임을 지므로 대여자는 상인이라야 하는가 하는 것이 문제된다. 이에 관하여는 상인인 경우에 한하지 않는다고 보는 것(비요건설)이 국내의 통설의 입장이다. 본 사례에 해당하는 대법원판례도 "명의대여자가 상인이 아니거나 명의차용자

의 영업이 상행위가 아니라 하더라도 상법 제24조의 금반언의 법리 또는 외관주의의 법리를 적용하는 데 아무런 영향이 없다"고 하여 같은 입장을 밝히고 있다(대법원 1987. 3. 24. 선고 85다카2219 판결). 상법 제24조에서 "자기의 성명 또는 상호를 사용하여"라고 하고 있으므로 대여자를 상인으로 한정할 이유가 없다고 본다.

2) 다음에 명의차용자는 타인의 성명·상호를 사용하여 영업을 할 것을 허락받은 자이므로 상인이어야 하는지 여부가 문제된다. 이와 관련하여 본 사건과 관련된 대법원판례는 명의차용자도 상인임을 요하지 않는다고 하는 입장을 취하고 있다(비요건설). 이 판결이 뜻하는 바는 "명의차용자는 반드시 상인이어야 하지만, 명의대여자가 책임을 지는 명의차용자의 영업은 기본적 상행위가 아니어도 된다"는 의미로 해석하여야 할 것이다. 즉 위 사례의 경우 명의차용자인 사단법인 한국병원관리연구소는 의제상인(상법 제5조)에 해당하여, 병원업이 제46조의 기본적 상행위가 아니어도 상법 제24조의 적용에는 아무런 문제가 없다고 본다. 위 대법원판결은 타당하다고 생각한다. 그러나 이에 대하여는 상인임을 요한다는 반대입장도 있다(요건설).

(3) 거래행위

1) 거래에 관하여 생긴 채무

명의차용자가 명의대여자의 명의를 거래행위에 사용하였어야 한다. 명의대여자의 책임은 명의차용자와 제3자 사이의 거래에 관하여 생긴 채무에 한한다. 여기서 거래로 인한 채무에는 거래로 인하여 직접 발생한 채무뿐만 아니라 그 거래의 효과로서 발생한 채무(채무불이행으로 인한 손해배상채무, 계약해제로 인한 원상회복의무 등)도 포함된다.

2) 영업의 동일성 여부

명의대여자가 영업을 하지 않고 있는 경우, 예를 들면 B가 A의 명의를 빌어 약국개설 등록신청을 하는 경우에는 명의의 동일성만 인정되면 외관이 존재하는 것으로 본다. 그러나 양자가 모두 영업을 하고 있는 경우에는 영업의 동일성의 요부에 관하여는 학설이 대립한다.

① 학 설 동일성 필요설은 영업의 내용·범위가 상이하면 외관에 대한 일반적 신뢰가 발생하지 않는다는 것을 근거로 영업의 동일성이 필요하다

는 입장이다. 이에 대하여 동일성 불요설은 영업의 동일성은 외관형성의 중요한 요소지만 본질적 요소는 아니라고 한다. 또한 동일성 불요설의 입장에서 동일성의 문제는 거래상대방의 과실의 유무판단에서 고려될 수 있는 것이라는 견해도 있다.

② 판　례　판례는 이 점에 대해서 명시적으로 밝히지는 않지만 대체로 동일성 필요설의 입장을 취한 것으로 보인다. 그런데 근래의 판례는 명의대여자의 영업이 호텔경영이고 차용자는 나이트클럽 경영자인 경우에도 외관의 동일성을 인정하였고, 또 보험을 인수하는 업무와 보험가입자와 보험회사간의 보험계약의 체결을 알선하는 업무의 경우에도 외관의 동일성을 인정하고 있어 동일성의 판단에 있어 그 의미를 완화하고 있다.

③ 검　토　동일성 불요설이 옳다고 생각한다. 상호는 영업의 동일성을 나타내지만, 그 영업의 종류 및 범위까지도 한정하는 것은 아니다. 개인상인의 경우 하나의 상호 아래 여러 가지의 영업을 할 수 있다. 상인이 아닌 자가 그 성명을 대여하는 경우에는 대여자의 영업 자체가 문제되지 아니한다. 영업의 동일성 자체가 영업 외관의 본질적인 요소가 아니다. 따라서 명의대여자와 명의차용자가 동종영업자인지 아닌지를 따지지 말고 명의대여자의 책임을 인정하여야 할 것이다.

(4) 상대방의 오인

명의대여자에게 책임을 묻기 위하여는 거래의 상대방이 명의대여자를 영업주로 오인하여 거래하였어야 한다. 이때 제3자의 오인에 과실이 있는 경우 어느 범위까지 그를 보호하여야 할 것인가에 대하여 견해가 나뉜다. 이에 대하여는 악의의 경우에는 명의대여자가 면책된다는 오인설, 상대방의 오인에 경과실이 있어도 면책된다는 경과실면책설, 상대방의 오인에 중과실이 있는 경우에만 면책된다는 중과실면책설(통설)이 있다. 생각건대 외관이론의 실정법적 표현으로 볼 수 있는 다른 규정들(상법 제43조; 어음법 제16조 제2항)도 모두 악의 또는 이와 동일시할 수 있는 중과실의 경우를 제외하고 있는 점 등으로 비추어 보아 통설인 중과실면책설이 타당하다고 본다. 참고로 대법원판례는 거래 상대방이 명의대여 사실을 알았거나 모른 데 대하여 중과실이 있는 경우에는 명의대여자는 책임을 지지 않는다고 하고 있다(대법원 1991. 11. 12. 선고

91다18309 판결).

4. 책임의 범위

(1) 명의대여자는 자기를 영업주로 오인하여 거래한 제3자에 대하여 타인과 연대하여 변제할 책임이 있다. 즉 명의를 사용한 자와 제3자 간의 거래로 인한 채무를 명의대여자가 연대하여 변제할 책임을 지는 것이다. 여기서 거래로 인한 채무에는 거래로 인하여 직접 발생한 채무뿐만 아니라 그 불이행으로 인한 손해배상채무도 포함된다(채무의 범위). 그러나 불법행위로 인한 채무는 거래로 인한 것이 아니므로 명의대여자의 책임에 속하지 않는다. 대법원판례도 "불법행위의 경우에는 설령 피해자가 명의대여자를 영업주로 오인하고 있었더라도 그와 같은 오인과 피해의 발생 사이에 아무런 인과관계가 없으므로 이 경우 신뢰관계를 이유로 명의대여자에게 책임을 지워야 할 이유가 없다"고 판시하고 있다(대법원 1998. 3. 24. 선고 97다55621 판결). 다만 사기적인 거래로 인한 것은 포함되는 경우가 있을 것이다(불법행위로 인한 채무).

(2) 명의대여자가 명의사용의 범위를 정한 경우, 명의차용자가 그 범위를 넘어서 거래를 한 때에는 원칙적으로 책임을 지지 않는다. 다만 제3자에게 정당한 사유가 있는 때에는 그의 보호를 위하여 명의대여자의 책임을 인정하여야 할 경우가 있을 것이다(승낙한 범위를 넘은 사용, 민법 제126조 참조).

(3) 기한을 정하여 명의사용을 허락한 경우, 이 기한을 지나서 그 명의로 한 거래에 대하여 명의대여자가 책임을 지는 것인가 하는 문제가 있다. 제3자가 그 기한의 경과를 안 경우에는 악의가 되므로 이를 보호할 필요가 없음은 물론이다. 그러하지 아니한 경우에는 명의대여자가 제3자가 주지할 수 있는 방법으로 기한의 경과의 사실을 알게 하여야 할 것이다. 이러한 조치를 취하지 않는 경우에는 묵시에 의한 허락을 한 경우와 같이 명의대여자의 책임을 면하지 못한다(허락한 기한을 지난 사용).

(4) 명의대여자가 제24조에 의하여 명의사용자와 연대하여 변제할 책임이 있다고 하는 것은 거래상대방이 그 선택에 따라서 이 둘 중 어느 쪽에 대해서도 변제의 청구를 할 수 있다는 뜻이며, 이 경우 명의대여자와 명의사용자의 책임은 부진정 연대관계를 가진다(연대책임).

(5) 어음행위에 대한 명의대여자의 책임

어음행위에도 명의대여자의 책임이 발생하는가에 대하여는, ① 영업에 관하여 명의대여가 있고 그 영업과 관련하여 어음행위를 한 경우에는 상법 제24조에 의하여 명의대여자가 변제할 책임을 진다. 그러나 ② 명의대여자가 영업을 위하여 자기의 명의의 사용을 허락한 것이 아니라, 단지 은행과의 사이의 당좌거래 또는 특정한 어음행위에 관하여만 명의의 사용을 허락한 경우에는 명의대여자의 책임에 관한 규정의 유추적용을 부정하는 견해(유추적용부정설)도 있다. 그러나 이 경우에도 상법 제24조를 유추적용하는 것이 타당하다고 본다.

(6) 불법행위로 인한 채무

거래와 관계없는 불법행위로 인한 채무는 제외되나, 명의차용자의 영업과 관련된 불법행위 또는 거래행위의 외형을 가지는 불법행위로 인한 손해배상채무에 대하여는 명의대여자도 연대책임을 진다고 본다.

5. 결   어

상법 제24조를 적용함에 있어서 명의대여자 또는 명의차용자가 상인인가의 여부는 묻지 않으며, 비상인, 나아가 공법인에 대하여도 상법 제24조가 적용된다. 따라서 위 사례에서도 공법인인 인천광역시에 대하여도 상법 제24조가 적용되어 명의대여자의 책임을 인정할 수 있다. 위 대법원판결은 타당하다고 본다. 다만 본 사례에서는 원고 X주식회사에게 거래주체의 오인에 있어 중대한 과실이 인정되어 피고 Y의 책임이 부인되었다.

Ⅲ. 참조판례

1. 대법원 2008. 10. 23. 선고 2008다46555 판결

상법 제24조는 명의를 대여한 자를 영업의 주체로 오인하고 거래한 상대방의 이익을 보호하기 위한 규정으로서 이에 따르면 명의대여자는 명의차용자가 영업거래를 수행하는 과정에서 부담하는 채무를 연대하여 변제할 책임이 있다. 그리고 건설업 면허를 대여한 자는 자기의 성명 또는 상호를 사용하여 건설업을 할 것을 허락하였다고 할 것인데, 건설업에서는 공정에 따라 하도급

거래를 수반하는 것이 일반적이어서 특별한 사정이 없는 한 건설업 면허를 대여받은 자가 그 면허를 사용하여 면허를 대여한 자의 명의로 하도급거래를 하는 것도 허락하였다고 봄이 상당하므로, 면허를 대여한 자를 영업의 주체로 오인한 하수급인에 대하여도 명의대여자로서의 책임을 지고, 면허를 대여받은 자를 대리 또는 대행한 자가 면허를 대여한 자의 명의로 하도급거래를 한 경우에도 마찬가지이다.

2. 대법원 2008. 1. 24. 선고 2006다21330 판결

명의자가 타인과 동업계약을 체결하고 공동 명의로 사업자등록을 한 후 타인으로 하여금 사업을 운영하도록 허락하였고, 거래 상대방도 명의자를 위 사업의 공동사업주로 오인하여 거래를 하여온 경우에는, 그 후 명의자가 동업 관계에서 탈퇴하고 사업자등록을 타인 단독 명의로 변경하였다 하더라도 이를 거래 상대방에게 알리는 등의 조치를 취하지 아니하여 여전히 공동사업주인 것으로 오인하게 하였다면 명의자는 탈퇴 이후에 타인과 거래 상대방 사이에 이루어진 거래에 대하여도 상법 제24조에 의한 명의대여자로서의 책임을 부담한다.

그리고 상법 제24조에서 규정한 명의대여자의 책임은 명의자를 사업주로 오인하여 거래한 제3자를 보호하기 위한 것이므로 거래 상대방이 명의대여사실을 알았거나 모른 데 대하여 중대한 과실이 있는 때에는 책임을 지지 않는 바, 이때 거래의 상대방이 명의대여사실을 알았거나 모른 데 대한 중대한 과실이 있었는지 여부에 대하여는 면책을 주장하는 명의대여자가 입증책임을 부담한다(대법원 1991. 11. 12. 선고 91다18309 판결; 대법원 2001. 4. 13. 선고 2000다10512 판결 등 참조).

3. 대법원 2011. 4. 14. 선고 2010다91886 판결

① 상법 제24조에 의한 명의대여자와 명의차용자의 책임은 동일한 경제적 목적을 가진 채무로서 서로 중첩되는 부분에 관하여 일방의 채무가 변제 등으로 소멸하면 타방의 채무도 소멸하는 이른바 부진정연대의 관계에 있다. 이와 같은 부진정연대채무에 서는 채무자 1인에 대한 이행청구 또는 채무자 1인이 행한 채무의 승인 등 소멸시효의 중단사유나 시효이익의 포기가 다른 채무자

에게 효력을 미치지 아니한다.

② 명의대여자를 영업주로 오인하여 명의차용자와 거래한 채권자가 물품대금채권에 관하여 상법 제24조에 의한 명의대여자 책임을 묻자 명의대여자가 그 채권이 3년의 단기소멸시효기간 경과로 소멸하였다고 항변한 사안에서, 부진정연대채무자의 1인에 불과한 명의차용자가 한 채무 승인 또는 시효이익 포기의 효력은 다른 부진정연대채무자인 명의대여자에게 미치지 않음에도, 명의차용자가 시효기간 경과 전 채권 일부를 대물변제하고 잔액을 정산하여 변제를 약속한 사실이 있으므로 이는 채무 승인 또는 시효이익 포기에 해당한다는 이유로 위 항변을 배척한 원심판단을 파기한 사례.

4. 대법원 2001. 4. 13. 선고 2000다10512 판결

① 甲·乙·丙 3인이 나이트 클럽의 공동사업자로 사업자 등록이 되어 있고, 그에 따른 부가가치세 세적관리카드에도 甲·乙·丙이 40%, 30% 및 30%의 지분을 가지고 있는 것으로 등록되어 있을 뿐 아니라, 나이트클럽의 신용카드 가맹점에 대한 예금주 명의도 그 중 1인으로 되어 있는 경우, 甲·乙·丙이 나이트클럽을 실제로 경영한 사실을 인정할 수 없다고 하더라도 그들의 명의를 사용하게 하여 영업상의 외관을 나타낸 것이 틀림이 없다.

② 상법 제24조의 규정에 의한 명의대여자의 책임은 명의자를 영업주로 오인하여 거래한 제3자를 보호하기 위한 것이므로 거래상대방이 명의대여사실을 알았거나 모른 데 대하여 중대한 과실이 있는 때에는 책임을 지지 않는바, 이때 거래의 상대방이 명의대여사실을 알았거나 모른 데 대한 중대한 과실이 있었는지 여부에 대하여는 면책을 주장하는 명의대여자들이 증명책임을 부담한다.

5. 대법원 1998. 3. 24. 선고 97다55621 판결(명의차용자의 불법행위에 대하여는 명의대여자의 책임을 부정한 판례)

상법 제24조 소정의 명의대여자 책임은 명의차용인과 그 상대방의 거래행위에 의하여 생긴 채무에 관하여 명의대여자를 진실한 상대방으로 오인하고 그 신용·명의 등을 신뢰한 제3자를 보호하기 위한 것으로, 불법행위의 경우에는 설령 피해자가 명의대여자를 영업주로 오인하고 있었더라도 그와 같은 오인과 피해의 발생 사이에 아무런 인과관계가 없으므로, 이 경우 신뢰관계를 이유로 명의대여자에게 책임을 지워야 할 이유가 없다.

6. 대법원 1993. 4. 27. 선고 92다43432 판결(명의대여자의 책임을 인정한 판례)

입찰자격이 없는 회사가 입찰자격이 있는 회사의 명의를 빌려 입찰에 참가하여 낙찰받고 기계공급계약을 체결한 경우, 계약당사자나 계약상의 이행채무와 채무불이행으로 인한 손해배상책임을 부담하는 자는 명의회사이다.

7. 대법원 1992. 8. 18. 선고 91다30699 판결(명의대여자의 책임을 인정한 판례)

甲이 자신의 사업인 야채중매업과 아들인 乙이 경영하는 야채판매업을 乙과 공동하여 경영하는 것과 같은 외관을 만들어 놓고도 이를 방치하였다면 乙이 경영한 야채판매업과 관련된 채무에 관하여 甲에게 명의대여자로서의 책임이 있고, 이 경우 乙과 丙 등 사이의 거래경위와 甲이 乙에게 자신의 상호와 점포 등을 사용하게 한 사정 등에 비추어 丙 등이 乙 개인과 거래하는 것이 아니라 야채중매업소의 경영자와 거래하는 것으로 오인을 함에 중대한 과실이 있다고 보기 어려워 甲은 丙 등에 대하여 명의대여자로서의 책임을 면할 수 없다.

8. 대법원 1992. 6. 23. 선고 91다29781 판결(명의대여자의 책임을 부정한 판례)

명의대여자가 거래상대방에 대하여 책임을 지는 것은 상대방이 그를 영업자로 오인한 경우에 한하는 것이고 상대방이 명의인과 실제 거래당사자가 다르다는 사실을 알고 있는 경우에는 명의대여자에게 책임을 지울 수 없는 것은 법문상 명백하며 수산업협동조합에 대한 거래상대방 자격이 조합원에 한한다고 하여 결론이 달라질 수는 없다.

9. 대법원 1991. 11. 12. 선고 91다18309 판결(명의대여자의 책임을 부정한 판례)

상법 제24조의 규정에 의한 명의대여자의 책임은 명의차용자를 영업주로 오인하여 거래한 제3자를 보호하기 위한 것이므로 거래상대방이 명의대여 사실을 알았거나 모른 데에 대하여 중대한 과실이 있는 때에는 명의대여자는 책임을 지지 않는다.

10. 대법원 1989. 10. 27. 선고 89다카319 판결(명의대여자의 책임을 인정한 판례)

유류공급업자가 지입차량임을 알면서도 유류를 공급하였다고 하여 지입차주(명의차용자)만이 그 대금을 부담하기로 하는 특약이 있었다고 볼 수 없으므로 지입회사(명의대여자)가 책임을 진다.

11. 대법원 1989. 10. 10. 선고 88다카8354 판결(명의대여자의 책임을 부정한 판례)

일반거래에 있어서 실질적인 법률관계는 대리상, 특약점 또는 위탁매매업 등이면서도 두루 대리점이란 명칭으로 통용되고 있는데다가 타인의 상호 아래 대리점이란 명칭을 붙인 경우는 그 아래 지점, 영업소, 출장소 등을 붙인 경우와는 달리 타인의 영업을 종속적으로 표시하는 부가부분이라고 보기도 어렵기 때문에 제3자가 자기의 상호 아래 대리점이란 명칭을 붙여 사용하는 것을 허락하거나 묵인하였더라도 상법상 명의대여자로서의 책임을 물을 수는 없다.

12. 대법원 1989. 9. 12. 선고 88다카26390 판결(명의대여자의 책임을 부정한 판례)

상법 제24조의 명의대여자의 책임규정은 거래상의 외관보호와 금반언의 원칙을 표현한 것으로서 명의대여자가 영업주(여기의 영업주는 상법 제4조 소정의 상인보다는 넓은 개념이다)로서 자기의 성명이나 상호를 사용하는 것을 허락했을 때에는 명의차용자가 그것을 사용하여 법률행위를 함으로써 지게 된 거래상의 채무에 대하여 변제의 책임이 있다는 것을 밝히고 있는 것에 그치는 것이므로 여기에 근거한 명의대여자의 책임은 명의의 사용을 허락받은 자의 행위에 한하고 명의차용자의 피용자의 행위에 대해서까지 미칠 수는 없다.

13. 대법원 1987. 11. 24. 선고 87다카1379 판결(명의차용자의 피용자의 행위에 대하여 명의대여자의 책임을 부정한 경우)

乙이 甲회사의 허락을 받고 그의 명의를 사용하여 공사를 하던 중 위 공사현장소장인 丙이 甲회사의 공사사업부 소장으로 행세하면서 乙의 승인하에 丁 등으로부터 그 공사에 필요한 자금을 차용하였다면, 丁 등은 甲회사를 위 공사의 시행자로 오인하고 금원을 대여하였다 할지라도 丁 등의 금전대차는 甲회사의 사용인으로 행세하는 丙과 사이에 이루어진 것으로서 丁 등은 위 공사가 甲회사가 시행하고 丙은 회사의 사용인으로서 甲회사를 위해 공사자금의 차용권한이 있는 것으로 오인하고 금원을 대여한 것에 불과하다 할 것이므로, 甲회사가 丙 등에게 위와 같은 사용인의 명칭의 사용을 허락하였고, 또 일반적으로 회사의 공사현장에서 위 명칭을 가진 사용인이 공사의 자금조달을 위해 금원을 차용할 권한이 있다는 점 등이 인정되지 아니하는 한 甲회사가 乙에게 위 공사를 시행함에 있어서 甲회사명의를 사용하도록 허락하였다는 사실만으로 甲회사가 명의대여자로서 丁 등에게 위 차용금을 변제할 책임이 있다고 할 수 없다.

14. 대법원 1985. 2. 26. 선고 83다카1018 판결(명의대여자의 책임을 인정한 판례)

공사의 수급인이 그 공사를 타인에게 하도급을 주어 그 타인으로 하여금 공사를 시공케 함에 있어 대외관계에 있어서는 그 하수급인을 수급인의 공사현장에 파견한 현장소장인 양 표시하여 행동하게 하였다면 수급인은 상법상의 명의대여자로서의 책임을 면할 수 없다.

15. 대법원 1983. 3. 22. 선고 82다카1852 판결(명의대여자의 책임을 부정한 판례)

상법 제24조에 규정된 명의대여자의 책임은 제3자의 명의대여자를 영업주로 오인하고 그 영업의 범위 내에서 명의사용자와 거래한 제3자에 대한 책임이므로, 정미소의 임차인이 임대인의 상호를 계속 사용하는 경우에 있어서 임대인이 대여한 상호에 의하여 표상되는 영업은 정미소 영업이 분명하니, 임차인이 정미소 부지 내에 있는 창고 및 살림집을 제3자에게 임대한 행위는 설령 명의사용자가 임대행위의 목적이 정미소 창고건축비용을 조달키 위함이라고 말하였다고 하더라도 위 정미소 영업범위 외의 거래이므로 그에 관하여 명의대여자에게 책임을 물을 수 없다.

16. 대법원 1982. 12. 28. 선고 82다카887 판결(명의대여자의 책임을 부정한 판례)

묵시적 명의대여자의 책임을 인정하기 위하여는 영업주가 자기의 성명 또는 상호를 타인이 사용하는 것을 알고 이를 저지하지 아니하거나 자기의 성명 또는 상호를 타인이 사용함을 묵인한 사실 및 제3자가 타인의 성명 또는 상호를 사용하는 자를 영업주로 오인하여 거래를 한 사실이 인정되어야 할 것이므로, 영업주가 자기의 상점, 전화, 창고 등을 타인에게 사용하게 한 사실은 있으나 그 타인과 원고와의 거래를 위하여 영업주의 상호를 사용한 사실이 없는 경우에는 영업주가 자기의 상호를 타인에게 묵시적으로 대여하여 원고가 그 타인을 영업주로 오인하여 거래하였다고 단정하기에 미흡하다고 할 것이다.

17. 대법원 1978. 6. 13. 선고 78다236 판결(명의대여자의 책임을 인정한 판례)

임대인이 그 명의로 영업허가가 난 나이트클럽을 임대함에 있어 임차인에게 영업허가명의를 사용하여 다른 사람에게 영업을 하도록 허락한 이상 위 임차인들이 위 영업과 관련하여 부담한 채무에 관하여 상법 제24조의 규정에 따라 그 임차인들과 연대하여 선의의 제3자에 대하여 변제할 책임이 있다.

18. 대법원 1977. 7. 26. 선고 77다797 판결(명의대여자의 책임을 인정한 판례)

자동차정비사업을 경영하는 甲회사가 甲회사의 영업장소에서 또 같은 사무실 내에서 같은 사업을 경영할 수 있도록 허용하여 왔다면 甲회사는 사업에 관하여 甲회사의 자동차정비사업에 관한 허가와 甲회사의 상호 밑에서 그 영업을 할 것을 허락했다고 볼 여지가 없지 않다.

19. 대법원 1976. 9. 28. 선고 76다955 판결(명의대여자의 책임을 인정한 판례)

대한통운주식회사가 소외인과 동 회사 신탄진출장소 운영에 관한 계약을 체결하고 출장소장으로 임명하여 현장에서 자기의 상호를 사용하여 그의 목적 사업인 운송업을 하도록 하여 왔다면 위 회사는 특별한 사정이 없는 한 그 사업에 관하여 자기가 책임을 부담할 지위에 있음을 표시한 것이라 볼 수 있으므로 상법 제24조의 명의대여자의 책임에 따라 위 회사를 영업주로 오인하고 거래한 제3자에 대하여 소외인이 부담한 대여금채무를 지급할 의무가 있다.

20. 대법원 1973. 11. 27. 선고 73다642 판결(명의대여자의 책임을 인정한 판례)

수급인이 공사를 하도급 준 경우 수급인에게 명의대여자의 책임이 인정된다.

21. 대법원 1967. 10. 25. 선고 66다2362 판결(임대인이 자기가 사용하던 상호를 임차인에게 계속 사용하게 하는 것도 명의대여가 된다)

甲은 용당정미소라는 상호를 가지고 경영하던 정미소를 A에게 임대하고 A는 같은 상호를 그대로 사용하면서 그 정미소를 경영하는 동안에 乙로부터 본건 백미를 보관하고 보관전표를 발행한 것이며, 乙이 甲을 용당정미소의 영업주로 오인하였다면 甲은 명의대여자로서 그 백미보관으로 인한 책임을 면할 수 없다.

10 영업양도와 근로관계의 승계

◆ 사   례

　　소외 甲여객은 부산시내에서 일반버스 23대와 좌석버스 3대를 운행하던 회사이고 원고들은 甲여객에서 일반버스 기사로 종사해 오던 사람들인데, 甲여객이 회사경영의 악화로 그 소유인 시내버스들을 다른 시내버스 업체에 양도한 후 폐업하기로 결정하고 부산직할시장으로부터 시내버스 양도, 양수 승인인가를 받은 후, 甲여객의 일반소유의 일반버스 23대 중에서 소외 乙교통(주)에 3대, 丙여객자동차(주)에 1대, 丁여객자동차(주)에 1대, 피고인 Y여객운수에 2대를 각각 양도하였는데, 양수회사측에서 버스 1대당 그 버스에 승무하던 전속기사 2명씩을 인수하기로 약정하였다. 이에 따라 1993. 9. 13.자로 원고들이 승무하던 시내버스는 양도되어 양수회사의 버스노선에 투입되어 운행되었으며, 甲여객은 종전의 운수업계의 관례 및 버스를 양수하는 회사측의 요구에 따라 그 전속기사들을 轉籍시키기로 하고 1993. 9. 11.경부터 각 양수회사에 입사하여 근무할 것을 통보하였으나, 원고들은 비교적 사소한 문제를 내세워 전적을 거부하였다.

　　그리고 나머지 버스에 대하여는 피고 Y여객운수가 1993. 9. 27. 좌석버스를 제외한 일반버스 16대 및 甲여객의 물적 시설과 60번 및 60 - 1번 버스노선의 면허권, 甲여객에 근무하던 종업원 등 운영조직 일체를 양수하였으며, 그 후 甲여객은 나머지 좌석버스 3대를 戊여객자동차(주)에 양도한 후 해산하였다.

　　이에 원고들은 피고가 甲여객의 영업을 양수하였으니, 근로관계도 피고에게 승계된다며 피고 Y여객운수에 대해서 근로관계의 확인을 구하는 소송을 제기하였다.

Ⅰ. 판결요지(대법원 1996. 5. 31. 선고 95다33238 판결)

(1) 버스회사가 근로자들에 대하여 그들의 동의를 전제로 소속 기업의 적을 옮기는 전적명령을 발하였을 뿐 근로자들과의 근로관계를 일방적으로 단절시키려는 의사를 표명하였다고 보기는 어렵다는 이유로, 그 버스회사의 근무지 변경에 관한 업무통보를 정리해고에 해당하는 것으로 볼 수 없다.

(2) 영업양도에 의하여 승계되는 근로관계는 계약체결일 현재 실제로 그 영업부문에서 근무하고 있는 근로자와의 근로관계만을 의미하고, 계약체결일 이전에 해당 영업부문에서 근무하다가 해고된 근로자로서 해고의 효력을 다투는 근로자와의 근로관계까지 승계되는 것은 아니다.

(3) 근로자들이 회사의 전적명령에 동의하지 아니함으로써 전적명령 자체가 아무런 효력이 없음이 객관적으로 명확하게 되었을 뿐만 아니라, 양수회사가 영업양수를 할 당시 근로자들에 대한 전적명령이 아무런 효력이 없게 된 사실을 알고 있었음이 명백하다면, 특별한 사정이 없는 한 근로자들의 근로관계가 양수회사에게 그대로 승계되는 것으로 봄이 상당하다.

Ⅱ. 평 석

영업양도가 있게 되면 영업재산이 일괄하여 양수인에게 이전되는바, 이때 문제가 되는 것은 고용계약상의 관계도 자동적으로 양수인에게 이전되는가 하는 점이다. 이는 민법 제657조 제1항과 관련하여 문제가 되는데, 이하 영업양도의 개념에 대하여 먼저 정리하고, 근로관계의 승계에 관한 문제를 검토하기로 한다.

1. 영업양도의 의의와 법적 성질

(1) 영업양도의 의의

영업양도란 "영업의 동일성을 유지하면서 객관적 의의의 영업(영업용 재산과 재산적 가치 있는 사실관계가 합하여 이루어진 조직적·기능적 재산으로서의 영업재산의 일체)의 이전을 목적으로 하는 채권계약"으로 볼 수 있다.

영업양도는 영업용 재산과 재산적 가치 있는 사실관계가 기능적으로 조직화된 일체로서 동일성을 유지하면서 이전하는 것이므로, "개개의 영업용 재산 또는 단순한 영업용 재산의 전부의 양도"와는 구별된다. 그러나 영업이 위와 같이 조직화된 일체로서 동일성을 유지하면서 이전되기만 하면 영업양도이므로, 영업의 동일성의 유지에 영향이 없는 영업용 재산이 양도시에 변동이 있거나 또는 양수인이 양도인의 상호를 속용하지 않는 경우에도 영업양도가 됨에는 변함이 없다.

영업양도는 영업을 이전하는 계약이므로 양도인은 영업의 주체로서 소유자이어야 하고, 따라서 영업양도는 위의 의미의 영업의 소유관계에 변동을 가져온다. 그러므로 영업양도는 영업의 소유관계에 변동을 가져오지 않고 경영관계에서만 변동을 가져오는 '영업의 임대차'나 '경영위임'과는 구별된다.

영업양도는 양도인과 양수인의 2당사자가 체결하는 계약에 의하여 그 법률상의 효력이 발생하는 점에서, 상법의 특별규정에 의하여 그 법률상의 효력이 발생하는 '회사의 합병'과는 근본적으로 구별된다. 또한 영업양도는 당사자 간의 의사에 기한 계약에 의하여 특정승계되는 것이므로, 당사자의 의사와 무관하게 포괄승계되는 '상속'이나 '회사의 합병' 등과 구별된다.

(2) 영업양도의 법적 성질

영업양도가 무엇을 의미하느냐에 대하여는 영업양도의 대상을 파악함에 있어서 무엇에 중점을 두느냐에 따라 크게 세 가지의 학설로 나누어진다. 즉 영업양도의 대상을 영업재산 등 물적 요소에 중점을 두는 양도처분설, 영업주체인 인적 요소에 중점을 두는 지위교체설 및 이 양자에 중점을 두는 절충설(지위·재산양도설)이 있다.

1) 양도처분설

이 설은 영업양도의 대상을 물적 요소에 중점을 두는 학설로서, 이는 다시 영업재산양도설·영업조직양도설 및 영업유기체양도설로 나뉜다.

① **영업재산양도설**　　영업양도는 객관적 의의의 영업을 양도하는 것이라고 하는 설로서, 우리나라의 현행 영업양도에 관한 상법상의 규정은 이 설에 따라서 입법화된 것이고, 이 설은 우리나라의 다수설이며(손주찬·정동윤·최기원·정찬형 교수), 대법원판례의 입장이다. 즉 우리나라에서 이 설을 취하는 견해에서는 영업양도를 "객관적 의의의 영업의 양도로서, 일정한 영업목적에 의

하여 조직화된 유기적 일체로서의 기능적 재산의 이전을 목적으로 하는 채권
계약" 또는 "영업재산을 물건 또는 권리뿐만 아니라 재산적 가치가 있는 사실
관계를 포함하는 의미의 조직적 일체로서 파악하고, 이러한 조직적 재산을 그
동일성을 유지하면서 그 이전을 목적으로 하는 채권계약" 또는 "재산적 가치
있는 조직화된 영업재산을 포괄적으로 이전하는 채권계약," "영업재산을 일괄
하여 이전할 것을 목적으로 하는 채권계약," "영업목적을 실현하기 위하여 조
직화된 유기적 일체로서의 기능적 재산인 영업을 계약에 의해서 양도인이 양
수인에게 이전하는 것" 등으로 설명한다.

② **영업조직양도설**　　영업의 본질을 재산적 가치 있는 사실관계, 즉 영업
조직에 있다고 보고, 영업양도란 이러한 사실관계 내지 영업조직의 양도라고
한다. 따라서 이 설에서는 개개의 재산은 이러한 사실관계 내지 영업조직의
종물로서 영업양도에 수반하여 양수인에게 이전할 뿐이라고 한다.

③ **영업유기체양도설**　　영업의 본질을 단순한 영업용 재산과는 다른 사회
적 활력이 있는 유기체로서 파악하여, 영업양도란 이러한 유기체로서의 기능
적 재산의 양도라고 한다. 이 설에서는 원래 유기체로서의 영업 위에 1개의 물
권 또는 기타의 권리를 인정하여, 이러한 권리의 양도를 영업양도로 이해하려
고 한다. 이 설은 영업재산을 중심으로 영업을 이해하려고 하는 점에서는 영
업재산양도설과 비슷하나, 영업의 유기체성을 강조하는 점에서는 영업재산양
도설과 구별된다. 우리나라에서 영업재산양도설을 취하는 분 중에는 영업양도
에서의 영업을 "영업목적에 의하여 조직화된 유기적 일체로서의 기능적 재산"
이라고 설명하는 견해가 있으나(손주찬 교수), 순수하게 이 설을 취하는 견해는
없다.

2) 지위교체설

이 설은 영업양도의 대상을 인적 요소에 중점을 두는 학설로서, 영업양도
는 영업자인 지위의 양도라고 해석하는 견해이다. 따라서 이 설에서는 영업재
산은 영업자인 지위의 이전에 수반하여 양수인에게 이전될 뿐이라고 한다. 이
설은 주장하는 학자에 따라 약간 달리 설명되고 있다.

① **영업활동교체계약설**　　영업양도는 양도인이 그 양도한 영업의 영업자
인 지위로부터 물러나고, 양수인으로 하여금 이에 갈음하게 하는 것을 주요

목적으로 하면서 이에 수반하여 영업활동의 수단인 영업재산을 이전할 의무를
부담하는 계약이라는 학설이다.

  ② 기업주체지위양도설   영업양도는 양도인이 계약에 의하여 그 기업주
체인 지위에서 물러나고, 대신 양수인으로 하여금 그 지위에 있도록 하는 것
이라는 학설이다.

  ③ 기업자지위승계설   영업양도는 기업자지위의 인계·교체를 목적으로
하는 행위라는 설이다.

  ④ 지위재산이전설   영업의 양도를 영업의 경영자인 지위를 인계하는 약
속과 함께 영업재산을 양도하는 것이라고 설명하는 학설이다.

3) 절 충 설

  이 설은 영업양도의 대상을 물적 요소와 인적 요소의 양자에 중점을 두는
학설로서, 영업양도는 영업자인 지위의 이전과 영업재산의 이전이라는 두 가
지 요소가 포함되는 행위라고 한다. 이 설은 현재 우리나라에서 소수설이다.
즉 우리나라에서 이 설을 취하는 견해에서는 영업양도를 "양도인이 양수인에
게 자기와 자리를 바꾸어 영업의 경영자의 지위에 있게 할 목적으로써 영업재
산을 일괄하여 양수인에게 양도하는 계약,""양도인이 가지는 영업이 전체로
서 그 동일성을 해하지 않는 범위 안에서 계약에 의하여 양수인에게 이전하는
것"을 말하는데, 이는 단순히 영업재산의 양도만이 아니고 "경영자의 지위의
이전을 포함하는 채권계약" 또는 "양도인이 양수인에게 영업의 경영자인 지위
에 있게 할 약속으로써 영업재산을 일괄하여 이전하는 것을 내용으로 하는 채
권계약" 또는 "양도인이 영업재산을 일괄하여 양수인에게 이전하는 동시에,
양수인으로 하여금 양도인에 있어서와 같은 상태에서 영업을 계속할 수 있도
록 경영을 인도할 의무를 양도인이 지는 계약" 또는 "기업의 동일성을 유지하
면서 기업 그 자체를 일체로서 이전하는 계약" 등으로 설명한다.

2. 당사자의 합의와 근로관계의 승계

(1) 문 제 점

  영업양도에 있어서 근로관계가 승계되기 위하여 이에 대한 당사자간의 별
도의 합의가 필요한지에 대하여 문제가 제기되고 있다.

영업양도에 있어서 양도인과 양수인의 근로관계를 포괄적으로 승계하기로 하는 명시 또는 묵시의 합의를 하였다고 볼 수 있는 경우에는 아무런 문제가 발생하지 않는다. 그러나 ① 영업양도계약 당시 근로관계의 승계에 관하여 아무런 약정을 하지 않은 경우에 근로관계의 승계를 인정할 수 있을 것인지의 여부가 문제되고, ② 또한 당사자 사이에 근로관계의 승계에 관하여 근로자의 전부 또는 일부를 승계의 대상에서 제외하기로 하는 합의를 한 경우에 위와 같은 합의가 유효한지의 여부에 대하여 문제가 제기될 수 있다.

(2) 학 설

1) 합의불요설

합의불요설은 영업양도의 경우 영업양도 당사자간의 합의여하에 관계없이 종래의 근로관계가 포괄적으로 양수인에게 자동승계된다는 견해이다. 합의불요설의 논거는 영업양도의 대상이 되는 영업은 단순히 영업재산뿐 아니라 근로자의 노동력과 결합된 유기적 조직체이므로, 영업양도시에는 근로관계도 당연히 승계된다는 것이다(임종률 교수). 이러한 견해에 의하면 당사자 사이에 근로자의 일부 또는 전부를 승계하지 아니하기로 하는 내용의 합의는 무효라고 한다.

2) 합의필요설(특약필요설)

합의필요설은 영업양도의 경우 당사자간에 근로관계의 승계에 관한 명시적·묵시적 합의가 있는 경우에 한하여 근로관계가 승계된다는 견해이다(독일 민법 제613a조가 신설되기 이전의 독일의 다수설 및 판례의 태도). 합의필요설의 논거는 ① 계약법의 대원칙인 사적 자치의 원칙에 따라 영업양도의 당사자들이 근로자들의 승계에 대하여 이를 자유로이 결정할 수 있고, ② 근로자의 노동력은 영업의 기본적 구성요소가 아니므로 영업양도의 대상에 당연히 포함되는 것은 아니라는 것이다.

이러한 견해에 의하면 영업양도 당사간의 자유로운 합의에 의하여 근로자의 일부 또는 전부를 승계의 대상에서 제외할 수 있다고 한다. 또한 승계의 대상에 포함되었다 할지라도 당해 근로자가 승계에 동의하지 아니하면 그 근로관계는 승계되지 않는다고 한다.

3) 절충설(원칙승계설)

절충설은 영업양도의 경우 당사자간에 근로자의 일부 또는 전부를 사용하지 않는다는 별도의 합의가 없는 한, 근로관계는 포괄적으로 승계된다는 견해이다. 절충설의 논거는 영업양도의 대상이 되는 영업에는 영업재산은 물론 근로자의 노동력도 포함되므로 영업양도의 근로관계도 당연히 포괄적으로 승계되지만, 영업재산의 일부를 당사자의 합의에 의하여 양도대상에서 제외할 수 있는 것과 마찬가지로 근로자의 일부도 당사자의 합의에 의하여 양도대상에서 제외할 수 있다는 점을 들고 있다.

절충설은 영업양도의 경우 근로관계도 원칙적으로 승계된다는 점에서 합의불요설과 동일하나, 이를 당사자의 합의에 의하여 배제할 수 있다는 점에서 합의필요설과 구분된다고 할 수 있다.

(3) 판례의 입장

판례(대법원 1993. 5. 25. 선고 91다41750 판결)는 "다른 기업의 사업부문의 일부를 양수하는 계약을 체결하면서 그 물적 시설과 함께 그 사업부문에 근무하는 근로자들에 대한 권리의무도 함께 포괄승계받기로 약정한 경우에는 원칙적으로 해당 근로자의 근로관계는 영업양수인에게 승계되는 것"이라고 하고 있다.

동 판례는 어느 학설을 취하고 있는지 명확하지 않으나, 다만 분명한 것은 동 사건은 당사자 간에 근로관계의 포괄적 승계에 관한 약정이 체결되어 있으므로 어느 학설을 취하든 간에 근로자의 근로관계는 당연히 승계된다는 것이다.

3. 근로자의 동의와 근로관계의 승계

(1) 문제점

영업양도상 근로관계의 이전이 유효하게 성립하기 위하여 근로자의 동의가 필요한지의 여부에 관하여 견해가 나뉘어지고 있다.

이와 관련하여 민법 제657조 제1항에서는 "사용자는 노무자의 동의없이 그 권리를 제3자에게 양도하지 못한다"고 규정하고 있는바, 근로관계에 대한 '근로자의 동의'와 민법 제657조 제1항상의 '노무자의 동의'의 관계도 문제가 되고 있다.

(2) 학 설

1) 동의필요설

동의필요설은 근로관계의 이전에는 근로자의 동의가 필요하다는 견해이다. 동의필요설의 논거는 ① 민법 제657조의 적용을 주장하여 근로관계의 이전에는 영업양도 당사자와의 합의와 각 근로자의 동의가 필요하다고 하거나, ② 헌법상 보장된 직업선택의 자유, 나아가 인간의 존엄성 보호 아래, 근로자의 동의는 근로자의 의사에 반하는 근로관계의 자동적 이전을 저지하는 것으로 필요하다는 것이다.

또한 합병과는 달리 영업양도는 회사의 해산사유가 아니므로 영업양도 후의 회사는 목적을 변경하여 다른 종류의 영업을 영위할 수 있고, 영업의 일부양도의 경우에는 잔존부서로의 전직 등이 가능하기 때문에 그 선택을 포함하는 의미에서 근로자의 동의가 필요하다는 견해가 주장되기도 한다.

2) 동의불요설

동의불요설은 근로자의 동의가 없는 경우에도 근로관계는 당연히 양수인에게로 이전한다는 견해이다. 동의불요설의 논거로서는 ① 민법 제657조상의 노무계약은 노동법상의 근로계약과 그 성질을 달리하므로, 근로계약의 이전에는 적용되지 아니하고, ② 근로자에게 양수회사와의 근로관계를 스스로 해지할 권리가 있는 이상, 직업선택의 자유나 인간의 존엄성을 침해한 것으로는 볼 수 없다는 견해를 들 수 있다.

동의불요설하에서도 근로자가 양수회사에서의 근무를 반대하는 경우에는 근로자는 '사직의 자유'를 갖고 있으므로 결과적으로 동의필요설과 대동소이하다고 볼 수 있을 것이다. 그러나 영업의 일부양도의 경우 동의필요설하에서는 직업선택의 자유를 가질 수 있음에 반하여, 동의불요설하에서는 이러한 자유를 행사할 수 없다는 차이점이 있다.

(3) 판례의 입장

1993. 5. 25. 판례의 원심(서울고등법원 1991. 10. 9. 선고 90나32706 판결)에서는 "영업양도의 경우 근로관계의 이전에 관하여 근로자가 이의를 제기할 경우에는 근로관계는 양수인에게 이전되지 않고 양도인과의 사이에 존속한다고 보

아야 하며"라고 하여 동의필요설의 입장을 취하고 있다. 그러나 1993. 5. 25. 판례는 원심에서의 논거인 동의필요설을 채택하지 않고 있는데, 그 구체적 논거는 찾을 수 없다.

한편 1991. 10. 8. 판례(대법원 1991. 10. 8. 선고 91다22018·91다22025 판결)에서는 영업양도시 양도인의 제3자에 대한 매매계약해제에 대한 원상회복청구권은 지명채권이므로 그 양도에는 양도인의 채무자에 대한 통지나 채무자의 승낙이 있어야 채무자에게 대항할 수 있다고 판시하고 있는바, 동 판례 역시 양도인이 채무자에게 승계대상 배제권을 부여하고 있다는 점에서 1993. 5. 25. 판례와 유사한 입장을 보이고 있다.

Ⅲ. 결   어

원칙적으로 근로자의 근로관계의 이전에 있어서는 다음과 같은 이유에서 근로자의 동의가 있어야 한다고 생각한다.

첫째, 근로계약에 있어서 사용자는 근로계약의 상대방으로서 근로계약의 본질적 요소이다. 근로관계의 이전은 사용자의 변경을 의미하는바, 근로계약의 본질적 요소인 사용자의 변경이 또 다른 계약당사자인 근로자의 의사와 무관하게 변경된다는 것은 타당하지 않다고 본다. 이 경우 민법 제657조상의 노무계약은 사용종속관계를 전제로 하는 노동법상의 근로계약과는 그 성질을 달리하므로, 그 적용 여부는 근로관계의 이전문제와 직접적인 연관이 없다고 할 것이다.

둘째, 영업의 부분양도의 경우에는 양도기업이 영업양도 후에도 독립된 기업으로서 존속하고 있고, 따라서 이러한 경우 근로자의 동의는 어느 기업에서 근로할 것인지를 선택할 수 있는 자유를 보장하는 것이 되므로 근로자의 생존권의 이념에 적합하다고 본다.

셋째, 영업의 전부양도시 근로자가 동의하지 않는 경우 이는 결국 사직의 자유와 직결되는바, 근로자는 노동법상 사직의 자유가 항시 보장되므로 근로자의 동의는 결국 무의미한 것이 아닌가라는 의문점이 제기될 수 있으나, 기간이 있는 근로계약의 경우 계약기간중에 근로자가 사직하고자 한다면 계약불이행으로 인한 손해배상의 책임을 부담하게 되는바, 계약기간에 영업양도가 발생하는 경우 근로자에 대한 동의권의 인정은 손해배상책임을 부담하지 아니하고 사직할 수 있는 법리를 제공하고 있다고 할 것이다.

그런데 본 사건의 경우는 "고용된 기업으로부터 다른 기업으로 적을 옮겨 다른 기업의 업무에 종사하라"는 전적명령을 받은 경우로서, 이러한 전적의 경우 판례는 "사용자가 근로자의 동의를 얻지 아니하고 다른 회사로 전적시키는 관행이 있어서 그 관행이 근로계약의 내용을 이루고 있다는 등의 특별한 사정이 없는 한 근로자의 동의를 얻어야 효력을 발생한다"(대법원 1996. 4. 26. 선고 95누1972 판결)고 하여 근로자의 동의없는 전적은 무효라고 보고 있다. 이 사건에서도 근로자들이 회사의 전적명령에 동의하지 아니함으로써 전적명령 자체가 아무런 효력이 없어졌다고 볼 수 있다. 그렇다면 판결을 통하여 해고가 무효가 된 경우에 근로관계가 승계되는 것과 마찬가지로 이 경우에는 특별한 사정이 없는 한 원고들과의 근로관계가 그대로 승계된다고 볼 것이다. 따라서 이러한 취지의 판례의 태도는 타당하다고 하겠다.

IV. 참조판례

1. 대법원 2012. 5. 10. 선고 2011다45217 판결

① 영업의 양도란 일정한 영업목적에 의하여 조직화된 업체, 즉 인적·물적 조직을 동일성은 유지하면서 일체로서 이전하는 것이어서 영업 일부만의 양도도 가능하고, 이러한 영업양도가 이루어진 경우에는 원칙적으로 해당 근로자들의 근로관계가 양수하는 기업에 포괄적으로 승계되지만 근로자가 반대의사를 표시함으로써 양수기업에 승계되는 대신 양도기업에 잔류하거나 양도기업과 양수기업 모두에서 퇴직할 수도 있다. 또한 이와 같은 경우 근로자가 자의에 의하여 계속근로관계를 단절할 의사로 양도기업에서 퇴직하고 양수기업에 새로이 입사할 수도 있다. 이때 근로관계 승계에 반대하는 의사는 근로자가 영업양도가 이루어진 사실을 안 날부터 상당한 기간 내에 양도기업 또는 양수기업에 표시하여야 하고, 상당한 기간 내에 표시하였는지는 양도기업 또는 양수기업이 근로자에게 영업양도 사실, 양도 이유, 양도가 근로자에게 미치는 법적·경제적·사회적 영향, 근로자와 관련하여 예상되는 조치 등을 고지하였는지 여부, 그와 같은 고지가 없었다면 근로자가 그러한 정보를 알았거나

알 수 있었던 시점, 통상적인 근로자라면 그와 같은 정보를 바탕으로 근로관계 승계에 대한 자신의 의사를 결정하는 데 필요한 시간 등 제반 사정을 고려하여 판단하여야 한다.

② 甲 병원을 운영하던 乙 학교법인이 丙 의료법인을 새로 설립하여 甲 병원 영업을 양도하면서 甲 병원 근로자들에게 그 사실을 고지하지 않았는데, 나중에 영업양도 사실을 알게 된 丁 등 甲 병원 근로자 일부가 乙 법인을 상대로 퇴직금 지급을 구한 사안에서, 제반 사정에 비추어 乙 법인과 丙 법인 사이에 丁 등에 대한 근로관계 승계가 이루어지지 않았고 乙 법인과 丁 등의 근로관계도 종료되었으므로, 乙 법인은 丁 등에게 퇴직금을 지급할 의무가 있다고 본 원심판결의 결론을 정당하다고 한 사례.

2. 대법원 2003. 5. 30. 선고 2002다23826 판결

① 영업의 양도라 함은 일정한 영업목적에 의하여 조직화된 업체, 즉 인적·물적 조직을 그 동일성은 유지하면서 일체로서 이전하는 것으로서, 이러한 영업양도가 이루어진 경우에는 원칙적으로 해당 근로자들의 근로관계가 양수하는 기업에 포괄적으로 승계된다.

② 영업양도가 이루어졌는가의 여부는 단지 어떠한 영업재산이 어느 정도로 이전되어 있는가에 의하여 결정되어야 하는 것이 아니고 거기에 종래의 영업조직이 유지되어 그 조직이 전부 또는 중요한 일부로서 기능할 수 있는가에 의하여 결정되어야 하므로 영업재산의 일부를 유보한 채 영업시설을 양도했어도 그 양도한 부분만으로도 종래의 조직이 유지되어 있다고 사회관념상 인정되면 그것을 영업의 양도라 볼 것이지만, 반면에 영업재산의 전부를 양도했어도 그 조직을 해체하여 양도했다면 영업의 양도로 볼 수 없다.

3. 대법원 2001. 11. 13. 선고 2000다18608 판결

영업양도의 경우에는 특단의 사정이 없는 한 근로자들의 근로관계 역시 양수인에 의하여 계속적으로 승계되는 것으로, 영업양도시 퇴직금을 수령하였다는 사실만으로 전 회사와의 근로관계가 종료되고 인수한 회사와 새로운 근로관계가 시작되었다고 볼 것은 아니고, 다만 근로자가 자의에 의하여 사직서를 제출하고 퇴직금을 지급받았다면 계속근로의 단절에 동의한 것으로 볼 여지가 있지만, 이와 달리 회사의 경영방침에 따른 일방적 결정으로 퇴직 및 재입사의 형식을 거친 것이라면 퇴직금을 지급받았더라도 계속근로관계는 단절되지 않는 것이다.

4. 대법원 2001. 7. 27. 선고 99두2680 판결

영업의 양도라 함은 일정한 영업목적에 의하여 조직화된 업체, 즉 인적·물적 조직을 그 동일성을 유지하면서 일체로 이전하는 것으로서 영업 일부만의 양도도 가능하고, 이러한 영업양도가 이루어진 경우에는 원칙적으로 해당 근로자들의 근로관계가 양수하는 기업에 포괄적으로 승계되는바, 여기서 영업의 동일성 여부는 일반 사회관념에 의하여 결정되어야 할 사실인정의 문제이기는 하지만, 문제의 행위(양도계약관계)가 영업의 양도로 인정되느냐 안 되느냐는 단지 어떠한 영업재산이 어느 정도로 이전되어 있는가에 의하여 결정되어야 하는 것이 아니고, 거기에 종래의 영업조직이 유지되어 그 조직이 전부 또는 중요한 일부로서 기능할 수 있는가에 의하여 결정되어야 하는 것이므로, 예컨대 영업재산의 전부를 양도했어도 그 조직을 해체하여 양도하였다면 영업의 양도는 되지 않는 반면에, 그 일부를 유보한 채 영업시설을 양도했어도 그 양도한 부분만으로도 종래의 조직이 유지되어 있다고 사회관념상 인정되면 그것을 영업의 양도라 볼 것이다.

5. 대법원 1999. 6. 11. 선고 98다18353 판결

기업의 인적·물적 조직이 흡수 통합되거나 조직변경을 거친다 하더라도 그 기업 자체가 폐지됨이 없이 동일성을 유지하면서 존속되고 있는 한, 이는 경영주체의 변경에 불과하여 근로관계는 새로운 경영주에게 승계되고, 이와 같이 근로관계가 포괄승계됨에 있어 근로자가 자의에 의하여 사직서를 제출하고 퇴직금을 지급받았다면 계속근로의 단절에 동의한 것으로 볼 수 있지만, 그것이 근로자의 자의에 의한 것이 아니라 기업의 경영방침에 의한 일방적인 결정에 따라 퇴직과 재입사의 형식을 거친 것에 불과하다면 이러한 형식을 거쳐서 퇴직금을 지급받았더라도 근로자에게 근로관계를 단절할 의사가 있었다거나 계속근로의 단절에 동의하였다고 볼 수 없고, 따라서 계속근로관계도 단절되지 아니한다.

6. 대법원 1997. 12. 26. 선고 97다17575 판결

근로자를 그가 고용된 기업으로부터 다른 기업으로 적을 옮겨 다른 기업의 업무에 종사하게 하는 이른바 전적은 종전 기업과의 근로관계를 합의 해지하고 이적하게 될 기업과 사이에 새로운 근로계약을 체결하는 것이므로, 유효한 전적이 이루어진 경우에 있어서는 당해 근로자의 종전 기업과의 근로관계는 단절되고 이적하게 될 기업이 당해 근로자의 종전 기업과의 근로관계를 승계하는 것은 아님이 원칙이나, 당사자 사이에 종전 기업과의 근로관계를 승계하기로 하는 특약이 있거나 이적하게 될 기업의 취업규칙 등에 종전 기업에서의 근속기간을 통산하도록 하는 규정이 있는 등의 특별한 사정이 있는 경우에는 당해 근로자의 종전 기업과의 근로관계는 단절되지 않고 이적하게 될 기업이 당해 근로자의 종전 기업과의 근로관계를 승계한다.

7. 대법원 1996. 4. 26. 선고 95누1972 판결

전적은 근로자를 고용된 기업으로부터 다른 기업으로 적을 옮겨 다른 기업의 업무에 종사하게 하는 것으로서, 종래에 종사하던 기업과 근로계약을 합의 해지하고 이적하게 될 기업과 새로운 근로계약을 체결하는 것이거나 근로계약상의 사용자의 지위를 양도하는 것이므로, 사용자가 근로자의 동의를 얻지 아니하고 다른 회사로 전적시키는 관행이 있어서 그 관행이 근로계약의 내용을 이루고 있다는 등의 특별한 사정이 없는 한, 근로자의 동의를 얻어야 효력이 생기는 것이다.

시내버스회사가 회사경영의 악화로 그 소유 버스를 다른 회사에 양도하면서 버스와 함께 운전사를 양수회사가 인수하기로 양수회사와 합의함에 따라 해당 운전사에게 양수회사에서 근무하도록 통지한 것은 전적명령에 해당하고 실질적인 정리해고에는 해당하지 아니한다.

영업양도에 의하여 승계되는 근로관계는 계약체결일 현재 실제로 그 영업부문에서 근무하고 있는 근로자와의 근로관계만을 의미하고 계약체결일 이전에 해당 영업부문에서 근무하다가 해고된 근로자로서 해고의 효력을 다투는 근로자와의 근로관계까지 승계되는 것은 아니라고 할 것이나, 영업양도시에 해고되어 실제로 그 영업부문에서 근무하고 있지 아니한 근로자라 하더라도 영업양도 이전에 이미 판결을 통하여 당해 해고가 무효임이 객관적으로 명확하게 된 경우에는 근로관계가 승계되는 것과 마찬가지로, 전적명령을 받은 근로자들이 전적명령에 동의하지 아니함으로써 전적명령 자체가 아무런 효력을 갖게 될 수 없음이 객관적으로 명확하게 되었을 뿐만 아니라, 양도회사의 대표이사가 양수회사의 이사이고, 양수회사의 대표이사는 양도회사의 대표이사로 있다가 이 사건 전적명령 이후 영업양도 직전인 1993. 9. 23. 양도회사의 대표이사직만 사임하였을 뿐이어서 양수회사가 이 사건 영업양수를 할 당시 원고들에 대한 전적명령이 아무런 효력이 없게 된 사실을 알고 있었음이 명백한 경우에는, 특별한 사정이 없는 한, 원고들과의 근로관계를 그대로 승계한다고 하여야 한다.

8. 대법원 1995. 9. 29. 선고 94다54245 판결

영업양도 계약에 따라 승계되는 근로관계는 계약체결일 현재 실제로 근무하고 있는 근로자와의 근로관계만을 의미하고 계약체결일 이전에 근무하다가 해고된 근로자로서 해고의 효력을 다투는 근로자와의 근로관계까지 승계되는 것은 아니며, 사업양도 계약의 당사자는 양도과정에 소요되는 기간 등을 고려하여 근로관계 승계기준일을 계약체결일과 다른 일자로 정할 수 있다.

영업양도 당사자 사이에 근로관계 일부를 승계의 대상에서 제외하기로 한 특약이 있는 경우에는 그에 따라 근로관계의 승계가 이루어지지 않을 수 있으나, 그러한 특약은 실질적으로 해고와 다름이 없으므로 근로기준법 제27조 제1항의 정당한 이유가 있어야 유효하다.

9. 대법원 1994. 6. 28. 선고 93다33173 판결

영업의 양도라 함은 일정한 영업목적에 의하여 조직화된 일체, 즉 인적·물적 조직을 그 동일성은 유지하면서 일체로서 이전하는 것을 말하고 영업이 포괄적으로 양도되면 반대의 특약이 없는 한 양도인과 근로자 간의 근로관계도 원칙적으로 양수인에게 포괄적으로 승계된다.

영업양도 당사자 사이에 근로관계의 일부를 승계의 대상에서 제외하기로 하는 특약이 있는 경우에는 그에 따라 근로관계의 승계가 이루어지지 않을 수 있으나, 그러한 특약은 실질적으로 해고나 다름이 없으므로, 근로기준법 제27

조 제1항 소정의 정당한 이유가 있어야 유효하며, 영업양도 그 자체만을 사유로 삼아 근로자를 해고하는 것은 정당한 이유가 있는 경우에 해당한다고 볼수 없다.

10. 대법원 1994. 5. 10. 선고 93다21606 판결

학교법인이 경영하는 학교의 시설일체를 다른 학교법인에 양도하는 계약을 체결하면서 양수법인과의 사이에 학교의 물적 시설과 함께 학교에 근무하는 교직원들에 대한 권리의무도 함께 포괄적으로 양도·양수하기로 약정한 경우에는 원칙적으로 해당 교직원과의 근로관계는 양수법인에게 승계되는 것이지만, 이때 승계되는 근로관계는 계약체결일 현재 실제로 그 학교에서 근무하고 있는 교직원과의 근로관계만을 의미한다고 할 것이고, 다른 특별한 사정이 없는 한 계약체결일 이전에 해당 학교에 근무하다가 해임 또는 면직된 교직원으로서 그 해임 또는 면직처분의 효력을 다투는 교직원과의 근로관계까지 승계하는 것은 아니다.

11. 대법원 1993. 5. 25. 선고 91다41750 판결

다른 기업의 사업부문의 일부를 양수하는 계약을 체결하면서 그 물적 시설과 함께 그 사업부문에 근무하는 근로자들에 대한 권리의무도 함께 포괄승계받기로 약정한 경우에는 원칙적으로 해당 근로자와의 근로관계는 영업양수인에게 승계되는 것이지만, 이때 승계되는 근로관계는 계약체결일 현재 실제로 그 영업부문에서 근무하고 있는 근로자와의 근로관계만을 의미하고 계약체결일 이전에 해당 영업부문에서 근무하다가 해고 또는 면직된 근로자로서 해고 및 면직처분의 효력을 다투는 근로자와의 근로관계까지 승계하는 것은 아니다.

12. 대법원 1992. 7. 14. 선고 91다40276 판결

기업이 사업부문의 일부를 다른 기업에 양도하면서 그 물적 시설과 함께 양도하는 사업부문에 근무하는 근로자들의 소속도 변경시킨 경우에는 원칙적으로 해당 근로자들의 근로관계가 양수하는 기업에게 승계되어 그 계속성이 유지된다고 할 것이다.

11 상호를 속용하는 영업 양수인의 책임

♦ 사 례

피고회사(국민콘크리트공업(주): 1994. 9. 8. 파주콘크리트(주)에서 현재 이름
으로 상호가 변경됨)가 1993년 8월 2일에 동년 7월 19일, 매매를 원인으로 파주
레미콘(주)으로부터 공장건물 등에 관하여 소유권이전등기를 넘겨받는 등 영업에
필요한 시설을 양도받았으며, 동년 8월 4일, 공업배치 및 공장설립에 관한 법률
에 따라 파주레미콘의 상호 및 대표자를 피고회사의 그것으로 변경하였다. 그런데
파주레미콘의 이사는 甲・乙・丙이었는데, 그 중 甲과 乙은 피고회사의 이사로
등기되었고 파주레미콘의 직원 중 일부가 피고회사로 옮겨 그대로 근무하였으며,
피고회사는 파주레미콘의 채무에 관하여 파주레미콘을 대신하여 변제하거나 피고
회사 명의의 약속어음을 발행하여 주고 파주레미콘의 종전 거래처들과 거래관계
를 계속적으로 유지하면서 기존 거래처들에게 피고회사가 인수받은 공장에서 생
산한 레미콘을 계속 공급하고 있었고, 피고회사의 주된 목적이 파주레미콘과 유사
하고 등기부상 주소 또한 파주레미콘과 동일하였으며, 상호 또한 '파주'라는 명칭
을 유지하면서 콘크리트의 일종인 '레미콘' 대신 '콘크리트'로 변경하였다.

이에 파주레미콘(주)이 발행한 수표를 소지한 원고는 피고회사는 상호를 속용하
는 영업양수인으로서 영업양도인의 채무에 대하여서도 책임이 있다면서 피고회사
에 대하여 영업양도인인 파주레미콘(주)이 발행한 수표의 지급을 구하는 소를 제
기하였다.

Ⅰ. 판결요지(대법원 1998. 4. 14. 선고 96다8826 판결)

1. 상법 제42조 제1항의 영업이란 일정한 영업목적에 의하여 조직화된 유기적 일체로서의 기능적 재산을 말하고, 여기서 말하는 유기적 일체로서의 기능적 재산이란 영업을 구성하는 유형·무형의 재산과 경제적 가치를 갖는 사실관계가 서로 유기적으로 결합하여 수익의 원천으로 기능한다는 것과 이와 같이 유기적으로 결합한 수익의 원천으로서의 기능적 재산이 마치 하나의 재화와 같이 거래의 객체가 된다는 것을 뜻하는 것이므로, 영업양도가 있다고 볼 수 있는지의 여부는 양수인이 유기적으로 조직화된 수익의 원천으로서의 기능적 재산을 이전받아 양도인이 하던 것과 같은 영업적 활동을 계속하고 있다고 볼 수 있는지의 여부에 따라 판단되어야 한다.

2. 상법 제42조 제1항이 상호를 계속 사용하는 영업양수인에게 양도인의 영업으로 인한 채무에 대하여도 변제할 책임이 있다고 규정하고 있는 것은, 일반적으로 채무자의 영업상 신용은 채무자의 영업재산에 의하여 실질적으로 담보되는 것이 대부분인데 채무가 승계되지 아니함에도 상호를 계속 사용함으로써 영업양도의 사실 또는 영업양도에도 불구하고 채무의 승계가 이루어지지 않은 사실이 대외적으로 판명되기 어렵게 되어 채권자에게 채권추구의 기회를 상실시키는 경우 양수인에게도 변제의 책임을 지우기 위한 것이므로, 영업양도인이 사용하던 상호와 양수인이 사용하는 상호가 동일할 것까지는 없고, 다만 전후의 상호가 주요 부분에 있어서 공통되기만 하면 상호를 계속 사용한다고 보아야 한다.

3. 영업양도인이 사용하던 상호인 '주식회사 파주레미콘'과 영업양수인이 사용한 상호인 '파주콘크리트 주식회사'는 주요 부분에서 공통된다고 보아, 상호 속용에 따른 영업양수인의 책임이 인정된다.

Ⅱ. 평 석

영업의 양도가 있었음에도 불구하고 채무인수가 없었고, 또한 양수인이 양도인의 상호를 계속 사용하는 경우 채권자의 입장에서는 영업양도의 사실을 알지 못하여 채권을 회수할 기회를 상실할 가능성이 있다. 이때 양수인은 채무인수를 하지 않으면서도 상호를 계속 사용함으로 인하여 마치 채무를 인수한 것과 같은 외관을 야기시키고 있으므로 외관이론을 적용하여 채권자를 보호할 필요성이 있다. 이를 반영하여 상법 제42조에서는 양도인의 영업으로 인한 제3자의 채무에 대하여 양수인도 변제할 책임이 있다고 하여 양수인의 연대책임을 인정하고 있다. 본 사건에서는 상호를 속용하는 영업양수인의 책임이 인정될 것인가가 주요 쟁점이 되고 있다.

1. 영업의 양수

상법 제42조의 책임이 발생하기 위해서는 영업의 양수가 있어야 하는데, 이때 양수인의 책임은 영업양도에 따른 책임이 아니고 양수인이 채무인수를 한 것과 같은 외관을 신뢰한 채권자를 보호하기 위한 것이므로 영업양도의 유효를 전제로 하지 않는다. 따라서 영업양도가 무효이거나 취소되어도 영향이 없다는 것이 다수의 학설이다. 또한 영업양도의 경우뿐만 아니고 영업을 출자한 경우에도 판례는 "출자의 목적이 된 영업의 개념이 동일하고 법률행위에 의한 영업의 이전이라는 점에서 영업의 양도와 유사하며 채권자의 입장에서 볼 때는 외형상의 양도와 출자를 구분하기 어렵다"(대법원 1996. 7. 9. 선고 96다13767 판결)는 것을 이유로 본 조의 유추적용을 인정한 바 있다.

2. 영업양수인의 상호속용

영업양수인의 책임이 인정되기 위하여는 상호를 속용하여야 한다. 그런데 속용되는 상호가 동일한 경우뿐만 아니라 유사한 경우에도 본 조의 책임이 인정되는가가 문제된다. 본 사건도 양도인과 양수인의 상호가 동일하지 아니하고 유사한 경우이다. 이것은 결국 본 조에 의한 책임인정의 취지인 채권자의 입장에서 양도인의 영업으로 오인할 가능성이 있는가의 여부가 관건이 될 것인데, 상호가 동일한 경우뿐만 아니라 유사한 경우에도 그 가능성을 인정할 수 있을 것이기 때문에 이를 긍정하는 것이 타당할 것이다. 다만 유사한 상호는 어떠한 기준에서 인정할 것인가가 문제인데, 일반적으로 상호를 전체적으로 관찰해서 주요 부분이 유사하여 일반거래상 일반인이 혼동 내지 오인의 우려가 있는가 등을 기준으로 해서 판단하면 될 것이다. 이런 관점에서 볼 때 본 사건에서 문제가 된 영업양도인이 사용하던 상호인 '주식회사 파주레미콘'과 영업양수인이 사용한 상호인 '파주콘크리트 주식회사'는 주요 부분에서 공통된다고 보아 유사성을 인정할 수 있을 것이고, 그러한 취지의 판례의 태도는 타당하다고 본다.

3. 영업으로 인하여 발생한 채무

상법 제42조는 영업양도로 인해 채권회수의 기회를 놓친 영업상의 채권자를 보호하는 데 그 규정의 취지가 있으므로 영업과 무관하게 발생한 채권은 그 대상이 아니다. 다만 영업으로 인하여 발생한 채무인 한 그것이 거래상의 채무이든 채무불이행이나 불법행위로 인한 채무이든 이를 불문한다. 판례도 "영업으로 인하여 발생한 채무란 영업상의 활동에 관하여 발생한 모든 채무를 말하는 것이므로 불법행위로 인한 손해배상채무도 이에 포함된다"(대법원 1989. 3. 28. 선고 88다카12100 판결)고 하고 있다.

4. 보호되는 채권자의 범위

상호불속용의 경우 영업양수인은 원칙적으로 양도인의 영업으로 인한 채무에 대하여 책임이 없음에 비추어, 상호속용으로 인한 영업양수인의 책임은 상대방이 선의인 경우에만 발생한다고 하겠다. 다만 선의자의 범위에 대하여 판례는 "상호를 속용하는 영업양수인의 책임은 어디까지나 채무승계가 없는 영업양도에 의하여 자기의 채권추구의 기회를 빼앗긴 채권자를 보호하기 위한 것이므로, 영업양도에도 불구하고 채무인수의 사실 등이 없다는 것을 알고 있는 악의의 채권자가 아닌 한 당해 채권자가 비록 영업의 양도가 이루어진 것을 알고 있었다 해도 보호의 적격자가 아니라고 할 수는 없다"(대법원 1989. 12. 26. 선고 88다카10128 판결)고 하여 그 범위를 넓게 해석하였다. 즉 채권자가 영업양도의 사실을 몰랐거나, 알았다고 하더라도 채무불인수의 사실을 몰랐다면 본 조의 규정에 의하여 보호를 받는다고 본다.

5. 영업양수인의 책임

(1) 상호를 속용하는 영업양수인은 영업양도인의 채무에 대하여도 책임을

지게 되는데, 이때 영업양도인의 채무가 없어지는 것이 아니므로 양자는 부진 정연대채무관계에 서게 된다.

(2) 상호를 속용하는 영업양수인도 양도인이 채무에 대하여 책임이 없음을 등기한 때와 양도인과 양수인이 제3자에 대하여 책임이 없음을 통지한 때에는 면책이 되는데(상법 제42조 제2항), 후자에 대하여 대법원은 매우 엄격하게 해석하고 있다. 대법원은 "영업양수인이 양도인의 상호를 계속 사용하는 경우에 양도인인 그의 영업으로 인한 채권을 가진 채권자에게 양수인이 위 채무에 대한 책임이 없음을 통지한 것만으로는 양수인이 위 채무에 대하여 변제의 책임이 없다고 할 수 없다"(대법원 1976. 4. 27. 선고 75다1209 판결)고 판시하였다.

Ⅲ. 본 사건에 대한 검토

본 사건은 상호를 속용하는 영업양수인의 책임과 관련하여 동일 상호가 아닌 유사상호를 사용하는 경우에도 상호를 속용하는 영업양수인의 책임에 관한 규정을 유추적용할 것인가라는 점이다. 본 판결에서는 유추적용을 인정하여 영업양수인에 대해서도 책임을 부과하였다. 결론적으로 유추적용의 여부는 영업양수인의 채권자의 입장에서 양도인의 영업으로 오인할 가능성이 있는지 여부가 기준이 되겠는데, 유사상호의 경우에도 그 가능성을 인정할 수 있다고 보아 유추적용을 인정한 본 판결은 타당하다고 평가된다. 유사상호인지의 여부는 일반인의 관점에서 혼동 내지 오인의 우려가 있는가라는 점을 기준으로 판단하여야 할 것이다.

Ⅳ. 참조판례

1. 대법원 2010. 9. 30. 선고 2010다35138 판결

① 영업양도가 있다고 볼 수 있는지의 여부는 양수인이 유기적으로 조직화된 수익의 원천으로서의 기능적 재산을 이전받아 양도인이 하던 것과 같은 영업적 활동을 계속하고 있다고 볼 수 있는지의 여부에 따라 판단되어야 한다.

② 교육시설의 양도계약이 체결된 시점에 영업양도가 있었던 것이 아니라

양수인이 관할 교육청에 위 교육시설의 설치자 지위를 승계하였음을 이유로 한 설치자 변경신고를 하여 그 변경신고가 수리된 시점에 위 교육시설을 양도받아 양도인이 하던 것과 같은 영업적 활동을 개시하였다고 봄이 상당하다고 한 사례.

③ 상법 제42조 제1항에 의하여 상호를 속용하는 영업양수인이 변제책임을 지는 양도인의 제3자에 대한 채무는 양도인의 영업으로 인한 채무로서 영업양도 전에 발생한 것이면 족하고, 반드시 영업양도 당시의 상호를 사용하는 동안 발생한 채무에 한하는 것은 아니다.

④ 상호를 속용하는 영업양수인의 책임을 정하고 있는 상법 제42조 제1항은, 일반적으로 영업상의 채권자의 채무자에 대한 신용은 채무자의 영업재산에 의하여 실질적으로 담보되어 있는 것이 대부분인데도 실제 영업의 양도가 이루어지면서 채무의 승계가 제외된 경우에는 영업상의 채권자의 채권이 영업재산과 분리되게 되어 채권자를 해치게 되는 일이 일어나므로 영업상의 채권자에게 채권추구의 기회를 상실시키는 것과 같은 영업양도의 방법, 즉 채무를 승계하지 않았음에도 불구하고 상호를 속용함으로써 영업양도의 사실이 대외적으로 판명되기 어려운 방법 또는 영업양도에도 불구하고 채무의 승계가 이루어지지 않은 사실이 대외적으로 판명되기 어려운 방법 등이 채용된 경우에 양수인에게도 변제의 책임을 지우기 위하여 마련된 규정이라고 해석된다. 따라서 양수인에 의하여 속용되는 명칭이 상호 자체가 아닌 옥호 또는 영업표지인 때에도 그것이 영업주체를 나타내는 것으로 사용되는 경우에는 영업상의 채권자가 영업주체의 교체나 채무승계 여부 등을 용이하게 알 수 없다는 점에서 일반적인 상호속용의 경우와 다를 바 없으므로, 양수인은 특별한 사정이 없는 한 상법 제42조 제1항의 유추적용에 의하여 그 채무를 부담한다.

⑤ 교육시설인 '서울종합예술원'의 영업을 양도받아 그 명칭을 사용하여 같은 영업을 계속한 양수인에 대하여 상법 제42조 제1항의 유추적용에 의한 책임을 인정한 원심의 판단을 수긍한 사례.

2. 대법원 2009. 1. 15. 선고 2007다17123 판결

① 상법상의 영업양도는 일정한 영업목적에 의하여 조직화된 업체, 즉 인적·물적 조직을 그 동일성은 유지하면서 일체로서 이전하는 것을 의미하고,

영업양도가 이루어졌는가의 여부는 단지 어떠한 영업재산이 어느 정도로 이전되어 있는가에 의하여 결정되어야 하는 것이 아니고 거기에 종래의 영업조직이 유지되어 그 조직이 전부 또는 중요한 일부로서 기능할 수 있는가에 의하여 결정되어야 하므로, 영업재산의 일부를 유보한 채 영업시설을 양도했어도 그 양도한 부분만으로도 종래의 조직이 유지되어 있다고 사회관념상 인정되면 그것을 영업의 양도라 볼 수 있고, 이러한 영업양도는 반드시 영업양도 당사자 사이의 명시적 계약에 의하여야 하는 것은 아니며 묵시적 계약에 의하여도 가능하다.

② 상호를 속용하는 영업양수인의 책임을 정하고 있는 상법 제42조 제1항의 취지에 비추어 보면, 상호를 속용하는 영업양수인에게 책임을 묻기 위해서는 상호속용의 원인관계가 무엇인지에 관하여 제한을 둘 필요는 없고 상호속용이라는 사실관계가 있으면 충분하다. 따라서 상호의 양도 또는 사용허락이 있는 경우는 물론 그에 관한 합의가 무효 또는 취소된 경우라거나 상호를 무단 사용하는 경우도 상법 제42조 제1항의 상호속용에 포함된다. 나아가 영업양도인이 자기의 상호를 동시에 영업 자체의 명칭 내지 영업표지로서도 사용하여 왔는데, 영업양수인이 자신의 상호를 그대로 보유·사용하면서 영업양도인의 상호를 자신의 영업명칭 내지 영업표지로서 속용하고 있는 경우에는 영업상의 채권자가 영업주체의 교체나 채무승계 여부 등을 용이하게 알 수 없다는 점에서 일반적인 상호속용의 경우와 다를 바 없으므로, 이러한 경우도 상법 제42조 제1항의 상호속용에 포함된다.

③ 상호를 속용하는 영업양수인의 책임은 위와 같이 채무승계가 없는 영업양도에 의하여 자기의 채권추구의 기회를 빼앗긴 채권자의 외관신뢰를 보호하기 위한 것이므로, 영업양도에도 불구하고 채무승계의 사실 등이 없다는 것을 알고 있는 악의의 채권자가 아닌 한, 당해 채권자가 비록 영업의 양도가 이루어진 것을 알고 있었다고 하더라도 그러한 사정만으로 보호의 적격이 없다고는 할 수 없고, 이 경우 당해 채권자가 악의라는 점에 대한 주장·증명책임은 상법 제42조 제1항에 의한 책임을 면하려는 영업양수인에게 있다.

3. 대법원 1989. 12. 26. 선고 88다카10128 판결

상법 제42조 제1항에서 말하는 상호의 계속 사용은 일반적으로 영업양수인이 사용하던 상호와 그 양수인이 사용하는 상호가 전혀 동일할 필요까지는 없고, 다만 전후의 상호가 주요 부분에 있어서 공통되기만 하면 된다고 볼 것이라고 하며, '삼정장 여관'과 '삼정호텔'에 대하여서도 상호의 계속 사용을 인정하였다.

4. 대법원 1989. 3. 28. 선고 88다카12100 판결

상호의 속용은 형식상 양도인과 양수인의 상호가 전혀 동일한 것임을 요하지 않고, 양도인의 상호 중 그 기업주체를 상징하는 부분을 양수한 영업의 기업주체를 상징하는 것으로 상호 중에 사용하는 경우를 포함한다고 할 것이므로, 그 동일 여부는 명칭, 영업목적, 영업소장, 이사의 구성 등을 참작하여 결정하여야 한다고 하며, '남성정밀주식회사'와 '남성사' 간의 상호의 계속 사용을 인정하였다.

제 2 편

상 행 위

상사매매

♦ 사 례

피고 Y는 약 5,000평의 사과나무 과수원을 경영하면서 그 중 약 2,000평 부분의 사과나무에서 사과를 수확하여 이를 대부분 대도시의 사과판매상에 위탁판매하였다. 그런데 원고 X가 피고 Y로부터 매수한 21-22kg들이 사과 1,300상자를 해체하여 15kg들이 1,650상자로 다시 포장한 사과 중 537상자의 사과에 과심이 썩은 하자가 있었다. 이에 X는 사과에 있는 숨은 하자를 발견하고 상법 제69조에서 정한 6개월 내에 Y에게 하자를 통지하고 그 하자담보책임을 물었다. 이에 대하여 Y는 자신이 상인으로서 한 위의 거래는 상사매매에 해당하고, 이때 매수인은 즉시 목적물의 검사와 하자통지를 할 의무를 지고 있는데 이를 충족하지 못하였으므로 하자담보책임을 물을 수 없다고 주장하며 반소로 물품대금의 지급을 구하는 소를 제기하였다(대법원 1993. 6. 11. 선고 93다7174·7181(반소) 판결).

Ⅰ. 판결요지

1. 사과의 과심이 썩은 하자는 상법 제69조 제1항 소정의 즉시 발견할 수 없는 하자에 해당한다.

2. 약 5,000평의 사과나무 과수원을 경영하면서 그 중 약 2,000평 부분의 사과나무에서 사과를 수확하여 이를 대부분 대도시의 사과판매상에 위탁판매한다면 이는 영업으로 사과를 판매하는 것으로 볼 수 없으니 상인이 아니다.

3. 매수인에게 즉시 목적물의 검사와 하자통지를 할 의무를 지우고 있는

상법 제69조의 규정은 상인간의 매매에 적용되는 것이며 매수인이 상인인 한 매도인이 상인인지 여부를 불문하고 위 규정이 적용되어야 하는 것은 아니다.

Ⅱ. 평 석

1. 논 점

본 사건의 중요 논점은 상사매매에 있어서 하자담보책임을 물을 수 있는 요건에 관한 점과 원고 X와 피고 Y를 과연 상인으로 볼 수 있는가 하는 점이다.

2. 매수인의 목적물검사와 하자통지의무

(1) 규정의 취지

상법은 "상인간의 매매에 있어서 매수인이 목적물을 수령한 때에는 지체없이 이를 검사하여야 하며, 하자 또는 수량의 부족을 발견한 경우에는 즉시 매도인에게 그 통지를 발송하지 아니하면 이로 인한 계약해제, 대금감액 또는 손해배상을 청구하지 못한다"고 규정(상법 제69조 제1항)하여 매수인의 검사·통지의무를 규정하고 있다. 이 규정은 상법이 민법과는 달리 매수인에게 검사·통지의무를 부과함으로써 매수인이 매도인의 손실부담으로 특이적인 담보책임을 주장하는 것을 방지하고 상사매매에 따른 법률관계를 신속히 종결시켜 매도인을 보호하기 위한 것이다.

즉 장기간에 걸쳐 상거래관계를 불안한 상태로 둔다면 매도인으로서는 전매의 기회를 상실할 우려가 있으며, 장기간이 경과한 후에 하자담보책임을 추궁받게 되면 매도인이 인도 당시에 목적물에 하자 또는 수량부족이 없었다는 것을 반증하기가 곤란하고, 또한 가격의 등락이 있는 경우에 매수인이 자기에게 유리한 시기를 선택하여 계약의 해제나 대금의 감액 또는 손해배상의 청구를 하여 부당하게 투기를 할 염려가 있기 때문에 거래관계를 신속하게 확정지어 매도인을 보호하려는데 그 기본취지가 있다고 하겠다.

(2) 즉시 발견할 수 없는 하자

상인간의 매매에 있어서 즉시 발견할 수 없는 하자가 있는 경우 검사와 통지의무는 6개월로 연장된다. 즉시 발견할 수 없는 하자와 관련하여 본 판례는, '사과의 과심이 썩은 하자'는 즉시 발견할 수 없는 하자에 해당한다고 하며, '경락받은 새우젓 중 일부가 석유냄새가 나서 식용으로 사용할 수 없는 경우'에 대하여 숨은 하자임을 인정한 바 있다(대법원 1991. 8. 13. 선고 91다14970 판결).

(3) 매수인의 검사·통지의무의 이행에 대한 증명책임

상사매매는 신속하게 확정될 것이 요구되며, 또한 상사매매에 있어서 하자의 발생은 예외적 현상이므로 통지를 해태한 경우 매수인은 계약해제권, 대금감액청구권 또는 손해배상청구권을 잃는다. 결국 통지의무란 불이익을 면하기 위한 자기의무의 성질을 가지며, 따라서 그에 대한 증명책임도 매수인 스스로 부담해야 할 것이다.

이에 대하여 판례도 "매수인이 목적물을 수령한 때에 지체없이 그 목적물을 검사하여 즉시 매도인에게 그 하자를 통지한 사실, 만약 매매의 목적물에 즉시 발견할 수 없는 하자가 있는 경우에는 6월 내에 이를 발견하여 즉시 통지한 사실 등에 관한 입증책임은 매수인에게 있다"(대법원 1990. 12. 21. 선고 90다카28498·28504(반소)판결)고 판시하고 있다.

3. 의제상인의 요건

상법상의 상인으로는 당연상인과 의제상인이 있는데, 의제상인을 당연상인과 비교하여 보면 ① 당연상인은 '기본적 상행위'를 영업으로 함에 반하여, 의제상인은 '기본적 상행위 이외의 행위'를 영업으로 하는 자인 점, ② 당연상인은 상법 제46조 각 호의 행위를 자기명의로 할 때 당연히 상인이 되는 데 반하여, 의제상인은 상법 제46조 이외의 행위를 영업으로 할 때에 법에 의하여 상인으로 의제되는 점에서 양자는 구별된다. 본 사건에서는 피고의 사과나무 과수원 경영이 상법 제5조에서 규정하는 의제상인이 될 수 있는가가 문제가 된다.

상법 제5조에서 규정하는 의제상인이 되기 위해서는 '점포 기타 유사한 설비'를 갖추고 '상인적 방법'으로 영업을 하여야 한다. 여기서 '상인적 방법'이란 당연상인이 영업을 하는 것과 같은 방법, 즉 인적 설비(상업사용인 등)와 물적 설비(영업소·상호·상업장부 등)를 갖추어 영업을 하는 것을 말한다. 또

'영업으로 한다'라고 함은 '영리의 목적으로 동종의 행위를 계속 반복적으로 하는 것'(대법원 1994. 4. 29. 선고 93다54842 판결)을 의미한다.

본 사건 판결에서는 이러한 요건을 갖추지 못하여 의제상인이 되지 못한다고 판시하였다.

이와 관련하여 판례는 ① "신용보증기금은 신용보증기금법과 같은 법 시행령 및 상법 중 상행위에 관한 규정들을 종합하여 볼 때 상인으로 볼 수 없다"(대법원 1989. 6. 27. 선고 88다카16812 판결)고 하며, ② "계주가 여러 개의 낙찰계를 운용하여 얻은 수입으로 가계를 꾸려왔다 할지라도 계주가 상인적 방법에 의한 영업으로 계를 운영한 것이 아니라면 계주를 상법 제5조 소정의 의제상인이나 같은 법 제46조 제8호 소정의 대금, 환금 기타 금융거래를 영업으로 운영한 것에 해당한다고 볼 수 없다"(대법원 1993. 9. 10. 선고 93다21705 판결)고 하였다.

4. 결 언

본 사건에서는 사과나무 과수원의 일부에서 수확한 사과를 위탁판매한 것이 '영업으로 한 것'으로 볼 수 없다고 하여 의제상인성을 부인하였는데, 차라리 원심에서와 같이 피고의 사과나무 과수원 경영이 '상인적 방법'을 갖추지 못했기 때문에 상인이 아니라고 판시하는 것이 더 설득력이 있지 않은가 생각되며, 원고와 피고의 상인성이 다 같이 인정되어 이 사건이 상사매매에 해당한다고 하여도 사과의 과심이 썩은 것은 즉시 발견할 수 없는 하자에 해당하는 것이고, 이 경우에는 6개월 내에 하자를 통지해 주면 되므로 원고로서는 하자담보책임을 물을 수 있는 요건을 충족한 것이 된다. 따라서 상법 제69조 제1항 단서에 의하여도 피고의 책임을 물을 수 있다고 하겠다.

13 상사매수인의 목적물의 검사와 통지의무

◆ 사 례

　녹차, 생강차, 율무차 등 국산차를 제조하여 자동포장지에 포장하여 시중에 판매하는 대한식품(주)은 자동포장지 공급계약을 한국포장지(주)와 체결하였다. 한국포장지(주)는 대한식품(주)이 제시한 도안과 규격에 따라 자동포장지를 제작하여 공급하게 되어 있었던바, 대한식품(주)은 그 포장지를 인도받고 즉시 그 하자유무에 관하여 검사하지 아니하고 보관하다가 2개월이 경과하고서야 납품된 자동포장지가 본래 주문한 포장지 규격보다 1cm가 초과하여 대한식품(주)이 가지고 있는 포장기계로는 포장지를 올바로 절단할 수 없어서 포장지 전량을 사용할 수 없음을 알게 되었다. 대한식품(주)은 포장지 전량을 한국포장지(주)에 반환하고 계약해제를 통지하였다. 이에 대하여 한국포장지(주)는 대한식품(주)의 계약해제를 인정하지 아니하고 대금지급을 청구하는 소송을 제기하였다. 한국포장지(주)의 청구는 정당한가?

Ⅰ. 문제의 소재

　이 문제는 대한식품(주)과 한국포장지(주)간에 체결된 자동포장지 공급계약의 법적 성격이 매매계약인지 아니면 도급계약인지를 먼저 검토하여야 하고, 이것이 매매계약인 경우에는 대한식품(주)은 상법 제69조의 매수인의 목적물의 검사와 하자통지의무를 제대로 이행하였는지 여부를 검토하여야 한다.

II. 제작물 공급계약의 법적 성격

1. 제작물 공급계약의 법적 성격은 물건의 제작 면에서는 도급의 성격이 있고 제작물의 공급 면에서는 매매의 성격이 있어 이의 법적 성격에 대하여 다음과 같이 견해가 나누어져 있다.

① 이를 도급과 매매의 혼합계약으로 보는 견해   이 견해는 법률의 적용에 있어 애매한 점이 있다.

② 거래의 성질에 따라 당사자의 의사가 주로 일의 완성에 있으면 도급계약이고, 당사자의 의사가 주로 소유권의 이전에 있으면 매매라고 보는 견해   이 견해는 당사자의 의사에 따라 적용법률이 달라지게 되어 법적 안정성의 면에서 문제가 있다.

③ 그 제작물이 대체물이면 매매이고, 대체물이 아니면 도급으로 보는 견해 이 견해가 가장 타당한데(다수설), 우리 대법원의 판례가 취하고 있는 입장이다 (대법원 1987. 7. 21. 선고 86다카2446 판결 참조).

2. 제작물공급계약과 관련하여 이 계약에 상법 제69조가 적용되는가, 아니면 민법 제567조 등 매매에 관한 규정이 적용되는가에 관하여 학설의 대립이 있다.

1) 유추적용인정설

이 설은 상법 제69조는 상사매매의 경우뿐만 아니라 유가증권 또는 상품의 교환·종류매매·특정물매매 그리고 견품매매·시험매매 등의 경우에도 유추적용되고, 또한 제작물공급계약에도 유추적용된다고 한다. 참고로 독일상법 제381조 제2항에서는 기업인이 공급받은 원료로 불대체물을 제작하는 경우에도 상사매매에 관한 규정이 적용된다는 규정을 두고 있다. 우리의 경우에는 이러한 규정이 없더라도 상법 제69조의 입법취지에 비추어 동일한 해석을 하여도 무방하다고 생각한다. 그러나 상법 제69조는 권리의 하자의 경우에는 적용되지 않고, 또한 목적물의 인도지연, 약정한 장소 이외의 장소에서의 인도, 그 밖에 합의와 다른 방법으로 인도한 경우, 그리고 목적물이 합의한 것과 전혀 다른 것일 때에는 적용되지 않는다.

2) 유추적용부정설

이 설은 목적물은 특정물·불특정물을 가리지 아니하며 부동산도 포함된다고 보되, 불대체물 특히 특정의 매수인의 수요를 만족하기 위하여 제작한 불대체물을 공급하는 계약은 도급의 성질이 강하여 제69조 특칙을 적용하기가 어렵다는 견해이다.

민법의 특칙인 제69조는 매도인이 신속하게 목적물을 회수하여 제3자에게 전매함으로써 손해를 줄일 기회를 주는 것을 중요한 목적으로 하는바, 예컨대 매수인만이 사용할 수 있는 규격으로 만들어지고 그 매수인의 이름이나 상표가 새겨져 있는 물품과 같이 전매가 불가능한 물건은 본 조를 적용할 이유가 없다고 본다.

3) 판례의 태도

하급심판례는 도급계약의 경우에도 상법 제69조의 유추적 적용이 인정된다고 판시하였다. 즉 이 판결에서는 상법상 매수인의 목적물의 검사와 하자통지의무는 상사매매에 있어서 목적물의 하자를 용이하게 발견할 수 있는 전문적 지식을 가진 매수인에게 신속한 검사와 하자통지의무를 부과함으로써 상거래를 신속히 종결짓도록 하는 데 그 입법취지가 있으므로 상사매매의 경우뿐만 아니라 상인간의 임가공계약의 경우에도 유추적용된다고 하였다(서울민사지방법원 1991. 3. 28. 선고 90가단9286 판결).

그러나 대법원은 이른바 제작물공급계약은 그 제작의 측면에서는 도급의 성질이 있고, 공급의 측면에서는 매매의 성질이 있는 것으로서 제작, 공급하여야 할 물건이 대체물인 경우에는 매매로 보아서 매매에 관한 규정이 적용된다고 하여도 무방할 것이나, 이와 달리 그 물건이 불대체물인 경우에는 그 제작이 계약의 주목적이 되어 도급의 성질을 강하게 띠고 있다고 할 것이므로 이 경우에도 상인간의 매매에 관한 상법 제69조의 규정이 당연히 적용된다고 할 수 없다고 판시하였다.

Ⅲ. 상사매매에서 매수인의 목적물의 검사와 하자통지의무

1. 상법 제69조의 입법취지

상법 제69조는 게르만법의 '매수인은 주의하라'(caveat emptor)는 원칙으로부터 유래한 것으로 민법의 담보책임에 관한 규정이 로마법에 그 기원을 두고 있는 것과는 대조적으로 기원을 달리하고 있다. 민법상으로는 매매의 목적물에 하자가 있거나 수량이 부족한 경우에 매도인에게 담보책임을 지우고 있고, 매수인은 이 경우에 계약의 해제·대금의 감액 또는 손해배상의 청구와 같은 구제수단을 행사할 수 있다(민법 제580조, 제572조, 제574조, 제575조 참조). 매수인이 가지는 이러한 구제수단은 매수인이 선의이면 사실을 안 날로부터 1년 또는 6월 내에(민법 제573조, 제582조), 악의이면 계약한 날로부터 1년 내에(민법 제573조) 이를 행사할 수 있다. 그러나 이와 같은 규정은 상품에 관해 전문적인 지식을 가지고 있는 상인들 간의 매매에 적용하기에는 적당하지 않다. 그 이유를 정리하면 다음과 같다.

① 우선 상인들은 구입한 물건을 수령하는 즉시 물건을 조사하는 것이 통례이므로 담보책임을 장기간 존속시키는 것은 상거래의 신속처리요청에 어긋난다.

② 매수인으로 하여금 위 기간 중의 가격변동을 지켜보아 유리한 시기에 책임추궁을 할 수 있게 하여 매수인에게는 투기적 이익을 부여하는 한편, 그 이익을 매도인의 손실증가로 전가시키는 불공평이 초래된다.

③ 매도인이 적기에 하자있는 물건을 달리 처분하여 손실을 줄일 기회를 박탈하게 된다.

④ 상당기간이 경과한 후 매수인이 사용 중 새로이 발생한 하자를 주장할 경우에는 매도인이 인도 당시에 하자가 없었다는 반증을 하는 데 어려움을 주는 불합리한 점이 생겨난다.

상법은 이러한 폐단을 방지하기 위하여 제69조 제1항에서 매수인의 검사·하자통지의무를 규정하고 있다. 즉 상인간의 매매에 있어서, 목적물을 수령한 때에는 지체없이 이를 검사하여야 하고, 하자 또는 수량의 부족을 발견한 경우에는 즉시 매도인에게 그 통지를 발송하여야 하며, 또한 매매의 목적물에 즉시 발견할 수 없는 하자가 있는 경우에는 6월 내에 그 하자를 발견하여 즉시 매도인에게 그 통지를 발송하여야 한다. 매수인이 이러한 하자통지의무를 해태한 때에는 이로 인한 대금감액청구권·계약해제권 또는 손해배상청구권을 행사하지 못한다.

2. 의무의 내용과 성질

상법 제69조가 민법에 대하여 갖는 특칙의 의미는 매수인에 대한 지체없는 검사의무·하자통지의무의 부과, 단기의 하자기간의 설정으로 요약할 수 있다.

(1) 검사의무

매수인은 목적물을 수령한 때에는 지체없이 이를 검사하여야 하는데, 이러한 검사의무는 통지의무의 전제가 된다. 검사는 보통 사실행위이며 통지와 관련된 경우에만 그 법률상 의무를 갖는다. '지체 없이'의 의미 그리고 검사에 소요되는 시간 등은 구체적으로 목적물의 종류, 수량, 인도장소, 검사방법 등에 따라 달리 해석하여야 한다. 매수인의 주관적인 사정, 예컨대 질병, 부재 등으로 검사가 지연된 것은 고려하지 아니한다. 목적물에 '즉시 발견할 수 없는 하자가 있는 때'에는 6월 내에 검사하여야 한다(상법 제69조 제1항 제2문). 이는 예컨대 사과의 과심이 썩은 경우 등과 같이 하자의 성질상 즉시 발견되지 않는 경우를 뜻하며, 매수인의 부주의로 발견하지 못한 경우는 적용될 수 없다. 검사의 정도·방법은 일반적으로 상인에게 요구되는 객관적인 주의를 기울여 선택해야 한다. 상인의 주관적인 주의능력은 고려되지 아니한다. 그러나 이것도 목적물의 성질·수량 등에 따라 달라질 수 있다. 검사의 비용은 매수인이 부담한다.

(2) 통지의무

매수인은 목적물을 검사하여 수량부족 또는 하자를 발견한 때에는 즉시 매도인에게 그 통지를 발송하여야 한다(상법 제69조 제1항).

1) 통지시기

목적물에 즉시 발견할 수 있는 수량부족 또는 하자가 있는 경우에는 매수인은 목적물을 수령한 후 지체 없이 검사하여 즉시 매도인에게 통지를 발송하여야 한다(상법 제69조 제1항 제1문). 그러나 목적물에 즉시 발견할 수 없는 수량부족 또는 하자가 있는 경우에는 매수인은 목적물을 수령한 후 6월 내에 이를 발견하여 그 때에 즉시 통지를 발송하여야 한다(상법 제69조 제1항 제2문). 매수인이 즉시 발견할 수 없는 수량부족 또는 하자란 상인이 보통의 주의를 가지고 필요한 검사를 하여도 발견하기 어려운 것을 말한다.

2) 통지방법

통지의 방법에는 제한이 없다. 단순히 수량부족 또는 하자가 있다는 통지로는 부족하고 그 종류와 범위 등을 구체적으로 통지하여야 한다. 통지는 발송하면 되므로 이의도달 여부에 대한 위험은 매도인이 부담한다(발신주의).

3) 증명책임

매수인이 이러한 검사를 하여 매도인에게 통지한 사실은 매수인이 매도인에게 하자담보책임을 묻기 위한 전제요건이므로 매수인이 증명책임을 부담한다. 우리 대법원판례도 같은 취지이다(대법원 1990. 12. 21. 선고 90다카28498·28504 판결 참조).

(3) 의무의 성질

매수인은 검사의무와 하자통지의무를 이행하지 않는 한 담보책임상의 권리를 행사할 수 없다. 따라서 검사의무와 통지의무는 권리행사를 위한 전제조건에 해당하는 의무이다. 그리고 이 2가지 의무는, 매도인이 그 이행을 소구하거나 그 불이행에 대하여 손해배상을 청구할 수 있는 의무가 아니라, 그 위반이 있으면 매수인은 권리를 행사할 수 없다는 불이익을 입게 되는 간접의무이다.

3. 의무의 발생요건

매수인이 상법 제69조에 의한 목적물의 검사와 하자통지의무를 지는 것은 다음과 같은 요건을 갖춘 경우에 한한다.

(1) 상인간의 매매일 것

양 당사자가 상인이고, 쌍방에 대하여 상행위로 되는 매매이어야 한다. 이

상행위는 상인이 영업으로서 하는 영업적 상행위뿐만 아니라 영업을 위하여 하는 보조적 상행위이더라도 상관없다. 이 점은 상사매매에 관한 상법의 모든 규정에 공통되는 요건이다. 제작물 공급계약에는 매매 외에 도급의 성질이 있으므로, 이 경우에는 원칙적으로 본 조가 적용되지 아니한다.

(2) 매수인이 목적물을 수령하였을 것

여기서 목적물은 특정물 외에 불특정물도 포함되는가에 관하여 다툼이 있으나, 상사매매는 종류매매를 원칙으로 하므로 불특정물도 포함되는 것으로 본다. 다만 불특정물의 매매의 경우에는 매수인은 완전이행의 청구도 할 수 있으나, 그 경우에도 검사·하자통지의무를 이행하여야 한다. 여기에서 목적물을 수령하였다고 함은 목적물 자체를 현실적으로 수령하여 이를 검사할 수 있는 상태에 있는 것을 말한다. 따라서 화물상환증, 선하증권 등의 교부를 받음으로써 목적물의 소유권이 매수인에게 이전되는 것만으로는(상법 제133조, 제820조) 아직 목적물의 수령이 없는 것이다.

(3) 목적물에 수량부족 또는 하자가 있을 것

여기서 하자란 물건의 물리적 결함으로서 물건이 보통 또는 계약상 갖추어야 할 가치·성질·형상 등을 갖추지 아니한 것을 말한다. 그리고 물건의 하자에 한하고 권리의 하자는 포함되지 아니한다. 민법에는 권리의 하자에 대하여도 매도인의 담보책임을 규정하고 있으나 권리의 하자에는 장기간의 조사가 필요하므로 상법 제69조의 조사·통지의무에는 이러한 권리의 하자는 제외된다고 본다. 예컨대 목적물에 공법상 제한이 있어 이용에 제한을 받는다 하더라도 목적물에 하자가 있는 것으로 보지 않는다.

(4) 매도인에게 악의가 없을 것

악의란, 매도인이 목적물을 인도할 때에 목적물에 하자 또는 수량의 부족이 있다는 것을 알고 있는 것이다. 매도인에게 악의가 있는 경우에는 매도인을 보호할 필요가 없으므로 상법 제69조 제1항의 적용이 배제된다(상법 제69조 제2항).

(5) 다른 특약이 없을 것

당사자간에 매도인의 의무에 관하여 다른 특약이 없어야 한다.

4. 의무이행의 효과

매수인이 상법 제69조에 규정한 검사·하자통지의무를 이행하면, 민법의 일반원칙에 따라 매도인에 대하여 담보책임을 물을 수 있게 될 뿐, 매수인에게 민법이 정하지 아니한 새로운 청구권을 주는 것은 아니다. 따라서 목적물에 하자가 있는 경우에는 대금감액을 청구할 수 없고, 계약의 목적을 달성할 수 없는 경우에 한하여 계약을 해제할 수 있으며, 기타의 경우에는 손해배상만을 청구할 수 있다. 수량이 부족한 경우에는 그 비율로 대금의 감액을 청구할 수 있고, 손해배상도 청구할 수 있으며, 나아가 잔존부분만이라면 매수인이 이를 매수하지 아니하였을 때에 한하여 계약을 해제할 수 있다.

5. 의무위반의 효과

매수인이 이와 같은 검사·하자통지의무를 위반하면 원칙적으로 다음과 같은 효과가 생긴다.

(1) 원   칙

1) 매수인이 검사·하자통지의무를 해태하면 계약해제·대금감액 또는 손해배상청구를 하지 못한다(상법 제69조 제1항). 즉 매수인은 매매계약불이행으로 인한 모든 권리를 잃고, 또 완전물 급부청구권까지도 상실한다. 매수인은 이와 같이 권리를 상실할 뿐 의무위반으로 인한 어떠한 책임을 지는 것은 아니다. 일반적으로 매수인은 목적물에 하자가 있는 경우 6월(민법 제582조), 수량부족의 경우 1년(민법 제573조, 제574조)의 단기의 권리행사기간이 있지만, 상사매매의 경우 그 이전이라도 하자통지의무를 해태하면 매수인은 이처럼 모든 권리를 잃는다.

2) 일반적으로 매수인이 위의 검사 및 통지의무를 이행하지 않으면, 매수인은 매도인에 대하여 담보책임을 물을 수 없다.

3) 다만 목적물에 즉시 또는 6월 내에 발견할 수 없는 하자 또는 수량부족이 있어 6월 내에 그 통지를 못하고 6월을 경과한 경우에는 매수인이 이러한 권리를 행사할 수 있는가에 관하여는 견해가 대립되고 있다.

① 긍 정 설   긍정설은 검사는 하였으나 하자통지를 하지 않은 경우에도

이러한 권리를 행사할 수 있다고 한다. 그 이유는 상법 제69조는 하자나 수량부족의 성질상 즉시 발견할 수 있는 경우와 6월 내에 발견할 수 있는 경우에 관한 규정이므로, 하자나 수량부족이 6월 내에 발견할 수 없는 것이어서 6월을 경과한 경우에는 본 조가 적용되지 아니하여 매수인은 통지하지 않고도 이러한 권리를 행사할 수 있다고 본다.

② **부 정 설**　부정설은 상법 제69조의 취지가 상거래의 신속한 처리와 매도인의 보호에 중점이 있으므로 이러한 권리를 행사할 수 없다고 한다. 참고로 판례는 "상법 제69조는 상거래의 신속한 처리와 매도인의 보호를 위한 규정인 점에 비추어 볼 때 … 설령 매매의 목적물에 상인에게 통상 요구되는 객관적인 주의의무를 다하여도 즉시 발견할 수 없는 하자가 있는 경우에도 매수인은 6월 내에 그 하자를 발견하여 지체없이 이를 통지하지 아니하면 매수인은 과실의 유무를 불문하고 매도인에게 하자담보책임을 물을 수 없다고 해석함이 상당하다"고 판시함으로써 부정설의 입장을 취하고 있다.

(2) 예　　외

위의 원칙은 매도인이 악의인 경우에는 적용되지 않는다(상법 제69조 제2항). 악의는 매도인이 하자 혹은 수량부족을 아는 것을 말한다. 따라서 매수인을 기망할 의사가 있다든가, 기망하기 위하여 적극적으로 하자 혹은 수량부족을 숨긴다든가 하는 요건은 필요 없다. 그리고 당사자 간에 다른 특약이 있는 때에는 이 원칙은 적용되지 않는다.

Ⅳ. 판례의 동향

상인간의 매매에서 매수인이 목적물의 검사와 하자통지의무(상법 제69조)를 게을리 하였음을 인정하여 매수인이 매도인에게 하자담보책임을 물을 수 없다고 판시한 것으로는 다음과 같은 것이 있다.

1. 대법원 2010. 11. 25. 선고 2010다56685 판결

당사자의 일방이 상대방의 주문에 따라 자기 소유의 재료를 사용하여 만든 물건을 공급하기로 하고 상대방이 대가를 지급하기로 약정하는 이른바 제작물공급계약은 그 제작의 측면에서는 도급의 성질이 있고 공급의 측면에서는 매매의 성질이 있어 대체로 매매와 도급의 성질을 함께 가지고 있으므로, 그 적용 법률은 계약에 의하여 제작 공급하여야 할 물건이 대체물인 경우에는 매매에 관한 규정이 적용되지만, 물건이 특정의 주문자의 수요를 만족시키기 위한 부대체물인 경우에는 당해 물건의 공급과 함께 그 제작이 계약의 주목적이 되어 도급의 성질을 띠게 된다.

2. 대구고등법원 1989. 6. 1. 선고 88나4073 판결

상인간의 매매에 있어서 매수인은 매도인으로부터 목적물을 수령한 후 지체없이 이를 검사하여 하자를 발견하면 즉시 매도인에게 그 내용을 통지하여야 하고, 이 경우의 검사는 당해 목적물을 거래하는 상인으로서 매수인이 갖고 있는 전문지식 등을 고려하여 그러한 종류의 거래에서 통상 요구되는 주의의무를 가지고 하자발견을 위하여 상당하다고 인정되는 방법으로 하여야 하며, 위 검사 및 하자통지를 게을리한 경우에는 그 하자로 인한 손해배상청구권을 잃게 된다 할 것이므로, 농약을 제조판매하는 회사가 제초제 제조를 위하여 필요한 원료인 노말부타놀을 주문·구매함에 있어 이를 구체적으로 특정하지 아니한 채 단순히 부타놀이라고만 표시한 결과 공업약품업자로부터 아이소부타놀을 배달받아 이를 노말부타놀로 믿고 아무런 검사도 하지 아니한 채 막바로 그에 다른 물질을 혼합하여 부타원제를 제조하였다면 농약제조회사로서는 위 아이소부타놀을 수령한 후 지체없이 이를 검사하여 그 하자를 통지해야 할 주의를 게을리한 잘못이 있어 그로 인한 손해배상을 청구할 수 없다.

3. 대구고등법원 1987. 2. 5. 선고 86나926 판결

납품받은 비료포대의 대부분이 접착불량으로 상하차시에 파손이 되는 불량품이라 하더라도 매수인이 목적물을 수령할 때에 지체없이 이를 검사하지 아니하였고, 하자를 발견한 경우 즉시 매도인에게 그 사실을 통보하지 아니한 경우 위 하자를 이유로 매매계약을 해제할 수 없다.

V. 문제의 해답

상법 제69조가 정한 매수인의 목적물의 검사와 하자통지의무는 상사매매에 있어서 목적물의 하자를 용이하게 발견할 수 있는 전문적 지식을 가진 매수인에게 신속한 검사와 하자통지의무를 부과함으로써 상거래를 신속히 종결짓도록 하는 데에 그 입법취지가 있다고 할 것이므로 상사매매의 경우뿐만 아니라 본 사례와 같은 상인간의 임가공계약에도 상법 제69조가 유추적용되어야 한다고 본다. 따라서 본 사례에서 한국포장지(주)의 청구는 정당하다고 본다. 단 이 사례는 대법원판례(대법원 1987. 7. 21. 선고 86다카2446 판결)를 재구성한 것인데, 원심인 서울민사지방법원은 한국포장지(주)와 대한식품(주)간의 포장지공급계약의 법적 성격을 '상인간의 매매계약'으로 보고 대한식품(주)은 한국포장지(주)로부터 포장지를 수령하고도 지체 없이 이를 검사하지 아니하고 약 2개월 후에야 비로소 하자가 있음을 발견하고 그 무렵 한국포장지(주)에 한 통지는 시기에 늦은 통지로서 대한식품(주)은 상법 제69조 제1항의 규정에 따라 위 하자를 이유로 매매계약해제권을 더 이상 행사할 수 없게 되었다고 판시하였다(서울민사지방법원 1986. 10. 14. 선고 85나887 판결).

이에 대한식품(주)는 대법원에 상고한바, 대법원에서는 대한식품(주)와 한국포장지(주) 간의 포장지 공급계약은 상인간의 매매계약이 아니라 도급계약으로서 이에는 상사매매계약에 적용되는 상법 제69조 제1항이 적용될 수 없다고 하여 원심을 파기환송한 바 있다.

참고로 우리나라의 학설은 하급심판례를 지지하는 견해(최준선 교수)와 대법원의 판례를 지지하는 견해(정찬형 교수)로 나누어져 있다.

 **14** 중개인의 의무

◆ 사   례

　이문주식회사의 구매부장 甲은 중개인 乙에게 전화로 사무용 복사기 100대의 구매를 중개하여 줄 것을 위탁하였다. 그러나 중개인 乙은 중개를 위하여 아무런 노력도 기울이지 않고 있다가 상당한 기간이 경과한 후에 사무용기기 도매업자 丙을 甲에게 알려 주었다. 그러나 이때에는 처음 위탁을 한 시점과 비교하여 해당 사무용 복사기 가격이 10% 이상 상승하였다.

　〈설문 1〉 이 경우 甲은 상승된 가격으로 계약을 체결하여야 하는가? 또한 상승한 가격에 대하여 甲은 중개인 乙에게 손해배상을 청구할 수 있는가?

　〈설문 2〉 중개를 하는 과정에서 중개인 乙은 甲으로부터만 위탁이 있었다는 이유로 甲에게 유리하게 계약을 체결하였다. 이에 대하여 상대방인 丙은 중개인 乙에 대하여 乙이 중개를 함에 있어서 甲의 이익만을 추구하여 자신에게 5백만원의 손해가 발생했다고 주장하면서 乙에게 손해배상을 청구하였다. 이에 대하여 중개인 乙은 "甲은 중계계약의 당사자인 자기의 중개위임자이고, 丙과는 아무런 계약관계가 존재하지 않기 때문에 중개에 있어서 甲의 이익을 고려한 것"이라고 주장하였다. 그럼에도 丙은 乙에 대하여 손해배상을 청구하였는데, 丙의 청구는 정당한가?

　〈설문 3〉 乙의 노력에 의하여 甲·丙 간의 계약이 체결된 후, 乙이 甲에게 결약서를 교부하였다. 이에 乙은 甲에게 보수를 청구하였다. 그런데 甲은 丙이 계약을 이행하지 않고 있다면서 보수의 지급을 거절하고 있는데, 이러한 甲의 태도는 정당한가?

Ⅰ. 사례의 논점

이 사례의 경우에는 중개인의 활동이 개시되는 중개계약의 성립시기가 언제인가, 중개계약이 성립하고 난 이후 중개인은 위탁받은 중개를 위하여 진력하여야 할 의무가 있는가 또 중개인은 중립의 의무가 있는가 및 중개인의 중개행위 후 보수청구권은 언제 발생하는가 등의 문제를 검토하여야 한다. 또한 중개인의 의무 가운데 선관주의의무의 내용을 어디까지 인정할 것인가에 대하여 학설의 대립이 있음을 유의하여야 하며, 대리상·위탁매매인과의 차이점에도 주의를 기울여야 한다.

Ⅱ. 중개인의 의의

중개인이란 타인간의 상행위의 중개를 영업으로 하는 자를 말한다(상법 제93조). 중개란 타인간의 법률행위의 체결에 진력하는 사실행위를 말한다. 그러므로 계약의 중개와 계약체결의 기회를 제공하는 것도 포함된다. 중개인은 상행위를 중개하는 자이다. 상행위는 쌍방적 상행위뿐만 아니라 일방적 상행위라도 무방하지만 부속적 상행위는 포함하지 않는다. 상행위 이외의 행위(비상인간의 토지·가옥의 매매·임대차)를 중개하는 것을 영업으로 하는 민사중개인은 상행위(상법 제46조 제11호)를 영업으로 하는 상인이지만 상법상의 중개인의 개념에는 포함되지 않는다. 중개인은 널리 타인간의 상행위의 중개를 하는 점에서 일정한 상인을 위하여 계속적으로 상행위의 중개를 하는 중개대리상(상법 제87조)과 다르다. 중개는 상행위를 전제로 하는 점에서 적어도 그 타인 중의 일방은 상인이어야 한다. 중개인은 중개라는 사실행위를 할 수 있을 뿐이고, 특약이나 상관습이 없는 한 계약의 체결을 위한 대리권은 없다. 이 점에서 중개인은 자기 명의로 제3자를 위하여 법률행위를 하는 위탁매매인(상법 제101조)이나 운송주선인(상법 제114조)과 다르며, 일정한 상인의 대리인으로서 활동하는 체약대리상(상법 제87조)과도 다르다.

Ⅲ. 중개계약의 법적 성질

중개계약은 중개인과 상행위의 중개를 위탁하는 자 간의 계약이다. 즉 중개계약은 당사자의 일방(위탁자)이 상행위의 중개를 상대방(중개인)에게 위탁하고 상대방이 이를 승낙함으로써 그 효력이 생기는 낙성계약으로서 그 성질은 위임(민법 제680조)이라고 본다. 통설은 중개계약을 두 가지로 구분하여 중개인이 적극적으로 중개할 의무가 있는가 없는가에 따라 전자의 경우를 쌍방적 중개계약, 후자의 경우를 일방적 중개계약이라고 하고, 전자의 성질은 위임이고(통설), 후자의 성질은 도급계약에 준하거나 유사하다는 것이 우리나라 학자의 다수설로 되어 있다. 그리고 특약이 없을 때에는 쌍방적 중개계약으로 본다. 중개계약을 위하여는 특별한 방식을 요하지 않으므로 만일 전화로 중개위탁을 하였다 하더라도 중개계약은 성립한다.

일방적 위임의 경우 중개로 인하여 계약이 성립한 경우 중개인이 비위탁자인 계약의 타방 당사자에 대하여 가지는 보수청구권을 어떻게 설명할 것인가 하는 문제가 있다. 이에 대하여 통설은 중개인의 중개로 인하여 계약이 성립하는 때에 중개인과 중개행위의 상대방 사이에서도 직접 일정한 법률관계가 생기는데, 이는 상법의 규정에 의하여 생기는 특수한 효과이며 이러한 규정은 중개인의 지위라는 특수성과 그 연혁적 이유에서 나온 것이라고 한다(법정효과설).

Ⅳ. 중개인의 의무

1. 선관주의의무

중개계약의 법적 성질은 위임이므로 중개인은 중개위탁에 대하여 수탁자로서 선량한 관리자로서의 주의의무를 진다. 이 의무의 내용은 적극적으로 위탁사무를 처리할 의무뿐만 아니라 위탁에 관한 비밀준수 등 위탁자의 이익을 해하지 아니할 의무도 지게 된다. 가령 중개할 기회의 회피 등으로 이러한 의무를 해태함으로써 위탁자가 손해를 입으면 중개인은 그에 대한 손해배상책임을 지게 되고 위탁자는 보수의 지급을 거절할 수 있다. 이와 같이 중개인의 선관주의의무의 내용으로 중개인에게는 중개를 위하여 진력하여야 할 의무를 인정하는 것이 타당하다(중개인은 특약이 없는 한 위탁자에 대하여 중개를 진력하여야 할 의무는 없다고 보는 반대설(최기원 교수)이 있음).

중개인은 이해가 상반된 당사자들을 중개하는 것을 영업으로 하기 때문에 중개는 중립적인 지위에서 객관적으로 하여야 한다(중립성의 원칙).

2. 결약서교부의무

중개가 유효하여 당사자간의 계약이 성립한 때에는 중개인은 지체없이 각 당사자의 성명 또는 상호·계약 연월일과 그 요령을 기재한 서면을 작성하여 기명날인 또는 서명한 후 각 당사자에게 교부하여야 한다(상법 제96조 제1항). 이 서면을 결약서라고 한다. 결약서는 계약서도 아니고 계약성립의 요건도 아닌 단순한 증거서면에 불과하다. 결약서는 계약이 성립한 사실과 그 내용을 명확하게 하여 당사자간의 분쟁을 예방하고, 분쟁을 신속하게 해결하기 위하여 그 작성을 의무화한 것이다. 결약서는 계약이 즉시 이행되는 경우에는 중개인이 지체없이 작성하여 기명날인 또는 서명한 후 각 당사자에게 교부하면 되지만(상법 제96조 제1항), 계약이 즉시 이행되지 않을 때에는(목적물의 급부가 조건부 또는 기한부의 계약일 때), 중개인은 각 당사자로 하여금 결약서에 기명날인 또는 서명하게 한 후 상대방에게 교부하여야 한다(상법 제96조 제2항). 이 경우에 양 당사자가 이의없이 결약서를 수령한 때에는 거기에 기재된 내용을 계약의 내용으로서 동의한 것으로 본다. 당사자의 일방이 계약서의 수령을 거부하거나 기명날인 또는 서명을 거절할 때에는 중개인은 지체없이 상대방에게 통지를 발송하여야 한다(발신주의, 상법 제96조 제3항). 이러한 경우 거부 또는 거절한 일방의 당사자가 이의가 있는 때이므로 통지를 함으로써 상대방으로 하여금 빨리 필요한 대책을 강구하도록 하여야 할 필요가 있기 때문이다. 그러므로 통지의무를 해태한 때에는 중개인은 손해배상책임을 진다.

3. 견품보관의무

중개인은 그 중개한 행위에 관하여 견품을 수령한 때에는 그 행위가 완료될 때까지 그것을 보관하여야 한다(상법 제95조). 이때 견품이라 함은 견품매매에서 수령한 견품을 말하며 이 경우 이것을 중개인에게 보관시키는 것은 당사자 간의 분쟁을 방지하거나 또는 신속히 해결하기 위하여 그 증거를 보존하기 위한 것이다.

중개인의 견품보관의 종기인 '행위가 완료될 때까지'라는 것은 단순히 중개행위가 완료되거나 목적물이 이행된 때까지의 뜻이 아니라, 그 물건의 품질에 관하여 분쟁(매도인의 담보책임)이 발생하지 않을 것이 확실하게 된 때(계약의 해제, 시효기간의 만료)까지라는 뜻이다. 보관의무가 종료된 후에는 특별한 약정이 없는 한 중개인은 견품을 그 소유자에게 반환하여야 한다.

4. 장부작성 및 등본교부의무

중개인은 장부를 비치하여 이것에 결약서의 기재사항을 기재하여야 한다(상법 제97조 제1항). 또 당사자는 언제든지 중개인이 자기를 위하여 중개한 행위에 관하여 그 장부의 등본의 교부를 청구할 수 있다(상법 제97조 제2항). 이러한 장부는 중개인의 '일기장'이라고 불리지만 상법상의 상업장부로서의 '회계장부'는 아니다. 왜냐하면 전자는 '타인간의 거래'에 관한 증거를 보존하기 위하여 작성할 의무가 있는 것이지만, 후자는 '자신의 거래'에 관한 회계를 명백히 하기 위하여 작성할 의무가 있는 것이기 때문이다.

5. 성명ㆍ상호묵비의무

당사자가 그 성명 또는 상호를 상대방에게 표시하지 않도록 명한 경우에는, 중개인은 결약서 및 장부의 등본에 그 성명 또는 상호를 기재하지 못한다(상법 제98조). 그러나 중개인 일기장 그 자체에는 그 성명 또는 상호를 기재하여야 한다. 당사자로서는 특히 경쟁관계에 있는 경우, 자기의 성명 또는 상호를 상대방에게 알리지 않는 것이 거래에 유리한 경우가 종종 있기 때문이며, 또한 상거래는 개성이 중시되지 않기 때문이다. 이러한 묵비의무는 중개를 위탁한 자뿐만 아니라, 그 상대방이 요구한 경우에도 발생한다.

6. 개입의무(이행담보책임)

중개인이 임의로 또는 당사자의 요구에 의하여 당사자의 일방의 성명 또는 상호를 그 상대방에게 알리지 않은 경우에는, 중개인은 그 상대방에게 스스로 이행할 책임을 진다(상법 제99조). 중개인은 중개행위를 하는 데 그치고 스스로 그 계약의 당사자가 되는 것이 아니지만, 이때에는 그 상대방의 신뢰를 보호할 필요가 있으므로 위탁자의 성명을 숨기고 중개한 결과에 대하여 개입의무를 인정한 것이다. 중개인의 이러한 개입의무는 상대방의 신뢰를 보호하기 위하여 법률상 인정된 특별한 '이행담보책임'이라고 볼 수 있다.

중개인의 이러한 개입의무는 '위탁매매인의 개입권'(상법 제107조)과 비슷하지만, 중개인은 계약의 당사자가 되는 것이 아니며, 또한 상대방의 청구가 없는 한 적극적으로 자신이 스스로 이행하고 상대방의 이행을 청구할 권리는 없는 점이 다르다. 또한 중개인의 이러한 개입의무는 '위탁매매인의 이행담보책임'(상법 제105조)과도 비슷하지만, 위탁매매인의 상대방은 위탁자에 대하여 법률상 아무런 채무를 부담하지 않으나 중개인의 묵비된 당사자는 상대방에 대하여 법률상 계약당사자로서의 채무를 부담하는 점에서 구별된다.

V. 중개인의 권리

1. 보수청구권

중개인은 상인이므로 특약이 없는 경우에도 중개에 의한 보수, 즉 중개료를 청구할 수 있다(상법 제61조). 그러나 중개인의 보수청구권의 발생을 위하여는 다음의 요건이 필요하다.

(1) 중개에 의하여 당사자 간에 계약이 성립하여야 한다. 계약이 성립한 이상 이행의 유무를 불문하며 계약이 성립하지 않는 한 중개인의 노력이 아무리 크더라도 중개인은 보수를 청구할 수 없다.

(2) 중개행위와 계약성립 간에는 상당인과관계가 있어야 한다. 즉 당사자 간에 성립한 계약은 당사자가 그 중개를 중개인에게 위임한 것이며, 또 그것이 중개인의 중개에 의하여 성립한 것이어야 한다.

(3) 결약서의 작성교부절차가 완료되어야 한다(상법 제100조 제1항). 상법이 계약의 성립만으로는 만족하지 않고 이러한 절차의 종료를 요건으로 한 것은, 중개인으로 하여금 신중하게 중개를 시키기 위함이다. 당사자 간의 계약이 정지조건부로 성립된 경우에는 그 조건이 성취된 때에 보수청구권이 발생하며, 해제조건부인 경우에는 즉시 보수청구권이 발생하고 그 조건이 성취되더라도 특별한 사정이 존재하지 않는 한 반환의무는 없다고 할 것이다.

중개인의 보수청구권의 발생요건이 갖추어진 때에 중개인이 당사자 쌍방으로부터 중개의 위탁을 받았으면 중개인은 특약 또는 관습이 없는 한 중개료를 균분하여 당사자 쌍방에게 그 지급을 청구할 수 있다(상법 제100조 제2항). 중개료의 액은 특약 또는 관습에 의하여 거래가액에 관한 백분율로 정하는 것이 일반적이다.

2. 비용상환청구권·급여수령권의 부존재

중개인은 중개를 함에 있어서 아무리 비용을 많이 지출하더라도 특약 또는 관습이 없는 한 그 상환을 청구할 수 없다. 왜냐하면 비용은 보통 보수 중에 포함되기 때문이다. 계약이 성립하지 아니하여 보수청구권이 발생하지 않는 경우에도 중개인은 당사자의 특별한 지시에 의한 것이 아닌 한, 중개계약의 성질상 이러한 비용의 상환청구는 할 수 없다.

또한 중개인은 중개만을 할 뿐 스스로 행위의 당사자가 되는 것이 아니고, 또 당사자의 대리인도 아니므로, 다른 약정 또는 관습이 있는 경우를 제외하고 당사자를 위하여 지급 기타의 급여를 받을 권한이 없다(상법 제94조). 당사자의 일방이 그 성명·상호의 묵비를 요구한 때에는 그 당사자는 중개인에게 급여수령권을 묵시적으로 부여하는 의사표시를 한 것으로 볼 수 있다.

Ⅵ. 사례의 해결

1. 〈설문 1〉

〈설문 1〉의 경우 중개계약을 위하여는 특별한 방식을 요하지 않으므로 甲이 전화로 한 중개위탁으로 甲과 乙 사이에는 중개계약이 성립되었다고 할 수 있다. 이 계약에 의하여 중개인 乙은 甲에 대하여 그가 위탁받은 중개를 위하여 진력하여야 할 의무가 있는가에 대하여는 학설이 나누어지고 있다. 일부 학자는 이 계약에 의하여 중개인 乙은 甲에 대하여 그가 위탁받은 중개에 대하여 진력하여야 할 의무는 없다고 보고 있다. 그러나 이 경우 진력하여야 할 의무를 인정하는 것이 타당하다고 본다. 그리고 실제로 중개를 하는 경우에도 乙은 선량한 관리자의 주의의무를 진다. 따라서 乙이 중개를 위하여 진력하지 않았기 때문에 가격이 인상되었음을 이유로 甲은 손해배상을 청구할 수 있다(중개인은 그가 위탁받은 중개를 위하여 진력해야 할 의무가 없고, 따라서 이 경우 손해배상을 청구할 수 없다는 최기원 교수의 반대설이 있음). 한편 구매부장 甲은 乙

이 알려 준 사무용기기 도매업자 丙과 계약을 체결하여야 할 의무가 있는 것은 아니다. 그 결과 甲은 인상된 가격으로 계약을 체결할 의무는 없다. 다만 의뢰인인 甲이 중개료 부담을 면하기 위하여 의도적으로 중개계약을 취소하거나 하는 경우에는 당사자가 신의성실에 반하여 조건의 성취를 방해한 경우로서 보수를 청구할 수 있다고 하여야 한다(민법 제150조 제1항).

2. 〈설문 2〉

〈설문 2〉의 경우에는 중개인은 중개를 함에 있어서는 거래의 양 당사자 중에 일방에 대해서만 중개계약이 존재하는 때에도 양 당사자의 이익을 중립성의 원칙에 따라 고루 고려해야 하는 의무가 있는 것이다. 그럼에도 불구하고 乙은 중개위탁자인 甲의 이익만을 도모함으로써 丙에게 손해가 발생하였으므로 乙은 丙에 대하여 손해의 배상책임이 있다.

3. 〈설문 3〉

甲과 丙 사이의 사무용 복사기의 매매계약은 乙의 중개에 의하여 성립되었고 중개인 乙은 결약서의 교부의무도 이행하였다. 그리고 당사자 사이에 계약의 이행을 조건으로 보수를 지급한다는 특약도 존재하지 않는다. 따라서 거래의 이행을 기다릴 필요가 없이 乙은 당연히 보수청구권을 행사할 수 있다. 즉 甲은 丙과의 매매계약이 무효이거나, 취소되었거나, 중개인의 귀책사유로 인하여 해제되지 않은 이상 乙에 대하여 보수를 지급할 의무가 있다.

VII. 참조판례

1. 대법원 2010. 11. 11. 선고 2009다83629 판결

중개인 甲이 '시행사 선분양 아파트'의 위험부담에 관하여 乙 등에게 제대로 고지하지 않음으로써 乙 등이 판단을 그르쳐 분양계약을 체결한 경우, 甲은 乙 등으로부터 중개를 위임받은 수임인으로서 민법 제681조에 규정된 선량한 관리자의 주의의무를 다하지 아니한 과실로, 乙 등이 아파트에 관한 소유권이전등기를 이전받지 못하게 됨으로써 이미 지급한 분양대금 상당의 손해를 입게 되었으므로, 甲은 乙 등에게 위 손해를 배상할 책임이 있다고 판단한 원심을 수긍한 사례이다.

2. 서울고등법원 2007. 5. 31. 선고 2006나50187 판결

구 부동산중개업 관련 규정의 취지와 중개행위 속에 중개업자가 거래의 쌍방 당사자로부터 중개 의뢰를 받은 경우뿐만 아니라 거래의 일방 당사자의 의뢰에 의하여 중개 대상물의 매매, 교환, 임대차 기타 권리의 특실, 변경에 관한 행위를 알선, 중개하는 경우도 포함되는 점에 비추어 볼 때, 중개업자가 부담하는 주의의무의 상대방은 의뢰인에 한정되지 않으며 거래상대방 당사자에 대해서도 업무상 일반적 주의의무를 부담한다고 할 것이어서, 중개업자가 의뢰인 이외의 거래당사자에게 성실의무와 설명의무를 위반한 경우에는 업무상 일반적 주의의무에 대한 위반으로 불법행위에 의한 손해배상책임을 부담하게 된다 할 것인데, 이 사건의 경우, 이 사건 부동산에 관한 소송이 항소심 계속 중으로서 그 권리관계가 불확정적인 상태였으므로, 중개인으로서는 소송의 진행상황 및 소송에 제출된 자료 등을 보다 자세하게 조사, 검토하여 이를 매매당사자에게 정확하게 전달하고 설명함으로써 매매당사자로 하여금 매매와 관련하여 올바른 결정을 할 수 있도록 도움을 주어야 함에도, 피고들은 매도인측 대리인인 위 C의 설명과 그가 제시한 이 사건 매도증서 및 그에 관한 감정결과서만을 믿고 소송진행상황에 관하여 더 조사하지 아니함으로써 이 사건 매도증서의 진정성립에 관하여 상반된 감정결과가 재판부에 현출된 상태이고 나아가 이 사건 민사소송이 토지사기단에 의한 소송사기라는 내용의 탄원서가 제출된 사실을 매수인인 원고에게 설명하지 못한 잘못이 있으며, 이로 인하여 원고가 잘못된 정보에 기초하여 이 사건 매매계약을 체결하고 그 대금을 지급함으로써 지급한 금원 상당의 손해를 입게 되었다 할 것이므로, 피고들은 공동불법행위자로서 연대하여 원고에게 피고들의 과실로 인한 손해를 배상할 의무가 있다.

◆ 사   례

피고 Y는 1989. 8. 4.경 원고 X증권회사 이문동지점에 유가증권위탁매매계좌 및 신용거래계좌를 개설하고 금 30,000,000원을 예탁하고 소외 甲에게 주식거래를 일임하여 포괄적인 위임을 하였고, 甲은 원고회사 직원인 소외 乙에게 A주식회사의 주식을 매입하거나 청약하여 줄 것을 위임하여 乙이 위 예탁금과 신용 융자금으로 당해 주식을 매입하거나 유상청약하였다.

이에 원고 X증권회사는 위 주식의 매입이나 청약을 함에 있어서 신용으로 공여한 금원에 대한 이자의 지급을 청구하는 訴를 제기한 데 대하여, 피고 Y는 자신은 乙을 알지 못하고 유상청약서를 직접 작성하지 않았으며 乙에게 증권카드나 인감도장 등을 보관시킨 적이 없다는 점을 이유로 위 대출이 무효라며 X증권회사에 대하여 예탁금반환을 청구하는 반소를 제기한 사건이다.

Ⅰ. 판결요지(대법원 1993. 12. 28. 선고 93다26632 · 26649 판결)

1. 고객이 증권회사와 체결하는 매매거래계좌설정계약은 고객과 증권회사간의 계속적인 거래관계에 적용될 기본계약에 불과하므로 특별한 사정이 없는 한 그에 의하여 바로 매매거래에 관한 위탁계약이 이루어지는 것이 아니고, 매매거래계좌설정계약을 토대로 하여 고객이 매수주문을 할 때 비로소 매매거래에 관한 위탁이 이루어지는 것이라고 보아야 한다.

2. 주식거래에 관한 위탁이 증권회사가 제정한 수탁업무규정 소정의 수탁계약준칙과 매매거래수탁방법 및 일임매매제한규정에 위배된 것이고, 매수주

문표나 유상청약서에 고객의 기명날인이 되어 있지 않다고 하더라도, 이와 같은 사정만으로는 증권회사와 고객 간의 거래가 무효라고 볼 수는 없다.

3. 증권회사의 신용공여에 관한 규정은 유가증권의 유통을 원활하게 하기 위하여 증권회사의 신용공여를 허용하되, 무절제한 신용거래로 인하여 초래될 수 있는 과당투기를 억제하고 신용거래질서를 안정시키기 위하여 증권관계기관의 감독기관인 증권관리위원회가 증권회사의 신용거래를 감독·통제하기 위한 규정이므로, 증권회사가 위 규정 제4조에서 정한 한도를 초과하여 주식청약자금을 대출하였다고 하여 고객과의 관계에 있어서 그 대출이 무효라고 볼 수 없다.

Ⅱ. 평   석

1. 서   설

(1) 위탁매매인이란 "자기명의로 타인의 계산으로 물건 또는 유가증권의 매매를 영업으로 하는 자"를 말한다(상법 제101조). 자기명의로 타인의 계산으로 법률행위를 하는 것을 주선이라 하므로, 위탁매매인은 위탁매매의 주선행위를 영업으로 하는 상인이다(상법 제46조 제12호).

(2) 위탁매매인은 '자기명의'(법률적 형식)로 하는 점에서 전혀 계약의 당사자로 나타나지 않는 중개인 또는 중개대리상과 구별되고, 본인 명의로 제3자와 거래하는 체약대리상 또는 기타의 본인의 대리인과도 구별된다.

(3) 위탁매매인은 '타인의 계산'(경제적 효과)으로 하는 점에서 그 실질은 대리와 유사하나 이는 법률상의 대리가 아니다. 또한 위탁매매인의 경우 위탁자(타인)는 상인임을 요하지 않는 점에서 대리상 또는 상사중개인과 구별된다.

(4) 위탁매매인은 '물건 또는 유가증권의 매매'를 하는 점에서 다른 주선인과 구별된다. 즉 운송주선인의 주선행위의 목적은 '물건운송'이고(상법 제114조), 준위탁매매인의 주선행위의 목적은 '매매 아닌 행위'이다(상법 제113조).

(5) 상법은 위탁매매인을 '물건 또는 유가증권의 매매를 영업으로 하는 자'라고 표현하고 있으나, 위탁매매인이 상인자격을 취득하는 것은 '주선행위의 인수'를 영업으로 하기 때문이다(상법 제46조 제12호). 따라서 위탁매매인이

하는 매매행위는 위탁업무의 이행행위로서 위탁매매인이 '영업을 위하여' 하는 행위(보조적 상행위)이지, '영업으로 하는' 행위(영업적 상행위)가 아니다(통설). 위탁매매인과 위탁자와의 관계, 즉 주선계약은 '위임'이다. 따라서 이 양자간에는 위임에 관한 규정이 적용된다(상법 제112조).

이 사건에서 주된 쟁점이 되는 것은 위탁매매인의 하나인 증권회사에 있어서 고객인 피고와 원고 증권회사 간에 위탁매매계약이 언제 성립되었다고 볼 것인가에 있는데, 만일 이 사건에서 위탁매매계약이 성립되었다면 이 사건 주식매입이나 청약은 위 계약에 따른 정당한 업무처리이므로 피고는 이에 따른 책임을 져야 될 것이다.

이하에서는 위탁매매계약의 법률관계, 성립시기 및 관련쟁점들을 검토하고 판례의 동향을 살펴보기로 한다.

2. 위탁매매계약의 법률관계

(1) 외부관계

① 위탁매매인과 제3자(상대방)와의 관계　　위탁매매인은 타인(위탁자)의 계산으로 한 매매로 인하여 상대방에 대하여 직접 권리를 취득하고 의무를 부담한다. 이것은 위탁매매인이 자기의 명의로 매매를 하는 당연한 결과인데, 상법이 다시 명문으로 규정한 것이다.

② 위탁자와 제3자(상대방)와의 관계　　위탁자와 제3자와의 사이에는 아무런 직접적인 법률관계가 생기지 않는다. 따라서 위탁자는 제3자에 대하여 위탁매매계약에 따른 채무의 이행청구나 손해배상청구를 할 수 없다. 제3자의 채무불이행 등이 있는 경우에 위탁자는 채권자대위권(민법 제404조)을 행사하거나, 위탁매매인에 대하여 이행담보책임(상법 제105조)을 물을 수 있다.

③ 위탁자와 위탁매매인의 채권자와의 관계(위탁물의 귀속관계)　　위탁자와 위탁매매인의 채권자와의 사이에는 원칙적으로 아무런 법률관계가 없는데, 상법은 위탁물의 귀속에 관하여 하나의 예외규정을 두고 있다. 즉 상법 제103조는 "위탁매매인이 위탁자로부터 받은 물건 또는 유가증권이나 위탁매매로 인하여 취득한 물건·유가증권 또는 채권은, 위탁자와 위탁매매인의 채권자간의 관계에서는 이를 위탁자의 소유 또는 채권으로 본다"고 규정하고 있다. 상법이 위와 같은 규정을 두게 된 이유는 실질적(경제적)으로 위탁자에게 귀속하면

서 형식적(법률적)으로는 위탁매매인에게 귀속하는 소유권 또는 채권을 위탁매
매인의 채권자와의 관계에서는 실질관계를 중시하여 위탁자에게 귀속하는 것
으로 의제하여 위탁자를 보호하고자 하기 위함이다.

(2) **내부관계**
1) **위탁매매인의 의무**

위탁매매인과 위탁자와의 주선계약은 위임계약이므로 위탁매매인은 수임
인으로서 위탁자를 위하여 선량한 관리자의 주의로써 그 위임사무를 처리하여
야 할 일반적인 의무를 부담한다(민법 제181조). 상법은 위탁매매인에게 이러한
일반적 의무 이외에 다음과 같은 특별한 의무를 부과하고 있다.

① **통지의무·계산서제출의무**   위탁매매인이 위탁자를 위하여 물건의 매
도 또는 매수를 한 경우에는 지체없이 위탁자에 대하여 계약의 요령과 상대방
의 주소·성명의 통지를 발송하여야 하며, 또 계산서를 제출하여야 한다(상법
제104조). 상법의 이러한 특칙은 민법 제683조에 대한 예외가 된다.

② **지정가액준수의무**   위탁자는 매매가액을 위탁매매인에게 일임하는 경
우도 있으나, 최고가액 또는 최저가액을 지정하는 경우가 많다. 이와 같이 위
탁자가 매도 또는 매수의 가액을 지정한 경우에는 위탁매매인은 이것을 준수
할 의무가 있다.

그러나 위탁매매인이 스스로 그 차액을 부담하여 염가로 매도하거나 고
가로 매수한 경우에는 그 매도 또는 매수는 위탁자에 대하여 효력이 있고(상법
제106조 제1항), 이와 반대로 위탁매매인이 고가로 매도하거나 또는 염가로 매
수한 경우에는 당사자 간에 반대의 특약이 없는 한 그 매매의 효력은 위탁자
에게 귀속되고 그 차액은 위탁자의 이익으로 한다(상법 제106조 제2항).

③ **개입의무**(이행담보책임)   위탁매매인은 다른 약정이나 관습이 없으면
위탁자를 위한 매매에 관하여 상대방이 채무를 이행하지 아니하는 경우에는
위탁자에 대하여 이를 이행할 책임이 있다(상법 제105조). 이 책임은 위탁자를
보호하고 위탁매매제도의 신용을 유지하기 위하여 상법이 특히 인정한 '법정
책임'이며, 또한 '무과실책임'이다. 위탁매매인의 이러한 이행담보책임은 당사
자 간의 다른 약정이나 관습에 의하여 이를 배제할 수 있다(상법 제105조 단서).

위탁매매인의 이러한 이행담보책임(개입의무)은 위탁매매인의 상대방이 위

탁자에 대하여 법률상 아무런 채무를 부담하지 않는 점에서 중개인의 이행담
보책임(개입의무)과 구별된다.

④ **위탁물의 훼손·하자 등의 통지·처분의무**   위탁매매인이 위탁매매의
목적물을 인도받은 후 그 물건의 훼손 또는 하자를 발견하거나, 그 물건이 부
패할 염려가 있을 때 또는 가격저락의 상황을 안 때에는 지체없이 위탁자에게
그 통지를 발송하여야 한다(상법 제108조 제1항). 이 경우에 위탁자의 지시를 받
을 수 없거나, 그 지시가 지연된 때에는 위탁매매인은 위탁자의 이익을 위하
여 적당한 처분을 할 수 있다(상법 제108조 제2항). 이것은 '가격저락의 상황을
안 때'를 제외하고는 일반적인 수임인의 주의의무를 구체화한 규정이다.

2) 위탁매매인의 권리

① **보수청구권**   위탁매매인은 상인이므로 위탁자를 위하여 한 매매에 관
하여 특약이 없더라도 상당한 보수를 청구할 수 있다(상법 제61조).

② **비용상환청구권**   위탁매매인이 위탁자를 위하여 매도 또는 매수를 하
는데 비용이 필요한 경우에는 특약 또는 관습이 없는 한 이를 체당할 의무가
없고 위탁자에 대하여 선급을 요구할 수 있다(민법 제687조).

③ **유 치 권**   위탁매매인은 위탁자를 위하여 물건의 매도 또는 매수를
함으로 말미암아 위탁자에 대하여 생긴 채권에 관하여 위탁자를 위하여 점유
하는 물건 또는 유가증권을 유치할 수 있다. 그러나 다른 약정이 있을 때에는
그렇지 않다(상법 제111조, 제91조). 이것은 위탁자가 비상인일 수도 있어 상인
간의 유치권인 일반상사유치권만으로 부족한 까닭에 둔 특별상사유치권으로,
대리상의 특별상사유치권과 같다.

④ **매수물의 공탁 및 경매권**   매수위탁자가 위탁매매인이 매수한 물건의
수령을 거절하거나 또는 수령할 수 없는 때에는 위탁매매인은 그 물건을 공탁
하거나 또는 상당한 기간을 정하여 최고한 후 이것을 경매할 수 있는 권리를
갖는다(상법 제109조, 제67조).

⑤ **개 입 권**   위탁매매인은 위탁을 받아 제3자와 매매하는 것이 원칙이
지만, 위탁자로서는 그 매매가 공정하게 되는 이상 상대방이 누구이든 무관할
것이다. 따라서 상법은 위탁매매인이 거래소의 시세가 있는 물건 또는 유가증
권의 매매의 위탁을 받은 때에는 스스로 매수인 또는 매도인이 될 수 있도록

규정하고 있다(상법 제107조 제1항). 이 경우에는 위탁자와 위탁매매인 사이에 이해충돌이 없으면 오히려 처리가 간편한 까닭이다. 위탁매매인이 갖는 이 권리를 개입권이라고 한다.

위탁매매인의 개입권은 운송주선인 및 준위탁매매인의 개입권과 같이 직접 거래상대방이 되는 점에서, 상업사용인 등이 협의의 경업피지의무에 위반하여 거래한 경우에 그가 받은 경제적 이익만을 박탈하는 영업주의 개입권과 구별된다.

3. 위탁매매계약의 성립시기

(1) 의   의

위탁매매계약은 낙성계약이므로 당사자 간의 매매주선의 합의로 성립하고 목적물이나 대금의 수수는 그 요건이 아니다. 이 사건에서 문제가 된 증권회사도 위탁매매인에 속하는데, 일반적으로 증권회사에 있어서 위탁계약의 성립과정을 보면, 위탁자인 고객은 1단계로 먼저 매매거래설정계약을 하고 다음단계로 현금이나 대용증권을 예탁하고 마지막으로 유가증권 매수주문을 내게된다. 물론 대부분의 경우는 매매거래설정계약과 동시에 현금 등을 예탁하게되나 이것이 꼭 일치할 필요는 없다. 그렇다면 이 중 어느 단계에서 위탁계약이 성립되었다고 볼 것인가에 관하여 이 사건 판결은 마지막 단계에 이르러서 위탁계약이 성립한다고 판시하고 있다. 이것은 결국 어느 단계에서 당사자 간에 있어서 일정한 권리·의무가 발생하는 매매주선의 합의가 있었다고 볼 것인가가 기준이 될 것인데, 이를 각 단계별로 살펴보면 다음과 같다.

(2) 매매거래설정계약의 체결단계

먼저 1단계에서 고객은 매매거래설정계약을 체결하게 되는데, 이는 고객과 증권회사 간의 거래관계에 적용될 기본계약으로서 이 계약에 의하여 장차 고객과 증권회사가 거래를 할 때 일정한 조건에 따를 의무를 부과할 뿐이고 이것만에 의하여 고객과 증권회사에 아무런 급부의무를 발생시키지 않는다. 따라서 매매거래설정계약만에 의하여 위탁자와 위탁매매인 사이에 일정한 권리·의무를 발생시키는 위탁계약이 성립하였다고 보기 어렵다.

(3) 현금이나 대용증권을 예탁한 단계

다음으로 고객이 현금이나 대용증권을 예탁한 단계인데, 이 단계에 있어서도 고객이 매매를 위탁하였다고 볼 수 없고 위탁매매인도 특정의 주식을 매입하거나 매도해야 할 의무가 발생하지 않으므로 위탁계약이 성립하였다고 보기 어렵다.

그런데 대법원은 이 사건 판시와 달리 증권회사의 직원이 고객이 예탁한 금원으로 고객 몰래 임의로 매매하고 예탁금을 인출하여 도피한 사안에서 "증권매매거래의 위탁계약의 성립시기는 위탁금이나 위탁증권을 받을 직무상 권한이 있는 직원이 증권매매거래를 위탁한다는 의사로 이를 위탁하는 고객으로부터 금원이나 주식을 수령하면 곧바로 위탁계약이 성립한다고 할 것이고, 그 이후에 그 직원의 금원수납에 관한 처리는 위 계약의 성립에 영향이 없다"(대법원 1994. 4. 29. 선고 94다2688 판결)고 하고 있는데, 위 경우에 당사자 간에 있어서 특정 주식의 매매에 관한 합의가 있었다고 보기 어렵다고 볼 것인바, 위탁계약의 성립을 인정한 위 판례는 문제가 있다고 본다.

(4) 고객이 매수주문을 낸 단계

마지막으로 고객이 매수주문 등을 낸 단계를 볼 수 있다. 위탁매매인인 증권회사는 고객의 주문에 따라 유가증권을 매수하거나 매도해야 할 의무를 부담하게 될 것이므로, 일반적으로는 이 단계에 이르러서 비로소 위탁계약이 성립한다고 볼 수 있다. 이 사건 판례에서도 매매주문을 낼 때마다 위탁계약이 성립한다고 하고 있다.

그런데 매매주문의 형태와 관련해서 보면, 고객이 매매주문표를 내거나 전화로 주문을 하는 것과 달리 오늘날 사이버 증권거래가 많이 이용되는데, 사이버 증권거래의 경우에도 주식의 매매는 증권회사를 통하여 이루어지는 것이므로 동일하다고 본다.

(5) 포괄적 일임매매의 경우

매매목적물, 가격, 매매시기 등에 관하여 증권회사에 일임하는 포괄적 일임매매의 경우에는 위와 달리 보아야 한다. 포괄적 일임매매의 경우에는 현금 등을 예탁하면서 매매에 관하여 포괄위임하는 것으로서 포괄위임시에 증권회사는 유가증권 매매에 관한 의무를 부담하게 된다. 또한 매매주문도 일반적으로 고객이 하지 않고 증권회사에서 하게 된다. 따라서 포괄적 일임매매의 경우에는 예탁금의 수령과 일임매매의 성립시에 매매에 관한 위탁계약이 성립한다고 보아야 한다.

(6) 결   어

증권회사와 고객 간에 주식매매위탁계약이 성립하기까지 여러 단계를 거치게 되는데, 이 중 어느 단계에서 위탁계약이 성립되었다고 볼 것인가는 결국 어느 단계에서 당사자간에 있어서 일정한 권리의무가 발생하는 매매주선의 합의가 있었다고 볼 것인가라는 점이 기준이 될 것이다.

주식거래에 있어서 고객이 매수주문을 낼 때 비로소 증권회사는 고객을 위해서 주식매매를 해야 할 의무를 부담하므로 이 단계에서 위탁계약이 성립된다고 볼 것이다. 이렇게 볼 때 이 사건의 경우 A주식회사라는 특정주식의 매매의 위탁에 관한 합의가 있었으므로 위탁계약은 성립되었고, 그렇다면 원고의 이 사건 주식매입이나 청약은 위 계약에 따른 정당한 업무처리로 보아야 한다. 따라서 피고는 원고의 정당한 업무처리로 인한 급부의무를 부담해야 할 것이다.

4. 기타 검토사항

(1) 위탁물의 귀속

위탁매매인은 자기의 명의로 매매를 하므로 거래상대방에 대하여 직접 권리를 취득하고 의무를 부담한다(상법 제102조). 그리고 위탁매매인은 위탁매매로 인하여 취득한 권리나 물건을 위탁자에게 이전해 주어야 할 의무를 부담하는데(민법 제684조), 위탁매매인이 그 의무를 이행하지 않는 한 그 권리나 물건은 위탁자에게 이전하지 않는다.

위탁매매의 법률적 구성에 따르면 위와 같이 해석할 수 있는데, 그러나 이러한 법률적 형식에 따를 때 위탁매매인이 이전의무를 이행하기 전에 파산한 경우에는 그 권리나 물건이 파산재산에 귀속하여 위탁자가 환취권을 행사할 수 없는 등 불합리한 결과가 발생할 수 있다. 그리하여 상법은 위탁자와 위탁매매인 또는 위탁매매인의 채권자간의 관계에서 위탁물 등의 귀속에 관하여

"위탁매매인이 위탁자로부터 받은 물건 또는 유가증권이나 위탁매매로 인하여 취득한 물건, 유가증권 또는 채권은 위탁자와 위탁매매인 또는 위탁매매인의 채권자간의 관계에서는 이를 위탁자의 소유 또는 채권으로 본다"고 규정하여 위탁자를 보호하고 있다(상법 제103조). 다만 여기서 말하는 위탁매매인의 채권자에서 거래상대방은 제외한다는 것이 다수의 견해인데, 위탁매매인을 신뢰하여 거래한 상대방을 위탁자보다는 더 보호하여야 할 것이므로 제외하는 것이 타당할 것이다.

(2) 위탁매매계약의 종료

위탁매매계약은 위임이기 때문에 위임의 종료사유에 의하여 종료된다. 그리하여 위탁자와 위탁매매인의 사망 또는 파산, 위탁매매인의 금치산선고 등에 의하여 종료된다. 기타 위탁매매계약을 해지하거나 위탁매매의 목적을 달성한 경우에도 종료하는데, 위탁매매계약의 해지와 관련한 판례를 보면, 위탁매매인이 자신의 점포를 타인에게 양도하고 다른 장소에서 영업을 개시한 사안에서 대법원은 "위탁판매계약이 위탁판매인의 영업점포의 상호변경이나 영업장소의 변경으로 당연히 해지된다고 볼 수 없고, 또한 위탁판매점계약에서 상품전시시설이 계약의 중요요소가 된다고 볼 수 있는 것도 아니므로 위탁판매인이 영업장소를 이전한 점포에 전시시설이 있는지의 유무에 따라 계약의 해지 여부에 관한 판단이 달라진다고 볼 수 없다"(대법원 1995. 12. 22. 선고 95다16660 판결)고 하여, 이 경우에 위탁매매계약이 해지되지 않는다고 하였다.

Ⅲ. 참조판례

1. 대법원 2011. 7. 14. 선고 2011다31645 판결

① 위탁매매란 자기의 명의로 타인의 계산에 의하여 물품을 매수 또는 매도하고 보수를 받는 것으로서 명의와 계산의 분리를 본질로 한다. 그리고 어떠한 계약이 일반의 매매계약인지 위탁매매계약인지는 계약의 명칭 또는 형식적인 문언을 떠나 그 실질을 중시하여 판단하여야 한다. 이는 자기 명의로써, 그러나 타인의 계산으로 매매 아닌 행위를 영업으로 하는 이른바 준위탁매매(상법 제113조)에 있어서도 마찬가지이다.

② 甲 주식회사가 국내에서 독점적으로 판권을 보유하고 있는 영화의 국내배급에 관하여 乙 주식회사와 체결한 국내배급대행계약이 준위탁매매계약의 성질을 갖는지가 문제된 사안에서, 배급대행계약서의 내용 등 여러 사정에 비추어 乙 회사는 위 배급대행계약에 따라 甲 회사의 계산에 의해 자신의 명의로 각 극장들과 영화상영계약을 체결하였다고 보아야 하므로, 乙 회사는 준위탁매매인의 지위에 있다고 본 원심판단을 정당하다고 한 사례.

③ 위탁매매인이 그가 제3자에 대하여 부담하는 채무를 담보하기 위하여 그 채권자에게 위탁매매로 취득한 채권을 양도한 경우에 위탁매매인은 위탁자에 대한 관계에서는 위탁자에 속하는 채권을 무권리자로서 양도한 것이고, 따라서 그 채권양도는 무권리자의 처분 일반에서와 마찬가지로 양수인이 그 채권을 선의취득하였다는 등의 특별한 사정이 없는 한 위탁자에 대하여 효력이 없다. 이는 채권양수인이 양도의 목적이 된 채권의 귀속 등에 대하여 선의였다거나 그 진정한 귀속을 알지 못하였다는 점에 관하여 과실이 없다는 것만으로 달라지지 아니한다.

④ 甲 주식회사가 국내에서 독점적으로 판권을 보유하고 있는 영화에 관하여 甲 회사와 국내배급대행계약을 체결한 乙 주식회사가 배급대행계약의 이행으로 극장운영자인 丙 주식회사와 영화상영계약을 체결하고 그 계약에 따라 丙 회사에 대하여 가지게 된 부금채권을 자신의 채권자인 丁에게 채권 담보를 위해 양도한 사안에서, 채권양도가 준위탁매매계약상 위탁자의 지위에 있는 甲 회사에 효력이 없다고 본 원심판단을 정당하다고 한 사례.

2. 대법원 2008. 5. 29. 선고 2005다6297 판결

① 위탁매매라 함은 자기의 명의로 타인의 계산에 의하여 물품을 구입 또는 판매하고 보수를 받는 것으로서 명의와 계산이 분리되는 것을 본질로 하는 것이므로, 어떠한 계약이 일반 매매계약인지 위탁매매계약인지는 계약의 명칭 내지 형식적인 문언을 떠나 그 실질을 중시하여 판단하여야 한다.

② 위탁매매인이 위탁자로부터 받은 물건 또는 유가증권이나 위탁매매로 인하여 취득한 물건, 유가증권 또는 채권은 위탁자와 위탁매매인 또는 위탁매매인의 채권자 간의 관계에서는 이를 위탁자의 소유 또는 채권으로 보므로(상법 제103조), 위탁매매인이 위탁자로부터 물건 또는 유가증권을 받은 후 파산한

경우에는 위탁자는 구 파산법(2005. 3. 31. 법률 제7428호 채무자 회생 및 파산에 관한 법률 부칙 제2조로 폐지) 제79조에 의하여 위 물건 또는 유가증권을 환취할 권리가 있고, 위탁매매의 반대급부로 위탁매매인이 취득한 물건, 유가증권 또는 는 채권에 대하여는 구 파산법 제83조 제1항에 의하여 대상적 환취권(대체적 환취권)으로 그 이전을 구할 수 있다.

③ 외국 정부가 국내법원에서 파산선고를 받은 위탁매매인에 대한 세금청구권에 기하여 위탁자의 대상적 환취권의 목적이 되는 물건, 유가증권 또는 채권을 강제징수한 경우, 그로 인해 위탁매매인의 세금채무가 소멸하여 위탁매매인의 파산재단은 동액 상당의 부당이득을 얻은 것이 되며, 이 경우 위탁자는 위탁매매인의 파산재단에 대해 부당이득반환청구권을 가지게 되는데, 이는 구 파산법(2005. 3. 31. 법률 제7428호 채무자 회생 및 파산에 관한 법률 부칙 제2조로 폐지) 제38조 제5호의 재단채권이다.

④ 구 파산법(2005. 3. 31. 법률 제7428호 채무자 회생 및 파산에 관한 법률 부칙 제2조로 폐지)상 재단채권은 파산절차에 의하지 아니하고 수시로 변제하되, 파산채권보다 먼저 변제하여야 하고, 재단채권이 파산채권으로 신고되어 파산채권으로 확정되고 배당을 받았다고 하더라도 채권의 성질이 당연히 파산채권으로 변하는 것은 아니므로, 그 배당받은 금원을 재단채권에 충당할 수 있다.

3. 대법원 1996. 1. 23. 선고 95다39854 판결

3년의 단기소멸시효가 적용되는 민법 제163조 제6호 소정의 '상인이 판매한 상품의 대가'란 상품의 매매로 인한 대금 그 자체의 채권만을 말하는 것으로서, 상품의 공급 자체와 등가성이 있는 청구권에 한한다. 그런데 위탁자의 위탁상품공급으로 인한 위탁매매인에 대한 이득상환청구권이나 이행담보책임의 이행청구권은 위탁자의 위탁매매인에 대한 상품공급과 서로 대가관계에 있지 아니하여 등가성이 없으므로, 민법 제163조 제6호 소정의 '상인이 판매한 상품의 대가'에 해당하지 아니하여 3년의 단기소멸시효의 대상이 아니고, 한편 위탁매매는 상법상 전형적인 상행위이며 위탁매매인은 당연한 상인이고 위탁자도 통상 상인일 것이므로, 위탁자의 위탁매매인에 대한 매매위탁으로 인한 위의 채권은 다른 특별한 사정이 없는 한 통상 상행위로 인하여 발생한 채권이어서 상법 제64조 소정의 5년의 상사소멸시효의 대상이 된다.

4. 대법원 1995. 11. 21. 선고 94도1598 판결

"고객과 증권회사와의 사이에 이러한 매매거래에 관한 위탁계약이 성립되기 이전에는 증권회사는 매매거래 계좌설정 계약시 고객이 입금한 예탁금을 고객의 주문이 있는 경우에 한하여 그 거래의 결제의 용도로만 사용하여야 하고, 고객의 주문이 없이 무단매매를 행하여 고객의 계좌에 손해를 가하지 아니하여야 할 의무를 부담하는 자로서, 고객과의 신임관계에 기조를 두고 고객의 재산관리에 관한 사무를 대행하는 타인의 사무를 처리할 지위에 있다"고 하여, 증권회사의 경우에는 위탁계약이 성립하기 이전의 단계에 있어서도 일정한 주의의무를 부담한다고 하고 있다.

5. 대법원 1994. 4. 29. 선고 94다2688 판결(동 1997. 2. 14. 선고 95다 19140 판결)

증권매매거래의 위탁계약의 성립 시기는 위탁금이나 위탁증권을 받을 직무상 권한이 있는 직원이 증권매매거래를 위탁한다는 의사로 이를 위탁하는 고객으로부터 금원이나 주식을 수령하면 곧바로 위탁계약이 성립한다고 할 것이고, 그 후에 그 직원의 금원수납에 관한 처리는 위 계약의 성립에 영향이 없다.

6. 대법원 1982. 2. 23. 선고 81도2619 판결

위탁매매에 있어서 위탁물의 소유권은 위탁자에게 속하고 그 판매대금은 특별한 사정이 없는 한 이를 수령함과 동시에 위탁자에게 귀속되므로 위탁매매인이 이를 사용 또는 소비한 때에는 횡령죄가 성립한다.

7. 대법원 1980. 11. 11. 선고 80다135 판결

원고가 증권회사의 지배인 겸 영업부장실에서 동인에게 적당한 시기에 적당한 증권을 적당량 매입·매도하여 이득금이 남도록 관리하여 달라고 하면서 주식매수대금조로 금전을 교부하고, 그 영업부장의 명함 뒷면이나 위 회사 영업부장용 메모지상에 그 금원을 보관하고 있다는 취지의 보관증을 작성·교부받았다면, 원고와 그 증권회사 사이에 증권매매위탁계약이 성립된 것으로 보아야 한다.

8. 대법원 1980. 5. 27. 선고 80다418 판결

증권거래의 문외한이며 초심자들인 원고들이 피고회사인 증권회사의 영업부장 겸 지배인을 통하여 주식투자를 하기로 하고 동인에게 유망한 종목의 주식을 적당한 시기에 적당한 수량을 매입·매도하여 이득금을 남기도록 부탁하면서 주식매수대금조로 금전을 지급하였다면, 원고들과 피고회사 사이에 증권매매거래의 위탁계약이 성립된다.

원고들과 피고회사 사이에 증권매매위탁약정이 성립된 경우에 피고회사가 위탁자들인 원고들로 하여금 어떤 증권의 취득도 할 수 없게 하거나 지급한 현금의 보관마저 소홀히 하여 불명케 하였다면 이는 피고회사의 증권매매의 위탁약정에 관한 채무불이행이 되는 것이고, 원고들에게 이로 인한 손해배상 의무가 있다.

9. 대법원 1979. 3. 27. 선고 78다2483·2484 판결

주식투자자가 증권회사에 대하여 매매를 위탁하는 주식의 종목, 수량, 시기, 가격을 특정하여 주문하지 아니하였다 하여 주식매매위탁계약이 아니라고 할 수 없고, 유망주식을 적당한 시기에 적당한 수량, 가격으로 매입 또는 매각하여 달라고 위탁할 수도 있다.

16 증권거래에 있어 위탁매매계약

♦ 사   례

甲은 Y증권회사 직원 乙과 매매거래구좌설정계약을 체결한 후 乙에게 송금하여 주식을 매수하였다. 그 후 乙은 위탁자인 甲으로부터 그 거래구좌의 통장 및 인감을 건네받고 주식의 매입, 매도 등 거래전반에 관하여 위임을 받은 뒤 甲의 명의로 주식거래를 계속해 왔는바, 甲은 Y증권회사 사이에 증권매매 위탁약정이 유효하게 성립된 것으로 생각하였다.

그러나 그 후 Y증권회사는 甲이 위탁한 주식에 관한 이익배당금의 수령이나 무상증자에 의한 신주의 인수를 이행하지 아니하였고, 또한 유상증자의 경우에 있어서도 유상주식의 인수에 관한 통지나 업무대행을 하지 않았다. 이에 甲은 Y증권회사를 상대로 위탁매매계약상의 채무불이행을 이유로 한 손해배상청구소송을 제기하였다.

Ⅰ. 판결요지(대법원 1991. 5. 24. 선고 90다14416 판결)

1. 증권회사직원을 통하여 매매거래구좌설정계약을 체결하고 그에게 송금하여 주식을 매수하고 위 직원은 위탁자로부터 그 거래구좌의 통장 및 인감을 건네받고 주식의 매입, 매도 등 거래전반에 관하여 위임을 받은 뒤 위탁자 명의로 거래를 계속해 왔다면, 위탁자는 위 직원을 통하여 그의 재량적 판단 아래 주식거래를 하여 이득을 남겨줄 것을 의뢰함과 동시에 이익배당금의 수령이나 무상증자에 따른 신주의 인수 등 주식위탁과 관련하여 통상 위탁자에게 손해가 되지 않고 경제적으로 이익이 된다고 볼 수 있는 제반사항의 대행을 포괄적으로 위임한 것이고, 위탁자와 증권회사 사이에 있어서도 그와 같은 내

용의 증권매매위탁약정이 성립되었다고 할 것이다.

2. 위 경우에 있어 증권회사가 위탁받은 주식에 관한 이익배당금의 수령이나 무상증자에 의한 신주의 인수를 이행하지 아니하였다면 이는 특단의 사정이 없는 한 위 위탁약정에 관한 채무불이행이 된다고 할 것이므로 증권회사는 위탁자에게 이로 인한 손해를 배상하여야 할 의무가 있다 할 것인 한편, 유상증자의 경우는 위탁자 본인의 청약 및 그에 따른 업무대행위임에 관한 명시적인 의사표시가 있는 때에 한하여 증권회사가 그 업무를 대행처리하는 것이 거래관행이어서 특약이 없는 한 유상주식의 인수에 관한 통지나 업무대행이 위탁자와 증권회사 사이의 위탁매매약정상의 채무에 당연히 포함되는 것이 아니다.

Ⅱ. 평   석

1. 위탁매매인의 의의

우리 상법상 위탁매매인이란 자기명의로써 타인의 계산으로 물건 또는 유가증권의 매매를 영업으로 하는 자를 말하는데(상법 제101조), 이러한 위탁매매인은 운송주선인(상법 제114조) 및 준위탁매매인(상법 제113조)과 함께 우리 상법상 주선인으로서 당연상인이 되고 있다(상법 제4조, 제46조 제12호). 따라서 이러한 위탁매매인은 위탁자로부터 주선행위의 인수를 영업으로 함으로써 당연상인이 되는 것인데, 주선행위의 인수는 위임계약으로서 이에는 민법상 위임에 관한 규정이 준용된다(상법 제112조). 민법상 위임계약은 당사자의 일방이 상대방에 대하여 사무의 처리를 위탁하고, 상대방이 이를 승낙함으로써 그 효력이 생기는 계약이므로(민법 제680조), 낙성계약이다.

2. 위탁매매계약의 개념과 법적 성질

(1) 위탁매매계약의 개념

위탁매매계약은 위탁자와 위탁매매인 간에 체결되는 계약으로서 위탁자가 위탁매매인에게 물건 또는 유가증권을 위탁매매인 자신의 이름으로 매도해 달라고 위탁하는 위탁계약과, 위탁자가 물건 또는 유가증권의 매수를 위탁매매인에게 위임하여 위탁매매인의 이름으로 매수해 달라는 위임계약이 혼합된 상법상 특수한 계약이다. 여기서의 위탁계약에는 임치계약도 포함되어 있다.

(2) 위탁매매계약의 법적 성질

위탁매매계약은 위탁계약을 중심으로 위임계약 및 임치계약의 성질도 함께 갖는다. 그런데 위탁계약에 대하여 우리 민법은 아무런 규정을 두고 있지 않다. 따라서 상법에 규정이 없는 경우에는 이와 가장 유사한 위임계약의 규정을 준용할 수밖에 없다.

3. 위탁매매계약의 성립시기와 방식

(1) 계속적 거래계약으로서의 위탁매매계약의 구조와 계약체결방식

계속적 거래를 목적으로 하는 위탁매매계약의 계약법적 구조를 기본계약과 개별계약의 복합구조로 파악하지 않고 하나의 계약으로 보는 견해에서는 계약의 성립시기를 판단하기가 쉽지 않다. 또한 기본계약과 개별계약의 복합구조로 파악하는 견해에서도 위탁매매계약의 성립시기를 기본계약의 성립시에 계약이 성립한다고 볼 것인가 아니면 개별계약의 성립시에 계약이 성립한다고 볼 것인가의 견해가 나뉘고 있다.

1) 기본계약의 성립시에 위탁매매계약이 성립한다고 보는 설

① 당사자합의설   이 설은 위탁매매계약을 낙성·불요식 계약으로 보는 견해로서, 당사자 간의 합의에 의해 기본계약이 성립하며, 따라서 계속적 계약으로서의 위탁매매계약은 당사자 간의 합의시에 성립한다고 보는 견해이다.

② 요물계약설   이 설은 위탁매매계약을 요물계약으로 보는 견해로서, 기본계약은 당사자 간의 합의만으로 성립하지 않고, 이와 함께 증권의 인도, 매수자금의 예치시에 성립한다고 본다. 따라서 계속적 거래계약으로서의 위탁매매계약은 매도물건의 위탁시 또는 매수자금의 예치시에 성립한다고 보는 학설이다.

2) 개별계약의 성립시에 위탁매매계약이 성립한다고 보는 설

계속적 계약으로서의 위탁매매계약의 성립은 기본계약의 성립에 의해서 성립되는 것이 아니라 개별계약의 성립시에 성립한다고 보는 견해이다. 즉 승낙이 강제된 경우에는 기본계약의 성립 후에 개별적인 매도 또는 매수의 주문 시, 승낙이 강제되지 않은 경우에는 이에 대한 승낙시에 개별계약이 성립하며, 이때 위탁매매계약이 성립한다는 견해이다.

(2) 자본시장과 금융투자업에 관한 법률상 위탁매매계약의 체결방식

수탁계약준칙이란 자본시장과 금융투자업에 관한 법률에 근거하여 증권회사가 고객과 위탁매매계약을 체결할 경우에 지켜야 할 수칙을 제정한 것을 말하는데, 수탁계약준칙상 위탁매매계약의 체결방식을 살펴보면, 당사자 간의 위탁매매계약에 관한 묵시적 합의에 따라 당사자는 계좌설정을 약정하며 증권회사는 매매거래수탁에 관한 약관을 제시 설명하고 위탁자가 요구하는 경우에는 이를 교부하여야 하고, 증권회사는 매도위탁의 경우에는 매도증권, 매수위탁의 경우에는 위탁증거금의 예치를 요구할 수 있으며, 위탁자는 정해진 주문방법에 따라 주문하고 증권회사는 법정된 주문내용을 확인하고 수탁한다. 그러나 위와 같은 수탁계약준칙상의 계약체결방식만으로는 어느 시기에 계약이 성립하는 것으로 보아야 할지 명확하지 않은 점이 있다.

(3) 위탁계약성립 시기에 관한 판례의 대립

① 기본계약성립시설을 취한 판례   증권매매에 있어서 위탁계약의 성립시기는 계좌설정을 약정한 후 고객(위탁자)이 위탁금 또는 위탁증권을 증권회사에 위탁한 때에 성립한다는 견해이다. 이는 기본계약성립시설을 취하면서 또한 위탁매매계약의 성립에 있어 요물계약의 관점에서 성립시기를 인정한 견해로서 이 견해를 지지하는 판례가 많이 있다. 즉 기본계약성립시설을 취한 판례는 "증권회사의 직무상 권한이 있는 직원이 고객으로부터 매도증권이나 매수예치금을 수령하면 곧바로 위탁계약이 성립한다고 할 것이고, 그 이후에 그 직원의 예치금수납에 관한 처리는 위 계약의 성립에 영향이 없다"(대법원 1994. 4. 29. 선고 94다2688 판결)고 판시하고 있다. 그러나 대법원은 위탁계약이 위임계약인지 아니면 요물계약인지 명확한 입장을 취하고 있지 않으며, 학설은 위임계약으로 보고 있다.

② 개별계약성립시설을 취한 판례   증권매매에 있어 위탁계약의 성립시기는 기본계약의 성립으로는 불충분하고 고객이 매수주문을 할 때, 즉 개별계약의 성립시에 위탁계약이 성립한다는 견해이다. 당사자 간에 처음에 체결하는

계좌설정계약은 계속적 거래관계에 있어 기본계약에 해당하며 이후 매도증권의 인도나 매수자금의 예치는 매도 또는 매수주문이 확정적이지 않고 포괄적이므로 아직은 개별계약이 성립하지 않은 것으로 보고 매도 또는 매수주문 시에 개별계약이 성립한다는 견해이다. 이러한 개별계약성립시설을 취한 판례는 "고객과 증권회사 간에 체결하는 계좌설정계약은 계속적 거래관계에 적용될 기본계약에 불과하므로 특별한 사정이 없는 한 그에 의하여 위탁계약이 성립되는 것이 아니고 고객이 매수주문을 할 때 비로소 위탁계약이 성립한다고 보아야 한다"(대법원 1993. 12. 28. 선고 93다26632 판결)고 판시하고 있다.

4. 결   어

증권회사를 통한 증권거래는 계속적 거래관계가 유지되는 것이 특징이다. 계속적 거래관계에 대한 두 가지 계약법적 구조, 즉 기본계약과 개별계약 중 증권위탁매매에 있어서는 어느 것이 중심이 되느냐의 문제가 있는데, 증권매매는 수탁준칙에 따라 계좌설정계약에서, 즉 기본계약에서 거래약관을 통하여 계속적 거래의 법률관계의 대부분을 확정하고 개별계약에서는 주문만으로 계약을 성립시키는 형식을 취한다는 점에서 증권위탁매매계약에 있어서는 기본계약이 중심이 된다고 보아야 한다. 따라서 매도증권의 인도시에 또는 위탁금의 예치시에 기본계약이 성립되며 이에 의하여 위탁매매계약이 성립된다고 보는 것이 타당하다.

본 판결에서는 증권업에 있어 위탁매매계약이 체결되면 고객(위탁인)은 증권사(위탁매매인)에 대하여 경제적으로 이익이 되는 사항을 포괄적으로 위임한 것으로 보았다. 즉 그러한 내용이 구체적으로 계약서상에 표시되어 있지 않더라도 그와 같은 내용이 계약서상에 포함된 것으로 해석한다는 것이다. 판결은 그 근거로 이를 증권업상의 위탁매매계약의 특성이라고 지적하고 있다. 그런데 판결은 어떠한 해석방법에 입각한 것인지 명확히 밝히지 않고 있다. 즉 당사자의 합의에 의한 것인지 아니면 상법이나 민법에 근거규정이 있는지 또는 상관습이나 신의칙에 입각한 것인지 분명하지 않다.

위탁물에서 발생하는 수익의 취득의무는 위탁매매인에게 고유한 선관주의의무라고 할 수 있다. 위탁매매계약은 위임계약의 일종이므로 위탁매매인은 선관의무를 진다. 민법의 위임계약상 수임인은 수취한 과실을 본인에게 이전할 의무를 지고 있다(민법 제684조 제1항). 여기서 동 조항이 수임인으로 하여금 위탁물에서 발생한 과실을 수취할 의무까지 전제한 것인가의 문제가 제기되는데, 이에 대한 상법상의 해석으로는 판결이 지적한 바와 같이 위탁매매계약의 특성을 고려하여 그와 같은 의무를 인정하여야 한다고 보고 있다.

결론적으로 본 판결이 甲과 Y증권회사 사이에 증권매매위탁약정의 성립을 인정하고 증권회사가 위탁받은 주식에 관한 이익배당금의 수령이나 무상증자에 의한 신주의 인수를 이행하지 아니하였다면 특단의 사정이 없는 한 위탁약정에 관한 채무불이행이 된다고 보아 증권회사는 위탁자에게 이로 인한 손해를 배상할 의무가 있다고 판시한 점은 타당하다고 생각한다. 아울러 이와 구별하여 유상증자의 경우는 위탁자 본인의 청약 및 그에 따른 업무대행위임에 관한 명시적인 의사표시가 있는 때에 한하여 증권회사가 그 업무를 대행처리하는 것이 거래관행이므로 특약이 없는 한 유상주식의 인수에 관한 통지나 업무대행이 위탁자와 증권회사 사이의 위탁매매약정상의 채무에 당연히 포함되는 것은 아니라고 판시한 점은 옳은 판결로 평가된다.

◆ 사　　례

　　청도에서 과수원을 경영하는 甲은 서울의 청과도매업자 乙에게 사과 500상자를 상자당 5만원에 매도하는 계약을 2000년 8월 20일에 체결하였고 인도일은 2000년 9월 3일로 합의하였다. 한편 甲은 수하인을 乙로 하여 丙운수회사와 청도에서 서울로의 운송계약을 2000년 9월 1일에 체결하였다. 이때 丙은 甲에게 화물상환증을 발행하였는데 여기에는 인도일이 9월 3일로 기재되어 있었고 甲과 丙 간에 합의된 "사과 1상자당 4만원을 한도로 배상책임을 진다"는 운송약관이 기재되어 있었다.

　　9월 2일 밤 청도를 출발한 운수회사 丙의 트럭운전사 丁은 교통체증이 계속되자 고속도로 갓길에 정차한 채 깜빡 잠이 들고 말았는데 깨어보니 사과 100상자가 도난당하여 있었고 丁은 도난신고와 경찰에서의 조사를 받느라 9월 4일에야 화물상환증을 소지한 乙에게 사과 400상자를 인도하였다.

　　한편 乙은 8월 23일 사과가격의 상승을 예상한 A와 9월 3일에 사과 500상자를 상자당 7만원에 매도한다는 계약을 맺었으나, 제때 인도를 못하여 A로부터 계약해제를 당했으며 사과 1상자의 시세는 9월 3일과 4일 공히 상자당 6만원이었다.

　　(1) 乙은 丙에게 어떠한 권리를 행사할 수 있으며 이때 丙의 손해배상의 범위는 어떠한가?

　　(2) 乙이 아무 말 없이 운임을 지급하고 사과 400상자를 수령했으나 4일 후 갑자기 사과가 썩기 시작했다면 乙은 손해배상청구를 할 수 있는가? 시효기간은?

Ⅰ. 문제의 논점

1. 丙과의 운송계약의 당사자가 아닌 乙이 丙에 대해 권리행사의 자격이 있는지와 그 범위에 대해 먼저 검토하고, 丙의 乙에 대한 손해배상책임의 성립 여부와 관련하여 ① 운송계약상의 책임 및 불법행위책임의 성립 여부, ② 양 책임이 다 인정된다면 양 책임의 관계를 검토하여야 한다.

또한 丙의 乙에 대한 손해배상책임의 범위에 대해서는 ① 상법 제137조와 관련하여, 특히 목적물이 일부 멸실하여 연착한 경우 가격산정의 기준시기, 인도한 날과 인도할 날의 가격 변동이 없는 경우 운송인의 책임범위, ② 배상액 제한 면책약관과 관련된 효력 및 면책약관이 불법행위책임에도 적용되는지 여부를 검토할 필요가 있다.

2. 설문 (2)는 乙이 아무 이의 없이 운송물을 수령하고 운임 기타 비용을 지급한 경우인데 ① 상법 제146조 제1항 본문에 의해 운송인의 책임이 소멸하는지 여부와, ② 시효기간과 관련하여 채무불이행책임과 불법행위책임의 경우로 나누어 검토할 필요가 있다.

Ⅱ. 乙의 청구인적격 및 권리행사범위

1. 乙의 청구인적격

사안의 乙은 수하인의 지위(상법 제140조)와 화물상환증소지인의 지위(상법 제131조, 제135조)를 겸하고 있으나, 화물상환증이 발행된 경우 운송물의 인도청구권은 화물상환증에 표창되어 그 소지인이 배타적으로 운송물인도청구권을 갖게 되므로 乙은 화물상환증소지인으로서 청구인적격이 인정되며 이 경우 운송인은 이 증권의 소지인에게 운송물을 인도하여야 한다(상법 제129조).

2. 권리행사의 범위

화물상환증소지인은 운송물인도청구권뿐만 아니라 채무불이행 및 불법행위로 인한 손해배상청구권도 또한 행사할 수 있다. 상법 제133조에서 규정하고 있는 '운송물 위에 행사하는 권리'에는 운송계약에 의해 야기된 손해배상청구권도 포함되는 것이기 때문이다(동지: 대법원 1992. 2. 25. 선고 91다30221 판결 등).

Ⅲ. 손해배상책임의 성립여부

1. 운송계약상의 손해배상책임의 성립여부

상법 제135조는 운송인은 자기 또는 사용인이 운송물의 운송에 관하여 주의를 게을리 하지 아니하였음을 증명하지 아니하면 운송물의 멸실로 인한 손해를 배상할 책임이 있다고 규정하는바, 상법 제135조는 운송주선인 등의 과실을 운송인의 과실과 같게 보고 운송인 측에서 무과실의 증명책임을 부담하는 점에서 민법상 채무자의 채무불이행책임과 달리 볼 수 있는 여지도 있으나, 민법에서도 이행보조자의 과실을 채무자의 과실로 보고(민법 제391조), 또 민법상 채무불이행의 경우에도 해석상 채무자 측에서 무과실의 증명책임을 부담한다고 보는 점에서 볼 때, 상법 제135조의 규정은 민법의 예외규정이 아니라 민법상의 일반원칙을 운송인에 관하여 구체화시켜 놓은 것에 불과한 예시규정이라고 보는 것이 타당하다고 본다(통설). 따라서 상법 제135조에 예시된 채무불이행의 유형이 아닌 채무불이행이 있거나 또는 상법 제135조에 예시된 손해의 유형이 아닌 손해가 발생한 경우에도 운송인은 손해배상책임을 부담한다고 본다.

본 사안의 경우 ① 이행보조자 丁이 잠이 든 것은 운송물에 관한 주의의무의 해태에 해당하며, ② 이로 인해 운송물이 도난당했으므로 乙은 이로 인한 손해배상청구를 할 수 있다.

2. 불법행위책임의 성립여부(민법 제756조의 사용자책임)

① 운송인 丙의 직원 丁은 주의의무에 위반하여 乙의 사과에 대한 소유권을 침해하였고, ② 丁은 丙의 직원으로 사용관계가 있고, ③ 판례가 사용자의 면책을 좀처럼 인정하지 않을 뿐 아니라 丙의 면책사유를 설문상 인정하기 어려우므로 丙은 민법 제756조의 사용자배상책임을 乙에 대해 부담한다.

3. 양 책임의 관계

(1) 학설의 대립

1) 청구권경합설(통설·판례)

양 책임은 적용요건과 효과 면에서 차이가 있으므로 청구권자는 양 책임을 선택적으로 행사할 수 있다고 본다.

2) 법조경합설(소수설)

불법행위법과 계약책임법은 일반법과 특별법의 관계에 있어서 채무불이행책임이 성립하면 불법행위책임은 성립하지 않는다고 본다.

(2) 판례(대법원 1977. 12. 13. 선고 75다107 판결 등)

"원심은 송하인이 동시에 그 화물의 소유자인 경우 그 화물이 운송인의 고의나 과실로 인하여 멸실·훼손된 때에는 그 운송계약상의 채무불이행책임과 소유자에 대한 불법행위책임이 동시에 성립, 병존하는 것이며 그 때 권리자는 그 어느 쪽의 청구권도 이를 행사할 수 있는 것이라고 전제한 다음, 상법소정의 1년의 단기소멸시효나 고가물 불고지에 따른 면책 또는 선박소유자의 유한책임 한도에 관한 각 규정들은 운송계약 불이행으로 인한 손해배상청구권에만 적용되고, 선박소유자인 피고의 일반불법행위로 인한 손해배상을 구하는 이 건에 있어서는 적용이 없는 것이며, … 이는 모두 정당하고 …"라고 판시하여 청구권경합설을 취하고 있다.

(3) 검   토

일반적으로 불법행위책임이 채무불이행책임보다 더 무겁다고 할 수 없으나, 상법상 운송인의 손해배상책임(운송계약상의 채무불이행책임)은 법에 의해 크게 경감되어 있으며 운송계약시 면책약관에 의해 책임을 경감시킴이 통례인데 법조경합설에 의하면 이와 같은 책임경감사유가 모두 적용되나, 청구권경합설을 취하면 송하인이 불법행위책임을 물음으로써 위의 경감사유를 모두 배제하고 실손해를 전보받고, 특별소멸사유나 단기시효에 관계없이 불법행위책임의 시효를 적용받는다.

따라서 송하인의 보호를 위해서는 청구권경합설을 취할 실익이 크며, 불법행위를 행한 운송인까지 책임을 경감시켜 주는 것은 형평에 어긋난다는 뜻에서 청구권경합설이 타당하다.

본 사안의 경우, 乙은 丙에게 채무불이행책임과 불법행위책임을 선택적으로 행사할 수 있다고 본다.

Ⅳ. 손해배상책임의 범위

1. 정액배상주의

(1) 정액배상주의의 특칙

상법 제137조는 운송인 보호를 위하여 정액배상주의의 특칙을 두고 있는데 그 규정 형식이나 이를 제한하는 정책적 이유를 볼 때 민법 제393조의 예외규정으로 볼 수 있고, 운송물의 멸실·훼손·연착 이외의 손해유형에 대하여는 민법의 일반원칙(민법 제393조)에 의해 운송인의 손해배상액이 결정된다.

(2) 운송물이 일부 멸실되어 연착한 경우

설문과 같이 운송물이 일부 멸실되어 연착한 경우 상법 제137조 제1항에 의해 '인도할 날'의 도착지의 가격에 의할 것인가 또는 동법 제137조 제2항에 의해 '인도한 날'의 도착지 가격에 의할 것인가가 문제된다.

제137조 제2항은 인도할 날에 인도되어 물건의 가치 중 일부가 실현된 경우에 관한 규정인바, 일부 멸실 후 연착된 경우는 인도할 날의 완전한 물건의 가격을 기준으로 해야 할 것이므로 상법 제137조 제1항에 의해 결정해야 한다고 본다.

(3) 운송물을 인도한 날의 가격이 인도할 날의 가격보다 높거나 가격에 변동이 없는 경우

상법 제137조 제1항은 연착의 경우 운송물의 '인도한 날'의 가격이 '인도할 날'의 가격보다 하락한 것을 전제로 하여 규정한 것인바, 그 반대의 경우나 가격변동이 없는 경우 어떻게 할 것인가가 문제된다.

육상운송의 경우에는 연착기간이 긴 경우는 드물고, 따라서 가격변동이 없거나 미미한 경우가 대부분인바, 연착의 경우 대부분 운송인은 아무런 책임도 지지 않는 반면, 수령권자는 설문에서 보듯 계약해제 등의 불이익을 당할 수 있기 때문이다.

이 경우 ① 채무불이행의 일반원칙에 의한다는 설과, ② 입법의 불비로 상법 제137조 제1항에 따라 해결할 수밖에 없다는 설이 있는바, 이러한 불합리를 운송약관에 의해 해결할 수 있다고 본다. 현행법 하에서는 해석론상 상법 제137조 제1항에 따라 처리할 수밖에 없다고 본다.

다만 입법론으로는 이 경우를 상법 제137조 제1항에서 제외하든가 또는 별도로 규정해야 할 것이다.

본 사안의 경우 ① 이행보조자 丁의 과실로 일부 멸실되어 연착한 경우로서 특약이 없으므로 상법 제137조 제1항을 적용함이 타당하며, ② 인도할 날(9월 3일)과 인도한 날(9월 4일) 사이에 가격변동이 없는 경우이므로 해석론상 상법 제137조 제1항에 의해 상자당 6만원을 기준으로 손해배상액을 결정할 수밖에 없다고 본다(단 채무불이행책임을 진다는 견해에 의한다면 乙의 손해는 특별사정으로 인한 손해로 丙이 알았거나 알 수 있었을 경우 상자당 7만원을 기준으로 손해배상청구를 할 수 있다).

2. 면책약관에 의한 제한

(1) 면책약관의 효력

상법의 운송인의 책임에 관한 규정은 임의법규이므로 면책약관이 우선된다고 보아 사회질서에 반하는 등의 사유가 없는 한 본 사안의 경우 이행보조자 丁의 과실로 인한 경우이므로 丙은 乙에게 정액배상주의에 따른 운송물 가격(상자당 6만원)과 면책약관에 따른 한도금액(상자당 4만원)을 비교하여 낮은 금액인 상자당 4만원을 한도로 손해배상을 하면 된다.

(2) 불법행위책임에의 적용여부

1) 학설의 대립

원래 면책약관은 운송계약상의 채무불이행책임에 관한 것이므로 당사자 간의 명시적 또는 묵시적 합의가 없는 한 청구원인을 달리하는 불법행위책임에는 적용되지 않는다고 해석해야 할 것이다. 그러나 판례는 선하증권에 면책약관이 기재된 경우에 관해 다른 해석론을 전개한 바 있다(대법원 1983. 3. 22. 선고 82다카1533 판결). 그러나 이 판결 후 상법 제789조의3 제1항의 신설에 따라 선하증권의 경우에는 운송인의 불법행위로 인한 손해배상의 책임에도 면책 약관이 적용되는 것으로 입법적인 해결을 보았다.

① 화물상환증에 적용할 수 없다는 견해 i) 육상운송을 해상운송과 동일 하게 볼 수 없다는 점, ii) 피해자를 가능한 한 두텁게 보호할 필요가 있다는 점, iii) 위 대법원판결이 "일반운송계약상의 면책약관과는 달리 …"라고 표현 하고 있다는 점을 이유로 한다.

② 화물상환증에도 제한적으로 적용된다는 견해 소유권침해를 이유로 한 불법행위의 경우에 대하여는 적용되나, 그 외의 불법행위에는 면책약관이 적 용될 수 없다는 판시로 대상판결을 해석한다.

2) 검 토

동 판례는 해상운송의 특수성을 근거로 불법행위책임에도 면책약관이 적 용된다고 한 것이 아니라 선하증권의 물권적 효력과 채권적 효력, 그리고 당 사자의 숨은 합의를 근거로 하였는바, 화물상환증의 경우에도 채권적 효력(상 법 제129조), 물권적 효력(상법 제133조)이 인정되어 위 논의는 동일하게 적용될 수 있으므로 ① 소유권침해를 이유로 하는 불법행위에 한하여, ② 운송인의 고의·중과실이 없는 경우 면책약관은 불법행위책임에도 적용한다고 판례를 해석하는 것이 타당할 것으로 보인다.

따라서 면책약관을 체결하는 당사자의 의사를 채무불이행책임의 경우에만 적용하는 것으로 해석함은 타당하지 않다는 점에서 불법행위책임에도 적용된 다고 보는 판례의 태도에 찬성한다.

본 사안의 경우 ① 운송인 丙의 고의·중과실이 없고, ② 당사자간 숨은 합의가 있다고 볼 수 있으며, ③ 사과 100상자의 소유권 침해를 원인으로 한 불법행위책임이므로 면책약관은 불법행위책임에 적용된다고 하겠다.

결론적으로 乙은 丙에게 면책약관이 없다면 상법 제137조 제1항에 따른 책임액을 청구할 수 있을 것이나, 면책약관이 있는 경우이므로 사과 1상자당 4만원을 한도로, 즉 총 400만원의 손해배상을 청구할 수 있는바, 이 배상액 제 한은 불법행위책임의 경우에도 적용된다고 본다.

Ⅴ. 운송인의 특별소멸사유 해당여부 및 시효기간

1. 특별소멸사유 해당여부

乙이 아무 말 없이 운임을 지급하고 운송물을 수령한 경우로 운송인 丙 또한 악의 없이 인도한 경우이므로 상법 제146조 제1항에 의해 丙의 계약상 손해배상책임이 소멸되는지 문제되나, 사안의 경우 수령한 사과 400상자의 하자는 즉시 발견할 수 없는 훼손에 해당하므로 2주 내에 통지를 발송한다면 손해배상청구를 할 수 있어(상법 제146조 제1항 단서) 계약상 청구에 대한 특별소멸사유에 해당하지 않기에 청구권경합에 관한 학설대립에 관계없이 丙은 특별소멸사유를 주장할 수 없다.

2. 책임의 소멸과 시효기간

육상물건운송인의 책임소멸에 대하여도 상법은 특별규정을 두어 운송인을 보호하고 있다. 운송인의 책임은 수하인 또는 화물상환증 소지인이 유보 없이 운송물을 수령하고 운임 기타 비용을 지급한 때에는 소멸한다(상법 제146조 제1항 본문). 그러나 운송물에 즉시 발견할 수 없는 훼손 또는 일부 멸실이 있고 수하인이 운송물을 수령한 날로부터 2주간 내에 그 통지를 발송하거나(상법 제146조 제1항 단서) 운송인 또는 그 사용인이 악의인 경우에는 위의 특칙이 적용되지 않는다(상법 제146조 제2항). 운송인의 책임은 운송인이 악의가 아닌한 수하인이 운송물을 수령한 날로부터 1년을 경과하면 소멸시효가 완성한다(상법 제147조, 제121조).

(1) 학설의 대립

청구권경합설을 지지하는 입장에서, 불법행위책임의 경우 민법 제766조에 의해 시효기간이 정해지나 채무불이행책임의 경우 상법 제147조, 제121조 제1항·제2항에 의하여 운송인이나 사용인이 악의가 아닌 한 1년의 소멸시효에 해당하는바, 악의의 의의에 관하여 다툼이 있다.

① 제1설　　멸실·훼손·연착을 알고 있는 것을 의미한다고 한다.
② 제2설　　제1설과 같은 의미가 아니라 운송인이 고의로 운송물을 멸

실·훼손·연착시키거나 이러한 사실을 은폐하고 인도한 경우를 의미한다고
한다.

(2) 검 토

제2설은 제1설과 같이 해석할 경우 전부 멸실·연착의 사실은 운송인이
당연히 알 것이므로 이 경우에는 단기소멸시효를 적용할 일이 전무해지고, 따
라서 단기소멸시효에 관한 규정이 무의미해짐을 이유로 하나, 운송인의 단기
소멸시효는 운송인 보호를 위한 입법인바, 운송이 주업무인 운송인이 운송물
의 멸실·훼손을 알고 인도한 경우까지 1년의 시효를 적용함은 지나치게 운송
인 보호에 치중한 해석이므로 제1설이 타당하다.

결론적으로 채무불이행책임의 경우 乙은 2000년 9월 18일 이내에 훼손의
통지를 하였다면 丙에 대해 손해배상청구를 할 수 있고 시효기간은 5년이다.
또한 불법행위책임의 시효기간은 민법 제766조의 적용을 받는다.

Ⅵ. 문제의 해답

1. (1)의 경우 乙은 화물상환증 소지인으로서 丙에 대해 채무불이행책임
과 불법행위책임을 선택적으로 행사하여 손해배상청구를 할 수 있다.

본 사안은 목적물이 일부 멸실되어 연착한 경우로서 상법 제137조 제1항
의 책임을 물을 수 있으며 계약해제로 인한 손해는 원래 상자당 6만원 한도에
서만 책임을 물을 수 있을 것이나 면책약관이 유효하고 불법행위책임에도 적
용된다고 볼 때 상자당 4만원, 총 400만원의 손해배상청구를 할 수 있다.

2. 설문 (2)의 경우 ① 채무불이행책임의 경우 乙은 유보 없이 나머지 사
과 400상자를 수령하긴 하였으나 제146조 제1항 단서에 해당하여 운송물을 수
령한 2주간 내인 2000년 9월 18일까지 통지를 발송한 경우에는 400상자분에
대해서도 손해배상청구를 할 수 있고 시효는 5년이며, ② 불법행위책임의 경
우 시효는 민법 제766조에 의해 그 사실을 안 날로부터 3년이다.

Ⅶ. 참조판례

1. 대법원 2014. 5. 16. 선고 2012다23320 판결

① 선하증권 소지인이 아닌 선하증권상의 통지처의 의뢰를 받은 하역회사가 양하작업을 완료하고 화물을 영업용 보세창고에 입고시킨 경우, 화물의 인도시점(＝운송인 등의 화물인도지시서에 의하여 화물이 영업용 보세창고에서 출고된 때)

선하증권이 발행된 경우 해상운송화물의 하역작업이 반드시 선하증권 소지인에 의하여 수행되어야 하거나, 선하증권의 제시가 있어야만 양하작업이 이루어지는 것이 아니다. 운송인은 화물을 선하증권 소지인에게 선하증권과 상환하여 인도함으로써 그 의무의 이행을 다하는 것이므로 선하증권 소지인이 아닌 선하증권상의 통지처의 의뢰를 받은 하역회사가 양하작업을 완료하고 화물을 영업용 보세창고에 입고시킨 사실만으로는 화물이 운송인의 지배를 떠난 것이라고 볼 수 없다. 이러한 경우 화물의 인도시점은 운송인 등의 화물인도지시서에 의하여 화물이 영업용 보세창고에서 출고된 때라고 할 것이다.

한편 해상운송화물은 선하증권과 상환으로 그 소지인에게 인도되어야 하고 선하증권 없이 화물이 적법하게 반출될 수는 없으므로, 선하증권을 제출하지 못하여 운송인으로부터 화물인도지시서를 발급받지 못한 통지처에게 화물을 인도하면 그 화물이 무단 반출되어 선하증권의 소지인이 화물을 인도받지 못하게 될 수 있음을 예견할 수 있다고 할 것이다. 따라서 영업용 보세창고업자가 화물인도지시서나 운송인의 동의를 받지 않고 화물을 인도하였다면 그로 말미암아 선하증권 소지인이 입은 손해에 대하여 불법행위에 기한 손해배상책임을 진다(대법원 2000. 11. 14. 선고 2000다30950 판결 등 참조).

② 영업용 보세창고업자가 화물인도지시서나 운송인의 동의 없이 화물을 인도함으로써 선하증권 소지인이 손해를 입은 경우, 불법행위에 기한 손해배상책임을 지는지 여부(적극)

③ 상법 제798조 제2항에서 정한 '사용인 또는 대리인'에 자기 고유의 사업을 영위하는 독립적인 계약자가 포함되는지 여부(소극)

2. 대법원 2007. 4. 27. 선고 2007다4943 판결

① 물품운송계약은 당사자의 일방에게 물품을 한 장소로부터 다른 장소로 이동할 것을 약속하고 상대방이 이에 대하여 일정한 보수를 지급할 것을 약속함으로써 성립하는 계약으로서, 운송계약에 따른 권리·의무를 부담하는 운송인은 운송의뢰인에 대한 관계에서 운송을 인수한 자가 누구인지에 따라 확정된다.

② 운송주선인이 상법 제116조에 따라 위탁자의 청구에 의하여 화물상환증을 작성하거나 같은 법 제119조 제2항에 따라 운송주선계약에서 운임의 액을 정한 경우에는 운송인으로서의 지위도 취득할 수 있지만, 운송주선인이 위 각 조항에 따라 운송인의 지위를 취득하지 않는 한, 운송인의 대리인으로서 운송계약을 체결하였더라도 운송의뢰인에 대한 관계에서는 여전히 운송주선인의 지위에 있다.

③ 운송주선업자가 운송의뢰인으로부터 운송관련 업무를 의뢰받았다고 하더라도 운송을 의뢰받은 것인지, 운송주선만을 의뢰받은 것인지 여부가 명확하지 않은 경우에는 당사자의 의사를 탐구하여 운송인의 지위를 취득하였는지 여부를 확정하여야 할 것이지만, 당사자의 의사가 명확하지 않은 경우에는 하우스 선하증권의 발행자 명의, 운임의 지급형태 등 제반 사정을 종합적으로 고려하여 논리와 경험칙에 따라 운송주선업자가 운송의뢰인으로부터 운송을 인수하였다고 볼 수 있는지 여부를 확정하여야 한다.

④ 선박대리점은 해상운송사업을 영위하는 자를 위하여 그 사업에 속하는 거래의 대리를 업무로 하는 자로서 운송인과의 계약에 따라 화물의 교부와 관련한 일체의 업무를 수행하는 것인데, 이러한 업무를 수행하는 선박대리점이 운송물에 대한 점유를 이전받기 이전에 실제 운송인 및 터미널 운영업자의 과실로 인하여 화물이 소훼되었다면, 선박대리점에게 운송물의 멸실에 대한 불법행위책임을 물을 수는 없다.

⑤ 운송주선인이 자기나 그 사용인이 운송물의 수령, 인도, 보관, 운송인이나 다른 운송주선인의 선택 기타 운송에 관하여 주의를 게을리하지 않았음을 증명하였으므로 상법 제115조에 따른 손해배상책임을 지지 않는다고 한 사례.

⑥ 상법 제789조의3 제2항에서 정한 운송인의 '사용인 또는 대리인'이란 고용계약 또는 위임계약 등에 따라 운송인의 지휘·감독을 받아 그 업무를 수

행하는 자를 말하고 그러한 지휘·감독과 관계없이 스스로의 판단에 따라 자기 고유의 사업을 영위하는 독립적인 계약자는 포함되지 아니하므로, 그러한 독립적인 계약자는 같은 법 제811조에 기한 항변을 원용할 수 없다.

⑦ 선하증권 뒷면에 '운송물에 대한 손해배상 청구가 운송인 이외의 운송관련자(anyone participating in the performance of the Carriage other than the Carrier)에 대하여 제기된 경우, 그 운송관련자들은 운송인이 주장할 수 있는 책임제한 등의 항변을 원용할 수 있고, 이와 같이 보호받는 운송관련자들에 하수급인(Subcontractors), 하역인부, 터미널 운영업자(terminals), 검수업자, 운송과 관련된 육상·해상·항공 운송인 및 직간접적인 하청업자가 포함되며, 여기에 열거된 자들에 한정되지 아니한다'는 취지의 이른바 '히말라야 약관'(Himalaya Clause)이 기재되어 있다면, 그 손해가 고의 또는 운송물의 멸실, 훼손 또는 연착이 생길 염려가 있음을 인식하면서 무모하게 한 작위 또는 부작위로 인하여 생긴 것인 때에 해당하지 않는 한, 독립적인 계약자인 터미널 운영업자도 위 약관조항에 따라 운송인이 주장할 수 있는 책임제한을 원용할 수 있다.

⑧ 상법 제789조의3 제2항은 '운송인이 주장할 수 있는 책임제한'을 원용할 수 있는 자를 '운송인의 사용인 또는 대리인'으로 제한하고 있어 운송인의 사용인 또는 대리인 이외의 운송관련자에 대하여는 적용되지 아니한다고 할 것이므로, 당사자 사이에서 운송인의 사용인 또는 대리인 이외의 운송관련자의 경우에도 운송인이 주장할 수 있는 책임제한을 원용할 수 있다고 약정하더라도 이를 가리켜 상법 제789조의3의 규정에 반하여 운송인의 의무 또는 책임을 경감하는 특약이라고는 할 수 없고, 따라서 상법 제790조 제1항에 따라 그 효력이 없다고는 할 수 없다.

⑨ 이른바 '히말라야 약관'(Himalaya Clause)은 운송인의 항변이나 책임제한을 원용할 수 있는 운송관련자의 범위나 책임제한의 한도 등에 관하여 그 구체적인 내용을 달리 하는 경우가 있으나, 해상운송의 위험이나 특수성과 관련하여 선하증권의 뒷면에 일반적으로 기재되어 국제적으로 통용되고 있을 뿐만 아니라, 간접적으로는 운송의뢰인이 부담할 운임과도 관련이 있는 점에 비추어 볼 때, 약관의 규제에 관한 법률 제6조 제1항에서 정하는 '신의성실의 원칙에 반하여 공정을 잃은 조항'이라거나 같은 법 제6조 제2항의 각 호에 해당하는 조항이라고 할 수 없다.

18 운송인의 손해배상책임과 제한

◆ 사 례

甲은 乙에게 자동차 10대를 매도하고 수하인을 乙로 하여 丙운수회사에게 부산에서 서울까지 운송을 위탁하면서 인도일을 1999. 9. 1.로 약정하였다. 운송도중 丙회사의 직원의 과실로 교통사고가 발생하여 1999. 9. 10.에야 乙에게 자동차를 인도할 수 있었다. 乙은 丙에게 어떠한 권리를 행사할 수 있는가?(단 丙이발행하고 乙이 소지한 화물상환증 운송약관에는 "자동차 1대당 800만원을 한도로 배상책임을 진다"고 규정되어 있다. 그리고 서울에서 1999. 9. 1.의 당해 자동차가격은 대당 900만원이고, 1999. 9. 10.의 당해 자동차가격은 대당 1,000만원이었다).

I. 문제의 소재

이 문제는 육상물건운송인의 채무불이행에 기한 책임에 관한 문제로서 운수회사인 丙은 상법 제135조, 제136조, 제137조와 관련하여 어떠한 손해배상책임을 부담하는가가 중요쟁점이 된다.

1. 설문에서는 먼저 乙이 丙에게 어떠한 권리를 행사할 수 있는가의 전제로 수하인으로서의 乙의 법적 지위가 어떠한가 확정할 필요가 있다.

2. 乙이 행사할 수 있는 권리로는 丙의 운송계약상의 손해배상책임 및 불법행위로 인한 손해배상책임의 주장 여부가 문제된다. 그리고 양 책임의 주장이 모두 가능하다고 볼 때, 양 책임의 관계도 검토를 요한다.

3. 손해배상책임의 범위와 관련하여 손해배상책임의 제한도 검토 대상이 된다. 이와 관련하여서는 정액배상주의, 배상액제한약관의 효력, 약관이 불법행위책임에도 적용되는지 여부 등이 문제되고, 인도한 날과 인도할 날의 가격차와 관련하여 상법 제137조 제1항의 해석도 문제된다.

Ⅱ. 화물상환증이 발행된 경우의 수하인의 지위

화물상환증에는 운송물인도청구권이 표창되어 있어 화물상환증의 소지인만 화물상환증과 상환하여 운송물의 인도를 청구할 수 있고(상법 제129조), 또 화물상환증은 처분증권이므로(상법 제132조) 화물상환증의 소지인만 운송물의 처분권(상법 제139조)을 가진다. 따라서 화물상환증이 발행된 경우에는 물건운송계약상의 권리의무와 운송물 처분권 등의 송하인의 지위가 모두 화물상환증의 소지인에게 귀속되므로, 결국 송하인의 지위와 수하인의 지위가 모두 화물상환증의 소지인의 지위에 흡수된다. 그러므로 수하인이 화물상환증에 기재되어 있고 이를 소지하고 있어도 화물상환증의 소지인으로서 권리를 가지는 것이고, 따라서 화물상환증이 발행된 경우에는 수하인의 의미가 없는 것이다.

乙은 丙과 직접 운송계약을 체결한 당사자는 아니지만, 제139조 이하의 규정이 수하인의 발전적 지위를 규정하고 있고, 학설도 수하인이 운송계약에 따르는 권리의무를 부담하는 것을 전제로 제3자를 위한 계약설, 특별규정설 등의 이론구성을 하고 있어 乙의 丙에 대한 운송계약에 따르는 권리행사는 가능할 것으로 본다.

또한 설문과 같이 화물상환증이 발행된 경우에는 화물상환증 소지인이 운송인에 대한 권리행사를 할 수 있는바, 乙은 화물상환증 소지인으로서 丙에 대하여 운송계약상의 권리를 행사할 수 있다.

Ⅲ. 육상물건운송인의 채무불이행으로 인한 손해배상책임의 구조

1. 책임의 성질

상법 제135조는 육상물건운송인의 채무불이행으로 인한 손해배상책임에 대하여 "운송인은 자기 또는 운송주선인이나 사용인 기타 운송을 위하여 사용한 자가 운송물의 수령·인도·보관과 운송에 관하여 주의를 해태하지 아니하였음을 증명하지 아니하면 운송물의 멸실·훼손 또는 연착으로 인한 손해를 배상할 책임을 면하지 못한다"고 규정하고 있다. 로마법상 운송인은 '레셉툼'(receptum)책임을 부담하였으나 독일상법은 과실책임으로 개정하였고, 우리 상법도 이러한 독일법에 따라 과실책임으로 규정하고 있다.

2. 책임의 요건

운송인은 운송물의 수령·인도·보관과 운송에 관하여 주의의무를 위반하였어야 한다(상법 제135조). 법문에는 수령·인도·보관·운송에 대하여 주의의무를 다할 것을 규정하고 있으나, 이것에만 한정되지 않고 운송물을 수령하여 인도할 때까지 운송물이 운송인의 점유중에 있는 동안은 운송인은 필요한 주의의무를 다할 것이 요구된다.

즉 운송인의 책임범위는 운송물의 멸실·훼손·연착의 경우에 한정되는 것이 아니나, 손해배상액을 정형화한 상법 제137조의 적용은 운송물의 멸실·훼손·연착의 경우에 한정된다.

3. 책임의 범위

상법 제137조는 운송인을 보호하기 위하여 운송인의 손해배상액을 제한하여 규정하고 있다. 즉 운송물이 전부 멸실 또는 연착된 경우의 손해배상액은 인도할 날의 도착지의 가격에 의하고(상법 제137조 제1항), 운송물이 일부 멸실 또는 훼손된 경우의 손해배상액은 인도한 날의 도착지의 가격에 의한다(상법 제137조 제2항). 그러나 운송인에게 고의 또는 중과실이 있는 경우에는 위의 책임제한에 관한 규정이 적용되지 않는다(상법 제137조 제3항). 책임제한에 관한 규정이 적용되는 경우에도 운송물의 멸실 또는 훼손으로 인하여 지급을 요하지 아니하는 운임 기타 비용은 운송인의 배상액에서 공제된다(상법 제137조 제4항).

4. 책임의 소멸

육상물건운송인의 책임소멸에 대하여도 상법은 특별규정을 마련하여 운송인을 보호하고 있다. 즉 운송인의 책임은 수하인 또는 화물상환증소지인이 유보없이 운송물을 수령하고 운임 기타 비용을 지급한 때에는 소멸한다. 그러나 운송물에 즉시 발견할 수 없는 훼손 또는 일부 멸실이 있고 수하인이 운송물을 수령한 날로부터 2주간 내에 그 통지를 발송하거나 운송인 또는 그 사용인이 악의인 경우에는 위의 특칙이 적용되지 않는다(상법 제146조 제1항·제2항). 운송인의 책임은 운송인이 악의가 아닌 한 수하인이 운송물을 수령한 날로부터 1년을 경과하면 소멸시효가 완성된다(상법 제147조).

5. 사안의 경우

설문에서는 운송인 丙의 사용인이 운송에 관한 주의를 해태하여 운송물이 연착되었는바, 丙은 乙에게 그로 인한 손해를 배상할 책임이 있다.

Ⅳ. 육상물건운송인의 채무불이행으로 인한 손해배상책임과 불법행위책임과의 관계

1. 불법행위책임과의 관계

운송인이 채무불이행으로 인하여 손해배상청구권자에게 손해배상책임을 지는 경우에(상법 제135조) 그것이 동시에 불법행위책임의 발생요건을 구비하면(민법 제750조) 손해배상청구권자는 운송인에게 채무불이행과 불법행위를 원인으로 하는 두 개의 청구권을 행사할 수 있는가(청구권경합설) 또는 하나의 청구권만을 행사할 수 있는가(법조경합설)의 문제가 있다.

즉, 丙이 乙에 대해 운송계약상의 책임과 병행하여 불법행위책임도 부담하는지에 대해서는 견해가 대립된다.

2. 양 책임의 관계

(1) 학 설

1) 청구권경합설

청구권경합설은 채무불이행책임과 불법행위책임과는 그 요건과 효과를 달리하므로 2개의 청구권은 별개의 청구권이며, 그 선택적 행사를 인정하는 것이 피해자인 위탁자를 보호하는 것이 된다고 한다(통설·판례).

2) 법조경합설

법조경합설은 하나의 행위가 두 개의 법규에 저촉되는 외관을 나타내지만, 불법행위책임은 일반적인 손해배상책임으로서 계약관계가 있는 경우는 불법행위로서의 위법성이 조각될 뿐만 아니라 계약법은 특별법으로서 일반법인 불법행위의 규정의 적용을 배제하므로 채무불이행으로 인한 손해배상책임만이 발생한다고 한다(소수설).

(2) 판   례

대법원은 "운송인의 손해배상에 관한 채무불이행책임과 불법행위책임은 그 청구원인이 다른 것으로 양자는 별개로 성립하며 운송인의 책임제한에 관한 규정도 불법행위에는 적용되지 아니한다"고 판시하여 청구권경합설을 취하고 있다(대법원 1991. 8. 23. 선고 91다15409 판결).

(3) 검토 및 소결

생각건대 채무불이행으로 인한 책임과 불법행위로 인한 책임은 그 성질을 달리하고, 또 피해자를 두텁게 보호할 필요가 있으므로 청구권경합설이 타당하다고 본다.

따라서 설문의 경우 乙은 丙에게 계약책임과 불법행위책임을 선택적으로 청구할 수 있다고 본다.

V. 丙의 손해배상책임의 제한

1. 서

운송인에게 완전배상주의에 따라 책임을 지울 경우 배상액의 과다로 운송업의 영위가 사실상 불가능해지므로 운송인보호를 위해 상법상 운송인의 손해배상책임을 제한하고 있다.

2. 정액배상주의

(1) 상법 제137조 제1항과 문제점

상법 제137조 제1항은 운송물이 연착된 경우를 운송물이 전부 멸실된 경우와 같이 보고, 이때에 운송인이 배상하여야 할 손해액은 운송물의 '인도할 날'의 도착지가격에 의하도록 규정하고 있다.

이는 연착의 경우에 '인도한 날'의 가격이 '인도할 날'의 가격보다 하락한 것을 전제로 하여 이의 차액을 배상하도록 규정한 것이나, 실제로 설문과 같이 '인도한 날'의 가격이 '인도할 날'의 가격보다 상승한 경우에는 문제가 된다.

(2) 학   설

이에 관해 해석론상 운송인은 채무불이행의 일반원칙에 의하여 손해배상 책임을 부담해야 한다는 견해와, 채무불이행의 일반원칙에 의한 해석은 상법 제137조 제1항의 명문규정에 어긋나므로 연착의 경우에는 입법론상 상법 제137조에서 제외하든가 별도로 규정해야 할 것이라는 견해가 있다.

(3) 검토 및 소결

생각건대 입법론은 별론으로 하고 현행법의 해석상 '인도한 날'의 가격이 '인도할 날'의 가격보다 상승한 경우에도, '인도할 날'의 가격에 의한 배상책임을 지울 수밖에 없다고 본다.

따라서 설문의 경우 丙은 乙에 대해 '인도할 날'의 도착지 가격인 9,000만 원(900만원 10대)을 한도로 손해배상책임을 진다. 다만 丙 또는 丙의 피용자에게 고의 또는 중과실이 있는 경우는 모든 손해를 배상하여야 한다(상법 제137조 제3항).

3. 상법 제136조에 의한 운송인의 책임과 면책약관과의 관계

(1) 배상액제한 약관

상법 제136조는 임의법규라고 볼 수 있으므로 면책약관에 의하여 운송인의 책임을 감경 또는 면제할 수 있다고 본다.

설문의 경우는 배상액제한 약관이므로 면책약관으로서 유효하며 丙은 乙에게 정액배상주의에 따른 배상액(900만원 10대＝9,000만원)과 면책약관에 따른 배상한도액(800만원 10대＝8,000만원)을 비교하여 낮은 금액(8,000만원)을 한도로 배상책임을 진다.

(2) 불법행위책임과 책임제한

문제는 그러한 면책약관은 상법 제136조에 의한 책임에만 해당하는 것이냐 또는 불법행위상의 책임에도 적용되는 것인가의 문제가 있다. 이는 운송인의 채무불이행책임과 불법행위책임과의 관계에 대한 청구권경합설과 법조경합설과도 관련된다. 즉 법조경합설에 의하면 면책약관은 불법행위상의 책임까지 감경 또는 면제할 수 있다고 해석되는데, 청구권경합설에 의하면 그러한 면책약관에 의하여 불법행위상의 책임까지 감경 또는 면제할 수 없게 된다. 법률에 특별한 규정이 없는 경우에도 면책약관에 의하여 불법행위책임까지 감경또는 면제하는 것은 곤란하다고 보므로, 면책약관은 원칙적으로 당사자 간의 운송계약상의 책임만을 감경 또는 면제할 수 있다고 보는 것이 타당할 것이다(참고로 해상운송계약의 경우에 우리 상법 제789조의3 제1항의 규정 및 대법원판례(대법원 1983. 3. 22. 선고 82다카1533 판결)는 면책규정 및 면책약관이 불법행위책임에도 미치는 것으로 보고 있다).

(3) 검토 및 소결

선하증권에 관한 이러한 판례가 화물상환증에도 적용될 수 있을지에 관하여 육상운송인의 보호를 해상운송인의 보호와 동일시할 수 없다는 점과 피해자를 두터이 보호해야 한다는 점을 근거로 부정하는 견해가 있으나, 화물상환증이나 선하증권이 모두 운송물인도청구권을 표창하는 유가증권이라는 점에서 그 성질이 동일하므로 그 적용가능성을 긍정하는 견해가 타당하다고 본다.

따라서 설문의 경우 乙이 불법행위에 기해 손해배상을 청구하더라도 丙은 면책약관에 따라 8,000만원(800만원 10대)을 한도로 배상책임을 진다.

Ⅵ. 문제의 해결

1. 乙은 화물상환증의 소지인으로서 丙에게 상법 제135조에 따른 채무불이행책임 내지는 민법 제756조에 따른 사용자손해배상책임을 주장할 수 있다.

2. 이에 대해 丙은 상법 제137조 제1항에 따라 '인도할 날'의 도착지가격인 9,000만원(900만원 10대)을 한도로 책임이 제한됨을 주장할 수 있고, 면책약

관에 따라 8,000만원(800만원 10대)을 한도로 책임이 제한됨을 주장할 수 있다. 따라서 丙은 보다 낮은 금액인 8,000만원을 한도로 책임을 부담하면 되고 이는 乙이 불법행위에 기한 손해배상을 청구한 경우에도 동일하다.

Ⅶ. 판례의 동향

대법원판례는 "상법 제136조와 관련되는 고가물 불고지로 인한 면책규정은 일반적으로 운송인의 운송계약상의 채무불이행으로 인한 청구에만 적용되고 불법행위로 인한 손해배상청구에는 그 적용이 없으므로, 운송인의 운송이행업무를 보조하는 자가 운송과 관련하여 고의 또는 과실로 송하인에게 손해를 가한 경우 동인은 운송계약의 당사자가 아니어서 운송계약상의 채무불이행으로 인한 책임은 부담하지 아니하나, 불법행위로 인한 손해배상책임을 부담하므로 위 면책규정은 적용될 여지가 없다"라고 판시하고 있다(대법원 1991. 8. 23. 선고 91다15409 판결). 이러한 판결은 상법 제136조의 고가물 불고지로 인한 면책은 운송인의 운송계약상의 채무불이행으로 인한 청구에만 적용된다는 점을 밝힌 것인데, 이렇게 되면 운송인은 과실이 있는 경우에 송하인 등에 대하여 불법행위로 인한 손해배상책임을 부담하게 된다. 이러한 판결은 운송인의 채무불이행으로 인한 책임과 불법행위로 인한 책임과의 관계에 대하여 청구권경합설의 입장을 전제로 하고 있다고 볼 수 있다. 그러나 이렇게 되면 운송인에게 과실이 있는 경우에 운송인은 고가물을 신고하지 않은 송하인 등에게 책임(불법행위책임)을 부담하게 되어 상법 제136조의 입법취지는 거의 무시된다고 볼 수 있다. 따라서 청구권경합설의 입장에서도 이때에 운송인에게 불법행위에 기한 손해배상책임을 지우기 위하여는 민법 제750조(또는 제756조)를 그대로 적용할 수는 없고 상법 제136조의 입법취지를 살리기 위하여 운송인에게 고의가 있는 경우에 한하여 적용하는 것으로 해석하여야 할 것으로 생각된다(법조경합설의 입장에서는 이러한 문제는 없다).

19 고가물의 운송에 관한 운송인의 책임

♦ 사   례

　甲은 운송인 乙주식회사에게 다이아몬드가 든 보물 100상자의 운송을 위탁하였던바, 乙의 사용인 A가 운전부주의로 사고를 일으켜 이 보석상자와 다이아몬드가 크게 손상되었다. 이 경우에 乙은 송하인 甲에 대하여 어떠한 책임을 지는가?

Ⅰ. 문제의 논점

　　본 사례는 송하인 甲에 대한 운송인 乙의 고가물의 운송에 관한 손해배상책임의 문제로서, 상법상 고가물의 운송에 관한 운송인의 손해배상책임(상법 제136조)의 문제와 함께 오늘날 운송계약은 일반적으로 운송약관에 의하여 이루어지므로, 특히 면책약관의 문제도 같이 검토하여야 한다.

　　상법상 운송인의 고가물의 운송에 관한 손해배상책임이 발생하기 위하여서는 송하인이 고가물의 운송을 위탁할 때에 고가물의 종류와 가액을 명시하여야 한다(상법 제136조). 따라서 운송인의 고가물의 운송에 관한 손해배상책임의 내용은 고가물의 명시를 한 경우와 명시를 하지 않은 경우에 따라 다르고, 또 운송인의 고가물의 운송에 관한 채무불이행책임과 불법행위책임이 경합하는 때에도 고가물의 명시를 한 경우와 명시를 하지 않은 경우에 따라 양 책임의 관계가 다르다.

　　그러므로 여기에서는 ① 운송인의 고가물의 운송에 관한 손해배상책임의 요건, ② 그 손해배상책임의 내용, ③ 고가물의 운송의 경우에 생긴 채무불이행책임과 불법행위책임의 관계, ④ 면책약관에 의한 운송인의 손해배상책임의 감면 등에 관하여 검토하고, 또 ②와 ③에 관하여서는 각각 고가물의 명시를 한 경우와 명시를 하지 않은 경우로 나누어 고찰하기로 한다.

Ⅱ. 고가물의 운송에 관한 책임의 요건

1. 고가물 명시의무

운송물이 멸실·훼손 또는 연착된 경우에는 운송인은 자기 또는 이행보조자의 무과실을 입증하지 않는 한 손해배상책임을 면할 수 없으나(상법 제135조), 예외로 운송물이 화폐·유가증권 기타의 고가물인 경우에는 송하인이 운송을 위탁할 때에 그 종류와 가액을 명시하지 아니하면 운송인은 손해배상책임을 부담하지 않는다(상법 제136조).

이것은 고가물은 손해발생의 위험이 많으며, 그 손해도 거액에 달하므로 미리 운송인이 안 때에는 특별한 배려를 할 것이며 그에 따라 고액의 운임을 청구할 수 있었을 것을 고려하여 고가물의 명시를 하지 않은 경우에 운송인에게 고가물로서의 손해배상책임을 요구하는 것은 운송인에게 너무 가혹하므로 운송인을 보호하기 위한 것이다.

'고가물'이라 함은 그 용적 또는 중량에 비하여 고가인 것을 말하며 예컨대 귀금속·예술품·고급모피·골동품·반도체 칩·정밀기계 등이 이것에 속한다. 위 사례의 송하인 甲이 운송인 乙에게 운송을 위탁한 다이아몬드는 고가물이다.

2. 고가물의 명시방법과 명시시기

송하인은 운송인에게 고가물의 종류와 가액을 명시하여야 한다. 고가물의 명시는 운송인에 대하여 하여야 한다. 명시의 방법에는 제한이 없으므로 운송장에 기재하거나 구두로 하여도 무방하고, 그 시기는 법문상 운송을 위탁할 때라고 규정되어 있으나 본 조의 취지로 보아 계약성립시까지로 보아야 할 것이다. 명시의 시기에 관하여는 ① 운송위탁시 또는 운송물 인도시로 보는 견해(정희철 교수)가 있고, ② 계약성립 전이나 늦어도 계약성립 후 운송물을 인도할 때까지라고 하는 견해(최기원 교수) 및 ③ 계약청약시 또는 늦어도 계약성립시까지 하여야 한다고 하는 견해(손주찬 교수)가 있다. 고가물의 운송에 대하

여는 운임이 보다 고율로 정하여지는 것이 보통이므로 계약성립시까지 명시할
필요가 있을 것이다.

　　운송물의 종류와 수량을 명시함으로써 그 가액을 알 수 있는 경우에는 가
액을 명시하지 않아도 무방하다.

　　운송인의 운송물의 운송에 관한 면책은 운송인의 일반책임에 대한 예외이
므로, 고가물이라는 것과 그 명시가 없었다는 것의 입증책임은 운송인이 진다.

　　위 사례에서는 송하인 甲이 운송을 위탁한 때에 그 위탁물이 다이아몬드
임과 그 가액을 명시하였는지의 여부가 분명하지 않으므로, 여기에서는 이를
명시한 경우와 명시하지 않은 경우로 나누어 고찰하기로 한다.

Ⅲ. 고가물의 운송에 관한 책임의 내용

1. 고가물의 명시를 한 경우

　　고가물의 명시가 있는 경우에는 운송인은 송하인에 대하여 손해배상책임
을 진다.

　　그러나 운송물에 명시된 가액은 손해배상액으로서 운송인을 당연히 구속
하는 것이 아니므로, 실제가액이 명시가액보다 낮을 때에는 운송인이 이를 증
명하여 실제가액의 범위 내에서 배상하면 되고 반대로 실제가액이 명시가액보
다 높을 때에는 명시가액에 금반언의 효력이 인정되어 그 초과액을 배상할 필
요가 없다(통설). 그러므로 명시가액은 운송인이 부담할 손해배상액의 최고액
을 예지시키는 효력이 있을 뿐이다.

　　위 사례의 송하인 甲이 다이아몬드가 든 상자의 운송을 위탁할 때에 이를
명시하였다면, 운송인 乙은 실제가액이 명시가액보다 낮을 때에는 그 실제가
액의 범위 내에서 또 실제가액이 명시가액보다 높을 때에는 그 명시가액의 범
위 내에서 손해배상책임을 진다.

2. 고가물의 명시를 하지 않은 경우

(1) 원　　칙

　　고가물의 명시가 없는 경우에는 운송인은 고가물로서의 손해배상책임은
물론 보통물로서의 손해배상책임도 지지 않는다(통설). 보통물로서의 책임도

지지 않는 것은 송하인에 대하여 고가물의 명시를 촉구하는 의미도 있고, 또 고가물에 대하여 보통물로서의 가액을 결정하기가 곤란하기 때문이기도 하다.

(2) 예   외
1) 우연히 고가물임을 안 경우
송하인이 고가물을 신고하지 않았으나 운송인이 '우연히 고가물임을 안 경우'에 운송인이 면책되기 위하여는 필요한 주의의무를 다해야 하는데, 어느 정도의 주의의무가 있는지에 대하여 우리나라의 학설은 다음과 같이 크게 3가지로 나뉘어 있다. ① 운송인은 보통물로서의 주의의무가 있고 이를 해태한 경우에는 고가물로서의 책임을 진다는 견해(다수설, 정찬형·정동윤·최기원 교수), ② 운송인은 고가물로서의 주의의무가 있고, 이를 해태한 경우에는 고가물로서의 책임을 진다는 견해(고가물책임부담설: 손주찬·강위두 교수), ③ 대량의 물건을 다루는 운송인에게 우연히 알게 된 주관적 사정을 고려하는 것은 부당하고, 또 고가물의 명시를 촉진하고자 하는 의미에서 운송인은 면책된다고 보는 견해(채이식 교수)이다. 생각건대 ②의 견해는 운송인이 우연히 고가물임을 안 경우를 송하인이 고가물을 신고한 경우와 동일시하여 운송인에게 보다 높은 주의의무를 부담시키는 것이 되어 타당하지 않다고 보고, ③의 견해는 신의칙에 반하여 역시 타당하지 않다고 본다. 따라서 ①의 견해가 옳다고 본다(다수설 지지).

2) 고의 또는 중대한 과실로 멸실·훼손한 경우
고가물의 명시가 없어 운송인이나 이행보조자가 고가물임을 알지 못하였으나 이들이 고의 또는 중대한 과실로 멸실 또는 훼손한 경우에, 운송인의 면책을 인정한다는 것은 형평에 반하므로 운송인은 고가물로서의 책임을 부담해야 한다고 본다.

위 사례의 송하인 甲이 위 상자의 운송을 위탁할 때에 위탁물이 다이아몬드라는 것과 그 가액을 명시하지 않았다면, 운송인 乙은 다이아몬드의 손상으로 인한 손해배상책임은 물론 보통의 보석의 손상으로 인한 손해배상책임도 지지 않는다. 억지로 보통운송물로서의 배상책임을 인정하는 것도 상식적으로 일단 생각할 수 있으나, 고가물의 성질상 그 용적이나 중량 등을 기준으로 해서 보통운송물로서의 가액을 결정할 수도 없기 때문에, 결국은 완전히 손해배상책임이 없다고 할 도리밖에 없는 것이다.

그러나 甲이 위의 명시를 하지 않았더라도 乙 또는 A가 우연히 다이아몬드임을 알았으면 乙은 위의 ①, ②설에 의하는 한 다이아몬드의 손상으로 인한 손해배상책임을 지고, 또 위의 명시가 없어 乙 등이 다이아몬드임을 알지 못하였더라도 이들이 고의 또는 중대한 과실로 손상하였으면 乙은 역시 다이아몬드의 손상으로 인한 손해배상책임을 진다. 참고로 고가물의 명시가 없는 경우에 운송인의 이행보조자의 고의 또는 과실로 인하여 송하인에게 손해를 입힌 때에는 운송인은 민법 제756조에 의하여 사용자배상책임을 진다고 판시한 예가 있다(대법원 1991. 8. 23. 선고 91다15409 판결). 이와 같은 대법원판례에 의하면 상법 제136조의 취지는 거의 무시된다고 본다.

Ⅳ. 채무불이행책임과 불법행위책임의 관계

1. 고가물의 명시를 한 경우

(1) 불법행위책임과의 관계

고가물의 명시를 한 경우에 운송인은 운송계약상의 채무불이행으로 인한 손해배상책임을 지나(상법 제136조), 이것이 불법행위로 되면 불법행위로 인한 손해배상책임(민법 제750조, 제756조)도 지는가는 일반 운송인의 채무불이행책임(상법 제135조)과 불법행위책임의 관계와 같다.

운송인의 채무불이행책임과 불법행위책임의 관계에 관하여는 청구권경합설(통설·판례의 입장)과 법조경합설(소수설)이 대립되어 있다.

(2) 학　설

① 청구권경합설은 채무불이행책임과 불법행위책임과는 그 요건과 효과를 달리하므로 2개의 청구권은 별개의 청구권이며, 그 선택적 행사를 인정하는 것이 피해자인 위탁자를 보호하는 것이 된다고 한다(통설·판례). 즉 청구권경합설에 의하면 송하인이 고가물을 운송인에게 신고하지 않아 운송인이 고가물의 멸실·훼손 등에 대하여 상법 제136조에 의하여 면책되는 경우에도, 운송인은 불법행위의 요건을 충족하는 경우에는 불법행위책임을 면할 수 없다. 그러나 이렇게 되면 운송인에게 과실이 있는 경우에 운송인은 고가물을 신고하

지 않은 송하인에게 불법행위책임을 부담하게 되어 상법 제136조의 입법취지
는 거의 무시된다고 볼 수 있다. 따라서 이때에 운송인에게 불법행위에 기한
손해배상책임을 지우기 위해서는 민법 제750조를 그대로 적용할 수는 없고 상
법 제136조와의 관계상 수정적용하여야 할 것이다. 따라서 청구권경합설의 입
장에서도 이 경우에 운송인에게 불법행위에 기한 손해배상책임을 지우기 위해
서는 운송인에게 고의가 있는 경우에 한한다고 설명한다.

　② 법조경합설은 하나의 행위가 두 개의 법규에 저촉되는 외관을 나타내
지만, 불법행위책임은 일반적인 손해배상책임으로서 계약관계가 있는 경우는
불법행위로서의 위법성이 조각될 뿐만 아니라 계약법은 특별법으로서 일반법
인 불법행위의 규정의 적용을 배제하므로 채무불이행으로 인한 손해배상책임
만이 발생한다고 한다(소수설). 즉 법조경합설에 의하면 송하인이 고가물을 신
고하지 않아 운송인이 상법 제136조에 의하여 면책되는 경우에는 운송인은 당
연히 불법행위에 기한 손해배상책임도 면한다. 그런데 법조경합설의 입장에서
도 운송인에게 고의가 있는 경우에는 운송인에게 불법행위에 기한 손해배상청
구권을 행사할 수 있다고 설명한다.

(3) 검　　토

　상법상 운송인의 채무불이행으로 인한 손해배상책임은 운송인을 보호하기
위한 것으로서, 배상액이 제한되어 있고(상법 제137조), 고가물에 관한 특칙에
의하여 책임이 완화되어 있으며(상법 제136조), 책임의 특별소멸사유와 단기소
멸시효가 인정되고 있고(상법 제146조, 제147조, 제121조), 또 면책약관에 의하여
책임이 감면되고 있어 채무불이행책임만을 인정한다면 피해자인 채권자에게
가혹하므로 운송인에게 채무불이행책임만을 인정하는 법조경합설은 부당하다.

　생각건대 채무불이행으로 인한 책임과 불법행위로 인한 책임은 그 성질을
달리하고, 또 운송주선인의 채무불이행책임은 상법에 의하여 경감되어 있으므
로 피해자를 보호하기 위하여는 청구권경합설이 타당하다고 본다.

　그런데 어느 견해에 의하든 운송인에게 고의가 있는 경우에는 운송인은
불법행위에 기한 손해배상책임을 부담하므로 그 결과에 있어서는 같다고 보겠
다. 즉 운송인에게 고의가 있는 경우에는 위에서 본 바와 같이 운송인은 상법
제136조에 의한 채무불이행책임도 부담한다. 따라서 운송인에게 고의가 있는

경우에는 어느 견해에 의하든 상법 제136조에 의한 채무불이행책임과 민법 제
750조에 의한 불법행위책임을 부담하게 된다.

위 사례의 甲이 위의 명시를 한 경우에 A의 운전부주의로 인한 위 다이아
몬드의 손상이 불법행위로 되면 채무불이행으로 인한 손해배상청구권과 불법
행위로 인한 손해배상청구권이 생기는데, 甲은 청구권경합설에 의하면 양 청
구권 중 임의로 선택하여 행사할 수 있고, 법조경합설에 의하면 채무불이행으
로 인한 손해배상청구권만 행사할 수 있다.

2. 고가물의 명시를 하지 않은 경우

(1) 원   칙

고가물의 명시가 없는 경우에는 운송인은 채무불이행으로 인한 손해배상
책임을 지지 않으나(상법 제136조) 그 멸실·훼손이 불법행위로 되는 때에는 불
법행위로 인한 손해배상책임(민법 제750조, 제756조)도 지지 않는가에 관하여는,
양 청구권이 경합하는 경우에 양 청구권의 관계에 관한 학설에 따라 다르다.

청구권경합설에 의하면 상법 제136조는 운송인의 손해배상책임을 경감하
기 위한 특칙이므로 운송인의 불법행위책임에도 이를 적용하여 운송인은 아무
런 손해배상책임을 지지 않고, 또 법조경합설에 의하면 원래 운송인의 불법행위
책임이 인정되지 않으므로 운송인은 역시 아무런 손해배상책임을 지지 않는다.

(2) 예   외

송하인이 고가물의 명시를 하지 않았으나 운송인이나 그 이행보조자가 우
연히 고가물임을 안 경우에 그 멸실·훼손이 불법행위로 되는 때에는, 운송인
은 고가물책임부담설에 의하면 채무불이행책임을 부담하여 불법행위책임과 채
무불이행책임의 관계가 생긴다.

또한 고가물의 명시가 없어 운송인이나 이행보조자가 고가물임을 알지 못
하였으나 이들이 고의 또는 중대한 과실로 멸실·훼손한 경우에도 운송인은
채무불이행책임을 부담하여 역시 불법행위책임과 채무불이행책임의 관계가 생
긴다.

위 사례의 甲이 위의 명시를 하지 않은 경우에는 위 다이아몬드의 손상이
불법행위로 되어도, 乙은 양 책임의 관계에 관한 청구권경합설, 법조경합설의

어느 학설에 의하여서나 아무런 손해배상책임을 지지 않고, 다만 甲이 위의 명시를 하지 않았으나 乙 또는 A가 우연히 다이아몬드임을 안 경우에 그 손상이 불법행위로 되는 때에나 甲이 위의 명시를 하지 아니하여 乙 또는 A가 다이아몬드임을 알지 못하였으나 이들이 고의 또는 중대한 과실로 이를 손상한 때에는 乙의 채무불이행책임과 불법행위책임이 생겨 상술한 바와 같이 양 책임의 관계가 생긴다.

V. 면책약관에 의한 책임의 감면

1. 면책약관의 의의

운송인의 손해배상책임에 관한 상법상의 규정은 임의규정이므로, 운송약관에 의하여 운송계약을 체결하는 경우에 그 약관에 운송인의 손해배상책임을 면제 또는 경감하는 특약조항을 정하고 있는 경우가 있다. 이러한 특약조항을 면책약관이라고 한다.

2. 면책약관의 유형

육상운송에서 일반적으로 많이 볼 수 있는 면책약관에는 운송인이 그 사용인의 고의·과실로 인한 손해에 대하여는 책임을 지지 않는다는 뜻을 정하는 과실약관(negligence clause), 운송인이 부담해야 할 손해배상액을 일정액으로 제한한다는 뜻의 배상액제한약관(clause limitative), 운송물의 종류·품질·중량·용적·개수·가격 등에 관하여 불지 또는 이와 유사한 문언을 기재한 이른바 문언책임을 배제한 불지약관(unknown clause) 등이 있다.

3. 면책약관의 효력

면책약관은 운송인에게 유리하다. 더구나 상법 제135조는 임의규정이라고 해석되기 때문에, 계약자유의 원칙 밑에서 일반적으로 유효하다고 해석되고 있다. 그러나 운송업은 독점적인 성질을 가지고 있어서 이를 무제한으로 인정한다면 운송인의 책임에 관한 상법의 규정은 공문화되어 현저하게 불공평하게 된다. 따라서 신의칙·권리남용 및 선량한 풍속 기타 사회질서 및 약관규제법 등에 관한 일반 사법원칙이나 약관해석의 원리를 원용하여 그 유효·무효를 결정하여야 할 것이다.

　　대체로 면책약관이 선량한 풍속 기타 사회질서(민법 제103조), 신의성실(민법 제2조 제1항), 권리남용의 금지(민법 제2조 제2항) 등의 일반원칙이나 약관의 규제에 관한 법률 제6조 이하의 무효조항 등에 반하지 않는 한 효력이 있다고 보며, 일반적으로 운송인 또는 그 사용인의 고의 또는 중대한 과실로 인한 손해배상책임을 면제하는 약관(약관규제법 제7조 제1호) 외에는 효력을 인정하여야 할 것이다.

　　그런데 이러한 면책약관에 의하여 운송인의 불법행위책임도 감경 또는 면제되는가와 관련하여 운송인의 채무불이행책임과 불법행위책임과의 관계에 대하여 청구권경합설을 취하면 운송인은 원칙적으로 불법행위책임이 감경 또는 면제될 수 없겠으나, 법조경합설을 취하면 운송인은 당연히 불법행위책임이 감경 또는 면제될 수 있다고 보겠다. 이에 대하여 우리 대법원판례는 청구권경합설을 취하면서, 선하증권상의 면책약관에 관하여, 해상운송인은 채무불이행책임뿐만 아니라 불법행위책임까지 면하는 것으로 판시한 바가 있다.

　　즉 "해상운송인이 발행한 선하증권에 기재된 면책약관은 일반운송계약상의 면책약관과는 달리 운송계약상의 채무불이행책임뿐만 아니라 그 운송물의 소유권침해로 인한 불법행위책임에 대하여도 이를 적용하기로 하는 당사자간의 숨은 합의가 포함되어 있다고 보는 것이 타당하므로, 별도로 당사자 사이에 위 면책약관을 불법행위책임에도 적용키로 한 합의를 인정할 증거가 없더라도 그 면책약관의 효력은 당연히 운송인의 불법행위책임에까지 미친다고 보아야 할 것이다"라고 하였다(대법원 1983. 3. 22. 선고 82다카1533 판결). 이 대법원판결과 관련하여 판결문의 표현에서 "일반운송계약상의 면책약관과는 달리 …"라고 표현하고 있으므로 선하증권상의 면책약관에 관한 해석이 화물상환증상의 면책약관에 관한 해석에도 동일하게 적용되는 것은 아니라는 주장이 있다(정찬형 교수). 이는 육상운송과 해상운송을 언제나 동일하게 볼 수는 없다는 점 및 피해자를 가능한 한 두텁게 보호해야 할 필요가 있다는 점 등을 논거로 들고 있다.

　　위 사례의 甲과 乙의 운송계약이 면책약관에 의하였는지 분명하지 않으나, 면책약관에 의하였다면 그 면책약관이 일반원칙과 약관의 규제에 관한 법률상의 무효조항에 반하지 않는 한 乙은 그 면책약관의 한도에서 손해배상책임이 감면된다.

Ⅵ. 문제의 해결

위 사례의 송하인 甲이 운송인 乙에게 운송을 위탁한 다이아몬드는 고가물로서 그 손상으로 인한 乙의 손해배상책임에는 상법 제136조가 적용된다.

위 사례에서는 甲이 운송을 위탁할 때에 그 위탁물이 다이아몬드임과 그 가액을 명시하였는지 분명하지 않으므로, 여기에서는 이를 명시한 경우와 명시하지 않은 경우로 나누어 검토하기로 한다.

먼저 甲이 운송을 위탁할 때에 이를 명시하지 않았다면, 乙은 다이아몬드의 손상으로 인한 손해배상책임은 물론 보통의 보석의 손상으로 인한 손해배상책임도 지지 않는다. 다만 甲이 위의 명시를 하지 않았더라도 乙 또는 A가 우연히 다이아몬드임을 알았으면 乙은 다수설에 의하는 한 다이아몬드의 손상으로 인한 손해배상책임을 지고, 또 위의 명시가 없어 乙 등이 다이아몬드임을 알지 못하였더라도 이들이 고의 또는 중대한 과실로 손상하였으면 乙은 역시 다이아몬드의 손상으로 인한 손해배상책임을 진다.

반면에 甲이 운송을 위탁할 때에 이를 명시하였다면, 乙은 실제가액이 명시가액보다 낮은 때에는 그 실제가액의 범위 내에서 또 실제가액이 명시가액보다 높은 때에는 그 명시가액의 범위 내에서 손해배상책임을 진다.

그리고 甲이 위의 명시를 한 경우에 A의 운전부주의로 인한 위 다이아몬드의 손상이 불법행위로 되면 채무불이행으로 인한 손해배상청구권과 불법행위로 인한 손해배상청구권이 생기는데, 甲은 청구권경합설에 의하면 양 청구권 중 임의로 선택하여 행사할 수 있고 법조경합설에 의하면 채무불이행으로 인한 손해배상책임청구권만 행사할 수 있다.

그러나 甲이 위의 명시를 하지 않은 경우에는 위 다이아몬드의 손상이 불법행위로 되어도 乙은 양 청구권의 관계에 관한 어느 학설에 의하여서나 아무런 손해배상책임을 지지 않고, 다만 甲이 위의 명시를 하지 않았으나 乙 등이 우연히 다이아몬드임을 안 경우에 그 손상이 불법행위로 된 때에나 甲이 위의 명시를 하지 아니하여 乙 등이 다이아몬드임을 알지 못하였으나 이들이 고의 또는 중대한 과실로 이를 손상한 때에는 乙의 채무불이행책임과 불법행위책임이 생겨 상술한 바와 같은 양 책임의 관계가 생긴다.

그리고 甲과 乙의 운송계약이 면책약관에 의하였는지 분명하지 않으나, 면책약관에 의하였다면 그 면책특약조항이 반사회질서칙에 관한 민법 제103조, 신의성실과 권리남용과 관련한 민법 제2조, 약관의 규제에 관한 법률 제6조 이하의 무효조항 등에 관한 일반법원칙에 저촉되지 않는 한 乙은 그 면책특약의 한도에서 손해배상책임이 감면된다.

Ⅶ. 참조판례

대법원 1991. 8. 23. 선고 91다15409 판결

① 소위 지입차량의 소유명의자는 그 지입차량의 운전자를 직접 고용하여 지휘감독을 한 바 없었더라도 명의대여자로서 뿐만 아니라 객관적으로 지입차량의 운전자를 지휘 감독할 관계에 있는 사용자의 지위에 있다 할 것이므로 그 운전자의 과실로 타인에게 손해를 가한 경우에는 사용자책임을 부담한다.

② 상법 제136조와 관련되는 고가물불고지로 인한 면책규정은 일반적으로 운송인의 운송계약상의 채무불이행으로 인한 청구에만 적용되고 불법행위로 인한 손해배상청구에는 그 적용이 없으므로 운송인의 운송이행업무를 보조하는 자가 운송과 관련하여 고의 또는 과실로 송하인에게 손해를 가한 경우 동인은 운송계약의 당사자가 아니어서 운송계약상의 채무불이행으로 인한 책임은 부담하지 아니하나 불법행위로 인한 손해배상책임을 부담하므로 위 면책규정은 적용될 여지가 없다.

♦ 사   례

　X(원고)는 여수역에서 영등포역까지 가기 위해 열차에 승차하여 가던 중, 열차가 영등포역에 도착한 줄 모르고 있다가 하차하지 못하고 열차출발 무렵에 영등포역 도착사실을 알고는 황급히 이미 출발하여 서서히 진행 중인 열차의 열려 있는 출입문에서 그대로 뛰어내리는 바람에 추락하여 상해를 입었다. 이에 X(원고)는 Y(피고, 대한민국)를 상대로 상법 제148조 제1항에 의한 손해배상책임을 물었다.

　이때 Y(피고)의 열차승무원들은 매 정차역 발차시마다 안내방송을 실시하였고, 영등포역 도착 5분 전에는 도착예고 및 내릴 홈의 위치를 알리는 안내방송을 실시하였고, 위 열차가 영등포역에 도착하여 2분간 정차하고 있는 동안 Y역의 역무원들은 하차하는 여객들을 유도 안내하고 더 이상 하차하는 여객이 없는 것을 확인한 후 발차신호를 보냄에 따라 위 열차가 승강구 출입문이 폐쇄되지 않은 채 시속 약 20km로 출발하였는데, 이 경우 여객운송인인 Y에게 과실이 있는지 여부가 문제되었다.

　이에 대하여 원심인 서울고등법원은 위 열차는 자동개폐출입문이 아니므로 열차의 승무원은 열차출발에 즈음하여 출입문을 폐쇄하였거나 영등포역의 역무원이 뒤늦게 열차를 타고 내리는 승객이 있는지 여부를 계속 확인한 후 발차신호를 보냈더라면 이 사건 사고를 예방할 수 있었을 텐데 그러한 조치를 취하지 아니한 데에 Y나 그 피용자들의 과실이 있다고 하여, X에게 승소판결을 하였다. 이에 Y가 대법원에 상고한 것이다.

Ⅰ. 판결요지(대법원 1993. 3. 26. 선고 92다46684 판결)

피해자인 X(원고)가 스스로 진행 중인 열차에서 밖으로 뛰어내리다가 사고를 당한 이 사건에 있어, 출입문이 열려 있었다는 점이 사고발생의 원인이라 보기도 어려울 뿐 아니라(대법원 1991. 11. 8. 선고 91다20623 판결 참조), 기록에 의하면 위 열차는 당시 11개 이상의 차량을 달고 있었고 영등포역에서 2분간 정차하는 중에 하차한 승객만도 150여명에 달하였다는 것이므로 그러한 상황에서 당시 여객운송을 책임지고 있던 소수의 Y피용자들에게 사고예방을 위하여 위와 같이 안내방송 및 유도 안내를 실시하는 등 조치를 취하는 이외에 열차의 출발 전에 모든 객차의 여객이 자유로이 개폐할 수 있는 출입문을 일일이 폐쇄할 것을 기대할 수는 없다 할 것이고, 한편 영등포역 역무원들이 당시 예정된 정차시간 경과 후 더 하차하는 승객이 없음을 확인한 후 발차신호를 보낸 것이므로 그들에게 어떠한 과실이 있다 할 수도 없는 것이다.

Ⅱ. 평 석

1. 논 점

(1) 상법 제148조 제1항은 "운송인은 자기 또는 사용인이 운송에 관한 주의를 해태하지 아니하였음을 증명하지 아니하면 여객이 운송으로 인하여 받은 손해를 배상하여야 할 책임을 면하지 못한다"고 하여 여객운송인의 손해배상책임에 대하여 물건운송인의 경우와 같이 과실책임주의의 입장에서 규정하고 있다. 여객이 '운송으로 인하여 받은 손해'란 보통 '여객의 사상으로 인한 손해'를 의미하는데 이외에 '여객의 피복 등에 발생한 손해' 또는 '연착으로 인한 손해' 등을 포함한다.

(2) '여객의 사상으로 인한 손해'는 재산적 손해뿐만 아니라 정신적 손해(위자료)를 포함한다. 여객의 재산적 손해는 여객의 사상으로 인한 치료비·장례비와 같은 적극적인 손해뿐만 아니라, 장래의 일실이익과 같은 소극적인 손해를 포함한다. 여객의 일실이익의 산정에 대하여는 우리나라의 대법원판례에 잘 나타나 있다. 즉 여객의 사망으로 인한 일실이익을 산정함에 있어서는 사망 당시의 수익을 기준으로 함이 원칙이고 사망 당시 직업이 없었다면 일반노

동임금을 기준으로 할 수밖에 없으나, 사망 이전에 장차 일정한 직업에 종사하여 그에 상응하는 수익을 얻게 될 것으로 확실하게 예측할 만한 객관적 사정이 있을 때에는 장차 얻게 될 수익도 일실이익에 포함된다(대법원 1982. 7. 13, 선고 82다카278 판결).

(3) 여객의 사상으로 인한 손해배상액을 정함에는 법원은 피해자와 그 가족의 정상을 참작해야 한다(상법 제148조 제2항). 이는 여객이 입은 특별 손해에 대하여 당사자의 예견 유무를 묻지 않고 법원이 당연히 이를 참작하여야 한다는 것으로, 민법 제393조 제2항에 대한 예외가 된다. 또한 여객운송인의 여객의 사상으로 인한 손해배상책임은 개별적이고 특별손해에 대하여도 그 배상책임을 부담하는 점에서, 물건운송인의 책임이 획일적이고 정액배상책임(상법 제137조)인 점과 구별되고 있다.

(4) 본 사건은 여객의 상해로 인한 손해에 대한 여객운송인 Y의 손해배상책임에 관한 것인데, Y에게 과실이 있는지 여부가 핵심적인 문제가 되고 있다. 이에 관하여 우리나라 대법원판례는 상당히 많이 나와 있는데 대부분이 여객을 보호하기 위하여 Y에게 과실을 인정하고 있다. 그런데 본 판결은 종래의 다수의 판례와는 달리 Y의 과실을 부정하고 있는 점에 큰 특징이 있다. 이하에서 Y과실 유무에 관한 우리나라의 대법원판례를 먼저 정리하고 본 판결에 대하여 간단히 평석하고자 한다.

2. 여객운송인의 과실을 부정한 판례

(1) 대법원 1991. 11. 8. 선고 91다20623 판결

"입장권을 소지한 사람이 객차 안까지 들어가 전송을 한 다음, 진행 중인 열차에서 뛰어내리다가 사망한 경우에 여객운송계약이 체결되었다고 볼 수 없으므로 여객운송인(국가)은 손해배상책임이 없다"고 판시하였다.

(2) 대법원 1990. 5. 25. 선고 89다카9200 판결

"여객이 술에 취한 상태에서 가락국수를 사 먹으려고 하차하였다가 열차가 출발하여 이미 40미터 정도 진행한 상태에 있었는데도 무모하게 위 열차에 올라타려고 승강대 손잡이를 뛰어서 잡으려다가 놓쳐 홈 밑으로 떨어지게 되어 상해를 입은 경우, 여객운송인(국가)은 상법 제148조에 의한 손해배상책임이 없다"고 판시하였다.

(3) 대법원 1969. 7. 29. 선고 69다832 판결

"어떤 사람이 한강연변에서 던진 돌에 열차의 승객이 얼굴을 맞아 상해를 입은 경우에는, 여객운송인(국가)은 채무불이행으로 인한 손해배상책임이 없다"고 판시하였다.

3. 여객운송인의 과실을 긍정한 판례

(1) 대법원 1991. 7. 23. 선고 91다12165 판결

"승객이 여객전무의 말을 듣지 않고 열차의 제일 뒷부분에 연결된 객차의 승강구 맨 윗계단 위에서 서 있다가 추락하여 사망한 경우에는, 여객운송인(국가)은 손해배상책임이 있고 피해자(승객)의 과실은 50%이다"라고 판시하였다.

(2) 대법원 1979. 11. 27. 선고 79다628 판결

"운행하던 열차의 열려진 창문의 틈 사이로 유리조각이 날아 들어와서 승객이 상해를 입은 경우, 그 유리조각이 제3자의 투척 등의 행위에 기인한 것이 아니고 열차진행에 수반하여 통상적으로 날아 들어온 것이라면, 이는 운송업자나 그 사용인이 적절한 조치를 취하여 여객의 안전을 도모하여야 할 주의의무의 범위에 속하는 사항에 연유하는 것이므로, 위 운송에 관한 주의를 해태하지 아니하였음을 증명하지 못하는 한 운송업자는 이에 대한 손해배상책임이 있다"고 판시하였다.

(3) 대법원 1979. 10. 30. 선고 79다1604 판결

"열차에 승객을 60%나 초과 승차시켜 피해자가 도중 정차시에 내리는 승객을 위하여 잠시 내렸다가 다시 승강구를 잡고 올라타려고 하는데 열차가 개문한 채 발차함으로써 추락·부상한 경우, 열차의 차장 등 국가의 사용인들이 여객운송에 관한 업무상의 주의의무를 다하였다는 입증이 없는 한 국가는 여객운송인으로서의 손해배상책임을 진다"고 판시하였다.

(4) 대법원 1979. 8. 14. 선고 79다1070 판결

"여객이 동대구역에서 수원역까지의 승차권을 구입하고 열차에 승차한 후 열차 내에서 졸다가 미처 하차역을 알지 못하고 있다가 수원역을 발차한 후

비로소 하차하지 못한 것을 알고 당황하여 성급하게 출입구에 서 있다가 실족 추락하여 사망한 경우에, 여객운송인은 채무불이행으로 인한 손해배상책임이 있다"고 판시하였다.

(5) 대법원 1979. 5. 15. 선고 79다336 판결

"열차승객이 술을 마시고 빈 좌석이 있음에도 승강구에 매달려 있다가 열 차의 진동으로 추락사망한 경우 위 열차는 평소와 달리 객차 3량을 더 늘렸으 면서도 승무원은 1명만을 배치하고, 또한 승무원은 객차 승강구의 문을 닫지 도 않고 승강구의 승객에게 들어가라는 등의 주의환기도 하지 않았다면, 위 사고는 피해자의 과실에 국가의 과실이 경합하여 발생하였다 할 것이므로 국 가는 운송인의 책임을 면할 수 없다"고 판시하였다.

(6) 대법원 1975. 11. 11. 선고 75다1879 판결

"야유회에 갔다가 술에 취한 승객들이 바깥으로 행한 문이 열려 있는 소 화물칸에서 노는 경우에 기차의 차장이 한 번 그들을 객차칸으로 돌려보냈다 하더라도 군중심리와 취기에 승하여 다시 되돌아올 염려가 있고 그렇게 되면 열려 있는 소화물칸의 바깥으로 향한 문으로 실족할 수 있으리라고 예견할 수 있으므로 기차의 차장으로서는 객차와 소화물칸을 연결하는 문을 폐쇄하거나 소화물칸의 바깥으로 향한 문을 닫고 잠가 놓아야 할 주의의무가 있다 할 것 이고, 다만 그들을 한번 객차칸으로 돌려보낸 것만으로는 여객운송에 관한 주 의의무를 다하였다고 할 수 없다"고 판시하였다.

(7) 대법원 1974. 11. 12. 선고 74다997 판결

"철도공무원은 열차측면 등의 문이 닫혀 있는가를 확인한 다음 열차가 출 발하도록 하여야 하고, 진행 중에도 위험한 승강구에 매달려 가는 사람이 있 는가를 확인하여 그러한 사람이 있으면 객실 안으로 유도하는 등 여객운송의 안전을 위한 모든 조치를 취하여야 할 주의의무가 있다"고 판시하였다.

(8) 대법원 1973. 2. 28. 선고 72다2404 판결

"버스차장은 여객운송의 안전을 위하여 차내에서 흡연하는 승객이 있으면 이를 제지할 업무상 주의의무를 부담하는데 이에 위배하여 방임한 과실로 폭 발사고가 발생하였다면, 버스회사는 위 사고로 인해 승객이 입은 손해에 대해

상법 제148조에 의한 배상책임이 있다"고 판시하였다.

(9) 대법원 1971. 6. 22. 선고 71다846 판결

"승객이 열차의 선반 위에 짐을 불완전하게 올려놓았기 때문에 그 짐보따리가 떨어져 다른 승객이 상해를 입었다면, 그 사실만으로는 국가 또는 그 사용인이 위 다른 승객의 운송에 관하여 주의의무를 해태하지 않았다고 단정할 수 없다"고 판시하였다.

(10) 대법원 1971. 12. 28. 선고 71다2434 판결

"국영철도에 의한 여객운송 중에 여객이 사망하였다면, 피해자는 나라를 상대로 상법 제148조에 의하여 채무불이행으로 인한 손해배상청구도 할 수 있다"고 판시하였다.

(11) 대법원 1970. 9. 22. 선고 90다1850 판결

"철도를 경영하는 자는 그가 운행하는 열차에 승차하였다가 탈선사고로 인하여 중상을 입은 자들에게 상법 제148조 소정의 면책사유에 관하여 주장·입증을 하지 못하는 이상, 그 손해를 배상할 책임을 지는 것이다"라고 판시하였다.

Ⅲ. 결 어

1. 이상 본 바와 같이 열차의 승객의 사상에 관한 우리나라의 대법원판례는 대부분이 여객운송인의 책임을 인정하고 있다. 즉 제3자의 불법행위에 의한 경우가 명백하거나, 여객만의 과실에 의한 경우가 명백하거나 또는 여객운송계약이 체결되었다고 볼 수 없는 경우를 제외하고는, 모두 여객운송인의 과실책임을 인정하고 있다. 따라서 본 사건과 거의 동일한 사안(열차 내에서 졸다가 미처 하차역을 알지 못하고 있다가 당황하여 출입구에 서 있다가 실족 추락하여 사망한 사안: 대법원 1979. 8. 14. 선고 79다1070 판결)에서도 여객운송인의 과실책임이 인정되어 왔는데, 본 사건 판결에서는 종래와는 달리 여객운송인의 과실책임을 인정하고 있지 않는 점이 큰 특징이라고 할 수 있다. 또한 종래의 판결에서는 열차가 출입문을 닫지 않고 출발한 것에 대하여 여객운송인의 과실책임

을 인정하였으나, 본 건 판결에서는 "출입문이 열려 있었다는 점이 사고 발생의 원인이라 볼 수 없다"고 판시한 것도 주목할 만한 점이다.

2. 여객을 보호하기 위하여 여객운송인의 과실책임을 어느 정도 확대하여 인정하는 것은 이해할 수 있으나 종래의 판례에서와 같이 여객이 미처 하차역을 알지 못하고 있다가 당황하여 성급하게 출입구에 서 있다가 실족 추락하여 사망한 경우나 운행하던 열차의 창문의 틈 사이로 유리조각이 날아 들어와서 승객이 상해를 입은 경우까지 여객운송인에게 과실을 인정하여 손해배상책임을 지우는 것은 여객운송인에게 거의 무과실책임을 인정하는 것과 마찬가지 결과였다.

그런데 본 건 판결이 종래의 판례를 뒤집고 ① 여객이 스스로 진행 중인 열차에서 밖으로 뛰어내리다가 사고를 당한 점에 여객운송인에게 과실이 없다고 판시한 점, ② 열차의 출입문이 열려 있었다는 점이 그 사고 발생의 원인이라고 볼 수 없다고 판시한 점, ③ 열차의 출발 전에 모든 객차의 여객이 자유로이 개폐할 수 있는 출입문을 일일이 폐쇄할 것을 기대할 수 없다고 판시한 점, ④ 여객운송인의 피용자(역무원)가 필요한 안내방송을 실시하고 예정된 정차시간경과 후 더 하차하는 승객이 없음을 확인한 후 발차신호를 보낸 것 등에서 볼 때 여객운송인에게 어떠한 과실도 없다고 판시한 점 등은 여객운송인의 손해배상책임이 과실책임이라는 점에서 볼 때 타당한 결론을 내린 것으로 평가할 수 있겠다.

21 공중접객업자의 책임

◆ 사　례

　　소외 A는 1990년 2월 5일 피고 Y가 경영하는 '국화장'이라는 상호의 여관에 투숙하면서 자기 소유의 승용차를 여관건물 앞에 있는 노폭 6미터 길이의 건너편에 위치하고 있는 여관 주차장에 주차시켜 놓았다. 그런데 그 차가 밤 사이에 도난당하였다. 문제의 주차장은 피고 Y가 위 여관의 부대시설의 하나로 설치한 것으로서 그 출입구가 여관의 계산대와 마주 볼 수 있는 위치에 있고, 주차장 입구에는 '국화장 주차장'이라는 간판이 있으며, 그 외관에 천으로 된 망을 쳐 놓았고, 차를 세울 부분에는 비와 눈에 대비한 지붕이 설치되어 있었다. 그러나 거기에 출입하는 것에 대한 통제는 별로 없었고, 주차장을 관리하는 종업원이 따로 있지도 아니하며, 열쇠장치가 된 출입문 기타 도난방지 등을 위한 특별한 시설이 설치되어 있지 아니하였다. 그리고 A는 위 자동차를 주차하여 둔 사실을 여관종업원에게 알린 일도 없다.

　　보험회사인 원고 X는 A와의 사이에 체결된 보험계약에 의하여 A에게 자동차의 도난에 따른 보험금을 지급하였다. 그리고 X는 이 사건에서 보험자대위(상법 제681조)에 기하여 여관주인인 피고 Y에 대하여 상법 제152조에서 정하는 공중접객업자로서의 책임을 물어 위 자동차의 도난으로 인한 손해의 배상을 청구하였다. 피고 Y는 이 사건에서 숙박계약 외에 별도의 임치합의와 임치계약이 없었으므로 책임이 없다고 다투었다. Y는 X에 대하여 공중접객업자로서 객의 임치물에 대한 손해배상책임이 있는가?

Ⅰ. 판결요지(대법원 1992. 2. 11. 선고 91다21800 판결)

제2심(서울고등법원 1991. 5. 24. 선고 90나52816 판결)은 원고의 청구를 인용하였다. 본 사건에서 A가 설문에 있는 정황으로 위 자동차를 피고에게 임치하였으므로 피고는 상법 제152조 제1항에 따라 그가 위 도난사고가 불가항력에 의한 것임을 입증하지 못하고 있는 이상 A에 대하여 그 도난으로 인한 손해를 배상할 책임이 있다고 판단하였다.

이에 대하여 대법원은 원심판결을 파기하고 사건을 원심법원으로 환송하였다. 판결요지는 "상법 제152조 제1항의 규정에 의한 임치가 성립하려면 우선 공중접객업자와 객 사이에 공중접객업자가 자기의 지배영역 내에서 목적물 보관의 채무를 부담하기로 하는 명시적 또는 묵시적 합의가 있음을 필요로 한다. 여관부설 주차장에 시건장치가 된 출입문이 설치되어 있거나 출입을 통제하는 관리인이 배치되어 있거나 기타 여관 측에서 그 주차장에의 출입과 주차 사실을 통제하거나 확인할 수 있는 조치가 되어 있다면, 그러한 주차장에 여관 투숙객이 주차한 차량에 관하여는 명시적인 위탁의 표시가 없어도 여관업자와 투숙객 사이에 임치의 합의가 있는 것으로 볼 수 있다. 그러나 위와 같은 주차장 출입과 주차사실을 통제하거나 확인하는 시설이나 조치가 되어 있지 않은 채 단지 주차의 장소만을 제공하는 데에 불과하여 그 주차장 출입과 주차사실을 여관 측에서 통제하거나 확인하지 않고 있는 상황이라면, 불설 주차장 관리자로서의 주의의무위배 여부는 별론으로 하고 그러한 주차장에 주차한 것만으로 여관업자와 투숙객 사이에 임치의 합의가 있는 것으로 볼 수 없고, 투숙객이 여관 측에 주차사실을 고지하거나 차량열쇠를 맡겨 차량의 보관을 위탁한 경우에만 임치의 성립을 인정할 수 있을 것이다.

원심확정사실에 의하면 이 사건 주차장에 시건장치가 된 출입문을 설치하거나 주차된 차량을 경비하는 종업원이 배치되어 있지 않음을 알 수 있고, 또 주차장의 출입구가 위 여관의 계산대에서 마주 볼 수 있는 위치에 있기는 하나 이 곳에서 주차장 출입차량을 일일이 통제하거나 확인할 수 있을 정도는 아닌 사실이 엿보이므로, 위 원심확정사실만으로는 주차사실을 전혀 고지하지 아니한 A와 피고 사이에 주차차량에 관한 임치의 합의가 있었던 것으로 보기 어렵다. 그럼에도 불구하고 원심이 피고와 A 사이에 주차차량에 관한 임치가 성립된 것으로 판단하였음은 상법 제152조 제1항 소정의 임치성립에 관한 법리를 오해하여 판결에 영향을 미친 위법을 저지른 것으로서 이 점에 관한 논지는 이유 있다."

Ⅱ. 평　석

1. 논　점

본 사례에서는 ① 공중접객업자의 임치물에 대한 책임을 묻기 위한 요건으로서 임치의 합의의 필요 여부, ② 공중접객업자의 임치물에 대한 책임요건으로서의 '임치합의'에 관한 의사해석기준이 논점으로 대두된다.

2. 공중접객업자의 의의

공중접객업자란 "극장·여관·음식점 그 밖의 공중이 이용하는 시설에 의한 거래를 영업으로 하는 자"를 말한다(상법 제151조). 공중접객업자는 다수인과 그가 제공한 시설에 의하여 거래를 하는 자이므로 공안상 또는 위생상 국가에 의하여 사전, 사후의 엄격한 감독을 받는다. 그러므로 공중접객업자의 영업에 따라서는 경찰관서 또는 행정청의 사전의 허가를 받도록 하고, 사후에도 계속하여 엄격한 단속을 하고 있는 것이 많다. 공중위생법·식품위생법 등은 이러한 목적에서 제정된 특별법들이다. 그러나 이러한 특별법들은 행정규제에 관한 것으로서 사법적 법률관계를 규정하는 것은 아니고 사법적 법률관계에 대하여는 상법이 규정하고 있는바, 상법은 공중접객업자의 임치책임에 관하여 엄격한 규정을 두고 있다.

3. 공중접객업자의 책임

공중접객업자의 책임은 임치를 받은 물건에 대한 책임(상법 제152조 제1항)과 임치를 받지 아니한 물건에 대한 책임(상법 제152조 제2항)으로 나누어지는데, 임치를 받은 물건에 대한 책임이 임치를 받지 아니한 물건에 대한 책임보다 엄격하다.

(1) 임치를 받은 물건에 대한 책임

공중접객업자는 자기 또는 사용인이 고객으로부터 임치받은 물건의 보관에 관하여 주의를 게을리 하지 아니하였음을 증명하지 아니하면 그 물건의 멸실 또는 훼손으로 인한 손해를 배상할 책임이 있다(상법 제152조 제1항).

참고로 2010년 개정상법 이전에는 물건을 받았다는 사실만으로 그 손해에 대하여 책임을 지는 로마법의 레셉툼(수령)책임(Receptumhaftung)을 답습하여 공중접객업자의 책임을 가중한 바 있다(불가항력). 즉 공중접객업자의 임치물에 대한 책임은 '불가항력'을 증명하여야 면책되는 엄격책임이었던바, 이는 물건보관을 영업으로 하는 운송인, 창고업자 등의 책임의 형평성과도 어긋나므로 이를 현실에 맞추어 2010년 개정상법에서는 과실책임으로 변경하였다.

여기서 '고객'이란 공중접객업자의 시설을 이용하는 자(이용을 위하여 대기 중인 자 포함)로서, 반드시 이용계약이 성립되어야 하는 것은 아니고 실질적으로 이용하는 자도 포함한다.

상법 제152조 제1항의 엄격책임은 결국 공중접객업소와 이를 이용하는 고객 사이의 특수한 책임관계에 기인한다. 공중접객업소에는 고객의 교체가 빈번하고, 공중에게 개방되어 있으며, 손해가 발생한 경우 가해자를 찾아내기가 어렵다. 이와 같이 공중접객업자의 경우에는 고유한 위험이 있는데, 이를 이용하는 고객이 통상 자신이 휴대한 물건의 보관을 특히 맡기는 것은 공중접객업자를 특별히 신뢰하여 이러한 위험을 회피하려는 것이다. 이와 같이 임치된 물건이 멸실되거나 훼손되는 사태가 발생한 경우에는 그것이 주의를 게을리 하여 일어난 것이라면 그에 대한 책임이 인정된다.

여기서 말하는 '임치'는 위 판결이 말하는 것처럼 '목적물을 보관하기로 하는 합의'라고 할 수 있다. 그에 의하여 공중접객업자는 보관의 의무가 발생하는데, 여기서 '보관의 의무'는 단지 물건을 놓아둘 공간을 제공하는 데 그치는 것이 아니라 보존의무 또는 감시의무, 즉 도난이나 멸실·훼손 등을 방지하는데 필요한 안전조치를 취할 의무를 포함한다. 이와 같이 공중접객업자가 객의 물건에 대하여 특별한 보존의무를 인수하였다는 점이 바로 상법 제152조 제1항이 동조 제2항과 구분되는 점이다.

(2) 임치를 받지 아니한 물건에 대한 책임

공중접객업자는 객으로부터 임치를 받지 아니한 경우에도, 그 시설 내에 휴대한 물건이 자기 또는 그 사용인의 과실로 인하여 멸실 또는 훼손된 때에는 그 손해의 배상책임을 져야 한다(상법 제152조 제2항). 이 경우에는 임치를 받은 경우와는 달리 과실에 대한 증명책임은 고객에게 있다.

(3) 다른 나라의 입법례

1) 우리 상법은 엄격한 책임을 지는 대상을 '객으로부터 임치를 받은 물건'으로 제한하고 있는 데 비하여 다른 나라의 경우에는 일반적으로 객이 '휴대한' 또는 '반입한' 물건에 대하여는 일반적으로 엄격한 책임을 인정하고 있다. 즉 "숙박하는 여객이 숙박업자의 시설 안으로 반입한 의류, 수하물 기타의 물건"(프랑스민법 제1952조), "그 영업으로 받아들인 객이 휴대한 물건"(독일민법 제170조 제1항)에 대하여는 엄격책임을 지되, 일반적으로 배상의무자의 책임에 일정한 한도를 설정하여 하루 숙박료의 100배로 한정하고 있고(프랑스민법 제1953조 제3항) 최소 1천마르크, 최대 6천마르크(독일민법 제702조 제1항), 1천프랑까지(스위스채무법 제487조 제2항) 등으로 한정한다. 그런데 '임치를 받은' 물건에 대하여는 예외적으로 프랑스에서는 '숙박업자에게 임치된 모든 종류의 물건', 독일에서는 '숙박업자가 보관을 위하여 인수한 물건', 스위스에서는 '보관을 인수한 물건'에 대하여는 그러한 책임액제한이 적용되지 않는다(프랑스민법 제1953조 제2항; 독일민법 제702조 제2항 제2호; 스위스채무법 제488조 제2항 제1호)(양창수, "숙박객의 자동차 도난에 대한 숙박업자의 책임," 「상사판례연구 ○」, 박영사, 1996, 292면 참조).

2) 이와 같은 공중접객업자의 무과실책임에 관한 상법 제152조 제1항을 다른 나라의 입법례와 비교하여 볼 때 업종의 범위가 훨씬 광범위하다는 비판이 있다. 즉 로마법상의 receptum 책임도 해운업자·숙박업자·마굿간업자에 대하여만 손님의 화물에 대하여 무과실책임을 과하였고, 프랑스와 이탈리아의 경우에도 숙박업자(프랑스민법 제1952조; 이탈리아민법 제1868조), 육상 및 해상운송인(프랑스민법 제1784조 및 프랑스상법 제103조; 이탈리아상법 제400조)에 대하여만, 독일의 경우에도 숙박업자(독일민법 제701조), 공공철도업자(독일상법 제454조)에 대하여서만, 스위스에서도 숙박업자(스위스채무법 제487조)와 마굿간업자

(스위스채무법 제490조)에만 한정되고 있다. 그런데 우리나라와 일본은 "극장, 여관, 음식점 기타 객의 집래를 위한 시설에 의한 거래를 영업으로 하는 자" 전부, 예컨대 이미용업, 목욕탕업, 유기장업, 제과점이나 다방과 같은 식품접 객업, 그리고 각종의 흥행업 등을 경영하는 자에게도 이와 같은 엄격한 책임 이 요구되는 한편, 외국에서 인정되는 운송업자에 대하여는 오히려 일반적인 과실책임만이 인정되고 있다는 것이다(양창수, 상계평석, 291면 이하 참조).

(4) 사례의 경우
1) 임치의 합의

상법 제152조 제1항("공중접객업자는 자기 또는 그 사용인이 고객으로부터 임치 받은 물건의 보관에 관하여 주의를 게을리하지 아니하였음을 증명하지 아니하면 그 물 건의 멸실 또는 훼손으로 인한 손해를 배상할 책임이 있다")에 의하여 공중접객업자 의 책임을 묻기 위한 요건으로서, 공중접객업자로서의 본래의 주된 급부(가령 숙박업자라면 숙박장소의 제공 등)에 관한 합의 외에, 이와는 별도로 부종적으로 '임치의 합의', 즉 '공중접객업자와 객 사이에 공중접객업자가 자기의 지배영 역 내에서 목적물 보관의 채무를 부담하기로 하는 명시적 또는 묵시적 합의' 가 있어야 한다.

2) '임치합의'에 관한 의사해석기준

위의 임치에 관한 합의는 '공중접객업자 측에서 그 주차장에의 출입과 주 차사실을 통제하거나 확인할 수 있는 조치'가 되어 있는 경우에는, 고객이 주 차장에 주차하는 것만에 의하여 인정될 수 있고, 이 경우에는 '명시적인 위탁 의 의사표시'가 요구되지는 않는다. 한편 그러한 통제 또는 확인의 설비의 예 로서는 판례는 "공중접객업소 부설 주차장에 시정장치가 된 출입문이 설치되 어 있거나 출입을 통제하는 관리인이 배치되어 있는 경우"를 들고 있다.

그러나 주차장 출입과 주차사실을 통제하거나 확인하는 시설이나 조치가 되어 있지 않은 채 단지 주차의 장소만을 제공하는 데에 불과한 경우에는, 일 반적으로 주차하는 것만으로는 임치합의가 있는 것으로 볼 수 없다. 다만 이 때에도 고객이 공중접객업자 측에 주차사실을 고지하거나 차량열쇠를 맡겨 차 량의 보관을 위탁한 경우에는 예외적으로 임치합의를 인정할 수 있다고 한다.

참고로 타인의 토지 또는 건물 기타 설비에 자동차를 주차하는 경우에는 주차공간의 이용형태에 따라 법적 평가가 달라야 한다고 본다. 예컨대 자동차 문을 잠그지 않고 시동열쇠를 꽂은 채로 또는 관리인에게 시동열쇠를 교부한 채로 주차하는 주차장의 경우에는 보존의무가 긍정된다. 이른바 valet parking 의 경우도 같다. 주차전용건물 안에 차를 세워 두고 주차자가 시동열쇠를 가지고 가는 경우에는 주차공간의 임대차계약이라고 볼 수밖에 없고 보존의무는 인정되지 않는다는 것이 다수의 견해이다.

그 외에 노상주차와 같이 감시가 없는 주차는 이를 임치라고 할 수 없고 이는 단순한 주차공간의 임대차이다. 요금징수원이 있든, 주차미터기가 있든 마찬가지이다. 백화점이나 호텔, 음식점 등의 부대시설로 운영되는 고객주차장의 경우에도 같다.

그런데 이 사례에서는 임치의 합의를 인정할 아무런 징표가 없으므로 공중접객업자의 임치물에 대한 책임을 인정하기에는 무리가 있다. 따라서 이 사례의 공중접객업자의 책임은 없다.

Ⅲ. 결   어

상법 제152조 제1항에 의한 공중접객업자의 책임을 물으려면, "공중접객업자와 객 사이에 공중접객업자가 자기의 지배영역 내에서 목적물 보관의 채무를 부담하기로 하는 명시적 또는 묵시적 합의," 즉 '임치의 합의'가 있어야 한다. 본 사례에서는 '임치합의'에 관한 의사해석기준에 비추어 볼 때 그와 같은 '임치의 합의'의 존재를 인정할 수 없다. 따라서 공중접객업자의 책임을 부정한 대법원의 태도는 옳다고 평가된다.

Ⅳ. 판례의 동향

1. 대법원 2009. 10. 15. 선고 2009다42703 · 42710 판결

① 자동차손해배상 보장법 제3조에서 자동차 사고에 대한 손해배상 책임을 지는 자로 규정하고 있는 '자기를 위하여 자동차를 운행하는 자'란 사회통념상 당해 자동차에 대한 운행을 지배하여 그 이익을 향수하는 책임주체로서의 지위에 있다고 할 수 있는 자를 말하고, 이 경우 운행의 지배는 현실적인

지배에 한하지 아니하고 사회통념상 간접지배 내지는 지배가능성이 있다고 볼 수 있는 경우도 포함한다.

② 여관이나 음식점 등의 공중접객업소에서 주차 대행 및 관리를 위한 주차요원을 일상적으로 배치하여 이용객으로 하여금 주차요원에게 자동차와 시동열쇠를 맡기도록 한 경우에 위 자동차는 공중접객업자가 보관하는 것으로 보아야 하고 위 자동차에 대한 자동차 보유자의 운행지배는 떠난 것으로 볼 수 있다. 그러나 자동차 보유자가 공중접객업소의 일반적 이용객이 아니라 공중접객업자와의 사업・친교 등 다른 목적으로 공중접객업소를 방문하였음에도 호의적으로 주차의 대행 및 관리가 이루어진 경우, 일상적으로는 주차대행이 행하여지지 않는 공중접객업소에서 자동차 보유자의 요구에 의하여 우발적으로 주차의 대행 및 관리가 이루어진 경우 등 자동차 보유자가 자동차의 운행에 대한 운행지배와 운행이익을 완전히 상실하지 아니하였다고 볼 만한 특별한 사정이 있는 경우에는 달리 보아야 한다.

2. 대법원 2000. 11. 24. 선고 2000다38718 판결

① 공중접객업인 숙박업을 경영하는 자가 투숙객과 체결하는 숙박계약은 숙박업자가 고객에게 숙박을 할 수 있는 객실을 제공하여 고객으로 하여금 이를 사용할 수 있도록 하고 고객으로부터 그 대가를 받는 일종의 일시 사용을 위한 임대차계약으로서 객실 및 관련 시설은 오로지 숙박업자의 지배 아래 놓여 있는 것이므로 숙박업자는 통상의 임대차와 같이 단순히 여관 등의 객실 및 관련 시설을 제공하여 고객으로 하여금 이를 사용・수익하게 할 의무를 부담하는 것에서 한 걸음 더 나아가 고객에게 위험이 없는 안전하고 편안한 객실 및 관련 시설을 제공함으로써 고객의 안전을 배려하여야 할 보호의무를 부담하며 이러한 의무는 숙박계약의 특수성을 고려하여 신의칙상 인정되는 부수적인 의무로서 숙박업자가 이를 위반하여 고객의 생명・신체를 침해하여 투숙객에게 손해를 입힌 경우 불완전이행으로 인한 채무불이행책임을 부담하고, 이 경우 피해자로서는 구체적 보호의무의 존재와 그 위반 사실을 주장・증명하여야 하며 숙박업자로서는 통상의 채무불이행에 있어서와 마찬가지로 그 채무불이행에 관하여 자기에게 과실이 없음을 주장・증명하지 못하는 한 그 책임을 면할 수는 없다.

② 숙박업자가 숙박계약상의 고객 보호의무을 다하지 못하여 투숙객이 사망한 경우, 숙박계약의 당사자가 아닌 그 투숙객의 근친자가 그 사고로 인하여 정신적 고통을 받았다 하더라도 숙박업자의 그 망인에 대한 숙박계약상의 채무불이행을 이유로 위자료를 청구할 수는 없다.

3. 대법원 1998. 12. 8. 선고 98다37507 판결

① 공중접객업자와 객 사이에 임치관계가 성립하려면 그들 사이에 공중접객업자가 자기의 지배영역 내에 목적물 보관의 채무를 부담하기로 하는 명시적 또는 묵시적 합의가 있음을 필요로 한다고 할 것이고, 여관 부설주차장에 시건장치가 된 출입문이 설치되어 있거나 출입을 통제하는 관리인이 배치되어 있는 등 여관측에서 그 주차장에의 출입과 주차시설을 통제하거나 확인할 수 있는 조치가 되어 있다면, 그러한 주차장에 여관투숙객이 주차한 차량에 관하여는 명시적인 위탁의 의사표시가 없어도 여관업자와 투숙객 사이에 임치의 합의가 있는 것으로 볼 수 있다.

② 공중접객업자가 이용객들의 차량을 주차할 수 있는 주차장을 설치하면서 그 주차장에 차량출입을 통제할 시설이나 인원을 따로 두지 않았다면, 그 주차장은 단지 이용객의 편의를 위한 주차장소로 제공된 것에 불과하고, 공중접객업자와 이용객 사이에 통상 그 주차차량에 대한 관리를 공중접객업자에게 맡긴다는 의사까지는 없다고 봄이 상당하므로, 공중접객업자에게 차량시동열쇠를 보관시키는 등의 명시적이거나 묵시적인 방법으로 주차차량의 관리를 맡겼다는 등의 특수한 사정이 없는 한, 공중접객업자에게 선량한 관리자의 주의로써 주차차량을 관리할 책임이 있다고 할 수 없다.

4. 대법원 1997. 10. 10. 선고 96다47302 판결

공중접객업인 숙박업을 경영하는 자가 투숙객과 체결하는 숙박계약은 숙박업자가 고객에게 숙박을 할 수 있는 객실을 제공하여 고객으로 하여금 이를 사용할 수 있도록 하고 고객으로부터 그 대가를 받는 일종의 일시 사용을 위한 임대차계약으로서 객실 및 관련 시설은 오로지 숙박업자의 지배 아래 놓여 있는 것이므로 숙박업자는 통상의 임대차와 같이 단순히 여관 등의 객실 및 관련 시설을 제공하여 고객으로 하여금 이를 사용·수익하게 할 의무를 부담하는 것에서 한 걸음 더 나아가 고객에게 위험이 없는 안전하고 편안한 객실 및 관련 시설을 제공함으로써 고객의 안전을 배려하여야 할 보호의무를 부담하며 이러한 의무는 숙박계약의 특수성을 고려하여 신의칙상 인정되는 부수적인 의무로서 숙박업자가 이를 위반하여 고객의 생명, 신체를 침해하여 투숙객에게 손해를 입힌 경우 불완전이행으로 인한 채무불이행책임을 부담하고, 이 경우 피해자로서는 구체적 보호의무의 존재와 그 위반 사실을 주장·증명하여야 하며 숙박업자로서는 통상의 채무불이행에 있어서와 마찬가지로 그 채무불이행에 관하여 자기에게 과실이 없음을 주장·증명하지 못하는 한 그 책임을 면할 수는 없다고 할 것이고, 이와 같은 법리는 장기투숙의 경우에도 마찬가지이다.

5. 대법원 1994. 1. 28. 선고 93다43590 판결

공중접객업인 숙박업을 경영하는 자가 투숙객과 체결하는 숙박계약은 숙박업자가 고객에게 숙박을 할 수 있는 객실을 제공하여 고객으로 하여금 이를 사용할 수 있도록 하고 고객으로부터 그 대가를 받는 일종의 일시 사용을 위한 임대차계약으로서, 여관의 객실 및 관련시설·공간은 오로지 숙박업자의 지배 아래 놓여있는 것이므로, 숙박업자는 통상의 임대차와 같이 단순히 여관의 객실 및 관련시설을 제공하여 고객으로 하여금 이를 사용·수익하게 할 의무를 부담하는 것에서 한 걸음 더 나아가 고객에게 위험이 없는 안전하고 편리한 객실 및 관련시설을 제공함으로써 고객의 안전을 배려하여야 할 보호의무를 부담하며, 이러한 의무는 숙박계약의 특수성을 고려하여 신의칙상 인정되는 부수적인 의무로서 숙박업자가 이를 위반하여 고객의 생명·신체를 침해하여 손해를 입힌 경우 불완전이행으로 인한 채무불이행책임을 부담한다.

6. 서울지방법원(합의 5부) 1991. 3. 20. 선고 70나24290 판결

대중골프장의 현관구내와 접수대에 "골프가방의 보관관리는 본인이 해야 하고 분실시 책임을지지 않는다"는 안내문이 게시되었어도 골프장의 가방거치대에 놓아둔 골프채를 도난당했으면 업주측에 책임이 있다.

7. 대구고등법원 1977. 4. 22. 선고 76나655 판결

목욕탕에서 종업원의 과실에 대하여 목욕탕주인에게 사용자배상책임을 인정함.

8. 대법원 1977. 2. 8. 선고 75다1732 판결

결혼식장에서 선물로 교환된 부로바시계 1개(시가 64,000원 상당), 옥토시계 1개(시가 25,000원 상당), 백금부착 3푼짜리 다이아반지 1개(시가 150,000원 상당)과 백금부착 1푼짜리 다이아목걸이 1개(시가 70,000원 상당)는 상법 제153조 소정의 고가물에 해당하고, 원고들이 여관에 들고서 위 물품의 종류, 가액을 밝혀 주인에게 맡긴 바 없으면 피고에게 없어진 물건에 대하여 손해를 배상할 책임을 물을 수 없다.

9. 대법원 1965. 2. 23. 선고 64다1724 판결

호텔유숙객의 일반휴대물을 평소에 보관하는 숙직실 창고에 보관하였던 수정원석을 도적이 호텔의 비상문을 부수고 침입하여 절취한 경우, 호텔은 일반사회의 평상인으로서 지켜야 할 주의의무를 다하였으므로 불법행위로 인한 손해배상책임이 없다.

10. 대법원 1954. 8. 31. 선고 4287민상68 판결

여관주인은 그 피용인이 그 직무상 고의 또는 과실로 인하여 숙객에게 손해를 준 때에는 그 피용인을 선임·감독함에 있어 과실이 없음을 증명하지 못하는 한 그 손해를 배상할 책임이 있다.

22 리스계약

◆ 사 례

　　원고 X는 한겨레상사의 상품소개 및 자문을 받아 한겨레상사가 수입한 컴퓨터를 구매하기로 하고 가격 및 거래조건을 결정하였다. 그러나 X는 구매자금이 부족하여 피고 Y렌탈주식회사가 컴퓨터를 구입하여 X가 Y로부터 이를 렌트하고 렌탈료는 60개월에 나누어 지급하며 렌탈기간이 종료하면 X가 동 컴퓨터를 인수하기로 하여 렌탈약관에 기한 약정을 하는 한편 Y는 X의 렌탈료 납입을 담보하기 위하여 X의 부동산에 근저당권을 설정하였다. 이에 따라 X는 한겨레상사로부터 컴퓨터를 인수하고 물품인수확인서에 서명하여 이를 Y에게 교부하였다. X가 이 컴퓨터를 사용해 본 결과, 물건에 하자가 있어 그 사용·수익이 불가능하였으나 그간 한겨레상사가 도산하여 하자담보책임을 물을 수 없게 되었다. 이에 X는 이 사건 렌탈계약을 민법상의 동산임대차계약으로 보아 Y에게 민법 제627조 제2항(임대차계약의 해지)에 의하여 위 렌탈계약의 해지를 통고하고 위 부동산 근저당권 말소등기절차의 이행을 구하였다. 이에 대하여 Y는 렌탈계약서 제6조 제2항이 규정한바, X가 물건인수확인서를 발급하였을 때에는 물건의 상태 및 성능이 정상적인 것으로 간주한다는 조항에 따라 Y로서는 물건의 하자담보책임이 없고, 따라서 렌탈계약을 해지할 수 없다고 주장하였다. X는 이 렌탈계약에 민법의 규정을 적용하여 계약을 해지할 수 있는가?

　　(렌탈계약서상에는 제6조 제1항에서 렌탈회사가 물건인도시 물건이 정상적인 성능을 갖추고 있는 것을 담보하도록 되어 있고, 제6조 제2항에서 렌탈이용자가 물건인도인수확인서를 발급하였을 때에는 물건의 상태 및 성능이 정상적인 것을 확인한 것으로 간주하고 있고, 제7조와 제8조에서는 물건의 사용, 보관 및 유지책임과 물건의 멸실 및 훼손책임을 모두 이용자가 부담하도록 하고 있다)

Ⅰ. 문제의 논점

이 사례는 다음과 같은 4가지의 논점을 정리하여야 한다.

1. 렌탈계약의 법적 성질(이 사건 렌탈계약은 리스계약으로 간주될 수 있는가?), 2. 리스계약의 법적 성질(리스계약에는 민법의 임대차규정이 적용되는가?), 3. 리스회사의 하자담보책임(리스회사는 리스목적물에 대한 하자담보책임을 부담하는가?), 4. 리스약관의 유효성 여부(이 사건 렌탈약관이 상당한 이유 없이 사업자의 담보책임을 배제, 제한하거나 담보책임에 따르는 고객의 권리행사요건을 가중하는 조항에 해당하여 약관규제법에 따라 무효로 볼 수 있는가?).

Ⅱ. 리스계약의 의의와 법적 성질

1. 리스계약의 의의

리스(시설대여)란 여신전문금융업법에 의하면 "대여시설이용자(리스이용자, lessee)가 선정한 특정물건을 시설대여회사(리스회사, lessor)가 새로이 취득하거나 대여받아 그 물건에 대한 직접적인 유지·관리책임을 지지 아니하면서 대여시설이용자에게 일정기간 이상 사용하게 하고, 그 기간에 걸쳐 일정한 대가를 정기적으로 분할하여 지급받으며, 그 기간종료 후의 물건의 처분에 관하여는 당사자 간의 약정으로 정하는 물적 금융"을 말한다(동법 제2조 제10호).

상법 제46조 제19호는 리스를 '기계, 시설, 기타 재산의 물융에 관한 행위'라고 정의한다. 리스거래에는 기본적으로 3당사자가 있다. 즉 리스이용자(lessee), 리스회사(lessor) 및 공급자(supplier)가 그것이다. 리스거래의 과정을 보면 ① 리스이용자는 자신이 필요로 하는 기계·설비 등의 리스물건을 공급자와 직접 상담하여 선정한다. ② 이를 토대로 리스회사와 리스이용자는 리스계약을 체결한다. ③ 리스회사는 리스계약의 이행으로 공급자와 매매계약을 체결한다(물건발주). ④ 공급자는 매매계약에서 정한 바와 같이 리스물건을 리스이용자에게 인도한다. ⑤ 리스회사는 공급자에게 리스물건의 대금을 지급한다. ⑥ 리스이용자는 리스회사에게 소정의 리스료를 지급한다.

2. 리스계약의 법적 성질

(1) **임대차계약설**(특수임대차계약설)

임대차계약설은 리스계약의 형식적(법률적)인 면인 임대차의 성격을 강조하는 견해로 리스계약의 법적 성질은 (민법상의) 임대차계약이라고 한다. 그러나 이 설에서도 리스계약을 민법상의 순수한 임대차계약으로 보는 견해는 거의 없고 대부분 리스계약이 민법상의 임대차계약과는 다른 면(리스료는 리스물건의 사용·수익에 대한 대가가 아닌 점, 리스회사는 리스물건의 하자·멸실·훼손에 대하여 책임을 지지 않는 점 등)을 인정하여 특수한 임대차계약이라고 한다. 즉 민법 중 임대차에 관한 규정은 민법 제652조에서 강행규정으로 규정한 것을 제외하고는 원칙적으로 임의규정이므로 임대차계약당사자들은 자유로이 그 조건을 약정할 수 있는바, 리스계약은 임대차의 조건을 특수하게 변형시킨 특수임대차에 불과하다고 한다. 이 설에 따르게 되면 리스계약에도 민법상의 임대차에 관한 규정이 적용되므로, 민법상 임대차에 관한 강행규정에 반하는 리스계약상의 면책약관은 무효가 된다(정희철·최기원 교수). 이러한 임대차계약설에 대하여는 리스계약의 경제적인 실질이 물적 금융이라는 점을 너무 간과한 것이라는 비판이 있다.

(2) **무명계약설**(비전형계약설)

무명계약설은 리스계약의 실질적(경제적)인 면인 물적 금융의 성격을 강조하는 견해로, 리스계약의 법적 성질이 우리 민법상 전형계약 가운데에 꼭 들어맞는 것이 없다는 점에 착안하여 임대차·소비대차·매매 등의 요소가 혼합된 특수한 내용의 무명계약이라는 견해이다. 즉 리스계약은 임대차나 소비대차·매매 등 어느 하나에 속할 수가 없는바, 그 독특한 성질로서는 대여물건에 대한 하자담보책임을 대여인이 부담하지 아니하고, 리스물건의 보수·관리책임을 이용자가 부담하며, 계약부대비용도 이용자의 부담이 되고, 이용자의 기한이익 상실사유가 폭넓게 인정되는 점 등을 지적하고 있다. 이 설은 리스회사의 자산의 소유보다는 자본의 효율적인 이용에 중점을 두고 있는 점, 리스료는 리스물건의 사용대가가 아니라 물건대금 및 이에 대한 이자의 분할상환금이라는 점, 여신전문금융업법 및 동법시행령에 의하여도 리스는 물적 금융이라는 것을 전제로 하여 규정하고 있는 점 등을 강조하고 있다. 이 설에 의하면 리스계약에는 민법상의 임대차에 관한 규정이 원칙적으로 적용되지 않으므로, 민법상의 임대차에 관한 강행규정에 반하는 리스계약상의 면책약관은 유효하게 된다(정동윤·손주찬·정찬형·강위두 교수). 우리나라의 대법원판례도 무명계약설의 입장에서 "리스는 시설대여회사가 대여시설이용자가 선정한 특정물건을 새로이 취득하거나 대여받아 그 물건에 대한 직접적인 유지·관리책임을 지지 아니하면서 대여시설이용자에게 일정 기간 사용하게 하고, 그 기간 종료 후에 물건의 처분에 관하여는 당사자 간의 약정으로 정하는 계약으로서, 형식에서는 임대차계약과 유사하나 그 실질은 물적 금융이며 임대차계약과는 여러 가지 다른 특질이 있기 때문에 리스계약은 비전형계약이고, 따라서 이에 대하여는 민법의 임대차에 관한 규정이 바로 적용되지 아니한다"고 판시한 바 있다(대법원 1994. 11. 8. 선고 94다23388 판결; 대법원 1997. 10. 24. 선고 97다27107 판결; 대법원 1997. 11. 28. 선고 97다26098 판결). 이러한 무명계약설에 대하여는 금융리스의 경제적 기능을 부각시키는 데는 성공하였으나, 당사자 간의 이해관계를 적절히 조정할 수 있는 기준을 제시하지 못하고 있다는 비판이 있다.

3. 본 사례의 렌탈계약의 법적 성질

이 사건 계약서의 명칭은 '렌탈계약서'이다. 그러나 어떤 계약의 법적 성질을 결정함에 있어서 그 계약의 외양보다는 실질에 중점을 둔다고 할 때 이 사건에 있어서 문제된 계약은 외양은 비록 렌탈로 되어 있지만 그 실질은 리스인 것으로 판단된다. 즉 ① 이 사건 렌탈계약서상 렌탈이용자가 물건인도인수확인서를 발급하였을 때에는 물건의 상태 및 성능이 정상적인 것을 확인한 것으로 간주하고 있는 점(계약서 제6조 제2항), ② 물건의 사용·보관 및 유지책임과 물건의 멸실 및 훼손책임을 모두 이용자가 부담하고 있는 점(계약서 제7조, 제8조) 및 ③ 이 사건 원고 X가 한겨레상사의 상품소개 및 자문을 받아 한겨레상사가 수입한 컴퓨터를 구매하기로 하고 물건가격 및 거래조건을 결정하였으며 Y렌탈주식회사는 렌탈 물건을 취득하는 데 소요되는 자금에 관한 금융의 편의를 제공할 뿐인 점에 비추어 그러하다. 따라서 계약서의 명칭과 관계없이 이 사건계약은 리스로 보아야 될 것이다(동지: 대법원판결).

Ⅲ. 리스회사의 하자담보책임과 리스약관의 유효성

1. 리스회사의 하자담보책임

본 사례의 렌탈계약서를 보면 렌탈회사가 물건인도시 물건이 정상적인 성능을 갖추고 있는 것을 담보하도록 되어 있으나, 렌탈이용자가 물건인도인수확인서를 발급하였을 때에는 물건의 상태 및 성능이 정상적인 것을 확인한 것으로 간주하고 있다(계약서 제6조 제2항). 나아가 계약서는 물건의 사용, 보관 및 유지책임과 물건의 멸실 및 훼손책임을 모두 이용자가 부담하도록 하고 있다(계약서 제7조, 제8조). 따라서 위 계약서에 의하면 렌탈회사의 책임은 렌탈물건이 물건공급자로부터 원고에게 인도될 당시로서의 물건의 성능이 정상적임을 담보하되, 렌탈이용자가 별다른 이의 없이 물건인도인수확인서를 발급하면 렌탈회사의 하자담보의무가 충족되는 것으로 보는 범위 내에서의 책임이라고 볼 것이다.

참고로 한국개발리스(주)의 시설대여계약서 제13조 제1항에도 리스물건의 하자에 대하여는 리스이용자(lessee)가 모든 책임을 부담하고 공급자(supplier)와 해결하여야 하며, 리스회사(lessor)로서는 리스이용자가 공급자에게 하자담보책임을 묻는 경우 이에 협력할 의무가 있다는 취지로 규정하고 있다.

2. 리스약관의 유효성 여부

렌탈계약서상 렌탈회사의 하자담보책임을 제한하는 규정, 즉 물건의 유지·보존을 위하여 이용자는 자기비용으로 매도인 또는 그가 지정하는 자와 물건에 대한 보수서비스계약을 체결하는 등 필요한 행위를 하여야 한다는 규정과, 물건의 멸실 및 훼손책임을 모두 렌탈이용자가 부담하도록 하고 있는 규정(계약서 제7조, 제8조) 등이 약관규제법 제7조 제2호에 비추어 무효인가 여부가 문제된다.

이는 금융리스계약의 법적 성질과 관련이 있다고 하겠는데 만약에 금융리스계약을 임대차계약 내지 특수한 임대차계약으로 보면 리스회사는 임대인과 같이 리스이용자에 대하여 하자담보책임을 부담하여야 할 것이다. 이 책임을 배제하려면 약관규제법 제7조 제2호에 따라 상당한 이유가 있어야 하고, 리스이용자에게 부당하게 불리한 것이 아니어야 한다(동법 제6조). 그러나 금융리스계약을 특수한 소비대차계약 또는 무명계약(판례의 입장)으로 본다면 리스회사는 하자담보책임을 부담하지 않는다고 보게 된다.

참고로 법원은 리스회사의 하자담보책임을 제한하는 위 계약서 제6조 등은 약관규제법 제7조 제2호 및 제3호에 위반되지 않는다고 판결한 바 있다.

Ⅳ. 판례의 동향

1. 본 사례와 관련된 대법원판례

대법원 1996. 8. 23. 선고 95다51915 판결

이 사례와 관련된 판결에서의 쟁점은 리스이용자가 리스물건에 하자가 있는 경우에 리스회사의 약관과 달리 그 책임을 물어 계약해지권을 행사할 수 있는가 하는 점이다. 일반적으로 임대차의 경우에는 민법 제627조의 규정에 의해서 계약해지권이 강행적으로 보장되는 데 반해서, 임대차와 유사해 보이는 리스계약의 경우에는 약관에서 그 해지권을 제한하고 있어서 이러한 분쟁의 여지가 있게 된다. 본 사례에서도 원고는 임대차에 관한 규정인 민법 제627조의 규정에 의거하여 하자담보책임을 물어 렌탈계약을 해지하려는 데 반해, 렌탈계약약정상 원고가 물건인도인수확인서를 발급하였을 때에는 하자담보책임을 묻지 못하도록 되어 있다. 이때 하자담보책임을 인정할 것인가는 결국 리스계약을 임대차와 같은 것으로 볼 것인가 아니면 전혀 별개의 계약으로 볼 것인가라는 법적 성질 여하에 따라 결정될 것인데, 리스계약을 임대차와는 다른 무명계약으로 볼 경우에는 임대차에 관한 규정은 적용되지 않을 것이기 때문에 하자담보책임을 인정하는 임대차에 관한 강행규정에 위반하여도 아무런 문제가 되지 않는다. 이러한 입장에 따를 때 리스물건에 하자가 있어도 계약해지권을 행사할 수 없을 것이다. 판례는 이러한 무명계약설의 입장에 따라 이 사건 원고가 제기한 리스계약에 대한 해지권행사와 그에 따른 임대보증금 반환 청구를 인정하지 않고 있는데 이러한 판례의 태도는 타당하다고 하겠다.

2. 리스이용자의 권리·의무와 관련된 대법원판례

(1) 대법원 1995. 9. 29. 선고 94다60219 판결

또한 금융리스에 있어서 리스업자는 리스기간의 도중에 이용자로부터 리스물건의 반환을 받은 경우 그 반환에 의하여 취득한 이익을 반환하거나 또는 리스채권의 지불에 충당하는 등으로 이를 청산할 필요가 있는데, 이때 청산의 대상이 되는 것은 리스물건의 반환시에 그 물건이 가지고 있던 가치와 본래의 리스기간 만료시에 있어서 가지는 리스물건의 잔존가치의 차액이다.

(2) 대법원 1995. 9. 29. 선고 93다3417 판결

그러나 리스계약체결 후 리스물건 수령증서발급 전에 발생한 손해를 부보한다는 내용의 확장위험부담 특별약관은 리스기간이 개시된 후에 발생한 보험사고에 대하여는 이를 적용할 여지가 없고, 리스이용자는 다만 리스보증보험의 보통약관에 따라 보험금의 지급책임을 지게 된다.

(3) 대법원 1995. 5. 12. 선고 94다2862·2879 판결

리스이용자가 리스물건 수령증서를 리스회사에 발급한 이상 현실적으로 리스물건이 인도되기 전이라도 리스기간이 개시되나, 리스이용자의 계약상 채무불이행으로 인한 손해의 보상을 목적으로 한 보증보험계약상 특약의 해석에서는 '리스물건의 인도'를 '리스물건수령증 발급'의 의미로 볼 수는 없다.

(4) 대법원 1992. 7. 14. 선고 91다25598 판결

금융리스의 경우 리스계약이 체결된 후 리스기간이 개시되기 전에 그 계약이 해제된 경우에는, 리스이용자는 리스물건의 취득자금(융자원본)에서 리스물건이 현존가액을 공제한 가액을 리스회사에 변상하여야 하는데, 이러한 현존가액에 대한 증명책임은 리스이용자 측에 있다.

V. 문제의 해결

대법원판결로 결론에 갈음한다.

1. 리스(시설대여)는 시설대여회사가 대여시설이용자가 선정한 특정물건을

새로이 취득하거나 대여받아 그 물건에 대한 직접적인 유지·관리책임을 지지 아니하면서 대여시설이용자에게 일정 기간 사용하게 하고 그 기간종료 후에 물건의 처분에 관하여서는 당사자 간의 약정으로 정하는 계약으로서, 형식에서는 임대차계약과 유사하나 그 실질은 대여시설을 취득하는 데 소요되는 자금에 관한 금융의 편의를 제공하는 것을 본질적인 내용으로 하는 물적 금융이고 임대차계약과는 다른 특질이 있기 때문에 여기에는 민법의 임대차에 대한 규정은 바로 적용되지 아니한다.

　　2. 본 사례를 보면 각 렌탈계약서상 렌탈회사가 물건인도시 물건이 정상적인 기능을 갖추고 있는 것을 담보하도록 되어 있으나(계약서 제6조 제1항), 다만 렌탈이용자가 물건인도인수확인서를 발급하였을 때에는 물건의 상태 및 성능이 정상적인 것을 확인한 것으로 간주하고 있고(계약서 제6조 제2항) 물건의 사용, 보관 및 유지책임과 물건의 멸실 및 훼손책임을 모두 이용자가 부담하도록 하고 있는 점(계약서 제7조, 제8조) 및 각 렌탈계약에 있어 물건의 선정을 이용자가 하고 렌탈회사는 이용자의 선택과 희망에 따라 렌탈물건을 취득하는 데 소요되는 자금에 관한 금융의 편의를 제공하고 있는 점에 비추어, Y렌탈주식회사의 담보책임은 렌탈물건이 물건공급업자인 한겨레상사로부터 원고 X에게 인도될 당시에서의 물건의 성능이 정상적인 것을 담보하되, 원고 X가 별다른 이의 없이 물건인도인수확인서를 발급하면 피고 Y렌탈주식회사의 하자담보의무가 충족된 것으로 보는 범위 내에서의 책임이라 할 것이다.

　　3. 본 사례의 렌탈계약은 그 법적 성질이 비전형계약으로서 민법의 임대차에 관한 규정이 바로 적용되지 아니하는 점 및 그 계약의 체결경위, 목적 등에 비추어 각 계약조항이 약관규제법 제7조 제2호의 정당한 이유 없이 사업자의 손해배상범위를 제한하거나 사업자의 위험을 고객에게 이전시키는 조항 또는 제3호의 상당한 이유 없이 사업자의 담보책임을 배제, 제한하거나 담보책임에 따르는 고객의 권리행사요건을 가중하는 조항에 해당한다고 볼 수 없다.
　　대법원이 거래의 실질을 포착하여 금융리스로 보아 이 사건에 민법의 임대차규정이 적용되지 않는다고 판단한 것은 정당하다고 생각한다.

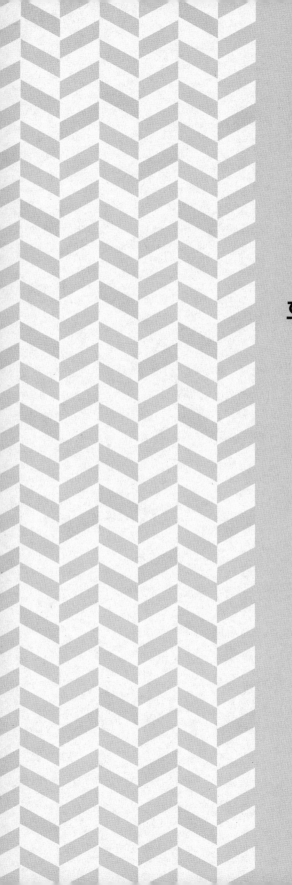

제 3 편

회 사 법

◆ 사　례

　　소외 A주식회사가 원고 X로부터 금원을 차용함에 있어서 그 담보로 약속어음
을 발행하고, 피고 Y투자금융주식회사가 위 차용금을 보증하기 위하여 동 약속어
음에 Y명의로 배서하여 X에게 교부하였다. 이에 X는 배서인인 Y에 대하여 소구
권에 기하여 어음금을 청구하고, 또한 X가 A에게 금원을 대여할 때 Y가 보증하
였음을 원인으로 하여 보증금을 청구하였다. 이에 Y는 단기금융업법에 의하여 설
립된 회사로서 동법 제2조와 제7조에 규정된 어음의 발행·매매·인수 및 어음
매매의 중개만을 할 수 있고, 또 Y의 정관상 목적도 위 업무로 제한되고 있는 점
에서 단기금융업을 영위하는 Y가 타인의 차용금채무에 대하여 보증을 하거나 그
목적으로 어음배서를 하여 채무를 부담하는 행위는 Y회사의 권리능력 밖의 법률
행위로서 그 효력이 없다고 항변하고 있다.

Ⅰ. 판결요지(대법원 1987. 9. 8. 선고 86다카1349 판결)

　　1. 회사의 권리능력은 회사의 설립근거가 된 법률과 회사의 정관상의 목
적에 의하여 제한되나 그 목적범위 내의 행위라 함은 정관에 명시된 목적 자
체에 국한되는 것이 아니고 그 목적을 수행하는 데 있어 직접 또는 간접으로
필요한 행위는 모두 포함되며 목적수행에 필요한지 여부도 행위의 객관적 성
질에 따라 추상적으로 판단할 것이지 행위자의 주관적·구체적 의사에 따라
판단할 것은 아니다.

　　2. 단기금융업을 영위하는 회사로서 회사의 목적인 어음의 발행, 할인, 매

매, 인수, 보증, 어음매매의 중개를 함에 있어서 어음의 배서는 행위의 객관적 성질상 위 목적수행에 직접·간접으로 필요한 행위라고 하여야 할 것이다.

3. 원심이 Y의 본문 어음의 배서에 대하여 Y의 권리능력 밖의 법률행위라고 판단한 것은 회사의 권리능력에 관한 법리를 오해한 것이라 아니할 수 없다(동지: 대법원 1987. 12. 8. 선고 86다카1230 판결; 대법원 1988. 1. 19. 선고 86다카1384 판결).

〈참 고〉

• 단기금융업을 건전하게 보호 육성하고, 이를 합리적으로 규제함으로써 신용질서의 확립에 기여함을 목적으로 제정된 법률(1972. 8. 17. 법률 2339호)인 '단기금융업법'은 1998년 1월 13일 '종합금융회사에 관한 법률'(법률 제5503호)의 제정으로 폐지, 대체되었고 또한, '종합금융회사에 관한 법률'은 2007년 8월 3일 '자본시장과 금융투자업에 관한 법률'(법률 8635호)의 제정으로 2009년 2월 폐지, 대체되었다.

제6장 단기금융회사
제360조(금융기관의 단기금융업무) ① 1년 이내에서 대통령령으로 정하는 기간 이내에 만기가 도래하는 어음의 발행·할인·매매·중개·인수 및 보증업무와 그 부대업무(附帶業務)로서 대통령령으로 정하는 업무(이하 "단기금융업무"라 한다)를 영위하려는 자는 금융위원회의 인가를 받아야 한다.

종합금융회사에 관한 법률 제7조 제1항은 단기금융회사의 업무를 "① 어음 및 총리령이 정하는 채무증서의 발행, 할인, 매매, 중개, 인수 및 보증(이 경우 어음 및 채무증서는 1년의 범위 내에서 금융감독위원회가 정하는 기간 내 만기가 도래하는 것에 한한다), ② 설비 또는 운전자금의 투자, ③ 증권거래법 제2조 제8항 제5호 내지 제7호의 업무, ④ 외자도입, 해외투자 기타 국제금융의 주선과 외자의 차입 및 전대, ⑤ 채권의 발행, ⑥ 기업의 경영상담과 인수 또는 합병 등에 관한 용역, ⑦ 지급보증, ⑧ 제1호 내지 제7호의 업무에 부대하는 업무로서 금융감독위원회가 고시하는 업무"로 제한하고 있고, 동법 제2조는 단기금융업을 "1년의 범위 내에서 금융감독위원회가 정하는 기간 내 만기가 도래하는 어음 및 총리령이 정하는 채무증서의 발행, 할인, 매매, 중개, 인수 및 보증의 업무를 영위하는 것"이라고 정의하고 있다.

Ⅱ. 평 석

본 판결의 논점은 다음과 같다.

첫째, Y회사가 그의 정관상 목적범위 외의 행위를 한 경우에 동 행위의 효력은 어떠한가 하는 점인데, 이는 정관에 의하여 회사의 권리능력이 제한되는지 여부에 관한 것이다.

둘째, Y회사는 단기금융업법이 적용되는 회사로 동 회사가 동법 제7조에 규정된 업무범위 밖의 업무(어음배서)를 영위한 경우에 동 행위의 효력은 어떠한가의 점인데, 이는 특별법에 의하여 회사의 권리능력이 제한되는지 여부에 관한 것이다.

셋째, 보증목적으로 어음에 배서한 자(Y)에 대하여 민법상 보증책임을 물을 수 있는지에 관한 것이다.

1. 회사의 권리능력

(1) 정관목적에 의한 회사의 권리능력의 제한 여부

1) 서 언

정관의 목적에 의하여 회사의 권리능력이 제한되는지 여부에 대하여 우리나라에서 학설은 크게 제한설(제한긍정설)과 무제한설(제한부정설)로 나뉘어 있고, 판례는 일관하여 제한설의 입장에서 판시하고 있다. 이러한 문제가 특히 회사에서 논의되는 것은, 상법 회사편에서는 회사의 정관상 목적에 의하여 그의 권리능력이 제한된다는 명문규정이 없어 민법 제34조가 상법상 회사에도 적용 또는 유추적용되는지 여부에 관한 해석의 차이에 기인한다.

생각건대 목적에 의한 능력제한을 인정한다면 남용의 위험도 있고, 거래의 안전을 해칠 우려도 있으므로 무제한설이 타당하다고 본다. 그러나 정관소정의 목적은 회사기관의 권한을 내부적으로 제한하는 기능을 하므로 폐지될 수는 없는 것이며, 정관소정의 목적을 위반한 기관의 행위로 인하여 사원이입는 손해가 있다면 그 구제책으로서 기관의 책임을 추궁할 수 있을 것이다. 예들 들어 위법행위유지청구, 손해배상청구, 대표소송, 사원·이사의 권한상실·제명·해임청구 등의 조치를 취할 수 있다.

2) 외국의 판례·입법례

회사의 목적에 의한 권리능력의 제한에 관한 외국의 판례·입법례를 보면 초기에는 제한을 인정하였으나, 그 후 목적의 범위를 넓게 해석하게 되고, 최근에는 능력의 제한을 인정하지 않는 방향으로 변천해 오고 있다.

① 영국에서는 19세기 중엽에 회사의 능력은 정관에 기재된 목적에 의하여 범위가 제한되고, 목적범위 외의 행위는 회사의 능력을 넘는 것이므로 무효라고 하는 '능력제한의 원칙'(Ultra Vires Doctrine)이 특별법에 의한 회사인 statutory company에 인정되었으나, 1875년에 Ashbury Railway Carriage & Iron Co. Ltd v. Riche 사건에서 법원은 일반회사법상의 회사인 registered company에도 이 원칙이 적용된다고 판시하였다. 'Ultra vires'란 회사의 목적 및 권한의 범위를 벗어난 행위를 말하는 것이며, '능력 외 이론'이란 이러한 범위 외의 행위는 회사의 행위로서 인정할 수 없다는 이론으로서 영국에서는 19세기 후반에 형성된 것이다. 그 후 이 원칙의 폐단이 지적되어 1945년 회사법개정위원회인 Cohen 위원회는 이 원칙의 폐지를 권고하기에 이르렀다. 다만 1962년에 공포된 회사법개정위원회인 Jenkins 위원회의 보고서는 "이 원칙을 폐지할 것이 아니라 회사와 거래하는 자에 불공정한 결과가 생기지 않게끔 하여야 한다"고 주장하고 있다. 영국은 1968년 유럽공동체의 제1지침에 따라서 'Doctrine of Ultra Vires' 및 이사의 권한의 제한에 대한 구제에 관한 규정을 두었다. 영국에서는 유럽공동체법의 영향에 의하여 1985년에 회사법을 개정하여 "선의로 회사와 거래를 하는 자의 이익을 위하여 이사회에 의하여 결정된 여하한 거래도 회사의 능력범위 내에 있는 것으로 보며, 또 회사를 구속하는 이사회의 권한은 정관에 의하여 여하한 제한을 받지 않는 것으로 본다"고 규정(Companies Act 1985 §35 ①)하여 거의 무제한설로 전환하고 있다.

② 미국은 영국의 Ultra Vires의 원칙을 도입하였으나, 판례는 목적조항의 해석을 완화하는 한편, 목적 외의 계약은 무효라고 하는 영국의 판례이론을 수정하여 회사와 거래한 자를 구제하도록 하였다. 이 이론은 원래 회사가 사회로부터 광범위한 자본을 모아 사용하는 데 대한 깊은 불신을 바탕으로, 가급적 회사의 규모와 활동을 회사의 목적범위 내로 제한하기 위하여 도입된 이론이다. 그러나 그 결과 Ultra vires의 행위가 불법행위인 때에도 회사의 행위

는 무효이기 때문에 책임이 없다는 몹시 불합리한 결과를 가져왔기 때문에 미국에서는 1915년 이후 '능력 외 이론'은 점차 완화 또는 폐지되고 있다. 또한 1984년에 전면개정된 모범회사법 제3.01조~제3.04조(권한유월, Ultra Vires)에서 "본법에 의하여 설립된 모든 회사는 정관에 제한된 목적이 규정되지 않는 한 여하한 적법한 사업을 영위하는 목적을 갖는다"고 규정하고, 또 일반권리능력으로서 "정관에 달리 규정되지 않는한 모든 회사는 … 자연인과 동일한 권리능력을 가지며 그의 사업을 수행하는 데 필요한 모든 행위를 할 수 있다"고 규정하면서 정관에 의하여도 제한할 수 없는 광범위한 권리능력의 범위를 열거하고 있다. 또 비상권리능력을 별도로 인정하고 있으며 권리능력 외의 행위에 대하여는 회사와 주주 또는 회사와 이사 등의 내부관계에서만 그 무효를 주장할 수 있도록 대폭 제한하여 외부관계에서는 사실상 이를 주장할 수 있는 여지가 거의 없게 되어 있다. 따라서 미국에서도 거의 무제한설에 가까운 입장으로 전환되었다.

③ 독일에서는 1937년에 주식법을 제정할 때에 영국의 Ultra Vires 이론이 논의되기는 하였으나 이는 법인의 기관의 대표권에 관한 독일법의 규정과 모순된다고 하여 이를 채택하지 않았으며, 1965년의 독일주식법 제82조 제1항에서 "이사회의 대표권한은 제한되지 아니한다"고 규정하여 정관의 목적은 회사의 권리능력을 대외적으로 제한할 수는 없고, 다만 대내적으로 업무집행권한만을 제한하는 입장을 취하고 있어서 위의 Ultra vires 이론을 배척하고 있다.

④ 프랑스상사회사법도 주식회사에서 "회사는 제3자에 대한 관계에 있어서는 회사의 목적범위에 속하지 아니한 이사회의 행위에 대하여 책임을 진다"고 규정하여 정관의 목적은 회사의 권리능력을 대외적으로 제한할 수 없다는 입장을 취하고 있다(동법 제98조 제2항 제1문).

⑤ 일본에서는 영국의 Ultra vires 이론이 도입되어 판례는 회사의 권리능력은 정관소정의 목적에 의하여 제한되나, 다만 그 범위는 목적달성에 필요한 행위를 포함하여, 그 판단은 행위의 객관적·추상적 성질에 따른다고 하고 있다. 일본의 학설은 법인의 권리능력에 관한 민법 제43조(우리나라 민법 제34조)의 유추적용을 인정하고, 목적의 범위를 넓게 해석하는 것이 종래의 다수설이었으나, 이와는 달리 민법의 유추적용을 부정하는 견해가 오래 전부터 있었고 최근에는 이것을 지지하는 설이 많아지고 있다.

3) 학설의 대립

① 제한긍정설(제한설)   제한설은 법인의제설에 입각한 견해라고 할 수 있는데, 그 논거를 다음과 같이 들고 있다.

(카) 민법 제34조는 회사를 포함한 법인일반에 공통되는 기본원칙이므로 상법에 이를 배제하는 규정이 없는 한 회사에도 동 규정이 적용 또는 유추적용된다(상법 제1조 참조).

(나) 회사의 목적은 정관의 필요적 기재사항이고(상법 제179조, 제270조, 제289조, 제543조), 또 등기되는데(상법 제180조 제1호, 제271조, 제317조 제2항, 제549조 제2항 제1호), 그 목적에 의한 제한을 받지 않는다면 상법상 등기제도의 근본원칙(상법 제37조)이 거래의 안전 때문에 배척되어 정당한 사유가 없는 선의자에 대하여까지 회사가 대항하지 못하는 결과가 되어 이론상 시인될 수 없다.

(다) 회사의 권리능력을 목적에 의하여 제한하지 않는다면 회사가 비영리사업을 할 수 있게 되어, 이를 민법에서 비영리법인의 설립에 허가주의를 채용한 제도적 기능을 상실시킬 우려가 있다.

(라) 법인은 원래 특정한 목적을 위하여 설립되는 인격자이므로 그 목적범위 내에 있어서만 권리·의무의 주체가 된다는 것은 법인의 본질에 속하며, 이러한 법인의 본질이 영리법인인 회사에 있어서도 해당되는 것은 일반법인과 다를 바가 없다.

(마) 회사재산이 특정한 목적을 위하여 이용될 것을 기대하는 주주의 이익을 보호하는 데 중점을 두어야 한다. 회사설립의 기본이 되는 주주의 이익을 소홀히 하게 되면, 일반공중의 투자심을 저하시키게 되고, 따라서 대자본을 흡수해야 할 회사의 설립 자체가 곤란해진다.

(바) 무제한설이 들고 있는 "회사의 권리능력은 목적에 의하여 제한되지 않거나 또는 그 제한이 완화되어 가고 있다"는 비교법적 고찰에 대하여도 이는 입법론으로는 참고할 가치가 있겠지만 우리 상법상 해석론을 좌우할 수는 없다.

② 제한부정설(무제한설)   무제한설은 법인실재설에 입각한 견해라고 할 수 있는데, 다음과 같은 논거를 들고 있다.

(카) 민법상의 법인에 관한 규정은 공익법인에 관한 규정으로서 법인일반에 관한 통칙은 아니다. 민법 제34조의 규정은 공익법인에 대하여 정책적으로 인

정한 특칙으로 활동의 범위가 넓은 영리법인에 유추적용할 것이 아니며, 상법상 민법 제34조를 준용한다는 명문의 규정이 없는 이상 회사의 목적에 의한 권리능력의 제한은 없다고 해석하는 것이 타당하다.

(내) 회사의 권리능력을 그 목적에 의하여 제한하면 회사가 목적 외의 행위를 해서 성공하면 그 이익을 자기의 것으로 하나, 손실이 있으면 그 행위의 효력을 부인하게 되어 불성실한 회사에 대하여 책임을 회피할 수 있는 구실을 주게 되고 불필요한 분쟁이 발생하여 거래의 안전을 해할 위험성이 많다.

(대) 회사의 목적은 등기되지만 제3자가 거래할 때마다 이를 확인한다는 것은 번잡하고, 또 목적범위에 속하는지 여부에 대한 판단이 어려워서 거래의 실정에도 맞지 않는다. 따라서 회사의 목적이 등기된다는 사실만으로 제3자에 대하여 대항력이 발생한다고 하면, 회사와 거래하는 상대방으로 하여금 불측의 손해를 입힐 염려가 있다.

(라) 회사의 목적에 의하여 그 권리능력을 제한하면 거래의 안전을 심히 해치게 된다. 회사의 활동범위가 대단히 넓은 오늘날의 현실에서 볼 때 거래의 안전을 희생해서까지 회사를 보호할 필요는 없다.

(마) 상법 제402조에 의하면 정관에 위반되는 이사의 행위에 대해서는 감사와 소수주주의 유지청구가 인정되기는 하지만 이는 정관 소정의 목적에 의한 제한을 받는다는 것이 아니라 단지 목적범위 밖의 행위에 대해 기관의 책임을 물을 수 있는 데 불과하다고 보아야 한다.

(바) 법규정의 형식으로 볼 때에도 의용상법 제72조는 "정관의 변경 기타의 회사의 목적의 범위 내에 들지 않는 행위를 함에는 총사원의 동의가 있어야 한다"고 규정하였으나, 이에 해당하는 현행 상법 제204조는 "정관을 변경함에는 총사원의 동의가 있어야 한다"고만 규정하여 회사의 목적범위 외의 행위에 관한 부분은 삭제하고 있는데, 이는 현행 상법이 회사의 권리능력은 목적에 의하여 제한되지 않는 입장을 취하였기 때문에 불필요한 부분을 삭제한 것으로 볼 수 있다.

(사) 비교법적으로 볼 때에도 대륙법 등에서는 목적에 의하여 회사의 권리능력이 전혀 제한되지 않으며, 영미법 등에서도 목적에 의한 회사의 권리능력의 제한은 점차 완화 내지는 폐지되고 있다.

〈참 조〉

민법 제34조가 상법상 회사에 적용되는지에 관한 학설 대립

제한긍정설	제한부정설(현재 다수설)
민법 제34조의 규정은 <u>법인 일반의 성질</u>에 따른 원칙—목적범위 내에 있어서만 권리의무의 주체가 된다는 것이 법인의 본질이라는 점	<u>민법 제34조는 공익법인에</u> 대하여 정책적으로 인정한 규칙으로서 <u>영리법인인 회사에 유추적용할 것이 아니며,</u> 또한 그 명문의 근거도 없다는 점
회사의 목적은 정관에 기재하고 등기되어 제3자는 원칙적으로 악의가 의제되기 때문에 회사의 사업목적을 확인하지 못한 제3자가 불이익을 입는 일이 있더라도 부득이하다는 점	회사의 목적은 등기되지만 제3자가 거래할 때마다 이를 확인한다는 것을 기대할 수 없고, 3자가 목적범위 내의 것인지 판단하기가 어렵고, 또 회사가 그것을 남용하여 책임을 면탈함으로써 거래의 안전을 해치게 된다는 점
회사의 사업목적을 믿고 투자한 사원 또는 제3자의 기대이익을 보호해 주어야 한다는 점	회사의 활동범위는 실제로는 매우 넓은 것인데 그 능력을 제한하면 거래의 안전을 해치게 된다는 점
회사의 권리능력을 목적에 의하여 제한하지 않으면 회사가 비영리사업을 수행할 수 있게 되어 제도적 기능을 상실할 우려가 있다는 점	회사의 권리능력을 목적에 의해 제한하면 회사가 목적 외의 행위를 해서 이익 취득시 자신의 것으로 하나, 손실이 있으면 그 행위의 효력을 부인하여 회사에 대해 책임을 회피할 수 있다는 점

(2) 성질에 의한 회사의 권리능력의 제한 여부

회사는 자연인과는 달라서 성·연령·생명·신체·친족관계 등을 전제로 하는 권리를 가질 수 없다. 그러나 회사라도 유증을 받는다든가 명예권·상호권·신용권과 같은 인격권·사원권·대리권 같은 것은 가질 수 있다. 일반적으로 법인이 발기인·유한책임사원·주주 등이 되는 것은 인정하나 지배인은 될 수 없다고 본다. 그리고 업무를 담당하지 않는 이사·감사가 될 수 있다는 견해도 있으나, 이들의 업무는 자연인으로서의 경험과 개성이 중요시되는 것이기 때문에, 법인은 이사·감사·검사인·청산인이 될 수 없다고 본다.

(3) 특별법에 의한 회사의 권리능력의 제한 여부

1) 우리 상법상 회사는 전부 법인이므로(상법 제171조 제1항), 자연인과 같이 일반적(추상적) 권리능력이 있다. 그러나 법인은 자연인과는 다른 특성이 있기 때문에 이로 인하여 법인의 구체적 권리능력은 일반적으로 그 성질·법률 및 목적에 의하여 제한을 받게 된다. 회사의 경우에 그의 구체적 권리능력이 성질에 의하여 제한을 받는 점에 대하여 아무런 이견이 없으나, 특별법에 의하여 제한되는지 여부 및 정관상 목적에 의하여 제한되는지 여부에 대하여는 견해가 갈리고 있다.

2) 회사의 법인격은 법률에 의하여 부여되므로 그의 구체적 권리능력이 법률에 의하여 제한되는 것은 당연하다. 현행법상 모든 회사의 권리능력을 제한하는 상법상의 제한으로는 "회사는 다른 회사의 무한책임사원이 되지 못한다"는 제한(상법 제173조)과 "청산중의 회사는 청산의 목적범위 내로 그의 권리능력이 제한된다"는 제한이 있다(상법 제245조, 제269조, 제549조 제1항, 제613조 제1항).

그런데 회사에 따라서는 이 사례에서의 Y회사와 같이 상법 이외에도 특별법이 적용되고 동 특별법이 업무목적범위를 제한하는 규정을 두고 있는 경우에 이를 어떻게 해석할 것인가가 문제된다. 우리나라에서 이에 대하여는 크게 두 가지의 견해가 있다. 즉 하나는 그러한 특별법의 규정을 효력규정으로 보아 이를 특별법에 의한 권리능력의 제한으로 보는 견해와, 다른 하나는 그러한 특별법의 규정을 단속규정으로 보아 이를 법률에 의한 권리능력의 제한에 포함시키지 않는 견해가 있다. 생각건대 회사의 업무목적범위를 제한하는 특별법의 입법취지에서 볼 때 그와 같은 제한규정을 단순히 단속규정으로 볼 수는 없고 각종의 특별법상의 제한규정이 그의 입법목적에 부합하고, 또 일반공중의 이익과 관련되는 경우에는 효력규정으로 해석하여야 할 것으로 보는데, 이와 같이 이러한 특별법상의 제한규정이 효력규정으로 해석될 때에는 특별법에 의한 권리능력의 제한으로 보아야 할 것이다.

3) 특별법상의 제한규정을 이와 같이 해석할 때 Y회사가 본문 어음을 배서한 행위는 종합금융회사에 관한 법률 제7조 및 제2조의 제한규정에 포함되는 것으로 해석될 수 있는지 여부가 문제된다. 종합금융회사에 관한 법률 제7

조 제1항은 단기금융회사의 업무를 "① 어음 및 총리령이 정하는 채무증서의 발행, 할인, 매매, 중개, 인수 및 보증(이 경우 어음 및 채무증서는 1년의 범위 내에서 금융감독위원회가 정하는 기간 내 만기가 도래하는 것에 한한다.), ② 설비 또는 운전자금의 투자, ③ 증권거래법 제2조 제8항 제5호 내지 제7호의 업무, ④ 외자도입, 해외투자 기타 국제금융의 주선과 외자의 차입 및 전대, ⑤ 채권의 발행, ⑥ 기업의 경영상담과 인수 또는 합병 등에 관한 용역, ⑦ 지급보증, ⑧ 제1호 내지 제7호의 업무에 부대하는 업무로서 금융감독위원회가 고시하는 업무"로 제한하고 있고, 동법 제2조는 단기금융업을 "1년의 범위 내에서 금융감독위원회가 정하는 기간 내 만기가 도래하는 어음 및 총리령이 정하는 채무증서의 발행, 할인, 매매, 중개, 인수 및 보증의 업무를 영위하는 것"이라고 정의하고 있다. 따라서 위와 같은 종합금융회사에 관한 법률을 엄격히 해석하면 Y회사가 보증목적으로 어음에 배서한 행위는 위 종합금융회사에 관한 법률상의 업무범위에 포함되지 않고 동 규정을 효력규정으로 해석하면 Y회사가 보증목적으로 한 어음배서행위의 사법상 효력은 없게 된다. 그러나 종합금융회사에 관한 법률상의 위의 규정을 문리해석할 수는 없고 어느 행위가 위의 업무범위 내에 해당하는지 여부는 그 행위의 객관적 성질에 따라 추상적으로 판단하여야 할 것이고, 이러한 점에서 보면 Y회사가 보증목적으로 한 어음배서행위는 종합금융회사에 관한 법률의 업무범위에 포함된다고 볼 수 있다.

4) 이에 대하여 우리나라의 대법원도 이와 동지로 "회사의 권리능력은 회사의 설립근거가 된 법률과 회사의 정관상의 목적에 의하여 제한되나 그 목적범위 내의 행위라 함은 정관에 명시된 목적 자체에 국한되는 것이 아니고 그 목적을 수행하는 데 있어 직접 또는 간접으로 필요한 행위는 모두 포함되며, 목적수행에 필요한지 여부도 행위의 객관적 성질에 따라 추상적으로 판단할 것이지 행위자의 주관적·구체적 의사에 따라 판단할 것이 아니다"라고 판시하여, 특별법상의 업무제한규정을 정관의 목적과 같이 넓게 해석하여 Y회사의 보증목적의 어음배서행위는 위 특별법(종합금융회사에 관한 법률)상의 업무범위에 포함되는 것으로 판시하고 있다.

5) 특별법상의 제한규정을 위와 같이 해석하면 본문에서 종합금융회사에 관한 법률을 영위하는 Y회사가 A의 X에 대한 차용금채무를 보증하기 위하여 A가 발행한 약속어음에 배서한 행위는 종합금융회사에 관한 법률상의 업무범

위 외의 행위로 볼 수 없다. 따라서 이는 Y회사의 권리능력 내의 법률행위로서 Y회사는 그 책임이 있으므로, Y회사의 주장은 정당하지 않다고 본다.

2. 회사의 의사능력·행위능력

회사는 법인으로서 권리능력이 있지만 의사능력이나 행위능력은 자연인만으로 구성된 기관에 의해 갖게 된다. 이 문제는 법인본질론과 관련되어 있다. 법인의제설에서는 회사자체의 의사능력과 행위능력을 부정하고 회사의 기관을 회사의 조직 외에 있는 대리인으로 보아 대리인인 기관의 행위가 회사에 귀속한다고 한다. 이에 반해 법인실재설에 의하면 회사는 그 법적 조직체의 일부를 이루는 기관을 통하여 스스로 행위를 할 수 있으므로 회사 자체에 의사능력과 행위능력이 있으며, 기관의 행위가 곧 회사의 행위가 된다. 이처럼 기관의 행위가 법률상 당연히 회사의 행위로 되는 관계를 대표관계라고 한다. 오늘날에는 법인실재설에 따라 회사의 의사능력과 행위능력을 인정하는 데에 견해가 일치되어 있다. 따라서 회사는 포괄적인 권리능력과 행위능력을 갖는다.

현행법상 기관의 대표행위에 관하여는 특별한 규정이 없고 대리에 관한 규정이 유추적용되므로(민법 제59조 제2항), 어느 학설에 의하더라도 기관의 법률행위의 효과를 회사에 귀속시키는 것에는 차이가 없다.

3. 회사의 불법행위능력

회사의 불법행위능력은 법인본질론과 관련이 있다. 법인의제설에 의하면 회사의 불법행위는 존재하지 않으며, 다만 사용자책임 또는 회사의 책임을 규정한 법률에 의해 특수한 법정책임을 부담하고 기관은 행위자책임을 부담하게 되는 것이다. 이에 반해 법인실재설에 의하면 회사는 당연히 불법행위능력이 있어 불법행위책임을 지며, 행위자인 기관은 제3자보호를 두텁게 하기 위하여 회사와 연대하여 책임을 지도록 규정한 법률에 의해 법적 책임을 부담한다(민법 제35조, 제756조; 상법 제210조, 제389조 제3항, 제401조, 제567조). 어느 학설에 의하더라도 기관의 불법행위에 대해 회사가 배상책임을 지는 동일한 결과가 나온다.

4. 어음배서인의 민법상 보증책임부담 여부

보증목적으로 어음에 배서한 자에 대하여 민법상 보증책임을 물을 수 있는가. 이는 어음행위가 원인행위에 미치는 영향에 관한 문제로서 이에 대하여 우리나라의 대법원판례는 원인채무에 대하여 연대보증인으로서의 책임을 부담한다는 판례(대법원 1986. 7. 22. 선고 86다카783 판결)와 배서행위로 인한 어음법상의 채무만을 부담하는 것이 원칙이라는 판례(대법원 1987. 12. 8. 선고 87다카1105 판결)로 나뉘어 있는데, 원칙적으로 어음배서인으로서의 책임만을 부담한다고 본다. 따라서 Y가 어음채무만을 부담한다고 보면 이는 위에서 본 바와 같이 단기금융업법 및 정관상 Y의 목적범위 내의 행위가 되는 것을 전제로 하여 Y는 X에 대하여 어음채무를 부담한다. 그러나 만일 Y가 연대보증인으로서의 책임까지 부담한다고 보면, 이러한 Y의 동 보증행위가 종합금융회사에 관한 법률 및 Y회사의 정관상 목적에 포함되는지 여부가 검토되어야 할 것이다.

Ⅲ. 결   어

1. 본 사례에서 회사의 권리능력의 제한에 관한 학설 중 무제한설에 의하면 정관상 목적에 의하여 권리능력이 제한되지 않으므로 Y회사의 정관상 목적(보증목적)의 어음배서행위가 없다고 하더라도 Y회사가 A가 발행한 어음에 보증목적으로 배서한 행위는 Y회사의 권한능력 내의 행위로서 Y회사는 X에 대하여 당연히 어음채무를 부담하게 된다. 또한 제한설에 의하더라도 정관상 목적의 해석을 엄격하게 문리해석하지 않고 그 목적을 수행하는 데 있어 직접 또는 간접으로 필요한 행위를 모두 포함하고, 또한 목적수행에 필요한지 여부도 객관적 성질에 따라 추상적으로 판단하면 Y회사의 보증목적의 어음배서행위는 Y회사의 목적범위에 포함되는 것으로 볼 수 있다. 결론은 어느설을 취하든 동일하다고 할 수 있으나, 다만 이론구성에 있어서는 무제한설에 근거하는 것이 더 합리적이라고 생각된다.

2. Y회사가 보증목적으로 한 어음배서행위가 종합금융회사에 관한 법률 제7조의 업무범위 내인가 또 Y회사의 정관상 목적범위 내인가는 양자를 분리

하여 검토하여야 할 것이다. 이렇게 볼 때 종합금융회사에 관한 법률 제7조의 업무범위에 관한 규정의 성질을 어떻게 볼 것인가가 문제되는데 동법의 입법취지에서 볼 때 효력규정으로 보아야 할 것이다. 종합금융회사에 관한 법률 제7조를 효력규정으로 본다고 하더라도 Y의 보증목적의 어음배서행위는 실질적으로 볼 때 동법 동조 제1항 제3호의 '어음의 보증'에 포함될 수 있어 Y의 어음배서행위는 종합금융회사에 관한 법률 제7조에 위반되지 않는다고 본다. 또한 Y의 어음배서행위가 정관상 목적범위 외의 행위로서 무효가 되는지 여부는 무제한설의 입장에서 이는 목적범위 내의 행위로서 언제나 대외적으로 유효하다고 본다. 또한 Y는 어음배서행위로 인하여 민법상 보증책임까지 부담한다는 X의 주장은 채택될 수 없다고 본다. 따라서 Y회사는 X에 대하여 어음배서인으로서 소구의무만을 부담한다.

Ⅳ. 참조판례

1. 대법원 2009. 12. 10. 선고 2009다63236 판결

원고는 영리를 목적으로 하는 상법상의 합자회사로서 그 <u>정관에서 목적을 이 사건 토지 위에 존재하는 시장건물의 관리업무로 한정하고 있지 아니하여</u> 이 사건 토지를 매도한 후 새로 시장건물을 매수하는 등의 방법으로 계속하여 존속할 수도 있을 것이므로 이 사건 토지를 매도하는 행위가 원고의 목적범위 내에 포함되지 않는다고 단정하기 어려운 점, 특히 이 사건 토지를 매도할 당시 이미 이 사건 토지에 관한 경매절차에서 매각허가결정이 되어 사실상 소유권을 상실한 상태였던 점, 이와 같은 상태에서 원고의 요청에 의하여 매각허가를 받은 피고 1주식회사와 사이에 이 사건 토지에 관한 매매계약이 체결된 점, 그 후 피고 1주식회사는 이 사건 토지를 담보로 피고들 보조참가인으로부터 15억 원을 대출받았을 뿐만 아니라 피고 2주식회사와 부동산담보신탁계약을 체결하고 그에 따라 이 사건 토지에 관하여 피고 2주식회사 앞으로 위 신탁계약을 원인으로 한 소유권이전등기를 마치는 등 이 사건 토지를 둘러싼 다수의 법률관계가 형성되어 있어 거래안전의 보호가 강하게 요구되는 점 등에 비추어 보면, 원고의 대표사원인 소외인이 피고 1주식회사에게 이 사건 토지를 매도한 행위는 원고의 목적을 수행하는 데 있어 직접, 간접으로 필요한 행위에 해당한다고 봄이 상당하다.

이와 달리 위와 같은 이 사건 토지의 매도행위가 원고의 목적범위 내에 포함되지 않는다고 본 원심의 판단에는 회사의 권리능력에 관한 법리를 오해하여 판결에 영향을 미친 위법이 있다 할 것이고 이를 지적하는 피고들의 상고이유의 주장은 이유 있다.

2. 대법원 2008. 5. 15. 선고 2007다23807 판결

① 대표이사가 회사의 권리능력 범위 내에서 대표권한을 초과하여 행한 행위의 제3자에 대한 효력 및 대표권의 범위 내에서 개인적인 이익을 위하여 그 권한을 남용한 행위의 효력

대표이사의 대표권한 범위를 벗어난 행위라 하더라도 그것이 회사의 권리능력의 범위 내에 속한 행위이기만 하면 대표권의 제한을 알지 못하는 제3자가 그 행위를 회사의 대표행위라고 믿은 신뢰는 보호되어야 하고, 대표이사가 대표권의 범위 내에서 한 행위는 설사 대표이사가 회사의 영리목적과 관계없이 자기 또는 제3자의 이익을 도모할 목적으로 그 권한을 남용한 것이라 할지라도 일단 회사의 행위로서 유효하고, 다만 그 행위의 상대방이 대표이사의 진의를 알았거나 알 수 있었을 때에는 회사에 대하여 무효가 되는 것이다(대법원 2004. 3. 26. 선고 2003다34045 판결; 대법원 2005. 7. 28. 선고 2005다3649 판결 등 참조).

② 상법 제393조 제1항에서의 '대규모 재산의 차입'에 해당하는지 여부의 판단 기준

상법 제393조 제1항은 주식회사의 대규모 재산의 차입 등은 이사회의 결의로 한다고 규정하고 있는바, 여기서 대규모 재산의 차입에 해당하는지 여부는 당해 차입재산의 가액, 회사의 규모, 회사의 영업 또는 재산의 상황, 경영상태, 당해 재산의 차입목적 및 사용처, 회사의 일상적 업무와 관련성, 당해 회사에서의 종래의 취급 등 여러 사정에 비추어 대표이사의 결정에 맡기는 것이 상당한지 여부에 따라 판단하여야 할 것이다.

③ 주식회사의 대표이사가 이사회의 결의를 거쳐야 할 대외적 거래행위에 관하여 이를 거치지 아니한 경우, 그 거래행위의 효력 및 거래의 상대방이 이

사회의 결의가 없었음을 알았거나 알 수 있었음에 관한 증명책임의 소재

주식회사의 대표이사가 이사회의 결의를 거쳐야 할 대외적 거래행위에 관하여 이를 거치지 아니한 경우라도, 이와 같은 이사회 결의사항은 회사의 내부적 의사결정에 불과하다 할 것이므로, 그 거래 상대방이 그와 같은 이사회 결의가 없었음을 알았거나 알 수 있었을 경우가 아니라면 그 거래행위는 유효하다 할 것이고, 이 경우 거래의 상대방이 이사회의 결의가 없었음을 알았거나 알 수 있었음은 이를 주장하는 회사 측이 주장·입증하여야 한다(대법원 1995. 4. 11. 선고 94다33903 판결; 대법원 2005. 7. 28. 선고 2005다3649 판결 등 참조).

④ 금전 소비대차계약의 이자 약정이 선량한 풍속 기타 사회질서에 위반한 사항을 내용으로 하는 법률행위로서 무효로 되는 경우

금전 소비대차계약과 함께 이자의 약정을 하는 경우, 그 이자 약정이 대주가 그의 우월한 지위를 이용하여 부당한 이득을 얻고 차주에게는 과도한 반대급부 또는 기타의 부당한 부담을 지우는 것이어서 선량한 풍속 기타 사회질서에 위반한 사항을 내용으로 하는 법률행위로서 무효라고 보기 위해서는, 양쪽 당사자 사이의 경제력의 차이로 인하여 그 이율이 당시의 경제적·사회적 여건에 비추어 사회통념상 허용되는 한도를 초과하여 현저하게 고율로 정하여졌다는 사정이 인정되어야 한다(대법원 2007. 2. 15. 선고 2004다50426 전원합의체 판결 참조).

3. 대법원 2005. 5. 27. 선고 2005다480 판결[부당이득금]

회사의 권리능력은 회사의 설립 근거가 된 법률과 회사의 정관상의 목적에 의하여 제한되나 그 목적범위 내의 행위라 함은 정관에 명시된 목적 자체에 국한되는 것이 아니라 그 목적을 수행하는 데 있어 직접, 간접으로 필요한 행위는 모두 포함되고 목적수행에 필요한지의 여부는 행위자의 주관적, 구체적 의사가 아닌 행위 자체의 객관적 성질에 따라 판단하여야 할 것인데(대법원 1988. 1. 19. 선고 86다카1384 판결; 1991. 11. 22. 선고 91다8821 판결 등 참조), 그 판단에 있어서는 거래행위를 업으로 하는 영리법인으로서 회사의 속성과 신속성 및 정형성을 요체로 하는 거래의 안전을 충분히 고려하여야 할 것인바, 회사가 거래관계 또는 자본관계에 있는 주채무자를 위하여 보증하는 등의 행위는 그것이 상법상의 대표권 남용에 해당하여 무효로 될 수 있음은 별론으로

하더라도 그 행위의 객관적 성질에 비추어 특별한 사정이 없는 한 회사의 목
적범위 내의 행위라고 봄이 상당하다 할 것이다.

4. 대법원 1987. 12. 8. 선고 86다카1230 판결; 대법원 1988. 1. 19.
선고 86다카1384 판결; 대법원 1991. 11. 22. 선고 91다8821 판
결; 대법원 1999. 10. 8. 선고 98다2488 판결; 대법원 2001. 9.
21. 선고 2000그98 판결

회사의 권리능력은 회사의 설립근거가 된 법률과 회사의 정관상의 목적에
의하여 제한되나 그 목적범위 내의 행위라 함은 정관에 명시된 목적 자체에
국한되는 것이 아니라 그 목적을 수행하는 데 있어 직접 또는 간접으로 필요
한 행위는 모두 포함되고 목적수행에 필요한지의 여부도 행위의 객관적 성질
에 따라 추상적으로 판단할 것이지 행위자의 주관적·구체적 의사에 따라 판
단할 것이 아니다.

5. 대법원 1987. 10. 13. 선고 86다카1522 판결

회사도 법인인 이상 그 권리능력이 정관으로 정한 목적에 의하여 제한됨
은 당연하나 정관에 명시된 목적 자체에는 포함되지 않는 행위라 할지라도 목
적수행에 필요한 행위는 회사의 목적범위 내의 행위라 할 것이고 그 목적수행
에 필요한 행위인가의 여부는 문제된 행위가 정관기재의 목적에 현실적으로
필요한 것이었던가 여부를 기준으로 판단할 것이 아니라 그 행위의 객관적 성
질에 비추어 추상적으로 판단할 것이다.

6. 대법원 1975. 12. 23. 선고 75다1479 판결

회사의 대표이사가 회사를 대표하여 회사의 목적범위에 속하지 아니하는
타인의 손해배상의무를 연대보증한 경우에는 그 보증은 회사에 대하여 효력이
없고 이는 회사의 주주 및 이사들이 그 보증의 결의를 하였다 하더라도 마찬
가지이다.

7. 대법원 1974. 6. 25. 선고 74다7 판결

어업협동조합이 내빈 등의 접대를 위하여 차를 외상으로 구입한 대금이

조합의 그때그때의 목적사업수행에 직접적으로 관련된 것이었다면 이를 조합의 어떠한 독립된 행위라고 보기보다는 그 목적사업수행에 필요한 부대경비의 일부라고 볼 것이므로 조합은 이를 지급할 의무가 있다.

8. 대법원 1968. 5. 21. 선고 68다461 판결

한국벽지수출조합의 전무이사인 甲이 동 조합원인 원고회사가 임치한 금액을 횡령함으로써 동 조합이 이를 배상할 처지에 놓여 있었으나 그 변상능력이 없게 되자 위 甲의 부가 공동대표이사로 되어 있는 피고 회사가 동 채무를 인수한 경우, 피고회사는 벽지제조업, 국내외 수출업 등과 이에 부대하는 사업을 목적으로 하는 영리회사인 만큼, 설사 피고회사가 동 수출조합의 조합원이 아니고 위 甲의 부가 아들을 석방시키기 위한 방편으로 채무를 이수하였다 하여도 이러한 채무인수는 적어도 피고회사의 목적사업을 수행함에 필요한 행위로서 회사의 목적범위 내의 행위라고 할 것이다.

9. 대법원 1955. 3. 10. 선고 4287민상128 판결

가마니 매매업 및 이에 관련된 부대사업 일체를 목적으로 하는 회사가 타인을 위하여 한 '수공품보관계약'은 위 회사의 '목적에 배치되지 않는 행위'로서 동 회사의 목적범위 내에 속하는 행위이다.

10. 대법원 1946. 2. 8. 선고 4278민상179 판결

유기질비료·사료·어지·해산물의 생산, 수집 기타 부대가공업 및 판매업을 목적으로 하는 회사가 일정한 경우에 타인을 위하여 한 '주식매입자금의 보전행위'는 위 회사의 '목적달성에 필요한 범위 내에 속한 행위'로서 동 회사의 목적범위 내에 속하는 행위이다.

24 개업준비행위와 설립비용의 부담

◆ 사   례

자동차생산을 목적으로 하는 Y주식회사의 발기인 대표 甲은 창립사무소로 사용할 사무실을 乙로부터 300만원에 임차하고, 회사설립 후의 자동차조립을 위해 자동차부품을 丙으로부터 200만원에 구입하였다. 그런데 Y회사와 甲은 회사설립 후에도 임차료와 부품대금을 지급하지 않았다. 위 회사정관에는 회사가 부담할 설립비용이 200만원이라는 기재가 있을 뿐인 경우 乙·丙은 Y회사에 임차료와 부품대금지급을 청구할 수 있는가? 또 위의 두 계약을 창립총회나 주주총회에서 승인한 경우는 어떠한가?

Ⅰ. 문제의 논점

본 사례는 다음의 3가지 논점을 중심으로 살펴보아야 한다. 즉 ① 발기인의 권한과 권한범위 외의 행위의 추인 여부, ② 설립비용의 대외적 부담관계, ③ 정관에 기재되지 않은 재산인수의 효력 및 추인가능성이다. 각 논점별로 학설의 대립이 첨예하므로 이를 먼저 정리해 보기로 한다.

1. 乙·丙이 Y회사에 임차료와 부품대금지급을 청구하기 위해서는 甲과의 계약의 효력이 Y회사에 귀속되어야 하는바, 甲이 乙·丙과 체결한 사무실임차계약과 자동차부품구입 계약체결이 설립 중의 회사의 발기인으로서의 적법한 권한범위 내의 행위에 포함되는지 여부가 문제된다.

2. 설문에서의 계약체결이 발기인의 권한범위 내의 것이라 하더라도 성립

후의 회사의 자본충실을 위해 상법 제290조는 이를 변태설립사항으로 규정하고 정관에 의한 규제를 받도록 하고 있는바, 설문에서 정관의 기재를 초과한 설립비용과 정관에 기재가 없는 부품대금의 부담관계가 문제된다.

3. 또한 정관의 기재를 초과한 설립비용과 정관에 기재가 없는 재산인수의 효력 및 설립 후의 Y회사가 사후에 추인할 수 있는지 여부와 추인이 가능하다면 어떠한 방법에 의해야 하는지가 문제된다.

Ⅱ. 甲의 행위의 효과의 Y회사의 귀속 여부

1. 발기인의 권한범위

발기인은 '회사의 설립사무에 종사한 자'를 의미하나 형식적으로는 '정관에 발기인으로 기명날인 또는 서명을 한 자'를 의미한다(상법 제289조 제1항).

설립 중의 회사의 업무집행기관은 발기인인바, 발기인이 취득한 권리의무가 설립 후의 회사에게 이전되기 위해서는 발기인이 설립 중의 회사 명의로 발기인의 권한범위 내에서 한 행위이어야 하며 회사가 성립하여야 한다.

설문에서 甲은 발기인 대표의 지위에서 계약을 체결하였고, 회사가 성립하였는바, 첫 번째와 두 번째의 요건은 충족되었고, 다만 발기인의 권한범위 내의 행위인지만이 문제된다. 발기인은 회사의 설립사무에 관하여 어느 정도의 권한을 갖는가에 대하여 다음과 같이 견해가 나누어져 있다.

(1) 학   설

1) 제1설

발기인은 회사의 설립 그 자체를 직접적 목적으로 하는 행위만을 할 수 있으므로, 개업준비행위는 당연히 제외된다는 설(이기수·최기원 교수)이다. 이 설에서는 법정요건을 갖춘 재산인수는 예외적으로 인정된다고 본다.

2) 제2설

발기인은 회사의 설립을 위하여 법률상·경제상 필요로 하는 모든 행위를 할 수 있으나, 개업준비행위는 제외된다는 설(정희철·서돈각 교수)이다. 이 설에서도 법정요건을 갖춘 재산인수는 예외적으로만 인정된다고 보고, 법정요건을 갖추지 않은 재산인수는 원칙적으로 회사에 대하여 효력이 생기지 않는다고 본다.

3) 제 3 설

발기인은 회사의 설립에 필요로 하는 법률상·경제상의 모든 행위를 할 수 있으므로 이에는 회사성립 후의 개업을 위한 개업준비행위도 포함된다는 설(정동윤·정찬형 교수)이다. 이 설에 의하면 발기인의 재산인수는 개업준비행위로서 원래 발기인의 권한에 속하는 행위라고 볼 수 있으나, 이는 특히 위험성이 많으므로 이의 남용을 방지하기 위하여 상법이 이를 제한하고 있다고 한다.

(2) 판 례

우리나라의 대법원은 "발기인 대표가 성립 후의 회사를 위하여 자동차조립계약을 체결한 것은 발기인 대표 개인명의로 되어 있다 하더라도 발기인 대표로서 회사설립사무의 집행인으로서 이 계약을 체결한 것이고 이는 상법 제290조의 변태설립사항의 각 호에 해당되지 않는다"고 판시(대법원 1970. 8. 31. 선고 70다1357 판결)하여 발기인의 권한에 개업준비행위를 포함시키고 있다.

(3) 검 토

생각건대 발기인의 회사설립에 관한 행위가 회사의 설립에 필요한 행위와 개업준비행위로 명백하게 분리되지 않는 점, 발기인은 회사설립에 관하여 엄격한 책임을 부담하므로 발기인에게 회사설립에 관하여 광범위한 권한을 인정해도 좋다는 점에서 볼 때 발기인의 권한에 개업준비행위를 포함한다고 보는 제3설에 찬동한다.

2. 설문의 경우

(1) 창립사무소 임차행위

甲이 乙로부터 창립사무소를 임차한 행위는 회사설립을 위해 법률상·경제상 필요한 행위로 발기인의 권한범위 내의 행위라고 할 수 있다. 그러나 이는 설립비용부담행위에 해당하는바, 상법 제290조에 의한 규제를 받으므로 정관의 기재를 초과한 설립비용의 부담관계를 다시 검토해야 한다.

(2) 자동차부품구입행위

甲이 丙과 자동차부품 구입계약을 체결한 행위는 개업준비행위 중 재산인수에 해당한다. 발기인의 권한범위에 관한 어느 견해에 따르더라도 재산인수가 허용된다는 점에는 이설이 없고, 다만 인정취지를 달리 설명하고 있을 뿐이다.

설문에서는 정관에 기재되지 않은 재산인수의 효력이 문제되고, 만약 무효라면 성립 후의 회사가 추인할 수 있는지를 다시 검토해야 한다.

Ⅲ. 설립비용의 부담관계

1. 정관의 기재를 초과한 설립비용의 부담관계

발기인이 회사설립과정에서 설립비용을 과다지출한 경우 회사의 자본충실을 저해할 우려가 있다. 따라서 상법은 제290조 제4호에서 이를 변태설립사항으로 규정하여 정관에 기재된 경우에만 회사가 이를 부담하도록 하고 있다.

설문의 경우 甲은 정관에 기재된 범위를 초과하여 300만원에 임차계약을 체결하였는바, 그 비용부담관계가 문제된다.

(1) 대내적 부담관계

정관에 기재하지 않거나 기재액을 초과하여 지출한 설립비용은 발기인 자신이 부담하여야 한다. 따라서 정관에 기재된 200만원은 회사가 부담하고 정관의 기재를 초과한 100만원은 甲이 부담하여야 한다. 이때 甲은 자신이 부담한 100만원을 회사에 대하여 부당이득 또는 사무관리의 법리에 의해 구상할 수 없다고 보는 것이 통설이다.

(2) 대외적 부담관계

1) 학   설

① 제 1 설(한도 내 회사부담설)(정동윤·정찬형·최완진 교수)   이 설은 설립비용의 채무는 정관의 기재와 법원·창립총회의 승인의 한도에서 성립 후의 회사에 귀속되어 발기인이 그 한도에서 제3자에 대한 지급채무를 면하나, 그 한도 외의 채무는 발기인이 부담한다고 한다. 이 설은 발기인이 설립 중의 회

사의 기관으로서 회사의 설립을 위하여 취득한 권리의무는 성립 후의 회사에 귀속되므로, 설립비용의 채무도 법정요건을 갖춘 한도에서는 당연히 성립 후의 회사에 귀속되는 것이라고 본다.

② 제 2 설(회사전액부담설)(이병태 교수) 이 설은 설립비용의 채무는 정관의 기재의 여부나 그 기재범위의 내외 또는 법원·창립총회의 승인의 여부를 불문하고 항상 회사가 부담하고 발기인은 그 채무를 면하나, 회사는 내부적으로 법정요건을 갖춘 한도에서만 설립비용을 부담하므로 회사가 설립비용의 채무를 이행한 때에는 정관에 기재되지 않은 금액이나 그 기재를 초월한 금액 또는 법원·창립총회의 승인을 얻지 못한 금액에 대하여 회사가 발기인에게 구상할 수 있다고 한다. 이 설은 설립중의 회사의 관념을 인정하고 발기인을 그 집행기관으로 보는 이상 설립비용을 생기게 한 행위는 회사의 설립에 필요한 행위로서 발기인의 권한에 속하므로 설립비용의 채무는 회사가 부담하여야 한다고 보는 것이다.

③ 제 3 설(발기인 전액부담설)(최기원 교수) 이 설은 설립비용의 채무는 회사의 성립의 전후를 불문하고 항상 발기인이 부담하며, 다만 발기인이 설립비용의 채무를 이행한 때에는 법원·창립총회의 승인을 얻은 한도에서 회사에 대하여 구상할 수 있다고 한다. 이 설은 발기인의 권한은 법인인 회사의 형성·설립 그 자체를 직접 목적으로 하는 행위에 한하고, 그 외에 발기인이 법률 형식상 자기의 명의로 한 행위는 비록 그것이 실질적으로 설립 중의 회사를 위하여 한 것일지라도 회사에 귀속하게 하는 것은 부당하므로 설립비용의 채무는 항상 발기인이 부담하여야 한다고 보는 것이다.

2) 검 토

생각건대 설립중의 회사의 목적은 완전한 회사로 창설하는 것이므로 그 집행기관인 발기인의 권한은 회사의 설립에 법률상·경제상 필요한 모든 행위에 미친다고 보아야 하고, 만약 발기인의 권한을 법인인 회사의 형성·설립 그 자체를 직접 목적으로 하는 행위에 한한다고 보면 발기인의 권한을 부당하게 제한하게 된다. 더욱이 발기인 전액부담설에 따라 발기인이 설립비용의 채무를 부담한다고 하면 발기인의 배후에 있는 회사를 신뢰하고 거래한 제3자의 이익을 해할 염려가 있다. 따라서 설립비용의 채무는 회사가 부담하고, 다만 법정 요건을 갖추지 않은 설립비용은 회사가 그 채무를 이행하고 발기인에 대하여 구상할 수 있다고 보는 것이 타당하다고 보는 회사전액부담설에 찬동한다.

회사전액부담설에 따를 때 乙은 Y회사에 임차료 300만원 전액을 청구할 수 있고 Y회사는 정관의 기재를 넘은 100만원에 대해서는 甲에게 구상하게 된다.

2. 사후추인의 가부

(1) 추인의 가부

발기인의 권한범위 외의 행위(또는 정관에 기재하지 않고 한 재산인수)를 성립 후의 회사가 추인할 수 있는지 여부에 대하여 부정설(다수설)과 긍정설(소수설)로 나누어져 있다.

1) 학　설

① 부 정 설　부정설에서는 발기인의 권한범위 외의 행위는 무효로서 성립 후의 회사가 이를 추인하지 못한다고 한다.

② 긍 정 설　발기인의 권한범위 외의 행위는 발기인이 설립 중의 회사의 명의로 성립 후의 회사의 계산으로 한 것은 비록 그것이 발기인의 권한범위 외의 행위라 할지라도 무권대리행위로서 민법 제130조 이하의 규정에 의하여 추인할 수 있다고 보며, 이렇게 성립 후의 회사가 추인하는 경우에는 상대방이 추인 전에 무효를 주장하지 않는 이상 그 효과가 회사에 귀속된다고 한다(정희철 교수).

2) 검　토

생각건대 긍정설은 실정법상의 근거가 없을 뿐만 아니라 변태설립사항을 규정한 상법 제290조의 탈법행위를 인정하는 결과가 되므로 다수설인 부정설에 찬동한다.

(2) 추인의 방법

발기인의 권한범위 외의 행위(정관에 기재하지 않고 한 재산인수)를 성립 후의 회사가 추인할 수 있다고 보는 경우에 성립 후의 회사는 어떠한 방법으로 추인할 수 있는가에 대해 2가지 학설의 대립이 있다.

1) 학 설

① 제1설　성립 후의 회사는 사후설립(상법 제375조)의 경우를 유추적용하여 주주총회의 특별결의로써 이를 추인할 수 있다는 학설이다.

② 제2설　성립 후의 회사는 새로이 동일 내용의 계약을 체결하는 경우와 동일한 방법으로써 발기인의 무권대리를 명시적·묵시적으로 추인할 수 있다는 학설이다.

2) 검 토

생각건대 설립 중의 회사의 발기인이 한 행위를 성립 후의 회사가 새로이 동일 내용의 계약을 체결하는 경우와 동일한 방법으로 할 수는 없으므로 주주총회의 특별결의로써 추인할 수 있다고 보는 제1설에 찬동한다.

3. 설문의 경우

설문에서 甲과 乙 간의 사무실임차계약은 법적 성질이 설립비용의 부담행위로 대외적으로는 정관에 기재된 200만원뿐만 아니라 300만원 전액에 대해 회사가 책임을 부담한다(회사전액부담설). 따라서 乙은 Y회사에 임차료 300만원의 지급을 청구할 수 있다.

한편 대내적으로 Y회사는 정관의 기재를 초과한 100만원에 대해서는 甲에게 구상할 수 있으며 이러한 甲의 책임은 창립총회나 주주총회의 결의에 의해 면제할 수 없다.

Ⅳ. 자동차부품대금의 부담관계

1. 문 제 점

甲이 丙과 체결한 자동차부품매매계약은 상법 제290조 제3호의 재산인수에 해당한다.

상법 제290조는 재산인수에 대해 정관에 기재하여야 그 효력이 있다고 규정하고 있는바, 정관의 기재 없는 재산인수의 효력 및 추인가능성이 문제된다.

2. 정관에 기재되지 않은 재산인수의 효력 및 추인가능성

(1) 효 력

재산인수가 현물출자의 탈법행위로 악용되는 것을 방지하기 위해 상법은 이를 변태설립사항으로 규정하여 정관 및 주식청약서에 기재하게 하고 다시 검사인의 검사와 창립총회의 승인을 요구하고 있다.

변태설립사항에 대한 규제는 회사의 자본충실을 위한 강행규정으로 정관에 기재하지 않은 재산인수는 원칙적으로 무효가 된다는 점에 이론이 없다.

(2) 추인가능성

재산인수는 변태설립사항으로서 반드시 정관에 기재하여야 그 효력이 발생하고 정관에 기재가 없는 재산인수는 무효라는 데 모든 학설이 일치하고 있다. 다만 추인 가능성에 대하여는 견해가 나누어지고 있다.

1) 학 설

① **추인부정설**(다수설)   이 설은 정관에 기재하지 않은 재산인수는 창립총회의 승인·회사성립 후의 추인 또는 정관변경이 있더라도 그 무효가 치유될 수 없다는 것이다. 왜냐하면 추인 등에 의한 무효의 치유를 인정하는 것은 상법 제290조 제3호에서 재산인수를 엄격히 규제하는 법의 취지에 어긋나고, 결과적으로 재산인수의 탈법행위를 인정하는 것이 되며, 또 자본충실에 관한 절차상의 규정은 다수결의 원리로 그 적용을 배제할 성질이 아니기 때문이다. 따라서 정관에 규정이 없는 재산인수는 주주총회의 특별결의가 있는 경우에도 절대적으로 무효이고, 다만 사후설립이 인정될 뿐이라고 본다.

② **추인긍정설**(소수설)   이 설은 발기인이 권한범위 외의 행위를 한 경우와 같이 성립 후의 회사는 주주총회의 특별결의로써 이를 추인할 수 있다고 본다.

2) 판 례

판례는 재산인수가 동시에 상법 제375조의 사후설립에도 해당하는 경우 주주총회의 특별결의에 의한 추인이 있었다면 그 재산인수가 정관에 기재되지 않은 경우에도 유효하다고 판시하였다(대법원 1992. 9. 14. 선고 91다33087 판결).

또 다른 판례는 "甲과 乙이 공동으로 축산업 등을 목적으로 하는 X주식회사를 설립하기로 합의하고 甲은 부동산을 현물출자하고 乙은 현금으로 출자하되 현물출자에 따른 번잡함을 피하기 위해 회사의 성립 후 X회사와 甲 간에 매매계약에 의한 소유권이전등기의 방법에 의하여 위 현물출자를 완성하기로 약정하고 그 후 회사설립을 위한 소정의 절차를 거쳐 위 약정에 따른 현물출자가 이루어진 것이라면, 위 현물출자를 위한 약정은 그대로 상법 제290조 제3호가 규정하는 재산인수에 해당한다고 할 것이어서 정관에 기재되지 아니하는 한 무효라고 할 것이나, 위와 같은 방법에 의한 현물출자가 동시에 상법 제375조가 규정하는 사후설립에 해당하고 이에 대하여 주주총회의 특별결의에 의한 추인이 있었다면 회사는 유효하게 위 현물출자로 인한 부동산의 소유권을 취득한다"고 판시하고 있다. 그러나 위의 판례는 재산인수의 추인에 관하여 명시적인 태도를 취하지 아니한 채, 판시에서 재산인수가 동시에 사후설립의 요건을 갖추면 주주총회특별결의로 추인할 수 있다고 하고 있어서, 이러한 판례의 태도에 대해 재산인수와 사후설립은 그 계약체결시기와 계약당사자에 따라 구분되므로 하나의 토지이전행위가 재산인수 및 사후설립에 동시에 해당된다고 보는 것은 비논리적이라는 비판이 있다.

3) 검   토

생각건대 긍정설은 발기인의 행위가 회사에 피해가 없다면 추인을 부정할 이유가 없다고 하나, 긍정설에 따르면 상법 제290조의 취지를 무의미하게 하므로 부당하며, 자본충실을 위한 설립절차상의 규정은 다수결 원리로 배제할 성질의 것이 아니라는 점에서 부정설이 타당하다고 본다.

(3) 설문의 경우

설문의 자동차부품구입계약은 정관에 기재되지 않은 재산인수로 회사에 대해 효력이 없다. 그러므로 丙은 Y회사에 대금을 청구할 수 없고 甲에 대해 이를 청구하여야 한다. 또한 Y회사는 설문의 재산인수를 사후에 추인할 수도 없다고 본다.

Ⅴ. 문제의 해답

1. 甲과 乙 사이의 창립사무소 임대차계약에 기한 임차료는 설립비용에 해당한다.

이 경우 한도내 회사부담설에 따르면 정관에 기재된 설립비용(200만원) 외의 채무인 100만원에 대해서는 발기인인 甲이 부담하게 되고, 발기인 전액부담설에 따르면 발기인인 甲이 전액인 300만원을 부담한다. 또한 회사전액부담설 따르면 乙은 300만원 전액을 Y회사에 청구할 수 있다. Y회사는 乙에게 300만원을 지급하고, 정관에 기재된 금액을 초과한 100만원에 대해서는 甲에게 구상할 수 있다. 甲의 대내적 부담부분에 대해 창립총회나 주주총회결의로 면책시킬 수 없다.

2. 甲과 丙 사이의 자동차부품구입계약은 변태설립사항의 하나로서 재산인수에 해당하나 정관에 기재가 없으므로, Y회사에 대해 무효이다.

이 경우 사후추인 긍정설에 따르면 Y회사의 창립총회나 주주총회에서의 사후추인이 허용되므로 丙은 Y회사에 대해 부품대금을 청구할 수 있다. 사후추인 부정설에 따르면 Y회사의 창립총회나 주주총회에서의 사후추인도 허용되지 않으며 따라서 丙은 Y회사에 대해 부품대금 200만원을 청구할 수 없고, 甲에 대해 이를 청구해야 한다.

〈참 고〉

1. 현물출자의 탈법수단으로 재산인수가 이용되고, 재산인수의 탈법수단으로 사후설립이 이용된다.
2. 현물출자와 재산인수, 사후설립의 차이는 현물출자가 단체법상의 출자행위인데 비해, 재산인수와 사후설립이 개인법상의 거래행위라는 데에 있다.
3. 재산인수와 사후설립의 비교

	재산인수	사후설립
계약시기	회사정립 전	회사성립 후
계약주체	발기인	이사
상법사의 규율	변태설립사항	주주총회특별결의

VI. 참조판례

1. 대법원 2000. 1. 28. 선고 99다35737 판결

① 설립중의 회사가 성립하기 위해서는 정관이 작성되고 발기인이 적어도 1주 이상의 주식을 인수하였을 것을 요건으로 한다.

② 발기인 중 1인이 회사의 설립을 추진중에 행한 불법행위가 외형상 객관적으로 설립 후 회사의 대표이사로서의 직무와 밀접한 관련이 있다고 보아 회사의 불법행위책임을 인정한 사례.

③ 간접사실에 대한 자백은 법원이나 당사자를 구속하지 아니한다.

2. 대법원 2007. 9. 7. 선고 2005다18740 판결

설립중의 회사로서 실체가 갖추어지기 이전에 발기인이 취득한 권리의무의 귀속관계 및 발기인이 개인 명의로 부담한 채무가 발기인 조합에 귀속되기 위한 요건

설립중의 회사로서의 실체가 갖추어지기 이전에 발기인이 취득한 권리·의무는 구체적 사정에 따라 발기인 개인 또는 발기인 조합에 귀속되는 것인바 (대법원 1990. 12. 26. 선고 90누2536 판결; 1998. 5. 12. 선고 97다56020 판결 등 참조), 발기인이 개인 명의로 금원을 차용한 경우 이는 그 발기인 개인에게 귀속됨이 원칙이고, 위 채무가 발기인 조합에게 귀속되려면 위 금원의 차용행위가 조합원들의 의사에 기해 발기인 조합을 대리하여 이루어져야 한다고 할 것이다.

3. 대법원 1998. 5. 12. 선고 97다56020 판결 = 기존 판례와 동일한 입장

① 설립중의 회사는 정관이 작성되고 발기인이 적어도 1주 이상의 주식을 인수하였을 때 비로소 성립한다.

② 설립중의 회사로서의 실체가 갖추어지기 이전에 발기인이 취득한 권리의무는 구체적인 사정에 따라 발기인 개인 또는 발기인 조합에 귀속되는 것으로서, 이들에게 귀속된 권리의무를 설립 후의 회사에게 귀속시키기 위하여는 양수나 계약자 지위인수 등의 특별한 이전행위가 있어야 한다.

4. 대법원 1994. 1. 28. 선고 93다50215 판결 = 기존 판례와 동일한 입장

설립 중의 회사라 함은 주식회사의 설립과정에서 발기인이 회사의 설립을 위하여 필요한 행위로 인하여 취득하게 된 권리·의무가 회사의 설립과 동시에 그 설립된 회사에 귀속되는 관계를 설명하기 위한 강학상의 개념으로서 정관이 작성되고 발기인이 적어도 1주 이상의 주식을 인수하였을 때 비로소 성립하는 것이고, 이러한 설립 중의 회사로서의 실체가 갖추어지기 이전에 발기인이 취득한 권리·의무는 구체적 사정에 따라 발기인 개인 또는 발기인 조합에 귀속되는 것으로 이들에게 귀속된 권리·의무를 설립 후의 회사에 귀속시키기 위하여는 양수나 채무인수 등의 특별한 이전행위가 있어야 한다.

5. 대법원 1998. 5. 12. 선고 97다56020 판결 = 기존 판례와 동일한 입장

설립 중의 회사는 정관이 작성되고 발기인이 적어도 1주 이상의 주식을 인수하였을 때 비로소 성립한다. 설립 중의 회사로서의 실체가 갖추어지기 이전에 발기인이 취득한 권리·의무는 구체적인 사정에 따라 발기인 개인 또는 발기인 조합에 귀속되는 것으로서, 이들에게 귀속된 권리·의무를 설립 후의 회사에게 귀속시키기 위하여는 양수나 계약자지위·인수 등의 특별한 이전행위가 있어야 한다.

25 설립중의 회사

◆ 사   례

　　소외 사단법인 甲기계공업센터가 천안 중소기업시범공단에 편입되는 용지를 매수하면서 매도인들이 일필지의 부분매도를 거부하는 바람에 그 공단 내에 편입되지 않는 토지도 전소유자들로부터 매수하여 피고 Y에게 명의신탁을 하고자 Y명의(천안시)로 소유권이전등기를 경료하였다. 그 후 1982. 11. 30. 원고 X주식회사의 발기인 조합은 설립준비위원인 소외 乙의 친형인 丙명의로 사단법인 甲으로부터 위 용지 중 일부인 천안시 두정동 90의4 잡종지 2,727평방미터(이 사건 토지)를 매수하고 그 대금을 지급하였다. 그런데 X의 설립등기일이 1983. 4. 16.로서 위 매수일자인 1982. 11. 30.에는 X주식회사가 설립되어 있지 아니하였다.

　　그 후 X주식회사가 설립된 후 위 매매계약에 기하여 이 사건 토지 명의수탁자인 Y에게 소유권이전등기를 요구하였으나 Y는 위 매매계약체결 당시에는 X가 설립 중의 회사에 해당되지 아니하여 X로서는 위 매매계약에 따른 권리를 취득하기 위한 특별한 이전행위를 거치지 아니하는 한 위 매매계약의 효력이 곧바로 X에게 귀속되지 않는다며 소유권이전등기를 거부하였다. 이에 원고 X가 피고 Y를 상대로 소유권이전등기를 청구하는 소를 제기하게 되었는데 원심은 X회사가 1982. 11. 30. 그 설립준비위원회인 乙의 친형인 丙명의로 사단법인 甲으로부터 천안시 두정동 소재 위 토지를 매수하고 그 대금을 판시와 같이 지급한 사실을 인정하고, X회사가 사단법인 甲으로부터 위 토지를 매수하였다고 판단하였고 이에 대하여 Y가 상고하게 된 것이다.

Ⅰ. **판결요지**(대법원 1994. 1. 28. 선고 93다50215 판결)

설립 중의 회사라 함은 주식회사의 설립과정에서 발기인이 회사의 설립을 위하여 필요한 행위로 인하여 취득하게 된 권리·의무가 회사의 설립과 동시에 그 설립된 회사에 귀속되는 관계를 설명하기 위한 강학상의 개념으로서 정관이 작성되고 발기인이 적어도 1주 이상의 주식을 인수하였을 때 비로소 성립하는 것이고, 이러한 설립 중의 회사로서의 실체가 갖추어지기 이전에 발기인이 취득한 권리·의무는 구체적 사정에 따라 발기인 개인 또는 발기인 조합에 귀속되는 것으로서 이들에게 귀속된 권리·의무를 설립 후의 회사에 귀속시키기 위하여는 양수나 채무인수 등의 특별한 이전행위가 있어야 한다.

그러나 X회사의 설립등기일은 1983. 4. 16.으로서 위 매수일자인 1982. 11. 30.에는 X회사가 설립되어 있지 아니하였고, 그 당시 X회사가 설립 중의 회사에 해당함을 인정할 아무런 증거가 없으므로 위 매매계약체결 당시에는 X회사가 설립 중의 회사에 해당되지 아니하여 X회사로서는 위 매매계약에 따른 권리를 취득하기 위한 특별한 이전행위를 거치지 아니하는 한 위 매매계약의 효력이 곧바로 X회사에게 귀속된다고 할 수 없다.

따라서 원심이 X회사를 위 매매계약의 매수인으로 인정하려면 X가 설립 후 위 매매계약에서의 매수인의 지위를 인수하는 등 매매계약에 따른 권리를 취득하기 위하여 한 특별한 이전행위에 대하여 설시를 하여야 함에도, 단지 X가 위 병명의로 매매계약을 체결한 것처럼 판시한 데에는 권리능력에 관한 법리를 오해하거나 이유불비의 위법이 있다 하겠다.

Ⅱ. **평   석**

1. **논   점**

설립 중의 회사란 '회사의 성립 이전에 어느 정도 회사로서의 실체가 형성된 미완성의 회사'를 말하는데, 이는 판례가 인정한 바와 같이 회사의 설립과정에서 취득한 권리·의무가 성립 후의 회사에 귀속되는 관계를 설명하기 위한 강학상의 개념이다. 그 법적 성질에 대하여는 '특수한 단체'로 보는 견해(정동윤)도 있으나 '권리능력 없는 사단'으로 보는 것이 통설적 견해이다.

이 설립 중의 회사와 관련하여 주로 문제되는 것은 그 성립시기를 언제로 볼 것인가라는 점과 성립 후의 회사에의 권리·의무의 승계 여부에 관한 점이다. 이 사건에서도 이것들이 쟁점이 되고 있다.

2. 설립중의 회사의 의의

(1) 설립중의 회사의 개념

설립 중의 회사란 회사설립에 착수하여 어느 정도 회사의 실체가 이루어졌을 때 설립등기에 이르기 전까지의 단계에 이른 사회적 실재물을 말하며, 이는 설립단계에서 생긴 권리·의무의 귀속관계를 설명하기 위한 강학상의 개념이다. 설립 중의 회사는 회사의 전신으로서, 이것과 설립 후의 회사는 법인격의 유무에만 차이가 있을 뿐 실질적으로 동일인격이라고 본다(동일성설: 통설). 설립 중의 회사는 설립과정에서 생긴 발기인 내지 설립 중의 회사의 기관이 취득한 권리·의무가 성립 후의 회사에 이전되는 관계를 설명하기 위하여 인정된 것이다.

(2) 설립중의 회사의 존재의의

본래 설립절차 중에 발기인이 회사를 위하여 취득한 재산은 먼저 발기인의 재산으로 귀속되었다가 설립등기를 필한 후 발기인이 회사에 이를 이전하는 절차를 밟아야 할 것이다. 그러나 이러한 절차는 회사에 출자한 재산이 발기인 개인의 채무에 관한 책임재산을 구성하게 됨으로써 발기인의 채권자의 강제집행에 복종하게 되는 문제가 생긴다. 또한 발기인이 취득한 재산이 먼저 발기인에게 이전된 다음 다시 회사로 이전된다면 두 번에 걸친 재산의 이전으로 경제적 측면에서 불합리한 비용을 야기시킨다. 이러한 불합리를 피하기 위하여 인정된 것이 바로 설립 중의 회사라는 개념이다. 설립 중의 회사라는 개념을 인정함으로써 회사설립 과정에서 필요한 회사의 행위를 설립 전에도 할 수 있게 된다. 그 중 가장 중요한 것은 발기인이 취득한 재산이 바로 설립 중의 회사에 귀속하고 이것은 동일성설에 의하여 회사설립 후 자연스럽게 회사의 재산으로 귀속될 수 있게 된다.

3. 설립 중의 회사의 법적 성질

설립 중의 회사의 법적 성질에 대하여 우리나라에서는 '조합도 아니고 권리능력이 없는 사단도 아니며 법인도 아닌 특수한 성질의 단체'라고 보는 소수설도 있으나 통설·판례는 '권리능력 없는 사단'으로 보고 있다. 통설에 의하면 설립 중의 회사는 어느 정도의 독립된 실체를 가진 것이기는 하지만 등기되지 아니하였으므로 법인격을 갖지 못한다. 그러나 주식회사의 설립에는 적어도 1인 이상의 발기인이 존재하여야 하므로 이 발기인들이 만들어 놓은 사회적인 실재물은 법인격 없는 사단으로 볼 수 있다. 이와 같이 설립 중의 회사의 법적 성질을 법인격 없는 사단으로 보면, 법인격을 전제로 하지 아니하는 설립 중의 회사의 여러 법률관계에 관하여는 사단법인, 즉 회사와 동일한 취급을 받을 수 있어서 법률관계가 간편하게 처리된다는 이점이 있게 된다. 이때 발기인은 그 집행기관이 된다. 발기인이 회사를 위하여 취득한 권리·의무는 회사의 성립과 동시에 특별한 이전이나 승계 없이 당연히 회사에 귀속된다고 한다.

한편 독일에서는 설립 중의 회사의 법적 성질을 민법상의 조합으로 보는 견해와 성립 중의 법인이라고 보는 학설도 있다. 성립 중의 법인이라는 학설에 의하면, 설립 중의 회사는 회사설립의 필수불가결한 전단계로서 부분적 권리능력을 가진다고 한다. 그러므로 설립 중의 회사에 대하여는 원칙적으로 등기를 전제로 하는 규정을 제외한 모든 회사법 규정이 적용된다고 한다. 다만 설립이 좌절된 경우가 문제이나, 이때는 설립 중의 법인의 목적의 달성불능으로 즉시 해산된다고 한다. 이 학설이 현재 독일의 통설이고 판례가 취하는 입장이다(최준선 교수 동조). 다만 독일에서는 주식회사의 경우 발기설립만 인정하여 발기인들이 회사설립시 발행하는 주식의 전부를 인수한 때에 설립 중의 회사가 성립된다는 점에서(독일주식법 제29조) 우리와 사정이 다르다고 할 수 있다.

4. 설립 중의 회사의 성립시기

설립 중의 회사의 성립시기에 대하여 우리나라에서는 ① 정관이 작성된 때라고 보는 설, ② 정관이 작성되고 발기인이 1주 이상의 주식을 인수한 때라고 보는 설(통설·판례), ③ 회사의 설립시에 발행하는 주식의 총수를 인수한 때로 보는 설로 나뉘어져 있다.

생각건대 설립 중의 회사가 성립하기 위하여는 사원의 일부가 확정되어야 하는데 발기인의 주식인수가 예정되어 있다 하더라도 그의 주식인수 전에는 사원의 자격으로 볼 수 없는 점에서 ①의 설은 문제가 있고, 또 설립 중의 회사는 성립 후의 회사와는 달라서 최저자본에 해당하는 주식의 전부가 인수될 필요가 없다는 점에서 ③의 설도 문제가 있다고 본다. 따라서 일부의 주식인수에 의하여 사원의 일부가 확정된 때를 설립 중의 회사의 성립시기로 보는 ②의 설에 찬동한다.

설립 중의 회사는 그 실체가 사단이므로 사단적 실체가 확정된 때에 창립되었다고 할 수 있다. 사단적 실체는 주식의 인수에 의하여 사원의 존재가 인정될 때 비로소 형성된다고 볼 것이며 단지 정관의 작성만 있고 주식의 인수가 없는 때에는 발기인간의 조합관계만 있을 뿐이다. 따라서 설립 중의 회사의 성립시기는 발기인이 정관을 작성하고 1주 이상의 주식을 인수한 때라고 보는 것이 타당할 것이다.

5. 성립 후의 회사에의 권리·의무의 승계

설립 중의 회사가 취득한 권리·의무의 성립 후의 회사에의 승계에 대하여는 기본적으로 상반되는 두 개의 견해가 있다. 먼저 대륙법계에서는 설립 중의 회사는 성립 후의 회사의 전신으로서 실질적으로 동일하다는 동일성설의 입장에서 발기인이 회사의 설립을 위하여 취득한 권리나 부담한 의무는 설립 중의 회사에 총유적으로 귀속되었다가 회사의 성립과 동시에 특별한 이전행위나 승계 없이 당연히 회사에 귀속된다고 보는 것이 일반적이다.

이에 반해 영미법계에서는 설립 중의 회사의 개념을 인정하지 않으므로 성립 전에는 발기인의 행위만이 있을 뿐인데, 이 발기인의 행위의 효력은 원칙적으로 성립 후의 회사에 미치지 않는다고 본다. 즉 발기인의 사기가 빈번하므로 발기인의 계약의 효력이 성립 후의 회사의 동의 없이는 그에게 당연히 귀속되는 것이 아니라는 것이 일반적인 입장이다. 따라서 발기인의 계약의 효력이 성립 후의 회사로 귀속되기 위하여는 회사에 의한 추인이나 채택이 있어야 된다고 한다.

우리나라의 경우 전자의 입장에서 파악하는 것이 통설적 견해이며, 판례도 같은 견해이다. 다만 이처럼 동일성설의 입장에서 성립 후의 회사로 권리·의무의 당연한 이전이 인정되지만 그것은 발기인이 설립 중의 회사의 명의로 또한 발기인의 권한범위 내에서 한 행위에 한한다. 행위를 발기인 조합이나 발기인 개인의 명의로 하거나 발기인의 권한범위를 넘어서 한 때에는 양수나 채무인수 등의 특별한 이전행위가 있어야 한다.

6. 성립 후의 회사로 귀속될 수 있는 발기인의 행위의 범위

발기인은 설립 중의 회사의 기관으로서의 지위에 있다. 따라서 발기인의 행위에 의하여 생기는 권리·의무는 일단 설립 중의 회사에 귀속되지만, 회사가 성립하면 당연히 회사로 이전한다. 다만 성립 후의 회사로 귀속될 발기인의 행위의 범위에 관하여는 다음과 같이 3가지 학설로 나뉘어져 있다. ① 회사설립 자체를 직접적인 목적으로 하는 행위에 한하므로 개업준비행위는 당연히 제외된다는 학설(최기원 교수), 이 설에서는 법정의 요건을 갖춘 재산인수(상법 제290조 제3호)는 예외적으로만 인정된다고 설명한다. ② 회사설립을 위한 법률상·경제상 필요로 하는 모든 행위를 할 수 있으나 개업준비행위는 제외된다는 학설(정희철 교수), 이 설에서도 법정의 요건을 갖춘 재산인수는 예외적으로만 인정된다고 보므로, 법정의 요건을 갖추지 않은 재산인수는 원칙적으로 회사에 대하여 효력이 생기지 않는다고 본다. ③ 회사성립 후의 개업을 위한 준비행위도 포함한다는 학설(정동윤·정찬형 교수), 이 설에 의하면 발기인의 재산인수는 개업준비행위로서 원래 발기인의 권한에 속하는 행위라고 볼 수 있으나, 이는 특히 위험성이 많으므로 이의 남용을 방지하기 위하여 상법이 이를 제한하고 있다고 한다.

생각건대 발기인의 회사설립에 관한 행위가 '회사의 설립에 필요한 행위'와 '개업준비행위'로 명백하게 분리되지 않는 점, 발기인은 회사설립에 관하여 엄격한 책임을 부담하므로 발기인에게 회사설립에 관하여 그 권한을 넓게 인정하여도 무방하다는 점 등에서 볼 때 발기인의 권한에 개업준비행위를 포함하는 제③설이 타당하다고 본다. 이때 성립 후의 회사의 보호문제는 우리 상법이 발기인에게 회사의 설립과 관련하여 엄격한 책임을 부담하는 규정을 두고 있어 어느 정도 해결되고 있다고 본다.

참고로 우리나라의 대법원은 "발기인 대표가 성립 후의 회사를 위하여 자동차 조립계약을 체결한 것은(발기인 대표 개인명의로 되어 있다 하더라도) 발기인 대표로서 회사설립사무의 집행인으로서 위 계약을 체결한 것으로 회사에 책임이 있고 이는 상법 제290조 변태설립사항의 각 호에 해당되지 않는다"(대법원 1970. 8. 31. 선고 70다1357 판결)고 판시하여 발기인 권한에 개업준비행위를 포함시키는 ③설의 입장에 서 있다.

7. 본 사건 판결에 대한 검토

이 사건에서 먼저 문제가 된 것은 위 토지의 매수일에 회사가 설립 중의 회사에 해당한다고 볼 수 있는가라는 점인데, 이에 대하여 대법원판례는 그 당시 원고회사가 설립 중의 회사에 해당함을 인정할 아무런 증거가 없다 하여 설립 중의 회사로 인정하지 않고 있다.

즉 "X회사의 설립등기일은 1983. 4. 16.으로서 위 매수일자인 1982. 11. 30.에는 X회사가 설립되어 있지 아니하였고, 그 당시 X회사가 설립 중의 회사에 해당함을 인정할 아무런 증거가 없으므로 위 매매계약체결 당시에는 X회사가 설립 중의 회사에 해당되지 아니하여 X회사로서는 위 매매계약에 따른 권리를 취득하기 위한 특별한 이전행위를 거치지 아니하는 한 위 매매계약의 효력이 곧바로 X회사에게 귀속된다고 할 수 없다"고 하였다.

이처럼 설립 중의 회사가 성립되지 않았다면 그 취득한 권리·의무가 성립 후의 회사에 당연히 귀속되지 않을 것이다. 이 사건 판시이유에서도 원고로서는 위 매매계약의 효력이 미치도록 하기 위해서는 원고가 설립 후 위 매매계약에서의 매수인의 지위를 인수하는 등 특별한 이전행위를 해야 한다고 한다.

다만 이 사건의 경우 소외 사단법인 甲기계공업센터와 매매 계약시에 매수인의 명의가 소외 丙이었으나 원고가 설립등기를 마친 후 소외 사단법인의 동의 아래 계약자명의를 원고로 변경하여 매매계약서를 새로이 작성하였다고 주장하고 있는바, 원심은 위와 같이 매수계약자명의를 변경하였다는 주장의 취지는 매수자의 지위를 인수하였다는 취지로 보인다며 원고의 소유권이전등기의 청구를 인정하였다.

그러나 대법원판결의 일관된 취지는, 처음 계약시에는 설립 중의 회사가 성립하지 않아서 제3자의 명의로 매매계약을 체결하였다 하더라도, 설립 중의 회사가 성립한 후에 그 지위를 인수함으로써 설립 중의 회사가 취득한 권리가 성립 후의 회사에 당연히 승계된다는 입장이다. 이러한 판례의 태도는 기본적으로 동일성설의 입장에서 설립 중의 회사의 권리·의무의 이전관계를 설명하는 것이다. 즉 동일성설의 입장에서 성립 후의 회사로 권리·의무의 당연한 이전이 인정되지만 그것은 발기인이 설립 중의 회사의 명의로 또한 발기인의 권한범위 내에서 한 행위에 한한다고 본다. 행위를 발기인 조합이나 발기인 개인의 명의로 하거나 발기인의 권한범위를 넘어서 한 때에는 양수나 채무인수 등의 특별한 이전행위가 있어야 한다고 보고 있는 것이다.

이와 같은 판례와 통설의 입장은 타당한 것으로 판단된다.

Ⅲ. 참조판례

1. 대법원 1994. 1. 28. 선고 93다50215 판결

설립 중의 회사라 함은 주식회사의 설립과정에서 발기인이 회사의 설립을 위하여 필요한 행위로 인하여 취득하게 된 권리·의무가 회사의 설립과 동시에 그 설립된 회사에 귀속되는 관계를 설명하기 위한 강학상의 개념으로서 정관이 작성되고 발기인이 적어도 1주 이상의 주식을 인수하였을 때 비로소 성립하는 것이고, 이러한 설립 중의 회사로서의 실체가 갖추어지기 이전에 발기인이 취득한 권리·의무는 구체적 사정에 따라 발기인 개인 또는 발기인 조합에 귀속되는 것으로 이들에게 귀속된 권리·의무를 설립 후의 회사에 귀속시키기 위하여는 양수나 채무인수 등의 특별한 이전행위가 있어야 한다.

2. 대법원 1998. 5. 12. 선고 97다56020 판결

설립 중의 회사는 정관이 작성되고 발기인이 적어도 1주 이상의 주식을 인수하였을 때 비로소 성립한다. 설립 중의 회사로서의 실체가 갖추어지기 이전에 발기인이 취득한 권리·의무는 구체적인 사정에 따라 발기인 개인 또는 발기인 조합에 귀속되는 것으로서, 이들에게 귀속된 권리·의무를 설립 후의 회사에게 귀속시키기 위하여는 양수나 계약자지위·인수 등의 특별한 이전행위가 있어야 한다.

3. 대법원 1990. 12. 26. 선고 90누2536 판결

'설립 중의 회사'라 함은 주식회사의 설립과정에 있어서 발기인이 회사의 설립을 위하여 필요한 행위로 인하여 취득하게 된 권리·의무가 회사의 설립과 동시에 그 성립된 회사에 귀속되는 관계를 설명하기 위한 강학상의 개념으로서 정관이 작성되고 발기인이 적어도 1주 이상의 주식을 인수하였을 때 비로소 성립하는 것이고(대법원 1970. 8. 31. 선고 70다1357 판결; 대법원 1985. 7. 23. 선고 84누678 판결), 이러한 설립 중의 회사로서의 실체가 갖추어지기 이전에 발기인이 취득한 권리·의무는 구체적 사정에 따라 발기인 개인 또는 발기인조합에 귀속되는 것으로서 이들에게 귀속된 권리의무를 설립 후의 회사에 귀속시키기 위하여는 양수나 채무인수 등의 특별한 이전행위가 있어야 할 것이다. 그런데 A회사의 정관은 설립등기일인 1983. 2. 11.에 작성된 사실을 인정할 수 있을 뿐 원심이 들고 있는 모든 증거를 살펴보아도 이 사건 토지대금이 전부 지급된 1983. 1. 17. 현재나 X가 합계 금 6,241만원을 출자한 1983. 2. 10.까지 A회사가 설립 중의 회사로서의 실체를 갖추었다고 인정하기에 족한 자료를 발견할 수 없으므로 설립 중의 회사가 위 토지를 취득하였다거나 X가 설립 중의 회사에 자금을 출자한 것이라고 볼 수 없고, 또 회사장부에 X가 위 금원을 입금하였고, 이 사건 토지를 회사자금으로 매입한 것으로 기재되었다거나 설립등기 후에 위 토지의 정지작업을 하였다는 사실만으로는 A회사가 X로부터 위 토지의 매수인으로서의 지위를 인수하였다고 보기는 어렵다(대법원 1990. 11. 23. 선고 90누2734 판결; 대법원 1985. 7. 23. 선고 84누678 판결).

26 발기인의 책임

♦ 사 례

> 甲주식회사를 설립하는 발기인 대표 乙은 설립시에 발행하는 주식의 일부를 개인적으로 잘 알고 있는 미성년자인 X에게 배정하였다. 그런데 X는 자력이 없었다. 결국 X는 동 주식의 인수가액을 납입하지 못하다가 회사의 성립 후에 자기의 주식인수를 취소하였다. 이때 乙은 甲회사에 대하여 어떠한 책임을 부담하는가?

I. 문제의 소재

이 사례는 발기인의 책임에 관한 것이 중요쟁점이면서 동시에 상법 제320조의 주식인수를 취소할 수 있는 경우가 어떠한 경우인가를 살펴보아야 한다. 제320조를 먼저 검토한 후 발기인의 책임을 구체적으로 살펴보면서 사안을 해결한다.

II. 미성년자 X의 주식인수의 취소가능성

1. 주식인수의 무효·취소주장의 제한

상법 제320조에 의하면 회사성립 후에는 주식인수의 무효·취소의 주장이 제한된다. 주식인수의 무효주장이 제한되는 경우는 주식청약서의 요건흠결이다(제320조 제1항 전단). 주식인수의 취소주장이 제한되는 경우는 주식청약인의 의사표시가 그의 중과실 없이 중요부분에 착오가 있는 경우(민법 제109조 제1항)와 주식청약인의 의사표시가 사기·강박에 의한 경우이다(민법 제110조 제1항·제2항)(상법 제320조 제1항 후단).

그러나 이 이외의 사유가 있으면 주식인수인은 자기의 주식인수를 취소할 수 있다.

2. 설문의 경우

주식인수인이 미성년자 등의 '(행위)무능력자'(민법 제5조 이하)인 경우, 채권자가 주식인수인에 대하여 '사해행위취소권'을 행사할 수 있는 경우(민법 제406조) 또는 파산법상 부인권(파산법 제68조)을 행사할 수 있는 경우(파산자에 의한 주식인수가 채권자를 해하는 경우) 등에는 제한없이 주식인수를 취소할 수 있다.

Ⅲ. 乙의 甲회사에 대한 책임

1. 회사성립시 발기인의 책임

(1) 자본금충실의 책임

회사설립시 발행할 주식 전부를 인수·납입시켜야 한다(상법 제295조, 제305조). 자본충실의 책임제도는 상법의 규정에 의하여 발생하는 특별한 법정책임이다.

1) 인수담보책임

① 의의(상법 제321조 제1항)   회사가 성립한 후에 아직 인수되지 아니한 주식이 있거나 주식인수의 청약이 취소된 때에는 발기인이 이를 공동으로 인수한 것으로 본다.

② 요   건   회사가 성립해야 하고 미인수주식이 있거나 주식인수의 청약이 취소되어야 한다.

③ 내   용   미인수주식을 공동으로 인수한 것으로 본다(인수의 의제).

2) 납입담보책임

① 의의(상법 제321조 제2항)   회사의 성립 후에 아직 납입을 완료하지 아니한 주식이 있는 때에는 발기인은 이를 연대하여 납입할 의무가 있다.

② 요   건   회사가 성립해야 하고, 납입을 완료하지 않은 주식이 있어야 한다.

③ 내   용   납입의 대상이 큰 경우에는 설립무효의 원인이 되고, 이에

미치지 않을 경우에는 납입담보책임의 대상이 된다.

발기인은 연대하여 인수가액을 납입할 의무(부진정연대책임)가 있다. 이 경우 원래의 인수인이 주주가 된다. 인수납입담보책임은 발기인에 대한 손해배상청구에 영향을 미치지 않는다. 인수나 납입에 경미한 흠결이 있어도 그 하자는 치유된 것으로 본다(통설).

3) 현물출자의 문제

현물출자의 불이행의 경우에 발기인의 자본납입책임이 인정되는가에 대하여는 다툼이 있다.

① 제1설   현물출자의 불이행의 경우는 발기인은 자본납입책임을 지지 않는 것으로 본다. 즉 상법은 금전출자의 납입과 현물출자의 이행을 구별하고 있으며(상법 제305조, 제295조), 현물출자는 일반적으로 개성이 있으므로 현물출자의 불이행의 경우는 발기인은 자본납입책임을 지지 않는 것으로 본다.

② 제2설   이때에는 경우를 나누어 보아 현물출자의 목적재산이 회사의 사업수행에 불가결하냐에 따라 설립무효로 하거나, 그렇지 않은 경우에는 금전납입을 인정할 수 있다고 해야 한다는 것이다.

(2) 손해배상책임

발기인의 손해배상책임(상법 제322조)은 과실책임이다.

1) 회사에 대한 책임(상법 제322조 제1항)

① 의의·성질   발기인은 선량한 관리자의 주의의무를 부담하는데 그에 위반한 경우의 책임이다. 이는 상법상의 특별책임이며, 상대적 책임이다.

② 발생요건   회사가 성립해야 한다. 설립임무해태가 있고 회사에 손해가 발생해야 한다.

③ 책임의 내용   특정사안에 대하여 책임을 지고, 이때 이사, 감사가 책임을 질 때에는 이들과 연대하여 책임을 진다(상법 제323조). 10년의 소멸시효가 적용된다.

2) 제3자에 대한 책임

① 의의·법적 성질   고의·중대한 과실이 있어야 한다(상법 제322조 제2항). 법적 성질에 대해서는 특별법정책임설(통설)과 불법행위특칙설(소수설)이

주장되고 있다.

② 요 건 회사가 성립하고, 임무해태가 있어야 한다. 이때 악의·중 과실로 행위하였어야 하며, 제3자에게 손해가 발생해야 한다.

③ 내 용 발기인은 연대하여 책임을 부담한다. 과실 정도에 따라 내 부손실분담이 있게 되고, 분담액 이상으로 이행한 자는 타 발기인에 대해 구 상할 수 있다(민법 제425조). 이 경우 발기인은 이사, 감사와도 연대책임을 진다 (상법 제323조).

2. 회사불성립시 발기인의 책임(상법 제326조)

설립에 관한 행위에 대하여 연대책임을 진다. 발기인이 비용을 부담하여 야 한다.

(1) 의 의

회사불성립시 발기인은 회사의 설립에 관한 행위에 대하여 연대책임을 지 고 설립에 관하여 지급한 비용을 부담하여야 한다.

(2) 성 질

정책적으로 책임을 지운 것이다(통설). 통설은 이 책임을 무과실책임이라 한다.

(3) 요 건

회사가 설립등기에 이르지 못하고 좌절된 경우로서의 회사의 불성립이 있 어야 한다.

(4) 책임내용

주식인수인에 대한 책임을 지고, 따라서 주식인수인은 증거금 등의 반환 을 청구할 수 있다. 설립비용은 발기인이 부담한다(상법 제326조 제2항). 그 밖 에 손해배상책임도 진다.

3. 유사발기인의 책임(상법 제327조)

주식청약서 기타 주식모집에 관한 서면에 성명과 회사의 설립에 찬조하는 뜻을 기재할 것을 승낙한 자는 발기인과 동일한 책임이 있다. 이는 신뢰자를 보호하기 위한 규정이며, 발기인으로서 임무해태로 인한 손해배상책임은 없다.

회사성립시는 자본충실의 책임을 지고(상법 제321조), 불성립시에는 발기인으로서의 책임을 진다.

4. 설문의 경우

X가 주식인수의 청약을 취소한 경우에는 그에 해당하는 주식을 발기인이 공동으로 인수한 것으로 본다(상법 제321조 제1항). 이는 회사의 설립시에 자본충실을 기하기 위하여 전 발기인에게 상법이 특별히 인정한 무과실책임으로 발기인은 이렇게 인수가 의제된 주식을 납입할 의무도 부담한다. 따라서 이러한 주식에 대하여는 발기인이 주주가 되는 것이다.

발기인에게 과실이 있고 이로 인하여 발기인이 임무를 해태한 경우에는 (상법 제322조 제1항) 그러한 발기인은 회사에 대하여 자본충실책임을 부담하는 것과는 별도로 손해배상책임을 진다(상법 제321조 제2항).

본 사례의 경우 발기인 대표 乙은 자력이 없는 미성년자인 X에게 주식을 배정하였으므로 乙은 회사설립에 있어서 그 임무를 해태하였다고 볼 수 있다. 따라서 乙은 甲회사에 대하여 X가 인수를 취소한 주식에 대하여 인수 및 납입담보책임을 부담할(상법 제321조 제1항) 뿐만 아니라 이와는 별도로 손해배상책임(상법 제322조 제1항)도 부담한다.

IV. 문제의 해결

미성년자인 X가 법정대리인의 동의 없이 한 주식인수의 청약은 취소할 수 있고(민법 제5조 제2항) 이러한 청약의 의사표시를 회사성립 후에 취소하는 경우에도 상법상 아무런 제한이 없으므로 본문에서 X가 회사성립 후에 주식인수의 청약을 취소한 것은 적법하다.

또한 사례의 경우 발기인 대표 乙은 자력이 없는 미성년자인 X에게 주식을 배정하였으므로 乙은 회사설립에 있어서 그 임무를 해태하였다고 볼 수 있다.

따라서 乙은 甲회사에 대하여 X가 인수를 취소한 주식에 대하여 인수 및 납입담보책임을 부담할 뿐만 아니라 이와는 별도로 손해배상책임도 부담한다.

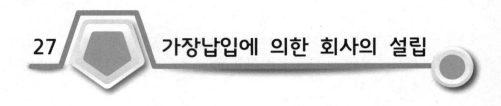

27 가장납입에 의한 회사의 설립

◆ 사   례

　　A주식회사를 설립함에 있어서 발기인 대표 甲은 발기인 전원의 동의를 얻어 乙로부터 1억원을 차입하여 각 발기인이 인수한 주식의 납입자금으로 충당하였다. 그 후 발기인 대표 甲은 A주식회사의 대표이사로 선임되어 회사의 설립등기를 마친 직후 주금납입 취급은행인 우리은행 이문동 지점으로부터 1억원을 인출하여 乙에게 변제하였다. 이 경우 甲이 한 회사의 설립은 유효한가? 甲은 A주식회사에 대하여 어떠한 책임을 지는가?

I. 문제의 제기

　　주식회사에서 주주는 간접·유한책임만을 부담하므로 회사와 거래하는 이해관계자의 이익을 보호하여 거래의 안전을 유지하기 위하여는 자본충실의 원칙이 엄격히 지켜져야만 한다. 주식회사의 설립시에 발행하는 주식의 총수가 인수된 때에는 발기인은 지체없이 각 주식에 대하여 인수가액의 전액을 납입시켜야 한다(상법 제305조 제1항). 그러나 현실은 형식적으로는 주금의 납입이 있는 것으로 보이나 실질적으로는 납입을 가장하여 회사를 설립하는 경우가 적지 않다. 납입가장행위는 주식회사에 있어서 가장 중요한 자본확정의 원칙과 자본충실의 원칙을 해하고 회사의 설립시부터 회사의 재산적 기초가 부실하거나 자본이 전혀 없는 회사를 탄생시킨다. 따라서 자본단체인 주식회사의 설립과정에서 회사설립을 유명무실하게 하는 행위를 특별히 규제할 필요가 있다. 본 사례의 논점으로는 첫째, 위장납입의 경우에 주금납입의 효력이 있는가 하는 것이고, 둘째는 주금납입의 효력이 없는 경우에 회사설립의 효력이 어떻게 되는 것인가 하는 것이고, 셋째는 회사의 설립관여자나 대표이사는 어떠한 책임을 지는가 하는 것이 될 것이다.

Ⅱ. 가장납입의 유형

1. 가장납입의 유형

가장납입행위에는 발기인이 납입을 맡을 은행으로부터 금전을 차용하여 이것을 설립 중의 회사의 예금으로 이체하여 주금의 납입에 충당하고 그 차입금을 변제할 때까지는 그 예금을 인출하지 않을 것을 약정하는 통모가장납입(예합, 납입은행과의 통모에 의한 가장납입) 또 납입금보관은행 이외의 제3자로부터 금전을 차용하여 은행에 납입하고 회사의 설립등기가 있으면 즉시 그 납입금을 인출하여 제3자에게 변제하는 위장납입(견금, 납입은행 이외의 자로부터 일시 차입에 의한 가장납입) 및 양자의 중간형태 등이 있다. 이 중 통모가장납입의 경우는 상법 제318조가 규제하고 있어 특별한 문제가 없으나 위장납입의 경우에는 상법에 명문규정이 없기 때문에 주금납입의 효과와 관련하여 학설의 대립이 있다.

2. 위장납입(견금)의 효력

위장납입에 의하여 주금이 납입된 경우 그 효력을 인정할 것인가와 관련하여 학설의 대립이 있다.

(1) 유 효 설

위장납입은 통모가장납입과는 달리 납입금보관은행에 현실적으로 주금액의 납입이 있으므로 설령 그것이 실제로는 납입의 가장수단으로 이용된 것이라 할지라도 이는 당해 납입을 하는 발기인의 주관적 의도에 불과하기 때문에 유효로 보아야 한다는 것이다. 즉 발기인의 주관적 사정에 의하여 회사의 설립이라는 집단적 절차의 일환인 주금납입의 효력을 부정하는 것은 타당하지 않으므로 주금납입이 유효하다고 본다.

(2) 무 효 설

위장납입에 의하여 회사를 설립하는 것은 설립에 관한 개개의 행위가 처음부터 계획된 가장행위에 불과하고 회사의 설립 후에 인출하여 반환할 의도로 차입하여 납입하였다면 회사의 자본충실을 기하려는 회사법의 취지에 위배되는 것으로 이는 자본의 확보와 충실을 도모하기 위해 법정된 설립에 관한 강행 법규를 탈법적으로 위반하는 것일 뿐만 아니라 납입금의 차입과 반환은 하나의 계획된 납입가장행위로서 실질적으로 납입이 없는 것과 같으므로 납입으로서의 효력을 인정할 수 없다고 한다.

(3) 검   토

우리 상법은 주식회사의 설립과정에 있어서 자본충실의 원칙을 유지하기 위하여 상계를 금지하고, 주금납입을 강제시키는 등 엄격한 절차를 거치도록 하고 있다. 발기인이 제3자로부터 일시 금전을 차입하여 이를 납입은행에 주식의 납입금으로 납입하였다가 회사성립 직후에 그 납입금 상당액을 인출하여 그 차입금을 변제하는 것은 자본충실의 원칙에 반하여 인정할 수 없고, 특히 발기인의 차입행위·납입행위·변제행위를 형식적·개별적으로 보지 않고 일련의 행위로 보면 주금액의 납입이 있었다고 볼 수 없으므로, 견금에 납입으로서의 효력을 인정할 수 없다는 무효설의 입장이 타당하다고 본다. 다만 무효의 인정 여부는 예금의 인출목적, 인출금액, 인출시기 등 전체적 사정을 충분히 고려한 후 판단하여야 할 것이다.

Ⅲ. 회사설립의 효력

위장납입에 의한 회사설립의 효력은 위장납입의 효력을 어떻게 볼 것인가에 따라 회사설립의 효력도 달라지게 된다.

1. 유효설의 처지

주금납입의 효력을 긍정하는 처지에 따르면 회사가 위장납입에 의하여 설립된 경우에도 아무런 하자 없이 회사가 완전하게 성립한다고 본다.

2. 무효설의 처지

주금납입의 효력을 부정하는 처지에 따르면 회사설립시에 발행하는 주식

중 발기인의 인수부분은 납입이 없게 되고, 또 그 흠결이 목적사업을 수행하기 어려운 때에는 회사설립의 무효의 원인이 된다고 한다. 여기서 주금납입의 흠결이 있는 경우 발기인의 자본충실책임(상법 제321조 제2항)에 의하여 회사의 설립무효가 회피될 수 있는가에 대하여는 학설의 대립이 있다.

설립무효구제설(다수설)은 납입의 흠결이 경미한 때에는 발기인의 자본충실책임에 의하여 회사의 설립무효가 회피된다고 주장한다. 즉 설립무효구제설에 의하면 위장납입으로 회사의 성립 후 납입의 흠결이 생긴 경우에 그것이 비교적 근소하여 발기인의 자본충실의 책임의 이행으로 그 흠결을 전보하여 회사설립의 무효를 치유할 수 있는 때에는 발기인의 자본충실의 책임이 인정되어 발기인이 연대하여 납입할 의무가 있고, 그것이 아주 중대하여 발기인의 자본충실의 책임의 이행으로 그 흠결을 전보하지 못해 회사설립의 무효를 치유할 수 없는 때에는 발기인의 자본충실의 책임이 인정되지 않고 회사설립이 무효로 된다. 이러한 발기인의 자본충실의 책임은 법정 무과실책임이고, 총주주의 동의에 의해서도 면제할 수 없다(상법 제324조, 제400조).

이에 반하여 설립무효무관계설(소수설)에 의하면 흠결이 아무리 중대하더라도 발기인이 자본충실책임을 이행하고 현실적으로 이를 전보할 수 있는 경우에는 무효로 할 필요가 없고 동시에 흠결이 경미하더라도 발기인에 의하여 현실적으로 전보가 되지 않을 경우에는 설립무효의 원인이 된다고 한다.

그리고 그 흠결이 설립무효의 원인이 되더라도 판결이 확정될 때까지는 사실상의 회사로서 존속하게 된다(상법 제328조 제2항, 제190조). 이 경우 법원은 부실회사로서 이해관계인이나 검사의 청구 또는 직권에 의해 위장납입회사에 해산명령을 할 수 있다(상법 제176조 제1항).

3. 검   토

위장납입에 의한 회사설립의 경우, 주금납입의 효력을 부정하는 무효설에 의하면 그 흠결이 중대하므로 회사설립무효의 원인이 된다고 볼 수 있다. 여기서 발기인의 자본충실책임에 의하여 회사설립무효가 치유될 수 있는가에 대하여는 자본충실책임은 흠이 경미한 경우에만 인정되므로 이를 부정하는 다수설에 찬성한다.

Ⅳ. 설립관여자의 책임

1. 발기인 甲 등의 책임

(1) 회사에 대한 책임

발기인은 주주로서 자기가 인수한 주식에 대한 납입의무를 부담할 뿐만 아니라 다른 발기인과 연대하여 납입이 없는 모든 주식에 대하여도 납입할 의무를 부담한다(상법 제321조 제2항). 다만 다수설은 그 흠결이 경미한 때에만 납입담보책임을 인정하고 위장납입의 경우에는 주금의 납입이 전혀 없으므로 납입담보책임을 부정하나, 소수설은 흠결의 경중에 관계없이 납입담보책임을 인정하여 위장납입의 경우에도 납입담보책임을 인정한다(무효설의 처지). 그리고 위장납입은 보통발기인에 의하여 계획적으로 이루어지기 때문에 이에 의한 회사설립은 임무해태가 되므로 위장납입의 효력에 관계없이 발기인은 회사에 대하여 연대하여 손해배상책임을 진다(상법 제322조 제1항).

발기인의 회사에 대한 손해배상책임은 과실책임이고, 총주주의 동의로 면제할 수 있다(상법 제324조, 제400조).

(2) 제3자에 대한 책임

위장납입의 경우에는 발기인은 자신이 임무해태한 사실을 알고 있어 제3자에 대한 악의가 인정되므로 위장납입의 효력에 관계없이 회사채권자 등 제3자에 대하여 연대하여 손해배상책임을 진다(상법 제322조 제2항).

(3) 형사책임

발기인이 위장납입행위를 주장하는 것은 납입을 가장한 것이므로 납입가장죄에 해당된다(상법 제628조 제1항). 대법원은 "납입가장죄의 입법취지는 주식회사의 자본충실을 기하려는 것이므로 회사설립등기가 된 다음에 바로 그 납입한 돈을 인출한 경우에는 이를 회사를 위하여 사용하였다는 특별한 사정이 없는 한 납입가장죄가 성립한다"고 판시하여 납입가장죄로 처벌하고 있다(대법원 1982. 4. 13. 선고 80도537 판결; 동지: 대법원 1986. 9. 9. 선고 85도2297 판결).

〈참조판례〉대법원 2004. 6. 17. 선고 2003도7645 판결

대법원은 일시적인 차입금에 의한 주금액의 위장납입은 등기를 위하여 납입을 가장하는 편법에 불과할 뿐 실질적으로 회사의 자본금을 증가시키는 것이 아니므로, 설립업무 또는 증자업무를 담당하는 자에게 불법영득의사가 인정되지 않아 업무상횡령죄는 성립되지 않는다고 판시하였다. 또한 납입유효설과의 관계에 대해서는 위장납입을 주금납입으로서 유효하다고 보는 판례의 태도는 단체법 질서의 안정을 위한 배려인 것이지 이것을 업무상횡령과 같은 개인의 형사책임의 근거로 삼을 수 없다고 판시하였다.

2. 대표이사 甲의 책임

(1) 회사에 대한 책임

가장납입의 경우에 이사가 회사성립 후에 납입은행으로부터 납입금 상당액을 인출하여 대주에게 변제한 것은 가장납입에 협력한 것으로서 선관자의 주의의무의 위반, 즉 임무해태로 되므로 가장납입의 유효성에 관한 학설에 관계없이 이사는 회사에 대하여 연대하여 손해배상책임을 진다(상법 제399조 제1항). 이사의 임무해태로 인한 회사에 대한 손해배상책임은 과실책임이고 총주주의 동의로 면제할 수 있다(상법 제400조).

(2) 제3자에 대한 책임

가장납입의 경우에 이사가 납입은행으로부터 납입금 상당액을 인출하여 그 차입급을 변제한 행위는 이사에게 악의가 있는 것으로 인정되므로 가장납입의 유효성에 관한 학설에 관계없이 이사는 제3자에 대하여 연대하여 손해배상책임을 진다(상법 제401조 제1항).

(3) 형사책임

대표이사 甲은 위장납입을 가장한 것에 가담한 것이 아니므로 납입가장죄(상법 제628조 제1항)로는 처벌되지 않는다. 그러나 대표이사로서 주금액을 인출하여 채무를 변제한 것은 특별 배임죄로 처벌할 수도 있고, 또 주금납입의 효력을 인정하는 입장에서는 업무상의 횡령죄(형법 제356조)로도 처벌할 수 있다.

3. 납입취급은행의 책임

상법 제318조 제2항의 납입금보관은행의 책임에 관한 규정은 통모가장납입의 경우에 있어서 보관자의 책임을 규제하기 위한 것이므로, 보관은행이 가장납입의 사실을 모르고 주금액으로 수령하고 보관증명서를 교부한 때에는 회사설립 후 그 주금액을 반환한 경우에도 위장납입한 주금의 효력에 관계없이 납입금보관은행은 책임을 지지 않는다. 다만 주금납입의 효력을 부정하는 입장에서는 은행이 위장납입이라는 사실을 알고 보관증명서를 교부한 경우에는 보관은행은 회사에 대하여 손해배상책임을 진다(민법 제750조). 통모가장납입은 납입으로서의 효력이 없으므로, 납입은행은 보관증명을 한 금액에 대하여 그 금액의 반환에 대한 제한이 있다는 이유로 회사에 대항하지 못하고(상법 제318조 제2항), 그 보관증명금액을 반환하여야 할 책임이 있다. 이것은 보관증명행위를 원인으로 하여 인정되는 책임으로서 금반언의 법리에 기한 책임보다 강력한 결과책임이다. 그러나 위장납입의 경우에는 유효설에 의하면 유효한 납입으로서 통상의 납입과 다를 바 없으므로 납입은행의 보관증명금액의 반환책임(상법 제318조 제2항)이 인정되지 않는다. 또한 무효설에 의하면 위장납입은 통모가장납입과 같이 납입으로서의 효력이 인정되지 않으므로, 납입은행이 위장납입에 의한 납입이라는 것에 관하여 악의이거나 중대한 과실로 이를 알지 못한 경우에는 상법 제318조 제2항이 유추적용되어 납입은행은 보관증명금액을 반환하여야 할 책임이 있다.

V. 문제의 해결

이 사례에서 A주식회사가 위장납입에 의하여 설립된 경우에는 주금납입의 효력이 어떻게 되는가에 따라 설립의 효력 및 설립관여자나 대표이사의 책임이 달라지므로 주금납입의 효력을 먼저 검토하여야 한다. 위장납입의 경우, 주금납입의 효력을 인정할 것인가에 대하여는 판례와 소수설은 발기인의 담보책임에 의하여 어느 정도 회사의 자본충실을 기할 수 있으므로 주금납입의 효력을 인정하나 다수설은 주식회사에서 자본충실의 원칙은 제3자의 보호와 거래안전을 보호하기 위한 기본원칙이므로 이를 근본적으로 위협하는 위장납입은 그 효력을 부정한다.

또한 A주식회사의 설립의 효력에 대하여는 위장납입의 효력을 인정하는 유효설에 의하면 별다른 문제가 없으나 무효설에 의하면 위장납입에 의한 회사의 설립은 회사설립무효의 소의 원인이 된다.

그리고 발기인 甲은 회사에 대하여 자본충실책임인 납입담보책임을 지고, 회사 및 제3자에 대하여는 임무해태로 인한 손해배상책임을 부담하고, 또 형사상 납입가장죄로 처벌된다. 또한 대표이사 甲은 회사 및 제3자에 대하여 손해배상책임을 지고, 또 형사책임을 질 수도 있다. 그러나 납입금보관은행인 한빛은행은 일반적으로 책임을 지지 않는 것이 원칙이다.

Ⅵ. 관련판례의 동향

1. 대법원 2012. 11. 15. 선고 2010다92346 판결

甲이 乙에게 가장납입할 주금을 대여한 후 회사 설립 즉시 자신이 통장과 도장 등을 보관하던 乙 명의 계좌로 이체하여 이를 회수하려 하였으나 이러한 사정을 잘 아는 주금납입은행 직원 丙이 위 계좌에 예약이체 설정이 되어 있는지 조사·확인하지 않은 과실로 乙이 위 계좌에 이체된 돈을 예약이체의 방법으로 편취하는 것을 방조하였는지 문제된 사안에서, 丙의 공동불법행위책임을 인정한 원심판결에 과실에 의한 방조에 관한 법리를 오해한 위법이 있다고 한 사례.

2. 대법원 2007. 8. 23. 선고 2005두5574 판결

주식회사의 이사이자 주주인 자가 제3자로부터 금원을 차용하여 주금을 가장납입한 후 납입은행으로부터 납입금액을 반환받아 제3자에게 변제한 경우, 회사가 주주나 이사에게 그 가장납입금을 무상으로 대여한 것이거나, 일시 차입금을 가지고 주주의 주금을 체당 납입한 것과 같이 볼 수 있다.

3. 대법원 2004. 12. 10. 선고 2003도3963 판결

① 상법 제628조 제1항은 발기인이나 이사 등 회사 측 행위자의 납입가장 행위를 처벌하는 조항이고 같은 조 제2항에서 규정하는 '제1항의 행위에 응한

다'라는 것은 주금납입취급기관으로 지정된 금융기관의 임직원이 발기인이나 이사 등 회사 측 행위자의 부탁을 받고 주금의 입출금 및 주금납입증명서 발급업무를 해주는 것을 의미하는 것인바, <u>주금납입취급기관의 임직원이 회사 측 행위자의 부탁을 받고 실제 처음부터 주금이 입금된 사실조차 없는데도 허위로 납입증명서를 발급해 주거나 주금 자체를 대출해주는 경우뿐만 아니라 제3자로부터 차용한 돈으로 주금을 납입하여 주금납입증명서를 발급받은 다음 즉시 주금을 인출하여 차용금의 변제에 사용하는 방식으로 납입을 가장한다는 사정을 알면서 그 주금의 입출금 및 주금납입증명서 발급업무를 해주기로 회사 측 행위자와 통모한 경우에도 같은 조 제2항의 응납입가장죄가 성립한다.</u>

② 주식회사의 설립업무 또는 증자업무를 담당한 자와 주식인수인이 사전 공모하여 주금납입취급은행 이외의 제3자로부터 납입금에 해당하는 금액을 차입하여 주금을 납입하고 납입취급은행으로부터 납입금보관증명서를 발급받아 회사의 설립등기절차 또는 증자등기절차를 마친 직후 이를 인출하여 위 차용금채무의 변제에 사용하는 경우, 위와 같은 행위는 실질적으로 회사의 자본을 증가시키는 것이 아니고 등기를 위하여 납입을 가장하는 편법에 불과하여 주금의 납입 및 인출의 전과정에서 회사의 자본금에는 실제 아무런 변동이 없다고 보아야 할 것이므로, <u>그들에게 회사의 돈을 임의로 유용한다는 불법영득의 의사가 있다고 보기 어렵다 할 것이고,</u> 이러한 관점에서 <u>상법상 납입가장죄의 성립을 인정하는 이상 회사 자본이 실질적으로 증가됨을 전제로 한 업무상횡령죄가 성립한다고 할 수는 없다.</u>

4. 대법원 2004. 3. 26. 선고 2002다29138 판결

① 주식회사를 설립하면서 일시적인 차입금으로 주금납입의 외형을 갖추고 회사 설립절차를 마친 다음 바로 그 납입금을 인출하여 차입금을 변제하는 이른바 가장납입의 경우에도 주금납입의 효력을 부인할 수는 없다고 할 것이어서 주식인수인이나 주주의 주금납입의무도 종결되었다고 보아야 할 것이고, 한편 <u>주식을 인수함에 있어 타인의 승낙을 얻어 그 명의로 출자하여 주식대금을 납입한 경우에는 실제로 주식을 인수하여 그 대금을 납입한 명의차용인만이 실질상의 주식인수인으로서 주주가 된다고 할 것이고 단순한 명의대여인은 주주가 될 수 없다.</u>

② 주식회사의 자본충실의 요청상 주금을 납입하기 전에 명의대여자 및 명의차용자 모두에게 주금납입의 연대책임을 부과하는 규정인 상법 제332조 제2항은 이미 주금납입의 효력이 발생한 주금의 가장납입의 경우에는 적용되지 않는다고 할 것이고, 또한 주금의 가장납입이 일시 차입금을 가지고 주주들의 주금을 체당납입한 것과 같이 볼 수 있어 주금납입이 종료된 후에도 주주는 회사에 대하여 체당납입한 주금을 상환할 의무가 있다고 하여도 이러한 주금상환채무는 실질상 주주인 명의차용자가 부담하는 것일 뿐 단지 명의대여자로서 주식회사의 주주가 될 수 없는 자가 부담하는 채무라고는 할 수 없다.

5. 대법원 1997. 5. 23. 선고 95다5790 판결 = 기존판례와 동일

① 일시적인 차입금으로 단지 주금납입의 외형을 갖추고 회사설립이나 증자 후 곧바로 그 납입금을 인출하여 차입금을 변제하는 주금의 가장납입의 경우에도 금원의 이동에 따른 현실의 불입이 있는 것이고, 설령 그것이 실제로는 주금납입의 가장 수단으로 이용된 것이라고 할지라도 이는 그 납입을 하는 발기인 또는 이사들의 주관적 의도의 문제에 불과하므로, 이러한 내심적 사정에 의하여 회사의 설립이나 증자와 같은 집단적 절차의 일환을 이루는 주금납입의 효력이 좌우될 수 없다.

② 시장 개설 허가를 받은 법인에 의한 관리권 위임약정은 그 법인이 정상화될 때까지 수임인이 시장을 관리하기로 한 이른바 경영위임에 해당하므로, 구 상법(1995. 12. 29. 법률 제5053호로 개정되기 전의 것) 제374조에 의하여 요구되는 같은 법 제434조의 규정에 의한 발행주식 총수의 과반수에 해당하는 주식을 가진 주주의 출석으로 그 의결권의 3분의 2 이상의 다수의 결의로써 하여야 하는 주주총회의 특별결의를 거치지 아니한 경우, 그 관리권 위임약정은 무효이다.

6. 대법원 1994. 3. 28. 선고 93다1916 판결

회사를 설립함에 있어 일시적인 차입금을 가지고 주금납입의 형식을 취하여 회사설립절차를 마친 후 곧 그 납입금을 인출하여 차입금을 변제하는 이른바 주금의 가장납입의 경우에도 주금납입의 효력을 부인할 수는 없는 것이므로, 설사 주주가 주금을 가장납입하였다 하더라도 그 주주를 실질상의 주식인수인에게 명의만을 빌려준 차명주주와 동일시할 수는 없다.

7. 대법원 1989. 9. 12. 선고 89누916 판결

발기인인 甲·乙이 주식인수대금을 가장납입하는 방법으로 회사를 설립하기로 공모하고, 회사설립과 동시에 납입하였던 주식인수대금을 인출하였다면 甲과 乙은 회사의 설립에 관하여 자본충실의무 등 선량한 관리자로서의 임무를 다하지 못한 발기인들로서 또는 회사의 소유재산인 주식인수납입금을 함부로 인출하여 회사에 대하여 손해를 입힌 공동불법행위자로서의 책임을 면할 수 없으므로 회사에게 그 손해를 연대하여 배상할 책임이 있고, 따라서 연대채무자 중의 1인인 乙이 무자력이더라도 다른 연대채무자인 甲에게 자력이 있어 위 손해배상채권의 회수가 가능하다면 위 채권을 이 사건 주식가액을 산출하기 위한 회사의 순자산가액을 산입할 수 있다고 할 것이다.

8. 대법원 1986. 9. 9. 선고 85도2297 판결

주금으로 납입할 의사없이 마치 주식인수인들이 그 인수주식의 주금으로 납입하는 양 돈을 은행에 예치하여 주금납입보관증을 교부받아 회사설립요건을 갖춘 듯이 등기신청을 하여 상업등기부의 원본에 그 기재를 하게 한 다음 그 예치한 돈을 바로 인출하였다면 이를 회사를 위하여 사용하였다는 등 특별한 사정이 없는 한 상법 제628조 제1항이 정한 이른바 납입가장죄가 성립되는 한편 공정증서원본부실기재와 동 행사죄가 성립된다.

9. 대법원 1985. 1. 29. 선고 84다카1823·1824 판결

회사의 설립이나 증자의 경우에 일시적인 차입금을 가지고 주금납입의 형식을 취하여 회사설립이나 증자절차를 마친 후 곧 그 납입금을 인출하여 차입금을 변제하는 이른바 주금의 가장납입의 경우에도 주금납입의 효력을 부인할 수 없으므로 주금납입의 절차는 일단 완료되고 주식인수인이나 주주의 주금납입의무도 종결되었다고 보아야 함은 소론과 같다.

그러나 위와 같은 가장납입에 있어서 회사는 일시 차입금을 가지고 주주들의 주금을 체당납입한 것과 같이 볼 수 있으므로 주금납입의 절차가 완료된 후에 회사는 주주에 대하여 체당납입한 주금의 상환을 청구할 수 있는 이치라 할 것이다.

10. 대법원 1983. 5. 24. 선고 82누522 판결

회사의 설립이나 증자의 경우에 당초부터 진정한 주금의 납입으로서 회사자금을 확보할 의도없이 일시적인 차입금으로 단지 주금납입의 외형을 갖추고 회사설립이나 증자절차 후 곧바로 그의 납입금을 인출하여 차입금을 변제하는 주금의 가장납입 소위 견금(見金)에 의한 주금납입의 경우에도 금원의 이동에 따른 현실의 불입이 있는 것이고, 설령 그것이 실제로는 납입의 가장수단으로 이용된 것이라 하더라도, 이는 당해 납입을 하는 발기인 등의 주관적 의도의 문제에 불과하고 회사가 관여할 바가 아니므로 이러한 발기인 내지 이사들의 내심적 사정에 의하여 회사의 설립이나 증자와 같은 집단적 절차의 일환을 이루는 주금납입의 효력을 좌우함은 타당하지 아니하다고 할 것이다.

28 위장납입

♦ 사   례

> 발기인 甲·乙·丙 3인은 Y주식회사를 모집설립하면서 당초 계획에 자본금이 못 미치자, 제3자인 X로부터 1억원을 차용하여 납입금보관은행인 A은행에 이를 납입하여 납입증명서를 교부받아 총자본액 1억 5천만원의 Y회사의 설립등기를 필한 후 이사에 취임하였다. 그 후 대표이사가 된 甲이 원래의 계획대로 그 보관금을 인출하여 X에게 변제하였다. 이때의 법률관계를 논하라.

Ⅰ. 문제의 논점

1. Y회사는 형식상 주금납입이 있으나 실질은 재산형성이 없이 설립된 회사이므로, ① 주금납입의 효력이 있는지, ② 그에 따라 설립무효의 원인이 되는지 문제된다.

2. 설립에 관여한 자의 책임으로서, ① 발기인의 책임에 관해서는 자본의 흠결이 중대한 경우에도 자본충실책임을 지는지, 또한 회사와 제3자에 대한 책임은 어떠한지, ② 이사는 납입금인출행위와 관련하여 회사, 제3자에 대해 어떠한 책임을 지는지 문제된다.

3. 그 밖에 ① Y회사가 A은행에 책임을 물을 수 있는지, ② 주금납입의 효력을 인정한다는 입장에 설 때, Y회사의 발기인에 대한 주금액의 상환청구가 인정될 것인가 하는 점이 문제된다.

Ⅱ. 위장납입의 효력과 그에 따른 회사설립의 효력

1. 서

주식회사의 경우 주주유한책임의 원칙상 회사의 자본에 상당하는 현실적 재산이 항상 유지될 필요가 있으므로 상법은 여러 규정을 두어 자본충실을 기하고자 한다. 이러한 자본충실의 요청을 잠탈하는 가장납입의 태양으로는 통모가장납입(預合)과 위장납입(見金)이 있는데 사안과 같은 견금의 효력이 문제된다. 이는 견금의 경우 금원의 이동에 따른 현실적 불입은 있었으나 전체적으로 고찰해 보면 납입을 가장한 것에 지나지 않는다는 점에서 그 효력이 문제된다.

2. 위장납입의 경우 납입의 효력

(1) 유 효 설

예합의 경우와는 달리 위장납입에 의한 경우에는 납입금보관은행에 현실적인 주금액의 납입이 있다는 점을 중시하여, 견금인지 여부는 주금납입의 유효성에 영향이 없다고 보는 견해이다. 이 설에 의하면 차입에 의한 납입행위와 반환행위를 구별하여, 납입행위는 적법하고, 반환행위에 위법이 있는 것으로 해석하게 된다.

(2) 무 효 설

회사의 자본적 기초가 전혀 없어 실질적으로 납입이 있었다고 볼 수 없으므로 납입행위는 무효라고 한다. 자본충실을 위한 강행법규를 위반하는 행위로서 무효로 보는 것이다.

3. 회사설립의 효력

유효설의 입장에 따르면 회사의 설립에 아무런 하자가 없는 것으로 되나 무효설의 입장이 타당한바, 사안의 경우 회사설립시에 발행하는 주식의 3분의 2에 해당하는 주식에 대한 납입이 존재하지 않는 커다란 하자가 있으므로 회사설립무효의 원인이 되고 주주, 이사 또는 감사는 설립무효의 소를 제기할 수 있다(상법 제328조). 다만 설립무효의 판결이 확정될 때까지는 사실상 회사로 존속하게 된다(상법 제328조 제2항, 제190조).

Ⅲ. 甲·乙·丙의 책임

1. 발기인의 지위에서의 책임

(1) **납입담보책임**(상법 제321조)

1) 서

유효설에 의할 경우 위장납입의 주금납입으로서의 효력을 긍정하므로 발기인의 납입담보책임은 문제되지 않으나, 무효설이 타당한바, 이에 의할 경우 발기인의 주식인수는 있었으나 납입은 없었으므로 납입담보책임이 문제된다. 이 경우 납입담보책임의 인정 여부가 발기인의 자본충실책임의 취지와 관련하여 문제된다.

2) 학설의 대립

① 설립무효무관계설　설립등기에 의하여 주식 전부에 대한 인수·납입이 있다고 신뢰하는 일반주주 및 회사채권자의 이익보호를 위하여, 회사설립의 유효·무효와는 무관하게 언제나 발기인의 자본충실책임을 인정하는 것이다(소수설). 따라서 이 설에서는 아무리 흠결이 현저하여도 발기인이 이를 현실로 전보한 이상 설립을 무효로 할 필요가 없는 반면, 흠결이 아무리 근소하여도 발기인이 이를 전보하지 않는 한 설립무효의 원인이 된다고 한다.

이 입장에 설 때는 위장납입의 경우에도 각 발기인은 인수한 주식에 대한 납입은 물론 다른 발기인과 연대하여 모든 납입 없는 주식에 대한 납입담보책임을 부담한다(상법 제321조 제2항).

② 설립무효구제설　발기인의 인수·납입담보책임은 인수·납입의 흠결이 비교적 적은 때만 인정된다고 보는 것이다(통설). 이에 따르면 주금의 3분의 2를 위장납입한 사안의 경우에는 납입의 흠이 중대하여 발기인에게 납입담보책임을 물을 수 없게 된다. 즉 발기인이 임의로 납입을 하여 자본충실이 확보되는 것은 별론으로 하더라도 회사가 발기인에게 납입의무의 이행을 강제하거나 주주가 대표소송을 제기하여 이를 추궁할 수는 없게 된다.

(2) 회사에 대한 손해배상책임(상법 제322조 제1항)

발기인의 차입·납입행위는 회사성립 후의 인출·변제의 전과정을 고찰해 볼 때 이미 차입·인출 당시에 위장설립의 의도가 있었으므로 선관주의의무 위반으로 인한 임무해태가 되어 견금의 유효성에 관한 견해대립에 관계없이 (즉 유효설에 의하더라도) 회사에 대해 연대하여 손해배상책임을 진다.

판례(대법원 1989. 9. 12. 선고 89누916 판결) 또한 손해배상책임의 성립을 인정한다. 이는 과실책임으로 위장납입의 사정을 알지 못한 발기인은 책임을 지지 아니하나 사안의 경우는 甲·乙·丙이 공모한 경우로 그 모두에 귀책사유가 있으므로 연대하여 손해배상책임을 지게 된다.

(3) 제3자에 대한 손해배상책임(상법 제322조 제2항)

이 책임은 견금의 유효성에 대한 견해대립과 관계없이 제3자에게 손해가 발생한 경우에 성립하나, 사안의 경우 제3자와의 법률관계를 맺었는지 명백치 아니하므로 문제되지 아니한다.

(4) 공동불법행위책임(민법 제760조)

위장납입의 효력에 관하여 유효설을 취하는 판례(대법원 1989. 9. 12. 선고 89누916 판결)는 "발기인인 甲·乙이 주식인수대금을 가장납입하는 방법으로 회사를 설립하기로 공모하고, 회사설립과 동시에 납입하였던 주식인수대금을 인출하였다면 甲과 乙은 회사의 설립에 관하여 자본충실의무 등 선량한 관리자로서의 임무를 다하지 못한 발기인들로서 또는 회사의 소유재산인 주식인수납입금을 함부로 인출하여 회사에 대하여 손해를 입힌 공동불법행위자로서 책임을 면할 수 없으므로 회사에게 그 손해를 연대하여 배상할 책임이 있고"라고 판시하였는바, 무효설이 타당하므로, 이에 의하더라도 사안의 발기인 甲·乙·丙은 공모에 의한 공동불법행위자로서 회사에 재산상 손해를 야기하였으므로 공동불법행위책임을 진다.

2. 이사의 지위에서의 책임

(1) 서

이사의 책임과 관련하여 자본충실의 책임은 문제되지 아니하나 그 외 책임은 부담하게 되는바, 특히 회사에 대한 손해배상책임의 이론구성에 유의할 필요가 있다.

(2) 회사에 대한 손해배상책임(상법 제399조)

유효설에 의하면 이사는 회사의 자금을 인출하여 개인의 채무를 변제한 점에서 그 임무해태가 있어 회사에 손해배상책임을 지게 된다.

무효설에 의하면 이사는 설립 중의 회사의 감사기관으로서 그 임무를 다하지 못하고, 나아가 자금인출 및 채무변제라는 일련의 과정을 통해 결국 위장납입을 완성시켜 회사자본을 부실하게 한 데서 임무해태가 있어 회사에 대한 손해배상책임을 진다.

(3) 제3자에 대한 책임(상법 제401조)

위와 같이 이사 甲 등의 임무해태가 인정되는데, 그것이 악의 또는 중과실에 의한 것이라고 인정되므로, 그로 인해 제3자가 손해를 입게 된 때에는 귀책사유 있는 이사들은 연대하여 그 손해를 배상할 책임을 지게 되는바, 사안의 경우 제3자와 법률관계를 맺었는지 명백하지 아니하므로 문제되지 않는다.

(4) 공동불법행위책임(민법 제760조)

이사의 지위에서의 甲·乙·丙의 행위 또한 회사의 재산상 손해를 야기한 공동불법행위가 되므로 공동불법행위책임을 부담한다.

Ⅳ. 납입금보관은행 A의 책임

상법 제318조 제2항은 통모가장납입의 경우에 있어서의 보관자의 책임을 규정한 것이므로, 견금의 경우는 해석에 의할 수밖에 없는바, ① A은행이 견금에 의한 납입이라는 사실을 모른 경우는 어느 학설에 의하더라도 책임이 없으나, ② 알면서 공모한 경우라면 어느 학설에 의하더라도 견금에 의한 회사설립의 공모자로서 회사에 대하여 발기인들과의 공동불법행위의 책임을 지게 될 것이다.

Ⅴ. 사안의 해결

1. 위장납입의 경우 일련의 과정을 고찰해 본다면 주금의 납입이 있었다고 볼 수 없어 자본충실의 원칙에 반하므로 그 효력에 관하여 무효설이 타당하며, 사안과 같이 3분의 2에 해당하는 자본의 흠결이 있는 경우 이는 설립무효사유가 된다고 보아야 한다.

2. 甲·乙·丙은 ① 발기인의 지위에서는 설립무효사유로 보더라도 회사에 대한 납입담보책임을 부담하며 손해배상책임, 공동불법행위책임을 부담하고, ② 이사의 지위에서는 회사에 대한 손해배상책임, 공동불법행위책임을 부담하며, 기타 형사책임으로는 납입가장죄, 공정증서원본부실기재죄가 성립한다.

3. A은행의 경우 설문상 특별한 언급이 없는 것으로 보아 甲·乙·丙과의 공모에 의한 악의가 없는 것으로 보이므로 책임이 없으며 판례는 주주의 회사에 대한 주금액상환의무를 인정하나 주금납입의 효력에 관한 무효설이 타당한바, 이를 체당으로 볼 수 없으므로 주주의 회사에 대한 주금납입의무를 직접적으로 인정하여야 한다.

Ⅵ. 참조판례

대법원 2004. 6. 17. 선고 2003도7645 전원합의체 판결

[다수의견] 상법 제628조 제1항 소정의 납입가장죄는 회사의 자본충실을 기하려는 법의 취지를 유린하는 행위를 단속하려는 데 그 목적이 있는 것이므로, 당초부터 진실한 주금납입으로 회사의 자금을 확보할 의사 없이 형식상 또는 일시적으로 주금을 납입하고 이 돈을 은행에 예치하여 납입의 외형을 갖추고 주금납입증명서를 교부받아 설립등기나 증자등기의 절차를 마친 다음 바로 그 납입한 돈을 인출한 경우에는, 이를 회사를 위하여 사용하였다는 특별한 사정이 없는 한 실질적으로 회사의 자본이 늘어난 것이 아니어서 납입가장죄 및 공정증서원본불실기재죄와 불실기재공정증서원본행사죄가 성립하고, 다만 납입한 돈을 곧바로 인출하였다고 하더라도 그 인출한 돈을 회사를 위하여

사용한 것이라면 자본충실을 해친다고 할 수 없으므로 주금납입의 의사 없이 납입한 것으로 볼 수는 없고, 한편 주식회사의 설립업무 또는 증자업무를 담당한 자와 주식인수인이 사전 공모하여 주금납입취급은행 이외의 제3자로부터 납입금에 해당하는 금액을 차입하여 주금을 납입하고 납입취급은행으로부터 납입금보관증명서를 교부받아 회사의 설립등기절차 또는 증자등기절차를 마친 직후 이를 인출하여 위 차용금채무의 변제에 사용하는 경우, 위와 같은 행위는 실질적으로 회사의 자본을 증가시키는 것이 아니고 등기를 위하여 납입을 가장하는 편법에 불과하여 주금의 납입 및 인출의 전과정에서 회사의 자본금에는 실제 아무런 변동이 없다고 보아야 할 것이므로, 그들에게 회사의 돈을 임의로 유용한다는 불법영득의 의사가 있다고 보기 어렵다 할 것이고, 이러한 관점에서 상법상 납입가장죄의 성립을 인정하는 이상 회사 자본이 실질적으로 증가됨을 전제로 한 업무상횡령죄가 성립한다고 할 수는 없다.

29 현물출자와 설립무효의 소

◆ 사 례

甲은 자신이 소유하고 있던 대지 2천평을 현물출자하여 A운송주식회사를 설립하기로 하고, 乙·丙과 함께 발기인이 되어 A회사 설립을 위한 주주모집공고를 하였다. 한편 A회사 설립에 대한 주주모집공고가 나자, 丁은 자신이 소유하고 있던 중고트럭 2대(시가 1,000만원 상당)를 현물출자하기로 하는 등 절차가 순조롭게 진행되어 자본금 10억원의 A주식회사가 1997년 4월 5일에 설립되었다. 그러나 丁은 이미 그 이전에 중고트럭을 처분하여 출자를 이행하지 않았음에도 주식을 배정받았으며, 甲 소유의 대지는 시가 2억원에 불과함에도 5억원의 주식을 배정받았음이 드러났다.

1998년 12월 20일, 뒤늦게 이 사실을 안 주주 戊는 丁의 현물출자 불이행과 甲의 현물출자에 대한 부당평가를 이유로 법원에 설립무효의 소를 제기할 수 있는가? 그리고 발기인 甲·乙·丙에 대하여 손해배상을 청구할 수 있는가?

Ⅰ. 문제의 논점

개정 전 상법에서는 설립무효의 소와 관련하여 발기인만이 현물출자를 할 수 있었으나(개정 전 제294조), 개정상법에 의해 현물출자자의 제한이 철폐되었으므로 발기인이 아닌 丁이 현물출자를 한 것은 문제가 되지 아니하나, ① 丁의 현물출자 불이행이 설립무효의 사유가 될 것인지, ② 甲의 현물출자에 대한 부당평가가 설립무효의 사유로 될 수 있는지에 관해 검토할 필요가 있다.

그리고 발기인 甲·乙·丙의 책임과 관련하여 설립무효의 소가 인용된다면 ① 발기인은 회사성립시의 책임을 질 것인지 아니면 회사 불성립의 책임(제

-279-

326조)을 질 것인지가 문제되며, ② 성립시의 책임을 진다면 제322조의 손해배
상책임과 관련하여 乙·丙도 그 요건을 충족시키는지, 주주도 제322조 제2항
의 제3자에 포함되는지가 문제된다.

Ⅱ. 설립무효의 소의 인용 여부

1. 丁의 현물출자 불이행의 설립무효사유 해당 여부

현물출자란 금전 이외의 재산권을 목적으로 하는 출자로서, 회사 설립에
편의를 도모하기 위하여 이루어진다. 현물출자의 과대평가가 있게 되면 회사
설립시부터 자본에 결함이 생겨 회사채권자를 해하게 되고, 금전을 출자한 주
주에 손실을 입히게 되므로 상법은 이를 변태설립사항으로 정하여 이를 방지
하여 하고 있다(제290조, 제290조 제1항, 제310조 제1항, 제302조 제2항 제2호). 현
물출자의 목적은 금전 이외에 재산으로서 양도가능하고 대차대조표의 자산의
부에 기재할 수 있는 것이면 가능하므로 설문의 중고트럭 2대도 현물출자의
목적물에 해당하는바, 회사성립 후 그 불이행이 있는 경우 어떠한 기준에 따
라 설립무효사유에 해당하는지를 판단할 것인지에 대해 학설이 대립한다.

(1) 학설의 대립

1) 제 1 설

현물출자는 개성이 강한 것으로 타인에 의한 대체이행이 곤란하고, 상법
이 금전출자의 '납입'과 현물출자의 '이행'을 구분하여 달리 표현하고 있으므
로(제295조, 제305조 제1항) 현물출자 불이행의 경우 금액출자의 경우와는 달리
발기인의 납입담보책임을 부정하고 설립무효사유로 된다고 하는 견해로 다수
설이다.

2) 제 2 설

현물출자의 목적재산이 사업목적의 수행에 불가결한 것이면 설립무효사유
로 보고 그 목적재산이 대체가 가능하고 사업수행에 불가결한 것이 아니며 그
흠결의 정도가 비교적 근소하면 발기인이 납입담보책임을 진다고 하는 견해로
소수설의 입장이다.

(2) 검   토

현물출자의 불이행이 있는 경우에도 발기인의 자본충실의 책임이 인정될 수 있는가에 대하여 대체가능한 현물출자 또는 회사의 사업수행에 불가결한 것이 아닌 현물출자의 경우에는 발기인에게 자본충실의 책임을 인정하는 소수설도 있으나, 발기인의 납입담보책임을 부정하고 설립무효사유로 된다고 하는 제1설의 태도가 타당하다고 본다. 즉 현물출자는 회사설립에 있어서 꼭 필요한 재산을 출자하는 것으로 금전과 같이 대체가 가능한 것이 아니며, 상법도 금전과 현물의 경우에 각각 용어를 달리 하고 있으므로 현물출자 불이행의 경우는 금액출자의 경우와는 달리 취급하여야 할 것이다.

따라서 丁의 현물출자의 불이행은 설립무효사유에 해당한다고 볼 수 있다.

2. 甲의 현물출자 부당평가의 설립무효사유 해당 여부

현물출자의 목적이 된 재산의 가액에 비하여 과대한 가치로 주식이 부여된 경우를 현물출자의 과대평가 또는 부당평가라 한다. 이러한 부당평가가 있게 되면 회사의 자본충실을 해하게 되고 회사와 관련된 많은 자들에게 피해를 끼치게 된다. 현물출자의 부당평가가 설립등기 이전에 있다면 현물출자에 대한 조사절차(제299조, 제299조의2, 제310조)에 의해 시정될 것이지만, 설문과 같이 시정되지 않은 채 설립등기를 한 경우에는 그 부당평가의 효과가 문제된다.

(1) 현물출자에 대한 부당평가의 효과

부당평가의 효력은 그 정도에 따라 구체적 타당성 있는 해결을 도모함이 타당하다. 즉 부당평가의 정도가 경미하면 발기인과 이사 및 감사에 대한 손해배상책임의 추궁으로 해결하면 된다(제322조, 제323조). 그러나 그 정도가 커서 자본구성에 발기인과 임원에 대한 책임의 추궁만으로 부당평가의 전보가 어려운 정도의 결함을 주었다면 현물출자는 무효로 된다고 보아야 할 것이다. 또한 현물출자의 목적이 된 재산이 회사의 사업목적 수행상 중대한 것이면 현물출자의 무효의 사유가 설립무효의 사유가 될 수 있다.

(2) 검   토

甲의 현물출자의 부당평가는 자본금의 1/3에 해당하는 그 비중이 큰 중대한 사안이고, 甲 소유의 토지는 운송업을 수행하기 위한 차고지로서 필수불가결한 것이므로 설립무효사유에 해당한다고 본다.

Ⅲ. 발기인 甲, 乙, 丙의 책임

1. 회사성립의 경우의 책임

회사가 성립하지 아니한 불성립의 경우에는 발기인이 연대하여 책임을 진다(제326조). 불성립이란 설립등기에 이르지 못한 것을 의미하므로 설립무효의 판결이 확정된 경우의 책임은 제326조의 적용을 받는 것이 아니라 회사성립시의 책임을 진다(제322조, 제323조). 회사설립무효의 판결은 대세적 효력이 인정되나 판결의 효력은 소급하지 아니한다(제328조, 제190조). 이 경우 회사의 성립시(설립등기시)부터 설립무효·취소의 판결이 확정될 때까지 존속하는 회사를 '사실상의 회사'라고 하여 회사가 유효하게 성립한 경우와 동일하게 취급한다.

따라서 발기인은 회사가 성립한 경우에 회사에 대해서 자본충실책임과 손해배상책임을 부담하고(제321조, 제322조 제1항), 제3자에 대하여는 악의 또는 중과실로 인하여 임무를 해태하면 발기인은 연대하여 손해배상책임을 진다(제322조 제2항).

2. 발기인의 제3자에 대한 책임

(1) 책임의 성질

책임의 성질에 관하여 특수한 불법행위책임이라고 보는 소수설도 있으나, 발기인이 제3자에 대한 직접적인 가해행위를 요하지 않으며 회사에 대한 임무해태가 책임의 발생 원인이 되어 있는 점에서 회사설립과 관련하여 제3자를 보호하기 위한 회사법상의 특수한 법정책임이라고 보는 설이 타당하다고 본다. 따라서 발기인의 행위가 일반불법행위에도 해당하는 경우 본 조의 책임과 불법행위책임은 경합하게 된다(민법 제750조).

(2) 乙, 丙의 악의·중과실 인정 여부

발기인의 회사에 대한 임무해태로 인한 제3자에 대한 책임은 발기인에게 불법행위가 없음에도 불구하고 제3자를 보호하기 위하여 인정된 책임으로 이에 경과실까지 포함시키는 것은 발기인에게 너무 가혹하므로 발기인을 보호하기 위하여 경과실을 배제한 것이다. 따라서 경과실은 책임발생의 원인이 되지 못한다.

사안의 乙·丙의 악의·중과실의 인정여부가 문제인바, 악의·중과실은 임무해태와 관련되면 되고, 발기인으로서 현물출자를 제대로 평가해야 하는 것은 회사설립사무에 있어서 당연한 것이므로 甲의 토지에 대한 평가를 소홀히 하였다는 것은 甲은 물론 乙·丙의 악의·중과실도 인정된다고 하겠다.

(3) 주주가 제3자에 포함되는지 여부

발기인이 책임을 부담하는 제3자의 범위에 대하여 주주는 회사가 손해배상을 받음으로써 주주도 간접적으로 배상을 받게 되는 것이므로 주주의 간접손해는 본 조의 책임범위에 포함되지 아니한다는 소극설도 있으나, 제3자를 널리 보호하는 것이 본 조의 취지라는 점에서 주주의 간접손해도 본 조의 보호범위에 포함된다고 보는 적극설이 타당하다고 본다.

본 사안은 주주가 결과적으로 허위가 된 주주모집공고를 보고 설립무효가 될 회사의 주식을 인수한 경우로 직접손해에 해당하므로 어느 설을 취하더라도 주주는 제3자에 포함된다. 따라서 戊는 현물출자의 부당평가로 회사가 손해를 입음으로써 그것이 그대로 주식의 재산적 가치에 반영된다는 의미의 간접손해가 문제가 되는 것이 아니라 잘못한 공시를 믿고 투자함으로써 입은 손해의 배상을 요구하는 것이므로 직접손해에 해당하여 제3자의 범위에 포함된다.

3. 발기인의 공동불법행위

甲·乙·丙 3인은 공동으로 戊에게 재산상의 손해를 초래하는 행위를 하였으므로 민법 제760조의 공동불법행위책임을 진다. 발기인의 제3자에 대한 책임(제322조)의 성질에 있어서 법정책임설에 의하면 戊는 甲·乙·丙에 대하여 민법상의 공동불법행위책임(민법 제760조) 또한 청구할 수 있다고 한다.

Ⅳ. 문제의 해결

우선 A회사 설립무효의 소의 제기와 관련하여 丁의 현물출자 불이행과 甲

의 현물출자에 대한 부당평가는 설립무효사유에 해당한다고 보여지므로 戊는 A회사에 대하여 설립무효의 소를 제기할 수 있다.

그리고 발기인의 책임과 관련하여 甲은 물론 乙·丙 또한 임무해태에 관한 악의·중과실이 인정되고 설문의 경우는 戊의 직접손해가 문제된다고 보여지므로, 제3자의 범위에 관한 학설대립과 관계없이 발기인의 제3자에 대한 책임(제322조 제2항)은 인정되고, 또 제322조 제2항과 관련하여 법정책임설을 취하는 경우 공동불법책임(민법 제760조)과 경합하고 그 요건 또한 충족되는 것으로 보여지므로 戊의 청구는 인용될 수 있다.

30 주권발행 전의 주식양도의 효력

◆ 사   례

X주식회사는 2001. 2. 1. 성립한 회사로서 같은 해 5. 1.까지 주권을 발행하지 않자 같은 날 주주 甲은 주권 없이 자신의 주식을 乙에게 양도하였다. 甲은 이러한 주식양도사실을 회사에 통지하였고 회사는 이를 승낙하였다. 같은 해 8. 1. X주식회사는 乙에게 주권을 발행하여 주었고, 乙은 같은 해 9. 1. 丙에게 주권의 교부와 함께 주식을 양도하였다. 丙은 X주식회사의 주주인가?

I. 문제의 소재

丙이 주주인지 여부를 검토하기 위해서는 먼저 乙이 정당한 주주인가가 검토되어야 하고 이를 위해서는 주권발행 전 주식양도의 효력이 문제되고, 이와 함께 회사가 승낙시 효력 및 회사성립 후 6월이 지난 경우 양도하자의 치유 여부가 문제된다. 乙이 정당한 주주가 아니라고 할 때 주권의 효력발생시기가 검토되어야 하는바, 이는 丙의 주권선의취득 여부와 관련된다.

II. 주권발행 전 주식양도의 효력

1. 의   의

주식회사의 경우 주식의 양도성은 주주의 투하자본회수의 방편으로서 원칙적으로 자유롭게 인정된다(상법 제355조 제1항). 다만 상법은 필요에 따라 일정한 제한을 할 수 있도록 하고 있는바, 주권발행 전 주식양도의 제한(상법 제335조 제3항)도 그 중에 한 가지로서 인적인 결합이 강한 폐쇄회사의 경우 주로 활용된다.

2. 회사성립 후 6월이 경과한 경우 주권발행 전의 주식양도의 허용과 문제점

주권발행 전 주식의 양도를 원칙적으로 금지하는 취지는 상법상 주식의 양도는 주권의 교부가 필요한데 주권이 발행되기 전에는 적법한 양도방법이 없고, 그 공시방법이 적절하지 못하여 주식거래의 안전을 도모할 수 없기 때문이다. 따라서 1984년 상법개정시까지의 대법원판례는 주권발행 전의 주식양도는 회사가 이를 승인하여 명의개서까지 하더라도 항상 무효라고 판시하였다 (대법원 1967. 1. 31. 선고 66다2221 판결 외 다수). 그러나 이러한 판례의 입장은 회사의 지배주주가 그 지배권을 양도할 의사로 주식을 양도하고 수년이 경과한 시점에서 그 효력을 부인하고 회사의 지배권을 탈환하는 데 이용되는 폐단이 있었다. 그리하여 1984년 상법개정시에 장기간 주식을 발행하지 않는 회사의 주주에게는 투하자본회수의 기회를 주고 그 주식을 양수받은 주주를 보호하기 위하여 "회사의 성립 후 또는 신주의 납입기일 후 6월이 경과한 때에는 주권발행 전의 주식양도는 유효하다"(상법 제355조 제3항 단서)는 규정을 신설하게 되었다. 아울러 이 규정은 개정상법의 시행 이전에 행해진 주권발행 전의 주식양도의 경우에도 소급적용되어 기존의 분쟁도 해결하도록 하였다. 그러나 이 규정의 신설로 주식양도가 주권의 교부에 의하지 아니하여도 적법하게 되어 이를 규정한 상법 제336조 제1항을 무의미하게 할 우려와 회사가 주식발행을 게을리하는 문제점이 발생하게 되었다.

3. 주권발행 전 주식양도의 효력

(1) 회사의 성립 후 또는 신주의 납입기일 후 6월 이내에 주권 없이 주식을 양도한 경우

회사의 성립 후 또는 신주의 납입기일 후 6월 이내에 주권 없이 주식을 양도한 경우에는 그러한 주식의 양도는 회사에 대하여 효력이 없다(상법 제335조 제3항 본문). 따라서 이러한 주식양도를 회사 측에서 승인을 하고, 또 주주명부에 명의개서를 하였다고 하더라도, 회사에 대한 관계에서는 아무런 효력이 생기지 않는다고 본다(동지: 대법원 1987. 5. 26. 선고 86다카982·983 판결 외). 위

의 주권발행 전의 주식양도가 회사에 대하여 효력이 없다 하여도 당사자 간에
는 양도의 효력이 있음을 부정할 수 없다(동지: 대법원 1983. 2. 22. 선고 82다15
판결). 회사의 성립 후 또는 신주의 납입기일 후 6월 이내에 주권이 발행되고
그 후 6월 이내에 주권이 발행되었다면 동 주식양도는 하자가 치유되어 유효라
고 본다. 왜냐하면 이를 무효라고 하면 양도인과 양수인이 6월 경과 후 주권발
행 전에 다시 양도의 의사표시를 하여 동 양도를 유효하게 할 수 있는데(상법
제335조 제3항 단서) 이렇게 되면 공연히 절차만 번거롭게 되기 때문이다.

(2) 회사의 성립 후 또는 신주의 납입기일 후 6월 이후에 주권 없이 주식을 양도한 경우

회사의 성립 후 또는 신주의 납입기일 후 6월 이후에 주권 없이 주식을
양도한 경우에는 당사자 간에는 물론이고, 회사에 대하여도 유효한 주식양도
가 된다(상법 제335조 제3항 단서). 따라서 이때의 주식을 양수하였다는 사실을
입증하여 회사에 대하여 명의개서와 주권발행·교부를 청구할 수 있다(동지:
대법원 1992. 10. 27. 선고 92다16386 판결).

4. 주권양도의 방법

본 사례와 관련하여 주식양도의 방법을 주권발행 전과 주권발행 후로 나
누어 정리하기로 한다.

(1) 주권발행 전의 양도방법

1984년의 개정상법에서는 제335조 제3항에 단서를 신설하여 "회사의 성립
후 또는 신주의 납입기일 후 6월이 경과하면 주권없이도 유효하게 주식을 양
도할 수 있다"고 규정하였으나, 주권발행 전의 주식의 양도방법에 대하여는
특별히 규정하지 않고 있다. 따라서 주권발행 전의 주식양도방법은 사법의 일
반원칙에 의할 수밖에 없다. 즉 주권발행 전의 주식의 양도는 지명채권양도의
일반원칙에 의하여 당사자 사이의 의사표시의 합치만으로 그 양도의 효력이
발생하나, 이를 회사에 대항하기 위하여는 양도에 관하여 양도인이 회사에 통
지하거나 회사의 승낙을 받아야 한다(민법 제450조 제1항).

주권발행 전의 주식양도를 회사 및 제3자에 대항하기 위한 양도인의 회사
에 대한 통지나 회사의 승낙은 주식의 소유관계에서 적법한 주주임을 주장하

기 위한 대항요건에 불과하고, 회사에 대하여 주주권을 행사하기 위한 대항요건은 명의개서이고, 제3자에 대한 배타적인 대항요건은 확정일자 있는 증서에 의한 양도통지 또는 회사의 승낙이다(민법 제450조 제2항).

(2) 주권발행 후의 양도방법

주권발행 후의 주식의 양도는 그 주식이 기명주식이나 무기명주식이냐를 불문하고 '주권의 교부'만에 의하여 한다(상법 제336조 제1항). 이때의 주권의 교부는 주식양도의 효력발생요건이지 대항요건이 아니다. 따라서 기명주식의 양도를 회사에 대항하기 위하여는 별도로 주주명부에의 명의개서를 하여야 한다(상법 제337조).

주식의 양도는 기명주식이든 무기명주식이든 불문하고 모든 주권의 교부만에 의하여 그 효력이 발생하므로, 기명주식의 경우와 같이 그 주권의 점유자는 점유 자체만으로 권리자로서의 외관을 갖게 되어 적법한 소지인으로 추정된다(상법 제336조 제2항). 따라서 기명주식의 양도의 제3자에 대한 대항요건 및 무기명주식의 양도의 제3자 · 회사에 대한 대항요건은 주권의 소지이다. 다만 주주의 회사에 대한 권리행사의 방법에 있어서는 양자에 중대한 차이가 있다. 즉 기명주식의 경우에는 주주명부에 명의개서를 하여야 하나(상법 제337조), 무기명주식의 경우에는 주권을 회사에 공탁하여야 한다.

5. 회사의 승인가능성

판례는 이와 관련하여 회사에 대한 관계에서는 절대적 무효로서 그 양도를 가지고 회사에 대항할 수 없는 것은 물론이고, 회사도 이를 승낙할 수 없다는 입장을 취하고 있다.

6. 양도행위의 하자치유가능성

(1) 의   의

주식의 양도는 6월 경과 전에 이루어졌으나 6월이 경과하도록 회사가 주권을 발행하지 않은 경우 6월이 경과하도록 회사가 주권을 발행하지 않는다면 양도의 하자가 치유되는가에 관하여는 견해가 나뉘고 있다.

(2) 견해의 대립

1) 제 1 설

6월이 경과하도록 회사가 주권을 발행하지 않는다면 양도의 하자는 치유된다고 한다. 이에 따르면 6월이 경과한 후에도 하자가 치유되지 않고 여전히 무효라고 해석하더라도 6월 경과 후 양도인과 양수인이 다시 양도의 의사표시를 한다면 상법 제335조 제3항 단서의 규정에 의하여 유효하게 할 수 있는데, 이렇게 되면 공연히 절차만 번거롭게 되고, 또한 여전히 무효라고 할 경우 양수인의 보호에도 문제가 있다고 한다.

2) 제 2 설

6월이 경과하여도 하자는 치유되지 않는다고 하는 견해로서 6월이 경과되기 전의 주식의 양도가 6월이 경과되기를 기다려 그 때에도 회사가 주권을 발행하지 않은 때에는 하자가 치유되어 회사에 대하여 유효하게 되고 6월의 경과와 동시에 주권을 발행한 때에는 무효가 된다고 하면 회사가 언제 주권을 발행하느냐에 따라 주식양도의 효력이 좌우됨으로써 법률관계의 불안정을 초래하게 될 것이고 주권없는 주식의 양도가 조장될 우려가 있으며 6월의 경과 전에 주권없이 주식을 양도, 양수한 거래당사자의 번거로움을 면하게 하기 위하여 회사의 사무절차가 번잡하게 되는 것은 바람직하지 못하다고 한다.

(3) 검   토

상법 제335조 제3항 단서의 취지를 고려하고 주식의 양수인보호를 위해서는 제1설이 타당하다고 생각한다.

7. 사안의 경우

사안에서 甲은 주권발행 전 주식의 양도로서 무효가 되는 경우에 해당하고 회사가 이를 승인하여도 그 효력에는 차이가 없으나 주권발행 없이 6월이 경과함으로써 양도행위의 하자가 치유된다고 본다면 乙은 정당한 주주로서 乙에게 발행된 주식도 유효하고, 따라서 丙도 유효한 주식을 취득함으로써 주주의 지위를 가진다 하겠다.

다만 하자가 치유되지 않는다고 할 때에는 乙은 정당한 주주가 아니고,

이러한 경우 丙은 乙로부터 유효한 승계취득권자는 아니나 주권의 선의취득가능성은 있으므로 이를 검토할 필요가 있다.

Ⅲ. 주권의 선의취득가부

1. 의　의

주권도 유가증권으로서 상법 제359조에서는 수표법 제21조를 준용하여 선의취득의 대상이 됨을 규정하고 있다. 다만 주권의 경우 어음이나 수표의 경우와 달리 처음부터 유효하게 발행된 주권을 전제로 해서만 선의취득이 가능하고, 위조된 주권이나 실효된 주권과 같이 유효하지 아니한 주권에 대하여는 선의취득이 가능하지 않다.

주권은 비설권증권이기 때문에 그 효력발생시점이 언제인가가 명확하지 못하여 학설이 갈린다. 주권의 효력발생시기에 관한 학설의 대립을 정리하면 다음과 같다.

2. 주권의 효력발생시기

(1) 의　의

주권은 법정사항을 기재하여 대표이사가 기명날인한 뒤 주주에게 교부되는 방식으로 유통된다. 이 과정에서 어느 시기에 주권의 효력이 발생하는가에 관하여 견해가 갈리고 이는 위에서 6월이 경과한 후에 주권이 발행된 경우에도 하자가 치유되지 않는다고 할 경우 丙의 선의취득 여부과 관련하여 결론이 달라진다.

(2) 견해의 대립

1) 교부시설

교부시설은 주권의 효력은 회사가 주권을 작성하여 회사의 의사에 의하여 주주에게 교부한 때 발생한다고 한다. 우리나라의 다수설·판례의 견해이다. 이 견해에 의하면 주권의 작성 후 주주에게 교부하기 전에는 주권으로서의 효력이 발생하지 않으므로 선의취득·압류·제권판결 등이 불가능하다. 이 견해에 의하면 주주는 보호되나, 거래의 안전을 기할 수 없다. 그러나 주권은 어음

수표와는 달리, 사단법적 법리가 지배하는 특수성이 있으므로 거래의 안전보다는 진정한 주주의 보호가 더 요청되므로 이 견해가 타당하다고 본다.

2) 발행시설

발행시설은 회사가 주권을 작성하여 회사의 의사로 누군가에게 교부한 때에 주권의 효력이 생긴다고 한다. 이 견해를 취한 과거의 대법원판례가 있는데(대법원 1965. 8. 24. 선고 65다968 판결), 이 견해는 작성시설과 교부시설을 절충한 입장으로서, 회사가 주권을 교부하여야 그 효력이 발생한다고 보는 점에서 작성시설과 다르고 주주가 아니더라도 누구에게든 교부하기만 하면 그 효력이 발생한다는 점에서 교부시설과 다르다. 이 견해에 의하면 주권의 작성후 회사의 의사에 기한 주권의 점유이전행위가 있게 되면, 선의취득·압류·제권판결 등이 가능하나, 주권의 작성 후 회사의 의사에 기하지 않은 주권의 점유이탈행위가 있게 되면 선의취득·압류·제권판결 등이 불가능하다. 이 견해에 대한 비판은 ① 회사가 누구에겐가 주권을 교부하면 주권의 효력이 발생하므로, 주주가 자기의 과실없이 주주권을 잃을 수 있어 주주보호에 미흡한 점, ② 이 학설은 결국 회사가 주주에게 주권을 교부하지 아니하였더라도 제3자가 선의취득이 될 수 있다고 하게 되는데, 이것은 주권을 점유했던 일조차 없는 주주를 '주권의 점유를 잃은 자'로 간주하는 것으로서 이러한 의제는 선의취득제도의 본래의 취지에도 어긋난다는 것이다.

3) 작성시설

작성시설(창조설)은 회사가 적법하게 주권을 작성한 때에 이미 주권으로서의 효력이 생긴다고 한다. 이 견해에 의하면 주권의 작성 후 주주에게 교부하기 전이라도 선의취득·압류·제권판결 등이 가능하다고 한다. 그러나 이 견해에 의하는 경우라도 상법상 주권발행시기 이전에 발행된 주권은 무효가 된다. 이 견해에 의하면 거래의 안전은 보호되나 주주에게는 가혹하게 된다. 그리고 특히 무기명주권의 경우에는 주주의 확정시기가 불명확하다. 우리나라에서는 이 견해를 취하는 학자는 없다.

(3) 판 례

주권의 발행은 상법 제356조 소정의 형식을 갖춘 문서를 작성하여 이를 주주에게 교부하는 것을 의미하므로 이를 주주가 아닌 제3자에게 교부하여 주었다고 하더라고 이 문서는 주권으로서의 효력이 없다고 할 것이라고 판시하여 교부시설을 취하고 있다.

(4) 검   토

생각건대 발행시설과 작성시설에 의하면 주권의 효력이 발생하는 시점이 빠르기 때문에 주권의 유통(선의취득)이 충분히 보호되는 반면에, 회사가 정당한 주주에게 주권을 교부하기 전에 도난·분실 등으로 그 주권을 상실하였을 경우, 주주로서는 아무런 귀책사유 없이 주권을 부당하게 상실하게 되고, 반대로 교부시설에 의하면 주주의 권리는 보호되지만 거래의 안전에는 소홀하게 된다. 주주에게 교부하기 전에 분실한 주권을 선의취득한 제3자는 회사 기타 양도인에 대한 손해배상청구나 부당이득반환청구에 의하여 보호받을 수 있기 때문에 통설과 판례의 입장인 교부시설이 가장 타당하다고 생각한다.

3. 사안의 경우

사안에서 6월이 경과한 후에 주권이 발행된 경우에도 양도하자가 치유되지 않는다면 주주 아닌 자에게 주권이 발행된 것이 되고, 주권의 효력발생시기에 대한 교부시설에 따를 때 丙은 주주의 권리를 승계취득할 수 없을 뿐만 아니라 선의취득도 불가능하다 하겠다.

Ⅳ. 문제의 해결

사안은 회사성립 후 6월이 경과하기 전에 주권이 발행되지 않고 주식이 양도된 사안으로서 회사에 대하여서는 효력이 인정되지 않는다. 따라서 원칙적으로 乙은 주주가 될 수 없으나 회사성립 후 6월이 지나도록 주권이 발행되지 않았다면 양도의 하자는 치유된다고 본다면 乙에게 발행된 주권은 유효하고, 따라서 丙도 乙의 주식을 승계취득하게 되므로 X회사의 주주가 된다 하겠다.

하자가 치유되지 않는다고 한다면 주권의 선의취득 여부가 문제될 수 있으나 주권의 효력발생시기와 관련하여 견해가 대립한다. 교부시설에 의하면

丙의 선의취득이 불가능하고, 발행시설에 의하면 X회사의 의사에 기한 주권의 점유이전행위가 있었다고 인정되는 한 丙의 선의취득이 가능하다. 작성시설에 의하면 주권이 작성된 이상 그 주권의 교부여부와는 무관하게 丙의 선의취득이 가능하다.

V. 참조판례

대법원 2002. 3. 15. 선고 2000두1850 판결

상법 제335조 제3항은 "주권발행 전에 한 주식의 양도는 회사에 대하여 효력이 없다. 그러나 회사성립 후 또는 신주의 납입기일 후 6월이 경과한 때에는 그러하지 아니하다"라고 규정하고 있는바, 주권발행 전의 주식의 양도는 지명채권의 양도에 관한 일반원칙에 따라 당사자의 의사표시만으로 효력이 발생하는 것이고, 한편 주권발행 전에 한 주식의 양도가 회사성립 후 또는 신주의 납입기일 후 6월이 경과하기 전에 이루어졌다고 하더라도 그 이후 6월이 경과하고 그 때까지 회사가 주권을 발행하지 않았다면, 그 하자는 치유되어 회사에 대하여도 유효한 주식양도가 된다고 봄이 상당하다.

주권발행 전 주식의 양도의 효력과 명의개서 미필주주의 지위

◆ 사   례

　　Y주식회사의 발행주식총수의 20%를 가진 주주 A가 甲에게 자기주식 전부를 양도하고 그 후 다시 乙에게 동 주식을 이중으로 양도하였고, 발행주식총수의 40%를 가진 주주 B가 丙에게 자기주식 전부를 양도하였다. 회사는 2003년 4월 현재 회사성립 후 6월이 경과하도록 주권을 발행하지 않고 있다. 甲과 丙은 회사의 대표이사 C로부터 주식양도의 승낙을 받았으나, 甲은 주주명부에 명의개서를 하지 않았고 乙이 명의개서를 하였으며, 丙은 명의개서를 청구하였으나 회사가 이를 거절하였다. 회사는 丙을 제외하고 주주명부상의 주주인 乙 및 나머지 주주들에게 소집통지를 하고 이들의 출석만으로 회사 영업의 중요한 일부의 양도를 의결하고, 그에 따라 C는 丁에게 그 영업의 일부를 양도하였다. 영업 일부의 양도는 유효한가?

Ⅰ. 논점의 정리

　　회사가 영업의 중요한 일부를 양도하기 위해서는 주주총회의 특별결의를 얻어야 하는데(상법 제374조 제1항 제1호), 사안의 경우 회사는 丙의 명의개서청구를 거절하고 그에게 소집통지를 하지 않았고 주주총회에는 주주명부상의 주주인 乙이 출석하여 의결하였는바, 이 결의가 유효한지 문제된다.

　　이와 관련하여 우선 ① 주권발행 전 주식양도의 효력을 살펴보고, ② 명의개서 부당거절시의 법률관계가 어떠한지, ③ 주주총회결의의 하자 및 ④ 위법한 대표행위의 효력을 검토해야 한다.

Ⅱ. 주권발행 전 주식양도의 효력

1. 문 제 점

상법은 주식양도의 자유를 원칙적으로 인정하면서도(상법 제335조 제1항) 주권발행 전에 한 주식의 양도는 회사에 대하여 효력이 없다고 규정하여(상법 제335조 제3항 본문) 주권발행 전의 주식양도를 제한하고 있다. 다만 제335조 제3항 단서에서는 회사성립 후 또는 신주의 납입기일 후 6월이 경과하면 주권 발행 전의 주식양도도 유효하다고 규정하고 있다.

사안의 경우는 회사성립 후 6월이 경과한 경우이므로 양도성이 긍정됨은 의문이 없으나, 그 양도방법과 효력이 문제된다.

2. 양도방법

상법은 이에 관하여 아무런 규정을 두고 있지 않은바, 이때의 주식양도는 민법상 지명채권의 양도방법과 같이 ① 당사자 사이에는 의사표시에 의하여 효력이 생기고, ② 회사 및 제3자에 대해서는 대항요건인 통지나 승낙을 갖추어야 하고(민법 제450조 제1항), ③ 이러한 통지나 승낙은 확정일자 있는 증서에 의하여야만 제3자에게 대항할 수 있다(민법 제450조 제2항).

판례도 회사성립 후 6월이 경과한 후에 주권발행 전 주식양도가 있었고 회사가 이러한 사실을 통지받았다면 회사가 그 주식에 관하여 임의로 제3자 명의로 명의개서를 마치고, 또 주권을 발행하였다고 하더라도 제3자가 주주가 되는 것이 아니라고 판시한 바 있다.

3. 통지 또는 승낙의 대항력과 명의개서 대항력의 관계

주권발행 전의 주식양도의 회사 및 제3자에 대한 대항요건은 확정일자 있는 증서에 의한 양도통지 또는 회사의 승낙이고, 주주명부의 명의개서는 권리 창설적 효력은 없고 회사에 대하여 주주권을 행사하기 위한 대항요건이 될 뿐이므로 적법한 주주로 추정되는 효력밖에 없다는 것이 판례의 태도이다. 견해가 대립하나 주권발행 전의 주식양도의 경우 제335조 제3항이 명문으로 회사에 대해 효력이 있다고 규정하고 있는 이상 판례의 태도가 타당하다고 본다.

4. 주식양도의 효력

당사자 간에는 물론이고, 회사에 대하여도 유효한 주식양도가 된다(상법 제355조 제3항 단서). 따라서 이때 양수인은 자신이 적법하게 주식을 양수하였다는 사실을 증명하여 회사에 대하여 명의개서 및 주권발행과 교부를 청구할 수 있다.

5. 사안의 경우

乙이 명의개서를 하였다고 하더라도 주주권을 취득하는 것은 아니며 甲이 회사성립 후 6월이 경과한 상태에서 대표이사 C의 승낙하에 주식을 양수받았으므로 甲이 주주권자임을 주장하면 乙의 권리추정력은 깨진다. 따라서 주주는 甲이 되며 甲은 乙명의 명의개서말소 및 자신 명의로의 명의개서청구를 할 수 있다.

Ⅲ. 명의개서 부당거절시의 법률관계

1. 문 제 점

병은 유효하게 주식을 양수받고 명의개서를 청구하였으나 회사가 이를 정당한 사유없이 거절하고 있는데 이 경우 대응수단 및 명의개서 없는 주주권행사 가부가 문제된다.

2. 丙의 대응수단

명의개서가 부당하게 거절된 丙은 민사상 명의개서청구의 소로서 판결을 얻어 명의개서를 강제할 수 있고(민법 제389조 제2항 전단), 또한 丙은 민사상 가처분절차를 통해 임시주주의 지위를 정할 수 있으며(민법 제300조 제2항), 명의개서가 부당하게 거절된 주주가 그 부당거절로 인해 손해를 입은 경우는 제401조에 따라 명의개서를 거절한 이사에게, 또는 민법 제756조에 따라 회사에게 사용자책임을 물어 그 손해배상을 청구할 수 있다. 또한 회사의 이사가 정당한 사유 없이 주권의 명의개서를 하지 아니한 경우, 그 이사에게는 500만원 이하의 과태료가 부과된다(제635조 제1항 제7호).

3. 명의개서 없는 주주권행사가부

(1) 학설의 대립

1) 긍 정 설

긍정설은 주주명부가 다수의 끊임없이 변하는 주주를 파악하려는 회사에게 편의를 제공하기 위한 제도이므로 주주명부의 기재에 면책력이 인정되지만 회사가 이 면책력을 포기하고 스스로의 책임 하에 명의개서 아니한 주식양수인을 주주로 취급하는 것은 무방하다고 한다.

나아가 회사의 명의개서의 부당거절은 명의개서를 해태한 회사가 그 불이익을 주주에게 전가시키는 것은 신의칙에 위반되는 것이며, 이 경우 회사가 명의개서의 면책적 효력을 주장하는 실질적 기초가 상실되었으므로 주식취득자는 명의개서를 하지 않고도 회사에 대하여 주주의 권리를 행사할 수 있다는 입장이다.

2) 부 정 설

부정설은 회사와 다수의 주주와의 관계는 단체법률관계이므로 주주명부의 기재에 의하여 획일적으로 확정해야 하므로, 회사도 명의개서를 하지 아니한 양수인에게 주주권을 행사시켜서는 안된다고 주장하고, 정당한 이유의 판단이 곤란하다는 점에서 부정한다.

(2) 판 례

대법원은 "주식을 양도받은 주식양수인들이 명의개서를 청구하였는데도 위 주식양도에 입회하여 그 양도를 승낙하였고 더구나 그 후 주식양수인들의 주주로서의 지위를 인정한 바 있는 회사의 대표이사가 정당한 사유 없이 그 명의개서를 거절한 것이라면 회사는 그 명의개서가 없음을 이유로 그 양도의 효력과 주식양수인의 주주로서의 지위를 부인할 수 없다(대법원 1993. 7. 13. 선고 92다40952 판결)"고 하여 양도의 효력과 주식양수인의 주주로서의 지위를 부인할 수 없다고 판시한 바 있다.

(3) 검 토

일반적인 대응수단만으로는 주주보호에 미흡하다는 점, 명의개서를 해태

한 회사가 그 불이익을 주주에 전가시키는 것은 신의칙에 반한다는 점에서 긍
정설이 타당하다.

사안에서 丙은 회사에 대해 대항력을 취득하였고, 이에 기해 명의개서청
구권을 행사하였으나 회사가 부당거절하였으므로 명의개서 없이도 주주총회에
서 주주권을 행사할 자가 된다.

Ⅳ. 주주총회결의의 하자

1. 문 제 점

주주가 아님에도 회사는 乙에게 주주총회 소집통지를 하였고 乙은 주주총
회에 출석하여 결의하였다. 또한 丙은 명의개서 없이도 주주총회에서 주주권
을 행사할 자가 됨에도 불구하고 회사는 丙에게 소집통지를 하지 않은바, 주
주총회결의의 하자가 문제된다.

2. 주주총회결의 하자의 유형

사안의 경우는 주주총회결의의 절차상의 하자가 있는 경우에 해당하는바,
이러한 절차상의 하자는 하자의 경중에 따라 결의취소의 소(상법 제376조 제1
항)나 결의부존재확인의 소(상법 제380조)의 원인이 된다.

설문의 주주총회결의는 甲이 A로부터 발행주식총수의 20%를 양수받아 주
주가 되었음에도 乙이 주주총회에 출석하여 결의에 참석하였을 뿐 아니라, 발
행주식총수의 40%를 소유한 丙에게 소집통지를 하지 않은 위법도 있는바, 이
는 중대한 절차상의 하자에 해당한다고 보여진다. 판례도 발행주식총수의 60%를
소유한 주주에 대한 소집통지를 결여한 경우를 결의부존재사유로 본 바 있다. 따
라서 회사의 영업양도에 관한 결의는 결의부존재확인의 소의 원인이 된다.

3. 결의부존재확인의 소의 법적 성질과 행사방법

(1) 법적 성질

주주총회 결의부존재확인의 소의 규제내용은 결의무효확인의 소와 같다
(상법 제380조). 따라서 그 법적 성질을 살펴보면, 형성의 소라는 학설과 확인의
소라는 학설이 대립되어 왔다. 이것이 형성의 소라고 한다면 그 부존재는 소

로써만 주장할 수 있는 것이 되고, 확인의 소라고 한다면 기타 다른 방법으로
도 주장할 수 있다는 차이가 있다. 이러한 논란이 발생한 근본적인 이유는 상
법 제380조가 제190조를 전부 준용하여 동조 단서에 따라 결의무효의 소에 불
소급효를 인정했기 때문이다.

그러나 1995년의 개정상법에서는 상법 제380조에서 제190조 본문만을 준
용함으로써 이를 명문으로 해결하였다. 따라서 소의 성질론에 대한 논쟁은 의
미가 없게 되었다.

(2) 행사방법

총회의 결의 내용이 법령을 위반한 경우에는, 원칙적으로 누구든지, 언제
든지, 어떠한 방법으로든지 그 무효를 주장할 수 있으며, 필요하면 결의무효확
인의 소를 제기할 수도 있다(제380조). 이와 같이 결의무효확인의 소의 제소권
자에는 제한이 없으나 확인의 이익은 있어야 한다. 따라서 회사에 대하여 주
주의 자격이 인정되지 않는 자, 예컨대 명의대여주주, 주권발행 전 또는 명의
개서 전의 주식양수인은 소의 이익이 없다고 한다. 그러나 유효한 주권발행
전의 주식인수인은 사실상 주주이므로 무효확인을 구할 정당한 이익이 있다고
한다.

결의부존재 확인의 소의 성질을 '형성의 소'로 보는 견해도 있으나 '확인
의 소'라고 본다.

4. 사안의 경우

주주총회에 중대한 절차상 하자가 인정되며 이는 결의부존재확인의 소의
원인이 되고, 따라서 甲·丙은 주주총회결의가 없었던 것이므로 소 또는 소
이외의 방법으로 주장할 수 있다.

V. 위법한 대표행위의 효력

1. 문 제 점

회사영업의 중요한 일부의 양도시 필요한 주주총회특별결의(상법 제374조
제1항 제1호)가 없었던 경우 그 효력이 문제된다.

2. 학설의 대립

상법에 의해 주주총회의 특별결의를 받아 대표이사가 집행하도록 되어 있는 사항을 대표이사가 이러한 결의를 받지 않고 제3자와 거래한 경우(위법한 대표행위의 경우), 그 행위의 효력이 어떠한지의 문제는 주주의 이익과 제3자의 이익을 어떻게 조화시킬 것인가의 문제로 귀착된다.

이러한 대표이사의 행위에 대하여 우리나라의 통설은 그 행위 자체는 위법이라고 하지 않을 수 없으므로 그 행위가 대내적인 행위인 경우에는 언제나 무효이나, 대외적인 행위인 경우에는 거래의 안전을 위하여 상대방이 선의인 경우에는 유효라고 본다(상대적 무효설). 그러나 상법 또는 특별법에 의해 주주총회의 특별결의를 요하는 사항(제374조, 제375조 등)은 그러한 법률의 규정이 강행규정이며 또한 제3자도 미리 이를 예견하고 있다고 볼 수 있는 점, 또 법률의 규정에 의해 주주총회의 특별결의사항으로 되어 있는 것은 특히 회사 또는 주주의 이익을 보호하기 위한 것이므로 이익교량의 면에서 이로 인해 제3자의 이익(즉 거래의 안전)이 희생되는 것은 부득이한 일이라는 점에서 볼 때, 선의의 상대방(제3자)에 대하여도 무효라고 본다(무효설).

3. 판례의 태도

주주총회 결의 없는 부동산의 매각을 상대방이 선의이면 유효하다고 판시하였고, 이사회의 결의를 요하는 대외적 거래행위를 함에 있어서 이를 거치지 아니하였거나 있었다고 하더라도 그 결의가 무효인 경우 거래상대방이 그 이사회결의의 부존재 또는 무효사실을 알았거나 알 수 있었다면 그 거래행위는 무효라고 판시한 바 있다.

4. 검   토

법률에서 주주총회결의를 요구하는 사항은 회사 또는 주주의 이익을 위하여 매우 중요한 사항이므로 제3자는 이를 미리 예견할 수 있다는 점과 그러한 법률은 강행규정이라고 볼 수 있다는 점에서 무효설이 타당하다. 사안의 경우 회사의 영업의 중요한 일부의 양도는 법률에서 주주총회의 특별결의를 거치도록 하고 있는바, 이는 강행규정이고 제3자도 이를 예견할 수 있으므로 무효설에 따라 영업의 일부양도는 무효이다.

Ⅵ. 사안의 해결

주주 아닌 乙에게 주주총회소집통지를 하여 乙이 주주총회결의에 참여하고, 丙의 명의개서청구를 회사가 부당하게 거절한 채 그에 대한 소집통지를 하지 않은 절차상의 하자는 중대하므로 이는 주주총회결의 부존재사유에 해당하며 이에 따른 제3자 丁에 대한 영업의 중요한 일부의 양도는 丁이 악의인 경우에는 무효이고, 丁이 선의인 경우에도 주주의 이익보호 및 상법의 강행규정에 위반한 행위로서 무효이다.

Ⅶ. 참조판례

대법원 1995. 5. 23. 선고 94다36421 판결

① 상법 제335조 제2항 소정의 주권발행 전에 한 주식의 양도는 회사성립 후 또는 신주의 납입기일 후 6월이 경과한 때에는 회사에 대하여 효력이 있는 것으로서, 이 경우 주식의 양도는 지명채권의 양도에 관한 일반원칙에 따라 당사자의 의사표시만으로 효력이 발생하는 것이고, 상법 제337조 제1항에 규정된 주주명부상의 명의개서는 주식의 양수인이 회사에 대한 관계에서 주주의 권리를 행사하기 위한 대항요건에 지나지 아니하므로, 주권발행 전 주식을 양수한 사람은 특별한 사정이 없는 한 양도인의 협력을 받을 필요 없이 단독으로 자신이 주식을 양수한 사실을 증명함으로써 회사에 대하여 그 명의개서를 청구할 수 있으므로, 주주명부상의 명의개서가 없어도 회사에 대하여 자신이 적법하게 주식을 양수한 자로서 주주권자임을 주장할 수 있다.

② 상법 제416조 제5호에 의하면, 회사의 정관 또는 이사회의 결의로 주주가 가지는 신주인수권을 양도할 수 있는 것에 관한 사항을 결정하도록 되어 있는바, 신주인수권의 양도성을 제한할 필요성은 주로 회사측의 신주발행사무의 편의를 위한 것에서 비롯된 것으로 볼 수 있고, 또 상법이 주권발행 전 주식의 양도는 회사에 대하여 효력이 없다고 엄격하게 규정한 것과는 달리 신주인수권의 양도에 대하여는 정관이나 이사회의 결의를 통하여 자유롭게 결정할

수 있도록 한 점에 비추어 보면, 회사가 정관이나 이사회의 결의로 신주인수권의 양도에 관한 사항을 결정하지 아니하였다 하여 신주인수권의 양도가 전혀 허용되지 아니하는 것은 아니고, 회사가 그와 같은 양도를 승낙한 경우에는 회사에 대하여도 그 효력이 있다.

③ 주권발행 전의 주식의 양도는 지명채권 양도의 일반원칙에 따르고, 신주인수권증서가 발행되지 아니한 신주인수권의 양도 또한 주권발행 전의 주식양도에 준하여 지명채권 양도의 일반원칙에 따른다고 보아야 하므로, 주권발행 전의 주식양도나 신주인수권증서가 발행되지 아니한 신주인수권 양도의 제3자에 대한 대항요건으로는 지명채권의 양도와 마찬가지로 확정일자 있는 증서에 의한 양도통지 또는 회사의 승낙이라고 보는 것이 상당하고, 주주명부상의 명의개서는 주식 또는 신주인수권의 양수인들 상호간의 대항요건이 아니라 적법한 양수인이 회사에 대한 관계에서 주주의 권리를 행사하기 위한 대항요건에 지나지 아니한다.

주주총회의 특별결의 없는 영업 전부 양도의 효력

◆ 사   례

1985년 3월 26일 A주식회사의 대표이사이던 丙과 甲은 甲이 A주식회사에 대하여 약 금 11억 5천만원 상당의 채권을 가지고 있음을 확인하고, 그 변제에 갈음하여 A주식회사가 甲에게 A의 모든 영업재산인 기계류·집기·원자재·상품재고·미수금채권·임차보증금반환채권·영업권·상표권 등을 양도하여 주기로 한다는 내용의 계약을 체결하고, 같은 계약의 일부로서 A주식회사의 제3자에 대한 모든 채무를 A와 공동으로 책임진다는 채무인수의 약정을 하였다. 그런데 乙은 이러한 약정이 이루어지기 이전인 1984년 11월 18일, 같은 달 28일, 같은 해 12월 5일 세 번에 걸쳐 A주식회사에게 도합 금 1억 5천만원을 대여하였다. 乙은 A주식회사뿐만 아니라, A주식회사의 대외채무인수자인 甲을 상대로 대여금청구소송을 제기한 것이다.

이에 대하여 甲은 위 회사재산의 영업양도·양수계약 및 그 일부로서 이루어진 회사의 채무부담에 관한 약정은 주주총회의 특별결의사항인데, 주주총회의 특별결의가 없었기 때문에 효력이 발생하지 아니하였다고 항변하고 나왔다. 이에 대하여 원심은 甲의 항변을 인정하였다. 따라서 乙이 상고하게 된 것이다.

I. 판결요지 (대법원 1991. 11. 8. 선고 91다11148 판결)

원심은 채택증거에 의하여 A주식회사와 甲 사이에 위 회사의 모든 영업재산을 甲에게 양도하기로 하는 내용의 계약을 체결하면서 A주식회사의 제3자에 대한 모든 채무를 A주식회사와 甲이 공동으로 책임을 진다는 채무인수의 약정이 이루어진 사실을 인정하고, 위의 계약은 전체적으로 볼 때 A주식회사의 영업전부의 양도에 관한 계약이며, 따라서 상법의 규정에 따라 주주총회의 특별결의를 요한다고 판단하였는바, 이는 정당하다. 乙이 주장하는 것처럼 A주식회사가 甲에게 A회사의 재산을 양도하는 계약과 甲이 A주식회사의 채무를 인수하는 약정이 별개의 계약이라고 볼 것은 아니며, 위 재산의 양도에 관한 약정이 유효요건을 갖추지 못하여 그 효력을 발생하지 못하는 경우 계약전체의 효력이 발생하지 아니하며, 따라서 대가관계에 있는 채무인수에 관한 약정도 그 효력이 없다 할 것이고, 나아가 A주식회사의 재산양도에 대하여 이는 A주식회사의 영업을 전부 폐쇄하는 결과를 가져오는 것으로서 상법 제374조 제1항 소정의 영업전부의 양도에 해당한다 하여 주주총회의 특별결의가 있어야 한다고 한 원심판단은 정당하므로 소론과 같은 법리오해의 위법이 있다고 할 수 없는 것이다.

II. 평 석

1. 본 사건의 논점

본 사건은 세 가지 논점을 파악하여야 한다. 즉 ① A회사가 甲에게 A회사의 재산을 양도하는 것이 상법 제374조 제1항 제1호의 영업의 전부의 양도에 해당하는 것인가의 문제, ② 乙이 주장하는 것처럼 A회사가 甲에게 A회사의 재산을 양도하는 계약과 甲이 A회사의 채무를 인수하는 약정이 별개의 계약이라고 볼 수 있는가의 문제, ③ A회사의 甲에 대한 재산양도가 상법 제374조 제1항 제1호에 해당하는 경우에 A회사의 주주총회의 특별결의가 없는 경우에 그 재산양도계약의 효력이 어떠한가의 문제이다.

2. 영업양도의 의미

상법 제374조 제1항 제1호의 영업의 전부의 양도의 의미가 무엇인지에 대하여는 상법 제41조의 영업양도의 의미와 관련하여 논의가 있다. 즉 ① 양자의 영업양도의 의미를 동일하게 해석하여 법해석의 통일성과 안정성을 기하자는 형식설, ② 양자의 입법목적이 다르므로 동일하게 해석할 필요가 없다고 보는 실질설, ③ 거래의 안전을 우위에 두어 원칙적으로 형식설을 취하면서 형식설의 단점인 주주 등의 이익보호를 위하여 일정한 경우 상법 제374조의 적용범위를 확대하자는 절충설로 나뉜다.

이와 관련하여 우리나라의 대법원판례는 양자의 영업양도의 의미를 동일하게 보는 형식설의 입장이면서 주주의 이익을 보호하기 위하여 영업용 재산의 양도에는 그것이 회사영업의 전부 또는 일부를 양도하거나 폐지하는 것과 같은 결과를 가져오는 경우에는 그것이 비록 영업의 전부 또는 일부에 해당하는 경우가 아닐지라도 상법 제374조 제1항 제1호를 유추적용하여 주주총회의 특별결의를 요하는 것으로 판시하고 있다. 생각건대 기본적으로 법해석의 통일을 기할 수 있으면서 거래의 안전을 기하고, 또한 주주들의 이익도 보호할 수 있는 절충설이 타당하다고 여겨진다.

3. 영업양도계약의 법적 성질

(1) 영업양도의 법적 성질에 대하여는 크게 양도처분설과 지위교체설로 나눌 수 있다. 먼저 양도처분설은 영업을 순객관적으로 파악하여 권리의 객체인 영업을 양도처분하는 것이 영업양도라고 하는 견해이다. 이 학설은 다시 객관적 영업의 중점을 어디에 두느냐에 따라서 ① 영업용으로 제공되는 각종 재산의 총체를 영업으로 보고 영업양도를 이러한 영업재산의 양도라고 설명하는 영업재산양도설, ② 영업을 영업에 고유한 사실관계 내지 영업조직이며, 각개의 재산은 그 영업조직의 종물에 불과하다고 이해하여, 영업양도를 영업에 고유한 사실관계 내지 영업조직의 양도라고 보는 영업조직양도설, ③ 영업을 영업재산을 중심으로 하여 이해하면서도 특히 영업의 유기체성을 강조하여 이러한 유기체의 양도가 영업양도라고 해석하는 영업유기체양도설로 갈린다.

(2) 한편 지위교체설은 영업 외의 주체적 활동면을 중시하여 영업양도란 영업자로서의 법적 지위의 이전이라고 보는 입장이다. 이 학설도 다시 ① 영업양도는 양도인이 그 양도한 영업의 영업자인 지위로부터 물러나고, 양수인으로 하여금 이에 갈음하게 하는 것을 주요 목적으로 하면서 이에 수반하여 영업활동의 수단인 영업재산을 이전할 의무를 부담하는 계약이라는 영업활동교체계약설, ② 영업양도는 양도인이 계약에 의하여 그 기업주체인 지위에서 물러나고, 대신 양수인으로 하여금 그 지위에 있도록 하는 것이라는 기업주체지위양도설, ③ 영업양도는 기업자지위의 인계교체를 목적으로 하는 행위라는

기업자지위승계설, ④ 영업의 양도를 영업의 경영자인 지위를 인계하는 약속과 함께 영업재산을 양도하는 것이라고 설명하는 지위재산이전설 등으로 학설이 갈린다.

(3) 영업양도의 법적 성질은 양도처분설 중 영업재산양도설에 의하여 설명하는 것이 가장 간명한 것으로 생각된다. 양도처분설 중 영업조직양도설은 영업에 있어서 재산적 가치 있는 사실관계의 중요성을 너무 강조하여 사실관계를 바로 영업으로 보고 있는데 이것은 무리인 점 또 이러한 사실관계라 하더라도 영업재산과 결합하여야 비로소 조직적 일체로서 기능을 발휘하는 것이라는 점에서 볼 때 타당하지 아니하다고 본다. 또한 영업유기체양도설은 영업이라는 유기체 위에 한 개의 물권 또는 기타의 권리의 성립을 인정하는 것은 특수한 경우를 제외하고는 현행 실정법상 난점이 있으므로 문제가 있다고 본다. 한편 지위교체설은 영업자란 지위는 객관적 의의의 영업의 귀속주체가 당연히 누리는 지위이므로 객관적 의의의 영업이 양도되면 그 영업의 양수인은 당연히 영업자의 지위를 취득하기 때문에 영업양도를 영업자의 지위의 승계로 파악할 필요가 없는 점 또 영업자의 지위는 채권계약의 대상이 될 수 없는 점 등에서 볼 때 채택하기 어렵다고 생각된다.

(4) 영업양도에는 영업재산의 양도뿐만 아니라 당연히 영업을 위한 채무인수도 포함되고 심지어는 영업과 관련된 재산적 가치 있는 사실관계(영업권)도 포함되는 것으로 보아야 한다. 따라서 본 사건에서 A회사가 甲에게 재산을 양도하는 계약과 甲이 A회사의 채무를 인수하는 약정은 합하여 하나의 양도계약이 되는 것이므로 이러한 취지에서 볼 때 대법원판결은 타당하다고 생각된다.

4. 주주총회의 특별결의 없는 위법한 영업양도계약의 효력

(1) A회사가 甲에게 그의 영업을 양도하기 위하여는 상법 제374조 제1항 제1호에 의하여 A회사의 주주총회의 특별결의를 받아야 하는데, A회사가 주주총회의 특별결의 없이 甲과 그러한 양도계약을 체결한 경우 그 양도계약의 효력이 문제된다. 이러한 영업양도계약은 A주식회사의 대표이사인 丙이 체결하였을 것이므로 이 문제는 위법한 전단적 대표행위의 효력문제도 야기된다고 볼 수 있다.

(2) 법률에 의하여 주주총회의 결의를 요하는 사항에 관하여 결의를 흠결

한 대표이사의 행위의 효력은 원칙적으로 무효라고 본다. 전단적 대표행위의 효력에 대하여 통설은 그 행위가 대내적 행위인 경우에는 언제나 무효이나, 대외적 행위인 경우에는 거래의 안전과 관련하여 거래상대방이 선의이면 이를 유효로 보아야 한다고 하고 있다. 생각건대 본 사건에서와 같이 상법에 의하여 주주총회의 결의를 요하는 경우에 그러한 법률에 위반하여 한 대표행위의 효력을 거래상대방이 선의라고 하여 항상 유효라고 볼 수는 없고, 무효라고 보아야 할 것이다. 왜냐하면 그러한 법률의 규정은 강행법규라고 보아야 하고, 또한 제3자도 이를 미리 예견하고 있다고 볼 수 있으며, 본 사건의 경우와 같이 상법에 의하여 주주총회의 결의사항으로 규정된 사항은 회사 또는 주주의 이익을 위하여 아주 중요한 사항이므로 제3자인 거래상대방보다는 회사 또는 주주를 보호하는 것이 이러한 상법규정의 입법목적에 비추어보거나 이익교량의 면에서 타당하다고 할 수 있기 때문이다.

　(3) 참고로 이와 관련하여 법률상 이사회의 결의를 요하거나(상법 제393조, 제416조, 제469조 등) 정관 등 회사의 내규에 의하여 주주총회 또는 이사회의 결의를 요하는 경우에, 이러한 결의 없이 대표이사가 행한 대외적 행위의 효력에 관하여는 회사의 이익보호를 중시하여 이를 무효로 보는 무효설, 이사회의 승인 없이 한 거래도 대표이사에 의한 행위인 이상 거래의 안전을 위하여 유효로 보아야 한다는 유효설, 원칙적으로 무효이지만 선의의 제3자에게는 이사회 결의의 부존재를 대항할 수 없다는 상대적 무효설이 있다. 생각건대 제3자가 선의인 한 유효라고 보는 상대적 무효설이 정당하다고 본다. 왜냐하면 법률에 의하여 이사회의 결의사항으로 되어 있는 것은 법률에 의하여 주주총회의 결의사항으로 되어 있는 것에 비하여 상대적으로 중요한 사항이 아닌 경우가 대부분이기 때문이다. 또 정관 등 회사의 내부규칙에 의하여 주주총회 또는 이사회의 결의를 요하는 사항으로 되어 있는 것은 제3자가 이를 예견하고 있다고 기대할 수 없다. 따라서 이 경우에는 회사보다는 제3자를 보호하는 것이 이익교량면에서 타당하다. 판례도 상대적 무효설을 취하고 있다.

　다만 신주발행이나 사채발행과 같은 집단적 행위는 제3자의 선의·악의에 의하여 개별적으로 그 효력이 달라지는 것으로 볼 수는 없고, 획일적으로 보아야 하므로 언제나 유효하다고 본다.

5. 결   어

(1) 본 사건은 영업양도의 개념과 관련하여 절충설을 채택한 대법원판결로서 종래의 판결을 다시 한 번 확인하는 것으로서 의미가 있다고 하겠다.

(2) 본 사건에서 대법원이 영업양도의 개념과 관련하여 영업재산양도설을 취하면서 영업양도에는 영업재산의 양도뿐만 아니라 당연히 영업을 위한 채무인수도 포함되고 영업과 관련된 재산적 가치 있는 영업권까지도 포함되는 것이라고 판단한 것과, 영업양도계약을 파악함에 있어 재산양도계약과 채무인수약정을 합하여 하나의 영업양도계약으로 파악하고 이것을 분리하여 판단하지 아니한 것은 타당하다고 생각된다.

(3) 본 사건과 관련하여 위법한 전단적 대표행위의 효력에 관하여 본 대법원판결이 재산양도에 관한 약정이 유효요건을 갖추지 못하여 그 효력이 발생하지 못하게 된다면 계약 전체의 효력이 발생하지 아니하며 대가관계에 있는 채무인수에 관한 약정도 그 효력이 없다고 판시한 점도 역시 타당하다고 본다.

Ⅲ. 참조판례

1. 대법원 2014. 9. 4. 선고 2014다6404 판결

회사의 영업 그 자체가 아닌 영업용 재산의 처분이라고 하더라도 그로 인하여 회사의 영업의 전부 또는 중요한 일부를 양도하거나 폐지하는 것과 같은 결과를 가져오는 경우에는 그 처분행위를 함에 있어서 상법 제374조 제1항 제1호 소정의 주주총회의 특별결의를 요하는 것이고, 다만 회사가 위와 같은 회사존속의 기초가 되는 영업재산을 처분할 당시에 이미 영업을 폐지하거나 중단하고 있었던 경우에는 그 처분으로 인하여 비로소 영업의 전부 또는 일부가 폐지되거나 중단되기에 이른 것이라고 할 수 없으므로 주주총회의 특별결의를 요하지 않는 것이나, 위에서 '영업의 중단'이라고 함은 영업의 계속을 포기하고 일체의 영업활동을 중단한 것으로서 영업의 폐지에 준하는 상태를 말하고 단순히 회사의 자금사정 등 경영상태의 악화로 일시 영업활동을 중지한 경우는 여기에 해당하지 않는다(대법원 1992. 8. 18. 선고 91다14369 판결 등 참조).

2. 대법원 2002. 4. 12. 선고 2001다38807 판결

상법 제374조 제1항 제1호에 의하여 주주총회의 특별결의를 요하도록 정하여진 영업의 양도라 함은 주식회사가 상대방과의 사법상의 채권계약에 의하여 일정한 영업목적을 위하여 조직되고 유기적 일체로서 기능하는 재산의 전부 또는 그 일부를 그 동일성을 유지하면서 일체로서 이전하는 것을 가리킨다.

3. 대법원 1999. 4. 23. 선고 98다45546 판결

주식회사가 양도·양수에 관련되어 있는 경우에 그 양도·양수가 영업주체인 회사로부터 영업일체를 양수하여 회사와는 별도의 주체인 양수인이 양수한 영업을 영위하는 경우에 해당한다면 상법 제374조 제1항 제1호에 따라 회사의 양도·양수에 반드시 주주총회의 특별결의를 거쳐야 하는 것이지만, 회사의 주식을 그 소유자로부터 양수받아 양수인이 회사의 새로운 지배자로서 회사를 경영하는 경우에는 회사의 영업이나 재산은 아무런 변동이 없고 주식만이 양도될 뿐이므로 주주총회의 특별결의는 이를 거칠 필요가 없으며, 설사 당사자가 그 경우에도 회사 재산의 이전이 따르는 것으로 잘못 이해하여 양도계약 후 즉시 주주총회의 특별결의서를 제출하기로 약정하고 있다 하더라도, 당사자가 그러한 약정에 이르게 된 것은 계약의 법적 성격을 오해한 데서 비롯된 것이므로, 그 약정은 당사자를 구속하는 효력이 없다.

4. 대법원 1997. 7. 25. 선고 97다15371 판결

주주총회의 특별결의가 있어야 하는 상법 제374조 제1호 소정의 '영업의 전부 또는 중요한 일부의 양도'라 함은 일정한 영업목적을 위하여 조직되고 유기적 일체로 기능하는 재산의 전부 또는 중요한 일부를 총체적으로 양도하는 것을 의미하는 것으로서 이에는 양수회사에 의한 양도회사의 영업적 활동의 전부 또는 중요한 일부의 승계가 수반되어야 하므로 단순한 영업용 재산의 양도는 이에 해당하지 않으나, 영업용 재산의 처분으로 말미암아 회사영업의 전부 또는 일부를 양도하거나 폐지하는 것과 같은 결과를 가져오는 경우에는 주주총회의 특별결의가 필요하다(주 영업이 금속제품생산업인 회사가 온천개발사업을 계획 중이던 부동산을 양도한 경우에는 주주총회의 특별결의를 요하지 않는다고 한 사례).

5. 대법원 1994. 9. 14. 선고 91다33926 판결

부동산이 매각될 당시 甲·乙은 그들이 법정대리인이 된 미성년자녀들의 주식을 포함하여 회사의 발행주식 중 72% 남짓한 주식을 보유하고 있어 주주총회의 특별결의에 필요한 의결권을 갖고 있으면서 주주총회를 개최하지 않고 부동산매도의 임시주주총회 의사록만을 작성한 경우, 주주총회결의의 존재를 인정할 수 없다 하더라도 외부적 거래는 상대방이 선의이면 유효하다.

6. 대법원 1988. 4. 12. 선고 87다카1662 판결

상법 제374조 제1호 소정의 영업의 양도란 동법 제1편 제7장의 영업양도를 가리키는 것이므로 영업용 재산의 양도에 있어서는 그 재산이 주식회사의 유일한 재산이거나 중요한 재산이라 하여 그 재산의 양도를 곧 영업의 양도라 할 수는 없지만 주식회사 존속의 기초가 되는 중요한 재산의 양도는 영업의 폐지 또는 중단을 초래하는 행위로서 이는 영업의 전부 또는 일부 양도의 경우와 다를 바 없으므로 이러한 경우에는 상법 제374조 제1호의 규정을 유추적용하여 주주총회의 특별결의를 거쳐야 한다.

주식회사가 회사존속의 기초가 되는 중요한 재산을 처분할 당시에 이미 사실상 영업을 중단하고 있었던 상태라면 그 처분으로 인하여 비로소 영업의 전부 또는 일부가 폐지 또는 중단됨에 이른 것이라고는 할 수 없으므로 이러한 경우에는 주주총회의 특별결의가 없었다 하여 그 처분행위가 무효로 되는 것은 아니다.

7. 대법원 1987. 6. 9. 선고 86다카2478 판결; 대법원 1991. 1. 15. 선고 90다10308 판결; 대법원 1994. 10. 28. 선고 94다39253 판결; 대법원 1997. 4. 8. 선고 96다54249·54256 판결; 대법원 1998. 3. 24. 선고 95다6885 판결

주주총회의 특별결의가 있어야 하는 상법 제374조 제1호 소정의 '영업의 전부 또는 중요한 일부의 양도'라 함은 일정한 영업목적을 위하여 조직되고 유기적 일체로 기능하는 재산의 전부 또는 중요한 일부를 총체적으로 양도하는 것을 의미하는 것으로서 이에는 양수회사에 의한 양도회사의 영업적 활동의 전부 또는 중요한 일부의 승계가 수반되어야 하는 것이므로 단순한 영업용 재산의 양도는 이에 해당하지 않으나, 다만 영업용 재산의 처분으로 말미암아 회사영업의 전부 또는 일부를 양도하거나 폐지하는 것과 같은 결과를 가져오는 경우에는 주주총회의 특별결의가 필요하다.

8. 대법원 1966. 1. 25. 선고 65다2140 · 2141 판결

회사의 영업용 재산을 처분함으로써 회사의 영업전부 또는 일부를 양도하거나 폐지하는 것과 같은 결과를 가져오는 경우에는 구 상법 제245조를 준용하여 같은 법 제343조 소정의 주주총회 결의가 있어야 한다.

회사의 전 재산을 타에 처분한 때에는 특별한 사정이 없는 한 회사의 영업폐지 또는 중단사태를 초래케 한 것이라고 할 것이다.

33   주주총회결의 하자의 소

◆ 사   례

甲 주식회사는 X와 Y가 공동으로 경영하고 있는 회사인데, X는 이사로서 발행주식총수의 49%를 소유하고 있고, Y는 대표이사로서 발행주식 총수의 51%를 소유하고 있다. Y대표이사는 자신과 사사건건 감정대립을 보여 온 X이사에 대하여 불만을 품고 있던 차에 X에게는 소집통지도 하지 않고 주주총회소집을 위한 이사회도 개최하지 않은 상태에서 단독으로 주주총회를 열어 자신의 측근인 A와 B를 새로이 이사로 선임하였다. Y는 새로 선임된 이사 A, 이사 B와 함께 이사회를 개최하여 자신을 대표이사로 재선임하고 등기를 마쳤다. 그 후 Y는 甲 주식회사의 주주총회의 하자를 비롯하여 그간의 사정을 잘 알고 있는 자신의 친구 乙에게 대표이사 명의로 甲 회사 소유의 부동산을 소유권이전등기를 하여 주었다. 이 경우 甲 주식회사의 또 다른 주주인 X는 그 주주총회결의에 대해 어떠한 유형의 소(訴)를 제기할 수 있는지와, 만일 X가 승소판결을 받았다면 乙의 동 부동산에 대한 소유권은 어떻게 되는지를 논하라.

Ⅰ. 문제의 논점

1. 상법은 주식회사에 있어서의 법률관계의 획일적인 확정을 위하여 주주총회결의의 하자주장 방법을 제한하여 결의취소의 소(상법 제376조), 결의무효확인의 소, 결의부존재확인의 소(상법 제380조), 부당결의취소·변경의 소(상법 제381조) 등 4종의 소만을 허용하고 있다. 본 사안은 Y가 이사회의 결의 없이 단독으로 주주총회를 소집하여 이사를 선임한 경우로서 X는 어떠한 소송을 제기할 수 있는지가 문제된다.

2. 주주총회결의의 하자를 이유로 한 소송에서 승소한 경우 판결의 효력은 제소권자와 회사를 비롯한 제3자에게도 미친다(상법 제376조, 제380조, 제381조). 본 사안에서 하자 있는 주주총회의 결의에 의해 선임된 이사들로 이사회를 구성하고, 그 이사회에서 선정된 대표이사 Y는 그 자격이 소급하여 상실되는지의 여부를 검토하여야 한다.

3. 주주총회결의의 하자를 다투는 소송에 있어 소급효를 사단적 행위 또는 거래행위를 내용으로 하는 결의에는 적용되지 않는 것으로 한다면 乙의 부동산매입행위는 그의 선의·악의와 상관없이 유효하다고 보아야 한다. 반대로 X의 승소판결에 대해 소급효를 인정한다면 甲 회사로부터 부동산을 매입한 乙의 소유권을 인정할 수 있는지의 여부를 검토하여야 한다. 만약 소급효를 인정하되 제3자를 외관이론에 의하여 보호하여야 한다면 Y가 대표이사 자격에서 한 부동산 매도행위는 무효이더라도 乙이 상법 제39조 또는 제395조에 의하여 보호될 수 있는지의 여부를 검토하여야 된다.

4. 乙은 甲 주식회사의 주주총회에서 일어난 그간의 사정을 잘 알고 있고, 주주총회의 개최과정에서 하자가 있었음을 잘 알고 있는데, 이것이 乙의 부동산소유권인정에 어떠한 영향을 미치는지도 검토하여야 한다.

Ⅱ. 甲 회사의 주주총회결의의 하자 유형

1. 주주총회소집의 절차

주주총회의 소집은 원칙으로 이사회에서 결정하고 대표이사가 구체적인 소집절차를 취한다(상법 제362조). 소수주주나 감사도 회의의 목적과 소집이유를 서면으로 이사회에 제출하여 임시총회의 소집을 청구할 수 있으며 이사회가 이를 시행하지 않을 때에는 법원의 허가를 통해 소집할 수 있다(상법 제366조, 제412조의3). 총회를 소집함에는 회일을 정하여 2주간 전에 각 주주에 대하여 서면으로 통지를 발송하여야 한다. 즉, 소집통지를 발송한 날의 다음날로부터 회일의 전일까지 적어도 14일의 기간이 있어야 한다. 이는 의결권 없는 주주에 대하여는 적용되지 않는다. 그리고 총회소집통지서에는 회의의 목적사항을 기재하여야 한다. 회의의 목적사항은 일일이 구체적으로 기재할 필요는 없고, 결의될 사항이 어떤 범위의 것인지를 주주에게 알릴 수 있을 정도면 된다(상법 제363조). 총회는 정관에 다른 정함이 없으면 본점 소재지 또는 이에 인접한 곳에서 소집하여야 한다(상법 제364조).

2. 본 사안의 적용

본 사안에서는 Y는 이사회 개최 없이 주주총회를 소집하였을 뿐만 아니라 X에 대한 주주총회소집통지를 하지 않았으므로 상법이 정한 소정의 주주총회 소집절차를 준수하지 않은 것으로 판단된다.

Ⅲ. 甲 주식회사의 주주총회결의에 대한 하자의 주장방법

1. 서

주주총회는 다수의 투자자의 의사를 단일한 단체의사로 수렴하는 기관이다. 따라서 그 결의에 있어서 내용과 절차가 적법하고 공정하여야 한다. 만약에 그 결의가 절차나 내용상 하자가 있다면 정당한 주주들의 의사로 인정될 수 없어 그 효력이 부정되어야 한다. 그런데 주주총회결의는 사단적 법률행위로서 그 성립과정에 다수의 의사와 이해관계가 개입하며, 그 결의 후에는 결의의 유효를 전제로 각종의 후속행위가 이루어진다. 그러므로 주주총회결의의 하자에 대하여 취소·무효의 일반법리를 그대로 적용한다면 사단적 법률행위의 불안정을 초래하여 다수인의 이익을 해하게 된다.

이에 따라 상법은 결의의 효력을 부정할 원인이 되는 하자의 유형을 법정하고, 원칙적으로 소(訴)로만 하자를 주장할 수 있도록 규정하고 있다. 이러한 소의 종류로는 결의취소의 소(상법 제376조), 결의무효확인의 소(상법 제380조), 결의부존재확인의 소(상법 제380조), 부당결의취소·변경의 소(상법 제381조)가 인정되고 있다.

2. 주주총회결의의 하자를 다투는 소의 종류

(1) 결의취소의 소

주주총회의 결의의 성립과정에 있어서 총회의 소집절차 또는 결의방법이 법령과 정관을 위반하거나 현저하게 불공정한 때 또는 그 결의의 내용이 정관을 위반한 때에는 그 결의의 날로부터 2월 내에 주주·이사 또는 감사는 결의취소의 소를 제기할 수 있다(상법 제376조). 이처럼 결의취소는 경미한 형식적 하자가 있는 경우에 소에 의해서만 가능하고 제소권자와 제소기간을 한정하고 있는 점이 특징이다. 결의취소의 소가 제기됨이 없이 제소기간을 경과하면 그 결의는 확정적으로 유효하게 된다. 결의취소의 소의 성질은 형성의 소이다.

(2) 결의무효확인의 소

주주총회의 결의내용이 법령을 위반한 경우에는 원칙적으로 누구든지 언제든지 어떠한 방법으로든지 그 무효를 주장할 수 있으며, 필요하면 결의무효확인의 소를 제기할 수도 있다(상법 제380조). 이와 같이 결의무효확인의 소의 제소권자에는 제한이 없으나 확인의 이익은 있어야 한다.

(3) 결의부존재확인의 소

주주총회의 소집절차 또는 결의방법에 총회결의가 존재한다고 볼 수 없을 정도의 중대한 하자가 있는 경우에는 필요하면 결의부존재확인의 소를 제기할 수 있다. 예컨대, 소집권이 없는 자에 의한 총회, 소집절차를 밟지 않은 총회의 결의 등이 이에 해당한다. 이 소는 결의무효확인의 소와 함께 규정되어 있다(상법 제380조).

(4) 부당결의취소·변경의 소

특정 주주가 특별한 이해관계로 인하여 주주총회에서 의결권을 행사할 수 없었던 경우에 그 결의가 현저하게 부당하고, 그 주주가 의결권을 행사하였더라면 부당결의를 저지할 수 있었을 때에는, 그 특별이해관계가 있는 주주는 결의의 날로부터 2개월 내에 회사를 피고로 하여 결의의 취소 또는 변경을 청구하는 소를 제기할 수 있다(상법 제381조). 승소판결은 당사자 이외에 다른 제3자에게도 효력이 미치며 소급효가 인정된다.

3. 이사회결의 및 주주총회소집통지의 결여를 원인으로 제기가능한 소

(1) 이사회결의 없이 한 주주총회소집에 대한 소

1) 서

상법은 주주총회결의취소의 소와 결의부존재확인의 소의 원인을 하자의 중대성 여부를 기준으로 하여 구분하고 있다. 따라서 이사회의 결의 없이 주주총회를 소집한 것이 중대한 하자인지의 여부를 살펴보아야 한다. 만약 주주총회를 형해화할 정도로 중대한 경우 결의부존재확인의 소의 사유가 되며, 그렇지 않을 경우에는 결의취소의 소의 사유에 지나지 않게 된다.

2) 학 설

① 결의부존재사유설　　이사회의 결의는 주주총회가 성립할 수 있는 법적 기초이므로, 이 요건의 흠결을 결의부존재의 사유로 보는 견해이다(소수설).

② 결의취소사유설　　이사회가 주주총회소집을 결정하고 그 후 주주총회를 소집하도록 상법이 규정한 것은, 총회소집에 있어서의 신중을 기하고 적정성을 확보하기 위한 것이므로, 이사회결의의 결여는 주주총회결의취소의 원인으로 보는 견해이다(다수설).

3) 판 례

과거의 대법원 판례는 주주총회소집에 관한 이사회의 의사록을 허위로 작성함으로써 이사회의 결의 없이 소집된 주주총회는 주주총회 자체의 성립을 인정하기 어렵고 주주총회 자체를 부인하는 이상 그 결의 자체도 법률상 존재한다고 할 수 없다고 판시하였다. 그러나 그 후의 판례는 이 입장을 변경하여 이사회의 결정 없이 주주총회가 소집되었다고 하더라도 소집권한이 있는 자가 적법하게 소집절차를 밟은 이상 결의가 없었다는 사정은 취소사유에 불과하다고 판시하고 있다.

4) 검 토

이사회의 결정이 없다고 하더라도 외관상 이사회의 결정에 의한 소집형식을 갖추어 소집권한 있는 자가 적법하게 소집절차를 밟았다면, 이는 주주총회의 운영을 형해화할 정도로 소집절차상의 하자가 중대하다고 볼 수 없으므로 단지 취소사유에 불과하다고 보는 것이 타당할 것이다.

(2) 주주총회소집통지의 결여에 대한 소

일부주주에게 총회소집통지를 하지 않는 것도 소집절차상의 하자로서 결의취소의 소의 사유가 된다. 대법원의 판례도 같은 입장이다(대법원 1981. 7. 28. 선고 80다2745·2746 판결; 대법원 1987. 4. 28. 선고 86다카553 판결; 대법원

1993. 10. 12. 선고 92다21692 판결).

4. 본 사안의 적용

본 사안에서 다수설과 현재의 판례에 따르면 X가 이사회 개최와 Y에 대한 주주총회 소집통지를 결여하였으므로 Y는 결의취소의 소를 제기할 수 있다. 소수설에 의하는 경우 결의부존재확인의 소를 제기할 여지도 있다.

Ⅳ. X의 승소판결에 대한 소급효 인정 여부

1. 결의취소의 소의 판결의 효력

(1) 서

1995년 상법개정 이전에는 결의취소의 판결이 확정되더라도 회사와 주주 또는 제3자간의 권리관계에는 영향을 미치지 않는다는 상법 제190조 단서가 준용되어 소급효가 인정되지 않았다. 그러나 1995년 개정상법은 상법 제190조 본문만을 준용할 뿐 불소급효를 규정한 상법 제190조 단서를 준용하지 않고 있다(상법 제376조 제2항). 이와 같이 불소급효 규정을 준용하지 않고 있는 것을 이유로 상법이 결의취소의 소의 소급효를 인정하고 있다고 풀이할 수 있는지에 관해서는 견해가 나누어진다.

(2) 학 설

1) 제 1 설

결의취소의 소에 대하여 일률적으로 소급효를 인정하고, 이로부터 발생하는 거래안전문제는 상법 제39조(부실등기의 효력), 제395조(표현대표이사), 민법 제126조(표현대리) 등 외관이론에 의하여 해결한다는 견해이다. 이 견해에 따르면 이사의 선임을 위한 결의에서 소집절차상의 하자가 있는 경우는 그 취소에 의하여 소급하여 무효가 된다.

2) 제 2 설

영업양도 등 완료적 의미가 있는 주주총회의 결의에는 소급효가 인정되지만, 주주총회의 결의를 전제로 하여 사단적 법률관계 또는 거래행위가 전개되는 내용의 결의가 취소되는 경우에는 소급효가 부인된다는 견해이다. 이 견해에서는 이사의 선임이 취소되더라도 소급효는 인정되지 않는다.

(3) 판 례

대법원 판례는 결의취소의 소에 대하여 소급효를 인정하고 있으며, 거래
상대방은 외관이론에 의해 보호된다는 입장이다(대법원 2004. 2. 27. 선고 2002다
19797 판결).

(4) 검 토

주주총회결의취소의 소의 효력에 관해서는 1995년 상법개정에서 제190조
단서를 준용하던 기존의 입장을 변경한 것으로 보아 그 개정취지가 소급효를
인정하는 데 있는 것으로 판단된다. 이에 제1설에 따라 원칙적으로 소급효를
인정하되 제3자 보호는 외관이론에 의해 해결하는 것이 타당하다고 본다.

2. 결의부존재확인의 소의 판결효력

결의부존재확인의 소에서도 대세적 효력 및 소급효가 인정되며(상법 제380
조), 소급효와 관련된 외관이론 적용 등의 논의는 결의취소의 소와 동일하게
제기될 수 있다(대법원 1992. 8. 18. 선고 91다39924 판결 참조).

3. 본 사안의 적용

결의취소의 소가 인정된다고 풀이하는 경우 제1설과 대법원 판례에 따를
경우 결의취소판결의 소급효가 인정되어 주주총회 결의취소, 이사선임취소 및
이사회에 의해 선임된 대표이사의 자격도 소급하여 무효가 된다. 취소판결이
확정되기 전에 한 대표이사의 행위는 대표권이 없는 자가 한 행위로서 무효이
다. 또한 乙은 甲 회사의 주주총회의 하자와 그간의 내부사정을 알고 있으므
로 굳이 외관주의에 의하여 보호할 필요가 없다. 그러므로 Y의 부동산 매각행
위는 무효이다. 그러나 제2설에 의하면 이사 선임은 취소되지만 소급효는 인
정되지 않기 때문에 Y의 부동산 매각행위는 유효한 거래가 된다.

결의부존재확인의 소가 인정되는 경우에도 결의취소의 소와 동일한 효력
을 갖게 된다.

V. 부동산에 대한 乙의 소유권 인정 여부

1. 상법 제39조에 의한 乙의 부동산 소유권 인정 여부

(1) 부실등기자의 책임

1) 부실등기자책임제도의 취지

상업등기는 원래 등기한 사항에 대한 확보적(선언적) 효력만 있는 까닭에 공신력이 인정되지 않아 등기한 사항은 사실상의 추정을 받을 뿐이다. 이와 같은 상업등기의 효력을 철저히 관철하면 기업과 거래하는 자는 등기를 신뢰할 수 없게 되어 거래시마다 등기사항을 확인해야 하므로 거래의 신속과 안전을 저해하고 상업등기의 효용을 크게 감소시킬 수 있다. 따라서 등기의무자측의 귀책사유가 있는 부실등기의 경우에는 제한적으로 상업등기에 공신력을 인정하여 등기된 대로의 책임을 등기의무자측에 지우자는 것이 상법 제39조에 규정된 부실등기자책임제도의 취지이며, 부실등기의 요건 및 책임 또한 이러한 취지에 비추어 해석하여야 한다.

2) 부실등기자책임의 요건

상법 제39조에 의하여 부실등기에 의한 책임이 발생하기 위해서는 ① 등기한 자의 고의 또는 과실로 인하여 사실과 상위한 사항을 등기하여야 하며, ② 제3자는 선의이어야 한다. 여기의 제3자는 등기신청인의 직접상대방 이외에도 그 등기에 관한 이해관계인을 포함한다.

따라서 부실등기자는 등기와 사실의 상위로써 선의의 제3자에 대하여 대항하지 못하고, 부실등기된 사항에 따라 책임을 진다.

(2) 본 사안의 적용

부실등기자의 책임을 묻기 위해서는 ① 제3자의 사실과 상위한 등기와 ② 제3자의 선의를 요건으로 하지만 본 사안에서는 乙이 甲 회사에서 주주총회의 소집절차상의 하자가 있음을 알고 있다는 점에서 乙의 선의를 인정할 수 없다. 이에 乙은 외관이론에 의한 보호를 받지 못하기 때문에 부동산에 대한 乙의 소유권은 인정되지 않는다.

2. 상법 제395조에 의한 Y의 부동산 소유권 인정 여부

(1) 표현대표이사제도의 의의

상법 제395조에서는 표현대표이사의 행위에 대한 회사의 책임을 인정하고 있다. 이는 상법상 대표이사 외에는 원칙적으로 회사를 대표할 권한이 없음에도 불구하고 제3자가 이러한 권한 없는 자를 권한 있다고 믿은 것에 대하여 회사의 책임을 인정하도록 한 것으로서, 상거래에 있어 선의의 제3자를 보호하려는 입법정책과 거래안전보호를 위한 금반언 내지 외관이론에 의하여 규정된 것이다.

대법원 판례는 이사 선임을 위한 주주총회의 결의 또는 대표이사 선임을 위한 이사회결의가 무효·부존재확인 또는 취소되기 전에 사실상의 이사·대표이사가 한 행위에 대해서도 상법 제395조를 유추적용하고 있다(대법원 1985. 6. 11. 선고 84다카197 판결; 대법원 1992. 7. 28. 선고 91다35816 판결; 대법원 1992. 9. 22. 선고 91다5365 판결 참조).

(2) 표현대표이사의 성립요건

1) 명칭의 사용

표현대표이사로 인정되기 위해서는 행위주체가 제3자에게 오인을 일으킬 만한 명칭을 사용하였어야 한다. 상법 제395조는 사장, 부사장, 전무, 상무 등을 예시적으로 열거하고 있다.

2) 외관조성에 대한 회사의 유책성

표현대표이사라고 볼 수 있는 자의 외관조성에 대하여 회사의 귀책사유가 있어야 한다. 즉, 회사가 표현적 명칭의 사용을 명시적 또는 묵시적으로 허락한 경우에 한한다.

3) 행위자의 대표행위

상법 제395조는 대표행위에 국한하여 적용된다. 즉, 행위자가 대표이사의 권한 내에 속하는 대표행위를 한 경우에 한하여 회사의 책임이 발생한다.

4) 외관의 신뢰

제3자가 회사를 대표할 권한이 없다는 것을 몰랐어야 한다. 이 경우의 제3

자는 직접의 거래상대방 외에 그 명칭의 표시를 신뢰한 모든 제3자를 포함하
며 제3자의 선의에는 무과실을 필요로 하지 않는다. 다만 제3자에게 중과실이
있는 경우에는 회사는 면책된다(대법원 1973. 2. 28. 선고 72다1907 판결; 대법원
1999. 11. 12. 선고 99다19797 판결; 대법원 2003. 7. 22 선고 2002다40432 판결; 대법
원 2003. 9. 26. 선고 2002다65073 판결).

(3) 본 사안의 적용

본 사안에서는 乙은 Y가 주주총회 소집절차상의 하자로 인하여 회사를 대
표할 권한이 없다는 사실을 알고 있었다는 점에서 Y를 표현대표이사로 볼 수
없다. 따라서 乙의 甲 회사로부터의 부동산매입은 무효이므로 소유권을 인정
할 수 없다.

VI. 문제의 해결

1. Y는 이사회 개최 없이 주주총회를 소집하였고 X에 대한 주주총회소집
통지를 하지 않아 상법이 규정한 주주총회소집절차를 준수하지 않았다. 이러
한 주주총회결의의 하자를 다투기 위해 결의취소의 소를 제기할 수 있다. 현
재의 대법원 판례도 이와 동일한 입장이다. 그러나 이 경우에 결의부존재확인
의 소를 제기할 수 있다는 견해도 있다.

2. 결의취소의 소를 제기하는 경우 소급효가 인정된다. 대법원 판례도 이
와 동일한 취지이다. 따라서 A와 B의 이사 선임을 위한 결의는 취소되고 이사
회에 의해 선임된 Y의 대표이사의 자격도 소급하여 상실된다. 따라서 취소판
결확정 전의 대표이사의 행위는 무효가 된다. 그러므로 Y의 부동산 매각행위
는 무효이다. 특히 본 사안에서 乙이 甲 회사에서 주주총회의 소집절차상의
하자가 있음을 알고 있어 상법 제39조상의 부실등기자의 책임과 상법 제395조
가 규정한 표현책임의 요건을 갖추지 못하므로 乙의 甲 회사로부터의 부동산
매입은 효력이 없다. 그 결과 乙은 부동산의 소유권을 확보할 수 없다. 한편,
결의취소의 소송과 관련하여 이사 선임은 취소되지만 소급효는 인정되지 않는
다고 보는 견해에서는 Y의 부동산 매각행위는 유효한 거래가 된다. 결의부존재
확인의 소가 인정되는 경우에도 결의취소의 소와 결론에 있어서는 동일하다.

34 주주총회결의취소의 소와 재량기각

◆ 사　례

　　피고인 주식회사 Y은행은 1997. 3. 7. 본점 강당에서 정기주주총회를 개최하여 결산승인, 정관변경, 이사·감사의 선임 등을 결의하였다. 그런데 Y은행은 정족수 산정의 기초가 되는 출석주식 수를 계산함에 있어, 실제 출석한 주주들의 주식 수를 확인하지 아니한 채 참석장에 기초하여 위임장에 의한 대리출석주식 수를 포함하여 출석주식 수로 계산하였다. 이 사건 주주총회장 안에는 출석한 주주의 신분과 그 주식 수를 확인할 수 있는 장치, 예컨대 좌석표시, 주식 수 게시, 명찰 등이 일체 구비되어 있지 아니하였고, Y은행은 주주총회를 진행함에 있어 건물 1층 로비에서 참석장을 작성한 외에는 4층 강당에서 행해진 주주총회에 실제로 출석한 사람이 주주인지 여부, 당해 의안에 대하여 동의, 제청하거나 반대의견을 개진하는 주주들이 소유하거나 위임받은 주식 수, 주주본인이 아닌 경우 위임장소지 여부, 대리인으로 지정된 사람이 출석하였는지 여부에 대한 확인절차를 거치지 아니하였다. 또한 의사진행에 있어서도 주주들에게 찬성, 반대 여부를 묻지 아니한 채 의안에 찬성하는 주주들이 "좋습니다" 하며 박수를 치므로 이에 따라 이사와 감사 등을 선임하였고, 의장은 의안에 반대하는 주주들에게 일체 질의 내지 발언할 기회를 주지 않았고, 의안 통과선포 후에야 발언을 원하는 주주에게 발언권을 주었다. 이에 주주 X는 주주총회결의취소의 소를 제기하였다.

I. 판결요지

1. 서울지방법원 판결요지(대법원 1997. 12. 12. 선고 97가합32890 판결)

원고는 먼저, 주위적 청구로서 결의무효확인을 구하였다. 즉 이 사건 주주총회의 결의방법에는 주주총회에 참석한 사람이 주주인지 여부, 당해 참석자의 주주권의 수, 주주 본인이 아닌 경우 위임장소지 여부에 대한 확인절차가 이루어지지 않아 총회에 참석한 사람이 주주인지 알 수 없고, 출석주식 수의 계산이 잘못 되었으며, 표결절차를 거치지 아니한 하자가 있다고 주장하여, 이 사건 결의의 무효확인을 구하였다.

이에 대하여 서울지방법원은, 상법 제380조에서 정한 결의무효확인의 소는 결의의 내용이 법령에 위반할 것을 이유로 하는데, 원고가 주장하는 사유는 총회의 결의방법에 하자가 있다는 것으로서 그 하자의 정도에 따라 결의부존재 또는 결의취소의 원인에 해당할 뿐 결의무효의 원인이라고는 할 수 없으므로 주위적 청구는 이유 없다고 판시하였다.

다음으로 주주 X는 예비적 청구로서 결의취소를 주장하였다. 즉 이 사건 주주총회의 결의방법에는 참석장만 작성하고 돌아간 주주들을 간과하여 출석주식 수를 잘못 계산하고, 표결절차 기타 찬반의견을 묻는 절차를 거치지 아니한 채 의안 통과만을 선포하는 등의 하자가 있다고 주장하였다. 이에 대하여 피고 Y은행은 주주들의 동의, 제청, 이를 지지하는 다수 주주들의 찬성이 의결정족수를 넘는 것이 명백한 경우에는 의장이 의안의 가결을 선포하는 것이 대규모 주식회사에 있어서 주주총회의 표결에 관한 일반화된 관례인데, 이 사건 결의도 이러한 관례에 따른 것이고, 대주주 및 대다수의 소수주주들은 이 사건 주주총회의 안건에 모두 찬성하였으므로 거수, 기립, 기명 등의 표결절차를 거칠 필요가 없었으며, 반대하는 주주들의 의결권 수는 전체 의결권 있는 주식 수에 비하여 극히 미약하여 의결의 결과에 아무런 영향을 미칠 수 없었으므로 이 사건 결의방법에는 하자가 없다고 주장하였다.

이에 대하여 서울지법은 이 사건 결의는 그 결의방법이 법령 또는 정관에 위반하거나 현저하게 불공정한 때에 해당한다 할 것이므로 Y은행의 주주총회에서 한 결의들은 각 취소한다고 판결하였다.

한편 Y은행은 법원의 재량기각을 구하였다. 즉 이 사건 결의는 그 하자가 경미하고, 위와 같은 하자가 결의의 결과에 영향을 미치지 않았으므로 상법 제379조에 의하여 X의 청구를 기각함이 상당하다고 주장하였고, 법원은 Y은행의 재량기각 주장에 대하여도 이를 인정하지 아니하였다.

2. 서울고등법원 판결요지(대법원 1998. 8. 25. 선고 98나5267 판결)

제2심에서는 Y은행이 위 재량기각 부분을 고쳐 다시 주장하였다. 즉 Y은행은 이 사건 결의에 하자가 있다 하더라도 그 하자의 정도가 경미하고, 결의의 결과에 영향을 미치지 아니하였으며, 이 사건 결의 이후 Y은행이 경영위기에 봉착하여 정부로부터 융자와 출자를 받는 등 회생노력을 기울이고 있는데 만약 이 사건 결의가 취소되면 그와 같은 회생노력이 수포로 돌아가 Y은행으로서는 회복할 수 없는 손해를 입게 되므로 상법 제379조에 의하여 X의 청구를 기각함이 정당하다고 주장하였다.

서울고등법원은 Y은행 임원진의 그간의 회생노력을 높이 평가하여 주주 X의 청구를 법원의 재량에 따라 기각하였다. 따라서 고등법원까지는 피고 승소로 결말을 보았는데, X가 상고를 포기함으로써 위 판결이 확정되었다.

Ⅱ. 평 석

1. 주주총회결의하자의 소

상법상 인정된 주주총회결의하자의 소에는 결의취소의 소(상법 제376조), 결의무효확인의 소(상법 제380조), 결의부존재확인의 소(상법 제380조) 및 부당결의취소·변경의 소(상법 제381조)가 있다.

(1) 소의 원인

1) 결의취소의 소의 원인은 결의의 절차상(형식적) 또는 내용상 경미한 하자이다. 즉 총회의 소집절차 또는 결의방법이 법령 또는 정관에 위반하거나 현저하게 불공정한 때 또는 그 결의의 내용이 정관에 위반한 때이다(상법 제376조 제1항).

2) 결의무효확인의 소의 원인은 결의의 내용상(실질적) 중대한 하자이다.

즉 총회의 결의내용이 법령에 위반한 때이다.

　3) 결의부존재확인의 소의 원인은 결의의 절차상(형식적) 중대한 하자이다. 즉 총회의 소집절차 또는 결의방법에 있어서의 하자가 아주 중대하여 총회결의가 존재한다고 볼 수 없을 정도에 이른 경우이다.

　4) 부당결의취소·변경의 소의 원인은 주주총회의 결의에 관하여 특별한 이해관계를 가지는 자가 의결권을 행사하지 못함으로 인하여 주주총회의 결의가 현저하게 부당하고 그 주주가 의결권을 행사하였더라면 이를 저지할 수 있었을 경우이다(상법 제381조 제1항).

(2) 소의 당사자

1) 원　　고

결의취소의 소의 원고는 주주·이사·감사이다(상법 제376조 제1항). 이때 주주는 하자 있는 주주총회결의에 참가한 주주도 포함된다(대법원 1979. 3. 27. 선고 79다19 판결).

결의무효확인의 소의 원고는 상법에는 규정이 없고, 판례는 '그 무효확인에 관하여 정당한 법률상의 이익이 있는 자'이어야 한다고 판시하고 있는데(대법원 1959. 12. 3. 선고 4290민상669 판결), 구체적으로 누가 법률상 정당한 이익이 있는 자인지 대하여 판례에 나타난 바에 의하면 '무효인 주주총회의 결의로 대표이사직을 해임당한 자', '무효인 주주총회의 결의에 의하여 이사직을 해임당한 자', '무효인 주주총회결의에 찬동·추인한 주주' 등이다.

결의부존재확인의 소의 원고도 결의무효확인의 소의 원고와 같은데, 구체적으로 누가 원고가 될 수 있는지에 대하여 판례에 나타난 바에 의하면 '회사의 금전상의 채권자', '회사의 단순한 채권자로서 그 회사의 주주총회의 결의로 인하여 권리 또는 법적 지위에 현실적으로 직접 어떠한 구체적인 영향을 받게 되는 경우' 등이다.

부당결의취소·변경의 소의 원고는 '주주총회의 결의에 관하여 특별한 이해관계가 있는 자'이다(상법 제381조 제1항).

2) 피　　고

이상의 4종의 소의 피고에 대하여는 상법에는 명문의 규정이 없으나, 통설·판례는 '회사'만이 피고가 될 수 있다고 한다.

(3) 제소기간

결의취소의 소와 부당결의취소·변경의 소는 결의의 날로부터 2월 내에 소를 제기하여야 하고(상법 제376조 제1항, 제381조 제1항), 결의무효확인의 소와 결의부존재확인의 소는 소의 이익이 있는 한 언제든지 제기할 수 있다.

(4) 소의 절차

모든 결의하자의 소에 있어서 소의 전속관할과 소의 절차(소제기의 공고, 병합심리, 제소주주의 담보제공의무, 등기)는 동일하다.

그런데 결의하자의 소가 제기된 경우에 법원의 재량에 의하여 소를 기각할 수 있는 경우는 결의취소의 소에 한하여 인정되고 있다(상법 제379조).

(5) 판결의 효력

결의하자에 관한 모든 소에 있어서 원고승소의 경우에는 판결의 대세적 효력이 있고 원소패소의 경우에 패소원고에게 악의 또는 중대한 과실이 있는 때에는 회사에 대하여 연대하여 손해배상책임을 지는 것은 동일하다. 종래에는 모든 결의하자의 소의 경우에 상법 제190조를 전부 준용하여 동조의 단서에 따라 판결의 소급효를 인정하지 않았으나, 1995년의 개정상법에서는 상법 제190조의 본문만 준용하는 것으로 하였으므로 소급효가 인정된다고 할 것이다.

(6) 소의 성질

결의취소의 소와 부당결의취소·변경의 소는 형성의 소이다. 그러므로 소에 의하지 않고는 결의의 하자를 주장할 수 없다. 결의무효확인의 소와 결의부존재확인의 소에 대하여는 그 성질에 관하여 형성소송설과 확인소송설이 대립하고 있는데, 판례는 후자의 입장이다.

2. 재량기각의 법리

(1) 상법 제379조의 입법취지

본 사례에서는 주주총회결의취소의 소가 제기된 때 법원이 그 청구를 기각할 수 있다고 정한 상법 제379조의 입법취지 및 재량기각의 요건과 효과 등이 문제된다.

상법 제379조는 "결의취소의 소가 제기된 경우에 결의의 내용 및 회사의

현황과 제반사정을 참작하여 그 취소가 부적당하다고 인정한 때에는 법원은
그 청구를 기각할 수 있다"라고 규정하고 있다. 이와 같이 주주총회결의취소
의 소에 있어 그 취소를 구하는 원고의 청구가 정당함에도 불구하고 법원의
재량에 의하여 청구를 기각할 수 있음을 정한 상법 제379조는 결의의 절차에
하자가 있는 경우에 결의를 취소하여도 회사 또는 주주의 이익이 되지 않든가,
이미 결의가 집행되었기 때문에 이를 취소하여도 아무런 효과가 없는 경우에
결의를 취소함으로써 오히려 회사에 손해를 끼치거나 일반거래의 안전을 해치
는 것을 막고, 또 소의 제기로서 회사의 질서를 문란케 하는 것을 방지하기 위
한 것이다.

(2) 재량기각의 요건
1) 주주총회결의의 존재
법원의 재량기각은 일단 주주총회결의 자체는 법률상 존재하여야 한다.
총회결의 자체가 법률상 존재하지 않는 경우에는 결의취소의 소는 부적법한
소로 돌아가고 상법 제379조를 적용할 여지도 없다.

2) 결의취소원인의 존재
원래 결의취소의 소에 대한 재량기각은 원칙적으로 제소기간의 경과로 주
주총회가 자동치유될 수 있는 절차적 하자를 가졌기 때문에 인정된 것이므로
결의취소의 소에만 인정되고 결의무효나 결의부존재확인의 소에는 있을 수 없
는 제도이다.
또한 법원의 재량기각은 형식적인 법률위반은 존재하지만 실질적인 손해
가 없거나 소의 정당한 이익이 없는 경우에는 경미한 하자를 내세운 남소를
방지하여 회사를 보호하기 위한 것이다. 문제는 형식적인 법률위반이란 어느
범위까지 인정되는가 하는 점이다. 상법은 재량기각에 관한 기준을 구체적으
로 명시하고 있지 않으므로 법원이 재량기각을 광범위하게 인정할 수 있는 여
지가 있다. 그러나 재량기각은 주주총회의 적정한 운영을 확보하기 위하여 예
외적으로 허용된 제도이므로 원래의 취지에 비추어 볼 때 재량기각은 제한적
으로 운영되어야 할 것이다.

(3) 재량기각판결의 효력

법원의 재량기각 판결에는 대세적 효력이 없으나, 법원이 기존상태를 보호하기 위하여 원고의 정당한 청구를 기각한 것이므로 사실은 대세적 효력이 있다. 또한 원고는 손해배상책임을 지지 않는다. 왜냐하면 원고의 청구에는 법률적으로 타당한 취소사유가 존재하기 때문이다. 따라서 제3의 주주가 다시 주주총회결의취소의 소를 제기하더라도 역시 기각될 것이다.

Ⅲ. 주주총회결의하자에 관한 소송과 관련된 판례의 동향

종래에 주주총회의 효력을 둘러싼 소송사건 중에서 부존재 확인의 소가 상당한 비중을 차지하고 있었다. 1984년 개정상법 이전에는 상법에 이에 관한 명문규정이 없어서 이 소가 소송상 허용되는지의 여부에 관하여 논란이 있었고 당시의 통설은 결의부존재확인의 소도 확인의 소로서 그 적법성을 인정하였는데, 1984년 개정상법에서 결의부존재확인의 소를 명문으로 인정하였다. 그러나 1984년 개정상법이 이를 인정하였다고 해서 모든 문제가 해결된 것은 아니었다. 개정상법에 의한 판례를 검토하면 결의부존재의 유형을 크게 두 가지로 구분하였다. 첫째는 결의사항이 물리적으로 전혀 존재하지 아니한 경우(비결의)로서 예컨대 총회를 인준하거나 개최한 사실이 전혀 없음에도 마치 어떤 결의가 있었던 것처럼 의사록을 작성하고 이를 기초로 그 후속행위를 한 경우이고, 둘째는 총회 및 결의라고 볼 만한 실체가 사실상 존재하기는 하지만 총회의 소집절차 또는 결의방법에 중대한 하자가 있어서 법률상 결의가 존재하지 않는 것으로 평가되는 경우(표현결의)로서 예컨대 아무런 소집통지도 없었음에도 일부주주가 다방에 모여 결의를 한 경우 등을 들 수 있다.

대법원은 후자의 경우만을 결의부존재확인의 소의 원인으로 하여 제380조를 적용하고 전자의 경우는 제380조의 적용대상에서 제외하였다. 이와 같이 결의부존재의 유형을 두 가지로 구분하는 이유는 상법 제380조가 상법 제190조의 본문(판결의 대세적 효력)과 단서(판결의 불소급효) 모두를 준용하므로 판결의 효력이 소급하지 아니하고, 이와 같이 판결의 효력이 소급하지 아니하는 경우에 결의부존재를 구하여 승소한 자는 아무런 승소의 이익을 가질 수 없었기 때문이었다. 또한 총회의 소집도 없고 주주의 모임도 없어 총회결의가 있었다고 볼 수 없는 경우에는 결의부존재가 되는데, 이러한 부존재를 확인하는 판결을 구하는 경우 그 판결이 확정되었을 때에 그 결의부존재가 소급하여 인정되지 않는다는 것 자체도 스스로 모순이기 때문이다. 따라서 제190조 단서의 준용을 피하려면 비결의의 경우에는 제380조가 적용되지 않는다는 논리구성을 하여야만 했었다. 그러나 1995년 개정상법에 의하여 주주총회 결의부존재확인의 판결이 소급하는 것으로 되었으므로 이와 같은 비결의와 표현결의는 구별할 필요가 없게 되었다.

최근의 중요판례의 동향을 살펴보면 다음과 같다.

1. 결의취소의 소

(1) 대법원 1993. 10. 12. 선고 92다21692 판결

정당한 소집권자에 의하여 소집된 주주총회에서 정족수가 넘는 주주의 출석으로 출석주주 전원의 찬성에 의하여 이루어진 결의라면, 설사 일부주주에게 소집통지를 하지 아니하였거나 법정기간을 준수하지 아니한 서면통지에 의하여 주주총회가 소집되었다 하더라도 그와 같은 주주총회 소집절차상의 하자는 주주총회결의의 부존재 또는 무효사유가 아니라 단순한 취소사유에 불과하다.

(2) 대법원 1989. 5. 23. 선고 88다카16690 판결

임시주주총회가 정관상 요구되는 이사회의 결의없이 소집되었고, 甲을 제외한 나머지 주주들에게만 소집통지를 하여 甲의 참석없이 결의가 이루어졌더라도 당시 甲 앞으로 주주명부상의 명의개서가 되어 있지 않았고 甲에 대한 주식양도의 효력 자체가 다투어져 甲에 의해 주주권확인소송이 제기되어 계속 중이었다면 그와 같은 하자는 주주총회결의 취소사유가 될 수 있을지언정 무효 또는 부존재사유는 되지 않는다.

(3) 대법원 1987. 9. 8. 선고 86다카21917 판결

주주총회결의취소의 소에 있어 법원의 재량에 의하여 청구를 기각할 수 있음을 밝힌 상법 제379조는 결의의 절차에 하자가 있는 경우에 결의를 취소하여도 회사 또는 주주의 이익이 되지 않든가, 이미 결의가 집행되었기 때문에 이를 취소하여도 아무런 효과가 없든가 하는 때에 결의를 취소함으로써 오히려 회사에게 손해를 끼치거나 일반거래의 안전을 해치는 것을 막고, 또 소의 제기로써 회사의 질서를 문란케 하는 것을 방지하려는 취지이므로, 원심이 그 인정의 결의내용, 피고의 현황, 다른 금융기관의 실태, 원고들의 제소목적 등 제반사정을 참작하여 원고들의 청구를 기각하였음은 정당하다.

2. 결의무효확인의 소 및 부존재확인의 소

(1) 대법원 1995. 6. 29. 선고 94다22071 판결

주주총회결의가 외형상 주주총회로서 소집·개최된 회의에서 이루어진 것이 아니라 이미 회사에서 퇴직하여 경영에서 완전히 물러난 종전 대표이사가 주주도 아닌 자들을 다방에 불러 모아놓고 의사록을 작성하여 총회결의의 외관을 현출시킨 데 지나지 않는다면, 이에 대한 주주총회 결의부존재확인판결은 상법 제380조에 규정된 결의부존재에 포함되지 않으며, 위 결의부존재는 판결확정 전에 생긴 회사와 제3자간의 권리·의무에 대하여도 영향을 미친다.

(2) 대법원 1994. 3. 25. 선고 93다36097 판결

상법 제380조가 규정하고 있는 주주총회 결의부존재확인판결은 '주주총회의 결의'라는 주식회사 내부의 의사결정이 일단 존재하기는 하지만 그와 같은 의사결정을 위한 주주총회의 소집절차 또는 결의방법에 중대한 하자가 있기 때문에 그 결의를 법률상 유효한 주주총회의 결의라고 볼 수 없음을 확인하는 판결을 의미하는 것으로 해석함이 상당하고, 주식회사와 전혀 관계없는 사람이 주주총회의사록을 위조한 경우와 같이 주식회사 내부의 의사결정 자체가 아예 존재하지 않는 경우에는 이를 확인하는 판결도 상법 제380조 소정의 주주총회 결의부존재확인판결에 해당한다고 보아 상법 제190조를 준용하여서는 안 된다.

(3) 대법원 1993. 10. 12. 선고 92다21692 판결

이사가 임원개임의 주주총회결의에 의하여 임기만료 전에 이사직에서 해임당하고 그 후임이사의 선임이 있었다 하더라도 그 후에 적법한 절차에 의하여 후임이사가 선임되었을 경우에는 당초의 이사개임결의가 부존재이거나 무효라 할지라도 이에 대한 부존재 또는 무효확인을 구하는 것은 과거의 법률관계 또는 무효확인을 구하는 것에 불과하여 확인의 이익이 없는 부적법한 것으로서 확인의 소로서의 요건을 결의한 것이다.

(4) **대법원 1993. 10. 12. 선고 92다28235·28242 판결**

제1주주총회결의가 부존재로 된 이상 이에 기하여 대표이사로 선임된 자들은 적법한 주주총회의 소집권자가 될 수 없어 그들에 의하여 소집된 주주총회에서 이루어진 제2주주총회결의 역시 법률상 결의부존재라고 볼 것이다.

대표이사가 1987. 2. 26. 10:00 회사사무실에서 임시주주총회를 개최한다는 통지를 하였으나 주주총회 당일 16:00경 소란으로 인하여 사회자가 주주총회의 산회선언을 하였는데 그 후 주주 3인이 별도의 장소에 모여 결의를 한 것이라면, 위 주주 3인이 과반수를 훨씬 넘는 주식을 가진 주주라고 하더라도 나머지 일부 소수주주들에게는 그 회의의 참석과 토의·의결권행사의 기회를 전혀 배제하고 나아가 법률상 규정된 주주총회소집절차를 무시한 채 의견을 같이 하는 일부 주주들만 모여서 한 결의는 주주총회 결의부존재라고 볼 수 있다.

Ⅳ. 결   어

앞에서 본 바와 같이 서울지법판결은 법원의 재량기각을 부인하였으나, 서울고법판결은 이를 인정하여 은행 측이 총회꾼을 동원하여 의결절차를 제대로 밟지 않은 점이 인정되지만, 주주총회의 결의가 취소될 경우 정부와 은행 측이 그간 추진했던 경영정상화조치들이 효력을 잃어 은행의 파산이 우려된다는 이유로 제1심과 달리 원고(소수주주들)의 청구를 기각하였다.

상법 제379조가 재량기각에 관하여 구체적인 제한을 두고 있지 않는 것은 총회결의의 하자가 경미하지 않고 결의의 결과에 영향을 미쳤을 가능성이 있는 경우에도 결의의 결과 형성된 기성사실이나 사회적 영향을 고려하여 취소청구를 기각할 수 있도록 법원에 강제조정적 성격의 재량기각권을 인정한 것이라 할 수 있다. 다만 주주의 지위의 강화라는 견지에서 상법 제379조의 재량기각권의 범위는 어느 정도까지로 제한하는 것이 적당한지에 관하여 앞으로도 계속적인 논의가 요구된다 하겠다. 또한 법원의 재량기각권을 적절한 범위에서 제한하는 방식의 개정을 검토할 필요가 있다.

35 공동대표이사

◆ 사   례

실질적으로 Y회사의 영업활동을 하여 온 甲이 Y회사 명의로 수주한 공사를 함에 있어서 甲으로 하여금 사업자금을 쉽게 조달할 수 있게 하기 위하여 甲의 X에 대한 채무를 Y회사의 공동대표이사인 乙이 연대보증하였다.

이에 X는 Y회사에 대해 연대보증인으로서 甲의 채무를 변제할 것을 청구하였으나 Y회사는 乙의 연대보증행위가 Y회사의 목적범위 외의 행위이며, 또한 乙이 Y회사의 공동대표이사임에도 불구하고 단독으로 대표권을 행사하였다고 주장하여 X의 청구를 거절하자 소를 제기하였다.

Ⅰ. 판결요지(대법원 1991. 11. 12. 선고 91다19111 판결)

대법원은 이사자격이 없는 자에게 회사가 표현대표이사의 명칭을 사용하게 한 경우이거나 이사자격 없이 그 명칭을 사용하는 것을 회사가 알고 용인 상태에 둔 경우에는 회사는 상법 제395조에 의한 표현책임을 면할 수 없다(동지: 대법원 1993. 12. 28. 선고 93다47653 판결; 대법원 1992. 10. 27. 선고 92다19033 판결; 대법원 1988. 10. 25. 선고 86다카1228 판결 참조) 할 것이고, 이러한 이치는 회사가 단지 공동대표이사에게 대표이사라는 명칭사용을 용인 내지 방임한 경우에도 마찬가지라고 하여 Y회사의 상고를 기각하였다.

즉 공동대표이사 중 1인이 단독으로 대표행위를 한 경우에도 표현대표이사에 관한 법리를 적용하여야 한다.

Ⅱ. 평 석

본 사건에서 논점이 되는 것은 乙이 Y회사의 공동대표이사임에도 불구하고 단지 대표이사라는 명칭을 사용하여 甲의 X에 대한 채무를 연대보증한 것에 대하여 Y회사에 대해 표현대표이사의 행위에 대한 회사의 책임을 규정한 상법 제395조를 유추적용할 수 있는가 하는 점이라 할 수 있다.

1. 공동대표이사의 의의

공동대표이사란 다른 대표이사와 공동으로서만 회사를 대표할 수 있는 이사를 말한다. 주식회사는 수인의 대표이사가 공동으로 회사를 대표할 것을 정할 수 있다(상법 제389조 제2항). 이를 정한 때에는 그 사항을 등기하여야 한다(상법 제317조 제2항 제10호). 공동대표이사제도를 이용하면 ① 회사의 대표이사가 수인이 있을 경우 이들을 공동대표이사로 정함으로써 대외적으로 업무집행에 통일을 기할 수 있고, ② 회사의 의사결정을 신중히 하여 내부적으로 각 대표이사에 의해 대표권이 남용되거나 위법 또는 부적정한 대표행위를 사전에 방지할 수 있다. 이와 같이 공동대표이사제도는 대표권의 공동행사를 그 기본요소로 하므로, 결정권의 공동행사, 즉 공동대표이사 간의 내부적 의사의 합치뿐만 아니라, 대외적으로 업무집행의 통일성을 확보하기 위하여 회사대표자 명의의 공동현명을 그 요건으로 한다.

2. 공동대표권의 행사방법

(1) 공동대표이사는 단독으로 업무를 결정·집행하거나 회사를 대표할 수 없고 반드시 다른 공동대표이사와 공동으로 이를 하여야 한다. 이때 공동대표이사 사이에 다수결의 원칙은 적용되지 않고 의견이 대립될 때에는 이사회의 결의를 거쳐야 한다.

(2) 공동대표이사의 대내적인 업무집행권도 공동으로 이를 행사하여야 함이 원칙이다. 그러나 순수한 대내적인 업무집행은 단독으로 하더라도 행위의 효력문제는 생기지 않는다. 다만 그 대표이사의 회사에 대한 책임이 문제될 수 있다.

(3) 공동대표이사들의 의사는 반드시 동시에 표시되어야 하는 것은 아니

다. 먼저 1인의 의사가 표시되고 그 후에 나머지 대표이사의 의사가 표시되어 도 무방하다. 이때는 최후의 의사표시가 있은 때 대표행위가 있는 것으로 본다.

3. 공동대표이사의 표현책임

(1) 의   의

공동대표의 정함이 있는 경우에 대표이사는 공동으로써만 회사를 대표할 수 있고, 따라서 공동대표이사 1인이 단독으로 대표행위를 한 경우에는 회사 에 대하여 그 효력이 없거나 적어도 무권대리행위에 준하는 효력밖에 없다.

그러나 이 경우에 상대방이 그 대표이사가 단독으로 회사를 대표할 권한 이 있다고 믿은 경우에 회사가 책임을 질 것인지가 문제된다. 이에 대하여 공 동대표이사의 1인이 사장, 부사장, 전무, 상무 등 회사에 대한 대표권이 있다 고 인정될 만한 명칭을 사용하여 단독으로 대표행위를 한 경우에는 다른 요건 이 구비되는 한 상법 제395조의 유추적용을 인정하는 것이 일반적이다. 하지 만 공동대표이사 중 1인이 단순히 대표이사라는 명칭을 사용하여 단독으로 행 위를 한 경우에는 학설의 대립이 있다.

(2) 학   설

공동대표이사 중 1인이 단순히 대표이사라는 명칭을 사용하여 단독으로 행위를 한 경우에 상법 제395조의 유추적용에 대하여 학설은 적용긍정설과 적 용부정설로 대립하고 있다.

① 적용긍정설(통설)   이에 반해 적용긍정설은 상법 제395조는 실질적으 로 볼 때 대표권 없는 자의 행위에 대하여 회사의 책임을 부담시키는 것이므 로 대표권 있는 자가 다만 그 행사방법상의 제약을 받고 있는 데에 지나지 않 는 경우에도 그 적용을 하는 것이 공평하고, 또 상법 제395조는 상업등기의 효 력에 관한 상법 제37조와는 다른 차원에서 회사의 책임을 정한 것으로서 현행 상법상 대표이사라고 하면 단독으로 회사를 대표할 수 있음이 원칙이고 회사 가 공동대표이사의 명칭을 사용하도록 하지 않고 단순히 대표이사라는 명칭을 사용케 하였다면 회사에 귀책사유가 없다고 할 수 없으므로 회사는 표현책임 을 부담하여야 한다는 것이다(정동윤 · 정찬형 · 이기수 · 채이식 · 최기원 교수).

② 적용부정설   적용부정설은 상법 제395조는 대표권 없는 자의 표현대

표에 관한 규정으로서 대표권 있는 자의 공동대표의 경우까지 그 적용을 확대함은 무리이고 나아가 회사의 이익을 보호하기 위하여 규정된 공동대표의 입법취지가 몰각되는 결과가 될 뿐만 아니라, 상업등기와의 관계에서도 등기제도의 존립의의를 상실케 할 염려가 있으며, 회사가 특히 공동대표이사임을 나타내는 명칭을 사용케 하지 않고 단순히 대표이사라고만 하게 하였다고 하더라도 법률적 명칭인 대표이사명칭을 사용케 한 것임에 지나지 않아 회사에게 귀책사유가 있다고 할 수 없다는 점 등을 논거로 삼아, 공동대표이사의 1인이 단순히 대표이사라는 명칭을 사용하여 단독대표행위를 한 경우에는 상법 제395조의 적용을 부정하여야 할 것이라고 한다(이태로 · 이철송 교수).

(3) 검   토

공동대표이사의 등기의 효력을 강력히 주장한다면 원래부터 상법 제395조의 존재의의는 없는 것이므로 동조는 그와는 다른 차원에서 회사의 표현책임을 인정한 것으로 보아야 할 것이다. 또한 회사가 한편으로는 공동대표를 정하여 등기를 하고 있으면서 다른 한편으로는 그 취급을 방만 내지 소홀히 하여 대외적 권한행사를 단독으로 할 수 있도록 명시적 또는 묵시적으로 승인한 것이므로 거기에 회사의 귀책사유가 있다고 할 것이다. 그리고 표현대표이사는 전혀 대표권이 없음에도 불구하고 회사의 표현책임을 인정하고 있는데 대하여, 공동대표는 공동직이라 할지라도 대표권이 있으므로 실질적인 형평의 관념으로 보아도 회사의 책임을 긍정하여야 할 것이다.

다만 이를 긍정하는 경우에 있어서도 공동대표이사 중의 1인이 사장 또는 대표이사사장 등과 같이 단독대표권이 있는 것으로 인정되는 명칭을 사용하여 행위를 한 경우에만 동조를 유추적용할 것인지(한정설), 아니면 단순히 대표이사라는 명칭을 사용하여 행위를 한 경우에도 동조를 유추적용하여야 할 것인지(확장설)로 입장이 나뉘어지고 있다.

4. 상법 제395조의 적용범위

(1) 민법상 표현대리와의 관계

표현대표이사를 규정한 상법 제395조는 대리권수여의 표시에 의한 표현대리에 관한 민법 제125조의 특칙으로 해석될 수 있고, 민법 제126조 및 제129

조의 특칙으로도 해석할 수 있다고 본다. 이와 같이 상법 제395조가 표현대표 이사에 관하여 민법의 표현대리에 관한 제 규정의 특칙으로 규정되어 있다고 하여 표현대표이사에 관한 상법 제395조는 민법의 표현대리에 관한 제 규정을 배척한다고 볼 수 없다. 따라서 이때에 민법의 표현대리에 관한 제 규정의 적용요건을 충족한 경우에는 회사는 그러한 민법의 규정에 의하여도 책임을 부담할 수 있다. 그러나 상법 제395조는 민법의 표현대리에 관한 제 규정보다 제3자를 더 광범위하게 보호하고 있으므로, 상법 제395조가 적용되는 경우에는 민법상의 표현대리에 관한 제 규정이 적용될 여지가 거의 없을 것이다.

(2) 표현지배인과의 관계

상법 제395조는 "… 그 이사가 회사를 대표할 권한이 없는 경우에도 회사는 선의의 제3자에 대하여도 책임을 진다"고 하여 표현대표이사가 되기 위하여는 적어도 이사의 자격이 있을 것을 요건으로 규정하고 있으나, 통설과 판례는 이사의 자격이 없는 '회사의 사용인'이나 '이사직을 사임한 자'가 회사를 대표할 권한이 있는 것으로 인정될 만한 명칭을 사용한 경우에도 상법 제395 조를 유추적용하고 있다. 따라서 이렇게 보면 회사는 회사의 사용인이 사용하는 명칭 및 이에 대한 회사의 귀책사유에 의하여 표현지배인으로서의 책임을 부담하기도 하고, 또는 표현대표이사로서의 책임을 부담하기도 한다. 즉 회사의 사용인이 지배권이 없으면서 '본점 또는 지점의 영업주임 기타 유사한 명칭'을 사용하고 그러한 명칭사용에 회사의 귀책사유가 있으면 회사는 상법 제 14조에 의하여 그 책임을 지고, 회사의 사용인이 대표권이 없으면서 '사장·부사장·전무·상무 기타 회사를 대표할 권한이 있는 것으로 인정될 만한 명칭'을 사용하고 그러한 명칭사용에 회사의 귀책사유가 있으면 회사는 상법 제395 조에 의하여 책임을 지는 것이다.

(3) 부실등기의 공신력과의 관계

대표이사를 선임하지 않고도 선임한 것으로 하여 등기하였거나 또는 대표이사가 퇴임하였는데도 퇴임등기를 하지 않은 동안에 그러한 자가 회사를 대표하여 제3자와 거래행위를 한 경우에, 제3자는 그러한 자가 대표이사임을 위의 부실등기에 의하여 신뢰하고, 또 그러한 부실등기에 대하여 등기신청권자 (적법한 대표이사)에게 고의·과실이 있다면, 회사는 그러한 선의의 제3자에 대하여 부실등기의 공신력에 관한 상법 제39조에 의하여 책임을 진다. 그런데 이 경우에 회사는 그러한 자가 회사의 대표명의를 사용하여 제3자와 거래하는 것을 적극적 또는 묵시적으로 허용하였다고 할 수 있는 사정이 있고, 또 이러한 사정을 제3자가 증명할 수 있다면, 회사는 상법 제395조에 의해서도 이 책임을 부담할 수 있다.

(4) 주주총회결의하자의 소와의 관계

주식회사의 이사는 주주총회에서 선임되고(상법 제382조 제2항) 이렇게 선임된 이사 중에서 대표이사는 이사회의 결의로 선임된다(상법 제389조 제1항). 그런데 이사를 선임한 주주총회의 결의에 하자가 있어 주주총회결의하자의 소가 제기되고 원고가 승소의 확정판결을 받으면, 원고가 그러한 승소의 확정판결을 받기 이전에 위의 이사 및 대표이사가 제3자와 한 거래행위에 대하여도 상법 제395조가 적용되는가. 이에 대하여 95년 개정상법 이전에는 그 판결의 소급효가 제한되는 점과 관련하여 이러한 사실상의 이사 및 대표이사의 거래행위에도 상법 제395조가 유추적용된다는 긍정설과 유추적용될 여지가 없다는 부정설로 나뉘어져 있었다. 그런데 95년 개정상법에서는 주주총회결의하자의 소의 판결의 효력은 소급하는 것으로 개정되었으므로(상법 제376조 제2항 및 제380조에서 제190조 단서의 적용배제) 개정상법의 시행 후에 있어서 사실상의 이사 및 대표이사의 거래행위에는 회사가 이에 대한 귀책사유가 있다면 상법 제395조가 유추적용될 수 있을 것이다.

5. 등기의 적극적 공시력과 공동대표이사제도

단독대표이사이든 공동대표이사이든 불문하고 대표이사의 주소와 성명은 등기사항이다. 따라서 회사가 공동대표이사를 정한 때에는 대표이사 각자의 성명 및 주소, 수인의 대표이사가 공동으로 회사를 대표하기로 정한 뜻을 등기하여야 한다(상법 제317조 제2항 제8호·제10호). 이를 등기하지 아니한 때에는 선의의 제3자에게 대항할 수 없고(상법 제37조 제1항) 등기를 하더라도 제3자가 정당한 사유로 이를 알지 못한 때에는 역시 대항할 수 없다(상법 제37조 제2항). 즉 제3자에게 정당한 사유가 있어서 그 등기사실을 알지 못한 경우에는 공동대표이사 중 1인이 회사를 대표하여 거래를 하였다고 하더라도 회사는 그 무효를 주장할 수 없다.

한편 상법 제37조의 내용을 거래상대방의 입장에서 고찰해 보면 회사가 공동대표이사를 선정하여 그 등기 후에는 상대방은 공동대표를 선정한 사실에 관하여 정당한 사실에 의하여 알지 못하였음을 증명하지 아니하면 악의가 의제된다(상법 제37조). 즉 거래의 상대방은 다른 공동대표이사가 있음을 알고서도 그 중 일부 공동대표이사와 거래를 하였다는 것이고, 이와 같은 악의의 제3자는 법률상 보호할 가치가 없다. 그러나 등기가 완전한 주지의 방법이 아닐 뿐 아니라, 일상의 거래에서 일일이 등기부를 열람한 후 거래를 하는 경우는 거의 없으며, 공동대표이사가 존재함을 알면서도 고의로 일부의 공동대표이사와 거래를 하는 경우는 더욱 없을 것이다. 이와 같이 등기부를 확인하지 아니한 거래의 상대방을 어떻게 보호할 것인가가 문제이다. 이 문제는 표현대표이사와 관련하여 많은 논의가 있어 왔는데 학설은 다음과 같이 나뉘어지고 있다.

(1) 이차원설

이차원설은 등기의 적극적 공시의 효력은 등기 기초사실이 있을 때 이를 공시하는 효과가 있는 것이지, 그 외 여타 사실은 없다는 것을 공시하는 것은 아니므로, 이 두 가지 제도는 각기 차원을 달리한다고 한다.

(2) 정당사유설

정당사유설은 거래의 상대방이 대표이사라는 명칭에 의하여 대표권이 있는 것으로 오인한 것은 상법 제37조 제2항의 정당한 사유에 속하기 때문에 그 상대방에 대하여는 적극적 공시의 효력이 발생하지 않는다고 한다.

(3) 예외규정설

예외규정설은 상법 제395조는 제37조의 예외규정이라는 학설이다.

(4) 사 견

생각건대 이론적으로는 이차원설도 일리가 있으나 기교적인 측면이 있고 정당사유설은 상법 제37조 제2항의 정당사유의 범위를 지나치게 확장해석하고 있으므로 예외규정설이 비교적 무난하다고 생각된다.

6. 결   어

본 사건에서 대법원은 Y회사는 공동대표의 등기가 되어 있던 기간 중에 Y 회사의 공동대표이사인 乙이 단독으로 대표이사의 명칭을 사용하여 행동하는 것을 방임해 온 사실에 비추어 Y회사는 공동대표의 정함이 있음에도 불구하고 乙이 단독으로 대표권한을 행사하여 한 위 차용금에 대한 연대보증행위를 묵 인하였다 할 것이고 X는 乙이 Y회사를 대표할 수 있다고 믿은 선의의 제3자 라고 할 것이므로 Y회사는 X에게 이 사건 연대보증책임을 이행할 의무가 있 다고 판단하였다. 다만 회사가 단지 공동대표이사에게 대표이사라는 명칭의 사용을 용인 내지 방임한 경우에도 회사는 상법 제395조에 의한 표현책임을 면할 수 없다고 판시하여 단독대표권이 있는 것으로 인정되는 명칭을 사용하 여 행위를 하였는지에 대해서는 고려하고 있지 않으므로 적용긍정설 중 확장 설의 입장을 따르고 있는 것으로 보여진다.

그러나 적용긍정설 중 한정설에 따른다면 이 경우에 상법 제395조를 유추 적용하기 위해서는 단순히 대표이사라는 명칭 외에 단독대표권이 있는 것으로 인정될 만한 부수적인 사정이 존재하여야 할 것이므로, 대법원은 Y회사의 공 동대표이사인 乙이 X에 대하여 연대보증행위를 함에 있어 그가 단독대표권을 가지고 있다고 인정될 만한 부수적인 상황이 있는지를 고려하여 판단했어야 할 것이다.

Ⅲ. 참조판례

1. 대법원 2013. 9. 26. 선고 2011다870 판결

상법 제395조의 규정은 표시에 의한 금반언의 법리나 외관이론에 따라 대 표이사로서의 외관을 신뢰한 제3자를 보호하기 위하여 회사가 적극적 또는 묵 시적으로 표현대표를 허용한 경우에는 그와 같은 외관의 존재에 관하여 귀책 사유가 있는 회사로 하여금 선의의 제3자에 대하여 그들의 행위에 관한 책임 을 지도록 하려는 것이다. 이 경우 진정한 대표이사가 표현대표를 허용하거나 이사 전원이 아닐지라도 적어도 이사회의 결의의 성립을 위하여 회사의 정관 에서 정한 이사의 수, 그와 같은 정관의 규정이 없다면 최소한 이사 정원의 과반수의 이사가 적극적 또는 묵시적으로 표현대표를 허용한 경우라면 회사에게 귀책사유가 있다고 인정할 수 있을 것이다(대법원 1992. 9. 22. 선고 91다5365 판결 등 참조).

2. 대법원 2013. 7. 25. 선고 2011다30574 판결

상법 제395조의 규정에 의하여 회사가 표현대표자의 행위에 대하여 책임을 지는 것은 회사가 표현대표자의 명칭사용을 명시적으로나 묵시적으로 승인함으로써 대표 자격의 외관 현출에 책임이 있는 경우에 한하므로, 주주총회를 소집·개최함이 없이 의사록만을 작성한 주주총회결의로 대표자로 선임된 자의 행위에 대하여 상법 제395조에 따라 회사에게 그 책임을 물으려면, 의사록 작성으로 대표 자격의 외관이 현출된 데에 대하여 회사에 귀책사유가 있음이 인정되어야만 할 것이다(대법원 1992. 8. 18. 선고 91다14369 판결 등 참조).

그리고 이사 선임 권한이 없는 사람이 주주총회의사록 등을 허위로 작성하여 주주총회결의 등의 외관을 만들고 이에 터 잡아 이사를 선임한 경우에는, 주주총회의 개최와 결의가 존재는 하지만 무효 또는 취소사유가 있는 경우와는 달리, 그 이사 선임에 관한 주식회사 내부의 의사결정은 존재하지 아니하여 회사가 그 외관의 현출에 관여할 수 없었을 것이므로, 달리 회사의 적법한 대표이사가 그 대표 자격의 외관이 현출되는 것에 협조, 묵인하는 등의 방법으로 관여하였다거나 회사가 그 사실을 알고 있음에도 시정하지 않고 방치하는 등 이를 회사의 귀책사유와 동일시할 수 있는 특별한 사정이 없는 한, 회사에 대하여 상법 제395조에 의한 표현대표이사 책임을 물을 수 없고, 이 경우 위와 같이 허위의 주주총회결의 등의 외관을 만든 사람이 회사의 상당한 지분을 가진 주주라고 하더라도 그러한 사정만으로는 대표 자격의 외관이 현출된 데에 대하여 회사에 귀책사유가 있는 것과 동일시할 수 없다(대법원 2008. 7. 24. 선고 2006다24100 판결 참조).

3. 대법원 2010. 12. 23. 선고 2009다37718 판결

甲 주식회사의 공동대표이사 중 1인이 단독으로 乙과 주차장관리 및 건물 경비에 관한 갱신계약을 체결한 사안에서, 甲 주식회사가 종전 계약기간이 만료된 이후 7개월이나 경과된 시점에서 종전 계약의 기간만을 연장한 위 갱신

계약의 체결사실을 인식하고 있으면서 乙에게 기간이 만료된 종전 계약의 계속적인 이행을 요구하는 통고서를 발송하여 갱신계약의 효과가 甲 주식회사에게 귀속되는 것을 승인함으로써 위 갱신계약을 묵시적으로 추인하였다고 봄이 상당하다고 한 사례.

4. 대법원 2008. 9. 11. 선고 2006다68636 판결

① 대표이사는 이사회의 구성원으로서 다른 대표이사를 비롯한 업무담당이사의 전반적인 업무집행을 감시할 권한과 책임이 있으므로, 다른 대표이사나 업무담당이사의 업무집행이 위법하다고 의심할 만한 사유가 있음에도 악의 또는 중대한 과실로 인하여 감시의무를 위반하여 이를 방치한 때에는 그로 말미암아 제3자가 입은 손해에 대하여 배상책임을 면할 수 없다. 이러한 감시의무의 구체적인 내용은 회사의 규모나 조직, 업종, 법령의 규제, 영업상황 및 재무상태에 따라 크게 다를 수 있는바, 고도로 분업화되고 전문화된 대규모의 회사에서 공동대표이사와 업무담당이사들이 내부적인 사무분장에 따라 각자의 전문 분야를 전담하여 처리하는 것이 불가피한 경우라 할지라도 그러한 사정만으로 다른 이사들의 업무집행에 관한 감시의무를 면할 수는 없고, 그러한 경우 무엇보다 합리적인 정보 및 보고시스템과 내부통제시스템을 구축하고 그것이 제대로 작동하도록 배려할 의무가 이사회를 구성하는 개개의 이사들에게 주어진다는 점에 비추어 볼 때, 그러한 노력을 전혀 하지 아니하거나, 위와 같은 시스템이 구축되었다 하더라도 이를 이용한 회사 운영의 감시·감독을 의도적으로 외면한 결과 다른 이사의 위법하거나 부적절한 업무집행 등 이사들의 주의를 요하는 위험이나 문제점을 알지 못한 경우라면, 다른 이사의 위법하거나 부적절한 업무집행을 구체적으로 알지 못하였다는 이유만으로 책임을 면할 수는 없고, 위와 같은 지속적이거나 조직적인 감시 소홀의 결과로 발생한 다른 이사나 직원의 위법한 업무집행으로 인한 손해를 배상할 책임이 있다.

② 감사는 상법 기타 법령이나 정관에서 정한 권한과 의무를 선량한 관리자의 주의의무를 다하여 이행하여야 하고, 악의 또는 중과실로 선량한 관리자의 주의의무에 위반하여 그 임무를 해태한 때에는 그로 인하여 제3자가 입은 손해를 배상할 책임이 있는바, 이러한 감사의 구체적인 주의의무의 내용과 범위는 회사의 종류나 규모, 업종, 지배구조 및 내부통제시스템, 재정상태, 법령

상 규제의 정도, 감사 개개인의 능력과 경력, 근무 여건 등에 따라 다를 수 있다 하더라도, 감사가 주식회사의 필요적 상설기관으로서 회계감사를 비롯하여 이사의 업무집행 전반을 감사할 권한을 갖는 등 상법 기타 법령이나 정관에서 정한 권한과 의무를 가지고 있는 점에 비추어 볼 때, 대규모 상장기업에서 일부 임직원의 전횡이 방치되고 있거나 중요한 재무정보에 대한 감사의 접근이 조직적·지속적으로 차단되고 있는 상황이라면, 감사의 주의의무는 경감되는 것이 아니라 오히려 현격히 가중된다.

5. 대법원 2007. 5. 31. 선고 2005다55473 판결

주식회사의 대표이사가 업무집행을 하면서 고의 또는 과실에 의한 위법행위로 타인에게 손해를 가한 경우 주식회사는 상법 제389조 제3항, 제210조에 의하여 제3자에게 손해배상책임을 부담하게 되고, 그 대표이사도 민법 제750조 또는 상법 제389조 제3항, 제210조에 의하여 주식회사와 공동불법행위책임을 부담하게 된다. 그리고 주식회사 및 대표이사 이외의 다른 공동불법행위자 중 한 사람이 자신의 부담부분 이상을 변제하여 공동의 면책을 얻게 한 후 구상권을 행사하는 경우에 그 주식회사 및 대표이사는 구상권자에 대한 관계에서는 하나의 책임주체로 평가되어 각자 구상금액의 전부에 대하여 책임을 부담하여야 하고, 이는 위 대표이사가 공동대표이사인 경우에도 마찬가지이다. 따라서 공동면책을 얻은 다른 공동불법행위자가 공동대표이사 중 한 사람을 상대로 구상권을 행사하는 경우 그 공동대표이사는 주식회사가 원래 부담하는 책임부분 전체에 관하여 구상에 응하여야 하고, 주식회사와 공동대표이사들 사이 또는 각 공동대표이사 사이의 내부적인 부담비율을 내세워 구상권자에게 대항할 수는 없다.

6. 대법원 1998. 10. 11. 선고 86다카2936 판결(표현대표이사책임에 관한 규정의 취지)

상법 제395조의 표현대표이사책임에 관한 규정의 취지는 회사의 대표이사가 아닌 이사가 외관상 회사의 대표권이 있는 것으로 인정될 만한 명칭을 사용하여 거래행위를 하고 이러한 외관상 회사의 대표행위에 대하여 회사에게 귀책사유가 있는 경우에 그 외관을 믿은 선의의 제3자를 보호함으로써 상거래의 신뢰와 안전을 도모하려는 데 있다.

7. 대법원 1998. 3. 27. 선고 97다34709 판결

상법 제395조가 회사를 대표할 권한이 있는 것으로 인정될 만한 명칭을 사용한 이사의 행위에 대한 회사의 책임을 규정한 것이어서, 표현대표이사가 이사의 자격을 갖출 것을 요건으로 하고 있으나, 이 규정은 표시에 의한 금반언의 법리나 외관이론에 따라 대표이사로서의 외관을 신뢰한 제3자를 보호하기 위하여 그와 같은 외관의 존재에 대하여 귀책사유가 있는 회사로 하여금 선의의 제3자에 대하여 그들의 행위에 관한 책임을 지도록 하려는 것이므로, 회사가 이사의 자격이 없는 자에게 표현대표이사의 명칭을 사용하게 허용한 경우는 물론, 이사의 자격이 없는 사람이 임의로 표현대표이사의 명칭을 사용하고 있는 것을 회사가 알면서도 아무런 조치를 취하지 아니한 채 그대로 방치하여 소극적으로 묵인한 경우에도 위 규정이 유추적용되는 것으로 해석함이 상당하다.

8. 대법원 1993. 12. 28. 선고 93다47653 판결

회사가 수인의 대표이사가 공동으로 회사를 대표할 것을 정하고 이를 등기한 경우에도, 공동대표이사 중의 1인이 대표이사라는 명칭을 사용하여 법률행위를 하는 것을 용인하거나 방임한 때에는, 그 공동대표이사가 단독으로 회사를 대표하여 한 법률행위에 관하여 회사가 선의의 제3자에 대하여 상법 제395조에 따른 책임을 진다.

9. 대법원 1992. 7. 28. 선고 91다35816 판결(이사의 자격이 없는 자에게 회사가 명시적·묵시적으로 표현대표이사의 명칭사용을 하게 한 경우에도 표현대표이사의 법리가 적용된다고 본 판례)

상법 제395조가 회사를 대표할 권한이 있는 것으로 인정될 만한 명칭을 사용한 이사의 행위에 대한 회사의 책임을 규정한 것이어서, 표현대표이사가 이사의 자격을 갖출 것을 그 요건으로 하고 있으나, 이 규정은 표시에 의한 금반언의 법리나 외관이론에 따라 대표이사로서의 외관을 신뢰한 제3자를 보호하기 위하여 그와 같은 외관의 존재에 관하여 귀책사유가 있는 회사로 하여금 선의의 제3자에 대하여 그들의 행위에 관한 책임을 지도록 하려는 것이므로, 회사가 이사의 자격이 없는 자에게 표현대표이사의 명칭을 사용하게 허용한 경우는 물론, 이사의 자격도 없는 사람이 임의로 표현대표이사의 명칭을 사용하고 있는 것을 회사가 알면서도 아무런 조치를 취하지 아니한 채 그대로 방치하여 소극적으로 묵인한 경우에도, 위 규정이 유추적용되는 것으로 해석함이 상당하다(동지: 대법원 1987. 7. 7. 선고 87다카504 판결).

10. 대법원 1987. 7. 7. 선고 87다카504 판결

표현대표이사가 이사의 자격이 없다 하더라도 회사가 그에게 표현대표이사의 명칭을 사용하게 하거나 그 명칭을 사용하는 것을 회사가 알고 그대로 용인하는 경우에도 회사는 상법 제395조에 따라 그 표현대표이사의 행위에 대하여 선의의 제3자에게 책임을 져야 한다.

11. 대법원 1985. 6. 11. 선고 84다카963 판결

상법 제395조는 표현대표이사가 이사의 자격을 갖출 것을 형식상의 요건으로 하고 있으나, 위 규정은 법 일반에 공통되는 거래의 안전의 보호와 금반언의 원칙에서 나온 것으로서 이사의 자격이 없는 자(주주총회의사록을 허위로 작성하여 그를 이사로 선임한 후, 이사회에서 다시 그를 대표이사로 선임하고 등기를 마친 경우)에게 회사의 표현대표이사의 명칭을 사용케 한 경우나 이사자격 없이 표현대표이사의 명칭을 사용하는 것을 회사가 알고도 그대로 두거나 아무런 조치도 쓰지 않고 용인상태에 놓아둔 경우에도 위 규정이 유추적용되는 것으로 해석함이 상당하다.

12. 대법원 1979. 2. 13. 선고 77다2436 판결(상법 제395조는 동법 제37조와는 다른 차원에서 입법이 된 것으로 본 판례)

상법 제395조는 표현대표이사가 이사의 자격을 갖출 것을 법형식상의 요건으로 하고 있지만, 이사자격이 없는 자에게 회사가 표현대표이사의 명칭을 사용케 한 경우나 이사자격 없이 표현대표이사의 명칭을 사용하는 것을 회사가 알고 그대로 두거나 용인상태에 놓아둔 경우도 포함한다고 해석하여야 한다.

상법 제395조와 상업등기와의 관계를 헤아려 보면 본 조는 상업등기와는 다른 차원에서 회사의 표현책임을 인정한 규정이라고 해야 옳겠으나 이 책임을 물음에 상업등기가 있는 여부는 고려의 대상에 넣어서는 아니 된다고 하겠다. 따라서 원 판결이 피고의 상호변경에 대하여 원고의 악의를 간주한 판단은 당원이 인정치 않는 법리 위에 선 것이라 하겠다.

13. 대법원 1975. 5. 27. 선고 74다1366 판결(상법 제395조에 의한 회사의 책임은 회사가 표현대표자의 명칭사용을 명시적으로나 묵시적으로 승인할 경우에 한하여 인정된다)

상법 제395조에 의하여 표현대표자의 행위에 대하여 회사가 책임을 지는 것은 회사가 표현대표자의 명칭사용을 명시적으로나 묵시적으로 승인할 경우에만 한하는 것이고 회사의 명칭사용 승인 없이 임의로 명칭을 참칭한 자의 행위에 대하여는 비록 그 명칭사용을 알지 못하고 제지하지 못한 점에 있어서 회사에게 과실이 있다고 할지라도 그 회사의 책임으로 돌려 선의의 제3자에 대하여 책임을 지게 하는 취지가 아니다(동지: 대법원 1994. 12. 27. 선고 94다7621 판결; 대법원 1994. 12. 2. 선고 94다7591 판결; 대법원 1995. 11. 21. 선고 94다50908 판결).

◆ 사   례

뉴마트주식회사는 이문시장주식회사를 인수하기로 하고, 이문시장주식회사의 주식 전부를 매수하였고 뉴마트주식회사의 직원 A가 이문시장주식회사의 대표이사가 되었다. 뉴마트주식회사는 이문시장주식회사 소유의 서울 이문동 277 소재 토지 위에 이문프라자라는 주상복합 건물을 신축하기로 하였고 甲 등에게 이 건축예정 건물을 미리 분양하여 대금을 수령하면서 뉴마트주식회사 명의의 예치금내역확인서를 교부하였다. 그러나 상가 및 아파트 신축사업이 진척되지 못하여 분양을 받은 사람들로부터 예치금을 반환하여 달라는 항의를 받자 이문시장주식회사의 대표이사 A는 이사회 결의없이 뉴마트주식회사의 명의로 발급된 예치금내역확인서와 상환으로 분양자 명의가 이문시장주식회사로 된 예치증을 작성·교부하여 주었다. 그 후 A가 대표이사직을 사임하고 B가 대표이사에 취임하였는데 甲 등은 이문시장주식회사가 뉴마트주식회사의 모든 권리의무를 승계하였으며 위 건물분양예치금을 반환할 의무가 있다고 주장하면서 소송을 제기하였다. 이에 대하여 이문시장주식회사는 대표이사 A가 위 예치증을 발급하여 준 것은 ① '공익을 목적으로 하는 시장관리·부동산임대 및 매매업, 기타 관련된 부대사업'을 영위하도록 되어 있는 이문시장주식회사의 정관소정의 목적범위 외의 행위로서 무효이고, ② 이사회의 결의가 없었던 행위로서 무효이며, ③ 이문시장주식회사의 영리목적과 관계없이 자기 또는 제3자의 이익을 도모할 목적으로 권한을 남용한 것이므로 이문시장주식회사에게 책임이 없다고 주장한다. 이문시장주식회사의 항변은 정당한가?

I. 문제의 논점

위 사례의 논점은 다음의 세 가지로 요약할 수 있다. ① 정관소정의 목적에 의한 회사의 권리능력의 제한 여부, ② 대표이사의 대표권의 제한과 그 효력, ③ 대표이사의 대표권의 남용과 그 효력 등이다.

II. 목적에 의한 회사의 권리능력의 제한문제

회사의 권리능력이 정관소정의 목적에 의하여 제한을 받느냐 하는 문제와 관련하여 상법은 명문규정을 두고 있지 않으나 학설에서는 제한설과 무제한설로 나눠지고 있다.

1. 제 한 설

회사의 권리능력을 정관 소정의 목적범위 내로 제한하는 제한설의 근거는 ① 민법 제34조의 규정은 법인 일반의 성질에 따른 원칙을 밝혀 놓은 것이므로, 이러한 일반원칙은 회사에도 당연히 유추적용되어야 하고, ② 회사는 목적단체로서 그 목적범위 내에서만 존립할 수 있다고 하는 것이 법인의 본질상 당연하다는 점, ③ 회사의 목적은 정관에 기재하고 등기되어 제3자는 원칙적으로 악의가 의제되기 때문에 회사의 사업목적을 확인하지 못한 제3자가 불이익을 입는 일이 있더라도 부득이하다는 점, ④ 회사의 사업목적을 믿고 투자한 사원 또는 제3자의 기대이익을 보호해 주어야 한다는 점 등이다.

그러나 그 '목적의 범위'란 무엇이냐에 관하여는 판례와 학설이 점차 확장해석을 하여 왔다. 즉 처음에 일본의 판례는 목적 그 자체만에 국한하였으나, 이것이 점차 변하여 '회사의 목적인 사업에 속하는 행위 및 그 사업을 수행하는데 필요한 행위'로 확장하고, 다만 그 행위가 목적범위 내의 행위냐의 판단은 회사 기관의 주관적 의사에 따를 것이 아니고 그 행위의 객관적인 성질에 따라야 한다고 하여 목적의 범위를 크게 확대하였다. 그리고 일본의 다수학설도 회사의 목적을 달성하기 위하여 '필요한 행위', '상당 또는 유익한 행위', 심지어는 '목적에 반하지 않는 한 일체의 행위'까지로 확장하여 왔다. 결국 목적의 범위를 극히 넓게 해석하여 실제로는 거의 모든 행위를 다 포함시키고 있다.

2. 제한부정설

최근에는 회사가 일단 법인격이 인정된 이상 널리 일반적으로 권리능력을 갖고 정관 소정의 목적에 의하여 능력이 제한되지 않는다는 무제한설이 일본에 있어서뿐만 아니라 우리나라에 있어서도 다수설이다. 판례는 제한설을 취하면서도 목적범위를 매우 넓게 해석함으로써 사실상 무제한설과 결론을 같이한다.

그 이론적 근거로는, ① 회사의 활동범위는 실제로는 매우 넓은 것인데 그 능력을 제한하면 제3자가 목적범위 내의 것인지 판단하기가 어렵고, 또 회사가 그것을 남용하여 책임을 면탈함으로써 거래의 안전을 해치게 된다는 점, ② 민법 제34조는 공익법인에 대하여 정책적으로 인정한 규칙으로서 영리법인인 회사에 유추적용할 것이 아니며, 또한 그 명문의 근거도 없다는 점 등을 들고 있다.

3. 사   견

생각건대, 목적에 의한 능력제한을 인정한다면 남용의 위험도 있고 거래의 안전을 해칠 우려도 있으므로 무제한설이 타당하다고 본다. 그러나 정관 소정의 목적은 회사기관의 권한을 내부적으로 제한하는 기능을 하므로 폐지될 수 없는 것이며, 정관 소정의 목적을 위반한 기관의 행위로 인하여 사원이 입는 손해가 있다면 그 구제책으로서 기관의 책임을 추궁할 수 있을 것이다. 예컨대 위법행위유지청구(제402조), 손해배상청구(제399조), 대표소송(제403조) 및 이사의 해임청구(제385조 제2항) 등의 조치를 예로 들 수 있다.

비교법적으로도, 대륙법계에서는 대개 회사의 권리능력을 제한하지 않고 있으며, 영미법에서도 종래 '능력외이론'에 의하여 목적 외의 행위의 효력을 부인하던 것을 차차 완화하여 최근에는 '능력외이론'을 사실상 폐지하고 있다는 점도 주목할 만한 것이다.

Ⅲ. 대표이사의 대표권의 제한과 그 효력

1. 대표권의 제한

주식회사의 대표이사는 대외적으로 회사를 대표하고 대내적으로 업무를 집행하는 회사의 필요·상설기관이다. 대표이사의 대표권은 회사의 영업에 관한 재판상·재판 외의 모든 행위에 미친다(상법 제389조 제3항). 그러나 대표이사의 대표권은 법률·정관·이사회규칙 등에 의하여 제한받는 경우가 있다.

(1) 법률에 의한 대표권 제한의 예로는 이사와 회사 간의 訴에서는 감사가 회사를 대표한다(상법 제394조). 그리고 영업의 전부 또는 일부의 양도(상법 제374조), 사후설립((상법 제375조) 등 주주총회의 결정사항과 이사의 자기거래(상법 제398조), 신주의 발행(상법 제416조), 사채의 모집(상법 제469조) 등 이사회의 결정·결의사항에 관하여는 총회 또는 이사회의 결의를 얻지 아니하면 대표이사가 회사를 대표할 수 없다.

(2) 본래 회사의 업무집행은 이사회의 결의로 하여야 한다(상법 제393조). 그 밖에 정관이나 이사회규칙 등에 의하여 대표권이 제한되는 예로는 수명의 대표이사 사이의 업무 분장이 있는 경우, 대표이사의 권한을 특정영업이나 영업소에 한정하는 경우 등이다.

2. 위법한 대표행위의 효력

(1) 위법한 대표행위의 효력의 판단기준

대표이사가 법률상 주주총회나 이사회의 결의를 얻어야 할 경우 그 필요한 주주총회 또는 이사회의 결의를 얻지 않거나 또는 이 결의에 위반한 대표행위의 효력이 문제된다. 이것은 총회 또는 이사회의 결의를 요함으로써 회사가 가지는 이익과 그 행위를 회사의 대표행위로 신뢰하여 거래한 제3자의 이익을 비교형량하여 해결하여야 한다. 이익형량의 판단기준은 그 행위가 회사의 대내적 행위인가, 대외적 행위인가 또는 그 결의를 그 행위의 효력 요건으로 풀이할 것인가, 아닌가 등이 될 것이다.

(2) 주주총회결의사항에 관하여 위반한 경우

법률에 의하여 주주총회의 결의를 요하는 사항(상법 제374조, 제375조)에 관하여 결의를 흠결한 대표이사의 행위의 효력은 원칙적으로 무효라고 본다. 왜냐하면 주주총회의 결의사항은 중요한 사항이고 제3자로서도 그 결의가 필요하다는 것을 당연히 알아야 하므로 이와 같은 경우에는 제3자보다는 회사를 보호하는 것이 이익교량의 면에서 타당하기 때문이다.

(3) 이사회결의사항에 관하여 위반한 경우

법률상 이사회의 결의를 요하거나(상법 제393조, 제416조, 제469조 등) 정관 등 회사의 내규에 의하여 주주총회 또는 이사회의 결의를 요하는 경우에, 이러한 결의없이 대표이사가 행한 대외적 행위의 효력에 관하여는 회사의 이익 보호를 중시하여 이를 무효로 보는 무효설, 이사회의 승인 없이 한 거래도 대표이사에 의한 행위인 이상 거래의 안전을 위하여 유효로 보아야 한다는 유효설, 원칙적으로 무효이지만 선의의 제3자에게는 이사회결의의 부존재를 대항할 수 없다는 상대적 무효설이 있다.

생각건대 제3자가 선의인 한 유효라고 보는 상대적 무효설이 정당하다고 본다. 왜냐하면 법률에 의하여 이사회의 결의사항으로 되어 있는 것은 법률에 의하여 주주총회의 결의사항으로 되어 있는 것에 비하여 상대적으로 중요한 사항이 아닌 경우가 대부분이기 때문이다. 또 정관 등 회사의 내부규칙에 의하여 주주총회 또는 이사회의 결의를 요하는 사항으로 되어 있는 것은 제3자가 이를 예견하고 있다고 기대할 수 없다. 따라서 이 경우에는 회사보다는 제3자를 보호하는 것이 이익교량면에서 타당하다. 판례도 상대적 무효설을 취하고 있다.

다만 신주발행이나 사채발행과 같은 집단적 행위는 제3자의 선의·악의에 의하여 개별적으로 그 효력이 달라지는 것으로 볼 수는 없고, 획일적으로 보아야 하므로 언제나 유효하다고 본다.

Ⅳ. 대표이사의 대표권의 남용과 그 효력

1. 대표권남용행위의 의의

대표권의 남용은 대표이사의 행위가 객관적으로는 대표이사의 대표권의 범위 내의 행위이고, 대표행위로서 형식과 절차를 갖추고 있으나 주관적으로는 자기 또는 제3자의 이익을 위한 행위이다. 대표이사가 대표권을 남용한 경우에 내부관계에서는 대표이사가 회사에 대하여 손해배상책임을 지는 것은 당연하나, 대외관계에서는 그 효력이 어떠한가에 관하여 학설과 판례의 대립이 있다.

2. 대표권남용행위의 효력

대표권의 남용의 대외적 효력에 관하여 비진의표시설, 권리남용설, 이익형량설 및 대표권제한설 등의 학설이 나뉘어져 있다.

(1) 비진의표시설

비진의표시설은 대표이사가 자기의 이익을 위하여 회사의 대표로서 행위를 한 경우에 원칙적으로 유효하나, 상대방이 진의 아님을 알았거나 알 수 있었을 때에는 이에 민법 제107조 제1항 단서를 유추적용하여 그 행위를 무효로 보는 견해이다.

비진의표시설은 대표권의 남용의 모습이 비진의표시와 유사하므로, 민법상의 비진의표시에 관한 규정을 대표권의 남용에 도입한 것이다.

(2) 권리남용설

권리남용설은 대표권의 남용도 대표이사의 대표행위로서 유효하나, 상대방이 대표권남용의 사실을 알고 회사에 대하여 권리를 행사하는 것은 권리남용 내지 신의칙위반으로서 허용되지 않는다는 견해이다. 권리남용설은 민법 제2조에 의하여 대표권의 남용을 해결하려는 것이다.

(3) 이익형량설(상대적 무효설)

이익형량설은 대표권남용의 행위는 무효이나, 이는 선의의 상대방에게 불

352 제3편 회사법

측의 손해를 주어 거래의 안전을 해할 염려가 있으므로, 회사는 선의의 상대방에 대하여는 무효를 주장할 수 없고, 악의 또는 중대한 과실의 상대방에 대하여는 무효로 된다고 보는 견해이다. 이익형량설은 회사의 이익과 상대방의 이익을 교량하여 대표권의 남용을 해결하려는 것이다.

(4) 대표권제한설(내부적 제한설)

대표권제한설은 대표권의 남용을 대표이사의 대표권에 대한 제한의 위반으로 보아 회사는 이로써 선의의 제3자에 대하여 대항할 수 없다고 한다(상법 제389조 제3항, 제209조 제2항). 대표권제한설은 대표이사의 대표권에는 선량한 관리자의 주의의무 내지 충실의무에 의한 제한이 내재되어 있다는 것을 전제로, 대표권의 남용은 그 제한에 위반하였다는 것이다.

(5) 사 견

생각건대 대표권은 포괄·정형성의 성질을 갖고 있고 이 정형성은 주관적으로 판단되는 것이 아니라 객관적으로 판단되는 것이므로, 대표행위가 객관적으로 대표권의 범위 내의 행위라면 당연히 대표행위로서 유효하여 회사는 이에 대하여 책임을 진다. 다만 제3자가 이를 알고 있거나 또는 중과실로 모른 경우에 권리를 주장하는 것은 신의칙위반 또는 권리남용에 해당하여 회사는 그 이행을 거절할 수 있다고 본다(권리남용설 찬성). 이때에 제3자의 악의 또는 중과실의 증명책임은 회사가 부담하고, 제3자에게 선의 또는 경과실이 있는 경우에는 회사는 신의칙위반을 주장할 수 없다고 본다.

V. 문제의 해결

1. 뉴마트 주식회사가 이문시장주식회사의 주식을 전부 매수하고 이문시장 주식회사의 소유토지에 상가를 신축하기로 한 것으로서 뉴마트주식회사가 이문시장주식회사의 단독주주이고, 뉴마트주식회사의 직원이었던 A가 이문시장주식회사의 대표이사가 된 것이므로 양 회사는 실질적으로 하나의 회사와 다름이 없다고 할 것이다. 그러나 신축될 건물의 분양주체는 법률상 이문시장주식회사가 된다. 따라서 뉴마트주식회사가 발행하였던 예치금내역확인서를 이문시장주식회사가 예치증으로 교환해 준 행위는 이문시장주식회사가 장래

신축될 상가를 분양·매도하는 행위에 속한다고 할 수 있다. 그런데 이문시장 주식회사의 정관에 의하면 그 목적 등에 '부동산 임대 및 매매업'이 포함되어 있다. 따라서 이문시장주식회사의 대표이사 A가 예치증을 발행한 행위는 회사 의 목적범위 내의 행위를 한 것으로 볼 수 있다. 이 점에 관한 이문시장주식회 사의 주장은 정당하지 못하다고 할 것이다.

2. 본 설문에서 이문시장주식회사의 대표이사 A가 분양을 받은 甲 등에게 뉴마트 주식회사 명의로 발행된 예치금내역확인서를 이문시장주식회사 명의로 된 예치증으로 교환해 준 행위가 이사회의 결의를 거쳐야 할 사항인지는 분명 하지 아니하다. 본래 회사의 업무집행은 이사회의 결의로 하도록 되어 있다(상 법 제393조). 또한 피고회사가 예치증을 발행해 준 행위는 채무인수행위로서 중 요한 사항이라고 볼 때 이사회의 결의를 거쳐야만 할 행위로 볼 수 있다. 본 사례에서 대표이사 A의 행위는 이사회의 결의를 거치지 아니한 행위임이 명백 하다. 그러나 그 행위는 대외적인 행위로서, 그 효력은 제3자가 선의인지 악의 인지의 여부에 따라 달라진다. 이 사건에서 제3자인 甲의 선의가 추정되고 악 의가 증명되지 않고 있으므로 이문시장주식회사의 대표이사 A의 대표행위가 대표권의 제한을 위반한 위법한 대표행위인지는 문제되지 아니한다. 즉 예치 증 발행행위는 유효한 행위로 보아야 할 것이다.

3. 이문시장주식회사 대표이사 A의 예치금채무의 인수에 관한 의사표시 행위는 분양사업의 추진과정에서 대표권의 범위 내에서 행해진 지극히 당연한 행위라고 할 수 있다. 다만 위의 행위가 자기 또는 제3자의 이익을 도모할 목 적으로 그 권한을 남용하였는지가 문제이나, 그 행위가 대표이사 A자신이나 이문시장주식회사의 이익을 도모할 목적으로 권한을 남용한 증거가 없으며, 또한 이문시장주식회사가 대표이사 A의 그러한 진의를 알았거나 알 수 있었다 는 점을 인정할 증거도 없다. 따라서 대표이사 A의 행위는 대표권의 남용행위 에 해당되지 않는다고 볼 것이다.
　결론적으로 이문시장주식회사의 항변은 부당하다고 할 것이고, 본 사례의 실제 사건인 대법원판결(대법원 1997. 8. 29. 선고 97다18059 판결) 및 대법원에서 파기 환송된 서울고등법원 판결도 이와 같은 입장을 취하고 있다(서울고등법원

1998. 6. 16. 선고 97나45480 판결).

Ⅵ. 판례의 동향

1. 대표이사의 대표권의 남용에 관하여 대법원은 "대표이사의 행위가 대표권한 내의 행위라 하더라도 대표이사가 회사의 이익을 위해서가 아니고 자기 또는 제3자의 이익을 도모할 목적으로 그 권한을 행사한 경우에, 상대방이 그 대표이사의 진의를 알았거나 알 수 있었을 때에는 회사에 대하여 무효이다"(대법원 1989. 8. 9. 선고 86다카1858 판결)라고 판시하여 비진의표시설을 취한 바 있다. 비진의표시설을 취한 판례로는 이 밖에도 '대법원 1975. 3. 24. 선고 74다카1542 판결', '대법원 1987. 7. 6. 선고 86다카1004 판결', '대법원 1987. 11. 10. 선고 86다카371 판결' 등이 있다.

2. 권리남용설을 취한 판례로는 "대표이사가 대표권의 범위 내에서 한 행위는 자기 또는 제3자의 이익을 도모할 목적으로 그 권한을 남용한 경우에도 유효하고, 다만 상대방이 그러한 사정을 알았을 때에는 회사에 대하여 권리를 주장하는 것이 신의칙에 반하므로 회사는 상대방의 악의를 입증하여 그 효과를 부인할 수 있다"고 한 '대법원 1987. 10. 13. 선고 86다카1522 판결'과 "대표이사가 자기의 개인적 채무를 변제하기 위하여 대표이사의 명의로 약속어음을 발행한 경우에, 상대방이 대표이사의 진의를 알았거나 알 수 있었으면 회사에 대하여 그 권리를 주장하는 것이 신의칙에 반하므로 상대방은 악의를 입증하여 그 효력을 부인할 수 있다"고 한 '대법원 1990. 3. 13. 선고 89다카24360 판결'이 있다.

회사의 영업용 중요재산의 양도와 대표권남용

◆ 사   례

> 관광호텔사업을 목적으로 설립된 X회사는 호텔 신축부지로서 A토지를 매입하여 X회사의 명의로 소유권이전등기를 하였다. 그러나 X회사는 그 사무실로 쓰던 건물이 소유주에게 명도당하여 사무실도 없어지고, A토지도 개발제한 구역으로 편입됨에 따라 관광호텔건축이 불가능하게 되었다. X회사는 영업을 더 이상 계속할 수 없게 되자 그 주주 및 이사들은 영업을 중단하기로 하여 이후 영업활동을 한 바가 일절 없었다. 그 후 X회사의 대표이사인 甲이 A토지를 乙에게 매도담보로 제공하고 금 10억원을 차용하여 이를 횡령하였는데, 이때 이사회결의(사안과 같은 경우 X회사 정관에는 이사회결의를 요하고 있다) 및 주주총회특별결의를 거친 바 없었다.
>
> 이에 대해 X회사는 乙에게 그 등기의 말소를 청구하고 있는바, 그 청구는 타당한가?

Ⅰ. 문제의 소재

사안에서 X회사의 청구의 당부를 판단함에 있어서는 X회사의 대표이사 甲이 A토지를 乙에게 매도담보로 제공한 행위가 유효한가가 문제인바, 이를 위해서는 ① A토지의 매도담보제공이 법 제374조의 영업양도에 해당하는지, ② 영업양도에 해당하지 않는다고 할 때 영업용중요재산 양도시 법 제374조를 (유추)적용할 수 있는지, ③ 이사회 결의 없는 대표이사 행위의 효력은 어떠한지, ④ 대표이사 甲이 차용한 금원을 횡령하였을 경우, 즉 대표권남용에 대한 법적 효과는 어떠한지가 각각 검토되어야 하겠다.

Ⅱ. 영업양도에 해당하는지 여부

1. 문 제 점

법 제374조에서는 영업양도를 할 때 주주총회의 특별결의를 요하도록 하고 있다. 이는 주주의 권리를 보호하기 위한 것으로써 이에 위반한 회사의 법률행위는 무효로 보고 있다. 사안에서 대표이사 甲의 행위가 영업양도에 해당한다면 乙에게 이전된 등기는 원인무효로서 X회사의 청구는 타당하게 되는바, A토지에 대한 담보제공행위가 영업양도가 되는지가 문제된다.

2. 견해의 대립

(1) 영업양도의 법적 성질에 대하여는 크게 양도처분설과 지위교체설로 나눌 수 있다. 먼저 양도처분설은 영업을 순객관적으로 파악하여 권리의 객체인 영업을 양도처분하는 것이 영업양도라고 하는 견해이다. 이 학설은 다시 객관적 영업의 중점을 어디에 두느냐에 따라서 ① 영업용으로 제공되는 각종 재산의 총체를 영업으로 보고 영업양도를 이러한 영업재산의 양도라고 설명하는 영업재산양도설, ② 영업을 영업에 고유한 사실관계 내지 영업조직이며, 각개의 재산은 그 영업조직의 종물에 불과하다고 이해하여, 영업양도를 영업에 고유한 사실관계 내지 영업조직의 양도라고 보는 영업조직양도설, ③ 영업을 영업재산을 중심으로 하여 이해하면서도 특히 영업의 유기체성을 강조하여 이러한 유기체의 양도가 영업양도라고 해석하는 영업유기체양도설로 갈린다.

(2) 한편 지위교체설은 영업 외의 주체적 활동면을 중시하여 영업양도란 영업자로서의 법적 지위의 이전이라고 보는 입장이다. 이 학설도 다시 ① 영업양도는 양도인이 그 양도한 영업의 영업자인 지위로부터 물러나고, 양수인으로 하여금 이에 갈음하게 하는 것을 주요 목적으로 하면서 이에 수반하여 영업활동의 수단인 영업재산을 이전할 의무를 부담하는 계약이라는 영업활동교체계약설, ② 영업양도는 양도인이 계약에 의하여 그 기업주체인 지위에서 물러나고, 대신 양수인으로 하여금 그 지위에 있도록 하는 것이라는 기업주체지위양도설, ③ 영업양도는 기업자지위의 인계교체를 목적으로 하는 행위라는

기업자지위승계설, ④ 영업의 양도를 영업의 경영자인 지위를 인계하는 약속
과 함께 영업재산을 양도하는 것이라고 설명하는 지위재산이전설 등으로 학설
이 갈린다.

(3) 영업양도의 법적 성질은 양도처분설 중 영업재산양도설에 의하여 설
명하는 것이 가장 간명한 것으로 생각된다. 양도처분설 중 영업조직양도설은
영업에 있어서 재산적 가치 있는 사실관계의 중요성을 너무 강조하여 사실관
계를 바로 영업으로 보고 있는데 이것은 무리인 점 또 이러한 사실관계라 하
더라도 영업재산과 결합하여야 비로소 조직적 일체로서 기능을 발휘하는 것이
라는 점에서 볼 때 타당하지 아니하다고 본다. 또한 영업유기체양도설은 영업
이라는 유기체 위에 한 개의 물권 또는 기타의 권리의 성립을 인정하는 것은
특수한 경우를 제외하고는 현행 실정법상 난점이 있으므로 문제가 있다고 본
다. 한편 지위교체설은 영업자란 지위는 객관적 의의의 영업의 귀속주체가 당
연히 누리는 지위이므로 객관적 의의의 영업이 양도되면 그 영업의 양수인은
당연히 영업자의 지위를 취득하기 때문에 영업양도를 영업자의 지위의 승계로
파악할 필요가 없는 점 또 영업자의 지위는 채권계약의 대상이 될 수 없는 점
등에서 볼 때 채택하기 어렵다고 생각된다.

(4) 영업양도에는 영업재산의 양도뿐만 아니라 당연히 영업을 위한 채무
인수도 포함되고 심지어는 영업과 관련된 재산적 가치 있는 사실관계(영업권)
도 포함되는 것으로 보아야 한다. 따라서 본 사건에서 A회사가 甲에게 재산을
양도하는 계약과 甲이 A회사의 채무를 인수하는 약정은 합하여 하나의 양도
계약이 되는 것이므로 이러한 취지에서 볼 때 대법원판결은 타당하다고 생각
된다.

3. 사안의 경우

영업양도라고 하기 위해서는 영업의 동일성을 유지하면서 영업재산이 이
전될 것이 요구되는바, 영업동일성의 판단에 있어서는 영업조직의 유지 여부
가 관건이라 하겠다. 판례는 "영업양도라 함은 일정한 영업목적에 의하여 조
직화된 총체, 즉 인적·물적 조직을 그 동일성을 유지하면서 일체로서 이전하
는 것을 말하고, 영업의 일부만의 양도도 가능하지만 이 경우에도 해당 영업
부문의 인적·물적 조직이 그 동일성을 유지한 채 일체로서 이전되어야 한다"

라고 판시하면서 영업조직 중에서도 인적 조직의 승계를 중요시하여 근로관계를 청산하고 물적 시설 일체만을 양수받기로 하는 것은 영업양도가 아니라고 하고 있다.

이렇게 볼 때 사안에서 관광호텔사업을 목적으로 설립된 X회사가 그 호텔 신축부지를 처분하는 것은 영업용 중요재산에는 해당할 수 있으나, 영업양도로는 볼 수 없다 하겠으므로 법 제374조를 당연히 적용할 수 있는 사안이라고는 볼 수 없다 하겠다.

Ⅲ. 영업용 중요재산양도와 법 제374조 적용가부

1. 문 제 점

사안의 경우가 영업양도에 해당하지 않는다고 하여도 영업용 중요재산의 양도에 해당하여 법 제374조를 적용하여 주주총회의 특별결의를 요하도록 할 수 있는가가 문제된다.

2. 견해의 대립

(1) 학   설

1) 불요설(형식설)

상법 제374조 제1항 제1호의 영업양도와 상법 제41조의 영업양도의 의의를 동일하게 해석하여 영업용 중요재산의 양도는 영업양도가 아니므로 주주총회특별결의를 요하지 않는다는 입장이다. 거래안전보호, 법문의 통일적 해석을 근거로 한다.

2) 필요설(실질설)

영업용 중요재산의 양도는 총칙상의 영업양도는 아니지만 상법 제374조 제1항 제1호의 영업양도에는 포함된다고 보는 입장이다. 상법 제374조와 제41조는 입법목적이 달라 동일하게 해석할 필요가 없으며, 회사보호를 근거로 한다.

3) 절충설(사실상 영업양도설)

원칙적으로 불요설(형식설)을 취하면서 양도인에게만이 아니라 양수인에게도 영업양도의 의미를 지니는 경우에 한하여 상법 제374조를 유추적용하는 견해이다.

(2) 판 례

원칙적으로 불요설에 입각하면서도 영업의 전부 또는 중요한 일부를 양도하거나 폐지하는 것과 같은 결과를 가져오는 경우에는 그 처분에 주주총회특별결의를 요하나, 회사가 영업재산을 처분할 당시 이미 영업을 폐지하거나 중단하고 있었던 경우에는 결의를 요하지 않는다고 판시한 바 있다(대법원 1992. 8. 18. 선고 91다14369 판결).

(3) 검 토

형식설은 주주 등의 보호에 문제가 있을 뿐더러 상법 제374조 제1항 제1호 후단의 '영업의 일부의 양도'를 사문화시킬 우려가 있으며, 실질설은 같은 상법상의 영업양도의 개념을 다르게 해석하므로 법해석의 통일성을 기하지 못한다는 점과 제374조의 적용범위를 너무 확대하여 거래의 안전을 해할 우려가 있다는 점에서 옳지 못하다. 그리고 절충설은 사실상의 영업양도의 개념이 주관적이며 애매하여 옳지 못하므로 법 제374조의 영업양도의 개념은 판례와 같이 해석하는 것이 가장 타당하다.

우리나라의 대법원판례는 기본적으로 양자의 영업양도의 의미를 동일하게 보는 형식설의 입장을 취하면서, 주주의 이익을 보호하기 위하여 영업용 재산의 양도에는 그것이 회사영업의 전부 또는 일부를 양도하거나 폐지하는 것과 같은 결과를 가져오는 경우에는 그것이 비록 영업의 전부 또는 일부의 양도에 해당하는 경우가 아닐지라도 상법 제374조 제1항 제1호를 유추적용하여 주주총회의 특별결의를 요하는 것으로 판시하고 있다. 이는 위에 설명한 절충설과는 다른 의미의 절충설이라고 볼 수 있는데, 이러한 대법원판례의 입장에 찬동한다.

3. 중요한 영업용 재산의 담보제공의 경우

중요한 영업용 재산의 양도에 주주총회의 특별결의를 요한다는 입장에서 문제가 되는 것은 중요한 영업용 재산을 담보로 제공함에 있어서도 위의 주주총회의 특별결의가 필요한가 하는 점이다. 물론 상법은 '양도'의 경우만을 규정하고 있으므로 저당권의 설정 등 일반적인 담보설정행위에 관하여는 위의 결의를 요하지 않으나, 매도담보의 경우가 문제이다.

　　판례는 이 경우에도 주주총회의 특별결의가 필요하다고 한다. 이에 반대하는 학설에 의하면, 매도담보는 실질적으로 자금의 공급을 목적으로 하고 설비의 개선 등 영업의 유지, 계속을 전제로 하는 것으로서, 마치 회사가 담보부사채를 발행할 때 회사의 중요한 영업용 재산에 대한 담보권을 설정하는 것과 마찬가지로 이사회의 결의로써 충분하다고 한다.

　　판례의 입장에 찬성한다. 왜냐하면 매도담보의 경우는 법률상의 소유권이 완전히 채권자에게 이전되고 회사는 담보권자에 대하여 내부적 권리만 갖게 될 뿐이며, 이 경우 주주총회특별결의가 필요없다고 한다면 중요한 영업용 재산의 양도를 주주총회의 특별결의로 결정하도록 한 법의 취지가 잠탈될 우려가 있기 때문이다.

　　따라서 사안의 경우도 영업용 중요재산양도와 같이 취급하여야 할 것이다.

4. 사안의 경우

　　영업용 중요재산의 양도가 영업의 폐지 또는 중단을 가져오는 경우에는 법 제374조 소정의 규정에 의하여 주주총회의 특별결의를 요한다 하겠으나, 사안과 같이 이미 사실상 영업을 중단한 상태라면 주주총회의 특별결의가 필요없다 하겠다. 따라서 이를 이유로 X회사가 등기의 말소를 구함은 타당하지 않다.

Ⅳ. 이사회결의흠결의 효과

1. 문 제 점

　　주식회사의 법률행위는 대표이사의 대표행위로 나타나는데, 대표행위는 일상적인 업무가 아닌 경우 주주총회나 이사회의 결의를 기초로 행하여져야 한다. 사안과 같이 회사의 정관규정에 이사회의 결의를 요하도록 하는 경우 이를 거치지 않고 행한 대표이사의 행위는 대내적으로는 언제나 무효가 된다 하겠으나, 대외적 효과에는 어떠한 영향을 미치는지가 문제된다.

2. 견해의 대립

(1) 학　　설

법률상 이사회의 결의를 요하거나, 정관 등 회사의 내규에 의하여 주주총회 또는 이사회의 결의를 요하는 경우에, 이러한 결의 없이 대표이사가 한 대외적 행위의 효력에 관하여는 ① 회사의 이익보호를 중시하여 이를 무효로 보는 무효설, ② 이사회의 승인 없이 한 거래도 대표이사에 의한 행위인 이상 거래의 안전을 위하여 유효로 보아야 한다는 유효설, ③ 원칙적으로 무효이지만 선의의 제3자에게는 이사회결의부존재를 대항할 수 없다는 상대적 무효설이 있다(통설·판례). 상대적 무효설에 의하면, 주식회사의 대표이사가 이사회의 결의를 거쳐야 할 대외적 거래행위에 관하여 이를 거치지 아니하고 한 경우라도, 이와 같은 이사회결의사항은 회사의 내부적 의사결정에 불과하다 할 것이므로 그 거래상대방이 그와 같은 이사회결의가 없었음을 알거나 알 수 있었을 경우가 아니라면 그 거래행위는 유효하다고 해석되고 이러한 상대방의 악의는 이를 주장하는 회사 측이 증명하여야 한다.

(2) 판　　례

판례는 대표이사가 이사회결의를 요하는 대외적 거래행위를 함에 있어서 실제로 이사회결의를 거치지 아니하였거나 이사회결의가 있었다고 하더라도 그 결의가 무효인 경우 거래상대방이 그 이사회결의의 부존재 또는 무효사실을 알거나 알 수 있었다면 그 거래행위는 무효라고 한다.

(3) 검　　토

법률에 의하여 이사회의 결의사항으로 되어 있는 것은 법률에 의하여 주주총회의 결의사항으로 되어 있는 것에 비하여 중요한 사항이 아닌 경우가 대부분이므로 제3자가 선의인 한 유효라고 보는 상대적 무효설이 합리적이라 할 것이다. 또 정관 등 회사의 내부규칙에 의하여 주주총회 또는 이사회의 결의를 요하는 사항으로 되어 있는 것은 제3자가 이를 예견하고 있다고 기대할 수 없다. 따라서 이 경우에는 회사보다는 제3자를 보호하는 것이 타당하다. 판례도 상대적 무효설을 취한다.

다만 신주발행이나 사채발행과 같은 집단적 행위는 제3자의 선의·악의에 의하여 개별적으로 그 효력이 달라지는 것으로 볼 수는 없고 획일적으로 보아야 하므로 언제나 유효하다고 본다.

3. 사안의 경우

사안의 경우 乙에게 이사회결의 없음에 대해서 악의나 과실이 있다면 X회사의 등기말소청구가 타당할 수 있겠으나 그러한 특별한 사정이 없는 한 乙에게 등기말소를 청구함은 타당하지 않다.

Ⅴ. 대표권남용의 주장

1. 문 제 점

대표권남용이론이란 대표이사가 자기 또는 제3자의 개인적 이익을 위하여 불공정한 방법으로 대외적 거래행위를 한 경우 거래상대방이 이를 알고 있었다면 회사가 상대방에 대하여 거래효과를 부정할 수 있다는 이론을 말하는바, 학설과 판례에서는 대체로 대표권남용이론을 인정하고 있으나 그 이론적 근거와 요건에 관하여 견해가 나뉜다.

2. 견해의 대립

(1) 학   설

1) 권리남용설

대표권남용의 사실을 알고 있는 악의의 거래상대방이 회사에 대하여 거래의 이행을 청구하는 것은 권리남용에 해당하여 허용될 수 없다는 견해이다.

2) 비진의표시설

대표이사의 권한남용행위에 대하여 거래상대방이 알았거나 알 수 있었을 경우 민법 제107조 제1항 단서의 유추적용에 의하여 거래 자체가 무효로 된다는 견해이다.

3) 이익교량설

대표권남용행위는 선관주의의무 위반에 해당하여 무효이나 거래안전의 고려상 선의의 제3자에게는 유효로 된다는 견해이다.

4) 내부적 제한설

대표권남용행위는 대표권에 대한 내부적 제한위반행위의 효력과 동일하므로 선의의 제3자에게는 유효로 된다는 견해이다.

(2) 판 례

판례는 주로 비진의표시설에 따라 상대방이 대표권남용을 알거나 알 수 있었을 경우 그 거래행위는 회사에 대해서 무효가 된다고 한다.

(3) 검 토

생각건대 대표권은 포괄·정형성의 성질을 갖고 있고 이 정형성은 주관적으로 판단되는 것이 아니라 객관적으로 판단되는 것이므로, 대표행위가 객관적으로 대표권의 범위 내의 행위라면 당연히 대표행위로서 유효하여 회사는 이에 대하여 책임을 진다. 다만 제3자가 이를 알고 있거나 또는 중과실로 모른 경우에 권리를 주장하는 것은 신의칙위반 또는 권리남용에 해당하여 회사는 그 이행을 거절할 수 있다고 본다(권리남용설 찬성). 이때에 제3자의 악의 또는 중과실의 증명책임은 회사가 부담하고, 제3자에게 선의 또는 경과실이 있는 경우에는 회사는 신의칙위반을 주장할 수 없다고 본다.

3. 사안의 경우

乙이 거래 당시 대표이사 甲이 차용금을 개인적인 용도로 횡령할 것이라는 사실을 알고 있었던 경우라면 위 거래행위는 무효가 되어 X회사의 등기말소청구는 타당하다 하겠으나, 그러한 특별한 사정이 없는 사안에서는 이를 이유로 무효를 주장할 수 없고 등기말소청구도 타당하다고 할 수 없다 하겠다.

Ⅵ. 사안의 해결

사안에서 X회사는 등기말소청구의 원인으로 법 제374조상의 주주총회특별결의의 흠결, 이사회결의의 흠결 및 대표권남용을 주장할 수 있겠으나, 이를 받아들일 수 있는 요건이 충족되지 않으므로 X회사의 청구는 타당하지 않다 하겠다.

Ⅶ. 참조판례

대법원 1992. 8. 18. 선고 91다14369 판결

회사의 영업 그 자체가 아닌 영업용 재산의 처분이라고 하더라도 그로 인하여 회사의 영업의 전부 또는 중요한 일부를 양도하거나 폐지하는 것과 같은 결과를 가져오는 경우에는 그 처분행위를 함에 있어서 상법 제374조 제1호 소정의 주주총회의 특별결의를 요하는 것이고, 다만 회사가 위와 같은 회사존속의 기초가 되는 영업재산을 처분할 당시에 이미 영업을 폐지하거나 중단하고 있었던 경우에는 그 처분으로 인하여 비로소 영업의 전부 또는 일부가 폐지되거나 중단되기에 이른 것이라고 할 수 없으므로 주주총회의 특별결의를 요하지 않는 것이고, 위에서 '영업의 중단'이라고 함은 영업의 계속을 포기하고 일체의 영업활동을 중단한 것으로서 영업의 폐지에 준하는 상태를 말하고 단순히 회사의 자금사정 등 경영상태의 악화로 일시 영업활동을 중지한 경우는 여기에 해당하지 않는다.

이사회결의 없이 대표이사가 제3자를 위하여 행한 보증행위의 효력

♦ 사 례

A회사의 대표이사 甲은 B회사(대표이사는 乙이며 乙은 甲의 아들이다)가 C회사와의 거래에서 발생할 책임을 담보하기 위해 가입한 D보증보험회사를 보증채권자로 하는 연대보증계약을 D보증보험회사와 체결하였다. 그런데 A회사의 정관에는 회사의 대표이사가 보증계약을 체결할 경우에는 이사회의 결의를 거치도록 되어 있으나 甲은 이를 위반하여 보증계약을 체결하였다. 결국 B회사가 채무를 이행하지 못하여 D보증보험회사가 보험금을 C회사에 지급하였고 D회사는 A회사에 구상권을 청구하였다. 이에 대해 A회사는 대표이사 甲이 이사회의 결의 없이 보증행위를 한 것이므로 무효라고 주장하였다.

I. 판결요지(대법원 1993. 6. 25. 선고 93다13391 판결)

1. 주식회사의 대표이사가 이사회의 결의를 거쳐야 할 대외적 거래행위에 관하여 이를 거치지 아니하고 한 경우라도 이와 같은 이사회결의사항은 회사의 내부적 의사결정에 불과하다 할 것이므로 그 거래상대방이 그와 같은 이사회결의가 없었음을 알거나 알 수 있었을 경우가 아니라면 그 거래행위는 유효하다고 해석되고 위와 같은 상대방의 악의는 이를 주장하는 회사 측이 주장·증명하여야 할 것이다.

2. 주식회사의 대표이사가 회사의 이익을 위해서가 아니고 자기 또는 제3자의 이익을 도모할 목적으로 그 권한을 행사한 경우에 상대방이 대표이사의

진의를 알았거나 알 수 있었을 때에는 그 행위는 회사에 대하여 무효가 된다.

Ⅱ. 평 석

1. 논 점

본 사례에서는 ① 대표이사 甲이 보증계약을 체결한 행위와 관련하여 대표이사가 이사회의 결의 없이 대외적 거래행위를 한 경우의 효력 및 그 경우 상대방의 악의에 대한 주장·증명책임의 소재, ② 대표이사가 자기 또는 제3자의 이익을 위하여 권한을 행사하고 상대방이 악의인 경우 그 행위의 회사에 대한 효력 등이 주요 논점이라 할 수 있다.

2. 대표권의 의의

대표이사는 대외적으로 회사를 대표한다(상법 제389조 제1항). 그 범위는 회사의 영업에 관한 재판상 또는 재판 외의 모든 행위에 미치며, 이 권한을 제한하여도 선의의 제3자에게 대항하지 못한다(상법 제389조 제3항, 제209조).

주식회사의 대표이사의 대표권의 성질과 내용은 합명회사의 대표사원의 그것과 같으나, 지배인의 대리권(상법 제11조)과는 구별된다. 또 대표권제한은 등기를 할 수도 없으며 이를 등기하였다고 하더라도 선의의 제3자에게 대항할 수 없는 점에서, 비영리법인의 이사의 그것과 다르다(민법 제60조 참조). 대표이사가 대표권의 범위에서 한 적법한 대표행위는 그 자체가 바로 회사의 행위가 되는 것이지 그 행위의 효과가 회사에 귀속하는 것이 아니라는 점에서는 대표가 대리와 근본적으로 구별되는 것이지만, 대표에 관하여도 그 성질이 허용하는 한 대리에 관한 규정이 준용된다(민법 제59조 제2항).

3. 대표권의 제한

(1) 대표권제한의 의의

대표이사의 대표권은 법률·정관·이사회규칙 등에 의하여 제한을 받는다. 대표이사의 대표권이 상법에 의하여 제한을 받는 경우는 한 가지뿐인데, 대표이사와 회사 간의 소송행위에 관한 경우이다. 즉 회사와 대표이사 간의 소송에 관하여는 어느 쪽이 원고이고 피고인가를 불문하고 대표이사는 대표권이 없고, 감사 또는 감사위원회가 회사를 대표한다(상법 제394조, 제415조의2 제6항). 이는 이사의 이익과 회사의 이익이 충돌하는 경우 회사의 이익을 보호하기 위한 것이다.

그리고 영업의 전부 또는 중요한 일부의 양도(상법 제374조), 사후설립(상법 제375조) 등 주주총회의 결정사항과 이사의 자기거래(상법 제398조), 신주의 발행(상법 제416조), 사채의 모집(상법 제469조) 등 이사회의 결의사항에 관하여는 주주총회 또는 이사회의 결의를 얻지 아니하면 대표이사가 회사를 대표할 수 없다.

본래 중요한 자산의 처분 및 양도, 대규모 재산의 차입, 지배인의 선임 또는 해임과 지점의 설치, 이전 또는 폐지 등 회사의 업무집행은 이사회의 결의로 하여야 한다(상법 제393조 제1항). 그 밖에 정관이나 이사회규칙 등에 의하여 대표권이 제한되는 예로는, 수인의 대표이사 사이에 업무분장이 있는 경우, 대표이사의 권한을 특정영업이나 영업소에 한정하는 경우 등이다. 대표이사의 대표권이 정관·이사회규칙·이사회의 결의 등에 의하여 제한을 받는 경우에는 대표이사는 이에 따라야 할 것이다.

(2) 제한을 위반한 대표행위의 효력

대표이사가 법률상 주주총회나 이사회의 결의를 얻어야 하는 경우, 그 필요한 주주총회나 이사회의 결의를 얻지 않거나 또는 이러한 결의에 위반하여 한 대표행위의 효력이 문제된다. 이것은 주주총회 또는 이사회의 결의를 요함으로써 회사가 가지는 이익과 그 행위를 회사의 대표행위로 신뢰하여 거래한 제3자의 이익을 비교형량하여 해결하여야 한다. 이익형량의 판단기준은 그 행위가 회사의 대내적 행위 혹은 대외적 행위인가의 여부, 그 결의가 그 행위의 효력요건이라고 해석할 것인가 여부 등이다.

1) 주주총회결의사항에 관하여 위반한 경우

법률에 의하여 주주총회의 결의를 요하는 사항에 관하여 결의를 결여한 대표이사의 행위의 효력에 관하여는 원칙적으로 무효이다. 왜냐하면 주주총회의 결의사항은 중요한 사항이고 제3자로서도 그 결의가 필요하다는 것을 당연히 알아야 하므로, 이와 같은 경우에는 제3자보다는 회사를 보호하는 것이 이익형량의 면에서 타당하기 때문이다.

2) 이사회결의사항에 관하여 위반한 경우

법률상 이사회의 결의를 요하거나, 정관 등 회사의 내규에 의하여 주주총회 또는 이사회의 결의를 요하는 경우에, 이러한 결의 없이 대표이사가 한 대외적 행위의 효력에 관하여는 ① 회사의 이익보호를 중시하여 이를 무효로 보는 무효설, ② 이사회의 승인 없이 한 거래도 대표이사에 의한 행위인 이상 거래의 안전을 위하여 유효로 보아야 한다는 유효설, ③ 원칙적으로 무효이지만 선의의 제3자에게는 이사회결의부존재를 대항할 수 없다는 상대적 무효설이 있다. 상대적 무효설에 의하면, 주식회사의 대표이사가 이사회의 결의를 거쳐야 할 대외적 거래행위에 관하여 이를 거치지 아니하고 한 경우라도, 이와 같은 이사회결의사항은 회사의 내부적 의사결정에 불과하다 할 것이므로 그 거래상대방이 그와 같은 이사회결의가 없었음을 알거나 알 수 있었을 경우가 아니라면 그 거래행위는 유효하다고 해석되고 이러한 상대방의 악의는 이를 주장하는 회사측이 증명하여야 한다.

3) 사 견

법률에 의하여 이사회의 결의사항으로 되어 있는 것은 법률에 의하여 주주총회의 결의사항으로 되어 있는 것에 비하여 중요한 사항이 아닌 경우가 대부분이므로 제3자가 선의인 한 유효라고 보는 상대적 무효설이 합리적이라 할 것이다. 또 정관 등 회사의 내부규칙에 의하여 주주총회 또는 이사회의 결의를 요하는 사항으로 되어 있는 것은 제3자가 이를 예견하고 있다고 기대할 수 없다. 따라서 이 경우에는 회사보다는 제3자를 보호하는 것이 타당하다. 판례도 상대적 무효설을 취한다.

다만 신주발행이나 사채발행과 같은 집단적 행위는 제3자의 선의·악의에 의하여 개별적으로 그 효력이 달라지는 것으로 볼 수는 없고 획일적으로 보아야 하므로 언제나 유효하다고 본다.

4) 본 사안의 경우

사안에서 D보증보험회사가 연대보증계약을 체결함에 있어 A회사의 정관에 대표이사의 대표권을 제한하는 규정이 있다는 사실이나 연대보증계약체결에 관한 A회사 이사회의 결의가 없었다는 사실을 알고 있었다기보다는 그러한 규정이 있다는 사실을 몰랐거나 이사회의 결의를 적법하게 거친 것으로 믿었다고 볼 수 있다. 따라서 A회사는 D보증보험회사에 대하여 대표이사 甲이 대표권제한을 위반하였다는 이유로 甲의 보증계약체결행위를 무효라고 주장하지 못한다.

4. 대표권남용행위의 효력

대표이사가 객관적으로는 그 대표권의 범위에 속하는 행위를 하였으나 주관적으로는 자기 또는 제3자의 이익을 위하여 대표행위를 하는 경우가 대표권의 남용행위이다.

대표권남용행위에 대하여 대내적으로 대표이사가 회사에 대하여 손해배상책임을 지는 것은 당연하다. 그리고 주관적으로는 개인적 이익을 도모하였다고 하더라도 그 행위가 객관적으로는 대표권의 범위 내의 행위인 이상 대외적으로도 거래의 안전을 위하여 원칙적으로 유효한 것으로 해석하여야 한다.

그러나 그러한 행위가 회사의 행위로서 유효하다고 하더라도 이러한 행위의 상대방 또는 제3자가 대표이사의 행위가 개인적인 이익을 위하여 행한 것임을 알고 있었던 때에는 회사의 책임은 부정되어야 할 것이다. 이와 같이 상대방이 악의인 때에는 회사는 그 악의를 증명하여 책임을 면할 수 있다는 것이 판례와 학설의 일치된 견해인데, 다만 그 이론구성에 있어서는 견해가 갈린다.

(1) 권리남용설

상대방이 대표이사의 권한남용행위에 대하여 악의라고 하더라도 대표행위 자체가 객관적으로 대표권의 범위 내의 행위라면 회사의 행위로서 유효하나, 그 유효를 주장하여 취득한 권리를 회사에 대하여 행사하는 것은 법의 보호목적을 일탈하여 신의칙에 반하거나 권리남용이 되므로 허용할 수 없다는 견해이다. 따라서 대표권남용행위이더라도 일단은 유효한 행위가 되므로 악의자가 취득한 권리를 선의의 제3자에게 양도한 경우에는 더 이상 이를 다툴 수 없게 된다.

(2) 대표권제한설(내부적 제한설)

대표권제한설은 대표권 남용은 대표권에 가해진 내부적 제한이라고 보는 견해로서, 상대방이 악의인 경우에는 회사는 책임을 면한다고 보는 견해이다.

이에 대하여는 대표권의 남용은 대표권제한의 위반이 아니며, 권한남용행위도 객관적으로는 대표권의 범위 내의 행위이기 때문에 이를 내부적 제한문제로 해석하는 것은 타당하지 않다는 비판이 있다.

(3) **상대적 무효설**(이익형량설)

상대적 무효설은 회사와 상대방의 이익형량으로 문제를 해결하려는 입장으로서, 대표이사의 대표권은 회사를 위하여 행사하여야 할 것인데, 대표자 개인을 위하여 이를 행사하는 경우 본래 그 행위는 당연히 무효이나, 이를 무효라고 한다면 선의의 상대방에게 불측의 손해를 안겨주게 되어 거래의 안전을 해하므로 이 자에게는 무효를 주장할 수 없지만 악의의 상대방 또는 그에 준하는 중과실이 있는 상대방에 대하여는 무효를 주장할 수 있다는 견해이다.

(4) **심리유보설**(비진의표시설)

우리나라 대법원판례와 일본판례 중 다수는 심리유보설을 취하는데, 이 견해는 민법 제107조 제1항 단서의 취지를 유추적용하려는 입장이다. 이 견해에 의하면 대표이사의 권한남용행위가 있을 경우 민법 제107조 제1항 단서의 유추적용에 의하여 그 행위는 행위의 직접 상대방에게 악의 또는 중과실이 없는 경우에 한하여 회사에 효력이 있고, 그 상대방이 권한남용의 사실을 알았거나 알 수 있었던 경우에는 무효로 되며, 이 경우에는 추인이 있더라도 유효로 될 수는 없다고 한다.

이 학설에 대한 비판으로는 민법 제107조의 '진의'란 법률행위를 하려는 효과의사가 표의자의 내심에 실재하지 않는 것을 의미하는데, 권리남용에 의한 배임행위의 경우에는 법률효과를 회사에 귀속시키려는 의사가 존재하므로 본 조의 유추적용 자체가 문제가 있다는 것이다.

(5) **사   견**

대표권은 포괄·정형성의 성질을 갖고 있고 이 정형성은 주관적으로 판단되는 것이 아니라 객관적으로 판단되는 것이므로, 대표행위가 객관적으로 대표권의 범위 내의 행위라면 당연히 대표행위로서 유효하여 회사는 이에 대하여 책임을 진다. 다만 제3자가 이를 알고 있거나 또는 중과실로 모른 경우에 권리를 주장하는 것은 신의칙위반 또는 권리남용에 해당하여 회사는 그 이행을 거절할 수 있다고 본다(권리남용설 지지). 이때에 제3자의 악의 또는 중과실의 증명책임은 회사가 부담하고, 제3자에게 선의 또는 경과실이 있는 경우에는 회사는 신의칙위반을 주장할 수 없다고 본다.

5. 회사의 보증행위의 경우(주주총회 또는 이사회의 결의사항)

보증행위는 원칙적으로 회사의 권리능력범위 밖의 행위이다. 이를 주주총회나 이사회의 결의사항으로 하여 허용하는 것이므로 이는 보증행위의 유효요건이다. 따라서 주주총회의 결의를 흠결하면 무효라고 보아야 한다. 그러나 회사가 정관에서 이사회의 결의사항으로 정한 경우에는 이사회의 결의를 흠결한 대외적 거래의 효력에 관한 일반적인 법리를 적용해야 한다는 견해가 강하게 주장되고 있다. 학설과 판례는 무효설과 상대적 무효설로 나뉘어져 있다.

(1) 무 효 설

보증행위는 원칙적으로 정관소정의 목적범위 외의 행위로서 무효이다. 그러나 정관에서 보증행위를 허용하면서 절차적 요건인 주주총회나 이사회의 승인을 요구하고 있는 경우에는 이러한 절차적 요건은 보증행위의 유효요건이므로 이를 흠결한 경우에는 무효이다.

(2) 상대적 무효설

상대방이 선의인 경우에는 보증행위의 무효를 주장할 수 없고 상대방이 악의이거나 중과실 있는 선의인 경우에는 대항할 수 있다는 견해이다. 다수의 판례가 이를 지지하고 있다.

(3) 본 사안의 경우

사안의 연대보증계약은 A회사의 영업과는 상관없이 A회사의 대표이사인 甲이 자기 아들인 乙을 위하여 개인적으로 한 것이다. 이와 같이 주식회사의 대표이사가 회사의 이익을 위해서가 아니고 자기 또는 제3자의 이익을 도모할 목적으로 그 권한을 행사한 경우에, 상대방이 그와 같은 사실에 대하여 알았거나 알 수 있었던 것이면서도 그로부터 권리를 취득하고 그 권리를 행사한다면 권리남용이 된다. 이 사안에서 연대보증계약이 A회사의 대표이사인 甲이

개인이나 제3자의 이익을 도모할 목적으로 행해진 것이라는 점을 D보증보험회사가 알았거나 알 수 있었다면 A회사는 대표이사 甲의 보증계약체결행위를 무효라고 주장할 수 있다.

Ⅲ. 결   어

본 건 판결에서는 대표이사의 이사회 승인 없는 보증행위도 통상의 대표권제한행위에 불과하므로 이사회의 결의에 흠결이 있는 대외적 거래행위의 일반적인 효력법리를 적용하였다. 즉 선의인 상대방에는 대항할 수 없으나 상대방이 악의이거나 중과실 있는 선의인 경우에는 대항할 수 있다는 법리를 적용한 것이다. 따라서 상대방인 D보증보험회사가 선의이므로 A회사는 D회사에 대하여 회사의 내부적인 제한을 이유로 보증행위의 무효를 주장할 수 없다고 판단하였다. 회사의 보증행위의 절차적 요건을 위반한 것은 무효라고 해석해야 할 것이다. 그러나 본건 판결에서는 이사회결의 없는 대표이사의 대표권제한에 관한 일반적 법리를 적용하였으며 그 이후에 나온 판결(대법원 1995. 4. 11. 선고 94다33903 판결)에서도 본 건 판례와 동일한 태도를 보이고 있다. 부적법한 대표행위를 논함에 있어서는 ① 대표이사의 불법행위, ② 위법한 대표행위(전단적 대표행위), ③ 대표권의 남용행위로 명확히 구별하여 각각의 경우에 따라 위반의 효력을 정리하는 것이 좋을 것이다. 결론적으로 보증행위에 관하여 회사가 정관에서 이사회의 결의사항으로 정한 경우에는 이러한 이사회결의를 흠결한 대외적 행위의 효력에 관해서 상대방이 선의인 경우에는 그 보증행위의 무효를 주장할 수 없고, 다만 상대방이 이러한 결의의 흠결을 알았거나 알 수 있었을 경우(악의 또는 중과실)에는 대항할 수 있다고 본다.

Ⅳ. 참조판례

1. 대법원 2005. 7. 28. 선고 2005다3649 판결

① 상법 제393조 제1항은 주식회사의 중요한 자산의 처분 및 양도는 이사회의 결의로 한다고 규정하고 있는바, 여기서 말하는 중요한 자산의 처분에 해당하는가 아닌가는 당해 재산의 가액, 총자산에서 차지하는 비율, 회사의 규

모, 회사의 영업 또는 재산의 상황, 경영상태, 자산의 보유목적, 회사의 일상적 업무와 관련성, 해당 회사에서의 종래의 취급 등에 비추어 대표이사의 결정에 맡기는 것이 상당한지 여부에 따라 판단하여야 할 것이고, 중요한 자산의 처분에 해당하는 경우에는 이사회가 그에 관하여 직접 결의하지 아니한 채 대표이사에게 그 처분에 관한 사항을 일임할 수 없는 것이므로 이사회규정상 이사회 부의사항으로 정해져 있지 아니하더라도 반드시 이사회의 결의를 거쳐야 한다.

② 주식회사의 대표이사가 이사회의 결의를 거쳐야 할 대외적 거래행위에 관하여 이를 거치지 아니한 경우라도, 이와 같은 이사회 결의사항은 회사의 내부적 의사결정에 불과하다 할 것이므로, 그 거래상대방이 그와 같은 이사회 결의가 없었음을 알았거나 알 수 있었을 경우가 아니라면 그 거래행위는 유효하다 할 것이고, 이 경우 거래의 상대방이 이사회의 결의가 없었음을 알았거나 알 수 있었음은 이를 주장하는 회사측이 주장·증명하여야 한다.

③ 주식회사의 대표이사가 그 대표권의 범위 내에서 한 행위는 설사 대표이사가 회사의 영리목적과 관계없이 자기 또는 제3자의 이익을 도모할 목적으로 그 권한을 남용한 것이라 할지라도 일단 회사의 행위로서 유효하고, 다만 그 행위의 상대방이 대표이사의 진의를 알았거나 알 수 있었을 때에는 회사에 대하여 무효가 되는 것이다.

2. 대법원 2005. 7. 28. 선고 2005다3649 판결

① 상법 제393조 제1항은 주식회사의 중요한 자산의 처분 및 양도는 이사회의 결의로 한다고 규정하고 있는바, 여기서 말하는 중요한 자산의 처분에 해당하는가 아닌가는 해당 재산의 가액, 총자산에서 차지하는 비율, 회사의 규모, 회사의 영업 또는 재산의 상황, 경영상태, 자산의 보유목적, 회사의 일상적 업무와 관련성, 해당 회사에서의 종래의 취급 등에 비추어 대표이사의 결정에 맡기는 것이 상당한지 여부에 따라 판단하여야 할 것이고, 중요한 자산의 처분에 해당하는 경우에는 이사회가 그에 관하여 직접 결의하지 아니한 채 대표이사에게 그 처분에 관한 사항을 일임할 수 없는 것이므로 이사회규정상 이사회 부의사항으로 정해져 있지 아니하더라도 반드시 이사회의 결의를 거쳐야 한다.

② 주식회사의 대표이사가 이사회의 결의를 거쳐야 할 대외적 거래행위에 관하여 이를 거치지 아니한 경우라도, 이와 같은 이사회 결의사항은 회사의 내부적 의사결정에 불과하다 할 것이므로, 그 거래상대방이 그와 같은 이사회 결의가 없었음을 알았거나 알 수 있었을 경우가 아니라면 그 거래행위는 유효하다 할 것이고, 이 경우 거래의 상대방이 이사회의 결의가 없었음을 알았거나 알 수 있었음은 이를 주장하는 회사측이 주장·증명하여야 한다.

③ 주식회사의 대표이사가 그 대표권의 범위 내에서 한 행위는 설사 대표이사가 회사의 영리목적과 관계없이 자기 또는 제3자의 이익을 도모할 목적으로 그 권한을 남용한 것이라 할지라도 일단 회사의 행위로서 유효하고, 다만 그 행위의 상대방이 대표이사의 진의를 알았거나 알 수 있었을 때에는 회사에 대하여 무효가 되는 것이다.

3. 대법원 2005. 5. 27. 선고 2005다480 판결

주식회사의 대표이사가 회사를 대표하여 대표이사 개인을 위하여 그의 개인 채권자인 제3자와 사이에 연대보증계약을 체결하는 것과 같이 상법 제398조 소정의 이사의 자기거래행위에 해당하여 이사회의 결의를 거쳐야 함에도 이를 거치지 아니한 경우라 해도, 그와 같은 이사회 결의사항은 회사의 내부적 의사결정에 불과하므로 그 거래상대방이 위 이사회 결의가 없었음을 알았거나 중대한 과실로 알지 못한 경우가 아니라면 그 거래행위는 유효하다 할 것이고(대법원 1984. 12. 11. 선고 84다카1591 판결; 1996. 1. 26. 선고 94다42754 판결 등 참조), 이때 거래상대방이 이사회 결의가 없음을 알았거나 알 수 있었던 사정은 이를 주장하는 회사가 주장·증명하여야 할 사항에 속하므로 특별한 사정이 없는 한 거래상대방으로서는 회사의 대표자가 거래에 필요한 회사의 내부절차는 마쳤을 것으로 신뢰하였다고 보는 것이 일반 경험칙에 부합하는 해석이라 할 것이다(대법원 1990. 12. 11. 선고 90다카25253 판결 참조).

4. 대법원 1997. 8. 29. 선고 97다18059 판결

일반적으로 주식회사 대표이사는 회사의 권리능력의 범위 내에서 재판상 또는 재판 외의 일체의 행위를 할 수 있고, 이러한 대표권 그 자체는 성질상 제한될 수 없는 것이지만 대외적인 업무집행에 관한 결정권한으로서의 대표권은 법률의 규정에 의하여 제한될 뿐만 아니라 회사의 정관, 이사회의 결의 등의 내부적 절차 또는 내규 등에 의하여 내부적으로 제한될 수 있으며, 이렇게 대표권한이 내부적으로 제한된 경우에는 그 대표이사는 제한범위 내에서만 대표권한이 있는 데 불과하게 되는 것이지만 그렇더라도 그 대표권한의 범위를 벗어난 행위 다시 말하면 대표권의 제한을 위반한 행위라 하더라도 그것이 회사의 권리능력의 범위 내에 속한 행위이기만 하다면 대표권의 제한을 알지 못하는 제3자는 그 행위를 회사의 대표행위라고 믿는 것이 당연하고 이러한 신뢰는 보호되어야 한다.

주식회사의 대표이사가 그 대표권의 범위 내에서 한 행위는 설사 대표이사가 회사의 영리목적과 관계없이 자기 또는 제3자의 이익을 도모할 목적으로 그 권한을 남용한 것이라 할지라도 일단 회사의 행위로서 유효하고, 다만 그 행위의 상대방이 대표이사의 진의를 알았거나 알 수 있었을 때에는 회사에 대하여 무효가 되는 것이다.

5. 대법원 1997. 6. 13. 선고 96다48282 판결

법률 또는 정관 등의 규정에 의하여 주주총회 또는 이사회의 결의를 필요로 하는 것으로 되어 있지 아니한 업무 중 이사회가 일반적·구체적으로 대표이사에게 위임하지 않은 업무로서 일상업무에 속하지 아니한 중요한 업무에 대하여는 이사회에게 그 의사결정권한이 있다.

약정내용이 정관 등에 의하여 또는 대표이사의 일상업무에 속하지 아니한 중요한 업무에 해당하여 이사회의 결의를 거쳐야 할 사항인데 대표이사가 이를 거치지 아니하고 그와 같은 약정을 한 경우, 약정 당시 약정의 상대방이 이사회의 결의가 없었음을 알았거나 알 수 있었다면 그 약정은 회사에 대하여 효력이 없다.

6. 대법원 1995. 4. 11. 선고 94다33903 판결

재적 6명의 이사 중 3인이 참석하여 참석이사의 전원의 찬성으로 연대보증을 의결하였다면 위 이사회의 결의는 과반수에 미달하는 이사가 출석하여 상법 제391조 제1항 본문소정의 의사정족수가 충족되지 아니한 이사회에서 이루어진 것으로 무효라고 할 것이다.

주식회사의 대표이사가 이사회결의를 요하는 대외적 거래행위를 함에 있어서 실제로 이사회결의를 거치지 아니하였거나 이사회결의가 있었다고 하더라도 그 결의가 무효인 경우, 거래상대방이 그 이사회결의의 부존재 또는 무효사실을 알거나 알 수 있었다면 그 거래행위는 무효라고 할 것이다.

7. 대법원 1990. 12. 11. 선고 90다카25253 판결

골프장 및 부대시설을 이용할 수 있는 권리자들로 모집구성된 골프클럽의 업무도 골프장을 운영하는 피고 주식회사의 영업에 관한 것이라고 보아야 할 것인바, 회사의 업무에 관하여 포괄적 대표권을 가진 대표이사가 설사 대표권에 터잡지 아니하고 원고에게 입회를 권유하고 입회금을 받은 다음 회원증을 발급하였다고 하더라도 골프클럽의 입회절차나 자격요건은 회사내부의 준칙에 지나지 아니한다고 할 것이므로 거래상대방인 원고가 이를 알았거나 알 수 있었다는 특별한 사정이 없는 한 그 거래행위는 유효하여 원고는 회원자격을 취득한 것이라고 보아야 할 것이고, 또한 원고로서는 피고회사의 대표이사의 권유를 받고 소정의 입회금을 납부한 후 피고회사 대표이사 명의로 된 영수증과 회원증 등을 교부받은 이상 특별한 사정이 없는 한 내부절차는 피고회사가 다 마쳤으리라고 신뢰하였다고 보는 것이 경험법칙에도 합치된다.

8. 대법원 1990. 3. 13. 선고 89다카24360 판결

주식회사의 대표이사가 회사의 영리목적과 관계없이 자기의 개인적인 채무변제를 위하여 회사대표이사 명의로 약속어음을 발행교부한 경우에는 그 권한을 남용한 것에 불과할 뿐 어음발행의 원인관계가 없는 것이라고 할 수는 없고, 다만 이 경우 상대방이 대표이사의 진의를 알았거나 알 수 있었을 때에는 그로 인하여 취득한 권리를 회사에 대하여 주장하는 것은 신의칙에 반하는 것이므로 회사는 상대방의 악의를 증명하여 그 행위의 효력을 부인할 수 있다.

9. 대법원 1989. 5. 23. 선고 89도570 판결; 대법원 1994. 10. 28. 선고 94다39253 판결

법인의 대표자가 이사회의 결의를 거쳐야 할 대외적 거래행위에 관하여 이를 거치지 아니한 경우라도 그 거래상대방이 그와 같은 이사회결의가 없었음을 알거나 알 수 있었을 경우가 아니라면 그 거래행위는 유효하다.

10. 대법원 1988. 8. 9. 선고 86다카1858 판결

대표이사의 행위가 대표권한의 범위 내의 행위라 하더라도 회사의 이익 때문이 아니고 자기 또는 제3자의 개인적인 이익을 도모할 목적으로 그 권한을 행사한 경우에 상대방이 대표이사의 진의를 알았거나 알 수 있었을 때에는 회사에 대하여 무효가 된다.

11. 대법원 1987. 10. 13. 선고 86다카1522 판결

회사도 법인인 이상 그 권리능력이 정관으로 정한 목적에 의하여 제한됨은 당연하나 정관에 명시된 목적 자체에는 포함되지 않는 행위라 할지라도 목적수행에 필요한 행위는 회사의 목적범위 내의 행위라 할 것이고 그 목적수행에 필요한 행위인가의 여부는 문제된 행위가 정관기재의 목적에 현실적으로 필요한 것이었던가 여부를 기준으로 판단할 것이 아니라 그 행위의 객관적 성질에 비추어 추상적으로 판단할 것이다.

주식회사의 대표이사가 그 대표권의 범위 내에서 한 행위는 설사 대표이사가 회사의 영리목적과 관계없이 자기 또는 제3자의 이익을 도모할 목적으로 그 권한을 남용한 것이라 할지라도 일응 회사의 행위로서 유효하고, 다만 그 행위의 상대방이 그와 같은 정을 알았던 경우에는 그로 인하여 취득한 권리를 회사에 대하여 주장하는 것이 신의칙에 반하므로 회사는 상대방의 악의를 증명하여 그 행위의 효과를 부인할 수 있을 뿐이다.

12. 대법원 1978. 6. 27. 선고 78다389 판결; 대법원 1996. 1. 26. 선고 94다42754 판결

주식회사의 대표이사가 이사회의 결의를 거쳐야 할 대외적 거래행위에 관하여 이를 거치지 아니하고 한 경우라도 위와 같은 이사회결의사항은 회사의 내부적 의사결정에 불과하다 할 것이므로 그 거래상대방이 그와 같은 이사회결의가 없었음을 알거나 알 수 있었을 경우가 아니라면 그 거래행위는 유효하다고 해석함이 상당하고 위와 같은 상대방의 악의는 이를 주장하는 회사 측에서 주장·증명하지 아니하는 한 유효하다 해석함이 상당하다.

39 이사회결의의 하자와 대표행위의 효력

◆ 사 례

　　A주식회사의 정관을 보면 A주식회사가 다른 회사와 보증계약을 체결함에는 이사회의 결의를 요하도록 하고, 이사회의 결의요건에 있어서는 재적과반수로 하되, 가부동수인 경우에는 이사회의 의장인 대표이사의 결정에 따르도록 규정하고 있다. A주식회사의 대표이사 甲은 B회사와 연대보증계약을 체결하면서 이사회 재적이사 6인 중 자신을 포함한 이사 3인의 출석과 이들 전원의 찬성으로 이 의안을 결의하여 이러한 사실을 입보결의서 등의 관계서류에 기재하여 첨부하였고, B회사는 이 관계서류를 검토한 뒤 연대보증계약을 체결하였다. 그 후 B회사가 A주식회사를 상대로 보증채무의 이행을 청구하자 A주식회사는 이사회결의의 하자를 이유로 위의 연대보증계약이 무효라고 주장하고 있다. 이 경우 B회사의 청구는 타당한가? 또한 B회사의 구제수단은 무엇인가?

I. 문제의 논점

　　이 문제는 이사회결의의 하자와 대표행위의 효력에 관한 문제로서 대체로 다음과 같은 것이 논점이 될 것이다.

　　1. B회사의 보증채무이행청구의 타당성과 관련하여 연대보증계약의 유효 여부가 다루어져야 하는바, 그 논의의 전제로써 A회사의 이사회결의의 효력을 상법 제391조 제1항 본문과 A주식회사의 정관규정과의 관련 속에서 검토하여야 한다.

2. 이사회결의에 하자가 있다면 후속대표행위의 효력은 어떻게 되는지가 문제가 되는바, 본 사례의 경우 입보서류에 이러한 사실이 기재되어 있는 점을 어떻게 평가할 것인지가 검토되어야 할 것이다.

3. B회사의 계약상 청구가 부정된다면 ① A주식회사에 대한 불법행위책임의 추궁, ② 甲에 대한 불법행위책임 및 이사의 제3자에 대한 책임추궁, 무권대리인의 책임추궁에 의한 권리구제가능성에 대하여 검토할 필요가 있다.

II. B회사의 청구의 타당성: 연대보증계약의 효력

주식회사의 대표이사는 회사의 권리능력범위 내에서 재판상 또는 재판 외의 일체의 행위를 할 수 있으나 이러한 대표권은 제한될 수 있다. 본 사례의 경우 연대보증계약의 체결에 있어 정관의 규정에 의해 이사회의 결의를 요하도록 제한하고 있는바, 이사회결의의 효력과 이에 따른 대표행위의 효력에 관하여 검토하여야 한다.

1. A주식회사의 이사회결의의 효력

(1) 이사회결의의 요건

상법 제391조 제1항을 보면 이사회의 결의는 이사과반수의 출석과 출석이사의 과반수로 하여야 하고(직무집행정지 중의 이사는 제외되며, 직무대행자 및 이사로서 권리·의무가 있는 퇴임이사는 산입된다), 이러한 요건은 정관으로 그 비율을 높게 정할 수는 있어도 완화할 수는 없게 되어 있는데, 이것은 강행규정이다. 이사회의 정족수는 회의의 개회시는 물론이고, 회의의 종료시까지 유지되어야 한다. 그러므로 결의시에 정족수가 미달되는 때에는 결의는 무효라고 할 것이다.

(2) 가부동수인 경우에 의장에 대한 결정권부여의 인정여부

회의의 결과 가부동수인 경우에 정관으로 의장에게 결정권부여를 인정할 수 있다는 견해와 없다는 견해가 대립되어 있다.

1) 긍정설(소수설)

이사회는 업무집행에 관한 의사결정을 신속하고 정확하게 결정하여야 하고 주주총회에서의 각 주주처럼 이사의 의결권의 평등을 강하게 요청해야 할 필요가 없으므로 특정인에게 결정권부여를 인정해야 한다는 입장이다. 긍정설의 논거는 특정인에게 결정권을 부여하는 것이 회의체의 의사결정에 있어서 일반적인 법칙이라는 것이다.

2) 부정설(다수설)

특정인에게 결정권을 부여하는 것은 이사회의 결의요건을 가중하는 것만 허용하는 상법 제391조 제1항의 단서의 취지에 어긋나므로 인정할 수 없다는 견해이다. 이 설은 법적 근거 없이 특정인에게 복수의 의결권을 주게 되는 모순이 발생하게 된다고 주장한다.

3) 검   토

본 사례의 경우 과반수 미달의 이사가 출석했을 뿐만 아니라 설사, 불출석한 이사 3인 전원의 반대를 의제한다 하더라도 가부동수인 경우 의장이 결정권을 행사한다는 정관규정은 상법 제391조 제1항의 결의요건을 완화시키는 것이 되고, 또한 동 규정 단서에 반하여 효력이 없으므로 A주식회사의 이사회의 결의는 효력이 없다고 본다.

2. 이사회결의의 하자의 주장방법

이사회의 결의에 관하여 그 결의내용·소집절차·결의방법 등에 하자가 있는 경우와 이사회결의의 부존재에 관하여는, 주주총회의 하자의 부존재의 경우(상법 제376조 이하, 제380조, 제381조)와 달리 상법에는 아무런 규정이 없다. 그러므로 이사회결의의 하자가 있는 때에는 그 하자를 구별함이 없이 민법의 일반원칙에 의하여 그 무효를 주장할 수 있다. 즉 이사회의 결의에 하자가 있는 경우에는 이해관계인은 그 무효를 언제든지 항변이나 결의무효확인의 소로 주장할 수 있다(대법원 1982. 7. 13. 선고 80다2441 판결). 그러나 후자의 경우 승소확정판결을 받았더라도 그 효력에 관하여는 상법 제190조가 준용될 근거가 없으므로 대세적 효력은 없다(대법원 1988. 4. 25. 선고 87누399 판결).

3. 이사회결의의 하자와 대표행위의 효력

상법에는 무효인 이사회의 결의에 의하여 한 대표이사의 행위의 효력에 관하여도 아무런 규정이 없다. 이는 회사내부의 문제로서 그치는 사항(대표이사 또는 지배인의 선임·해임)과 거래의 안전과 관계되는 사항(사채의 발행·제3자와의 거래행위)을 구별하여, 전자의 경우는 그 효력을 인정할 수 없으며, 후자의 경우는 그 행위의 효력에 영향이 없다고 본다. 그러나 후자의 경우에도 상대방이 이사회의 결의가 없거나 무효라는 것을 알았거나 알 수 있었을 때에는 무효라고 할 것이다(통설·판례의 입장).

Ⅲ. B회사의 구제수단

1. A주식회사에 대한 청구(상법 제389조 제3항, 제210조)

B회사는 단순과실이 있는 것에 불과하므로 A주식회사에 대해 불법행위로 인한 손해배상청구권을 행사하여 권리구제를 받을 수 있다. 단 이때 B는 과실상계를 당할 것이다.

2. 甲에 대한 청구

B는 甲에게 ① 불법행위로 인한 손해배상(상법 제389조 제3항, 제210조)을 청구할 수 있다. ② 상법 제401조의 책임의 성질에 관하여는 법정책임설이 타당하며 甲은 이사회결의의 하자가 있음을 알고 연대보증계약을 체결한 경우로서 임무해태에 관한 악의가 인정되므로 상법 제401조의 책임도 또한 청구할수 있다. 단 이때 B는 과실상계를 당할 것이다. 그러나 B는 甲의 행위가 대표권제한에 위반됨을 알 수 있었던 경우(민법 제135조 제2항)이므로 무권대리인의 책임은 물을 수 없다.

Ⅳ. 문제의 해결

1. A주식회사의 이사회의 결의는 가부동수인 경우 대표이사의 결정권행사가 위법할 뿐 아니라 강행규정인 상법 제391조 제1항을 위반한 하자가 있으므

로 이사회의 결의는 하자 있는 결의이고 이러한 하자의 주장방법에는 아무런 제한이 없으므로 A주식회사의 하자주장은 받아들여질 것이다.

2. 하자 있는 이사회의 결의에 의한 대표행위의 효력에 관하여는 상대방의 선의, 무과실인 경우에 유효하다고 볼 수 있는바, 본 사례의 경우 B회사가 입보결의서 등의 관계서류를 통하여 이사회결의의 하자를 알 수 있었으므로 연대보증계약의 효력은 인정되지 않고 B의 청구는 받아들이기 어려울 것이다.

3. B회사는 A주식회사 및 甲에 대해 상법 제389조 제3항, 제210조의 책임을 물을 수 있고, 甲에 대해서는 별도로 제401조의 책임을 물을 수 있으나 이때 자신의 과실에 대한 과실상계가 인정될 것이다. 그러나 甲에 대한 무권대리인의 책임은 B회사가 사전에 甲의 행위가 대표권제한에 위반된다는 사실을 알 수 있었으므로 물을 수 없다.

V. 판례의 동향

1. 대법원 2011. 4. 28. 선고 2009다47791 판결

① 상법 제393조 제1항은 주식회사의 중요한 자산의 처분 및 양도는 이사회의 결의로 한다고 규정하고 있는데, 여기서 말하는 중요한 자산의 처분에 해당하는지 아닌지는 해당 재산의 가액, 총자산에서 차지하는 비율, 회사의 규모, 회사의 영업 또는 재산의 상황, 경영상태, 자산의 보유목적, 회사의 일상적 업무와 관련성, 해당 회사의 종래 취급 등에 비추어 대표이사의 결정에 맡기는 것이 타당한지 여부에 따라 판단하여야 하고, 중요한 자산의 처분에 해당하는 경우에는 이사회가 그에 관하여 직접 결의하지 아니한 채 대표이사에게 그 처분에 관한 사항을 일임할 수 없으므로 이사회규정상 이사회 부의사항으로 정해져 있지 않더라도 반드시 이사회의 결의를 거쳐야 한다.

② 甲 주식회사가 乙 유한회사와 체결한 부동산 양도계약에 관하여 甲 회사의 이사회결의에 하자가 있었던 사안에서, 위 양도계약은 甲 회사의 일상적 업무에 해당한다거나 대표이사 개인의 결정에 맡기는 것이 타당하다고 보기 어려워 상법 제393조 제1항에 따라 이사회결의를 필요로 하는 주식회사의 중

요한 자산의 처분에 해당하고, 甲 회사에게서 대여금 및 미지급 공사대금 채권을 변제받을 목적으로 자산유동화거래를 위한 특수목적회사인 乙 회사를 설립하여 그 회사로 하여금 위 양도계약을 체결하도록 한 丙 주식회사가, 甲 회사 대표이사 등의 내용증명 통지를 통해 위 양도계약에 관한 甲 회사 이사회결의의 하자를 알고 있는 상태에서, 乙 회사의 설립 및 자산유동화계획의 수립을 주도하고 스스로의 인적·물적 기반이 없는 乙 회사를 대신하여 위 양도계약의 체결 및 이행 업무를 실제로 처리한 사실에 비추어, 위 양도계약과 관련한 甲 회사 이사회결의의 하자에 관한 丙 회사의 인식에 근거하여 양도계약 당사자인 乙 회사가 甲 회사 이사회결의의 하자를 알았거나 알 수 있었다고 한 사례.

2. 대법원 1997. 8. 29. 선고 97다18059 판결

일반적으로 주식회사 대표이사는 회사의 권리능력의 범위 내에서 재판상 또는 재판 외의 일체의 행위를 할 수 있고; 이러한 대표권 그 자체는 성질상 제한될 수 없는 것이지만, 대외적인 업무집행에 관한 결정권한으로서의 대표권은 법률의 규정에 의하여 제한될 뿐 아니라 회사의 정관, 이사회의 결의 등의 내부적 절차 또는 내규 등에 의하여 내부적으로 제한될 수 있다.

3. 대법원 1995. 4. 11. 선고 94다33903 판결

① 상법 제391조 제1항의 본문규정은 강행규정인바, 강행규정인 이 규정이 요구하고 있는 결의의 요건을 갖추지 못한 이사회결의는 효력이 없는 것이라고 할 것이다. 재적 6명의 이사 중 3인이 참석하여 참석이사 전원의 찬성으로 연대보증을 결의하였다면 이사회의 결의는 과반수에 미달하는 이사가 출석하여 상법상의 이사정족수가 충족되지 아니한 이사회에서 이루어진 것으로 무효라고 할 것이고, 정관에 이사회의 결의는 이사 전원의 과반수로 하되 가부동수인 경우에는 이사회 회장의 결정에 의하도록 규정되어 있고, 각 이사회결의에 참석한 이사 중에 이사회 회장이 포함되어 있다고 하여도 마찬가지로 무효이다.

② 주식회사의 대표이사가 이사회결의를 요하는 대외적 거래행위를 함에 있어서 실제로 이사회결의를 거치지 아니하였거나, 이사회결의가 있었다 하더

라도 그 결의가 무효인 경우, 거래상대방이 그 이사회결의의 부존재 또는 무효사실을 알거나 알 수 있었다면 그 거래행위는 무효라고 할 것이다(당원 1994. 10. 28. 선고 94다39253 판결; 당원 1978. 6. 27. 선고 78다389 판결 참조).

연대보증계약을 체결함에 있어서 위 정리회사의 이사회결의시 의사정족수에 미달되는 이사가 참석하였음이 드러나고 있는 각 입보결의서 등의 관계서류를 제출받아 그 검토절차까지 마친 이상 위 정리회사의 각 이사회의 결의가 상법의 강행규정에 반하여 무효라는 점을 적어도 알 수 있었다고 인정한 원심의 조치는 타당하다.

이 판례는 이사회결의의 흠결, 하자가 문제되는 경우는 일관하여 상대방의 선의·무과실을 요한다는 것을 판시한 것이다.

4. 대법원 1983. 6. 28. 선고 83다카217 판결

피해자보호를 위해 직무집행과 관련하여 요건에 대해 외형이론을 취하는 반면 악의·중과실의 피해자는 보호할 필요가 없으므로 사용자책임의 성립을 인정하지 않는바, 이는 직무관련성이 문제되는 회사의 불법행위책임이라 하여 다를 것이 없다.

♦ 사　례

> 甲주식회사는 A, B를 공공대표이사로 두고 있는데 A가 단독으로 甲회사 '전무'라는 명칭을 사용하여 C로부터 기계를 구입하는 계약을 체결하고 약속어음을 발행하여 주었다. 이에 대하여 甲회사의 이사 전원의 5분의 3이 적극적으로 허용하였다. 이러한 경우 甲회사는 A의 약속어음 발행행위에 대하여 책임을 지는가?

Ⅰ. 문제의 논점

본 설문에서 A, B는 공동대표이사로 묶여 있는데 A가 단독으로 회사를 대표할 명칭을 사용하여 대외적 행위를 한 경우 표현대표이사의 법리를 적용할 수 있는지가 논점이 되고 있다. 그 과정에서 회사의 명칭사용허용의 의미를 어떻게 이해할 것인지도 문제가 된다. 표현대표이사의 성립요건, 효과, 공동대표이사와의 관계를 검토하여야 한다.

Ⅱ. 표현대표이사(상법 제395조)

1. 의　　의

사장 등 회사를 대표할 권한이 있는 것으로 인정될 명칭을 사용한 이사의 행위에 대해서는 대표권한이 없는 경우에도 회사는 선의의 제3자에게 책임을 진다(상법 제395조). 이는 영미법상의 금반언의 원리, 독일법상의 외관이론에 근거한 제도이다.

2. 성립요건

(1) 외관의 존재

외관이 존재하여야 한다. 즉 회사를 대표할 권한이 있는 것으로 인정될 만한 '명칭이 사용'되어야 한다. 명칭을 사용한 사람의 대표행위가 있어야 한다. '이사'의 대표행위가 있어야 한다. 대표이사의 선임이 무효가 되거나 이사선임이 무효로 된 때에도 본 조가 적용된다. 이사직에 있지 않은 행위자에 대하여도 본 조가 유추적용될 수 있다.

(2) 회사의 외관부여

회사가 명칭사용을 명시적으로 허락한 경우뿐만 아니라 명칭사용을 묵인한 경우도 여기에 해당한다. 원인부여의 여부는 대표이사의 의사를 기준으로 한다. 수인의 대표이사가 있는 경우 그 중 1인이 허락해도 회사가 허락한 것으로 된다.

그런데 대표이사가 직접 허용한 경우뿐만 아니라 회사의 이사의 과반수 이상이 허용한 경우(즉 이사회의 결의요건을 충족한 경우)에도 회사의 외관부여로 인정된다고 볼 수 있다.

(3) 외관의 신뢰

제3자가 선의이어야 한다. 여기서 선의는 상대방이 표현대표이사에게 대표권이 있는 것으로 믿는 것을 말한다. 상대방의 악의는 회사가 증명해야 한다. 다수설과 판례의 입장은 상대방이 믿는 데 과실 또는 중과실이 있는지는 불문한다.

제3자에는 직접적인 거래상대방뿐만 아니라 유가증권의 전득자도 포함된다. 이때에는 전득자의 유가증권 취득시를 기준으로 하여 선·악의를 판단한다.

(4) 설문의 경우

상법 제395조의 책임요건으로서 회사의 외관부여요건은 대표이사가 직접 허용한 경우뿐만 아니라 회사의 이사의 과반수 이상이 허용한 경우에도 회사의 외관부여로 인정된다고 보아야 한다. 그런데 설문에서는 공동대표이사의 '전무'의 명칭을 이용한 직접대표행위에 대하여 甲회사의 이사 전원의 5분의 3

이 적극적으로 허용하였다. 이러한 경우 甲회사는 A의 약속어음발행행위에 대하여 책임을 져야 할 것이다.

3. 표현대표이사의 행위의 효과

표현대표이사는 대표권은 없지만 그의 행위에 대하여는 회사가 상법 제395조에 따라 선의의 제3자에 대하여 책임을 진다. 이는 표현대표이사에게 대표권이 존재하였던 경우와 동일하게 회사에 대하여 효력이 발생한다는 것이다. 따라서 회사는 그 상대방에 대하여 권리도 취득하고 의무를 부담한다. 이 경우에 민법의 무권대리에 관한 규정(민법 제130조 이하)은 적용되지 않으며, 다만 어음·수표행위에 관하여는 본인인 회사는 상법 제395조에 의하여 표현책임을 지는 한편, 표현대표이사는 어음법 제8조에 의하여 무권대리인으로서 어음상의 책임을 진다.

표현대표이사의 행위에 대하여 회사가 상법 제395조에 의한 책임을 부담한 결과 손해가 생긴 경우에는 당해 표현대표이사에 대하여 손해배상을 청구할 수 있다.

4. 공동대표이사의 경우

(1) 일반적 사항

공동대표이사 중의 한 명이 제3자에 대하여 단독대표행위를 하고, 제3자가 이 공동대표이사에게 단독으로 대표할 수 있는 권한이 있다고 믿은 경우에 상법 제395조가 적용되거나 또는 유추적용될 수 있는지가 문제된다. 특히 회사가 공동대표이사에게 '사장'이나 '대표이사사장' 등과 같이 단독대표권을 수반하는 것으로 인식되는 명칭사용을 허락한 경우에는 회사에 명백히 귀책사유가 있어 상법 제395조에 의한 책임을 진다. 즉 공동대표이사 중 1인이 사장, 부사장, 전무, 상무 등의 회사를 대표할 권한이 있는 것으로 인정될 만한 명칭을 회사로부터 허락받아 사용하면서 단독으로 회사의 대표행위를 하는 경우에는 다른 특별한 사정이 없는 한 상법 제395조를 유추적용한다는 것이 다수설의 입장이다.

(2) 특수문제

공동대표이사 중 1인이 단지 대표이사라는 명칭의 사용을 회사로부터 허락받아 사용하는 경우에는 상법 제395조의 적용을 긍정하는 학설과 부정하는 학설이 대립하고 있다.

1) 긍 정 설

상법 제395조는 상업등기와는 다른 차원에서 회사의 책임을 인정하는 규정이며, 회사의 대표는 단독대표가 원칙이고, 공동대표는 예외이다. 따라서 공동대표이사로 하여금 단순한 '대표이사'라는 명칭을 사용하게 한 때에는 회사의 귀책사유를 인정하여 회사는 책임을 져야 한다는 것이다.

2) 부 정 설

상법 제395조는 대표권이 없는 이사에 관한 규정이고, 대표이사에 관한 규정이 아니므로 그 경우는 정면으로 적용될 수 없고, '대표이사'라는 명칭은 법률이 인정한 것이므로, 특히 공동대표이사임을 표시하는 명칭을 사용하지 않았다고 하여 회사에 귀책사유가 있다고는 할 수 없다. 또한 공동대표이사의 등기가 있는 한 상법 제37조에 의하여 회사는 공동대표이사라는 것을 선의의 제3자에게 대항할 수 있다고 한다.

3) 판   례

판례는 "공동대표이사 중의 1인이 대표이사라는 명칭을 사용하여 법률행위를 하는 것을 용인하거나 방임한 때에는 회사는 선의의 제3자에 대하여 상법 제395조에 의하여 책임을 진다"(대법원 1991. 11. 12. 선고 91다19111 판결)는 입장으로서 긍정설과 같다.

4) 검   토

상법 제395조는 상법 제37조와는 관계없이 외관을 신뢰한 자를 보호하는 규정이므로 거래의 안전을 보호한다는 관점에서 긍정설이 타당하다. 이 경우에 상법 제395조의 그 밖의 요건을 충족하는 한 공동대표의 제한을 등기를 열람하지 않아 몰랐다고 하여도 외관을 신뢰한 경우에는 제3자는 보호받아야 하기 때문이다.

5. 설문의 경우

공동대표이사 중 1인이 사장, 부사장, 전무, 상무 등의 회사를 대표할 권한이 있는 것으로 인정될 만한 명칭을 회사로부터 허락받아 사용하면서 단독으로 회사의 대표행위를 하는 경우에는 다른 요건이 갖추어지는 한 상법 제395조를 적용하는 것이 다수설의 입장이다. 따라서 본 설문의 경우에는 공동대표이사의 1인인 A가 회사의 '전무'라는 명칭을 사용하여 외부적 행위를 하였으므로 이러한 다수설과 판례를 미루어 보면 甲회사는 A의 약속어음 발행행위에 대하여 지급책임을 진다.

Ⅲ. 결   론

회사가 상법 제395조의 책임을 지기 위한 요건으로 회사의 이사의 과반수 이상이 허용한 경우에도 회사의 외관부여로 인정된다고 보아야 한다. 그런데 설문에서는 공동대표이사의 '전무'의 명칭을 이용한 직접대표행위에 대하여 甲회사의 이사 전원의 5분의 3이 적극적으로 허용하였기에 이러한 요건이 충족된다.

공동대표이사의 1인인 A가 회사의 '전무'라는 명칭을 사용하여 외부적 행위를 하였으므로 다수설과 판례를 따른다면 甲회사는 A의 약속어음의 발행행위에 대하여 지급책임을 진다고 보아야 한다.

41 표현대표이사의 성립요건

◆ 사   례

(1) Y주식회사의 대표이사인 A가 퇴임하였음에도 불구하고 이를 말소등기하기 전에 A가 X로부터 대표이사의 권한에 속하는 자금을 Y회사 명의로 차입한 경우 Y회사는 변제할 책임을 지는가?

(2) Y주식회사의 대표이사인 A를 이사로 선임한 주주총회의 결의에 소집절차상 중대한 하자가 있어 주주총회 결의부존재확인의 소가 제기되어 승소판결이 확정되기 전에 A가 Y회사 명의로 X로부터 대표이사의 권한에 속하는 자금을 차입한 경우 Y회사는 이를 변제할 책임을 지는가?

(3) Y주식회사는 A와 B가 공동대표이사로 되어 있는데, A만이 Y주식회사를 대표하여 X로부터 대표이사의 권한에 속하는 자금을 차입한 경우 Y회사는 이를 변제할 책임이 있는가?

Ⅰ. 문제의 논점

문제는 각종 형태의 표현대표이사의 행위에 관한 것인데, 〈사례 1〉은 상법 제39조(부실등기의 공신력)와 상법 제395조와의 관계에 관한 문제이고, 〈사례 2〉는 상법 제380조(주주총회 결의부존재확인의 소)와 상법 제395조와의 관계에 관한 것이고, 〈사례 3〉은 상법 제389조 제2항(공동대표이사)과 상법 제395조와의 관계에 관한 것이다.

Ⅱ. 표현대표이사의 성립요건

1. 표현대표이사의 의의

표현대표이사란 대표이사가 아니면서 회사의 승인하에 대표이사로 오인할 만한 명칭, 즉 사장·부사장·전무·상무 기타 회사의 대표권이 있는 것으로 오인할 만한 명칭을 사용하여 대표행위를 한 자를 말한다. 주식회사의 대표권은 대표이사에게 있으므로 대표이사가 아닌 자는 회사를 대표할 권한이 없다. 그러나 표현대표이사와 거래한 제3자는 표현대표이사의 명칭으로 보아 회사를 대표할 권한이 있다고 믿는 경우가 있다. 따라서 상법 제395조는 표현대표이사를 믿고 거래한 선의의 제3자에 대하여 회사가 책임을 지도록 규정하였다.

표현대표이사제도의 법리적 근거는 영미법상의 금반언의 법리 또는 독일법상의 외관이론이라고 보는 것이 다수설 및 판례의 입장이다.

2. 상법 제395조의 적용요건

(1) 외관의 존재

1) 표현적 명칭사용

대표이사가 아닌 이사가 회사를 대표할 권한이 있는 것으로 인정될 만한 명칭을 사용하였어야 한다. 상법 제395조는 표현적 명칭으로 사장·부사장·전무·상무 등을 예시하고 있으나, 이에 한하지 않고 총재·은행장·이사장 등과 같이 거래의 통념상 대표권이 있는 것으로 사용되는 모든 명칭을 포함한다고 본다. 이러한 명칭사용은 성질상 대외적 행위에 한한다.

2) 명칭의 사용방법

명칭의 사용방법에도 제한이 없다. 즉 요식행위에서는 표현적 명칭과 자신의 성명을 기재하여야 하나, 불요식행위에서는 일일이 행위시마다 그 명칭을 표시하지 않아도 상대방에게 대표자라는 인식을 주면 표현대표이사가 성립한다.

3) 이사자격의 요부

표현적 명칭을 사용한 자는 예컨대, 이사가 아닌 사용인이더라도 표현대표이사가 될 수 있다. 또한 이사직을 사임한 자가 그 명칭을 사용한 때에도 같다. 이사자격의 유무가 표현적 지위의 형성에 아무런 차이를 주는 것이 아니기 때문이다. 표현적 명칭을 가진 자가 진정한 대표이사의 명의로 한 행위에도 상법 제395조를 적용하는 것이 타당하다. 대표권 없는 자가 표현적 지위를 나타낸 점에서는 동일하기 때문이다.

(2) 외관의 부여

회사가 명칭의 사용을 허락함으로써 외관 작출의 원인을 부여한 귀책사유가 있어야 한다. 따라서 회사의 허락 없이 자의적으로 표현적 명칭을 사용하여 대표행위를 한 경우에는 회사는 책임이 없다. 허락방법은 발령·위촉 등 적극적인 의사표시이든 또는 사용하는 것을 소극적으로 승인하든 상관없다. 승인도 명시적인 승인뿐만 아니라 묵시적인 승인도 포함한다. 회사가 과실에 의하여 명칭사용을 방치한 경우에도 회사는 책임을 져야 한다(이를 부정한 판례: 대법원 1979. 5. 27. 선고 74다1488 판결).

(3) 외관의 신뢰

1) 제3자의 선의

제3자는 표현대표이사가 대표이사가 아니라는 것을 몰랐어야 한다. 제3자의 범위는 직접적인 거래의 상대방뿐만 아니라 그 명칭을 신뢰하고 거래한 제3자 모두를 포함한다고 본다. 따라서 표현대표이사가 발행한 어음을 믿고 취득한 제3취득자가 보호를 받는다고 본다.

2) 증명책임

책임을 면하려는 회사측에서 제3자의 악의에 대한 증명책임을 부담한다는 것이 통설과 판례의 입장이다. 대표권이 있는 것과 같은 외관이 존재하는 경우에는 제3자는 그러한 외관을 신뢰하여 행동하는 것이 일반적이기 때문이다.

3) 무과실의 요부

표현대표이사와 거래한 제3자가 선의인 동시에 무과실일 것을 요하는가에 대하여는 견해가 나누어지고 있다. 즉 ① 민법 제125조 또는 제129조의 표현대리와 마찬가지로 보호되는 제3자는 선의·무과실인 경우에 한하고 선의이더라도 과실이 있는 자는 보호할 필요가 없다는 견해, ② 법문에 충실하여 선의이며 과실이 있든 없든 보호해야 한다는 견해, ③ 법문상 무과실을 요구하는 것은 무리이지만 중대한 과실이 있는 때에는 악의에 준하여 보호할 필요가 없다는 견해가 그것이다.

판례는 무과실일 것을 요구하고 있지 않다. 제3자의 선의 여부에 대한 증명책임은 회사에 있다.

Ⅲ. 상법 제395조의 적용효과

회사는 표현대표이사의 행위에 대하여 대표권 있는 이사가 한 것과 같이 제3자에게 책임을 진다. 그런데 무권대리에 관한 규정의 적용 여부에 관하여는 소극설과 적극설의 대립이 있다. 적극설은 표현대표이사의 행위에 대하여 민법의 무권대리에 관한 규정을 적용할 수 있으므로 제3자는 철회권(민법 제134조), 회사는 추인권(민법 제130조, 제133조)을 갖는다고 한다. 반면에 소극설은 상법 제395조를 적용하는 경우에는 무권대리에 관한 규정의 적용은 배제되고, 다만 어음법 제8조, 수표법 제11조에 의한 무권대리인의 책임을 표현대표이사에게도 물을 수 있다고 한다. 소극설이 타당하다.

한편 표현대표이사의 행위로 인하여 회사가 책임을 진 결과 손해를 입은 경우에 회사는 당해 표현대표이사에 대하여 손해배상청구권을 행사할 수 있다. 그 이유는 그 행위가 대내적으로 권한을 일탈한 것임을 물론 회사가 명의사용을 허락한 것이 그 표현대표이사의 무권대리행위까지 허락한 것은 아니기 때문이다.

Ⅳ. 타 제도와의 관계

1. 민법상 표현대리와의 관계

표현대표이사를 규정한 상법 제395조는 대리권수여의 표시에 의한 표현대리에 관한 민법 제125조의 특칙으로 해석될 수 있고, 민법 제126조 및 제129

조의 특칙으로도 해석할 수 있다고 본다. 이와 같이 상법 제395조가 표현대표이사에 관하여 민법의 표현대리에 관한 제 규정의 특칙으로 규정되어 있다고 하여 표현대표이사에 관한 상법 제395조는 민법의 표현대리에 관한 제 규정을 배척한다고 볼 수 없다. 따라서 이때에 민법의 표현대리에 관한 제 규정의 적용요건을 충족한 경우에는 회사는 그러한 민법의 규정에 의하여도 책임을 부담할 수 있다. 그러나 상법 제395조는 민법의 표현대리에 관한 제 규정보다 제3자를 더 광범위하게 보호하고 있으므로, 상법 제395조가 적용되는 경우에는 민법상의 표현대리에 관한 제 규정이 적용될 여지가 거의 없을 것이다.

2. 표현지배인과의 관계

상법 제395조는 "… 그 이사가 회사를 대표할 권한이 없는 경우에도 회사는 선의의 제3자에 대하여도 책임을 진다"고 하여 표현대표이사가 되기 위하여는 적어도 이사의 자격이 있을 것을 요건으로 규정하고 있으나, 통설과 판례는 이사의 자격이 없는 '회사의 사용인'이나 '이사직을 사임한 자'가 회사를 대표할 권한이 있는 것으로 인정될 만한 명칭을 사용한 경우에도 상법 제395조를 유추적용하고 있다. 따라서 이렇게 보면 회사는 회사의 사용인이 사용하는 명칭 및 이에 대한 회사의 귀책사유에 의하여 표현지배인으로서의 책임을 부담하기도 하고, 또는 표현대표이사로서의 책임을 부담하기도 한다. 즉 회사의 사용인이 지배권이 없으면서 '본점 또는 지점의 본부장, 지점장, 그 밖에 지배인으로 인정될 만한 명칭'을 사용하고 그러한 명칭사용에 회사의 귀책사유가 있으면 회사는 상법 제14조에 의하여 그 책임을 지고, 회사의 사용인이 대표권이 없으면서 '사장·부사장·전무·상무 기타 회사를 대표할 권한이 있는 것으로 인정될 만한 명칭'을 사용하고 그러한 명칭사용에 회사의 귀책사유가 있으면 회사는 상법 제395조에 의하여 책임을 지는 것이다.

3. 상업등기의 일반적 효력과의 관계

대표이사의 성명 등은 등기사항이고, 이러한 등기사항을 등기하면 회사는 선의의 제3자에게도 그가 정당한 사유로 인하여 이를 모른 경우를 제외하고 대항할 수 있다. 그런데 상법 제395조는 제3자에게 정당한 사유가 있건 없건 불문하고 제3자가 현실로 선의이기만 하면 회사에게 그 책임을 인정한 것으로서, 이러한 상법 제395조는 상법 제37조와는 모순된다. 이러한 모순을 해결하기 위하여 우리나라의 학설은 ① 상법 제395조는 상법 제37조와는 차원을 달리한다고 설명하는 견해(이차원설)와, ② 상법 제395조는 상법 제37조의 예외규정이라고 설명하는 견해(예외규정설)가 있다. 이에 대하여 우리나라의 대법원은 이차원설에서 판시하고 있다. 생각건대 회사의 대표이사와 거래하는 제3자가 거래시마다 일일이 등기부를 열람하여 대표권유무를 확인하는 것은 제3자에게 너무 가혹하고, 또 집단적·계속적·반복적·대량적인 회사기업의 거래 실정에도 맞지 않는 점을 고려하면, 상법 제395조는 상법 제37조의 예외규정이라고 보는 것이 타당하다고 본다.

4. 부실등기의 공신력과의 관계

대표이사를 선임하지 않고도 선임한 것으로 하여 등기하였거나 또는 대표이사가 퇴임하였는데도 퇴임등기를 하지 않은 동안에 그러한 자가 회사를 대표하여 제3자와 거래행위를 한 경우에, 제3자는 그러한 자가 대표이사임을 위의 부실등기에 의하여 신뢰하고, 또 그러한 부실등기에 대하여 등기신청권자(적법한 대표이사)에게 고의·과실이 있다면, 회사는 그러한 선의의 제3자에 대하여 부실등기의 공신력에 관한 상법 제39조에 의하여 책임을 진다. 그런데 이 경우에 회사는 그러한 자가 회사의 대표명의를 사용하여 제3자와 거래하는 것을 적극적 또는 묵시적으로 허용하였다고 할 수 있는 사정이 있고, 또 이러한 사정을 제3자가 증명할 수 있다면, 회사는 상법 제395조에 의해서도 이 책임을 부담할 수 있다.

5. 주주총회결의하자의 소와의 관계

주식회사의 이사는 주주총회에서 선임되고(상법 제382조 제2항) 이렇게 선임된 이사 중에서 대표이사는 이사회의 결의로 선임된다(상법 제389조 제1항). 그런데 이사를 선임한 주주총회의 결의에 하자가 있어 주주총회결의하자의 소가 제기되고 원고가 승소의 확정판결을 받으면, 원고가 그러한 승소의 확정판결을 받기 이전에 위의 이사 및 대표이사가 제3자와 한 거래행위에 대하여도 상법 제395조가 적용되는가. 이에 대하여 95년 개정상법 이전에는 그 판결의 소급효가 제한되는 점과 관련하여 이러한 사실상의 이사 및 대표이사의 거래행위에도 상법 제395조가 유추적용된다는 긍정설과 유추적용될 여지가 없다는 부정설로 나뉘어져 있었다. 그런데 95년 개정상법에서는 주주총회결의하자의 소의 판결의 효력은 소급하는 것으로 개정되었으므로(상법 제376조 제2항 및 제380조에서 제190조 단서의 적용배제) 개정상법의 시행 후에 있어서 사실상의 이사 및 대표이사의 거래행위에는 회사가 이에 대한 귀책사유가 있다면 상법 제395조가 유추적용될 수 있을 것이다.

6. 공동대표이사와의 관계

이사회는 수인의 대표이사가 공동으로 회사를 대표할 것을 정할 수 있는데(공동대표)(상법 제389조 제2항), 이때에는 회사가 제3자에 대하여 하는 의사표시(능동대표)는 반드시 공동대표이사의 공동으로 하여야 하나, 제3자의 회사에 대한 의사표시(수동대표)는 공동대표이사의 1인에 대하여 할 수 있다(상법 제389조 제3항, 제208조 제2항). 그런데 이때 공동대표이사 중의 1인이 제3자에 대하여 단독대표행위를 하고 제3자가 그러한 공동대표이사에게 단독으로 대표할 수 있는 권한이 있다고 믿은 경우에, 상법 제395조가 적용 또는 유추적용될 수 있는가. 이에 대하여 우리나라에서는 ① 대표이사의 권한남용으로 인한 위험을 예방하려는 공동대표이사제도의 기본취지에서 상법 제395조의 적용을 부정하는 견해(소수설)와, ② 대표이사라는 명칭은 가장 뚜렷하게 대표권이 있다는 외관을 나타내는 명칭임에도 불구하고 단지 그 행사방법을 제한한 공동대표이사제도에서 그 중 1인이 한 대표행위에 대하여 회사가 책임을 지지 않는다고 하면 대표권이 전혀 없는 표현대표이사의 행위에 대하여도 회사가 책임을 지는 것과 형평에 반하며, 또 거래의 안전을 심히 저해하게 된다는 점에서 상법 제395조의 유추적용을 긍정하는 견해(통설·판례의 입장)로 나뉘어져 있다. 생각건대 회사는 공동대표이사가 제3자와 거래하는 경우는 반드시 '공동대표이사'라는 명칭을 사용하도록 하는데, 회사가 공동대표이사에게 단순히 '대표이사'라는 명칭사용을 허락하거나 또는 이를 묵인한 경우에는 회사에게 귀책사유가 있다고 보아야 할 것이다. 또 '공동대표이사'는 등기사항이고(상법 제317조 제2항 제10호) 이를 등기하면 선의의 제3자에게 대항력이 발생하나(상법 제37조), 상법 제395조가 적용될 때에는 상법 제37조에 의한 대항력을 주장할 수 없다.

V. 문제의 해결

1. 〈사례 1〉

Y주식회사의 대표이사인 A가 퇴임하였음에도 불구하고 이를 말소등기하기 전에 A가 'Y주식회사 대표이사 A'의 명의로 X로부터 대표이사의 권한에 속하는 자금을 차입한 경우 이는 상법 제39조의 부실등기의 공신력에 해당될 수도 있고, 상법 제395조의 표현대표이사에도 해당될 수 있다.

(1) 등기신청권자(Y회사의 적법한 대표이사)의 고의·과실로 인하여 대표이사의 변경등기를 하지 않고, 또한 이로 인하여 X가 A를 적법한 대표이사라고 믿고 Y회사에게 자금을 대여한 경우에는 Y회사는 X에게 A가 대표권이 없음을 이유로 대항할 수 없다. 따라서 이 경우 Y회사는 X에게 차입금을 변제할 책임을 진다.

(2) 이 경우 Y회사는 A가 Y회사의 대표명의를 사용하여 제3자와 거래한 것을 적극적 또는 묵시적으로 허용하였다고 할 수 있는 사정이 있고, 또한 그러한 사정을 X가 증명할 수 있으며, X가 A를 적법한 대표이사라고 믿었다면, Y회사는 상법 제395조의 표현대표이사의 법리에 의하여 X에게 차입금을 변제할 책임을 진다.

(3) 본 설문의 경우 X가 Y회사의 고의·과실로 인하여 대표이사의 변경등기를 하지 않음으로 인하여 A를 적법한 대표이사로 믿고 Y회사에게 자금을 대여하였다면, X는 이미 상법 제39조에 의한 부실등기의 공신력에 의하여 보호받고 있으므로, 다시 Y회사의 A에 대한 적극적 또는 묵시적인 명칭사용의 허용사실을 증명하여 상법 제395조의 적용을 주장할 필요는 없을 것이다. 그러나 X로서는 상법 제39조에 의하여 Y회사의 변제책임을 주장하고, 예비적 청구로서 상법 제395조에 의한 책임을 주장할 수 있을 것이다.

2. 〈사례 2〉

A를 이사로 선임한 주주총회결의에 소집절차상 중대한 하자가 있어 A가 대표이사로 될 수 없음에도 불구하고 A가 'Y주식회사 대표이사 A'의 명의로 X로부터 자금을 차입한 경우, 주주총회결의의 하자를 다투는 자가 Y회사는 X에

게 차입금을 변제할 책임이 없다고 주장할 것이다. 본 사례의 경우 주주총회
결의부존재확인의 승소판결 이전의 A를 '사실상의 대표이사'라고 하는데, 이러
한 사실상의 대표이사가 제3자와 한 행위에 대하여도 상법 제395조가 유추적
용되는지가 문제가 된다. 주주총회결의부존재확인의 승소판결의 효력은 95년
개정상법에 의하여 소급효가 있으므로, 이러한 승소판결이 있으면 X는 대표이
사가 아님은 물론 이사도 아닌 A에게 자금을 대여한 것이 된다. 그런데 X가 A
에게 자금을 대여할 당시에는 주주총회결의부존재확인의 승소판결이 있기 이
전이므로 X는 A를 Y회사의 적법한 대표이사라고 믿고 Y회사에게 자금을 대여
한 것이므로 X의 이러한 신뢰는 보호되어야 할 것이다. 따라서 이 경우에 ①
Y회사에게 A의 그러한 명칭사용에 귀책사유가 있고, ② A는 거래의 통념상
회사대표권이 있다고 인정될 만한 명칭을 사용하고, ③ X는 A를 Y회사의 적
법한 대표이사라고 믿은 경우에는 상법 제395조를 유추적용하여 Y회사의 X에
대한 변제책임을 인정하여야 할 것으로 본다.

3. 〈사례 3〉

A와 B가 공동대표이사임에도 불구하고 A가 'Y주식회사 대표이사 A'의 형
식으로 X와 거래한 경우에 Y주식회사는 X에게 차입금을 변제할 책임이 있는
가의 문제이다. 회사는 이사회의 결의에 의하여 수인의 대표이사가 공동으로
회사를 대표할 것을 정할 수 있는데, 이때 회사가 제3자에 대하여 하는 의사표
시는 반드시 공동대표이사가 공동으로 하여야 한다. 우리나라에서는 대표이사
의 권한남용을 방지하고자 하는 공동대표이사제도의 입법취지에서 상법 제395
조의 적용을 부정하는 견해도 있으나, 대표이사라는 명칭은 가장 뚜렷하게 대
표권이 있다는 외관을 나타내는 명칭임에도 불구하고 회사의 책임이 없는 것
으로 한다면, 대표권이 전혀 없는 표현대표이사의 행위에 대하여도 회사가 책
임을 지는 것과 형평에 반하며, 또 거래의 안전을 위하여 이 경우에도 상법 제
395조를 적용하여 회사의 책임을 인정하여야 할 것으로 본다. 따라서 본문의
경우, A만이 Y회사를 대표하여 X로부터 자금을 차입한 경우에도 Y회사에게
이러한 명칭사용에 대한 귀책사유가 있고, X가 선의이면 Y회사는 상법 제395
조에 의하여 X에게 이를 변제할 책임이 있다고 본다.

VI. 판례의 동향

1. 대법원 2009. 9. 10. 선고 2009다34160 판결

상법 제395조가 규정하는 표현대표이사의 행위로 인한 주식회사의 책임이 성립하기 위하여 제3자의 선의 이외에 무과실까지도 필요로 하는 것은 아니지만, 그 규정의 취지는 회사의 대표이사가 아닌 이사가 외관상 회사의 대표권이 있는 것으로 인정될 만한 명칭을 사용하여 거래행위를 하고, 이러한 외관이 생겨난 데에 관하여 회사에 귀책사유가 있는 경우에 그 외관을 믿은 선의의 제3자를 보호함으로써 상거래의 신뢰와 안전을 도모하려는 데에 있다 할 것인바, 그와 같은 제3자의 신뢰는 보호할 만한 가치가 있는 정당한 것이어야 할 것이므로, 설령 제3자가 회사의 대표이사가 아닌 이사에게 그 거래행위를 함에 있어 회사를 대표할 권한이 있다고 믿었다 할지라도 그와 같이 믿음에 있어서 중대한 과실이 있는 경우에는 회사는 그 제3자에 대하여는 책임을 지지 아니하고, 여기서 제3자의 중대한 과실이라 함은 제3자가 조금만 주의를 기울였더라면 표현대표이사의 행위가 대표권에 기한 것이 아니라는 사정을 알 수 있었음에도 만연히 이를 대표권에 기한 행위라고 믿음으로써 거래통념상 요구되는 주의의무에 현저히 위반하는 것으로서, 공평의 관점에서 제3자를 구태여 보호할 필요가 없다고 봄이 상당하다고 인정되는 상태를 말한다(대법원 2003. 9. 26. 선고 2002다65073 판결 등 참조).

2. 대법원 2009. 3. 12. 선고 2007다60455 판결

상법 제395조의 규정은 표시에 의한 금반언의 법리나 외관이론에 따라 대표이사로서의 외관을 신뢰한 제3자를 보호하기 위하여 그와 같은 외관의 존재에 관하여 귀책사유가 있는 회사로 하여금 선의의 제3자에 대하여 그들의 행위에 관한 책임을 지도록 하려는 것으로, 회사가 이사의 자격이 없는 자에게 표현대표이사의 명칭을 사용하게 허용한 경우는 물론, 이사의 자격도 없는 사람이 임의로 표현대표이사의 명칭을 사용하고 있는 것을 알면서도 아무런 조치를 취하지 아니한 채 그대로 방치하여 소극적으로 묵인한 경우에도 위 규정이 유추적용되는 것으로 해석함이 상당하다(대법원 1998. 3. 27. 선고 97다34709

판결 등 참조). 한편 주주총회를 소집, 개최함이 없이 의사록만을 작성한 주주
총회결의로 대표자로 선임된 자의 행위에 대하여 의사록 작성으로 대표자격의
외관이 현출된 데에 대하여 회사에 귀책사유가 있음이 인정될 경우 상법 제
395조에 따라 회사에게 그 책임을 물을 수 있고(대법원 1992. 8. 18. 선고 91다
14369 판결 등 참조), 이 경우 의사록을 작성하는 등 주주총회결의의 외관을 현
출시킨 자가 사실상 회사의 운영을 지배하는 자인 경우와 같이 주주총회결의
외관 현출에 회사가 관련된 것으로 보아야 할 경우에는 회사에 귀책사유가 있
다고 인정할 수 있을 것이다.

3. 대법원 1998. 10. 11. 선고 86다카2936 판결(표현대표이사책임에 관한 규정의 취지)

상법 제395조의 표현대표이사책임에 관한 규정의 취지는 회사의 대표이사
가 아닌 이사가 외관상 회사의 대표권이 있는 것으로 인정될 만한 명칭을 사
용하여 거래행위를 하고 이러한 외관상 회사의 대표행위에 대하여 회사에게
귀책사유가 있는 경우에 그 외관을 믿은 선의의 제3자를 보호함으로써 상거래
의 신뢰와 안전을 도모하려는데 있다.

4. 대법원 1992. 7. 28. 선고 91다35816 판결(이사의 자격이 없는 자도 표현대표이사가 될 수 있다)

상법 제395조가 회사를 대표할 권한이 있는 것으로 인정될 만한 명칭을
사용한 이사의 행위에 대한 회사의 책임을 규정한 것이어서, 표현대표이사가
이사의 자격을 갖출 것을 그 요건으로 하고 있으나, 이 규정은 표시에 의한 금
반언의 법리나 외관이론에 따라 대표이사로서의 외관을 신뢰한 제3자를 보호
하기 위하여 이와 같은 외관의 존재에 관하여 귀책사유가 있는 회사로 하여금
선의의 제3자에 대하여 그들의 행위에 관한 책임을 지도록 하려는 것이므로,
회사가 이사의 자격이 없는 자에게 표현대표이사의 명칭을 사용하게 허용하는
경우는 물론, 이사의 자격도 없는 사람이 임의로 표현대표이사의 명칭을 사용
하고 있는 것을 회사가 알면서도 아무런 조치를 취하지 아니한 채 그대로 방
치하여 소극적으로 묵인한 경우에도, 위 규정이 유추적용되는 것으로 해석함
이 상당하다(동지: 대법원 1987. 7. 7. 선고 87다카504 판결).

5. 대법원 1991. 11. 12. 선고 91다19111 판결(공동대표이사 중 1인이 단독
 으로 대표행위를 한 경우에도 표현대표이사에 관한 법리를 적용하여야 한다)

회사가 공동으로만 회사를 대표할 수 있는 공동대표이사에게 대표이사라
는 명칭의 사용을 용인 내지 방임한 경우에는 회사가 이사자격이 없는 자에게
표현대표이사의 명칭을 사용하게 한 경우이거나 이사자격 없이 그 명칭을 사
용하는 것을 알고서도 용인상태에 둔 경우와 마찬가지로, 회사는 상법 제395
조에 의한 표현책임을 면할 수 없다(동지: 대법원 1993. 12. 28. 선고 93다47653 판
결; 대법원 1992. 10. 27. 선고 92다19033 판결).

6. 대법원 1975. 5. 27. 선고 74다1366 판결(상법 제395조에 의한 회사의
 책임은 회사가 표현대표자의 명칭사용을 명시적으로나 묵시적으로 승인할 경
 우에 한하여 인정된다)

상법 제395조에 의하여 표현대표자의 행위에 대하여 회사가 책임을 지는
것은 회사가 표현대표자의 명칭사용을 명시적으로나 묵시적으로 승인할 경우
에만 한하는 것이고 회사의 명칭사용승인 없이 임의로 명칭을 참칭한 자의 행
위에 대하여는 비록 그 명칭사용을 알지 못하고 제지하지 못한 점에 있어서
회사에게 과실이 있다고 할지라도 그 회사의 책임으로 돌려 선의의 제3자에
대하여 책임을 지게 하는 취지가 아니다(동지: 대법원 1994. 12. 27. 선고 94다
7621 판결; 대법원 1994. 12. 2. 선고 94다7591 판결; 대법원 1995. 11. 21. 선고 94다
50908 판결).

◆ 사   례

　　A주식회사의 대표이사 甲은 이사회의 결의 없이 신주를 발행하였다. 이에 주주
乙이 甲을 문책하고자 주주총회의 소집을 요구하였고, 경영권의 위협을 느낀 甲
은 평이사인 丙을 시켜 이사회의 결의 없이 일부 주주에게만 구두로 소집통지하
여 주주총회를 소집하게 하였다. 동 주주총회에서는 丙이 대표이사로 선출되었고
등기를 마쳤다. 丙은 대표이사 자격에서 A회사 소유의 부동산을 丁에게 매도하고
소유권이전등기를 하여 주었다.
　(1) A주식회사의 신주발행은 유효한가?
　(2) 회사소유의 부동산을 매각하는 데 주주총회의 특별결의를 요하는가?
　(3) 丁명의의 소유권이전등기는 유효한가?

Ⅰ. 문제의 소재

　　1. 신주의 발행은 대표권의 법률상 제한의 한 유형인 법률상 이사회결의
를 요하는 경우로서 이사회의 결의 없이 한 신주발행이 유효한지 문제된다.

　　2. 상법 제347조 제1호는 영업양도의 경우 주총의 특별결의를 유효요건으
로 규정하고 있는데 영업양도를 상법총칙상의 그것과 동일하게 볼 것인지에
따라 회사소유의 부동산매각에도 특별결의를 요하는지가 문제된다.

　　3. 丁명의의 소유권이전등기가 유효인지 여부는 먼저 부동산매매에 주총
의 특별결의를 요하는지 여부가 문제되고, 다음으로 丙이 정당한 대표권이 있

는 자인지와 관련하여 丙을 선출한 주주총회에 하자가 있지는 않은가와 주총에 하자가 있는 경우에도 丁의 보호책으로서 상법 제39조나 제395조가 적용될 수 있는지가 문제된다.

Ⅱ. 이사회결의 없는 신주발행의 효력

1. 문 제 점

정관에 다른 규정이 없으면 신주발행은 이사회의 결의를 받아야 하는데 (상법 제416조) 이러한 이사회의 결의 없이 대표이사가 신주를 발행하여 기존 주주들에게 배정한 경우, 그 행위의 효력은 집단적 행위라는 특성과 또한 신주발행무효의 소와의 관계에서 문제된다. 설문의 경우와 같이 이사회 결의 없이 대표이사가 발행한 신주발행의 효력에 대하여 견해가 대립한다.

2. 학   설

(1) 무 효 설

신주발행은 중요한 조직법상의 행위이고, 대표이사가 이사회의 결의 없이 신주를 발행하는 것은 수권자본제의 한계를 넘는 것이므로 무효가 되며, 이는 신주발행무효의 소의 원인으로 본다.

(2) 유 효 설

이사회의 결의 없는 신주발행은 위법한 대표행위로서 대외적 행위이므로 거래의 안전을 보호하기 위하여 유효로 본다.

(3) 절 충 설

당초의 인수인 및 악의의 양수인 사이에서는 무효이고 선의의 양수인 사이에서는 유효라는 견해이다.

3. 검   토

상법은 대표이사가 발행한 신주발행의 효력에 대하여 회사의 업무집행에 준하는 것으로 취급하고 있으므로 거래의 안전을 중시하여 유효로 보아야 할 것으로 생각한다. 이와 같이 이를 유효로 보는 경우에는 선의의 주주에 대하여만 유효로 되고 악의의 주주에 대하여는 무효로 된다고 볼 수는 없을 것이다. 따라서 신주발행과 같은 집단적 행위에는 주주(또는 제3자)의 선의·악의에 의하여 개별적으로 그 효력이 달라지는 것으로는 볼 수가 없고 획일적으로 보아야 하기 때문에 언제나 유효라고 본다. 그러나 이때 이를 안 주주는 사전에 그 대표이사에 대하여 신주발행유지청구권을 행사할 수 있으며(상법 제424조), 또 그 대표이사는 사후에 회사 또는 제3자에 대하여 손해배상책임을 진다(상법 제399조, 제401조).

따라서 사안의 경우 유효설의 입장에서 대표이사 甲이 이사회의 결의 없이 한 신주발행은 유효하다.

Ⅲ. 부동산처분에 주주총회의 특별결의를 요하는지 여부

1. 문 제 점

회사의 부동산매각행위가 상법 제374조의 적용을 받아 주주총회의 특별결의를 요하는 것인지는 동조의 영업양도의 의미를 상법총칙상의 영업양도와 같게 볼 것인지에 따라 달라진다.

2. 학 설

(1) **불요설**(형식설)

상법 제374조 제1항 제1호의 영업양도와 상법 제41조의 영업양도의 의의를 동일하게 해석하여 영업용 중요재산의 양도는 영업양도가 아니므로 주주총회특별결의를 요하지 않는다는 입장이다. 거래안전보호, 법문의 통일적 해석을 근거로 한다.

(2) **필요설**(실질설)

영업용 중요재산의 양도는 총칙상의 영업양도는 아니지만 상법 제374조 제1항 제1호의 영업양도에는 포함된다고 보는 입장이다. 상법 제374조와 제41조는 입법목적이 달라 동일하게 해석할 필요가 없으며, 회사보호를 근거로 한다.

(3) **절충설**(사실상 영업양도설)

원칙적으로 불요설(형식설)을 취하면서 양도인에게만이 아니라 양수인에게도 영업양도의 의미를 지니는 경우에 한하여 상법 제374조를 유추적용하는 견해이다.

3. 판 례

판례는 기본적으로는 상법 제41조의 영업양도와 상법 제374조의 영업양도를 동일하게 보면서도 "단순한 영업용 재산의 양도라 하더라도 그 양도의 결과 회사영업의 전부 또는 일부를 양도하거나 폐지하는 것과 같은 결과를 가져오는 경우에는 상법 제374조를 유추적용하여 주주총회의 특별결의를 요한다"고 판시하고 있다(대법원 1969. 11. 25. 선고 64다569 판결; 대법원 1987. 4. 28. 선고 86다카553 판결).

4. 검 토

형식설은 주주 등의 보호에 문제가 있을 뿐더러 상법 제374조 제1항 제1호 후단의 '영업의 일부의 양도'를 사문화시킬 우려가 있으며, 실질설은 같은 상법상의 영업양도의 개념을 다르게 해석하므로 법해석의 통일성을 기하지 못한다는 점과 제374조의 적용범위를 너무 확대하여 거래의 안전을 해할 우려가 있다는 점에서 옳지 못하다. 그리고 절충설은 사실상의 영업양도의 개념이 주관적이며 애매하여 옳지 못하므로 법 제374조의 영업양도의 개념은 판례와 같이 해석하는 것이 가장 타당하다.

우리나라의 대법원판례는 기본적으로 양자의 영업양도의 의미를 동일하게 보는 형식설의 입장을 취하면서, 주주의 이익을 보호하기 위하여 영업용 재산의 양도에는 그것이 회사영업의 전부 또는 일부를 양도하거나 폐지하는 것과 같은 결과를 가져오는 경우에는 그것이 비록 영업의 전부 또는 일부의 양도에 해당하는 경우가 아닐지라도 상법 제374조 제1항 제1호를 유추적용하여 주주총회의 특별결의를 요하는 것으로 판시하고 있다. 이는 위에 설명한 절충설과는 다른 의미의 절충설이라고 볼 수 있는데, 이러한 대법원판례의 입장에 찬동한다.

사안에서 A회사의 부동산매각이 영업양도가 아님은 명백하다. 다만 해당 부동산이 회사존립의 기초가 되는 중요한 영업용 재산이어서 그 양도가 회사영업의 전부 또는 일부를 양도하거나 폐지하는 것과 같은 결과를 가져오는 경우인지가 문제되는데, 설문상으로는 그러한 내용의 설시가 없어 단순한 재산의 양도로밖에 볼 수 없어 주주총회의 특별결의를 요한다고 할 수 없다.

Ⅳ. 丁 명의의 소유권이전등기의 유효성여부

1. 문 제 점

A회사 소유의 부동산의 매매는 위에서 살펴본 것처럼 주주총회의 특별결의가 필요없는 경우이므로 이를 이유로 무효가 될 수는 없다. 다만 A회사를 대표한 丙에게 유효한 대표권이 있는 지가 문제되는바, 丙을 선출한 주주총회결의에 어떠한 하자가 존재하는지와 그 하자의 주장과 효과 및 이에 대한 매매상대방 丁의 보호책을 검토하여야 한다.

2. 주주총회결의의 효력

(1) 주주총회결의의 하자

상법은 주주총회의 하자를 다투는 방법으로 결의취소의 소, 결의무효확인의 소, 결의부존재확인의 소, 부당결의취소·변경의 소로 제한하여 규정하고 있는바, 이는 하자주장의 방법을 제한하여 주식회사의 법률관계를 획일적으로 확정하기 위한 것이다.

그런데 설문의 경우와 같이 소집절차나 결의방법에 하자가 있는 경우는 결의취소의 소 또는 결의부존재확인의 소의 여지가 있는바 양자의 구별이 문제된다.

(2) 결의취소의 소의 원인

결의취소의 소는 총회의 소집절차나 결의방법이 법령 또는 정관에 위반하거나 현저하게 불공정한 때와 결의내용이 정관에 위반한 때에 제기할 수 있다. 따라서 이사회의 결의 없이 소집권자가 주주총회를 소집한 경우나 일부 주주에게 소집통지를 하지 않거나 법정통지기간을 준수하지 않은 경우 등이 그 예이다.

(3) 결의부존재확인의 소의 원인

결의부존재확인의 소는 '총회의 소집절차 또는 결의방법에 총회결의가 존

재한다고 볼 수 없을 정도의 절차상(형식상) 중대한 하자가 있는 경우'에 제기
할 수 있다. 이에는 사실상 결의라고 할 수 있는 것이 존재하나 그 성립의 태
양에 극심한 절차의 흠결이 수반된 경우(표현결의)와 총회결의로 볼 수 있는
것이 전혀 없는 경우(비결의)가 있다. 즉 이사회의 결의도 없이 소집권한이 없
는 자가 소집한 총회에서 이루어진 결의나 총회를 개최한 사실이 전혀 없거나
결의가 사실상 존재한 바 없음에도 의사록에 결의가 있었던 것 같이 기재되어
있는 경우가 그 예이다.

(4) 사안의 경우

설문과 같이 주주총회의 소집권한이 없는 평이사가 이사회결의 없이 일부
주주에게만 구두로 소집통지를 하여 주주총회를 소집한 경우는 총회의 소집절
차에 중대한 하자가 존재하는 경우로서 주주총회결의부존재확인의 소의 원인
이 된다고 보는 것이 학설과 판례이다. 따라서 丙을 대표이사로 선임한 주주
총회결의의 부존재확인의 소를 제기할 수 있다.

3. 결의부존재확인판결의 효력

주주총회결의의 부존재확인의 원고승소판결에는 대세적 효력과 소급효가
인정된다(상법 제380조, 제190조 본문). 1995년의 상법개정 전에는 상법 제380조
가 판결의 비소급효를 규정한 상법 제190조를 전부 준용하는 관계로 판결의
소급효를 인정하지 않는 것이 통설의 입장이었으나 개정상법은 제190조 본문
만을 준용하도록 하여 이 문제를 해결하였다.

사안의 경우 주주총회에서 丙을 대표이사로 선임하는 결의는 주주총회결
의의 부존재확인의 소의 원인이 되고 그 판결의 소급효인정에 따라 소급적으
로 무효가 된다. 따라서 丙의 대표이사 선임행위는 무효가 되고 丙이 대표이
사 자격에서 한 A회사와 丁 간의 부동산매매행위도 무효로 된다. 그러나 이때
상법 제39조 또는 제395조에 의한 丁의 보호가 문제된다.

4. 丁의 보호방안

(1) 상법 제39조에 의한 보호

상법 제39조는 "고의 또는 과실로 인하여 사실과 상위한 사항을 등기한

자는 그 상위를 선의의 제3자에게 대항하지 못한다"고 규정하고 있다. 사안에서 丙의 대표이사등기는 일응 주주총회의 결의에 의한 것이므로 A회사의 귀책사유는 인정된다고 할 것이고, 丁이 선의인 한 A회사는 丙의 대표이사 자격을 부인하지 못하므로 소유권이전등기가 무효임을 이유로 말소를 구할 수 없다.

판례도 "제3자가 주식회사의 대표이사로 선임되어 등기된 자를 회사의 적법한 대표자로 믿고 거래한 후에 이사들을 선임한 주주총회결의부존재확인판결이 확정되었다 할지라도 회사는 선의의 제3자에 대해 거래의 효력을 부인할 수 없다"고 한다(대법원 1974. 2. 12. 선고 73다1070 판결).

(2) 상법 제395조에 의한 보호

주주총회 결의의 하자를 다투는 소의 인용판결의 소급효가 인정되는 개정법하에서는 대표이사의 선임결의에 대한 무효, 부존재확인 전에 사실상의 대표이사가 한 행위에 상법 제395조가 유추적용된다는 것이 다수설과 판례의 태도이다.

동법의 적용요건으로서는 외관의 존재와 외관의 부여 및 상대방의 선의가 필요하다.

사안에서 丙은 대표이사의 명칭으로 계약을 했으므로 외관의 존재가 긍정되고, 비록 하자 있는 결의이지만 회사가 대표이사로 선임하여 등기까지 마친 상태이므로 회사측에 외관부여에 대하여 그 책임이 있다고 할 것이다. 따라서 丁의 악의를 회사가 증명하지 못하는 한 매수인 丁은 보호되어 부동산의 소유권을 주장할 수 있다.

Ⅴ. 사례의 해결

1. 이사회결의 없이 신주가 발행된 경우에도 일단 발행된 신주는 유통이 된다는 점에서 거래안전을 위해 유효하다고 봄이 타당하므로, A회사의 신주발행은 유효하다.

2. 상법 제374조의 영업양도의 개념은 기본적으로는 상법 제41조의 영업양도와 같게 해석하면서도, 회사영업의 전부나 일부를 양도, 폐지하는 것과 같

은 결과를 가져오는 영업용 재산의 양도에는 주주총회의 특별결의를 요한다고 보는 것이 바람직하다. 그런데 사안의 부동산매각은 중요한 영업용 재산이라고 볼 아무런 근거가 없는바, 위 부동산매각에 A회사의 주주총회결의는 요하지 않는다.

3. 丙을 대표이사로 선임한 주주총회의 결의는 그 총회의 소집절차에 중대한 하자가 있어 결의부존재확인의 소의 원인이 존재한다. 그런데 결의부존재확인의 인용판결에는 소급효가 있어 丙의 대표이사 선임은 무효가 되며, 대표권 없는 丙에 의한 丁과의 부동산매매계약 역시 무효가 된다. 그러나 A회사가 丁의 악의를 증명하지 못하는 한 丁은 상법 제39조와 제395조에 의해 보호받을 수 있으므로 丁명의의 소유권이전등기는 유효하다.

Ⅵ. 참조판례

대법원 2007. 2. 22. 선고 2005다77060 판결

주식회사의 신주발행은 주식회사의 업무집행에 준하는 것으로서 대표이사가 그 권한에 기하여 신주를 발행한 이상 신주발행은 유효하고, 설령 신주발행에 관한 이사회의 결의가 없거나 이사회의 결의에 하자가 있더라도 이사회의 결의는 회사의 내부적 의사결정에 불과하므로 신주발행의 효력에는 영향이 없다고 할 것인바, 비록 원심의 이유설시가 적절하다고 할 수는 없지만 원심이 피고(반소원고, 이하 '피고'라고만 한다) 회사가 감사 및 이사인 원고들에게 이사회 소집통지를 하지 아니하고 이사회를 개최하여 신주발행에 관한 결의를 하였다고 하더라도 피고 회사의 2001. 2. 28.자 신주발행의 효력을 부인할 수 없다

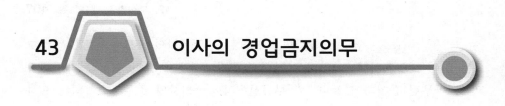

◆ 사　례

　　인디언주식회사는 서울에서 다수의 점포망을 가지고 주로 서민용 신사복의 판매를 영업으로 하면서 지방으로 진출할 계획을 세우고 있었다.
　　(1) 인디언주식회사의 이사 A는 회사와는 아무런 상의 없이 춘천에 '인디언주식회사 춘천지점'이라는 점포를 개설하여 고급신사복의 판매를 개시하였다. 이 경우 인디언주식회사는 이사 A에 대하여 어떠한 조치를 취할 수 있는가?
　　(2) A가 '인디언유한회사'라는 회사를 설립하여 그 이사로 취임하여 역시 춘천에서 고급 신사복의 판매를 개시한 경우에는 어떠한가?

Ⅰ. 문제의 소재

　　이 사례는 서민용 신사복을 판매하는 인디언주식회사의 이사 A가 고급신사복을 판매하는 것이 이사의 경업거래금지의무의 위반으로 되는가, 인디언주식회사의 이사 A가 인디언유한회사의 이사로 되는 것이 이사의 겸직금지의무의 위반으로 되는가, 또 각 경우에 위반으로 된다면 인디언주식회사에는 어떠한 구제방법이 있는가 하는 것이 첫번째 논점이고, 다음으로는 이사 A가 '인디언주식회사 춘천지점'이라는 상호나 '인디언유한회사'라는 상호로 고급신사복을 판매하는 것이 부정한 목적의 상호사용으로 되는가, 부정한 목적의 상호사용으로 된다면 인디언회사에는 어떠한 구제방법이 있는가 하는 것이 두 번째 논점이다.
　　전자는 이사의 경업금지의무의 요건과 그 위반의 효력의 문제이고, 후자는 상호부정사용금지의무의 요건과 그 위반의 효력의 문제라고 할 수 있다.

Ⅱ. 이사의 경업금지의무

1. 의   의

이사는 이사회의 승인이 없으면 자기 또는 제3자의 계산으로 회사의 영업부류에 속한 거래를 하거나 동종영업을 목적으로 하는 다른 회사의 무한책임사원이나 이사가 되지 못한다(상법 제397조 제1항). 이러한 이사의 경업거래금지의무와 겸직금지의무를 이사의 경업금지의무라고 한다.

2. 입법취지

이사는 대표이사이든 평이사이든 회사의 업무집행의 결정에 참여할 수 있어 회사의 영업상의 기밀을 잘 알 수 있는 지위에 있으므로 상법은 회사의 이익과 이사의 이익이 충돌하는 경우에 이사가 그 지위를 이용하여 회사의 이익을 희생하고 자기 또는 제3자의 이익을 도모하는 것을 방지하기 위하여 이사에게 경업금지의무를 부과한 것이다.

이사의 경업금지의무는 이사가 회사의 업무를 집행함에 있어서 그에게 부여된 권한을 회사에 가장 유리하다고 믿는 바에 따라 성실하고 정당한 목적을 위하여 행사하여야 하고, 회사의 이익과 이사의 개인적 이익이 충돌하는 경우에는 자기의 개인적 이익을 희생하고 의사결정을 하여야 한다는 이른바 이사의 충실의무(duty of loyalty)에 기한 것이다. 이번 개정상법은 제382조의3에서 "이사는 법령과 정관의 규정에 따라 회사를 위하여 그 직무를 충실하게 수행하여야 한다"고 규정하여 종래의 회사와 이사와의 관계를 민법상의 위임에 관한 규정을 준용하여 선량한 관리자의 주의로서 그 직무를 수행하여야 할 의무를 지고 있다고 해석한 데에서 한걸음 더 나아가 이사에 대하여 회사의 이익을 우선적으로 고려하여 그 직무를 수행하여야 할 의무가 있다고 명확하게 밝힌 것이다.

3. 경업거래금지의무

(1) 금지의 요건

1) 자기 또는 제3자의 계산

'자기 또는 제3자의 계산'으로 거래한다는 것은 그 거래의 경제적 효과를 자기 또는 제3자에게 귀속시킬 의도로 거래한다는 것이다. 자기 또는 제3자의 계산으로 거래하는 한, 자기의 명의로 하든 제3자의 대리나 대표로 하든 불문한다. 본 사례의 설문 ①의 이사 A가 고급신사복을 판매한 것은 '자기의 계산으로' 거래한 것이고, 본 사례의 설문 ②의 이사 A가 인디언유한회사의 이사로서 고급신사복을 판매한 것은 인디언유한회사, 즉 '제3자의 계산으로' 거래한 것으로 보인다.

2) 회사의 영업부류에 속하는 거래

이사의 경업거래금지의무의 대상인 거래는 '회사의 영업부류에 속하는 거래'이다. '회사의 영업부류에 속하는 거래'는 회사가 영업으로 하는 거래(기본적 상행위 또는 준상행위)를 의미하는 것이지, 회사가 영업을 위하여 하는 거래(보조적 상행위)를 의미하는 것이 아니다. 또 회사가 영업으로 하는 거래라도 영리성이 없는 거래는 이에 해당되지 않는다.

'회사의 영업부류에 속하는 거래'는 회사가 실제로 영위하는 사업과 경합함으로써 회사와 이사 간에 이익의 충돌이 생길 가능성이 있는 거래이다. 따라서 회사와 이사 간에 이익의 충돌이 생길 가능성이 있는 한 회사의 상품판매와 동종의 상품판매뿐만 아니라 이와 유사한 상품판매도 포함된다. 본 사례의 설문 ①과 설문 ②의 이사 A가 판매하는 고급신사복과 인디언주식회사가 판매하는 서민용 신사복은 확연하게 구별하기 곤란하고 양자의 업무내용이 서로 중복될 수 있으며 소비자로서는 단지 의류품을 기준으로 영업주체를 판단하기 쉽고, 또 인디언주식회사가 춘천으로 이미 진출하려고 영업준비를 하고 있었던 점을 고려하면 이사 A가 춘천에서 고급신사복을 판매한 행위는 인디언주식회사의 영업부류에 속하는 거래를 한 것이라고 볼 수 있다.

(2) 금지의 해제(이사회의 승인)

이사의 경업거래에 관하여 이사회의 승인이 있으면 그 경업거래의 금지가

해제된다.

　이사의 경업거래에 관한 이사회의 승인은 사전승인이어야 하고 개별적 승인이어야 한다. 다만 동종·동형의 거래가 계속 반복되는 경우에는 이사회가 합리적이라고 인정되는 범위에서 거래의 종류·금액·기간 등을 정하여 다소 포괄적으로 승인하여도 이사의 경업거래금지의무의 본래의 취지에 반하지 않으므로 무방하다. 본 사례의 설문 ①의 경우에는 이사회의 승인이 없었고, 설문 ②의 경우에도 전후 사정으로 보아 이사회의 승인이 없었던 것으로 보인다.

(3) 위반의 효과

1) 개 입 권

　이사가 경업거래금지의무에 위반하여 경업거래를 한 경우에, 회사는 이사회의 결의에 의하여 그 이사의 거래가 자기의 계산으로 한 것인 때에는 이를 회사의 계산으로 한 것으로 볼 수 있고, 또 제3자의 계산으로 한 것인 때에는 그 이사에 대하여 이로 인한 이득의 양도를 청구할 수 있다(상법 제397조 제2항). 이를 회사의 개입권 또는 탈취권이라고 한다. 개입권은 회사가 이사에 대하여 일방적 의사표시를 하여 그 효과가 발생하므로 형성권에 속한다. 개입권행사의 효과에 관하여는 물권적 귀속설과 채권적 귀속설의 대립이 있으나 채권적 귀속설이 다수설이다. 다수설인 채권적 귀속설에 의하면, 개입권행사의 효과는 회사와 이사 간의 관계에만 미치고 이사와 제3자 간의 법률관계를 변경시키거나 회사가 제3자에 대하여 당연히 거래의 당사자가 되는 것은 아니다. 개입권은 거래가 있은 날로부터 1년을 경과하면 소멸하는데(상법 제397조 제3항) 이 기간은 제척기간이다.

　이와 같이 이사의 경업거래금지의무위반의 경우에 회사의 개입권을 인정하여 그 위반행위를 유효로 하면서 회사에 구제수단을 부여한 것은 대부분의 경우 발생되는 손해가 대체로 기대이익의 상실로서 그 손해액의 산정이 곤란하여 이를 구제하고, 또 회사의 고객을 계속 유지하도록 하기 위한 것이다.

　회사의 개입권은 이사회의 결의에 의한 의사표시를 한 때에 그 효력이 발생한다(개정상법은 개입권의 결의기관을 주주총회에서 이사회로 변경하였다. 개정상법 제397조 제2항 참조).

　회사가 개입권을 행사한 때에는 채권적 효력이 생겨 이사가 자기의 계산으로 회사의 영업부류에 속한 거래를 한 때에는 그 거래의 경제상의 효과(금전, 물건, 채권 등)를 회사에 양도할 의무가 있고, 또 제3자의 계산으로 회사의 영업부류에 속한 거래를 한 때에는 그 거래로 인하여 얻은 이익(보수 또는 보수청구권 등)을 회사에 양도하여야 할 의무가 있다. 이사가 경업금지의무에 위반하여 자기 또는 제3자의 계산으로 한 경업거래를 이사회가 사후승인할 수 없다고 본다(다수설).

그러므로 본 사례의 인디언주식회사는 이사회의 결의에 의한 개입권을 행사하여 본 사례의 설문 ①의 경우에는 이사 A에 대하여 그 판매로 인하여 취득한 금전, 물건, 채권 등의 양도를 청구할 수 있고, 또 본 사례의 설문 ②의 경우에는 이사 A에 대하여 그 판매로 인하여 얻은 보수, 보수청구권 등의 이득의 양도를 청구할 수 있다.

2) 기타 이사가 경업거래금지의무에 위반하여 경업거래를 한 경우에 회사는 이 이사에 대하여 손해배상을 청구할 수 있고(상법 제399조 제1항), 주주총회의 결의에 의하여 이사를 해임할 수 있으며(상법 제385조 제1항), 또 감사나 소수주주권자는 그 위반거래로 인하여 회사에 회복할 수 없는 손해가 생길 염려가 있는 이사에 대하여 그 거래의 유지를 청구할 수 있다(상법 제402조).

4. 겸직금지의무

이사는 이사회의 승인 없이는 동종영업을 목적으로 하는 다른 회사의 무한책임사원이나 이사가 되지 못한다(상법 제397조 제1항 후단). 이사의 겸직금지의무와 경업거래금지의무는 별개의 제도이므로 이사회의 이사겸직에 관한 승인과 이사경업거래에 관한 승인은 각각 따로 하여야 한다. 이사가 겸직금지의무에 위반하여 다른 회사의 이사로 취임한 경우에는 그 취임 자체는 유효하며, 다만 회사는 그 이사에 대하여 손해배상을 청구할 수 있고(상법 제399조 제1항), 또 주주총회의 결의에 의하여 그 이사를 해임할 수 있다(상법 제385조 제1항). 경업금지의무를 위반한 경우와 다른 점은 거래가 아니므로 회사는 개입권을 행사할 수 없는 점이다.

본 사례의 설문 ②의 이사 A가 인디언유한회사의 이사로 된 것은 이사회의 승인 없이 동종영업을 목적으로 하는 다른 회사의 이사로 취임하여 이사의 겸직금지의무에 위반하는 것이므로 인디언주식회사는 이사 A에 대하여 손해배상을 청구하고, 또 주주총회의 결의에 의하여 그를 해임할 수 있다.

5. 대법원판례의 동향

(1) 이사의 경업금지의무를 규정한 상법 제397조 제1항의 규정취지는 이사가 그 지위를 이용하여 자신의 개인적 이익을 추구함으로써 회사의 이익을 침해할 우려가 큰 경업을 금지하여 이사로 하여금 선량한 관리자의 주의로써 회사를 유효·적절하게 운영하여 그 직무를 충실하게 수행하여야 할 의무를 다하도록 하려는 데 있으므로, 경업의 대상이 되는 회사가 영업을 개시하지 못한 채 공장의 부지를 매수하는 등 영업의 준비작업을 추진하는 단계에 있다 하여 위 규정에서 말하는 '동종영업을 목적으로 하는 다른 회사'가 아니라고 볼 수는 없다(대법원 1993. 4. 9. 선고 92다53583 판결).

(2) 회사의 이사가 회사와 동종영업을 목적으로 하는 다른 회사를 설립하고 다른 회사의 이사 겸 대표이사가 되어 영업준비작업을 해 오다가 영업활동을 개시하기 전에 다른 회사의 이사 및 대표이사직을 사임하였다고 하더라도 이는 상법 제397조 제1항 소정의 경업금지의무를 위반한 행위로서, 특별한 다른 사정이 없는 한 이사의 해임에 관한 상법 제385조 제2항 소정의 '법령에 위반한 중대한 사실'이 있는 경우에 해당한다(대법원 1990. 11. 2.자 90마745 결정).

Ⅲ. 상호부정사용의 금지

1. 의   의

누구든지 부정한 목적으로 타인의 영업으로 오인할 수 있는 상호를 사용하지 못한다(상법 제23조 제1항). 상호의 부정사용은 상호의 등기유무와 관계없이 금지된다.

2. 요   건

(1) 부정한 목적

부정한 목적이란 자기의 영업을 타인의 영업으로 혼동·오인시키려는 목적을 말한다.

다시 말하면 타인이 그 상호에 의하여 누리고 있는 명성·신용 또는 경제적 이익 등을 자기의 영업에 이용하고자 하는 의도를 가지고 타인의 상호를 사용하는 것을 뜻한다.

이러한 '부정목적'의 유무는 사실인정의 문제인데 부정목적이 있느냐의 여부는 미등기상호의 경우에는 상호권자가 스스로 증명하여야 하고, 등기상호의 경우에는 그것이 사용자에게 부정목적이 있는 것으로 추정되므로(상법 제23조 제4항) 그 증명책임은 전환된다.

(2) 타인의 영업으로 오인할 수 있는 상호의 사용

타인의 영업으로 오인할 수 있는 상호란 일반거래상 자기의 영업과 타인의 영업이 혼돈·오인될 염려가 있는 상호로서, 타인의 상호와 동일한 상호뿐만 아니라 타인의 상호와 유사한 상호도 포함된다. 상호의 동일성과 유사성은 거래의 관념에 따라 객관적으로 결정할 문제인데, 상호 자체를 비교하여 그 전체에서 받는 인상이 비슷하여 일반거래에서 영업을 혼동하거나 오인할 우려가 있는 상호는 동일 또는 유사상호라 할 수 있다(대법원 1964. 4. 28. 선고 63다811 판결; 대법원 1976. 2. 24. 선고 73다1238 판결 참조).

타인의 영업으로 오인할 수 있는 상호인가 아닌가는 객관적으로 판단하여야 하고, 또 양 상호를 형식적으로 비교하여 판단할 것이 아니라 거래계의 실정을 고려하여 판단하여야 한다. 본 사례의 설문 ①의 '인디언주식회사 춘천점'이라는 상호와 본 사례의 설문 ②의 '인디언유한회사'라는 상호는 '인디언주식회사'라는 상호와의 관계에서 '인디언'이라는 주요부분이 동일하여 인디언주식회사의 영업으로 오인할 수 있는 상호라고 볼 수 있으므로, 이사 A는 부정한 목적으로 인디언주식회사의 영업으로 오인할 수 있는 상호를 사용한 것이다.

3. 금지의무위반의 효과

부정한 목적으로 타인의 영업으로 오인할 수 있는 상호를 사용한 경우에는 상호권자는 그 상호사용의 폐지를 청구할 수 있고, 또 손해배상을 청구할 수 있다(상법 제23조 제2항·제3항). 따라서 본 사례의 인디언주식회사는 설문 ①의 이사 A와 설문 ②의 인디언유한회사에 대하여 상호사용의 폐지와 손해배상을 청구할 수 있다.

IV. 문제의 해결

1. 이사의 경업금지의무의 위반

본 사례의 설문 ①에 있어서 인디언주식회사의 이사 A가 고급신사복을 판매한 것은 이사회의 승인 없이 '자기의 계산으로' 인디언주식회사의 영업부류에 속하는 거래를 한 것이고, 또 본 사례의 설문 ②에 있어서 인디언주식회사의 이사 A가 인디언유한회사의 이사로서 고급신사복을 판매한 것은 이사회의 승인 없이 인디언유한회사, 즉 '제3자의 계산으로' 인디언주식회사의 영업부류에 속하는 거래를 한 것이다.

그러므로 인디언주식회사는 이사회의 결의에 의하여 개입권을 행사하여 이사 A에 대하여 본 사례의 설문 ①의 경우에는 그 판매로 인하여 취득한 금전, 물건, 채권 등의 양도를 청구할 수 있고, 또 설문 ②의 경우에는 보수, 보수청구권 등의 이득의 양도를 청구할 수 있으며, 이외에도 손해배상을 청구할 수 있고, 또 이사 A를 해임할 수 있다. 또한 본 사례의 설문 ②의 인디언주식회사 이사 A가 인디언유한회사의 이사로 된 것은 이사회의 승인 없이 동종영업을 목적으로 하는 다른 회사의 이사로 된 것이므로 인디언주식회사는 이사 A에 대하여 손해배상을 청구할 수 있고(상법 제399조 제1항), 또 주주총회의 결의에 의하여 이사 A를 해임할 수도 있다(상법 제385조 제1항).

2. 상호부정사용금지의 위반

본 사례의 설문 ①의 '인디언주식회사 춘천점'이라는 상호와 본 사례의 설문 ②의 '인디언유한회사'라는 상호는 인디언주식회사의 영업으로 오인할 수 있는 상호로 볼 수 있으므로, 인디언주식회사는 이사 A와 인디언유한회사에 대하여 상호사용의 폐지와 손해배상을 청구할 수 있다.

44 주주전원의 동의에 의한 이사의 자기거래의 효력

◆ 사 례

　Y주식회사의 주주 전원은 동 회사의 이사인 X에게 월 금 1,000,000원씩의 생활비를 지급하기로 사전에 동의하였는데, 이사회의 승인은 없었다. X가 Y회사에게 이 금액의 지급을 청구하자 Y회사는 이사회의 승인이 없어서 Y회사의 그 채무부담행위는 효력이 없다고 항변하였다.

　이에 대하여 원심은 X의 청구를 인정하자, Y가 상고하게 된 것이다.

Ⅰ. 판결요지(대법원 1992. 3. 31. 선고 91다16310 판결)

　회사의 이사에 대한 채무부담행위가 상법 제398조의 소정의 이사의 자기거래에 해당하여 이사회의 승인을 요한다고 할지라도, 위 규정의 취지가 회사 및 주주에게 예기치 못한 손해를 끼치는 것을 방지함에 있다고 할 것이므로, 그 채무부담행위에 대하여 사전에 주주전원의 동의가 있었다면 회사는 이사회의 승인이 없었음을 이유로 그 책임을 회피할 수 없는 것이다. 그리고 회사의 경영진이 바뀌었다 하여 회사의 동일성에 영향을 줄 수는 없는 것이다.

　같은 취지에서 Y회사의 책임을 인정한 원심판결은 정당하고, 그 밖에 원심판결에 논지가 주장하는 바와 같이 공서양속과 사회상규에 반한다거나, 소개영업법에 위반한다거나 판례에 위반된다거나 한 위법이 없다.

Ⅱ. 평   석

1. 논   점

이사는 회사의 업무집행에 관하여 그 내용을 잘 아는 자이므로 이사가 회사와 거래한다면 이사 또는 제3자의 이익을 위하여 회사의 이익을 희생하기 쉽다. 따라서 상법은 이사가 자기 또는 제3자의 계산으로 회사와 거래를 하는 것을 원칙적으로 금지하고, 다만 예외적으로 이를 하는 경우에는 이사회(이사가 1인인 소규모 주식회사의 경우에는 주주총회)(상법 제383조 제4항)의 승인을 얻어야 하는 것으로 규정하고 있다(상법 제398조).

그런데 위의 판결의 사안에서는 이사와 회사와의 거래에 대하여 이사회의 승인을 얻지 않고 사전에 주주 전원의 동의를 얻은 경우인데, 이러한 주주 전원의 동의가 이사회의 승인에 갈음할 수 있는지 여부에 관한 것이다.

2. 상법 제398조의 입법취지

이사는 이사회의 승인 없이는 자기 또는 제3자의 계산으로 회사와 거래를 할 수 없다. 이는 이사가 직접거래의 상대방으로서 또는 상대방의 대리인이나 대표자로서 회사와 거래를 하는 경우에 자기의 지위와 경영상의 비밀을 이용하여 회사와 일반주주의 이익을 희생시키고 자기 또는 제3자의 이익을 도모할 위험이 있기 때문에 이를 방지하기 위한 것이다. 이사회의 승인 없이 거래를 한 이사는 회사에 대하여 손해배상책임을 진다. 또 자기거래에 대하여 이사회의 승인을 얻은 경우에도 이사가 선량한 관리자의 주의의무에 위반하여 회사에 손해가 생긴 때에는 손해배상책임을 면하지 못한다. 그러나 이사의 책임은 총주주의 동의에 의하여 면제될 수 있다(상법 제400조).

2011년 개정상법은 종전의 규정이 이사의 자기거래를 통한 이른바 '회사재산 빼돌리기'라는 사익추구를 일삼는 탈법적 거래를 규율하는데 한계가 있다고 보고, 자기거래에 해당하는 인적 대상을 대폭 확대하고, 이사회의 승인요건을 강화하는 동시에 거래내용과 절차의 공정성을 명문화하였다. 즉 이사 및 그와 밀접한 관계에 있는 자 또는 이사가 개인적으로 설립한 개인회사 등이 회사와 거래하여 회사의 이익을 침해하여 부당한 이익을 취하는 것을 방지하기 위하여, 이사 3분의 2 이상의 결의로 이사회의 사전 승인을 얻어야 하는 회사와의 거래대상을 현행 '이사'에서 이사(집행임원 포함, 제408조의9)의 직계존비속·배우자 또는 그들의 개인회사 등으로 확대하고, 거래의 공정성 요건을 법률에 명시한 것이다.

상장회사에 있어서는 회사가 이사, 감사, 주요주주 및 특수관계인, 업무집행지시자(제401조의2 제1항), 집행임원을 상대방으로 하는 거래를 하거나 신용공여행위가 원칙적으로 금지된다(상법 제542조의9).

3. 이사의 자기거래제한의 개념

이사는 이사회의 승인이 있는 때에 한하여 자기 또는 제3자의 회사와 거래할 수 있다(상법 제398조 전단). 이것을 이사의 자기거래의 제한 또는 이사·회사 간의 거래의 제한이라고 한다. 이러한 이사의 자기거래의 제한은 회사의 이익과 이사의 이익이 충돌하는 경우에 이사가 그 지위를 이용하여 회사의 이익을 희생하고 자기 또는 제3자의 이익을 도모하는 것을 방지하기 위한 것으로서, 이는 이사의 경업피지의무(상법 제397조)와 함께 영미법상의 이른바 충실의무(fiduciary duty of loyalty)에 기한 것이다. 이사의 충실의무론은 영미회사법이론에서 발달하여 일본도 영향을 받고 우리나라에서도 이사의 성실한 임무수행이 강조되어 이사가 선관주의의무 외에 충실의무를 지는가가 논의되게 되었다. 영미법상으로는 이사의 주의의무(duty of care)와 충실의무(duty of loyalty)를 합쳐서 신인의무(fiduciary duties)라고 하는데, 위 주의의무가 우리나라에서 이사가 지는 선관주의의무와 비슷하고 충실의무는 영미법에 특유한 것이다. 충실의무의 내용은 매우 광범위한 것을 포함하고 있는데 회사와의 경쟁금지의무, 회사의 이익에 반하는 자기거래금지의무, 회사의 주식에 관한 내부자거래금지의무, 소수주주의 억압금지의무, 회사와 소수주주를 해치는 지배주식의 매각금지의무 등이 이에 속한다. 더구나 오늘날에는 회사를 중심으로 하는 법률관계에 불공정의 개념을 도입하여 이사·임원 및 주주의 충실의무를 광범위하게 해석하고 있다.

개정상법은 제382조의3에서 이사는 법령과 정관의 규정에 따라 회사에 대하여 그 직무를 충실하게 수행하여야 한다고 하여 이른바 충실의무에 관한 규정을 신설하였다. 그 이유는 이사와 회사 사이는 위임관계로서 이사는 선량한 관리자의 주의의무(상법 제382조 제2항; 민법 제681조)를 지고 있는데 선관자의 주의의무에는 충실의무도 포함된다는 견해도 있으나, 이를 명확하게 하여 이사는 회사의 경영을 위임받은 자로서 회사의 이익을 위하여 성실하게 그 직무수행을 하여야 한다는 점을 뚜렷이 규정하고자 하는 데 있다. 이와 관련된 입법례로는 일본상법 제254조의3을 들 수 있다.

4. 제한되는 거래의 범위

(1) 제한되는 거래

1) 이익충돌의 염려가 있는 거래

제한을 받는 거래는 원칙적으로 회사의 이익을 해할 염려가 있는 모든 재산적 거래(이사에 의한 회사재산의 양수, 이사에 의한 자기재산의 회사에 대한 양도, 이사의 채무의 회사에 의한 인수, 회사의 채권을 이사의 채권으로 하는 경개 등)로서 회사와 이사 간의 이익충돌의 염려가 있는 모든 거래를 의미한다. 이사가 별개의 두 개 회사의 대표이사를 겸하고 있는 경우에 양 회사가 거래하는 때에는 불리한 입장에 있는 회사의 이사회의 승인이 있어야 한다(대법원 1969. 11. 11. 선고 69다1374 판결). 이사 개인의 채무에 관하여 그 이사가 회사를 대표하여 채권자에 대하여 채무인수를 하는 것과 같이 이사 개인의 이익을 위하여 회사에 불이익을 미치는 행위(대법원 1965. 6. 22. 선고 65다734 판결; 대법원 1974. 1. 25. 선고 73다955 판결)도 이사회의 승인이 있어야 한다.

2) 어음행위

어음행위는 기명날인을 요건으로 하는 일정한 형식을 가진 서면행위이고 그 자체는 금액지급의 목적을 달성하기 위한 수단으로서 행해지는 추상적인 행위라는 점에서 이사의 자기거래에 포함되느냐의 여부에 대하여는 다툼이 있다.

① **긍정설**(다수설)   어음행위는 법률상 원래 무인행위이고, 원인이 있는 경우에도 그 증명이 쉽지 않을 뿐더러 어음관계 때문에 기존의 법률관계가 더욱 복잡해지는 사정도 있으므로 제한을 받는 거래 속에 포함된다고 보는 입장이다. 대법원판례(대법원 1966. 9. 6. 선고 66다1246 판결 참조)도 여기에 따르고 있다.

② **부정설**(소수설)   원인관계와 구별되는 어음행위는 거래의 수단인 행위

로서 그 성질상 이해의 충돌을 초래하는 행위가 아니므로, 이사의 자기거래에 포함되지 않는다는 입장이다.

③ 검 토   어음은 단순히 거래의 결제수단으로서뿐만 아니라 신용의 수수를 위한 수단으로서도 이용되는 것이고, 또 어음관계는 추상적인 법률관계로서 원인관계와는 분리하여 어음채무자에게는 보다 엄격한 책임을 부담하도록 하고 있다. 그러므로 어음행위 자체가 당사자의 이익충돌을 전혀 가져오지 않는다고 보기는 어려울 것이며, 회사의 이익을 보호하기 위하여는 어음행위도 자기거래의 제한을 받는 행위에 포함된다고 볼 것이다.

(2) 제한되지 않는 거래

이사와 회사 간의 거래라도 회사에 불이익이 생길 염려가 없는 기존 채무의 조건을 회사에 유리하게 변경하는 행위, 무이자, 무담보로 회사에 대부하는 거래, 채무의 이행행위(이사가 회사에 대하여 약속어음을 발행하거나 배서하는 행위), 채권·채무를 상계하는 행위, 보험계약·운송계약 등 보통거래약관에 의한 거래, 회사가 부담 없이 무상증여를 받는 계약 등은 제한을 받는 거래에 포함되지 않는다.

(3) 간접거래

상법 제398조의 '제한되는 거래', 즉 이사회의 승인을 얻어야 하는 이사의 자기거래에 이사와 회사 간의 직접거래, 예컨대 이사가 회사로부터 재산을 양수하거나 회사로부터 금전의 대부를 받는 행위가 해당되는 것은 물론이다. 그러나 이외에 이사와 회사 간의 간접거래, 즉 형식적으로는 이사와 회사 간의 거래가 아니나 실질적으로는 이사와 회사 간의 이익충돌의 염려가 있는 거래, 예컨대 회사가 이사의 채무를 인수하거나 이사의 채무에 대하여 연대보증을 하는 행위도 본 조의 제한되는 거래에 해당되는가에 대하여 논의가 있다.

그러나 본 조는 이사의 이익과 회사의 이익이 충돌하는 경우에 이사가 그 지위를 이용하여 회사의 이익을 희생하고 자기의 개인적 이익을 방지하기 위한 것이므로, 간접거래라도 이사의 이익과 회사의 이익이 충돌할 염려가 있는 경우에는 본 조의 제한되는 거래로서 이사회의 승인을 얻어야 한다고 보아야 할 것이다.

간접거래에 관하여 판례도 "상법 제398조에서 말하는 거래에는 이사와 회사간에 직접 이익에 상반하는 행위뿐만 아니라 이사가 회사를 대표하여 자기의 개인채무의 연대보증을 하는 것과 같은 이사 개인에게 이익이 되고 회사에 불이익이 되는 행위도 포함되는 것이다. 따라서 원 판시의 두 회사의 대표이사를 겸하고 있던 소외인이 위 이사의 채무에 관하여 피고회사를 대표하여 연대보증을 한 경우에는 상법 제398조가 적용된다"(대법원 1984. 12. 11. 선고 84다카1591 판결)고 판시하여 이사회의 승인을 얻어야 한다고 하였다.

5. 제한의 해제(이사회의 승인)

(1) 승인기관

자기거래의 승인은 이사회의 결의에 의하여야 한다. 자기거래의 당사자인 이사는 이사회의 결의에 출석하여 의견을 진술할 수 있으나 특별이해관계인으로서 의결권을 행사하지 못한다(상법 제391조 제2항, 제368조 제4항). 자기거래의 승인은 이사회의 결의사항이지만, 정관규정에 의하여 주주총회의 결의사항으로 할 수 있다고 본다. 이사회가 이사의 자기거래에 대한 승인결의를 하는 경우에 그 거래당사자인 이사는 특별이해관계인으로서 의결권을 행사할 수 없다(상법 제391조 제2항, 제368조 제4항).

(2) 승인의 당사자인 이사

자기거래의 승인은 직접거래의 경우나 간접거래의 경우를 불문하고 이익충돌행위의 당사자인 이사가 요구하여야 한다. 1인회사의 1인주주인 이사가 회사와 거래하는 경우나 총주주의 동의로 회사와 자기거래를 하는 때에는 이사회의 승인이 없더라도 유효하다고 할 것이다. 이와는 달리 1인주주의 경우에도 회사의 재산은 모든 회사채권자에 대한 담보가 된다는 이유로 이사회의 승인이 있어야만 된다는 설도 있으나, 자기거래의 승인규정의 취지는 회사와 주주의 이익을 보호하는 데 있고 1인회사의 경우 회사와 주주의 이익은 바로 1인주주의 이익과 일치한다고 할 수 있으며 더욱이 1인회사나 총주주의 동의가 가능한 폐쇄회사의 경우에는 이사회의 결의를 생략하더라도 특별한 폐해가 생길 염려는 없다고 본다.

(3) 승인의 방법과 시기

이사의 자기거래에 대한 이사회의 승인은 본 조의 취지에 비추어 보아 사전승인이어야 하고 개별적 승인이어야 한다. 이사회의 승인이 있었다는 증명은 이를 주장하는 자가 하여야 하고, 승인이 없었다는 증명은 회사가 하여야 한다. 그러나 동종·동형의 반복되는 거래의 경우는 포괄적인 승인도 가능하다고 본다. 자기거래에 대한 이사회의 승인은 사전에 있어야 한다. 이와는 달리 추인을 인정하자는 주장도 있으나 이를 인정하게 되면 거래상대방인 제3자의 지위가 불안정하게 되어 부당하고, 또한 추인을 예상하여 회사와의 거래가 무절제하게 이루어지는 폐해가 생길 수 있다고 본다.

(4) 주주전원의 사전동의가 이사회승인에 갈음할 수 있는지 여부

상법상 이사의 자기거래의 승인기관은 이사회이고(상법 제398조), 승인시기는 사전에 한하고 사후승인(추인)은 인정되지 않으며, 승인방법은 원칙적으로 개개의 거래에 관하여 개별적으로 하여야 하며 반드시 이사회의 회의의 방법에 의하지 않더라도 이사들의 합의가 있으면 무방하다고 해석되고 있다. 이러한 상법의 규정에서 보거나, 상법상 이사회의 권한사항을 정관의 규정에 의하여 주주총회의 권한사항으로 할 수 없는 점에서 보거나, 이사회의 권한사항은 주주만의 이익을 위한 것이 아니라 회사의 이익을 위한 것이라는 점 등에서 볼 때, 이사의 자기거래가 이사회의 승인 없이 주주 전원의 동의에 의하여 유효하게 될 수는 없다고 본다. 이러한 점에서 볼 때 위의 대법원판결이 이사의 자기거래를 이사회의 승인 없이 사전에 주주 전원의 동의가 있었다고 하여 이를 유효하게 본 것은 타당하지 않다고 본다. 이사회의 권한사항은 정관의 규정에 의해서도 주주총회의 권한사항으로 할 수 없다는 점에서 보면, 위의 사안과 같이 주주 전원의 동의가 있었다고는 하나 정관의 규정에 의한 주주총회의 결의도 아니라는 점에서 보면 더욱 이러한 주주 전원의 동의를 이사회의 승인에 갈음할 수 없다고 본다. 만일 주주 전원의 동의가 이사회의 승인에 갈음할 수 있다고 하면 1인주주인 회사에서는 1인주주의 의사가 언제나 이사회의 권한사항을 갈음할 수 있게 될텐데, 이는 상법상 이사회의 존재를 무시하는 것으로 중대한 문제가 아닐 수 없다. 따라서 1인주주인 이사와 회사 간의 거래에도 반드시 이사회의 승인을 요한다고 본다.

(5) 제한위반의 효력

이사회의 승인을 요하는 자기거래를 이사가 승인 없이 한 경우에 그 거래의 효력에 관하여는 다음과 같은 학설이 있다.

1) 무 효 설

무효설은 상법에서 자기거래를 제한하는 입법취지가 회사의 이익보호를 위하여 승인 없는 자기거래를 금지하는 데 있으므로 이사회의 승인이 없는 자기거래는 무효라고 한다. 다만 예외적으로 이사회의 승인 없는 어음행위는 회사와 이사 간에는 무효이지만 어음이 유통되어 제3자가 이를 취득한 때에는 어음행위에 관한 권리외관설에 의하여 선의취득자는 보호되고 기타의 동산에 대하여는 민법의 선의취득에 관한 규정에 의하여 보호된다고 한다. 그러나 부동산의 경우에는 제3취득자가 있는 경우에도 무효라고 본다.

2) 상대적 무효설

상대적 무효설은 승인 없는 자기거래는 회사와 이사 간에는 무효이고 대외적으로는 회사가 상대방인 제3자가 악의라는 것을 증명하지 못하면 유효하다고 한다. 이 설에서는 거래의 안전과 회사의 이익보호라는 두 가지 요청을 만족시킬 수 있다고 한다. 또한 선의의 부동산의 제3취득자도 보호된다고 한다(대법원 1981. 9. 8. 선고 80다2511 판결).

3) 유 효 설

유효설은 자기거래의 제한에 관한 규정을 이사의 의무를 정한 명령규정에 불구하고, 또 회사와 이사가 거래를 하는 경우에 업무집행의 결정방법을 정한 것으로 보아 자기거래는 유효하고, 다만 회사의 이익은 이사에 대한 손해배상책임과 악의 전득자에 대한 악의의 항변으로 보호될 수 있다고 한다. 이에 의하면 선의의 부동산의 제3취득자도 보호된다고 한다.

4) 학설의 검토

이사의 자기거래의 제한은 회사의 이익을 보호하기 위한 제도이기는 하나 그 거래의 효력이 회사의 내부적 사정에 따라 좌우되어 제3자가 불측의 손해를 받는 것은 부당하므로 이사의 자기거래제한의 위반의 효력에 있어서는 회사이익의 보호와 거래안전의 보호를 어떻게 합리적으로 조화할 것인가가 중요한 문제인 것이다. 이와 같은 관점에서 보면 무효설은 이사회의 승인 없는 이사의 자기거래는 무효라고 함으로 회사이익의 보호는 기할 수 있으나 거래의 안전을 해할 염려가 있다.

유효설은 상법 제398조가 명령규정이라고는 하나, 본 조는 이사의 충실의무에 기한 것으로서 이에 위반한 행위는 무효로 보아야 할 정도의 강한 요청이 있는 규정이고 단순한 명령규정으로서 그 위반행위가 이사의 손해배상책임의 원인으로 되는 데 불과한 규정이 아니다.

상대적 무효설은 상법 제398조의 위반의 효력을 대내적으로는 무효, 대외적으로는 상대방인 제3자의 악의를 회사가 증명하지 못하는 한 유효라고 하여 거래의 안전과 회사의 이익보호라는 두 요청을 함께 만족시키고 있다고 보겠다.

Ⅲ. 결   어

상법상 이사회의 승인을 받아야 할 이사의 자기거래에서 이사회의 승인은 그 거래의 유효요건에 불과하고, 그러한 이사회의 승인이 있었다고 하여 이사의 책임이 면제되는 것은 아니다. 위의 판결의 사안에서도 주주 전원의 동의를 이사회의 승인에 갈음하는 것으로 볼 수 있는지 여부에 불구하고 그러한 이사의 자기거래로 인하여 회사에 손해가 발생하였다면, 당사자인 이사(이사회의 승인이 있었던 경우에는 그 승인에 찬성한 모든 이사는 연대하여)는 회사에 대하여 손해배상을 할 책임을 부담한다(상법 제399조).

위의 사안에서 주주 전원에 의한 동의를 이사회의 승인에 갈음할 수 없다고 보면 위의 이사의 자기거래는 이사회의 승인 없는 자기거래가 되겠는데, 이러한 거래의 사법상의 효력이 문제된다. 이에 대하여는 앞에서 검토한 바와 같이 ① 상법 제398조를 강행규정으로 보아 이에 위반하는 행위를 무효로 보는 무효설, ② 상법 제398조를 명령규정으로 보아 이에 위반하는 행위를 유효로 보는 유효설, ③ 상법 제398조의 위반의 효력을 대내적으로는 무효로 보고 대외적으로는 상대방인 제3자의 악의를 회사가 증명하지 못하는 한 유효라고 보는 상대적 무효설 등이 있는바, 거래의 안전과 회사의 이익을 두루 보호할 수 있는 상대적 무효설이 가장 타당하다고 본다. 그런데 상대적 무효설은 이사가 자기의 이익을 위하여 회사를 대표하여 회사 이외의 제3자와 거래를 하는 간접거래의 경우에 그 의미가 있다고 본다. 따라서 위의 사안이 회사의 이사에 대한 채무부담이 회사가 이사를 위하여 제3자인 채권자와 보증계약을 체결하는 경우 등에 해당된다면, 이는 간접거래에 속한다. 이 경우 상대적 무효설에 의하면 주주 전원의 동의를 이사회의 승인에 갈음할 수 없다고 하여도 회사가 그 거래에 관하여 이사회의 승인을 받지 않은 것과 제3자인 채권자의 악의를 입증하지 못하는 한 그 거래는 유효하게 된다. 그러나 위의 사안이 회사가 이사로부터 직접채무를 인수하는 등의 경우와 같이 직접거래에 속하는 경우에는, 상대적 무효설에 의하는 경우에도 이사회의 승인 없는 이사의 자기거래는 무효가 된다.

Ⅳ. 참조판례

이사회의 추인 없이 한 이사의 자기거래의 효력에 관하여 당초 판례는 무효설을 취하였으나(대법원 1965. 6. 22. 선고 65다734 판결), 후에 태도를 바꾸어 상법 제398조의 위반행위는 회사와 이사 간에서는 무효이고 회사가 제3자의 악의를 증명하면 그 악의의 제3자에 대하여 위반행위의 무효를 주장할 수 있다고 하여 상대적 무효설(대법원 1973. 10. 31. 선고 73다954 판결)을 취하고 있다.

1. 대법원 2002. 7. 12. 선고 2002다20544 판결

회사의 채무부담행위가 상법 제398조 소정의 이사의 자기거래에 해당하여 이사회의 승인을 요한다고 할지라도, 위 규정의 취지가 회사 및 주주에게 예기치 못한 손해를 끼치는 것을 방지함에 있다고 할 것이므로, 그 채무부담행위에 대하여 사전에 주주 전원의 동의가 있었다면 회사는 이사회의 승인이 없었음을 이유로 그 책임을 회피할 수 없다.

2. 대법원 1984. 12. 11. 선고 84다카1591 판결

상법 제398조에서 말하는 거래에는 이사와 회사 사이에 직접 성립하는 이해상반하는 행위뿐만 아니라 이사가 회사를 대표하여 자기를 위하여 자기개인 채무의 채권자인 제3자와의 사이에 자기개인채무의 연대보증을 하는 것과 같은 이사개인에게 이익이 되고 회사에 불이익을 주는 행위도 포함하는 것이라 할 것이므로 별개 두 회사의 대표이사를 겸하고 있는 자가 어느 일방회사의 채무에 관하여 나머지 회사를 대표하여 연대보증을 한 경우에도 역시 상법 제

398조의 규정이 적용되는 것으로 보아야 한다.

3. 대법원 1973. 10. 31. 선고 73다954 판결

이사와 회사와의 사이에 직접 있은 이익상반하는 거래에 있어서는 회사는 해당 이사에 대하여 이사회의 승인을 못 얻은 것을 내세워 그 행위의 무효를 주장할 수 있지만, 회사 이외의 제3자와 이사가 회사를 대표하여 자기를 위하여 한 거래에 있어서는 회사는 그 거래에 대하여 이사회의 승인을 안받은 것 외에 상대방인 제3자가 악의라는 사실을 주장·증명하여야 비로소 그 무효를 그 상대방인 제3자에게 주장할 수 있다.

4. 대법원 1965. 6. 22. 선고 65다734 판결

주식회사의 이사가 그 개인채무에 관하여 이사회의 승인 없이 그 인수채무의 지급을 위하여 약속어음을 발행한 경우에는 회사는 그 어음이 이사회 승인 없이 인수된 채무의 지급을 위하여 발행된 것이라는 원인관계를 주장할 수 있다.

45 이사·감사의 제3자에 대한 책임

　　자본금이 5억원인 甲철강주식회사의 대표이사 A는 신중한 고려도 없이 30억원을 들여 독단적으로 공장의 설비를 무모하게 증강하여 IMF사태를 맞아 결국 회사를 도산시키고 말았다. 이렇게 되자 이 회사의 채권자 B는 甲회사로부터 1억원의 채권을 추심할 수 없게 되었다. 이 경우 채권자 B는 甲회사의 이사와 감사에 대하여 손해배상책임을 물을 수 있는가?

Ⅰ. 문제의 논점

　　회사의 이사나 감사는 회사와의 사이에 위임관계가 존재하므로(상법 제382조 제2항, 제415조), 이사나 감사가 수임자로써의 임무를 해태한 경우 회사에 대하여 책임을 지는 것은 당연하다. 그러나 제3자에 대하여는 따로이 불법행위가 성립되지 아니하는 한 아무런 책임을 지지 않는 것이 원칙이라 할 것이다. 그런데 상법 제401조 제1항은 "이사가 악의 또는 중대한 과실로 인하여 그 임무를 게을리 한 때에는 그 이사는 제3자에 대하여 연대하여 손해를 배상할 책임이 있다"고 규정함으로써, 회사가 도산한 경우 채권의 만족을 얻지 못한 제3자가 회사 대신에 회사의 이사나 감사에 대하여 직접 그의 채권을 청구할 수 있는 길을 열어 놓고 있다. 이 사례는 이사·감사의 제3자에 대한 손해배상책임(상법 제401조, 제414조 제2항)의 문제이다. 이사·감사의 제3자에 대한 손해배상책임은 그 법적 성질을 어떻게 보느냐에 따라서 불법행위책임과의 경합여부, 과실상계의 여부, 손해배상책임의 요건, 이사·감사가 배상하여야 할 손해의 범위, 그 소멸시효기간 등이 다르다. 그러므로 상법규정의 의의 및 행사요건을 신중하게 검토하여야 한다.

Ⅱ. 상법 제401조의 입법취지

회사의 도산으로 인하여 채권의 만족을 얻지 못한 회사채권자는 법인격부인이론에 의하여 특정한 법률관계에 관하여 회사의 법인격을 부인하고 그 법인의 배후에 있는 실체(대개의 경우는 대표이사인 주주)에 대하여 회사채무의 이행을 구할 수 있을 것이나, 법인격부인이론은 실정법에 명시적인 근거가 있는 것도 아니고, 또 법인격부인의 전제가 되는 법인격의 남용이나 법인격의 형해화는 소송상 이를 주장·증명하는 것이 용이하지 않으므로(대법원 1977. 9. 31. 선고 74다954 판결 참조) 채권자로서는 법인격부인을 통하여 목적을 달성하기가 쉽지 않다. 그러나 회사가 도산한 때 채권자는 많은 경우 이사와 감사의 임무해태를 쉽게 찾아낼 수가 있을 것이므로 상법상의 이사나 감사의 제3자에 대한 책임규정에 의하여 문제를 훨씬 간편하게 해결할 수 있게 된다. 따라서 상법 제401조는 주주유한책임의 원칙에 의하여 야기될 수 있는 불합리로부터 제3자를 두텁게 보호하기 위한 규정인 것이다.

Ⅲ. 이사의 제3자에 대한 책임의 법적 성질

1. 법정책임설

법정책임설은 이사의 제3자에 대한 책임은 제3자를 보호하기 위하여 상법이 특별히 정책적으로 인정한 책임이라고 한다.

이 학설에 의하면 이사의 제3자에 대한 책임(상법 제401조)의 요건과 일반불법행위책임(민법 제750조)의 요건이 다르므로, 각 책임의 요건을 갖춘 때에는 양 책임이 경합한다고 한다. 또한 이사의 제3자에 대한 책임이 불법행위책임은 아니나 손해배상책임이므로, 제3자에게 과실이 있는 경우에는 과실상계의 규정(민법 제763조, 제396조)이 유추적용된다고 한다.

2. 불법행위특칙설

불법행위특칙설은 이사의 제3자에 대한 책임은 본질적으로 일반불법행위책임과 같으나, 복잡다단한 업무를 집행하는 이사의 지위를 고려하여 이사에게 악의 또는 중대한 과실이 있는 경우에만 책임을 과하고 경과실의 경우에는 책임을 면제한 것으로서, 일반불법행위책임에 대한 특칙이라고 한다.

이 학설에 의하면 이사의 제3자에 대한 책임은 일반불법행위책임을 단체법적으로 수정한 특칙이므로 이사의 제3자에 대한 책임이 있는 경우에는 일반불법행위책임의 적용이 배제되어 양 책임의 경합이 생기지 아니하고, 또 이사의 제3자에 대한 책임은 본질적으로 불법행위책임이므로 제3자에게 과실이 있는 경우에는 과실상계의 규정이 적용된다고 한다.

3. 특수불법행위책임설

특수불법행위책임설은 상법이 인정한 특수한 불법행위책임으로서 일반불법행위(민법 제750조)의 경우와 달리 위법행위의 요건을 필요로 하지 않고, 다만 악의 또는 중대한 과실로 임무를 해태한 때에 성립하는 책임이라고 한다. 그러므로 이사가 이러한 책임을(상법 제401조) 지지 않는 경우에도 일반불법행위(민법 제750조)의 요건이 충족되면 그 경합을 인정한다. 그러므로 법정책임설과 다를 바 없으나 시효기간에 차이가 있다. 특수불법행위책임설은 이사의 제3자에 대한 책임은 본질적으로는 불법행위책임이나, 이것은 일반불법행위책임(민법 제750조)으로 규율할 수 없는 경우에 제3자 보호의 입장에서 이사의 책임을 강화하기 위하여 특별히 정한 책임으로서, 특수불법행위책임(민법 제755조~제759조)의 일종이라고 한다.

이 학설에 의하면 이사의 제3자에 대한 책임이 불법행위책임인 이상 이사의 제3자에 대한 책임이 있는 경우에는 일반불법행위책임이 생기지 아니하고, 또 이사의 제3자에 대한 책임이 본질적으로 불법행위책임이므로 제3자에게 과실이 있는 경우에는 과실상계의 규정이 유추적용된다고 한다.

4. 학설의 검토

주식회사가 도산하여 채권자가 회사로부터 채권을 회수하지 못하는 경우에는 법인격부인의 법리에 의하여 책임을 추궁할 수도 있으나 이것은 아직 확립된 원칙이라고 할 수 없고, 더욱이 주식회사의 기본특질인 주식회사의 법인성(상법 제171조 제1항)과 주주유한책임의 원칙(상법 제331조)에 반하는 것이어서 그 적용을 신중하게 하여야 할 것이므로, 이러한 경우에는 주로 이사의 제3자에 대한 책임(상법 제401조)의 규정에 의하여 책임을 추궁하고 있다. 그러므로 이사의 제3자에 대한 책임은 제3자의 보호를 위하여 특별히 정책적으로 인정한 책임이라고 보는 것이 타당하다.

그리고 법문상으로 보아도 이사의 제3자에 대한 책임은 경과실의 경우에는 인정되지 아니하고, 또 불법행위책임의 성립요건에 있어서 가장 중요한 요건인 위법행위를 요구하고 있지 아니한 것으로 보아, 불법행위책임과는 성질이 다른 것이라고 보아야 할 것이다.

이렇게 보면 이사의 제3자에 대한 책임은 불법행위책임이 아니고 제3자의 보호를 위하여 상법이 특별히 인정한 법정책임이라고 보는 것이 타당하다 할 것이다.

5. 판례의 동향

이사의 제3자에 대한 책임에 관하여 판례는 "상법 제401조는 이사가 악의 또는 중대한 과실로 인하여 그 임무를 해태한 때에는 제3자에 대하여 연대하여 손해를 배상할 책임이 있다고 규정하고 있는바, … 악의 또는 중대한 과실로 인한 임무해태는 이사의 직무상 충실 및 선관의무의 위반행위로서 위법한 사정이 있어야 하며, 통상의 거래행위로 인하여 부담하는 회사의 채무를 이행할 능력이 있는데도 단순히 그 이행을 지체함으로써 상대방에게 손해를 끼친 사실만으로는 임무를 해태한 위법한 경우라고 할 수 없다"(대법원 1985. 11. 12. 선고 84다카2490 판결)고 판시하였다. 이 판례는 문맥상으로는 분명하지 않으나, 이사의 임무해태를 이사의 선관의무 내지 충실의무의 위반이라고 보고, 또 위법성을 요구하고 있는 것으로 보아, 이사의 제3자에 대한 법적 성질에 관하여 특수불법행위책임설을 취한 것으로 보인다.

Ⅳ. 책임의 내용

1. 책임의 연대

이사는 제3자에 대하여 연대하여 손해배상책임을 진다(상법 제406조 제1항). 여기에서 연대손해배상책임을 지는 이사는 법정책임설과 특수불법행위책임설에 의하면 악의 또는 중대한 과실로 임무를 해태한 이사이고, 또 불법행위특칙설에 의하면 악의 또는 중대한 과실로 제3자에게 가해행위를 한 이사이다.

임무해태가 이사회의 결의에 의한 것일 때에는 그 결의에 찬성한 이사도 연대책임을 지며 결의에 참가한 이사로서 의사록에 이의의 기재가 없는 자는 그 결의에 찬성한 것으로 추정한다(상법 제401조 제2항, 제399조 제2항·제3항).

이 사례에 있어서 법정책임설에 의하면 甲회사의 대표이사 A와 평이사는 채권자 B에 대하여 연대하여 손해를 배상할 책임이 있다.

2. 제3자의 범위

상법 제401조에 의하여 이사가 책임을 지는 제3자는 회사와 책임을 지는 이사 이외의 자를 말하는데, 제3자에는 주주도 포함되는가 하는 문제에 대하여 직접손해를 입은 주주가 포함된다는 점에는 이론이 없으나 간접손해를 입은 주주도 포함되는가에 대하여는 양설이 있다.

(1) 제한설(주주제외설)

이에 의하면 회사가 입은 손해로 인하여 주주가 간접적으로 손해를 받은 경우는 회사가 배상을 받음으로써 주주의 손해는 간접적으로 보상되는 것이므로 주주는 이러한 경우 제3자에 포함될 수 없다고 한다.

왜냐하면 이 경우에도 주주를 제3자에 포함시킨다면 주주가 회사채권자에 우선하여 변제를 받는 불합리한 결과가 생기고 주주의 간접손해는 대표소송 등으로 구제될 수 있기 때문이라고 한다. 그러나 이 설에서도 이사의 임무해태로 인한 주가의 하락 등으로 주주가 직접손해를 입은 때에는 주주도 제3자에 포함된다고 한다.

(2) 제한부정설(주주포함설)

이에 의하면 직접적인 손해의 경우는 물론이고 간접적인 손해가 있는 경우에도 주주는 제3자에 포함된다고 한다. 제한설에 의하면 간접손해의 경우는 대표소송 등의 방법으로 주주의 손해는 구제될 수 있다고 하지만 대표소송은 소수주주권자만이 제기할 수 있고(상법 제403조), 또한 담보제공 등의 요건으로 인하여 실제에 있어서 회사가 이사에 대하여 손해배상청구를 한다는 것은 법이론적으로는 가능하여도 사실상 기대할 수 없으므로 간접손해의 경우에도 주주가 직접 이사로부터 손해를 보상받을 수 있다고 보는 것이 상법 제401조의 취지에도 맞는다고 본다.

3. 책임의 범위

이사가 연대하여 배상하여야 할 책임의 범위에 관하여 법정책임설에서는 제3자의 보호를 주안으로 하므로 이사의 임무해태로 제3자가 손해를 보는 직접손해뿐만 아니라 이사의 임무해태로 회사가 손해를 보고 그 결과 제3자가 손해를 보는 간접손해까지 포함한다고 하고, 특수불법행위책임설에서는 '직접손해'와 '간접손해'를 포함하나 주주에게 배상하는 손해는 직접손해에 한한다고 하며, 또 불법행위특칙설에서는 이사의 제3자에 대한 책임을 일반불법행위책임의 특칙이라고 보므로 직접손해에 한한다고 한다.

이 사례에 있어서 법정책임설에 의하면 甲회사의 대표이사 A가 과잉설비투자를 하여 甲회사가 도산하게 되었고, 또 평이사도 대표이사 A의 과잉설비투자와 그로 인한 甲회사의 도산을 방지할 아무런 조치를 취하지 아니하여(대표이사 A와 평이사의 악의 또는 중대한 과실로 인한 임무해태), 채권자 B가 甲회사로부터 채권을 추심할 수 없게 되어 간접손해를 보게 된 것이므로 대표이사 A와 평이사는 채권자 B에 대하여 연대하여 손해를 배상할 책임이 있다.

V. 책임의 요건

이사의 제3자에 대한 책임이 성립하기 위하여서는 주관적 요건으로서 이사의 악의 또는 중대한 과실이 있어야 하고, 또 객관적 요건으로서 이사의 임무해태가 있어야 하며 그 임무해태와 제3자의 손해발생 간에 인과관계가 있어야 한다.

1. 이사의 임무해태

(1) 의   의

이사의 임무해태를 법정책임설과 특수불법행위책임설에서는 이사의 회사에 대한 선관의무 내지 충실의무의 위반이라고 하고 불법행위특칙설에서는 제

3자에 대한 위법행위라고 한다.

법정책임설에 있어서 이사의 임무해태, 즉 이사의 선관의무 내지 충실의무의 위반은 법령·정관의 위반뿐만 아니라 이사의 직무집행의 임무해태 일반을 포함한다.

(2) 대표이사의 임무해태

대표이사의 임무해태로는 예컨대 주식청약서(상법 제420조)·사채청약서(상법 제474조)·신주인수권증서(상법 제420조의2 제2항)·신주인수권증권(상법 제516조의5 제2항) 또는 재무제표(상법 제447조) 등에 허위의 기재를 한 경우, 허위의 등기·공고를 한 경우, 회사의 자산이나 영업상태로 보아 만기에 지급될 가망이 없는데도 어음을 발행한 경우, 대표이사가 회사의 재산을 횡령하거나 다른 이사가 횡령하는 것을 방치한 경우 등과 같은 것이다.

위 사례의 과잉설비투자는 회사의 중요한 업무집행으로서 이사회의 결의를 거쳐야 하는 사항인데도(상법 제393조 제1항) 대표이사 A가 이사회의 결의를 거치지 아니하고 단독으로 과잉설비투자를 하여 甲회사가 도산하게 된 것은 악의 또는 중대한 과실로 임무를 해태한 것이다.

(3) 평이사의 임무해태

평이사는 이사회의 구성원이고 이사회가 대표이사의 직무집행을 감독할 권한이 있으므로(상법 제239조 제2항) 평이사도 그 기능의 적정한 수행을 위하여 대표이사의 직무집행을 감시할 의무가 있다. 평이사가 이러한 감시의무를 위반한 때에는 임무해태로 된다.

그러나 평이사의 대표이사의 직무집행에 대한 감시의무는 이사회에 상정된 사항에 한하여 부담하는지(수동적 감시의무) 또는 이사회에 상정되지 아니한 사항에 대하여도 부담하는지(능동적 감시의무) 문제된다.

1) 수동적 감시의무 평이사의 주요한 직무는 이사회의 구성원으로서 이사회에 참여하는 것이므로 평이사는 이사회에 상정된 사항에 대하여 감시할 의무, 즉 수동적 감시의무가 있다는 데 이론의 여지가 없다.

2) 능동적 감시의무 평이사는 이사회에 상정되지 아니한 사항에 대하여도 감시할 의무, 즉 능동적 감시의무가 있는지에 관하여는 학설이 나뉘어 있다.

그러나 상법상 이사회에 이사의 직무집행에 대한 감독권이 부여되어 있고

(상법 제393조 제2항) 각 이사가 이사회의 소집권(상법 제390조 제1항 본문)과 각종의 소권(상법 제328조, 제376조, 제445조, 제595조)을 가지고 있고, 또 대표이사의 직무집행에 대한 이사회의 감독권의 적정한 발휘를 확보할 필요가 있으며, 더욱이 평이사가 대표이사의 임무해태를 알면서도 아무런 조치를 취하지 아니하고 방치한 경우에 이를 이사회에 상정되지 아니한 사항이라고 하여 그 책임을 부정하면 평이사의 회사업무의 불관여 · 무관심을 조장하는 결과를 초래하게 되어 부당하므로, 평이사에게 능동적 감시의무를 인정하는 것이 타당하다.

그러므로 이 사례에 있어서 甲회사의 평이사가 대표이사 A의 과잉설비투자와 그로 인한 甲회사의 도산을 방지할 아무런 조치를 취하지 아니한 것은 능동적 감시의무의 위반으로서 중대한 임무해태인 것이다.

2. 악의 또는 중대한 과실

이사의 악의 또는 중대한 과실은 법정책임설과 특수불법행위책임설에서는 이사의 임무해태에 있어야 한다고 하고, 또 불법행위특칙설에서는 이사의 제3자에 대한 가해행위에 있어야 한다고 한다.

법정책임설에서는 악의 또는 중대한 과실이 이사의 임무해태에 있어야 한다고 보므로, 여기에서 악의는 이사가 임무해태인 줄 알고 임무를 해태한 것이고, 또 중대한 과실은 이사가 임무해태인 줄 알 수 있는데도 현저한 부주의로 알지 못한 것이다.

위 사례의 대표이사 A가 독단으로 과잉설비투자를 하여 회사가 도산하게된 것은 악의 또는 중대한 과실로 임무를 해태한 것이고, 또 평이사가 이를 방지할 아무런 조치를 취하지 아니한 것은 악의 또는 중대한 과실로 그 임무를 해태한 것이다.

3. 인과관계

법정책임설에 의하면 이사의 임무해태와 제3자의 손해 간에 상당인과관계가 있어야 하고 제3자의 손해는 직접손해와 간접손해를 포함한다.

Ⅵ. 책임의 소멸시효기간

이사의 제3자에 대한 손해배상책임의 소멸시효기간에 관하여 법정책임설에서는 이것은 제3자의 보호를 위한 것이므로 통상의 채권과 같이 10년의 소멸시효에 의한다고 하고 불법행위특칙설에서는 이것은 본질적으로 불법행위책임이므로 민법 제766조의 단기소멸시효에 의한다고 하며, 또한 특수불법행위책임설에서도 민법 제766조의 단기소멸시효인 3년의 소멸시효에 의하여야 한다고 한다.

이 사례에 있어서 법정책임설에 의하면 甲회사의 대표이사 A와 평이사가 채권자 B에게 연대하여 부담하는 손해배상책임은 10년의 소멸시효에 의한다.

Ⅶ. 감사의 책임

감사도 악의 또는 중대한 과실로 그 임무를 해태한 때에는 제3자에 대하여 연대하여 손해를 배상할 책임이 있다(상법 제414조 제2항).

감사의 제3자에 대한 책임은 전술한 이사의 제3자에 대한 책임(상법 제401조 제1항)과 동일하고, 다만 그 직무가 이사의 직무와 다를 뿐이다. 따라서 감사의 제3자에 대한 책임의 법적 성질과 그에 기한 책임의 경합 여부, 과실상계의 여부, 책임의 요건, 배상할 책임의 범위, 그 소멸시효 등의 문제도 이사의 제3자에 대한 책임의 경우와 같다.

감사의 제3자에 대한 책임의 법적 성질을 이사의 제3자에 대한 책임에서와 같이 법정책임이라고 보면, 감사의 임무해태는 감사의 선관의무 내지 충실의무의 위반을 말하고, 또 감사의 악의 또는 중대한 과실은 임무해태에 있어야 한다.

상법상 감사는 이사의 직무집행에 대하여 회계감사권과 업무감사권을 가져(상법 제412조 제1항) 이사의 직무집행의 전체에 대하여 감사할 수 있고, 또 결산감사권뿐만 아니라 상시감사권도 가진다.

그러므로 이 사례의 감사가 상시감사를 적정하게 행하였더라면 대표이사 A의 과잉설비투자와 그로 인한 甲회사의 도산을 알 수 있었을 것이고 이를 알았다면 이사회에 출석하여 그 중지 내지 계획변경의 권고 등의 적절한 조치를

취하거나(상법 제391조의2 제1항) 대표이사 A에 대하여 그 행위를 유지할 것을
청구하여야 하는 것이다(상법 제402조). 그런데도 감사가 아무런 조치를 취하지
아니한 것은 악의 또는 중대한 과실로 임무를 해태한 것이고 채권자 B는 감사
의 이러한 임무해태로 甲회사로부터 채권을 추심할 수 없게 되어 손해(간접손
해)를 본 것이므로, 감사는 채권자 B에 대하여 연대하여 그 손해를 배상할 책
임이 있다.

Ⅷ. 문제의 해답

이 사례에 있어서 법정책임설에 의하면 甲회사의 대표이사 A가 이사회의
결의를 거치지 아니하고 독단으로 과잉설비투자를 하여 甲회사가 도산한 것은
악의 또는 중대한 과실로 임무를 해태한 것이고, 또 평이사가 이에 대하여 아
무런 조치를 취하지 아니한 것은 이른바 평이사의 능동적 감시의무의 위반으
로서 악의 또는 중대한 과실로 임무를 해태한 것이며 이들의 이러한 임무해태
로 채권자 B가 甲회사로부터 채권을 추심할 수 없게 되어 손해를 보게 된 것
이므로 대표이사 A와 평이사는 B에 대하여 연대하여 그 손해를 배상할 책임
이 있다.

또한 대표이사 A의 과잉설비투자로 甲회사가 도산하게 되었는데도 감사
가 적정하게 상시감사를 하지 아니하고 이사회에의 의견진술(상법 제391조의2
제1항)이나 이사의 위법행위유지청구(상법 제402조) 등의 조치를 취하지 아니한
것은 악의 또는 중대한 과실로 그 임무를 해태한 것이며 이러한 감사의 임무
해태로 채권자 B가 甲회사로부터 채권을 추심할 수 없게 되어 손해를 보게 된
것이므로 감사는 B에 대하여 연대하여 그 손해를 배상할 책임이 있다.

이사가 제3자에 대하여 손해배상책임을 지는 경우에 감사도 제3자에 대하
여 손해배상책임을 지는 때에는 그 이사와 감사가 연대하여 손해배상책임을
지므로(상법 제414조 제3항), 이 사례의 대표이사 A, 평이사 및 감사는 채권자 B
에 대하여 연대하여 손해배상책임을 진다.

이러한 이사·감사의 채권자 B에 대한 손해배상책임은 10년의 소멸시효
에 의한다.

46 감사의 제3자에 대한 책임

◆ 사 례

　甲회사는 지류압출제품의 제조 및 판매업 등을 목적으로 설립된 회사이다. Y1은 甲회사를 인수하여 대표이사로 취임하고, 그 상호를 신안제지공업주식회사로 변경하여 사실상 1인회사로 경영하였다. 그 후 Y1은 甲회사를 Y2에게 양도하고, Y2가 대표이사로 취임하여 경영을 전담하였다. 한편 대표이사직에서 물러난 Y1은 甲회사의 감사로 취임하였다.

　Y1이 甲회사의 대표이사직을 사임하고 감사로 취임할 때는 이미 회사의 재산상태가 좋지 아니하였고, 새로 대표이사로 취임한 Y2는 회사 또는 그 개인명의의 약속어음을 발행하여 회사의 운영자금을 조달하여 왔으며, 또한 회사의 자금조달과 관리를 乙에게 일임하여 그 실상을 제대로 파악하고 있지 못하고 있었다.

　乙은 이 회사의 자금조달책임을 맡고 있는 것을 기화로, Y1이 대표이사로 있던 때부터 Y1 명의의 명판 및 미신고의 직인으로 대표이사 Y1 또는 대표이사 Y2를 발행인으로 하는 약속어음을 발행하고, 또 이들 어음의 신용을 높이기 위하여 甲회사에 보관 중인 Y1, Y2의 實印을 도용하여 대표이사 Y1으로 발행한 어음에는 乙과 Y2의 배서를 하고 대표이사 Y2로 발행한 어음에는 乙과 Y1의 배서를 하였다. 乙은 이렇게 변칙적으로 발행한 약속어음을 사채시장에서 할인하여 그 일부는 甲회사의 운영자금으로 사용하고 나머지는 자기의 개인적 용도에 소비하였다. 그러나 X 등이 자신들이 취득한 약속어음들을 각각 그 지급기일에 지급제시하였으나, 무거래 또는 예금부족 등의 이유로 모두 지급거절되었다.

　한편 Y1은 甲회사의 감사로 취임한 때로부터 甲회사가 도산할 때까지 8개월 동안 단 한번도 회계감사를 한 적이 없이 수수방관하였다.

　이에 X 등은 甲회사의 감사인 Y1에게 손해배상을 청구하였다.

Ⅰ. 판결요지(대법원 1988. 10. 25. 선고 87다카1370 판결)

회사의 감사가 회사의 사정에 비추어 회계감사 등의 필요성이 있음을 충분히 인식하고 있었고, 또 경리업무담당자의 부정행위의 수법이 교묘하게 저질러진 것이 아니어서 어음용지의 수량과 발행매수를 조사하거나 은행의 어음결재량을 확인하는 정도의 조사만이라도 했다면 경리업무담당자의 부정행위를 쉽게 발견할 수 있었을 것이다. 그럼에도 불구하고 아무런 조사도 하지 아니하였다면 이는 감사로서의 중대한 과실로 인하여 그 임무를 해태한 것이 되므로, 경리업무담당자의 부정행위로 발행된 어음을 취득함으로써 손해를 입은 어음소지인들에 대하여 감사는 상법 제414조 제2항·제3항에 의한 손해를 배상할 책임이 있다.

Ⅱ. 평   석

1. 서   설

이 사건은 甲회사의 감사인 Y1이 甲회사의 경리 겸 자금담당직원인 乙의 부정행위를 조사하지 아니한 것이 감사로서 악의 또는 중대한 과실로 인한 임무해태를 한 것으로 되어 제3자인 X 등에 대하여 손해배상책임을 지느냐 하는 문제이다. 우리나라의 경우 감사의 제3자에 대한 책임의 법적 성질이 명확히 규명되지 못하여 책임의 범위에 관하여 학자 간에 심한 견해의 차이를 보이고 있다. 예컨대 손해의 범위에 관한 직접손해한정설, 간접손해한정설, 양손해포함설의 대립과 제3자의 범위에 관한 주주포함설, 주주제외설의 대립 및 불법행위책임과의 경합에 관한 긍정설과 부정설의 대립 등이 이에 속한다. 법적 성질이 명확하게 규명되지 못하여 이러한 여러 가지 논점에 관하여 일관된 논리로 설명하지 못하고 있는 것이 현실이므로 감사의 책임과 관련된 제반문제를 일관성 있는 논리로 설명하기 위해서는 그 법적 성질을 명확히 규명할 필요가 있다.

2. 감사의 제3자에 대한 책임

(1) 의   의

감사가 악의 또는 중대한 과실로 그 임무를 해태한 때에는 제3자에 대하여 연대하여 손해를 배상할 책임이 있다(상법 제414조 제2항).

(2) 책임의 법적 성질

감사의 제3자에 대한 책임이 성립하기 위한 요건과 제3자의 손해의 범위는 감사의 제3자에 대한 책임의 법적 성질에 따라 달라지게 된다. 이러한 감사의 제3자에 대한 책임의 법적 성질을 둘러싸고 학설은 법정책임설과 불법행위책임특칙설, 특수불법행위책임설로 나뉘어져 있다.

1) 학   설

① 법정책임설   법정책임설은 우리나라의 다수설로서 이 책임을 제3자를 보호하기 위하여 정책적으로 인정한 상법상의 특별책임이라고 본다. 본 조의 요건인 악의 또는 중과실의 방향은 제3자의 가해에 대해서가 아니라 회사의 업무에 대한 임무해태에 대하여 필요하다고 본다. 다만 법정책임설 가운데서도 감사가 책임을 부담해야 하는 손해를 직접손해와 간접손해로 나누어 간접손해에 대하여는 임무해태에 대한 악의 또는 중과실을 요하나, 직접손해에 대하여는 제3자의 가해에 대한 악의 또는 중과실을 요한다고 보는 견해도 있다. 이 책임을 불법행위책임이 아닌 상법이 인정한 특별책임으로 보므로, 불법행위와는 달리 감사의 행위가 제3자에 대한 위법성이 있을 것으로 요하지 않는다. 손해의 범위에 관하여는 직접손해와 간접손해의 양자를 포함하는 양손해포함설을 취하고 있다. 법정책임설에서는 본 조의 책임을 민법상의 불법행위책임과는 다른 책임으로 보므로 불법행위책임과의 경합을 인정한다.

법정책임설은 그 근거로서 책임의 요건인 악의 또는 중과실의 방향이 제3자의 가해에 대해서가 아니라 임무해태에 있으므로 민법상의 불법행위와는 전혀 다른 책임이라는 것을 들고 있다. 또 이 책임을 불법행위책임으로 볼 경우 감사에게는 경과실면책이 허용되는 데 반하여, 사용인에게는 면책이 안되므로 주식회사의 공공성과 감사의 권한강화추세에 비추어 형평이 맞지 않는다는 것을 들고 있다. 또한 회사법 관계에서 다양한 유형으로 이해관계가 형성되어

가는 것을 볼 때 손해배상책임을 획일적으로 채무불이행과 불법행위의 틀에 맞출 필요가 없다는 것을 들고 있다.

② **불법행위책임특칙설** 불법행위특칙설은 법정책임설과는 달리 이 책임을 감사를 보호하기 위한 책임으로 본다. 따라서 민법상 불법행위의 요건에서 경과실면책을 인정한 책임으로 본다. 악의 또는 중과실의 방향은 임무해태가 아니라 제3자의 가해에 있어야 하며, 손해의 범위는 제3자의 직접손해에 한정된다. 불법행위특칙설은 본 조의 책임을 민법의 불법행위책임의 특칙으로 보므로 일반불법행위책임과의 경합을 당연히 부인한다.

불법행위특칙설의 근거는 법정책임설에 대한 비판으로부터 출발하는데, 법인의 기관의 행위는 불법행위인 것을 제외하고는 모두 법인 자신의 책임에 귀속되며 기관구성원 개인은 그에 대한 책임을 부담하지 않는다고 한다. 즉 본 조의 책임을 불법행위책임이 아니라고 정의하면서 법인의 행위에 대하여 기관구성원인 감사 개인의 책임을 인정하는 것은 법인이론을 정면으로 부인하는 것으로 용납될 수 없다고 본다. 그리고 법정책임설은 이 책임을 단순히 상법이 정한 책임이라고 정의함으로써 그 책임의 성질을 명확하게 규명하지 못하는 문제점이 있다고 본다. 그러나 불법행위특칙설은 본 조의 책임을 감사를 보호하기 위하여 경과실면책을 인정한 것이라고 보는 데 결정적인 문제점이 있다. 주식회사의 공공성이 강조되고 있는 현실에서 본 조에서 감사의 책임을 경감하고 있다고 해석하는 것은 설득력이 없다고 하겠다.

③ **특수불법행위책임설** 감사의 제3자에 대한 책임은 본질적으로 불법행위책임이나, 일반불법행위책임으로 규율할 수 없는 경우에 제3자 보호의 입장에서 감사의 책임을 강화하기 위하여 특별히 인정한 책임으로서 특수불법행위책임의 일종이라고 한다. 특수불법행위책임설은 법정책임설과 불법행위특칙설의 문제점을 극복하기 위한 학설로서 우리나라와 일본의 유력설이다.

이 학설에 따르면 감사의 제3자에 대한 책임과 일반불법행위책임은 서로 경합한다고 한다.

2) 검 토

불법행위책임특칙설은 상업사용인의 경우는 과실이 있는 경우 제3자에 대하여 책임을 지는 데 반하여 감사는 악의 또는 중대한 과실이 있는 경우에만 제3자에 대하여 책임을 부담한다는 것은 형평의 원리에 어긋나는 것이며, 또한 회사가 감사의 과실로 인하여 책임을 지는 경우 감사에 대한 구상권 행사가 가능하다는 점에서 논리적 모순이 발생한다. 또한 특수불법행위책임설은 불법행위의 일반적 요건인 위법행위를 구비하고 있지 않으므로 불법행위책임으로 보기에는 난점이 있다. 따라서 감사의 제3자에 대한 책임은 불법행위책임이 아니라 제3자의 보호를 위하여 상법이 특별히 인정한 법정특별책임이라고 보아야 할 것이다.

(3) 책임의 요건

감사의 제3자에 대한 책임이 성립하기 위해서는 주관적 요건으로서 감사의 악의 또는 중대한 과실이 있어야 하고, 객관적 요건으로서 감사의 임무해태가 있어야 하며 임무해태와 제3자의 손해배상 사이에 인과관계가 존재하여야 한다.

1) 주관적 요건

감사의 악의 또는 중대한 과실은 회사에 대한 임무해태에 관하여 존재하면 되고, 제3자에 대한 가해에 관하여 존재할 필요는 없다. 다만 불법행위특칙설에 의하면 악의 또는 중과실이 제3자에 대한 가해에 관하여 존재할 것을 요구한다. 악의 또는 중과실에 대한 증명책임은 제3자가 부담한다.

2) 객관적 요건

감사의 임무해태는 감사의 회사에 대한 선관주의의무의 위반으로서, 법령·정관의 위반뿐만 아니라 감사의 회사에 대한 직무의 임무해태 일반을 말하는 것이다.

상법상 감사의 회사에 대한 주요 직무는 이사의 직무집행을 감사하는 것이다. 이러한 직무집행은 이사의 직무집행 전반을 조사의 대상으로 하기 위한 것이므로 감사의 직무에는 회사의 회계감사는 물론 업무감사도 포함된다.

또한 감사에게는 여러 가지의 권리가 부여되어 있는데, 이러한 상법상의 감사의 권리는 감사가 이사의 직무집행을 적정하게 감사할 수 있도록 하기 위해 부여되어 있는 것이므로 감사에게 부여된 권리는 다른 한편으로는 의무로서의 성격도 가지게 된다. 따라서 감사가 이러한 권리행사와 관련된 의무를 해태한 경우에는 임무해태가 된다.

3) 인과관계

감사의 임무해태와 제3자의 손해발생 사이에는 상당인과관계가 있어야
한다.

(4) 책임의 내용

1) 연대책임

감사는 제3자에 대하여 연대하여 손해배상책임을 진다(상법 제414조 제2항).
이 경우 제3자의 범위에 주주가 포함되는가에 관하여 학설은 제한긍정설
과 제한부정설로 나누어지고 있다.

① 제한긍정설   제한긍정설은 회사가 입은 손해로 인하여 주주가 간접적
으로 손해를 받은 경우는 회사가 배상을 받음으로써 주주의 손해는 간접적으
로 보상되는 것이므로 주주는 이러한 경우에는 제3자에 포함될 수 없다고 본
다. 하지만 감사의 임무해태로 인하여 주주가 직접손해를 입은 때에는 주주도
제3자에 포함된다고 한다.

② 제한부정설   제한부정설은 주주는 직접손해의 경우뿐만 아니라 간접
손해의 경우에도 제3자에 포함된다고 본다.

간접손해의 경우 제한설에 의하면 대표소송에 의해 주주의 손해는 구제될
수 있다고 하나, 대표소송의 경우 제소권자가 소수주주에 한정되며, 또한 담보
제공의 의무부담 등으로 그 책임추궁이 용이하지 않은 실정이다. 따라서 간접
손해의 경우에도 주주가 직접 감사로부터 손해를 배상받도록 하여야 할 것이
므로, 제3자에는 주주도 포함된다고 보는 것이 타당하다.

2) 책임의 범위

감사가 연대하여 배상하여야 할 책임의 범위에 관하여, 법정책임설에서는
제3자의 보호를 주안점으로 하므로 감사의 임무해태로 제3자가 손해를 보는
직접손해뿐만 아니라 감사의 임무해태로 회사가 손해를 보고 그 결과 제3자가
손해를 보는 간접손해까지 포함된다고 한다. 이에 대해 특수불법행위책임설에
서는 직접손해와 간접손해를 포함하나 주주에게 배상하는 손해는 직접손해에
한정된다고 하며, 불법행위특칙설에 의하면 감사의 제3자에 대한 책임을 일반

불법행위책임의 특칙이라 보므로 직접손해에 한정된다고 한다.

3. 결   어

이 사건에서 乙이 대표이사 Y1 또는 대표이사 Y2의 명의로 위 약속어음을 발행하고 이에 타인의 배서를 하여 어음의 할인을 받은 행위는 다른 사람이 쉽게 알 수 없도록 교묘한 수법으로 행한 것이 아니고, 또한 위 약속어음이 약 1년간에 걸쳐 대량으로 발행된 것이다. 따라서 甲회사의 감사인 Y1이 상시감사의 수단인 회사의 업무·재산상태의 조사를 적정하게 행하였다면 乙의 부정행위를 용이하게 알 수 있었을 것인데도 이러한 조사를 전혀 하지 아니하였고, 더욱이 Y1은 甲회사의 감사로 취임한 때로부터 甲회사가 도산될 때까지 무려 8개월 동안에 단 한번의 업무감사도 하지 아니하고 수수방관하였다.

이와 같이 Y1이 감사의 상시감사의 수단인 회사의 업무·재산상태의 조사를 행하였다면 乙의 부정행위를 용이하게 발견하여 이를 중지시킬 수 있었을 것인데도 무려 8개월 동안에 전혀 이러한 조사를 하지 아니하고, 또 보고도 요구하지 않은 것은 감사로서 그 직무를 태만히 한 것이다.

그러므로 Y1이 감사로서 그 직무를 태만히 하여 그 결과 회사가 도산되고 제3자인 X 등에게 손해가 발생했다면, Y1이 악의 또는 중대한 과실로 인한 임무해태를 한 것이므로 X 등에 대한 손해배상책임을 면할 수 없는 것이다.

참고로 본 사례의 경우에 甲회사의 대표이사인 Y2도 중대한 과실로 인하여 그 임무를 해태한 것이라고 볼 수 있으므로 Y2도 甲회사 및 X 등에게 그 손해배상책임이 있다고 본다. 이때 Y1과 Y2는 甲회사 및 X 등에게 연대하여 그 손해배상책임이 있다(상법 제414조 제3항).

이 경우 소수주주의 대표소송제기의 청구를 누구에게 하며, 또 그 소송에 관하여 누가 회사를 대표하는가에 대하여는 상법에 명문의 규정이 없는데, 이 사회에 그 선임을 청구하고 이사회에서 그 대표자를 선임하여야 한다고 본다. 1999년 개정상법에 의하면 감사위원회의 위원이 소의 당사자인 경우에는 감사위원회 또는 이사는 법원에 회사를 대표할 자를 선임하여 줄 것을 신청하도록 규정하고 있다(상법 제394조 제2항).

Ⅲ. 참조판례

우리나라의 경우에는 이사나 감사의 책임의 법적 성질과 관련하여 대법원의 명확한 입장이 밝혀지고 있지 않은데, 참고로 책임의 법적 성질과 관련하여 언급하고 있는 판례를 소개하면 다음과 같다.

1. 대법원 1993. 1. 26. 선고 91다36093 판결

주식회사의 주주가 대표이사의 악의 또는 중대한 과실로 인한 임무해태행위로 직접손해를 입은 경우에는 이사와 회사에 대하여 상법 제401조, 제389조 제3항, 제210조에 의하여 손해배상을 청구할 수 있으나, 대표이사가 회사재산을 횡령하여 회사재산이 감소함으로써 회사가 손해를 입고 결과적으로 주주의 경제적 이익이 침해되는 손해와 같은 간접적인 손해는 상법 제401조 제1항에서 말하는 손해의 개념에는 포함되지 아니하므로 이에 대하여는 위 법조항에 의한 손해배상청구를 할 수 없고, 이와 같은 법리는 주주가 중소기업창업지원법상의 중소기업창업투자회사라고 하여도 다를 바 없다.

2. 대법원 1985. 11. 12. 선고 84다카2490 판결

상법 제401조는 이사가 악의 또는 중대한 과실로 인하여 그 임무를 해태한 때에는 그 이사는 제3자에 대하여 연대하여 손해를 배상할 책임이 있다고 규정하고 있는바, 원래 이사는 회사의 위임에 따라 회사에 대하여 수임자로서 선량한 관리자의 주의의무를 질 뿐, 제3자와의 관계에 있어서 위 의무에 위반하여 손해를 가하였다 하더라도 당연히 손해배상의무가 생기는 것은 아니로되, 경제사회에 있어서의 중요한 지위에 있는 주식회사의 활동이 그 기관인 이사의 직무집행에 의존하는 것을 고려하여 제3자를 보호하고자 이사의 악의 또는 중대한 과실로 인하여 위 의무에 위반하여 제3자에게 손해를 입힌 때에는 위 악의 또는 중과실로 인한 임무해태행위와 상당인과관계가 있는 제3자의 손해에 대하여 그 이사가 손해배상의 책임을 진다는 것이 위 법조의 취지라 할 것이고, 따라서 고의 또는 중대한 과실로 인한 임무해태행위라 함은 이사의 직무상 충실 및 선관의무위반의 행위로서(예를 들면 회사의 경영상태로 보아 계약상 채무의 이행기에 이행이 불가능하거나 불가능할 것을 예견할 수 있었음에도 이를 감추고 상대방과 계약을 체결하고 일정한 급부를 미리 받았으나 그 이행불능이 된 경우와 같이) 위법한 사정이 있어야 하고 통상의 거래행위로 인하여 부담하는 회사의 채무를 이행할 능력이 있었음에도 단순히 그 이행을 지체하고 있는 사실로 인하여 상대방에게 손해를 끼치는 사실만으로는 이를 임무를 해태한 위법한 경우라고 할 수는 없다.

47 주식배당과 신주발행의 소

◆ 사 례

국제금융위기 사태로 인한 자금압박과 이에 따른 경영부진을 겪고 있던 A주식회사의 이사진 甲 등은 이 사실이 알려질 경우 정기주주총회에서 경영진의 교체의 움직임이 있을 것을 우려하여 회사에 배당가능이익이 전혀 없음에도 1억원의 배당가능이익이 있는 것처럼 재무제표 등을 조작하였으며 동회사의 감사 乙은 이 사실을 잘 알면서도 평소 친분이 두터웠던 이사진과의 관계를 고려하여 이에 대해 적정하다는 감사보고서를 제출하였으며 주주총회에서도 적정하다는 의견을 보고하였다. 한편 2008년 3월 28일 개최된 A회사의 주주총회에서 주주들은 1억원 전액을 주식으로 배당한다는 이사회의 안을 전원찬성으로 승인하여 이익배당의 결의를 하였으며, 이 결의에 따라 A회사는 신주를 발행하여 주주들에게 교부하였다. 그 후 丙은 등기된 A회사의 자본액을 신뢰한 후 매매계약을 체결하였으나 A회사로부터 대금을 받지 못하고 있다.

(1) A회사의 신주발행은 유효한가?

(2) 위 주식배당에 대해 2008년 6월 20일 당시 A회사의 채권자 丙과 주주 丁이 취할 수 있는 조치는 무엇인가?

I. 문제의 논점

1. A회사의 신주발행의 유효요건과 관련하여 본 사안이 주식배당의 요건인, ① 이익배당의 요건, ② 신주발행의 요건이 충족되는지 검토하여야 한다.

2. 주주 丁이 취할 수 있는 조치로서는 신주발행무효의 소의 제기와 관련

하여 ① 위법한 주식배당의 경우에도 신주발행무효의 소를 제기할 수 있는지, ② 신주발행무효의 소를 제기할 수 있다면 주주총회 결의하자의 소와의 관계는 어떠한지, ③ 신주발행무효의 소의 제기요건과 인용가능성 및 판결의 효력에 대해서 검토하여야 한다.

3. 뿐만 아니라 주주 丁은 ① 이사 甲과 감사 乙의 책임(상법 제399조, 제401조, 제414조) 추궁과 관련하여 회사에 대한 손해배상청구권의 행사 가부, ② 제3자에 대한 책임추궁과 관련하여 주주의 간접손해도 포함되는지 여부가 특히 문제된다. 이 밖에도 이사, 감사의 해임청구(상법 제385조 제2항, 제415조), 해산판결의 청구(상법 제520조), 형사고발(상법 제625조의3) 등의 조치에 대해 검토할 필요가 있다.

4. 채권자 丙이 취할 수 있는 조치로서는 ① 신주 반환청구의 가능 여부가 주식배당의 특수성과 관련하여 문제되며, ② 이사, 감사의 제3자에 대한 책임추궁, ③ 해산명령의 청구(상법 제176조), 기타 형사고발(상법 제625조의3)이 문제된다.

Ⅱ. 주식배당 요건의 충족 여부

1. 주식배당의 요건

회사는 주주총회의 결의에 의하여 이익의 배당을 새로이 발행하는 주식으로써 할 수 있으나(상법 제462조 제1항), 주식에 의한 배당은 이익배당 총액의 2분의 1에 상당하는 금액을 초과할 수 없다(상법 제462조의2 제1항 단서).

또한 신주발생의 요건과 관련하여 ① 주총의 결의(상법 제462의2 제1항) ② 수권주식총수범위 이내일 것, ③ 주주평등의 원칙에 반하는 배당이 아닐 것 등이 요구된다.

2. 본 사안의 검토

본 사안의 경우에는 ① 주주평등원칙의 위반사유 등은 보이지 않으나 이익배당의 요건과 관련하여 배당가능이익이 전혀 없음에도 자산의 과대평가,

부채의 과소계상 등의 방법에 의한 불법배당을 한 위법이 있고, ② 주식배당에 따른 신주발행의 요건과 관련하여 실질적으로 배당가능이익이 없음에도 주식배당을 결의한 주총결의에 무효원인에 해당하는 내용상 하자가 있으므로 위법한 주식배당에 해당한다.

Ⅲ. 주주 丁의 조치

1. 신주발행무효의 소(상법 제429조)의 제기 가능성

(1) 위법주식배당이 신주발행무효의 소의 원인이 되는가의 여부

배당가능이익이 없음에도 불구하고 주식배당을 하여 이에 따라 신주를 발행한 경우 그 신주 발행의 효력에 대하여 우리나라의 학설은 무효설과 유효설로 나누어져 있고 이에 따라 신주발행무효의 소의 원인이 되는지 여부에 대하여도 견해가 대립하고 있다.

① 무 효 설 배당가능이익이 객관적으로 존재하지 않는 경우에도 주식배당을 하는 것은 액면미달의 신주발행이 될 것이기 때문에 이러한 신주발행은 신주발행무효의 소의 원인이 된다고 한다.

② 유 효 설 배당가능이익이 없음에도 불구하고 주식배당을 하고 이에 따른 신주발행을 한 경우에 이를 무효로 하더라도 무효의 소를 제기할 수 있는 자는 주주, 이사, 감사이기 때문에 채권자를 보호하는데 도움이 되지 못하고 또 이러한 경우에 신주발행을 유효라고 하더라도 자본이 증가했을 뿐 구체적인 회사재산이 유출, 감소된 것이 아니므로 채권자에게 불리한 것도 없기 때문에 유효라고 한다. 한편 주주의 입장에서 보더라도 신주가 발행된 이상 장래의 이익배당액이 감소되긴 하겠으나 불이익이 되는 것은 아니기 때문에 신주발행은 유효라고 보아도 무방하다고 한다.

③ 검 토 배당가능 이익이 없음에도 불구하고 주식배당에 의하여 증자하고 신주를 발행하는 것은 결과적으로 납입이 없는 신주발행과 같게 되어 자본 충실의 원칙에 반하므로 신주발행무효의 소의 원인이 된다고 본다. 따라서 무효설에 찬성한다.

(2) 신주발행 무효의 소와 주총결의하자의 소와의 관계

A회사의 주식배당은 신주발행무효의 소의 원인이 될 뿐 아니라 주총결의무효사유에 해당하는바, 주총결의하자의 소와 신주발생 무효의 소와의 관계가 문제된다.

① 학　설　　이에 관하여 국내의 통설은 신주발행의 효력이 발생하기 전에는 주총결의하자의 소를 제기할 수 있으나, 신주발행의 효력이 발생한 후의 결의의 하자는 신주발행의 무효원인으로 흡수되어 신주발행무효의 소만을 제기할 있다는 흡수설을 취하고 있다.

② 판　례　　판례는(대법원 1993. 5. 27. 선고 92누14908 판결) 논의상황이 동일한 합병결의무효확인의 소와 합병무효의 소의 관계에 대하여 "회사의 합병에 있어서 합병등기에 의하여 합병의 효력이 발생한 후에는 합병무효의 소를 제기하는 외에 합병결의무효확인청구만을 독립된 소로써 구할 수는 없고"라고 판시하여 흡수설의 태도를 보이고 있다.

③ 사안의 검토　　신주발행의 결의는 신주발행절차의 일부이고 신주발행무효의 소가 별도로 인정되는 이상 법률관계를 획일적으로 해결할 필요가 있으며, 주 금액의 반환 등 신주발생무효판결의 특수한 효과는 신주발생무효의 소(제429조)에만 인정된다고 볼 수 있으므로 흡수설이 타당하다.

주식배당으로 인한 신주발행의 효력발생시기는 주총의 종결시(제462조의2 제4항)로서 사안의 경우 효력이 발생한 이후로서 丁은 신주발행무효의 소에 의하여만 그 효력을 다툴 수 있고 주총결의무효확인의 소의 성질에 관한 학설의 대립과 관계없이 결의무효확인의 소에 의하여는 그 효력을 다툴 수 없다.

(3) 신주발행무효의 소의 제기요건 및 효력

① 소송요건 충족 여부　　丁의 주주(당사자적격)로서의 자격은 신주발행 후 6월이 경과하지 않은 시점이므로(제소기간) 소만으로(형성의 소) 다툴 수 있으므로, 사안에서 명백치는 않으나 丁이 결의에 참석한 경우라 해도 제소권은 공익권인바, 丁의 제소를 신의칙위반이라고는 볼 수 없다.

② 인용가능성　　A회사의 신주발생은 자본충실의 원칙에 정면으로 반하는 하자가 있고 재량기각사유(상법 제430조, 제189조)도 설문상 보이지 않으므로 丁의 청구는 인용될 수 있다고 하겠다.

③ 판결의 효력 신주발행무효의 소는 대세효(상법 제430조, 제190조) 및 비소급효(상법 제431조 제1항)가 있으며 판결 후의 처리로서 납입금액의 환급, 주권의 회수(상법 제432조), 변경등기의 경정(상법 제317조 제2항 제2호·제3호) 등이 필요한바, 사안의 경우 전혀 배당가능이익이 없었던 경우이므로 납입금액의 환급은 불필요하다.

2. 이사, 감사의 책임 추궁

(1) 이사, 감사의 회사에 대한 책임

1) 학설의 대립

① 긍 정 설 주식배당을 위법하게 한 경우 회사에 손해가 있을 수 있으므로 이사는 상법 제399조에 의하여 회사에 대해 손해배상책임을 부담하고, 신주발행의 등기 후에는 상법 제428조의 자본충실책임을 진다. 위법한 주식배당으로 인한 제3자의 손해 또한 배상하여야 한다(상법 제401조). 그리고 감사는 임무해태로 인하여 회사와 제3자에 대하여 이사와 연대하여 손해배상책임을 진다(상법 제414조).

② 부 정 설 위법한 주식배당의 경우 회사에 손해가 발생하였다고 볼 수 없으므로 이사의 회사에 대한 손해배상책임을 인정할 수 없고, 주식배당의 경우 주식의 인수 및 납입이 있었던 것도 아니므로 상법 제428조의 자본충실책임도 물을 수 없다.

③ 검 토 부정설은 현실적으로 손해가 발생하지 않았다고 주장하나, 이사는 법령위반행위를 한 것이고 감사는 임무해태를 한 것이며 회사가 손해를 입지 않았다고 단정할 수 없으므로 이사·감사 등은 연대하여 회사에 대하여 손해를 배상할 책임이 있다고 볼 것이다. 그러나 신주를 배당받은 주주도 인수 및 납입의무를 부담하지 않으므로 이사의 인수담보책임은 문제되지 않는다.

2) 주주 丁이 취할 수 있는 조치

① 주주의 지위에 기한 직접청구의 가부 판례(대법원 1979. 2. 13. 선고 78다1117 판결 등)는 "그러나 주식회사의 주주는 회사의 재산관계에 대하여 단순히 사실상·경제상 또는 일반적·추상적인 이해관계만을 가질 뿐, 구체적 또는

법률상의 이해관계를 가진다고는 할 수 없으므로, 주주는 상법 제403조 이하의 규정에 의한 대표소송의 경우를 제외하고는 회사의 재산관계에 대하여 당연히 확인의 이익을 갖는다고는 할 수 없는 것이다"라고 판시하여 이를 부정하였는바, 주주는 회사재산에 대하여 일반적·추상적 이해관계만을 가질 뿐이고, 주주와 회사는 법적으로 별개의 인격을 가진다는 점에서 이러한 판례의 태도는 타당하다 하겠다.

② **대표소송에 의한 책임추궁가능성**   대표소송은 주주가 회사의 대표기관의 자격에서 회사의 권리를 주장하는 것으로 책임추궁의 범위에 관한 어느 견해에 의하더라도 상법 제399조, 제414조의 책임추궁은 가능하다.

그러나 제소요건과 관련하여 A회사가 비상장회사이고 소유주식비율이 1%(1998년 개정상법) 미만이면 다른 주주와 공동으로 제기하여야 하나, 상장회사라면 6월간 계속하여 0.0001%의 지분이 있으면 단독으로 제소가능한데(증권거래법 제191조의13 제1항), 이때 회사에 대해 소를 제기할 것을 청구한 후 회사가 30일 내에 소를 제기하지 않을 경우(제403조) 대표소송을 제기하여 이사, 감사의 회사에 대한 책임을 추궁할 수 있다.

(2) 제3자에 대한 손해배상책임의 추궁

사안의 甲과 乙의 행위는 악의·중과실로 인한 임무해태에 해당하는바, 사안의 주주 丁이 직접손해를 입은 경우 상법 제401조, 제414조 제2항의 책임을 짐은 당연하나, 간접손해를 입은 경우에도 제3자에 대한 책임이 성립하는가가 문제된다.

1) 학설의 대립

① **긍 정 설**   상법 제399조의 책임은 회사가 이사에 대하여 추궁하여야 하는데 회사가 그러한 책임을 추궁하는 것을 기대하기는 어렵다는 점, 따라서 주주가 대표소송을 통하여 이러한 책임을 추궁할 수밖에 없는데 대표소송은 제한성이 크다는 점에 비추어 이를 긍정할 필요가 있다고 하는 견해이다.

② **부 정 설**   주주는 회사가 이사에 대하여 상법 제399조에 따라 책임을 추궁하여 손해를 전보받으면 결과적으로 자신의 손해를 전보받게 되는 것이므로, 별개로 본 조의 책임을 인정할 필요가 없다고 한다.

2) 판례(대법원 1993. 1. 26. 선고 91다36093 판결)

"주식회사의 주주가 그 회사의 대표이사의 악의 또는 중대한 과실로 인한 임무해태행위로 직접손해를 입은 경우에는 이사와 회사에 대하여 상법 제401조, 제389조 제3항, 제210조에 의하여 손해배상을 청구할 수 있다 하겠으나, 대표이사가 회사재산을 횡령하여 회사재산이 감소함으로써 회사가 손해를 입고 결과적으로 주주의 경제적 이익이 침해되는 손해와 같은 간접적인 손해는 상법 제401조 제1항에서 말하는 손해의 개념에 포함되지 아니하므로 이에 대하여는 위 법조항에 의한 손해배상을 청구할 수 없는 것으로 봄이 상당하다고 할 것이고, 이와 같은 법리는 주주가 중소기업창업지원법상의 중소기업창업투자회사라고 하여도 다를 바 없다"라고 판시하여 부정설의 입장을 취하고 있다.

3) 검   토

부정설은 회사가 손해의 전보를 받으면 된다고 하나 대표소송은 발행주식 총수의 1/100 이상의 주식을 가진 주주만이 제기할 수 있고 담보제공이 요구되며, 소송비용이 현실적으로 전보되지 아니한다는 점 등 그 제한성이 있으므로 주주의 간접손해도 본 조에서의 손해에 포함된다고 인정할 실익이 있다고 할 것이다. 또한 이사의 권한남용현상을 통제하고 직무집행의 적정성을 유도하기 위하여는 주주의 간접손해에 대하여도 본 조의 책임을 인정하는 긍정설이 타당하다고 본다.

(3) **사안의 검토**

주주의 간접손해도 이사의 제3자에 대한 책임의 보호범위에 포함된다고 보아 丁은 甲, 乙에 대하여 이사, 감사의 제3자에 대한 책임을 물을 수 있다.

3. **이사, 감사의 해임청구**(상법 제385조 제2항, 제415조)

甲과 乙의 행위는 법령에 위반한 중대한 행위에 해당하는바 이에 관해 주총에서 해임을 부결한 경우 이사해임청구를 할 수 있다.

(1) A회사가 상장회사라면 6월간 0.5% 이상의 지분을 丁이 소유했다면(증권거래법 제191조의13 제1항) 이사해임청구를 할 수 있다.

(2) A회사가 비상장회사라면 3%에 해당하여야 단독으로 해임청구를 할

수 있다.

4. 해산판결의 청구가능성(상법 제520조)

(1) 사안과 관련하여는 상법 제520조 제2호에의 해당 여부가 문제되나, 주식배당의 경우 그 자체만으로는 회사에 손해가 발생하지 않으므로 이에 해당한다고 하기 어렵다.

(2) 이와 동시에 부득이한 사유 또한 인정되어야 하는바, 본 사안은 이에 해당한다고 보기는 어려우므로 해산판결의 사유가 된다고 보기는 어렵고 설사 이에 해당한다 하더라고 丁은 10%의 주식을 소유하고 있지 않는 한 단독으로 해산판결을 청구할 수도 없다.

5. 형사고발(상법 제625조 제3호)

이사 甲과 감사 乙의 행위는 법령위반행위로 상법 제625조 제3호에 해당하는바, 주주 丁은 형사고발을 할 수 있다.

Ⅳ. 채권자 丙의 조치

1. 무효인 신주반환청구의 가부

(1) 학설의 대립

상법 제462조 제2항에 따른 丙의 주주에 대한 A회사로의 반환청구의 가능성이 문제되는바, 주주가 주금을 납입한 것도 아니고 회사 재산유출이 있었던 것도 아닌 주식배당의 특수성과 관련하여 학설이 대립한다.

1) 긍 정 설

주식배당의 경우도 일종의 배당이므로 위법배당의 경우 회사채권자는 직접 위법배당한 주식을 회사에 반환할 것을 청구할 수 있다고 한다.

2) 부 정 설

① 회사채권자의 주주에 대한 반환청구권을 인정하면(따라서 배당된 주식수에 해당하는 액면총액에 해당하는 현금의 지급의무를 부과하는 것은) 주주에 대해 강제 배당된 신주의 출자의무를 강요하는 것이 되어, 결과적으로 주주유한책임

456 제3편 회 사 법

의 원칙에 반하고, ② 회사채권자의 입장에서 보아도 주식배당의 경우 사외로 유출될 뻔했던 회사재산이 자본으로 전입된 것이므로 아무런 불이익을 받지 않음을 이유로 한다. ③ 회사재산이 사외로 유출된 적이 없고 신주발행무효판결이 있는 경우 배당신주는 소멸함을 이유로 한다.

(2) 사안의 검토

상법 제462조 제2항의 권리는 주주의 회사에 대한 부당이득반환의무가 성립함을 전제로 회사채권자를 보호하기 위해 채권자대위권(민법 제404조)의 요건구비 여부에 관계없이 인정되는 권리이다.

그런데 주식배당의 경우 회사재산의 주주에로의 현실적 유출이 없어 그 자체만으로는 회사의 손해도 주주의 이익도 없어 주주의 부당이득반환의무가 인정되지 않으므로 채권자에게 제462조 제2항의 권리는 인정될 여지가 없으므로 부정설이 타당하다.

2. 이사·감사의 제3자에 대한 책임(상법 제401조, 제414조 제2항)

채권자 丙은 이사 甲, 감사 乙의 임무해태로 인하여 손해를 입었고 이 경우 丙의 손해는 직접손해에 해당하므로 제401조, 제414조 제2항에 따른 책임을 甲과 乙에게 물을 수 있다.

이 경우 이사·감사의 제3자에 대한 책임의 성질에 관하여는 법정책임설이 타당한바, 불법행위책임 또한 물을 수 있다.

3. 해산명령의 청구(상법 제176조)

채권자 丙이 이해관계인으로서 해산명령청구를 할 수 있는가와 관련하여 사안에서는 제176조 제1항 제3호에의 해당 여부가 문제되는바, 해산명령이 기업유지이념에 반하나 공익을 위해 불가피하게 인정되는 제도라는 점을 감안할 때 사안의 경우는 위법한 주식배당으로 인해 회사의 존속을 허용할 수 없는 경우에 해당한다고 보기 어려우므로 이에 해당하지 않는다고 본다.

4. 형사고발(상법 제625조 제3호)

이사 甲과 감사 乙의 행위는 회사재산을 위태롭게 하는 죄에 해당하므로 이에 대하여 丙은 형사고발할 수 있다.

V. 문제의 해결

1. A회사의 주식배당은 이익배당의 요건과 주식배당에 따른 신주발행의 요건을 충족시키지 못하는 위법배당에 해당한다.

2. 주주 丁은 ① A회사의 위법한 주식배당은 자본충실에 정면으로 반하는 배당으로 신주발행무효의 원인이 되고, 주총결의하자의 소와의 관계에 대하여는 흡수설이 타당하므로 丁은 신주발행무효의 소를 제기하여야 하며, 주총결의무효확인의 소는 제기할 수 없고 丁의 소는 인용될 수 있을 것이다.

② 甲과 乙의 회사에 대한 손해배상책임은 인정되나 A회사가 비상장회사인 경우 丁이 1% 미만의 지분을 가지고 있다면 단독으로 대표소송을 제기하여 이에 대한 책임을 물을 수는 없는 한계가 있다. 甲과 乙의 제3자에 대한 책임과 관련하여 주주의 간접손해도 이에 포함된다는 견해에 따르면 이에 따른 책임을 물을 수 있다.

③ 주주총회에서 甲과 乙의 해임을 부결한 경우, 해임청구와 관련하여 비상장회사의 경우 丁이 발행주식 총수의 3% 미만을 소유하고 있다면 丁 단독으로는 해임을 청구할 수 없는 한계가 있으며, A주식회사에 대한 해산판결청구는 인정되지 아니한다. 한편, 丁은 甲과 乙을 형사고발할 수 있다.

3. 채권자 丙의 구제수단과 관련하여 ① 丙의 A회사에 대한 위법배당주식반환청구권이 인정되지 않으므로 상법 제462조 제2항에 의한 회사에 대한 신주의 반환청구권은 인정되지 아니하고, ② 丙의 손해는 甲과 乙의 임무해태로 인한 직접손해에 해당하므로 甲과 乙에 대하여 책임을 물을 수는 있으나, ③ 채권자 丙의 회사에 대한 해산명령청구권은 인정되지 않는다. ④ 한편 丙은 甲과 乙을 형사고발할 수 있다.

◆ 사 례

주식회사는 소정의 시기보다 늦게 주주총회를 열고 이익배당을 결의할 수 있는가?

Ⅰ. 문제의 소재

주식회사에서 주주에게 이익배당을 하기 위해서는 이익배당의 요건을 갖추어야 하는바, ① 배당가능이익이 있어야 하고, ② 재무제표를 작성하여 이사회의 승인(상법 제447조)을 얻어야 할 뿐만 아니라 정기총회에 제출하여 그 승인을 얻어야 한다(상법 제449조 제1항).

이와 같이 이익배당의 확정은 정기총회의 전속적 권한인바, 소정의 시기보다 늦게 개최되는 주주총회가 정기총회인지 임시총회인지가 문제되고, 만약 임시총회라면 임시총회에서도 재무제표의 승인(이익배당결정)을 할 수 있는지가 문제된다. 문제해결에 앞서 먼저 이익배당의 요건을 간단히 검토하기로 한다.

Ⅱ. 이익배당의 요건

1. 실질적 요건

이익배당을 하기 위해서는 우선 배당가능이익이 존재하여야 한다. 즉 대차대조표상의 순재산액으로부터 ① 자본의 액, ② 그 결산기까지 적립된 자본준비금과 이익준비금의 합계액, ③ 그 결산기에 적립하여야 할 이익준비금의 액을 공제한 액을 한도로 하여 이익배당을 할 수 있다(상법 제462조 제1항). 또한 정관에 임의준비금의 정함이 있는 경우에는 그것도 공제하여야 한다.

2. 형식적 요건

이사는 매결산기에 재무제표(대차대조표, 손익계산서, 이익잉여금처분계산서 또는 결손금처리계산서)를 작성하여 이사회의 승인을 얻어야 하며(상법 제447조), 감사의 감사를 받아 이를 정기총회에 제출하여 그 승인을 요구하여야 한다(상법 제449조 제1항). 이익배당의 결의는 주주총회의 전속결의사항이므로 주주총회의 결의를 반드시 거쳐야 한다.

3. 설문의 경우

배당가능이익이 존재하는 경우에도 현실적으로 이익배당을 하기 위해서는 정기총회에서 재무제표를 승인하여야 하는바(상법 제449조 제1항), 설문과 같이 소정의 시기보다 늦게 주주총회를 열고 이익배당을 결의할 수 있는지가 문제된다.

Ⅲ. 주주총회의 성격과 임시주주총회에서의 재무제표승인 가부

1. 정기총회와 임시총회의 구별

(1) 서

주주총회는 소집시기를 표준으로 하여 정기총회와 임시총회로 나누어진다. 정기총회는 매년 1회 일정한 시기(매결산기)에 소집되는 총회이다(상법 제365조 제1항). 연 2회 이상 이익배당을 하는 회사에서는 매결산기마다 정기총회를 소집하여야 한다(상법 제365조 제2항).

정기총회는 본래 재무제표를 승인하고 이익처분을 결정하기 위하여 개최되는 것이고, 그 소집시기는 주주명부의 폐쇄기간 또는 기준일의 결정시기의 제한(상법 제354조 제2항·제3항) 때문에 매결산기 후 3월 내에 개최되어야 한다. 임시총회는 필요가 있는 경우에 수시로 소집되는 총회이다(상법 제365조 제3항). 임시총회의 소집이 강제되는 경우도 있는데 법원의 명령에 의한 때(상법 제467조), 흡수합병의 보고총회를 개최할 때(상법 제526조), 청산개시시 또는 청산종결시, 청산인이 재산관계서류의 승인을 요구한 때(상법 제533조 제1항, 제 540조 제1항) 등이 그것이다. 소수주주가 소집을 청구하거나 스스로 소집하는 경우도 임시총회이다(상법 제366조).

(2) 견해의 대립

어떠한 이유로 위의 일정시기를 도과한 후에 재무제표의 승인을 의제로 하는 총회가 개최되었을 때에 그것이 정기총회인가 또는 임시총회인가에 관하 여 다툼이 있다.

1) 제 1 설

정기총회와 임시총회를 그 소집시기를 기준으로 구별하는 견해로 정기총 회의 소집시기가 다소 지연되었다고 하더라도 여전히 정기총회의 성격을 가지 나, 다만 상당히 지연되어 소집되었을 경우에는 임시총회의 성격을 띠게 된다 는 견해이다.

2) 제 2 설

정기총회와 임시총회는 그 권한에 있어 차이가 있다고 보는 견해로 결산 에 관한 계산서류의 승인, 이익배당에 관한 결의를 목적으로 개최되는 주주총 회만을 정기총회라고 한다.

(3) 검토 및 소결

상법 제449조의 해석에 충실하면, 재무제표의 승인을 의제로 하는 총회인 이상 정기총회라고 할 수 있으나, 그 개최시기가 정기가 아니라는 의미에서는 임시총회라고도 할 수 있으므로, 이는 용어의 문제에 불과하다고 하겠다. 어쨌 든 뒤늦게 개최된 총회에서 재무제표의 승인을 하여도 그것이 유효한 것임에 는 이론이 없다.

즉, 정기총회와 임시총회는 소집시기에 있어서만 차이가 있을 뿐, 그 권한 이나 소집절차 또는 결의의 효력 등에서는 차이가 없다고 본다. 따라서 설문 과 같이 소정의 시기보다 늦게 개최되는 주주총회는 임시총회에 해당한다고 보아 임시총회에서 재무제표승인결의를 할 수 있는가의 문제를 검토하는 것이 타당하다고 본다.

2. 임시총회에서의 재무제표 승인가능성

(1) 서

소정의 시기보다 늦게 개최되는 주주총회를 정기총회라고 하는 견해에 따르면 설문의 경우에도 당연히 이익배당결의가 가능하나, 이를 임시총회라고 보는 견해가 타당하므로 임시총회에서도 재무제표의 승인결의가 가능한지 문제된다.

(2) 학　설

1) 적 극 설

정기총회와 임시총회는 시기상의 차이만 있을 뿐 그 권한에는 차이가 없으므로 임시총회에서도 재무제표의 승인이 가능하다고 보는 견해이다.

2) 소 극 설

이 견해는 재무제표 승인결의는 정기주주총회의 전권사항이므로 임시총회에서는 재무제표 승인결의를 할 수 없고, 재무제표 승인결의를 하더라도 무효라고 한다.

(3) 검　토

정기총회에서는 재무제표의 승인 이외에 보통 이사·감사의 선임 등 경상사항을 결의하지만, 이러한 경상사항 이외에 정관의 변경, 자본의 감소, 합병계약서·분할계획서·분할계약서의 승인 등 비상사항에 관하여 결의하는 것은 상관이 없으며 그것 때문에 정기총회에 이어 임시총회를 다시 개최할 필요는 없다. 반대로 임시총회의 소집이 강제되는 경우에 그 임시총회의 시기가 정기총회의 시기와 일치하는 때에는 임시총회의 의제를 정기총회에서 다루어도 상관이 없다. 종래에 우리나라에서는 임시총회에서는 재무제표의 승인을 할 수 없다는 일부 견해가 있었으나 최근에는 결국 정기총회와 임시총회는 그 소집시기가 다를 뿐 그 권한이나 결의의 효력에 차이가 있는 것이 아니라는 것으로 학자들의 의견이 모아지고 있다.

생각건대 상법상 임시총회의 결의사항을 특별히 제한하고 있지 않다는 점과, 소극설에 따를 경우 정관에 규정된 기간 내에 정기총회가 개최되지 않으면 주주들로서는 그 해 영업연도의 이익배당을 받을 방법이 없게 된다는 점 등에 비추어 적극설이 타당하다고 본다.

Ⅳ. 문제의 해결

정기총회와 임시총회의 구별은 그 시기만을 기준으로 함이 상당하고, 양 자간의 권한이나 소집절차 또는 결의의 효력을 기준으로 이를 구별할 것은 아 니라고 본다. 따라서 정관소정의 시기보다 늦게 개최되는 주주총회는 임시총 회에 해당한다.

그리고 이러한 임시총회에서도 재무제표 승인결의는 가능하다고 보아야 주주의 이익배당 가능성이 보장되므로, 소정의 시기보다 늦게 개최되는 주주 총회에서도 재무제표 승인결의를 할 수 있고, 그러한 결의가 이루어졌더라도 이를 유효로 볼 수 있다.

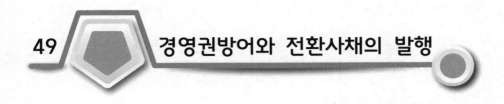

49 경영권방어와 전환사채의 발행

◆ 사 례

　甲은 주권상장법인인 A회사의 경영권을 취득하기 위하여 A회사의 주식을 매집하였다. 이에 A회사의 경영진(이사 X, Y, Z)은 자기들과 우호관계에 있는 K에게 집중적으로 정관이 정한 범위 내에서 전환사채를 발행하여 주었다. 당시 이 회사의 정관에는 전환사채는 그 다음 날 주식으로 전환할 수 있게 되었기 때문에 K는 전환사채를 발행받은 2~3일 사이에 전환사채를 모두 주식으로 전환하였다. 이에 대하여 甲이 취할 수 있는 조치는 무엇인가?

I. 문제의 논점

　　본 사례는 경영진이 자기의 우호세력에게 사모의 방식으로 전환사채를 발행하여 주고, 주식으로 전환하게 한 경우에 이러한 행위가 주주의 신주인수권과 관련하여 유효한 행위인지, 그리고 이러한 경우에 신주발행무효의 소송의 제기가 가능한 것인지가 중요논점이 된다고 할 수 있다. 즉 회사의 경영권분쟁상황하에서 열세에 처한 구지배세력이 적대적 M&A를 방어하기 위하여 기존주주를 배제한 채 제3자인 우호세력에게 집중적으로 사모전환사채를 발행하여 주고 그를 곧바로 주식으로 전환하는 것이 상법 제418조와 관련하여 어떠한 효력을 갖는가의 문제와, 신주발행무효의 소에 관한 상법 제429조를 준용하여 전환사채발행무효의 소를 인정할 것인지의 여부 및 이사 등의 책임문제도 검토대상이 된다.

Ⅱ. 전환사채의 발행과 상법 제418조

1. 전환사채의 발행의 의의

전환사채란 주식으로 전환할 수 있는 권리(전환권)가 인정된 사채를 말한다. 전환사채는 회사의 영업성적이 부진한 때에는 확정이자를 받되, 좋은 성적을 내면 이익배당을 받는 주식으로 전환할 수 있는 사채이므로 사채모집이 용이하게 되어 편리한 자금조달방법이 될 수 있다. 전환사채는 그 발행 이후 전환권을 행사하기 전까지는 채권적 유가증권이라고 할 수 있고, 그 이후에는 사원권적 유가증권이라고 할 수 있다.

2. 전환사채의 발행방법 및 절차

전환사채의 발행방법에는 주주배정·제3자 배정 및 모집의 세 가지 방법이 있는데, 제3자 배정 및 모집에 의한 전환사채의 발행을 상법은 '주주 외의 자에 대하여 전환사채를 발행하는 경우'로 규정하고 있다(상법 제513조 제3항·제4항). 따라서 전환사채의 발행은 주주배정에 의한 전환사채의 발행의 경우와 주주 외의 자에 대하여 전환사채를 발행하는 경우로 나누어진다.

주주배정에 의한 전환사채를 발행하는 경우에는 정관으로 주주총회에서 결정하기로 정한 경우를 제외하고는 이사회에서 ① 전환사채의 총액(상법 제513조 제2항 제1호), ② 전환의 조건(상법 제513조 제2항 제2호), ③ 전환으로 인하여 발행할 주식의 내용, ④ 전환을 청구할 수 있는 기간 및 ⑤ 주주에게 전환사채의 인수권을 준다는 뜻과 인수권의 목적인 전환사채의 액을 결정하여야 한다(상법 제513조 제2항).

주주 외의 자에 대하여 전환사채를 발행하는 경우에는 위 ① 내지 ④의 사항 및 ⑤ 주주 외의 자에게 전환사채를 발행하는 것과 이에 대하여 발행할 전환사채의 액에 대하여, 정관으로 다른 규정이 없으면 '이사회의 결의' 외에 다시 '주주총회의 특별결의'가 있어야 한다(상법 제513조 제3항). 이때에는 주주 외의 자에게 전환사채를 발행한다는 내용의 의안의 요령을 주주총회의 소집에 관한 통지 또는 공고에 기재하여야 한다(상법 제513조 제4항). 또 전환으로 인한 주식의 발행은 발행예정주식총수의 범위 내에서 가능한 것이므로 새로 발행할 주식의 수만큼은 전환청구기간 중에는 그 발행을 유보하여야 한다(상법 제513조 제3항, 제346조 제2항).

전환사채의 발행절차는 일반사채의 발행절차(상법 제469조 이하)와 크게 다를 바 없으나, 이와 다른 점은 사채청약서·채권과 사채원부에 이에 관한 사항을 기재하여 공시하여야 하고(상법 제514조), 또 전환사채의 등기를 하여야 하는 점이다(상법 제514조의2). 전환의 청구는 전환기간 중 언제든지 할 수 있는데, 2통의 청구서에 소정사항을 기재하고 채권을 첨부하여 회사에 제출하여야 한다(상법 제515조). 전환사채의 전환에 관하여는 전환주식에 관한 규정이 대폭 준용된다(상법 제516조 제2항, 제349조 제3항, 제350조, 제339조).

3. 상법 제418조와의 관계

우리나라에서는 최근 경영권 내지 지배권 다툼시 이사회(지배주주)가 그 대항조치로 연고권자에게 신주를 배정하는 것이 아니라, 신주발행에 비해 그 발행이 자유로운 전환사채를 연고권자에게 발행하는 방법(이른바 전환사채의 사모발행)을 이용하고 있다. 이와 같이 실무계에서 전환사채발행을 선호하게 된 것은 선진제국이 신주발행과 전환사채 및 신주인수권부사채의 발행을 동일하게 취급하고 있는 것과는 달리, 개정상법 제418조 제1항(주주는 그가 가진 주식의 수에 따라서 신주의 배정을 받을 권리가 있다) 및 제418조 제2항(회사는 제1항의 규정에 불구하고 정관에 정하는 바에 따라 주주 외의 자에게 신주를 배정할 수 있다. 다만 이 경우에는 신기술의 도입, 재무구조의 개선 등 회사의 경영상 목적을 달성하기 위하여 필요한 경우에 한한다)에서는 신주인수권을 법정하면서도, 전환사채나 신주인수권부사채의 인수권자에 대해서는 정관에 다른 규정이 없는 한 이사회가 결정할 수 있도록 하여 완전히 상반된 입법체계를 취하고 있는 데에서 기인한다(상법 제513조 제2항, 제516조의2 제2항).

이와 같은 입법체계의 차이점은 특수사채에 대해서는 비교적 수월한 방법으로 타인자본을 조달할 수 있도록 해 달라는 실무계의 요청에 따라 일본상법의 규정(일본상법 제341조의2 제2항, 제341조의8 제2항)을 그대로 도입했기 때문이다. 현재로서는 부당한 특수사채발행을 통제하기 위해서는 해석론상 특수사채발행(특히 사모발행) 역시 회사이익을 존중하여야 한다는 원칙에 의한 실질적 정당화요건을 충족해야 무효로 되지 않는다고 풀이할 수 있다. 즉 전환사채의 발행 또는 신주인수권부사채의 발행은 실질적으로 신주발행과 같은 효과를 수반한다는 관점에서 제3자 배정방식으로 이들 사채를 발행하는 경우에는 신주인수권배제시 요구되는 실질적 정당화요건(이른바 회사이익기준)을 충족하여야한다.

Ⅲ. 전환사채발행에 대한 무효의 소

1. 전환사채발행무효의 소의 인정여부

상법은 전환사채발행무효의 소에 관하여는 아무런 규정을 두고 있지 않다. 따라서 이와 같은 소를 인정할 수 있을지와 관련하여 학설의 대립이 있다. 먼저 긍정설은 전환사채의 경우는 전환권의 행사에 의하여 장차 주식으로 전환될 수 있어 이의 발행은 사실상 신주발행으로서의 의미를 가지므로 신주발행무효의 소에 관한 상법 제429조 이하의 규정을 유추적용하여 전환사채발행무효의 소를 인정할 필요가 있다고 본다. 그렇지 않을 경우 상법상 그에 관한 명문의 규정이 없으므로 사법상의 일반원칙에 따라 누구라도 언제든지 전환사채발행의 무효를 주장함으로써 거래의 안전을 해칠 우려가 있다는 것이다. 이에 대해 부정설은 불공정한 전환사채의 발행에 대하여 신주발행무효의 소에 대응하는 전환사채발행무효의 소는 인정되지 않는다고 하면서, 다른 조치로서 발행유지청구권(상법 제516조 제1항, 제424조)과 통모인수인에 대한 차액지급의무(상법 제516조 제1항, 제424조의2 제1항)가 인정되고, 주주는 대표소송(상법 제516조 제1항, 제424조의2 제2항)을 제기할 수 있다고 본다. 긍정설의 입장에 찬동한다.

이와 관련하여 수원지방법원 판결(1997. 12. 16. 선고 97카합7333 판결)은 "현행 상법상 전환사채 발행의 무효를 주장할 수 있는 근거가 되는 특별한 규정이 없기는 하나, 전환사채는 전환권의 행사에 의하여 장차 주식으로 전환될 수 있어 이를 발행하는 것은 사실상 신주발행으로서의 의미를 가지므로, 전환사채의 발행에 무효사유가 있는 경우에는 신주발행무효의 소에 관한 상법 제429조 이하의 규정을 유추적용하여 주주·이사·감사에 한하여 회사를 상대로 전환사채발행무효의 소를 제기할 수 있다고 봄이 상당하다. 또한 전환사채의 전환청구에 의해 이미 신주가 발행되었다고 하더라도 전환사채발행무효의 소가 인정되는 이상, 무효사유가 있는 전환사채에 기해 발행된 신주에 대하여는 독립적으로 신주발행무효의 소를 제기할 수도 있다고 할 것이다"라고 판시한 바 있다(긍정설).

2. 전환사채발행의 무효사유

전환사채발행무효의 소는 상법 제429조의 신주발행무효의 소를 유추적용 하여야 할 것인데, 동 조문은 신주발행무효의 사유를 규정하고 있지 않으므로 구체적 무효사유는 학설과 판례에 의하여 정립될 수밖에 없다. 다만 일반적으로 다음과 같은 사유가 있으면 신주발행무효의 원인이 있는 것으로 본다. 즉 발행예정주식 총수를 초과한 발행, 주주의 신주인수권을 무시한 발행, 현물출자에 관하여 검사인을 선임하지 않은 경우, 전환주식 · 전환사채 또는 신주인수권부사채를 가진 자의 권리행사를 대비하여 유보한 주식수를 초과한 발행, 정관에 기재가 없는 종류의 주식발행, 신주발행유지의 가처분 또는 판결을 무시한 신주발행, 요건불비의 액면미달발행의 경우 등을 들 수 있다.

이와 관련하여 앞에서 인용한 수원지방법원판결은 다음과 같은 기준을 제시한 바 있다. 즉 "전환사채발행무효의 소에 유추적용되는 상법 제429조는 형성요건인 신주발행의 무효사유에 관하여 아무런 규정을 두고 있지 않다. 따라서 전환사채발행의 무효사유는 전적으로 이를 판단하는 법원의 재량에 맡겨져 있으나, 법원은 전환사채발행이 통상 자금조달을 목적으로 하면서도 신주발행과 같이 주식의 수를 증가시키는 결과를 가져오기 때문에 기존의 주주의 이익에 커다란 영향을 줄 수 있으며, 또한 거래의 대상이 된다는 점에서 회사 · 주주 · 거래당사자 등 여러 관계자의 이익을 고려하되 주식회사제도를 규율하는 법질서의 정신에 비추어 무효사유를 판단하여야 하며, 다만 전환사채발행을 둘러싼 법률관계의 안정을 도모하기 위하여 가급적 그 무효사유는 엄격하게 인정하여야 할 것이라고 하였다."

또한 "전환사채의 발행은 통상 자금조달을 목적으로 이루어지고 그 목적달성을 위하여 제3자에게 배정됨으로써 기존 주주의 지배적 이익이 다소간 침해된다고 하더라도 자본시장의 여건에 따라 주식회사의 자금조달의 기동성을 확보하기 위한 이사회의 판단은 경영판단으로서 존중되어야 하므로, 자금조달의 필요가 있고 합리적인 경영상의 목적이 인정되는 한 그에 부수하여 다른 목적이 있었다고 하더라도 그러한 사유만으로는 이를 무효로 할 수 없고, 적어도 자금조달의 목적은 표면적인 이유에 불과하고 다른 주주들의 의사를 무시한 채 지배주주나 경영진의 이익만을 위하여 회사지배관계에 대한 영향력에 변동을 주는 것을 주된 목적으로 하는 경우에 한정하여 이를 무효로 볼 것이다"라고 한 바 있다.

Ⅳ. 본 사례와 관련한 쟁점

1. 정관규정의 무효 여부

먼저 이 회사 정관규정이 무효인지 여부이다. 상법 제513조 제3항에서는 주주 외의 자에 대하여 전환사채를 발행할 경우 정해야 할 사항으로 발행할 수 있는 전환사채의 액, 전환의 조건, 전환으로 인해 발행할 주식의 내용과 전환을 청구할 수 있는 기간에 관해서만 규정할 뿐 '주주 외의 자'를 구체적으로 정할 것을 요구하지도 않고 있고, 해석론상 그럴 필요도 없다고 보고 있으므로 정관규정을 무효로 볼 수는 없다.

2. 주주의 신주인수권침해 여부

주주의 신주인수권을 침해했는지 여부와 관련하여 이 사건 전환사채발행은 구지배세력이 지주비율을 역전시켜 경영권을 방어하기 위한 방편으로 채택된 것으로서 전환사채제도를 남용하여 사실상 신주를 발행한 것이므로 주주의 신주인수권을 실질적으로 침해한 위법이 있다고 보아야 한다.

3. 사채발행무효처리의 거래의 안전침해 여부

사채발행을 무효로 하는 것이 거래의 안전을 해치는가 하는 점도 검토되어야 하는데, 이 경우 위법의 정도가 중대하고, 전환된 주식을 사전에 통모한 인수인들이 그대로 보유하고 있다면, 이 사건 분쟁상황이 처음부터 공지의 사실이 되어(주권상장법인이므로) 선의의 피해자가 있을 수 없으므로 거래안전이 문제되지 않는다고 보아야 할 것이다.

4. 상법 제431조와의 관계

본 사례에서도 신주발행무효의 소에 관한 상법 제429조를 준용할 수 있다고 보아야 한다. 그리고 준용할 수 있다고 하면 상법 제430조에 의하여 상법 제190조 본문만이 준용되어 소급효가 인정되는데, 이와 상법 제431조 제1항의 신주발행의 무효판결은 신주를 장래에 향하여 효력을 잃게 하는 것과의 조화 문제가 대두된다. 이는 1995년에 상법을 개정하면서 제190조 본문만을 준용하여 소급효가 인정되는 데 비하여 상법 제431조를 그대로 유지한 데 따른 입법의 미비라고 볼 수 있다. 입법을 정비하기까지는 상법 제431조에 의하여 기존 관계는 유효하되 무효판결이 확정되면 신주무효절차를 밟고, 납입금액을 반환하여 주어야 한다고 해석된다.

5. 사모전환사채의 발행과 M&A에 대한 방어

본 사례에서 현 경영진이 사모전환사채의 발행을 M&A에 대한 방어수단으로 이용할 수 있었던 것은 전환청구의 시기가 발행일의 익일로 정하여져 있기 때문이었다. 이와 같이 회사들이 전환사채의 발행을 사채의 본래의 기능 이외의 목적을 위하여 이용하게 되자 그 당시 증권관리위원회가 이를 문제로 삼았다. 그 결과 공모발행방식으로 발행하는 경우에는 그 발행 후 1월이 경과한 후에 전환할 수 있는 조건으로 이를 발행할 수 있고, 사모의 경우에는 그 후 1년이 경과한 날로부터 전환할 수 있는 조건으로 발행하도록 증권의 발행 및 공시에 관한 규정 제5-21조를 개정하여 2013년 9월 17일부터 시행하였다. 이 규정의 개정으로 사모 전환사채의 발행을 M&A에 대한 방어수단으로 이용하기 어렵게 되었다.

6. 이사 등의 책임

설문의 X, Y, Z이사는 경영권방어를 위하여 사모전환사채를 자신들의 우호세력에게 집중적으로 발행하여 주어 경영권을 방어하려고 하였다. 만일 그 과정에서 상법 제418조에 의한 주주의 신주인수권을 배제하는 등의 위법행위를 하였으면 甲은 X, Y, Z의 책임을 추궁할 수 있다.

Ⅴ. 본 사례와 관련된 판결요지(서울고등법원 1997. 5. 13. 선고 97라36 판결)

본 사례와 관련하여 서울고등법원은 다음과 같이 판결하였다.

1. 전환사채의 발행에 무효사유가 있는 경우 그 무효를 인정하여야 하고, 그 방법은 신주발행무효의 소에 관한 상법 제429조를 유추적용할 수 있다.

2. 이사회가 경영권을 방어하기 위하여 제3자인 우호세력에게 사모의 방법으로 전환사채를 발행하였다면, 이는 전환사채제도를 남용하여 전환사채라는 형식으로 사실상 신주를 발행한 것으로 보아야 하며, 이는 주주의 신주인수권을 실질적으로 침해한 위법이 있어 무효로 보아야 한다.

3. 이사회가 사모의 방법으로 제3자에게 전환사채를 발행한 경우에 그 주된 목적이 경영권분쟁상황하에서 우호적인 제3자에게 신주를 배정하여 경영권을 방어하기 위한 것인 점, 경영권을 다투는 상대방인 감사에게는 그 발행을 결의하는 이사회에 참석할 기회를 주지 않는 등 철저히 비밀리에 발행함으로써 발행유지가처분 등 사전구제수단을 사용할 수 없도록 한 점, 발행된 전환사채의 물량은 지배구조를 역전시키기에 충분한 것이었고, 전환기간에도 제한을 두지 않아 발행 즉시 주식으로 전환될 수 있도록 한 점, 결과적으로 인수인들의 지분이 경영권방어에 결정적인 역할을 한 점 등에 비추어 그 전환사채의 발행은 현저하게 불공정한 방법에 의한 것으로서 무효라고 보아야 한다.

Ⅵ. 문제의 해답

본 사례에서 A회사의 경영진은 현저하게 불공정한 방법으로 전환사채를 발행하여 상법 제418조의 입법취지를 일탈하는 행위를 하였다. 특히 이 사례에서는 명확하게 밝혀져 있지 않지만 정관에 특별한 규정이 없이 제3자에게 사모의 형식으로 전환사채를 발행할 수 있다고 되어 있다면 상법 제418조에 비추어 탈법행위로 평가될 수 있다. 이러한 행위에 대하여는 상법 제429조 이하의 규정을 유추적용하여 주주·이사·감사에 한하여 회사를 상대로 소로써 무효를 주장할 수 있다 할 것이다. 즉 사모전환사채를 경영권방어를 위하여 주주의 신주인수권을 일탈하는 제3자에게 배정하고 그가 곧바로 주식으로 전환하여 이에 대해 신주를 발행하여 주었을 때에도 전환사채발행무효의 소를 제기할 수 있다고 보아야 한다. 그에 대하여 무효판결이 확정되면 상법 제431조에 의하여 장래에 향하여 효력이 없으므로 그 결의에 근거하여 이미 신주가 발행되었다면 그 신주발행은 일응은 유효하고 회사는 기존 신주를 매입하여 소각하여야 한다(상법 제431조 제2항, 제432조). 다만 이때 1995년 개정상법은 제430조에서 제190조 본문만을 준용하여 소급효가 있게 된 것과 모순이 있는데, 이는 입법의 미비로 양자가 조화되는 방향으로 개정되어야 할 것이다.

Ⅶ. 참조판례

1. 대법원 2004. 8. 20. 선고 2003다20060 판결

상법은 제516조 제1항에서 신주발행의 유지청구권에 관한 제424조 및 불공정한 가액으로 주식을 인수한 자의 책임에 관한 제424조의2 등을 전환사채의 발행의 경우에 준용한다고 규정하면서도, 신주발행무효의 소에 관한 제429조의 준용 여부에 대해서는 아무런 규정을 두고 있지 않으나, 전환사채는 전환권의 행사에 의하여 장차 주식으로 전환될 수 있는 권리가 부여된 사채로서, 이러한 전환사채의 발행은 주식회사의 물적 기초와 기존 주주들의 이해관계에 영향을 미친다는 점에서 사실상 신주를 발행하는 것과 유사하므로, 전환사채발행의 경우에도 신주발행무효의 소에 관한 상법 제429조가 유추적용된다(대법원 2004. 6. 25. 선고 2000다37326 판결).

한편, 상법 제429조는 신주발행의 무효는 주주·이사 또는 감사에 한하여 신주를 발행한 날로부터 6월 내에 소만으로 이를 주장할 수 있다고 규정하고 있으므로, 설령 이사회나 주주총회의 신주발행 결의에 취소 또는 무효의 하자가 있다고 하더라도 그 하자가 극히 중대하여 신주발행이 존재하지 아니하는 정도에 이르는 등의 특별한 사정이 없는 한 신주발행의 효력이 발생한 후에는 신주발행무효의 소에 의하여서만 다툴 수 있다(대법원 1989. 7. 25. 선고 87다카2316 판결 참조).

2. 대법원 2004. 8. 16. 선고 2003다9636 판결

① 상법은 제516조 제1항에서 신주발행의 유지청구권에 관한 제424조 및 불공정한 가액으로 주식을 인수한 자의 책임에 관한 제424조의2 등을 전환사채의 발행의 경우에 준용한다고 규정하면서도, 신주발행무효의 소에 관한 제429조의 준용 여부에 대해서는 아무런 규정을 두고 있지 않으나, 전환사채는 전환권의 행사에 의하여 장차 주식으로 전환될 수 있는 권리가 부여된 사채로서, 이러한 전환사채의 발행은 주식회사의 물적 기초와 기존 주주들의 이해관계에 영향을 미친다는 점에서 사실상 신주를 발행하는 것과 유사하므로, 전환사채 발행의 경우에도 신주발행무효의 소에 관한 상법 제429조가 유추적용된다.

② 전환사채 발행의 경우에도 신주발행무효의 소에 관한 상법 제429조가 유추적용되므로 전환사채발행무효 확인의 소에 있어서도 상법 제429조 소정의 6월의 제소기간의 제한이 적용된다 할 것이나, 이와 달리 전환사채 발행의 실체가 없음에도 전환사채 발행의 등기가 되어 있는 외관이 존재하는 경우 이를 제거하기 위한 전환사채발행부존재 확인의 소에 있어서는 상법 제429조 소정의 6월의 제소기간의 제한이 적용되지 아니한다.

③ 전환사채발행유지 청구는 회사가 법령 또는 정관에 위반하거나 현저하게 불공정한 방법에 의하여 전환사채를 발행함으로써 주주가 불이익을 받을 염려가 있는 경우에 회사에 대하여 그 발행의 유지를 청구하는 것으로서(상법 제516조 제1항, 제424조), 전환사채 발행의 효력이 생기기 전, 즉 전환사채의 납입기일까지 이를 행사하여야 할 것이고, 한편 전환사채권자가 전환 청구를 하면 회사는 주식을 발행해 주어야 하는데, 전환권은 형성권이므로 전환을 청구한 때에 당연히 전환의 효력이 발생하여 전환사채권자는 그 때부터 주주가 되고 사채권자로서의 지위를 상실하게 되므로(상법 제516조, 제350조) 그 이후에는 주식전환의 금지를 구할 법률상 이익이 없게 될 것이다.

④ 실제의 소집절차와 회의절차를 거치지 아니한 채 주주총회 의사록을 허위로 작성하는 등 도저히 그 결의가 존재한다고 볼 수 없을 정도로 중대한 하자가 있는 경우에는 그 주주총회의 결의는 부존재하다고 보아야 한다.

3. 대법원 2004. 6. 25. 선고 2000다37326 판결

① 상법은 제516조 제1항에서 신주발행의 유지청구권에 관한 제424조 및 불공정한 가액으로 주식을 인수한 자의 책임에 관한 제424조의2 등을 전환사채의 발행의 경우에 준용한다고 규정하면서도 신주발행무효의 소에 관한 제429조의 준용 여부에 대해서는 아무런 규정을 두고 있지 않으나, 전환사채는 전환권의 행사에 의하여 장차 주식으로 전환될 수 있는 권리가 부여된 사채로서, 이러한 전환사채의 발행은 주식회사의 물적 기초와 기존 주주들의 이해관계에 영향을 미친다는 점에서 사실상 신주를 발행하는 것과 유사하므로, 전환사채의 발행의 경우에도 신주발행무효의 소에 관한 상법 제429조가 유추적용된다고 봄이 상당하고, 이 경우 당사자가 주장하는 개개의 공격방법으로서의 구체적인 무효원인은 각각 어느 정도 개별성을 가지고 판단할 수밖에 없는 것이기는 하지만, 전환사채의 발행에 무효원인이 있다는 것이 전체로서 하나의 청구원인이 된다는 점을 감안할 때 전환사채의 발행을 무효라고 볼 것인지 여부를 판단함에 있어서는 구체적인 무효원인에 개재된 여러 위법 요소가 종합적으로 고려되어야 한다.

② 구 상법(2001. 7. 24. 법률 제6488호로 개정되기 전의 것) 제513조 제3항은 주주 외의 자에 대하여 전환사채를 발행하는 경우에 그 발행할 수 있는 전환사채의 액, 전환의 조건, 전환으로 인하여 발행할 주식의 내용과 전환을 청구할 수 있는 기간에 관하여 정관에 규정이 없으면 상법 제434조의 결의로써 이를 정하여야 한다고 규정하고 있는바, 전환의 조건 등이 정관에 이미 규정되어 있어 주주총회의 특별결의를 다시 거칠 필요가 없다고 하기 위해서는 전환의 조건 등이 정관에 상당한 정도로 특정되어 있을 것이 요구된다고 하겠으나, 주식회사가 필요한 자금수요에 대응한 다양한 자금조달의 방법 중에서 주주 외의 자에게 전환사채를 발행하는 방법을 선택하여 자금을 조달함에 있어서는 전환가액 등 전환의 조건을 그때그때의 필요자금의 규모와 긴급성, 발행회사의 주가, 이자율과 시장상황 등 구체적인 경제사정에 즉응하여 신축적으로 결정할 수 있도록 하는 것이 바람직하다 할 것이고, 따라서 주주총회의 특별결의에 의해서만 변경이 가능한 정관에 전환의 조건 등을 미리 획일적으로 확정하여 규정하도록 요구할 것은 아니며, 정관에 일응의 기준을 정해 놓은 다음

이에 기하여 실제로 발행할 전환사채의 구체적인 전환의 조건 등은 그 발행시마다 정관에 벗어나지 않는 범위에서 이사회에서 결정하도록 위임하는 방법을 취하는 것도 허용된다.

③ 정관이 전환사채의 발행에 관하여 "전환가액은 주식의 액면금액 또는 그 이상의 가액으로 사채발행시 이사회가 정한다"라고 규정하고 있는 경우, 이는 구 상법(2001. 7. 24. 법률 제6488호로 개정되기 전의 것) 제513조 제3항에 정한 여러 사항을 정관에 규정하면서 전환의 조건 중의 하나인 전환가액에 관하여는 주식의 액면금액 이상이라는 일응의 기준을 정하되 구체적인 전환가액은 전환사채의 발행시마다 이사회에서 결정하도록 위임하고 있는 것이라고 할 것인데, 전환가액 등 전환의 조건의 결정방법과 관련하여 고려되어야 할 특수성을 감안할 때, 이러한 정관의 규정은 같은 법 제513조 제3항이 요구하는 최소한도의 요건을 충족하고 있는 것이라고 봄이 상당하고, 그 기준 또는 위임방식이 지나치게 추상적이거나 포괄적이어서 무효라고 볼 수는 없다고 한 사례.

④ 상법 제429조는 신주발행의 무효는 주주·이사 또는 감사에 한하여 신주를 발행한 날로부터 6월 내에 소만으로 이를 주장할 수 있다고 규정하고 있는바, 이는 신주발행에 수반되는 복잡한 법률관계를 조기에 확정하고자 하는 것이므로, 새로운 무효사유를 출소시간의 경과 후에도 주장할 수 있도록 하면 법률관계가 불안정하게 되어 위 규정의 취지가 몰각된다는 점에 비추어 위 규정은 무효사유의 주장시기도 제한하고 있는 것이라고 해석함이 상당하고, 한편 상법 제429조의 유추적용에 의한 전환사채발행무효의 소에 있어서도 전환사채를 발행한 날로부터 6월의 출소기간이 경과한 후에는 새로운 무효사유를 추가하여 주장할 수 없다고 보아야 한다.

⑤ 신주발행무효의 소에 관한 상법 제429조에도 무효원인이 규정되어 있지 않고 다만, 전환사채의 발행의 경우에도 준용되는 상법 제424조에 '법령이나 정관의 위반 또는 현저하게 불공정한 방법에 의한 주식의 발행'이 신주발행유지청구의 요건으로 규정되어 있으므로, 위와 같은 요건을 전환사채 발행의 무효원인으로 일응 고려할 수 있다고 하겠으나 다른 한편, 전환사채가 일단 발행되면 그 인수인의 이익을 고려할 필요가 있고 또 전환사채나 전환권의 행사에 의하여 발행된 주식은 유가증권으로서 유통되는 것이므로 거래의 안전을 보호하여야 할 필요가 크다고 할 것인데, 전환사채발행유지청구권은 위법

한 발행에 대한 사전 구제수단임에 반하여, 전환사채발행무효의 소는 사후에 이를 무효로 함으로써 거래의 안전과 법적 안정성을 해칠 위험이 큰 점을 고려할 때, 그 무효원인은 가급적 엄격하게 해석하여야 하고, 따라서 법령이나 정관의 중대한 위반 또는 현저한 불공정이 있어 그것이 주식회사의 본질이나 회사법의 기본원칙에 반하거나 기존 주주들의 이익과 회사의 경영권 내지 지배권에 중대한 영향을 미치는 경우로서 전환사채와 관련된 거래의 안전, 주주 기타 이해관계인의 이익 등을 고려하더라도 도저히 묵과할 수 없는 정도라고 평가되는 경우에 한하여 전환사채의 발행 또는 그 전환권의 행사에 의한 주식의 발행을 무효로 할 수 있을 것이며, 그 무효원인을 회사의 경영권 분쟁이 현재 계속중이거나 임박해 있는 등 오직 지배권의 변경을 초래하거나 이를 저지할 목적으로 전환사채를 발행하였음이 객관적으로 명백한 경우에 한정할 것은 아니다.

　⑥ 전환사채의 인수인이 회사의 지배주주와 특별한 관계에 있는 자라거나 그 전환가액이 발행시점의 주가 등에 비추어 다소 낮은 가격이라는 것과 같은 사유는 일반적으로 전환사채발행유지청구의 원인이 될 수 있음은 별론으로 하고 이미 발행된 전환사채 또는 그 전환권의 행사로 발행된 주식을 무효화할 만한 원인이 되지는 못한다고 한 사례.

4. 대법원 1999. 6. 25. 선고 99다18435 판결

　회사의 정관에 신주발행 및 인수에 관한 사항은 주주총회에서 결정하고 자본의 증가 및 감소는 발행주식 총수의 과반수에 상당한 주식을 가진 주주의 출석과 출석주주가 가진 의결권의 3분의 2 이상의 찬성으로 의결하도록 규정되어 있는 경우, 전환사채는 전환권의 행사에 의하여 장차 주식으로 전환될 수 있어 이를 발행하는 것은 사실상 신주발행으로서의 의미를 가지므로, 회사가 전환사채를 발행하기 위하여는 주주총회의 특별결의를 요한다.

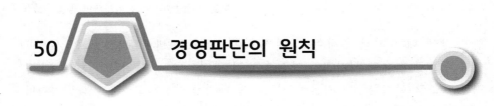

50　　경영판단의 원칙

◆ 사　　례

　　A주식회사는 그 동안 상호지분출자 또는 거래관계가 전혀 없었던 B회사를 인수하기 위하여 1년여간의 조사와 검토 후 이사회결의를 거쳐 90억원 상당의 주식을 기존 주주로부터 매입함으로써 출자를 하기 시작하였다. A주식회사는 그 후 B회사의 경영이 부실화되고 금융기관이 대출을 거부하자 B회사의 부도를 막기 위하여 이사회결의를 거쳐 지속적인 출자와 지급보증을 하여 주었다. 그럼에도 불구하고 B회사는 정부의 IMF기업구조조정과정에서 주거래은행으로부터 퇴출판정을 받았고, 이에 따라 1998년 9월 30일 회사해산결의와 더불어 청산인이 선임되어 청산절차에 들어가게 되었다. 이에 대하여 A주식회사의 주주들은 A주식회사의 이사들에 대하여 B회사에 대한 출자 및 지급보증행위로 회사에 손해를 끼쳤다며 주주대표소송을 제기하였다. 이 경우의 법률관계를 설명하라.

Ⅰ. 판결요지

1. 수원지법 2001. 12. 27. 선고 98가합22553 판결

　　"금융기관의 신용정보교환 및 관리규약"에 의하여 비상장법인의 과점주주 중 부도처리된 회사에 대하여 주식을 가장 많이 소유하거나 출자를 가장 많이 한 자는 그 부도처리된 회사와 함께 관련인으로서 적색거래처로 분류되어 신규여신 취급중단, 당좌예금 개설금지 및 당좌예금 거래의 해지, 기존 여신에 대한 채권보전조치 및 채권회수조치 강구 등과 같은 금융제재를 받게 되어 있으므로, A회사 이사회의 지급보증결의와 그에 따른 출자결의는 B회사의 부도로 인하여 A회사까지 거래은행으로부터 적색거래처로 분류되는 것을 피하기 위한 불가피한 조치였다 할 것이므로 즉 A회사의 자회사인 B회사가 부도처리될 경우 A회사의 기업이미지와 신용에 상당한 악영향을 끼칠 수 있다는 점을 고려하면 위와 같은 결정을 한 것은 당시 A회사가 처한 사정에서 선택할 수 있는 합리적인 판단범위 내에 속한다고 보여지고, 따라서 경영판단으로서 존중되어야 할 것이다.

2. 대법원 2005. 10. 28. 선고 2003다69638 판결

이사가 회사의 자산을 인수함에 있어서 그 인수 여부나 거래가액을 결정하는 데에 필요한 정보를 합리적인 정도로 수집하여 충분히 검토를 한 다음 회사의 이익에 합당한 상당성 있는 판단을 하였다면 회사에 대하여 선량한 관리자의 주의의무를 다한 것이라고 할 것이다.

II. 평 석

1. 논 점

본 사안에서는 기업인수결정 및 그 후 인수기업에 대한 추가출자 및 지급보증을 결의한 이사들에 대하여 인수 당시 예측하지 못한 결과인 인수기업의 부도에 따른 회사의 손해를 이유로 들어 책임을 물을 수 있는가 하는 점이 논점이 된다.

IMF 이후 기업경영환경의 급속한 변화로 엄청난 무한경쟁불확실성의 시대가 계속되고 있다. 이러한 변화에 대처하기 위해서는 이사의 적극적인 경영활동이 요구된다. 그런데 이러한 진취적이고 적극적인 경영은 많은 위험요소를 안게 되므로, 경영자측에서 보면 경영자의 경영실패에 대한 책임추궁은 지나치게 가혹하게 여겨질 수 있고 결과적으로 경영자를 위축시키는 부작용을 낳을 수 있다.

따라서 경영실패에 따른 경영자의 책임에 대한 합리적인 한계를 설정함으로써 경영자가 위험을 무릅쓰고라도 자신이 가진 경영수완을 발휘할 수 있는 환경을 만들어주는 것이 무엇보다 중요하다 할 것이다.

그러나 이러한 상황과 관련하여 현행 상법규정은 경영자의 경영판단에 대한 주의의무와 관련한 책임에 관한 명확한 기준을 마련하고 있지 않아서 회사의 이사가 회사의 업무와 관련하여 적극적 경영을 하는 데 있어 큰 부담이 되고 있다. 이는 우리나라 회사의 이사에 대해서 부과하는 충실의무, 선관주의의무와의 관계를 어떻게 볼 것인가 하는 문제와 경영판단의 원칙이 적용되기 위한 요건은 무엇인가 하는 문제가 복합적으로 연계되어 있다.

2. 이사의 책임범위

현행 상법상 이사의 책임은 회사에 대한 책임과 제3자에 대한 책임으로 규정되어 있다. 즉 이사가 법령 또는 정관에 위반한 행위를 하거나, 그 의무를 해태한 경우에는 연대하여 손해배상할 책임이 있고(상법 제399조), 이사가 악의 또는 중대한 과실로 인하여 그 의무를 해태한 때에는 제3자에 대하여 연대하여 손해배상의 책임을 진다(상법 제401조 제1항). 이 가운데 이사의 경영상의 과실이 특히 문제되는 경우는 위법배당 및 위법한 중간배당의 경우 등일 것이고, 법령 또는 정관에 위반된 경우에서는 법령의 의미는 광의로 해석되어, 구체적인 행위를 금지한 규정뿐만 아니라 선관주의의무나 충실의무와 같은 일반적 의무를 규정한 조항의 위반도 포함된다고 보는 것이 일반적이다. 따라서 이사의 경영상 과실에 관해서는 이들 충실의무에 관한 조항에 기한 책임까지도 추궁당할 수 있다.

3. 선관주의의무와 충실의무

(1) 선관주의의무(duty of due care and diligence)

이사와 회사의 관계는 민법의 위임에 관한 규정이 적용되므로(상법 제382조 제2항), 이사는 위임계약에 따른 수임인으로서의 선량한 관리자로서의 주의의무를 부담한다. 이사는 상법상 여타의 사용인과는 달리 경영주체라는 지위를 가지고 있기 때문에 그 지위에서 요구되는 상당한 주의를 기울여야 하는 의무를 특별히 요구받게 된다. 따라서 이사는 자신의 직무를 수행함에 있어서 법령을 준수해야 할 소극적 의무뿐만 아니라, 항상 회사의 최선의 이익이 되는 결과를 발생시켜야 할 적극적 의무를 부담하게 되는 것이다.

이사가 이러한 선관주의의무에 위반한 때에는 회사에 대하여 책임을 진다(상법 제399조). 주의의 범위에 대해서는 업무적법성에 그치지 않고, 합리성·

효율성에 대해서도 당연히 미친다고 보아야 할 것이며, 주의의 정도는 당해 업종과 규모 등을 종합적으로 고려하여 판단해야 할 것이다. 즉 이사가 개별적으로 갖고 있는 능력이나 주의력과는 상관없이 이사와 같은 지위에 있는 사람에게 보통 요구되는 정도의 주의를 가지고 직무를 수행할 의무를 회사에 부담하는 것이다.

(2) 충실의무(fiduciary duty of loyalty)

상법 제382조의3은 "이사는 법령과 정관의 규정에 따라 회사를 위하여 그 직무를 충실하게 수행하여야 한다"고 규정하고 있으므로, 이사는 회사에 대한 관계에서 충실의무를 부담한다. 즉 이사는 그 직무의 집행에 있어서 경영자로서의 합리적인 주의를 다하여야 하는 선관주의의무를 부담하지만, 나아가 이사가 그 지위를 이용하여 회사의 이익을 희생하면서 자기 또는 제3자의 이익을 도모해서는 안 되는 충실의무를 부담하는 것이다. 이사의 이익상반거래나 경업행위가 가장 전형적인 충실의무위반이 될 것이고, 그 외에 자본조달수단을 이용한 부당이득이나 경영권방어, 회사기회의 이용행위 등 이사가 자신의 이익과 회사의 이익이 충돌하는 상황에서 개인적 이익을 우선시켜서는 안 될 경우라면 모두 충실의무의 범주에 들어가는 것으로 해석되고 있다.

(3) 이사의 의무위반

이사의 충실의무위반은 대개의 경우 이사의 고의에 의해 야기될 수 있으며, 이는 회사의 이익을 희생하여 자신의 이익을 꾀하는 경우로 사회적인 비판은 물론이고, 회사의 주주들로부터도 당연히 비판을 받는 행위이므로 이사에 대한 책임추궁을 부정하는 견해는 찾아보기 힘들다.

이와 달리 선관주의의무위반의 책임을 논함에 있어 이사에게 그러한 책임을 엄격히 묻는 데는 한계가 있을 수밖에 없다. 왜냐하면 이사의 경영판단은 불확실하고 유동적인 여러 가지 요소를 고려한 뒤, 한정된 시간 내에 경영전문가로서의 지식을 구사하여 내려진 판단이지만, 그 판단에 대한 결과가 항상 예상대로 나타난다고 장담할 수 없기 때문이다.

이사가 성실히 직무를 수행하고, 회사에 도움이 된다고 내린 판단이 예측 곤란한 경제계의 변동 등 요인으로 회사가 손해를 입은 경우라면 이사의 책임을 추궁하는 것은 옳지 않으므로 그 책임을 면제시켜 줄 필요가 있다.

4. 경영판단의 원칙

(1) 의   의

경영판단의 원칙(Business Judgement Rule)이란 회사의 이사가 충분한 정보에 근거하여 이해관계 없이, 성실히, 회사의 이익에 합치한다는 믿음을 갖고 회사의 경영에 관한 판단을 한 경우에는 그것이 적절하지 못한 판단이어서 결과적으로 회사에 대하여 손해를 가하였더라도 그러한 판단을 한 이사에 대하여 책임을 묻지 않는다는 원칙을 말한다. 즉 법원은 회사의 경영에 관하여 충분한 전문적 지식을 가지고 있지 못하기 때문에 이사의 자기거래가 없는 한 이사의 판단에 개입하는 것을 꺼리는 사법자제의 원칙이라고 할 수 있다. 회사의 이사는 회사의 업무를 집행함에 있어서 광범위한 경영상의 재량권이 부여되고 있기 때문에, 법원은 이사가 회사의 업무를 결정함에 있어서 적절한 절차에 따른 한 이사의 결정을 존중하고 이사의 경영판단을 결과론적으로 비판하지 않는다는 것이다.

이 원칙은 수시로 변화하는 사회, 경제현상 속에서 이루어지는 전문경영인인 이사의 판단에는 위험이 수반될 수밖에 없고, 그러한 위험이 현실화되었다고 하여 사후적으로 시비를 가려 책임을 물을 경우 회사경영의 효율을 해할 수 있음을 이유로 가능한 한 이러한 경영판단으로 인한 이사의 주의의무를 완화시키고자 성립된 원칙이다.

(2) 경영판단의 원칙의 적용요건

1) 미국의 학설 및 판례에서 제시된 적용요건

① 의식적인 경영판단이 있을 것   '경영판단의 원칙'은 회사의 경영자인 이사가 행한 경영상 판단을 존중하려는 것이다. 따라서 이사가 어떠한 행위를 결정한 경우, 즉 작위적 행위가 있었던 경우에만 적용되는 것이며, 의식적인 결정이 없었던 경우 및 행위를 해태한 경우에는 적용되지 않는다.

델라웨어주 대법원은 Aronson v. Lewis 사건에서 "'경영판단의 원칙'은 이사의 작위적 행위와 관련하여서만 적용된다. 이사들이 직무를 유기하였다든지 의식적인 결정 없이 어떠한 행동을 하지 않은 경우에는 '경영판단의 원칙'은 아무런 역할을 하지 못한다. 그러나 어떠한 행위를 하지 않기로 한 의식적인 결정은 오히려 경영판단의 유효한 행사이고 또한 원칙의 보호를 향유할 수 있는 것인 때에는 '경영판단의 원칙'이 적용된다"고 판시하고 있다.

② 개인적 이해관계가 없을 것   '경영판단의 원칙'이 적용되기 위해서는 이사는 경영상의 결정에 관하여 이해관계가 없어야 한다. 어떠한 결정을 내리는 이사가 당해 결정에 이해관계를 갖고 있다면 이사 자신의 이익이 아닌 회사의 이익을 위한 판단을 기대할 수 없다. 또한 다른 사람의 신뢰를 이용하여 자신의 개인적 이익을 도모하는 것은 허용될 수 없으며, 이러한 경우 이사는 충실의무에 위배되어 '경영판단의 원칙'의 적용을 받을 수 없다고 본다.

③ 합리적인 정보에 기한 결정일 것   '경영판단의 원칙'이 적용되기 위해서는 이사가 경영상의 중요한 결정을 하기 전에 합리적으로 이용할 수 있는 모든 중요한 정보를 알고 있어야 한다. '합리적으로 이용할 수 있는 정보'란 경영판단의 중요성, 정보수집에 사용한 시간, 정보수집에 관한 비용, 당해 사항을 조사한 자 또는 기재한 자에 대한 이사의 신뢰도, 회사의 재정상태 등 제반적인 요소를 포함한다고 할 수 있다.

델라웨어주 대법원은 Smith v. Van Gorkom 사건에서 "이사가 합리적인 정보에 기한 결정을 하지 않은 경우에는 그 이사는 책임을 면할 수 없다"고 판시하고 있다.

④ 선의일 것   '경영판단의 원칙'은 이사의 행위가 회사의 최선의 이익을 위하여 이루어진다고 선의로 믿고 있다는 것을 추정한다.

델라웨어주 법원은 "'경영판단의 원칙'에 의하여 이사는 충분한 정보를 바탕으로 선의로 그리고 회사의 최선의 이익이 된다는 믿음 속에서 경영상의 판단을 하였을 것이라는 추정의 이익을 누리고 있다"고 판시하고 있다.

여기에서 '선의'의 개념에 관해 미국의 대부분의 판례는 선의의 개념을 적극적으로 정의하지 않고, 악의에 의한 행위를 '경영판단의 원칙'의 보호에서 제외하여 '악의'의 증명책임을 원고에게 부담시키고 있다. '악의'란 단순히 잘못된 판단 또는 과실을 의미하는 것이 아니라, 부정한 목적 또는 도덕적 부정으로 인한 의식적인 불법행위를 의미한다. "회사의 복지를 증진시키려는 의도 이외의 목적을 위해 어떠한 거래를 하거나 그 거래가 현행법의 규정을 명백히 위반하는 때, 이사가 주주를 오도할 목적으로 중요하다고 생각하는 정보를 고의로 숨기는 경우에는 '악의'가 인정될 수 있다"고 판시한 판례를 볼 수 있다.

⑤ 재량의 남용 또는 회사자금의 낭비가 아닐 것　어느 회사에서 이해관계 없는 어떠한 이사가 상당한 주의를 다하여 선의로 경영상의 결정을 내렸다고 할지라도 그 결정이 외견상 너무나 잘못되어 있어 이사회의 승인이 경영판단의 기준을 충족하지 못한 때에는 '경영판단의 원칙'은 적용되지 않는다. 즉 법원은 이사회의 결정행위가 어느 이사의 일방적인 재량권의 남용에 의한 것이었는지에 대한 판단을 제대로 하였는가 여부에 대해 조사할 수 있다는 것이다. 미국의 판례는 주주가 어느 이사의 판단이 너무나 분별없고 불합리하여 이사의 건전한 재량권의 허용범위를 벗어난다고 주장하는 경우에는 법원은 그 경영판단의 합리성을 직접 분석하여야 한다고 판시하여 이 요건을 밝히고 있다.

2) ALI의 회사지배구조 원칙에서 제시된 적용요건

① 의식적인 경영판단의 존재　ALI 원칙 §4.01(c)에서는 '경영판단의 원칙'에 대해 규정하고 있는데, ALI원칙 §4.01(c)에서 규정하는 경영판단의 보호를 받기 위해서는 의식적인 경영판단이 존재하여야 한다. 기업의 의사결정자는 단호한 결정과, 법원의 사후심사로부터 비교적 자유롭게 행동하도록 허용되어야 한다. 이는 이사나 임원들이 새로운 시장을 개척하고 새로운 상품을 개발하도록 장려하여야 하며 기업을 혁신하고 경영상의 위험을 인수할 수 있도록 환경을 조성하는 것이 바람직하기 때문이다.

기업의 의사결정이 존재하지 않는 경우, 즉 이사의 부작위에 의하여 회사가 손해를 입은 경우에는 ALI 원칙 §4.01(a)의 주의의무의 위반여부가 문제될 뿐 '경영판단의 원칙'에 의하여 보호받을 수는 없다.

② 악의와 이해관계의 부존재　'경영판단의 원칙'에 의한 보호를 받기 위해서는 이사의 의사결정이 악의와 이해관계 없이 이루어져야 한다. 이는 미국의 경영판단에 관한 이론과 판례에서 제시되는 내용과 동일한 입장이다.

③ 충분한 정보에 기한 의사결정　ALI 원칙 §4.01(c)(2)에서 규정하고 있는 정보를 토대로 한 결정요건은 영업결정을 함에 있어서 이사나 임원이 준비해야 할 것에 초점을 두고 있다. 이사나 임원에게 요구되는 정보는 그 상황에서 적절하다고 합리적으로 믿을 정도로 충분하면 된다. 합리적으로 믿는다는 의미는 객관적인 내용과 주관적인 내용을 모두 포함하고 있다. 경우에 따라 이사는 시간상의 압력을 받고 있는 경우가 있을 수 있다. 그러므로 실제 사건

에서 합리적인 믿음이라는 요건의 판단을 하기 위해서는, ① 이미 행한 경영판단의 중요성, ② 정보를 얻는데 이용할 수 있는 시간, ③ 정보를 얻는데 관련된 비용들, ④ 자료를 조사하는 자와 제출하는 자에 대한 이사의 신뢰, ⑤ 이사의 당시의 영업상태 등을 고려하여야 한다.

④ **상 당 성**　이상의 요건들이 충족되면 ALI 원칙 §4.01(c)(3)은 이사가 경영판단이 회사의 최상의 이익에 합치된다고 상당하게 믿는 경우에는 경영판단에 대한 책임으로부터 이사를 보호한다. 이 상당성 기준은 객관적인 내용과 주관적인 내용을 모두 포함하고 있다. 객관적으로 상당하지 않은 결정은 주관적으로 선의라 하여도 경영판단의 원칙에 의해 보호될 수 없다. 상당성의 요건을 충족시키지 못하는 경영판단의 예로는 '확실히 설명이 불가능한 결정'이나 '무모한 행동'을 들 수 있다.

⑤ **증명책임**　ALI 원칙 §4.01(d)에 의하면 이사의 책임을 추궁하기 위해서는 (b)항 또는 (c)항에서 정한 의무의 이행에 관한 조항의 적용이 없는 것을 포함하여 주의의무의 위반을 증명할 책임을 진다고 규정하고 있다. 즉 원고 측이 당해 이사의 결정이 경영판단의 원칙의 요건을 충족하지 못하였다는 것과 이사의 주의의무위반을 증명하여야 한다.

(3) 경영판단의 원칙의 적용효과

1) 면책적 효과

'경영판단의 원칙'이 적용되어 이사의 경영상의 결정이 책임으로부터 자유롭기 위해서는 ① 의식적인 경영판단이 행하여졌을 것, ② 이사에게 사적인 이해관계가 존재하지 않을 것, ③ 합리적인 정보에 의하여 결정할 것, ④ 선의였을 것, ⑤ 재량의 남용 또는 회사자금의 낭비로 인정되는 결정이 아닐 것 등의 요건이 충족되어야 한다. 즉 이사의 경영상의 결정이 일정요건을 충족할 경우 이사는 경영상의 결정으로부터 책임을 부담하지 않는다는 면책적 효과가 발생한다. 이러한 면책적 효과를 '경영판단의 원칙'의 본질적 효과라고 한다. 이에 반해 동 원칙의 본질적 효과는 추정적 효과라고 보는 것이 타당하는 견해도 있다.

2) 추정적 효과

델라웨어주 대법원은 '경영판단의 원칙'을 "이사들이 충분한 정보를 기초로 하여 신의성실에 좇아 그 행위가 회사의 최상의 이익을 위한 것이라는 신뢰 위에서 행동하였다는 추정"이라고 판시하고 있다. 또한 전통적인 '경영판단의 원칙'에서는 이사들이 그들이 경영상의 결정을 함에 있어 충분한 정보를 바탕으로, 선의로, 회사의 최상의 이익이 된다는 정직한 신뢰 위에서 행동하였다는 추정을 받는다고 한다. 이러한 추정적 효력에 관한 다른 판결을 살펴보면, Kaplan v. Contex Corp. 사건에서 법원은 "이사들의 행위는 추정적으로 선의로 그리고 회사의 최선의 이익을 위하여 행해졌으며 목적의 선의에 이의를 제기하는 소수주주가 입증책임을 부담한다"고 하고 있다. 이처럼 '경영판단의 원칙'은 추정적 효과를 가지고 있으며, 이러한 추정적 효과로 인해 경영상의 결정에 관해 이의를 제기하는 자는 그러한 추정을 반박하는 사실의 입증책임을 부담하게 된다.

3) 사법심사의 제한

'경영판단의 원칙'은 이사가 선의로, 정보에 기초한 판단으로, 회사에 최선의 이익이 된다는 정직한 신뢰에 의해 내린 경영상의 결정에 대해 사법적인 심사를 억제한다. 사법심사의 억제와 관련된 판결을 보면, Minstar Acquiring Corp. v. AMF Inc. 사건에서 법원은 "'경영판단의 원칙'은 스스로의 이해관계 없이 선의로 행동한 이사들의 경영상의 판단에 대하여는 법원이 심사하지 않도록 하는 '사법억제의 원칙'이다"라고 판시하고 있다.

4) 남소의 방지

'경영판단의 원칙'은 이사들이 충분한 정보를 기초로 하여 신의성실에 좇아 그 행위가 회사의 최상의 이익을 위한 것이라는 신뢰 위에서 행동하였다는 추정적 효과를 부여하기 때문에 경영상의 결정에 관해 이의를 제기하는 자가 그러한 추정을 반박하는 사실의 증명책임을 부담하게 된다. 그러나 증명책임을 부담하는 주주들의 경우 세세한 회사의 내부정보에 접근하는 것이 어려우며, 이사 역시 자신의 경영상의 결정과 관련된 내용의 공개를 꺼릴 것이다. 따라서 소송결과가 불확실한 상황에서 주주들이 많은 비용과 노력을 들여 소를 제기한다는 것은 쉽지 않을 것이며, 이는 결국 남소를 방지하는 효과를 가져올 수 있다.

5) 기타의 효과

그 밖에 '경영판단의 원칙'의 적용으로 기대할 수 있는 긍정적인 효과는 유능한 경영자의 고용이 쉬워진다는 것이다. 회사나 법원이 개인의 창의성, 기업가 정신, 모험심을 억제하지 않고, 경영자의 능력을 최대한 발휘할 수 있도록 이사에게 광범위한 재량권을 부여하여 그 집행이 실패할 경우에도 법적 책임을 면하게 하기 위하여 이 원칙이 등장하게 되었다는 생성배경에서도 알 수 있듯이, '경영판단의 원칙'의 적용으로 경영자는 실패로 끝난 경영상의 결정에 대한 사후적 심사의 내재적 부담으로부터 보호받게 되어 과감하고 적극적인 경영이 가능하게 된다.

Ⅲ. 결   어

인수대상기업의 비정상적인 재무상황에 비추어 기업의 인수에 따른 위험성의 정도가 통상적인 범위를 이미 훨씬 넘어서고 있는 사정이 있을 경우, 마땅히 인수결의에 참석한 이사들은 인수대상기업의 재무구조, 인수대상기업을 인수하는 것이 신규업체를 설립하는 것보다 어느 정도의 이익이 있는지 그에 대한 근거, 인수대상기업을 인수하여 경영을 정상화시킬 수 있을 때까지 부담하여야 할 투자비용, 그로 인하여 장래 얻게 될 예상수익, 인수에 따라 예상되는 위험성의 정도 등에 관하여 보고받고, 필요한 경우 관련자료를 제출할 것을 요구하여 검토하는 등 기업의 인수에 따른 위험성의 정도를 면밀히 검토하여야 할 것이다.

본 사안의 경우 B회사의 인수에 대해서는 이사가 B회사의 자산을 인수함에 있어서 그 인수 여부나 거래가액을 결정하는 데에 필요한 정보를 합리적인 정도로 수집하여 충분히 검토를 한 다음 A회사의 이익에 합당한 상당성 있는 판단을 하였다면 회사에 대하여 선량한 관리자의 주의의무를 다하였으므로 그 책임은 부인된다고 하겠다.

본 사안에서 A주식회사의 경영진이 B회사를 인수하기 1년 전부터 미리 실무자로 하여금 사업성에 관하여 검토하게 하고 B회사의 재무구조 개선안, 향후 손익전망, 경영방침 등에 관하여 구체적으로 보고를 하게 한 점, 인수가

격결정을 위하여 수차례 협상과정을 거쳤던 점, 이사회결의에 참석한 이사들은 실무자들이 작성한 자료를 검토하였던 점 등에 비추어 보면, 당시의 이사들이 B회사의 인수결정을 함에 있어서 통상의 기업인으로서 간과할 수 없는 과오를 저질렀다거나 그 인수결정이 그 당시의 상황에서 경영판단의 재량권범위를 넘은 것으로 현저히 잘못된 것이라고 보기는 어렵다. 더욱이 B회사 인수 이후에 발생한 IMF관리체제라는 예상하기 어려웠던 상황변화로 B회사의 재무구조가 급속히 악화됨으로써 결과적으로 A주식회사에 손해를 입히게 되었다고 하더라도, 당시의 이사들이 이 결정에 관하여 개인적인 이해관계가 있었다거나 그 결정으로 인하여 회사가 손해를 입을 것이라는 점을 알고 있었다는 등의 특별한 사정이 없는 한, 사후에 그러한 사유가 발생하였다는 점만으로 이사들에게 손해배상책임을 부담하게 할 수는 없다.

따라서 본 사안과 관련한 대법원판결은 타당한 것으로 생각된다.

Ⅳ. 참조판례

우리나라에서 지금까지 나온 판례들은 한결같이 '경영판단의 원칙'의 적용이 거부되었다는 점이 특징이라고 할 수 있다. 즉 우리나라는 '경영판단의 원칙'을 수용하여 사건을 해결한 판례는 하나도 없다고 할 수 있다. 관련판례에서 나타난 주요쟁점을 정리하면 다음과 같이 요약할 수 있다. ① 금융기관 이사의 대출관련 임무수행과 관련된 '경영판단의 원칙'의 적용. ② 상법 제399조에 정한 '법령에 위반한 행위'의 의미 및 이사의 법령위반행위에 대한 '경영판단의 원칙'의 적용 가능성. ③ 관계회사에 대한 자금지원으로 회사에 손해를 입힌 이사의 행위에 대한 '경영판단의 원칙'의 적용요건. ④ 금융기관임원에게 부과되는 선관의무내용과 '경영판단의 원칙'과의 관계 및 금융기관임원의 선관의무위반으로 인한 임무해태여부의 판단기준. ⑤ 이사의 법령위반과 '경영판단의 원칙'의 적용. ⑥ 대표이사가 경영판단을 함에 있어 이용 가능한 정보를 수집하기 위한 노력을 태만하거나 이용 가능한 정보를 얻을 때까지 판단을 유보하지 아니한 채 무모하거나 경솔한 판단을 내리는 경우와 '경영판단의 원칙'의 적용가능성 등이다.

이와 같은 사례와 관련하여 대법원의 입장은 대체적으로 회사의 임원진에 해당 경영행위가 경영판단에 의하여 허용되는 재량 범위 내의 것으로 인정되는 경우에는 그 임원진은 회사에 대한 선량한 관리자의 주의의무 내지 충실의무를 다한 것으로 볼 수 있다는 것으로 이해된다. 즉 대법원은 경영판단에 의하여 허용될 수 있는 재량범위 내에 있는 경영행위로 인정하기 위한 판단의 기준으로 해당임원이 ① 필요한 정보를 충분히 수집·조사 하고 검토하는 절차를 거쳤는지, ② 이를 근거로 금융기관의 최대 이익에 부합한다고 합리적으로 신뢰하고 신의성실에 따라 경영상의 판단을 내렸는지, ③ 그러한 경영판단의 내용이 현저히 불합리하지 아니하여 임원진이 통상 선택할 수 있는 범위 안에 있는 것인지, ④ 해당 경영 판단으로 인한 행위가 법령에 위반되는지 여부 등을 들고 있음을 알 수 있다.

이렇게 볼 때 우리나라 판례에서 나타나고 있는 '경영판단의 원칙'의 적용요건과 내용은 미국 판례에서 인정되고 있는 '경영판단의 원칙'의 적용요건과 내용 등과 매우 흡사한 것을 알 수 있다. 다만 우리나라의 경우는 미국과 달리 이사 등 임원진의 주의의무 위반여부를 판단하기 위하여 그 의사결정에 관한 절차와 실질 모두를 심사하는 것으로 운영되고 있고, '경영판단의 원칙'이 일반적으로 인정하고 있는 추정적 효력이 그대로 인정되지 않는 점이 차이점이라고 볼 수 있다.

1. 대법원 2011. 10. 13. 선고 2009다80521 판결(주식회사 대운상호저축 은행 사건)

이 사건은 이사의 프로젝트 파이낸스 대출행위가 허용되는 경영판단의 재량범위 내에 있는 것인지 여부가 쟁점이 되었다. 이와 관련하여 대법원은 금융기관이 그 임원에 대하여 대출과 관련된 임무 해태를 근거로 채무불이행으로 인한 손해배상책임을 청구함에 있어서 "임원이 행한 대출이 결과적으로 회수곤란 또는 회수불능으로 되었다고 하더라도 그것만으로 바로 대출결정을 내린 임원에게 그러한 미회수금 손해 등의 결과가 전혀 발생하지 않도록 하여야 할 책임을 물어 그러한 대출결정을 내린 임원의 판단이 선량한 관리자로서의 주의의무 내지 충실의무를 위반한 것이라고 단정할 수 없다"고 판시하였다.

아울러, 대법원은 "대표이사나 이사의 직무수행상의 채무는 미회수금 손해 등의 결과가 전혀 발생하지 않도록 하여야 할 결과채무가 아니라, 회사의 이익을 위하여 선량한 관리자로서의 주의의무를 가지고 필요하고 적절한 조치를 다해야 할 채무이므로 회사에게 대출금 중 미회수금 손해가 발생하였다는 결과만을 가지고 곧바로 채무불이행 사실을 추정할 수도 없다"고 판시하고 있다.

특히 이 사건과 같은 프로젝트 파이낸스 대출의 경우, 금융기관의 이사가 대출 요건으로서의 프로젝트의 사업성에 관하여 심사함에 있어서 필요한 정보를 충분히 수집·조사하고 검토하는 절차를 거친 다음 이를 근거로 금융기관의 최대 이익에 부합한다고 합리적으로 신뢰하고 신의성실에 따라 경영상의 판단을 내렸고, 그 내용이 현저히 불합리하지 아니하여 이사로서 통상 선택할 수 있는 범위 안에 있는 것이라면 그 임원의 경영판단은 허용되는 재량의 범위 내의 것으로서 회사에 대한 선량한 관리자의 주의의무 내지 충실의무를 다한 것으로 볼 수 있으므로, 비록 사후에 회사가 손해를 입게 되는 결과가 발생하였다고 하더라도 그로 인하여 이사가 회사에 대하여 손해배상책임을 부담한다고 할 수 없다는 것이다. 이러한 법리 적용은 미국에서의 '경영판단의 원칙'의 내용과 적용요건을 비교할 때 매우 흡사한 것으로 보여진다.

한편 대법원은 "금융기관의 임원이 위와 같은 선량한 관리자의 주의의무에 위반하여 자신의 임무를 해태하였는지의 여부는 그 대출결정에 통상의 대출 담당임원으로서 간과해서는 안 될 잘못이 있는지의 여부를 대출의 조건과 내용, 규모, 변제계획, 담보의 유무와 내용, 채무자의 재산 및 경영상황, 성장가능성 등 여러 가지 사항에 비추어 종합적으로 판정해야 한다"고 판시하였다.

결론적으로 대법원은 이 사건의 경우 "금융기관의 이사가 이러한 과정을 거쳐 임무를 수행한 것이 아니라 단순히 회사의 영업에 이익이 될 것이라는 일반적·추상적인 기대 하에 일방적으로 임무를 수행하여 회사에 손해를 입게 한 경우에 해당하고, 그와 같은 이사의 행위는 허용되는 경영판단의 재량범위 내에 있는 것이라고 할 수 없다"고 판시하였다.

2. 대법원 2011. 4. 14. 선고 2008다14633 판결(주식회사 고합 사건)

이 사건은 이사 또는 감사 등이 기업회계기준에 위반하여 허위의 재무제표를 작성 공시하거나 이를 방치한 행위가 경영판단 행위에 해당하는지 여부가 쟁점이 되었다. 대법원은 이 사건에서 "이사가 임무를 수행함에 있어서 법령을 위반한 행위를 한 때에는 그 행위 자체가 회사에 대하여 채무불이행에 해당하므로, 그로 인하여 회사에 손해가 발생한 이상 손해배상책임을 면할 수 없고, 위와 같은 법령을 위반한 행위에 대하여는 이사가 임무를 수행함에 있어서 선량한 관리자의 주의의무를 위반하여 임무해태로 인한 손해배상책임이 문제되는 경우에 고려될 수 있는 '경영판단의 원칙'은 적용될 여지가 없다"고 하였다.

특히 대법원은 "회사의 이사가 법령에 위반됨이 없이 관계회사에게 자금을 대여하거나 관계회사의 유상증자에 참여하여 그 발행 신주를 인수함에 있어서 관계회사의 회사 영업에 대한 기여도, 관계회사의 회생에 필요한 적정 지원자금의 액수 및 관계회사의 지원이 회사에 미치는 재정적 부담의 정도, 관계회사를 지원할 경우와 지원하지 아니할 경우 관계회사의 회생 또는 도산 가능성과 그로 인하여 회사에 미칠 것으로 예상되는 이익 및 불이익의 정도 등에 관하여 합리적으로 이용 가능한 범위 내에서 필요한 정보를 충분히 수집·조사하고 검토하는 절차를 거친 다음, 이를 근거로 회사의 최대 이익에 부합한다고 합리적으로 신뢰하고 신의성실을 다하여 경영상의 판단을 내렸고, 그 내용이 현저히 불합리하지 않은 것으로서 통상의 이사를 기준으로 할 때 합리적으로 선택할 수 있는 범위 안에 있는 것이라면, 비록 사후에 회사가 손해를 입게 되는 결과가 발생하였다 하더라도 그 이사의 행위는 허용되는 경영판단의 재량범위 내에 있는 것이어서 회사에 대하여 손해배상책임을 부담한다고 할 수 없다"고 하였다.

한편 대법원은 이 사건 피고 등이 "고합과 고려석유화학의 이사로서 관계회사인 서울염직에 대하여 자금을 지원한 행위가 허용되는 경영판단의 재량범위 내에 있기 위하여 필요한 절차적 요건을 갖추었다고 볼 수 없고, 나아가 위와 같이 아무런 채권확보조치 없이 자금을 지원하였다면 그 행위는 고합과 고려석유화학에 대하여 배임행위가 된다는 점까지 고려할 때 이 사건 자금지원 행위에는 '경영판단의 원칙'이 적용되지 않는다"고 하였다.

3. 대법원 2010. 1. 14. 선고 2007다35787 판결(동아건설산업 주식회사 사건)

대법원은 이 사건의 경우에도 앞에서 살펴본 '주식회사 대운상호저축은행 사건' 및 '주식회사 고합 사건' 판결들에서와 같은 이유로 "회사의 이사가 일반적·추상적인 기대 하에 일방적으로 관계회사에 자금을 지원하게 하여 회사에 손해를 입게 한 경우 등에 해당하므로 '경영판단의 원칙'에 의한 면책이 인정되지 않는다"고 하였다.

4. 대법원 2008. 4. 10. 선고 2004다68519 판결(주식회사 정리금융공사 사건)

이 사건은 이사가 법령을 위반한 행위로 회사에 손해를 입힌 경우에도 '경영판단의 원칙'이 적용되는지 여부가 쟁점이 되었다. 이에 대법원은 "상법 제399조는 이사가 법령에 위반한 행위를 한 경우에 회사에 대하여 손해배상책임을 지도록 규정하고 있는데, 이사가 임무를 수행함에 있어서 위와 같이 법령에 위반한 행위를 한 때에는 그 행위 자체가 회사에 대하여 채무불이행에 해당하므로, 그로 인하여 회사에 손해가 발생한 이상 특별한 사정이 없는 한 손해배상책임을 면할 수 없고, 법령에 위반한 행위에 대하여는 원칙적으로 '경영판단의 원칙'이 적용되지 않는다"고 판시하였다. 특히 이 사건 피고의 경우 "신규 대출한 액수보다 기존 대출액의 회수액이 많다고 하더라도 부실경영에 책임이 있는 임원이 아니라고 볼 수 없다"고 하였다. 이 판결은 기존 대출액의 회수액의 정도는 손해배상책임을 면책할 기준이 되지 못한다고 판시한 점에서 의미가 있다고 할 수 있다.

5. 대법원 2007. 11. 16. 선고 2005다58830 판결(주식회사 오렌지신용 금고 사건)

이 사건은 '주식회사 정리금융공사 사건'과 같이 이사의 법령 위반행위에 대하여 감사가 경영판단의 재량권을 이유로 감사 의무를 면할 수 있는지 여부가 문제되었다. 대법원은 "이사가 임무를 수행함에 있어서 법령에 위반한 행위를 한 때에는 감사는 경영판단의 재량권을 들어 감사의무를 면할 수 없고, 회사의 감사직무규정에서 최종결재자의 결재에 앞서 내용을 검토하고 의견을 첨부하는 방법에 의하여 사전감사를 할 의무를 정하고 있는 사항에 대하여는 감사에게 그와 같은 사전감사가 충실히 이루어질 수 있도록 할 의무가 있는 것이므로 결재절차가 마련되어 있지 않았다거나 이사의 임의적인 업무처리로 인하여 감사사항을 알지 못하였다는 사정만으로는 그 책임을 면할 수 없다"고 판시하였다.

6. 대법원 2006. 11. 9. 선고 2004다41651 판결(영남종합금융 주식회사
   사건)

이 사건에서 대법원은 앞서 검토한 판결들에서와 같이 이사의 법령 위반
행위에 대해서는 '경영판단의 원칙'이 적용될 수 없다고 판시하였다. 즉 "'법
령'은 일반적인 의미에서의 법령, 즉 법률과 그 밖의 법규명령으로서의 대통령
령, 총리령, 부령 등을 의미하는 것으로 이 사건에서 원고가 내세우고 있는 종
합금융회사 업무운용지침, 외화자금거래취급요령, 외국환업무·외국환 은행신
설 및 대외환거래계약체결 인가공문, 외국환관리규정, 영남종금 내부의 심사관
리규정 등은 여기에서 말하는 '법령'에 해당하지 아니한다"고 판시하였다.

7. 대법원 2006. 7. 6. 선고 2004다8272 판결(고려생명보험주식회사 사건)

대법원은 이 사건에서도 "금융기관의 임원이 위와 같은 선량한 관리자의
주의의무에 위반하여 자신의 임무를 해태하였는지의 여부는 그 대출결정에 통
상의 대출담당임원으로서 간과해서는 안 될 잘못이 있는지의 여부를 대출의
조건과 내용, 규모, 변제계획, 담보의 유무와 내용, 채무자의 재산 및 경영상
황, 성장가능성 등 여러 가지 사항에 비추어 종합적으로 판정해야 할 것"이라
고 판시하였다. 또한 앞에서 본 판결들에서와 같이 법령 위반 행위에 대해서
는 '경영판단의 원칙'은 적용될 여지가 없다고 하였다. 결국 이 사건에서는 실
질적으로 보험계약자에게 보험료를 할인하여 주는 것과 동일하여 보험업법에
서 금지하고 있는 특별한 이익을 제공하는 행위에 대하여 법령 위반이 인정됨
으로써 '경영판단의 원칙'의 적용이 거부되었다.

8. 대법원 2005. 10. 28. 선고 2003다69638 판결(삼성전자 사건)

이 사건은 상법 제399조에 정한 '법령에 위반한 행위'의 의미 및 이사가
'법령에 위반한 행위'로 회사에 손해를 입힌 경우에도 '경영판단의 원칙'이 적
용될 수 있는지 여부가 문제되었다. 이에 대법원은 앞에서 본 판결에서와 같
이 "이사가 회사에 대하여 손해배상책임을 지는 사유가 되는 법령에 위반한
행위는 이사로서 임무를 수행함에 있어서 준수하여야 할 의무를 개별적으로

규정하고 있는 상법 등의 제 규정과 회사가 기업활동을 함에 있어서 준수하여야 할 제 규정을 위반한 경우를 말한다"고 하였다. 따라서 대법원은 "뇌물 공여를 금지하는 형법규정은 회사가 기업활동을 함에 있어서 준수하여야 할 것으로서 이사가 회사의 업무를 집행하면서 회사의 자금으로서 뇌물을 공여하였다면 이는 상법 제399조에서 규정하고 있는 법령에 위반된 행위에 해당되므로 이로 인하여 회사가 입은 뇌물액 상당의 손해를 배상할 책임이 있으며 '경영판단의 원칙'은 적용될 수 없다"고 하였다.

9. 대법원 2005. 7. 15. 선고 2004다34929 판결(현대생명보험주식회사 사건)

상법 제399조는 이사가 법령에 위반한 행위를 한 경우에 회사에 대하여 손해배상책임을 지도록 규정하고 있는바, 이사가 회사에 대하여 손해배상책임을 지는 사유가 되는 법령에 위반한 행위는 이사로서 임무를 수행함에 있어서 준수하여야 할 의무를 개별적으로 규정하고 있는 상법 등의 제 규정과 회사가 기업활동을 함에 있어서 준수하여야 할 제 규정을 위반한 경우가 이에 해당된다고 할 것이고, 이사가 임무를 수행함에 있어서 위와 같은 법령에 위반한 행위를 한 때에는 그 행위 자체가 회사에 대하여 채무불이행에 해당되므로 이로 인하여 회사에 손해가 발생한 이상, 특별한 사정이 없는 한 손해배상책임을 면할 수는 없다 할 것이며, 위와 같은 법령에 위반한 행위에 대하여는 이사가 임무를 수행함에 있어서 선관주의의무를 위반하여 임무해태로 인한 손해배상책임이 문제되는 경우에 고려될 수 있는 경영판단의 원칙은 적용될 여지가 없다.

10. 대법원 2002. 6. 14. 선고 2001다52407 판결(응암동 새마을금고 사건)

금융기관의 임원은 소속 금융기관에 대하여 선량한 관리자의 주의의무를 지므로, 그 의무를 충실히 한 때에야 임원으로서의 임무를 다한 것으로 된다고 할 것이지만, 금융기관이 그 임원을 상대로 대출과 관련된 임무해태를 내세워 채무불이행으로 인한 손해배상책임을 물음에 있어서는 임원이 한 대출이 결과적으로 회수곤란 또는 회수불능으로 되었다고 하더라도 그것만으로 바로 대출결정을 내린 임원에게 그러한 미회수금손해 등의 결과가 전혀 발생하지 않도록 하여야 할 책임을 물어 그러한 대출결정을 내린 임원의 판단이 선량한 관리자로서의 주의의무 내지 충실의무를 위반한 것이라고 단정할 수 없고, 대출과 관련된 경영판단을 함에 있어서 통상의 합리적인 금융기관 임원으로서 그 상황에서 합당한 정보를 가지고 적합한 절차에 따라 회사의 최대이익을 위하여 신의성실에 따라 대출심사를 한 것이라면 그 의사결정과정에 현저한 불합리가 없는 한 그 임원의 경영판단은 허용되는 재량의 범위 내의 것으로서 회사에 대한 선량한 관리자의 주의의무 내지 충실의무를 다한 것으로 볼 것이며, 금융기관의 임원이 위와 같은 선량한 관리자의 주의의무에 위반하여 자신의 임무를 해태하였는지의 여부는 그 대출결정에 통상의 대출담당임원으로서 간과해서는 안 될 잘못이 있는지의 여부를 대출의 조건과 내용, 규모, 변제계획, 담보의 유무와 내용, 채무자의 재산 및 경영상황, 성장가능성 등 여러 가지 사항에 비추어 종합적으로 판정해야 한다.

11. 대구지방법원 2000. 5. 30. 선고 99가합13533 판결(대구종합무역센터 사건)

대표이사의 행위가 회사의 경영에 관한 것인 경우에는, 대표이사가 법령이나 정관의 규정에 위배되지 아니하는 범위 안에서 회사의 경영에 대한 판단재량권을 가지고 있고, 또한 회사경영이란 것이 그 성질상 다소의 모험을 수반하기 마련이므로, 대표이사가 업무를 집행함에 있어 경영자로서 요구되는 합리적 선택의 범위 안에서 판단하고 이에 따라 업무를 집행하였다면 사후 그의 행위로 인하여 회사가 손해를 입었다고 할지라도 대표이사에게 선량한 관리자로서의 주의의무를 위반하였다고 하여 책임을 물을 수는 없다 할 것이나, 대표이사가 경영에 관한 판단을 함에 있어 판단의 자료가 될 정보를 용이하게 수집할 수 있었음에도 불구하고 이용가능한 정보를 수집하기 위한 노력을 태만하거나 이용가능한 정보를 얻을 때까지 판단을 유보하지 아니한 채 무모하거나 경솔한 판단을 내리는 경우는 경영판단에 관하여 허용된 재량권의 범위를 일탈한 것으로서 선량한 관리자로서의 주의의무에 위반된다.

판 례 색 인

대법원 1997. 5. 23. 선고 95다5790 판결 269
대법원 1997. 6. 13. 선고 96다48282 판결 375
대법원 1997. 7. 25. 선고 97다15371 판결 309
대법원 1997. 8. 26. 선고 96다36753 판결 23, 36
대법원 1997. 8. 29. 선고 97다18059 판결 353, 374, 383
대법원 1997. 10. 10. 선고 96다47302 판결 204
대법원 1997. 10. 24. 선고 97다27107 판결 210
대법원 1997. 11. 28. 선고 97다26098 판결 210
대법원 1997. 12. 12. 선고 97가합32890 판결 323
대법원 1997. 12. 26. 선고 97다17575 판결 101
대법원 1998. 3. 24. 선고 95다6885 판결 310
대법원 1998. 3. 24. 선고 97다55621 판결 80, 83
대법원 1998. 3. 27. 선고 97다34709 판결 343, 399
대법원 1998. 4. 14. 선고 96다8826 판결 105
대법원 1998. 5. 12. 선고 97다56020 판결 244, 245, 253
대법원 1998. 8. 21. 선고 97다6704 판결 33, 36, 41
대법원 1998. 8. 25. 선고 98나5267 판결 324
대법원 1998. 10. 11. 선고 86다카2936 판결 342, 400
대법원 1998. 10. 13. 선고 97다43819 판결 41
대법원 1998. 12. 8. 선고 98다37507 판결 204
대법원 1999. 1. 29. 선고 98다1584 판결 13
대법원 1999. 4. 23. 선고 98다45546 판결 309
대법원 1999. 6. 11. 선고 98다18353 판결 100
대법원 1999. 6. 25. 선고 99다18435 판결 475
대법원 1999. 10. 8. 선고 98다2488 판결 232
대법원 1999. 11. 12. 선고 99다19797 판결 321
대법원 2000. 1. 28. 선고 99다35737 판결 244
대법원 2000. 8. 22. 선고 2000다13320 판결 41, 44
대법원 2000. 11. 14. 선고 2000다30950 판결 167
대법원 2000. 11. 24, 선고 2000다38718 판결 203
대법원 2001. 4. 13. 선고 2000다10512 판결 82, 83
대법원 2001. 7. 27. 선고 99두2680 판결 100
대법원 2001. 9. 21. 선고 2000그98 판결 232
대법원 2001. 11. 13. 선고 2000다18608 판결 99
대법원 2002. 3. 15. 선고 2000두1850 판결 293

사 항 색 인

저자 약력

최완진 崔完鎭

한국외국어대학교 법학과 졸업(법학사)
고려대학교 대학원 법학과, 석사과정 수료(법학석사)
고려대학교 대학원 법학과, 박사과정 수료(법학박사)
국립 강원대학교 법대 교수·비교법학연구소장 역임
미국 Univ. of Washington, Law School 교환교수
미국 Univ. of Pittsburgh, Law School 교환교수
일본 규슈대학 법학부 초빙교수
Lee International IP & LAW GROUP 법률고문
사법시험·군법무관시험·외무고시·입법고시·세무사시험 위원 역임
한국상사법학회 회장
한국경영법률학회 회장
대한상사중재원 중재인
한국외국어대학교 대학원 교학처장
한국외국어대학교 대외협력본부장
한국외국어대학교 법학연구소장
한국외국어대학교 법과대학 학장
한국외국어대학교 교수협의회 회장
현 한국외국어대학교 법학전문대학원 교수

[주요 저서]
『신상법총론』, 한국외국어대학교 출판부
『신회사법요론』, 한국외국어대학교 출판부
『기업지배구조법강의』, 한국외국어대학교 출판부
『상법판례강의』, 법문사
『상법학강의』, 법문사
『상법사례연습』, 박영사
『상법사례연구』, 한국외국어대학교 출판부
『신법학통론』, 세창출판사
『주석상법(Ⅳ, Ⅴ, Ⅵ)』, 한국사법행정학회(공저)
『주식회사법 대계(Ⅰ, Ⅱ, Ⅲ)』, 법문사(공저)

新상법사례연습 —상법총칙·상행위·회사법—

초판인쇄	2015년 8월 10일
초판발행	2015년 8월 20일
지은이	최완진
펴낸이	안종만
편 집	김선민
기획/마케팅	이영조
표지디자인	김문정
제 작	우인도·고철민
펴낸곳	(주) **박영사**
	서울특별시 종로구 새문안로3길 36, 1601
	등록 1959. 3. 11. 제300-1959-1호(倫)
전 화	02)733-6771
f a x	02)736-4818
e-mail	pys@pybook.co.kr
homepage	www.pybook.co.kr
ISBN	979-11-303-2783-9 93360

* 잘못된 책은 바꿔드립니다. 본서의 무단복제행위를 금합니다.
* 저자와 협의하여 인지첩부를 생략합니다.

정 가   36,000원